FANG WEIYI
ZHUAN

安庆市桐城文化教育发展基金会
资助项目

方维仪传

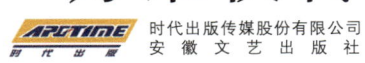

时代出版传媒股份有限公司
安徽文艺出版社

陶善才◎著

陶善才,安徽桐城人,现居合肥。从事政策研究工作多年,旁及地域文化等文史研究,在《光明日报》《学习时报》《宏观经济管理》《领导科学》《书屋》等报刊发表文章百余篇,作品曾被《求是》《大众文摘》等转载。出版有《大明奇才方以智》等书。

陶善才 著

方维仪传

FANG WEIYI ZHUAN

时代出版传媒股份有限公司
安徽文艺出版社

图书在版编目（ＣＩＰ）数据

方维仪传/陶善才著.--合肥：安徽文艺出版社,2021.7
ISBN 978-7-5396-7030-0

Ⅰ．①方… Ⅱ．①陶… Ⅲ．①方维仪－传记 Ⅳ.①K825.6

中国版本图书馆 CIP 数据核字(2020)第 164598 号

出 版 人：段晓静
责任编辑：姚爱云　　　　　　装帧设计：张诚鑫
....
出版发行：时代出版传媒股份有限公司　www.press-mart.com
　　　　　安徽文艺出版社　　　　www.awpub.com
地　　址：合肥市翡翠路 1118 号　　邮政编码：230071
营 销 部：(0551)63533889
印　　制：安徽新华印刷股份有限公司　(0551)65859551
....
开本：787×1092　1/16　印张：29.25　字数：620 千字
版次：2021 年 7 月第 1 版
印次：2021 年 7 月第 1 次印刷
定价：78.00 元
....
（如发现印装质量问题，影响阅读，请与出版社联系调换）

版权所有，侵权必究

序：一曲明清交替大时代的才女悲歌

江小角

历史文化名城桐城，因文学史上的"桐城派"而名闻天下。提及"桐城派"，人们往往会联想到那些纵横有清一代文坛的须眉，他们可谓"名溢于缥囊，卷盈乎缃帙"。其实，还有大量隐藏在他们身后的闺阁才媛，也是"铮铮雅音与高行并传矣"。（潘江《龙眠风雅》）清人方于毂就说过，"彤管流徽，吾桐最盛"（《桐城方氏诗辑》）。明末清初的才女方维仪，无疑是桐城闺阁才媛中的杰出者之一。

方维仪是明末著名思想家、科学家方以智的姑母，对方以智的一生影响很大。但与今天已渐成显学的方以智研究相比，生活在距今350年前的她，生平事迹极其简略，诗集、文集、画稿等大量佚失，存世极少，且搜寻不易。这无疑是对传记创作的极大挑战。

总体看来，本书作者至少在以下几个方面下了很大功夫：

着力于史料之"真"。真实性是传记作品的"生命"，是现象与本质、合情与合理在作品里的逻辑统一。而真实性又建立在充分占有史料的基础上。面对史料匮乏的挑战，如何保证方维仪这样一个历史人物传记的真实性？好在这是一个前所未有的信息时代，理论上每个人都拥有全球的图书馆。作者不仅到各地实体图书馆搜寻史料，还通过网络爬梳了大量的文献信息，并借助微信与QQ等现代通信方式，与海内学人建立了广泛联系、寻求帮助，在此基础上，不断积累整理、钩沉索隐。加之方维仪又来自著名的桐城桂林方氏家族，这个家族与桐城其他著族关系密切，并延伸到县外乃至省外，诸多家谱、史志、诗文集等史料可以参考互映。作者还结合近年来学术界研究的新成果、新观点，反复考订，缜密分析，不断提炼，使得有关方维仪的史料日益丰富。我想，这大概正是作者能够战胜挑战的信心所在。仅举一例，书中在考证方维仪出生地时，涉及白沙岭连理亭以及桐川会馆，作者爬梳的史料极其丰富，通过层层演绎、步步推进，让读者跟随着作者的思路，如同破案一样，将一个又一个谜团解开，可谓言必有据，令人信服，也廓清了外地研究者因不熟悉桐城人文地理而产生的讹误。

着力于笔法之"巧"。文似看山不喜平。作者并不是平铺直叙地去记录人物的生平和事迹,而是善于运用艺术手法。比如本书开篇就以方维仪在清芬阁里的一个梦境来导引全书,而这个梦不仅是方维仪对从前的回忆,而且是对后来情节发展的暗示。紧接着就是其弟媳吴令仪的突然去世,以方维仪为中心的相关历史人物借此相继出场,并与天启时代的混乱时局联系起来。此后情节的推进,基本都是在延伸中回溯,又在穿插中往复,逻辑严密,结构紧凑,纵横开阖,扣人心弦。书中涉及崇祯时代的袁崇焕、阮大铖等有争议的人物,作者没有使用"面具化"笔法,也不采用当代现成的定论,而是让几个年轻人进行激辩来揭示当时的士人看法,并让方维仪在其中循循善诱地引导他们的家国观念,可谓别出心裁,使读者有身临其境之感。又如在破解方维仪家族及"桂林方"得名等相关谜案时,作者让书中人物自己来考证并得出结论,方维仪则将方氏的家风家训贯穿其中,来教育侄子侄女,这就起到了画龙点睛的作用。让历史的真相在人物的行为和意识、对话与转述中浮现,辅以作者的夹叙与夹议,以及读者受牵引参与考证和推理,来揭开个人悲剧命运与明清交替大时代相互交织的层层帷幕。于是,方维仪这个历史上的著名闺阁才媛,以及与其相关的诸多历史人物,都栩栩如生地出现在读者面前。

着力于情节之"细"。细节是传记作品的"血肉",有血有肉才能让所写的人物形象饱满、个性鲜明。作者坚持"大事不虚,细节不拘",十分舍得在细节处花笔墨。如写方维仪在弟媳吴令仪去世后,主动提出抚教几个幼侄时,人物的对话、神情、心理等方面,都刻画得十分细腻感人。在写到方大镇因忤奸党而辞职归隐时,方维仪与弟弟方孔炤带着少年方以智,驱车百里去浮山探望,这一章有方大镇与吴应宾的辩论,两个持不同学术立场的老学者,充满机锋的对话,写得极为生动有趣。值得一提的是,崇祯七年(1634年)突发的桐城民变是书中浓墨重彩的重大历史事件,但作者并没有全景式地展开这一事件的宏大与冲突的剧烈,而是重点刻画了方维仪与家人面对灾难来临如何应对的情景,也刻画了桐城士绅、百姓及乱民等各色人等的不同表现,通过细微的生活场景、人物的日常语言来表现曲折的情节、紧张的节奏以及丛生的悬念。类似这样的细节刻画随处可见,诸如方家延请塾师、方维仪主持诗社活动、方维仪循循善诱引导侄子侄女、方维仪流寓金陵和武汉时的生活,等等,作者都不遗余力地加强细节刻画。而这些细节往往交织着各种矛盾冲突,不仅是历史场景的鲜活呈现,还起到了推演人物命运转折的效果。

着力于人物之"情"。五代时的诗人徐铉说过,"人之所以灵者,情也;情之所以通者,言也"。作者对此领悟得很深,始终以人物之"情"作为贯穿全书的主线。一方面,以"亲情"为明线。重点写方维仪早年丧夫失女之痛,"哀哀呼苍天";中年因弟媳早逝,她既慈母一般照料侄儿侄女,又俨如人师,培养了百科全书式学者方以智;天命之年的她"白头逢世乱",千里流离,身历艰难战事和改朝换代,而亲人不是身陷牢狱,就是逃难他乡,父母、姐夫姐姐、侄子、侄女婿等至亲一个又一个地先她而逝,可谓"死别离兼生别离",真是不知经历了多少血泪之悲、剐心之痛。最后写方维仪悲壮的暮年时,有这样一幅画面:傍晚,斜入清芬阁窗户的几缕夕阳,依旧明媚温馨,也令人沉静。桌上有一幅字,在夕阳余晖里泛着斑驳的亮色,那是吴坤元写的《寿清芬阁姚太夫人八秩》诗。方维仪通过这首诗,感慨自己八十余年的岁月。书中写道:"她在意的当然不是吴诗的赞誉,却欣慰吴诗似乎是一幅写意的白描,简笔勾勒了她八十余年的漫长岁月。而她在此时仿佛成了自己生命的一个旁观者。"这刻画了方维仪的坚强以及"重义天壤间,寸心皎日月"的人生态度,也暗示其风采对后辈的深远影响。另一方面,以"才情"为暗线。方维仪是一个知文史、能诗歌、擅绘事、懂书法的才女,但她始终认为"女子无仪,吾何仪哉",不愿显露自己的才情。作者准确把握住方维仪这一性格特点,不是明写主人公的才情,而是寓"才情"于"亲情",寓"才情"于日常生活,通过环环相扣的情节来揭示一个深受家学熏染,年少即博得才名,却一生坎坷悲苦而又不愿向命运屈服的才女形象。比如,作者将方维仪所作的诗词歌赋与其日常生活细节相融汇,与教育侄子侄女相联系,与感时悲事相结合,就让读者不知不觉地感受到了方维仪的诗人形象。书中写方维仪的清芬阁里有一幅观音大士图,并在全书不断出现,既揭示了方维仪沉湎佛香试图忘却人间痛苦的心理,又点明了她书画艺术的精湛。写方维仪绘《罗汉戏狮图》时,表面上是她鼓励"愚者老侄"自我超越,实际上却有更为深刻的寓意。写晚年的方维仪重阳节去拜谒夫墓时,特别提及其诗句"黄花休笑未亡人":诗中用了一个"笑"字,可谓意味深长。这个"笑"字,是历尽沧桑后的旷达,也有将来面对夫君时,那种保持了柏舟之节而无愧无怍的坦然。

总之,《方维仪传》不惟谱写了一曲明清交替大时代的才女悲歌,还让人们从中观察到了当时的朝野风气、流行思潮、党社宗教、乡风民俗以及社会巨变下的人民苦难等。特别是一些史实考证多有突破,如书中在考证方维仪出生地时,也顺带廓清了方以智的出生地,深入揭示了城区"凤仪坊"和桐北"白沙岭"在桐城方氏家族崛起中的重要意义,以及方氏"连理亭"和"桐川会馆"创建的深远影响,同时还考察了城区方氏祖屋桂林第的独特传承规矩,其他世族与方氏在学术及婚姻上的复杂纽带关系等,这些都值得研究者重视。

(作者系安徽大学历史系教授、博导,安徽大学桐城派研究中心主任)

目录

序：一曲明清交替大时代的才女悲歌　　江小角／001

第一章　落花粉蝶伤春梦／001

忽然，群山冒起了股股浓烟，城市的四周火光冲天。烂漫的桃花、拂堤的杨柳刹那间都成了熊熊烈焰。方维仪跟着李姆姆疾步走出清芬阁，穿过远心堂。

第二章　呜呼悲歌不成曲／009

明代万历末期，中国历史上最早的女性文学社团——清芬阁诗社在这里诞生。岂料其中一人因病早逝，方维仪的坎坷人生又面临新的重大转折。

第三章　白沙名世有大贤／021

桐城北乡白沙岭，一位秀才时常往来于村庄之间。几十年后，这里发生了一件震惊四乡的奇事。而对方维仪和方家子孙来说，白沙岭是一片难忘的故土。

第四章　垂颜一诺抚诸英／035

少年即博才名的方维仪，时常悲叹"人世何不济，人生不如死"，却因这时的"终于一诺"，非同小可！她自己的坎坷际遇，也因此更加充满传奇。

第五章　吹光欲试青萍剑 / 044

那年正月,方维仪与夫君策马长安街观看上元华灯烟树;二月,于文华门参加新婚皇太子贺仪。正当她畅想着未来时,父亲却毅然告假归桐。

第六章　几番花落歌短檠 / 054

姐姐方孟式走后,方维仪心中生出莫名的忧愁。她第一次与父亲发生了争辩。这时,弟弟方孔炤风尘仆仆地由京华归来,她惊得说不出话。

第七章　空山高卧近逃名 / 066

虽是夏日,山外太阳炙热,山里却是清风习习。吴观我老先生转头对外孙方以智说:"将来你若有心,可泼墨写浮渡烟云一幅。"

第八章　寓兴泽园为远趣 / 077

"东林的县试与哪家的孩子结成一组?"方维仪问。雨后的南河,水比往日流得更急。方维仪放眼四望,很是满意,"泽园之名,正合吾意!"

第九章　旧日龙眠今不眠 / 087

方孔炤见儿子滔滔不绝,几次想斥责他,又不好发作出来,只得不停地向他使眼色。方维仪倒是觉得很欣慰,含笑鼓励方以智说下去。

第十章　莺啼燕舞清明天 / 098

"国之将乱,必出妖孽!"方维仪叹息道。方孔炤却笑:"看来何伯父想请吾父一起去学那陶渊明吧?"方大镇摇头:"仲氏所举佛陀静思一例,颇是神异。"

第十一章　千家绕郭唯流水 / 109

忽见林荫道的三岔口走出几位婷婷少女,中间的那位步态婀娜,脸如皓雪。方以智不由得呆了一下。那女子与女伴一起低头匆匆而过。

第十二章　仗剑时成风雨声 / 120

方维仪听着这帮孩子的争辩,一夜的担忧和气恼忽然就消失了。又听方子耀扑哧一声,脸上不由得就有了一丝笑意,一时竟也掩饰不了。

第十三章　忠臣节妇亦奇人 / 130

方维仪说:"遥想石塘湖畔,杏花扑帘入,桃花随流水,杨花似雪飞,竟是十分神往。"方子耀等几个孩子见仲姑与父亲都在卖关子,不由得掩嘴而笑。

第十四章　第宅高明巨贵家 / 142

"这神秘的族规究竟是什么?以前没听说啊。"急性子的方子瑛立即追问。孙临一听笑声,就知道方子耀、潘翟等人陪着方维仪来了。

第十五章　援琴慷慨不能忘 / 161

众人都迎将过去,却见方大镇已经走进了院子。方维仪看见父亲虽然已年近七旬,但精神还不错,走路步伐仍然很矫健。

第十六章　独卧清芬明月夜 / 171

但见南塘里连畴摇曳的荷叶,朵朵荷花亭亭玉立,风徐徐吹来,花香清幽扑鼻,让人怦然心动。方维仪回头一看,方孔炤带着方其义也来到了院子中。

第十七章　寥落蓬门鬓已斑 / 181

方维仪知道方孔炤最为关心的是两个儿子的读书,尤其是方以智三年大比在即,却偏偏好悲歌和交游,故在信中一再嘱其严督。

第十八章　焚香日日诵弥陀 / 196

奇怪的是,那连绵不绝的雨,天亮后居然停了。是老天也连续多日哭干了眼泪,还是以雨停的形式,向赵太恭人的辞世致以特殊的祭奠?

第十九章　留春莫遣余花落 / 207

　　方大镇病后再赴天马山。临辞家时,不免对孀居多年的女儿倍生怜悯。然而,方维仪此时最焦虑的,却是那几个处于自我觉醒、情绪又极不稳定的年轻人。

第二十章　高论无穷如锯屑 / 216

　　众人听了方维仪的表扬,正高兴着,却听她话锋一转,说出一段话来,都感觉头上仿佛被浇了盆冷水一般。方以智更加惴惴不安却又疑惑不解。

第二十一章　一线真机世不知 / 229

　　见众人议论纷纷,方维仪遂提高声音:"这让我想起去年十月半,五印寺松然大师赐吾一偈。"现场一时安静下来,而方维仪越想越凛然。

第二十二章　月照愁人欲断肠 / 243

　　虽然家中忙乱,方维仪好在还能忙中取静,以静事佛,以佛经安心,所以并不惧怕这烧烤式的高温。只是越来越担心在白沙岭庐墓的父亲的身体状况。

第二十三章　人生聚会光阴薄 / 254

　　"奇怪的是,今年的梅花怎么到现在还没开呢?"方维仪心下疑惑。众人说着,就安排了坐轿,往西郭三里冈而去。倪夫人似乎听出了方维仪的诗外之意。

第二十四章　当时文苑擅才华 / 266

　　"我看子耀这个赛文的提议不错呢。"方维仪的话刚说出口,众人就一致说"好"。方维仪在心里斟酌着,该怎样引导这些热血沸腾的年轻人。

第二十五章　空坐长歌叹沉寥 / 275

　　"吾侄何不趁此机会,将你新汇编的集子呈何如宠老学士求教?"方维仪鼓励侄子。她又想起那个烽火围城的不祥之梦,预感有一场山雨欲来的风暴。

第二十六章　朱门竟毁攻城后 / 280

"不得了啦！东门外大河床,突然有血泉喷涌而出啦!"廷尉第外不时有人叫嚷着,家中几个仆人也跑出门外,随着人群前往围观去了。

第二十七章　徙薪自恨亦焦头 / 290

坐在张秉文对面的光时亨立即站起来。他本来就对杨尔铭这个少年知县有些不屑,说出一通话来。杨尔铭终于忍不住了,气得猛地一拍桌子。

第二十八章　乡梦正劳新战地 / 301

方维仪再添一炷香。如果说从前殷勤上香是为了事佛,是为了避开世俗的纷扰,那么如今她每上一炷香,都是在祈祷早点回到日夜思念的故乡。

第二十九章　他乡岁暮悲风多 / 309

众人见是一首长诗,只是钟繇体小楷写得不似从前那样从容,而是多有顿挫、修改。可见,方维仪在写的时候,内心复杂的情绪交织。

第三十章　寄寓秦淮已作家 / 321

这一场病比从前生过的所有病都厉害,幸好有弟弟和侄子请医,有老母亲与李姆姆细心照顾。加上妹妹也常来陪着说话,方维仪的身体恢复较快。

第三十一章　长夜钟声清露冷 / 332

"国家势如累卵,却仍有沉沦门户之争者!"方孔炤慨然而叹。方维仪劝慰道:"也不必太悲观了。你说的那黄道周、卢象升等人,不都是铮铮君子吗?"

第三十二章　故人分散水潆洄 / 344

方以智与几位青年才俊挺立船头,甚是踌躇满志。方维仪与一班女眷坐在船舱里,窗外迎面而来的滔滔江水,让她感觉形势如"野雾迷山色"一样看不明朗。

第三十三章　但恨操戈因白杜 / 353

众人不由得都称赞了一番那龚县令。方孔炤更是将其与桐城知县杨尔铭相比。方维仪心里却忧道："密之在金陵，只怕又陷入旋涡了。"

第三十四章　江关闻道多豺虎 / 361

"弟现在最忧的还是济南形势啊！"方孔炤忽然又叹息道。方维仪不由得大为紧张："潜夫，如此说来，山东应该与那建奴激战了两个月矣！"

第三十五章　滔滔丹血欲沉沙 / 365

方维仪顿时感到整个屋子都在旋转，头突然涨得要炸裂，似乎那熊熊的炉火变成了漫天的烈焰，像可怕的恶魔，正张牙舞爪地向她猛扑过来。

第三十六章　须臾骸骨空断肠 / 378

方维仪觉得，邸报中那些令她眼花缭乱的形势，以及前方不断传回来的各种消息，仿佛一个又一个巨大的云团，不停地旋转着向她砸来、砸来……

第三十七章　唯有空林带落晖 / 388

香油坪之战，成为方孔炤人生的一个重大转折点。而大明王朝，一如带血的残阳，坠下了地平线。方维仪也从流离十余年的千里之外，回到了故乡。

第三十八章　浮云竟蔽古幽州 / 399

前线消息传来，武昌抚署内的家人惊魂失魄。方维仪仿佛看到，阮大铖那残忍的黑手，正在向侄子方以智等复社士子伸过去。

第三十九章　死别离兼生别离 / 409

方维仪这一生见惯了多少生、多少死！最剜心锉骨的是，侄子方其义也不幸早逝，时年不足三十岁。而长侄婿孙临马革裹尸于抗清前线。

第四十章　万劫长燃未成灰 / 419

"仲姊,吾近来颇为不安,只怕东林要出大事啊!"方维仪被梦中人语惊醒,为侄子方以智的命运寝食不安。方孔炤临终留下了一首带有隐示意味的遗诗。

第四十一章　黄花休笑未亡人 / 429

方维仪专门选择重阳节这一天去了城东北的鲁王墩。不久前,她画了一幅《罗汉戏狮图》,让人带给她的老侄方以智,他一定能从图中读出什么。

第四十二章　松筠差不愧平生 / 436

此时,天地之间,似乎仅剩下了落日、流水、沙洲,以及两个在翘首等待什么的白发老妪。她们的脸上平静坦然,方维仪的脸上还露出一丝淡淡的微笑。

附:方维仪年谱简编 / 446
后记 / 452

第一章　落花粉蝶伤春梦

1

哒哒的马蹄声由远而近。

很快，一匹雪白而高大的长鬃骏马进入人们的视线，它四蹄轻扬，像踏着云朵似的飘逸而来。马背上有两个年轻人，一男一女。

阳光如水。瓦蓝洁净的天空下，那由雕梁画栋、高墙丽宇组成的庞大宫殿群，愈加金碧辉煌，威严的华表直插云霄。

长安大道犹如一条笔直的大河，从几乎无边的宫殿群中喷射而出，仿佛还带有粼粼的波光。他们驾着那飘逸的云朵，就在这波光上轻驰。两边纷拥的人惊呼着，一律迅速后退。

紧接他们的后面，又飞驰而来一匹金黄色的高头大马，飘扬的鬃毛仿佛金色的火焰在舞蹈。马背上也是一对年轻男女。

嗒嗒，嗒嗒……马蹄声声，欢快而又明晰，好似踩着充满节奏的鼓点。

马背上的两对年轻人，青春的气息犹如芬芳的花气汹涌扑来。他们灿烂的笑容，云霞般鲜艳的彩衣与飞扬的马鬃马尾，都印刻在金秋的艳阳里，飞扬在长安大道的上空，伴随着阵阵呼啸而过的嘶鸣，引起两边拥看人群的惊呼和称赞。

正当她紧紧地搂着夫君的腰，享受着他春风得意、大鹏扶摇般的喜悦时，夫君轻拍一下马背，这匹轻驰的马，黑色的四蹄迅速腾空而起，华表、宫殿、纷拥的人群瞬间消失了，只有那长安大道，似乎变成了挂在天上的彩带。

却见一路迎面而来的，都是烂漫的桃花，间杂有鹅黄的拂堤垂柳。近处是潺潺的河水在阳光下泛着金色的光芒；远处连绵的群山，如苍龙一样，静静地卧伏在一座龟形城市的后面，好像在拱卫着一座千年古城——南直隶安庆府桐城县。

何以转瞬之间，从繁华京都回到了千里之外的故乡？她正满腹疑惑。

忽然，遍野响起撕心裂肺的哭喊声。她慌忙抬眼四望，却见群山多处冒起一股股浓浓的黑烟，古城的四周很快就火光冲天。烂漫的桃花、拂堤的杨柳刹那间都变成了熊熊的烈焰。面目狰狞的杀戮者,纷乱逃奔的百姓,鲜血淋漓的场面,顿时让她惊得魂飞魄散。

"快抱紧我!"夫君回过头来,声音低沉而有力,目光正好与她相接,显得格外地恋恋不舍。突然,他拔出长剑,双脚一蹬,怒吼一声,这匹雪白的马,立即淹没在浓浓硝烟中……

"夫君!姐姐!"似乎被烈火灼痛。她满头大汗,高喊着,猛地睁开双眼,惊慌地四处搜寻,然而眼前只是一片昏暗、静寂,偶有轻风卷起宽大的珠帘,几缕清冷的月光晃动着泻进来。

2

正是大明天启二年(1622年,壬戌年)的金秋时节。

秋雨初霁,轻风习习。半轮皎皎明月,朗照着如苍龙一样的连绵群山。这山就是龙眠山,山脚下即为千年古城——南直隶安庆府桐城县,时人常称其为山城、桐山。

城东沿河最大的居民区叫凤仪坊,又称凤仪里,第五甲有方氏大族聚居。其先世曾由广信迁鄱阳,又由鄱阳迁徽之休宁,宋末有方德益迁池口,再迁桐城凤仪坊,家与学宫为邻,数百年间人才辈出,可以说是群星璀璨、光耀寰宇,被称为"诗礼簪缨世家""江南华胄巨族",后世遂有"话到桐城必数方"之誉。

且说这一日夜间,方氏廷尉第清芬阁里,秋兰悄然吐蕊,幽香氤氲。一位面目清秀的女子,正手持书卷,倚北窗寂立,眺望着月光下的连绵群山,若有所思。

因方大镇是本朝大理寺左少卿,邑人即以汉代官名"廷尉"称其府第为"廷尉第"。清芬阁又称清芬堂,是这女子在娘家廷尉第的居室兼书斋,"清芬"二字乃是其仲父方大铉所题。

这女子松鬓扁髻,着装极是淡雅:上身是天蓝色对襟长比甲,内着素白袖衫,下身则是灰色布裙。她的面容看似平静,却隐有一番愁苦之色。

"早岁遨游燕与吴,长虹霹雳过龙驹。皇门世子垂双髦,陋巷颜生掩独枢。"此刻,这女子正举头望月,似乎仍在回味刚

方维仪小像　江虹画

才那一场惊梦,嘴里喃喃着这几句诗。

京华、吴越,以及那一段难忘的早岁芳华,已经很久没出现在她的梦境里了。可是,刚才何以又梦见与夫君,以及姐姐、姐夫,鲜衣怒马遨游于那两地?尤为费解的是,梦境中何以会有烽火围城?如此怪异骇人?

都说梦境预示吉凶。这骇人的梦境让这女子再也不能安枕,遂起立走至窗前。

3

次日一早,那清芬阁里的女子,如往常一样,虔诚地奉香、拜观音大士像,然后安然打坐、手捻佛珠、口诵佛经,一切都极有规律、有条不紊。

窗外石壁上,绿萝随风轻曳。身边的花架上,秋兰恬静,清香漫溢。花架的旁边是香案,香炉里一炷佛香正轻烟袅绕。

一幅观音大士像悬挂在香案正上方的墙壁上,显然是女主人自己最擅长的白描。以墨色线条简淡勾勒出的观音大士,头梳高髻,顶戴如意花冠,佩璎珞项圈,白裙流畅飘逸,几乎曳地,赤脚站立,左手托净瓶,右手扬柳枝,凤眼微启,虽慈祥若笑,却法相庄严。

左边落款是钟繇体小楷字,署曰:"皖桐姚门未亡人方氏维仪薰沐写。"同时还于下方盖有两枚钤印,分别是朱文印"清芬阁"、阳文印"名余曰仲氏兮字余曰维仪"。钟繇是三国时代颇有造诣的书法家,被后世尊为"楷书鼻祖"。

这则落款和两方钤印告诉人们,这女子姓方,名仲贤,字维仪。原来,她就是大名鼎鼎的明季才女方维仪。之所以名仲贤,却被称方维仪,乃是以字行。所谓"以字行",即以字代名。而其字则取自诗经《鄘风·柏舟》:"泛彼柏舟,在彼中河。髧彼两髦,实维我仪。"因为嫁的是姚家,故自谓"姚门方氏"。又因夫君姚孙棨早亡,回娘家守志清芬阁,所以自称"未亡人"。时人也称其为姚节妇、姚清芬。方维仪因才名早著,出身世家,被时人誉为"今之大家"。

所谓"今之大家","大家"二字,本是指东汉女史学家、文学家班昭。班昭出身文学世家,博学高才,十四岁嫁同郡曹世叔为妻。丈夫早逝,她守节如初。其兄班固著《汉书》,未竟而卒。班昭奉旨续写《汉书》。汉和帝多次召班昭入宫,并让皇后和贵人们视为老师,尊号"大家",意即"大姑",乃是古代对女子的尊称。故后世亦称班昭"曹大家"。

此时,方维仪的书案上,宣纸舒展,有数行小楷也是古朴的钟繇体。原来正是她新写的一首五言诗,墨迹未干,呈现点点亮色。墨香与佛香、兰香混合在一起,整个清芬阁香气清雅宜人。那首五言诗写的是:

北窗

绿萝结石壁，垂映清芬堂。
孤心在遥夜，当窗皎月光。
悲风何处来，吹我薄衣裳。

这首诗，显然是受昨夜梦境触动而写。她记得幼年时，与姐姐方孟式随父亲方大镇宦游，受父母影响，姐妹俩就喜欢吟咏唱和，时人称赞她们有"咏雪之才"，显然是以东晋才女谢道韫为比。

而今，对人到中年的方维仪来说，吟诗作画不过是消磨余生罢了。

4

"他仲姑！他仲姑！不好了！"

忽然，陪侍方维仪多年的女婢李姆姆闯进清芬阁。

仲，《说文》："仲，中也。"仲，指在兄弟姐妹排行居中。因为方维仪在三个姐妹中排行第二，且名为"仲贤"，所以李姆姆就跟着方维仪侄辈称其"仲姑"。方维仪的姐姐字如曜，因排行居首，故名"孟式"。《说文》："孟，长也。"

李姆姆慌慌张张地叫喊，让方维仪不由得大惊失色，想起昨夜的怪异骇人之梦，一种不祥之兆袭来，她顿感天旋地转，猛然跌坐在椅子上，手中书卷也啪的一声落到了地板上。

掉在地板上的那卷书，正是她这些日子一直在校对的书稿《田居乙记》，著作者为其父方大镇。

难道是京城邸报又到了？在朝为官的父亲不会出什么事吧？他一向廉正刚直，且潜心于研究和阐扬"性定至善"之学，除非受到宦官的无端陷害。这些年朝堂上分门别户、纷争不断，而宦官往往操纵时局、搬弄是非。方维仪和家人一直为父亲提心吊胆。

或者是性格果毅的弟弟方孔炤有事？他自从考中万历丙辰科（1616年）二甲进士以来，历任兵部观政、四川嘉定府（今四川乐山）知州，现正在福建福宁（今福建宁德）知州任上。他遵守父祖教导，为官忠直廉干，得罪了一些豪绅权贵。难道他遭到了权奸报复？

见方维仪一脸惊疑惶恐，李姆姆却不敢多言。

李姆姆越是不敢多言，方维仪越是紧张心慌。

方维仪跟着李姆姆，一路踉踉跄跄走出来。经过远心堂时，只见那些往日开朗乐观的家仆,此刻多是神情凝重或悲戚。

远心堂是廷尉第的正厅,乃是方家会客和举行家庭祭祀等重大礼仪活动的场所。堂正北的墙壁上,挂有北宋大画家李公麟的一幅《龙眠山庄》图,是方维仪临摹本,两侧有句曰:"高林散紫烟,列岫敞青天;坐茵分野鹿,鸣瑟应山鹃。"还有小字注曰:"王父明善公诗句""万历四十四年元日孙孔炤薰沐敬录"。明善公是方维仪的祖父方学渐。

此厅之所以叫"远心堂",乃是方学渐当年命名的,取陶渊明"心远地自偏"本意。陶诗的意境就是这样,千百年来,如汩汩清泉,一直在中国文人的心田流淌。明代中叶,与陶渊明思想在一定程度上相契合的阳明心学,逐渐崛起并盛行,方学渐是闻名四方的心学大师,却对阳明心学末流的空泛言论不屑一顾。所以,这里的"远心"真实寓意是,以家传"易学"来洗心,远离当时阳明心学末流的空泛虚无。

"仲氏啊,你可来了!"方维仪刚进入宁澹居——姚老恭人房内,母亲立即老泪纵横地抓住她的手。

姚老恭人乃本邑著名的布衣学者姚希颜季女,时年已五十八岁。近年来没有随夫方大镇宦游京城,而是在家主持家政。

"母亲大人,怎么了?"

"令仪,令仪她……"

方维仪顿时明白发生什么事了。

5

吴令仪噩讯传来,方维仪悲不能已。

吴令仪(1593~1622),字棣倩,乃是方维仪的弟媳、方孔炤的妻子,前翰林院编修、人称"观我居士"的吴应宾的次女。

方维仪突然忆起,当年方孔炤初任嘉定府知州,适逢"大计"考核优等,迁任福建福宁知州,曾携妻子经楚襄一路风尘仆仆地归桐探亲,做短暂停留。明朝对地方官员的考核叫"大计",对京官的考核叫"京察"。方维仪看弟弟正踌躇满志,也为他高兴,却发现吴令仪的脸色不太好,不免关心探询。

吴令仪解释说,因在嘉定生下第四个孩子不久,不意受到伤寒侵袭,一直没有恢复好;现在又经历这一番长途奔波,极为疲惫,大约是气虚吧。

方维仪听了就放下心来,以为她回归桐城,与家人团聚,且又得以见到娘家双亲和姐弟,必然身心愉悦,加上细心调理,用不了多久,身体定会恢复康健。

但年轻气盛的方孔炤,因初入仕途而雄心勃勃,又在"大计"中考核优等,颇觉春风得意,所以赴任心切,在家未过一旬,很快就决定携妻子南下。

吴令仪在出发前还是有些担心。她辞别方维仪时曾不无忧虑地说,几个孩子渐渐大了,自己虽然一向注意母教,但现在身体常常十分疲累,怕是力不从心。

方维仪当时对弟媳的忧虑并不太在意,只是好言安慰了一番。这几年,他们在福建福宁,弟媳与自己也时有飞鸿往来,诗书遥相唱和,并未提及身体有不适的状况。

其实,吴令仪随夫南下福宁后,旧病未愈,又因水土不服,身体状况一直时好时坏。方大镇乞休期间曾赴福宁看望,得知这一情况,为减轻儿子和媳妇的负担,还曾将大孙子方以智带回桐城。后得悉媳妇有所恢复,又将大孙子送过去。

谁知今年年初,吴令仪因风寒再染新疾,多病叠加,每况愈下,逐渐恶化……

"太恭人那里,你斟酌着禀报吧。"姚老恭人吩咐道。

"是,母亲。"方维仪一直强忍着的泪水,退出来时止不住一串串滚了下来。

太恭人是方维仪祖母,出自桐陂赵氏,乃是前均州知府赵锐先生季女,时年已近八十岁,住廷尉第崇本堂。此堂号乃是明善公当年在城构建新屋时所署,意思是"崇实为本"。

6

有家仆匆匆进来禀报:方孔炤一行已经到了白沙岭,待完成"起水"仪式后,再入城。

因担心祖母赵太恭人和母亲姚老恭人受不了突然刺激,方孔炤北归桐城之前,只是函报吴令仪身体不好。直到进入皖江境内,才派一名家仆先赴桐城送信报告实情,而他自己则带着一双儿女赶到县内白沙岭"起水",并再一次派人入城禀报"起水"仪式进程。

白沙岭,离城有三十余里,看起来就是一座普通的小山峰而已,然而它却是南下北上必经的官道。清代诗人黄景仁途经桐城前往六安时,经过这座小山峰,他就极为疑惑,写了首诗发问:"一丘一壑有佳处,何事作山当道路?"

白沙岭官道十分繁忙,每日南来北往的人马和征车数以万计,岭上的石头都被碾成了细碎的沙石,在太阳下泛着白色的光芒。黄景仁有感于此,意犹未尽地又写了首《白沙岭》诗:"岭头过征车,来往日万计。但碾石成沙,难平山作地。"将白沙岭的特征描述得淋漓尽致。而对方家来说,白沙岭的意义更为特殊,乃至吴令仪的"起水"仪式也要在这里举行。

按桐城当地的殡仪习俗,须在祖宗曾经生活过,并对家族有重要意义的地方,"起一口家乡的水"。这实际上是一种古老的祖先崇拜,视故里水源为生生不息的生命之源,让故去的人带着对先祖的感恩之情仙游,可驱邪,能解渴。

方家祖居地不是在城中凤仪里吗?白沙岭何以也是方家祖居地?这正是白沙岭最富有传奇色彩的地方。

李姆姆告诉方维仪,白沙岭当地方氏族人已妥为安排,"起水"点为白沙岭下的白鹤饮泉。而城中一切事宜已由叔父方大钦调遣,目前相关人员正在祠堂做最后的布置。

前几日的连绵秋雨虽然已经停了,但是此日这里的天空依然有些阴沉,白沙岭上一团团缠绕的雾气正在渐渐消散。

7

一支长长的殡仪队伍,伴随林立的白幡,沿着一条泥泞的林间小道,徐徐往前移动。以长号、唢呐声开道,锣鼓丝竹声为重点,具有桐城本地特色的"十番锣鼓",正有节奏地响着,伴着孩童断断续续的啼哭,听起来哀怨断肠。奇怪的是,却没有道士在前作势,而是由两位身着素衣素帽的礼宾先生导引。

道路两边是深深的秋草,虽然浩浩荡荡一路延伸,但大多已经整齐地倒伏,是那种秋风秋雨肆虐后的衰败之势。

礼宾先生的后面,跟着一对十岁左右的少年。男孩头戴麻布丧冠,身着孝服,双手举着白色的招魂幡;女孩头扎麻布条,身着麻衣,手执缠着麻布的竹杖。这对少年的后面,则是一位面容悲伤憔悴的素布道袍儒生,正是吴令仪的夫君方孔炤。

队伍行走到一湾足有两亩大小的水塘处停住了。这是由白沙岭脚下渗出的山泉积蓄而成的水塘,塘周边成片的芦花在风中摇曳,如飞雪一般。而白沙岭上的白沙,即使是阴天也一片澄亮;如果是晴天,阳光下的白沙会亮得更加耀眼。

因周边的葱郁万松所衬托,白色亮眼的岭头就像一只俯冲向水塘的仙鹤。或许这就是得名"白鹤饮泉"的原因,乃是白沙岭的又一奇异之处。这里至今还有一个村庄叫飞鹤村。也不知多少年了,泉水四季不涸,这泓澄如碧玉的水塘,是滋润这一带居民和田地的重要水源。

随着一声凄厉的长号,唢呐声、锣鼓声骤然停止,起水仪式开始了。

在两位礼宾先生的引导下,这对孩童由石阶缓步而下,到了水边,双双向水连连跪拜、叩首,丝竹声再度凄凄地响起。男孩弓腰端着一只白色的瓷碗,从水塘里舀起那清亮亮的泉水,倒入女孩正扶着的一个小木桶里。

这两个少年,正是吴令仪的长子方以智(乳名东林)和长女方子耀,两人分别为十二岁和九岁。他们凄凄哀哀地痛哭着,颤颤巍巍地在为母亲吴令仪"起水"。

值得一提的是,方家祖训中,对丧礼有诸多特别的规定,其中有"不得做佛事,不得用鼓乐,不得设斋醮"等十分严格的戒条。那么,吴令仪的丧礼是不是严重违反了方氏家训家规?

事实并非如此。由于吴令仪自幼随父信佛,又曾皈依过浮渡华严住持博山大师,所以丧仪中除了未请道士外,部分仪式还是遵循了佛事规则。此外,本地有些传承已久的民间习俗,比如"起水"仪式,也不得不遵循。

而且,方家还赋予"起水"更深层的意义,通过在祖先生活过的地方"起水",不仅向故里哺育生命之水源进行祭拜,更重要的是,通过这一仪式,向方家历代祖宗祭拜,以表达感恩之情、传承先德之意。

又是一声凄厉的长号,"起水"仪式结束。悲怆的锣鼓声再度响起。

伴随着哀怨的丝竹声、孩童时断时续的哀哭声,队伍在两位素衣礼宾的引导下,绕着塘堤向着一个有亭子的地方行进。

那是两座相连的斗拱、重檐的六角亭,上铺灰色竹瓦,有圆满端庄的颜体字署曰"连理亭",矗立于白沙岭东南边较为宁静的山腰,亭边有合抱粗纠结如一的两棵枫杞大树,成为这一带的标志性符号。

作为一种标志性符号,白沙岭连理亭可不是一般的亭子。它不仅于方维仪所在的方氏家族及桐城区域文化有象征意义,而且于明清学术史上的"泰州学派"也有重要一笔。

白沙岭连理亭　盛东桥画

白沙岭的山风呼啸而过,回荡的松涛、呜咽的泉水,与"十番锣鼓"声、孩童的哭喊声混合在一起,空气中弥漫着一种断肠般的悲怆味。

第二章　呜呼悲歌不成曲

1

犹如肝肠寸断,又像丧魂落魄。方维仪的头脑里总是盘旋着与吴令仪有关的一切,清芬阁里的佛香和兰香似乎再也闻不见。

她回想起十六年前,也就是吴令仪嫁入方家的那一年。

前翰林院编修吴应宾次女吴令仪,嫁给都察院两浙巡盐御史方大镇之子方孔炤时,正是万历三十四年(1606年,丙午年)金秋。

吴令仪初嫁过来时,年方十四岁,而她的夫君方孔炤十六岁,已是县学里每试必优等的生员。他们的婚姻算得上是门当户对。从两小无猜、青梅竹马,到走入婚姻的殿堂,他们幸福地憧憬着未来。

由于城中氏族差不多都有姻娅关系,所以他们的婚礼也成了这个小城全城的庆典,欢庆持续了一月有余。

现在,方维仪依然记得这一对新人,刚成婚的那些日子里,如花似玉般的灿烂笑容。

而且,她似乎还从记忆中他们那灿烂的笑容里,看到了自己与姐姐当年双双出嫁时的情景。那是万历二十九年(1601年,辛丑年)九月。姐姐方孟式二十岁,姐夫张秉文十七岁;她的夫君姚孙棨二十一岁,她自己十七岁,正是"颜如芳华洁如玉"的美好年纪。

婚礼仪式同样空前盛大,全城欢庆。由张秉文的祖父张淳亲自主持,方维仪的祖父方学渐高兴地致辞。这两个老先生,一个是前陕西布政使司参政,官声赫赫,正致仕在家;一个是名震皖江和东吴的布衣大儒,讲学四方,授徒无数。

两对新人婚后不久随即进京。一来,要拜见正在都察院监察御史任上的方大镇及母亲姚夫人。二来,姚孙棨父亲姚之兰、堂叔姚若水,包括同邑潘汝祯,也在这一年的三月高中辛丑科进士,此时正在京城"观政实习",方维仪正好随夫进京拜见公公及婆婆。

真可谓"喜上加喜",人逢喜事精神爽。他们这两对小夫妻到了京城,每一日广袖漫卷、畅游京华,鲜衣怒马长安道,披襟长啸快哉风。次年二月,方大镇、姚之兰还带着他们四人在文华门观摩了皇太子的婚礼庆典。

当方维仪还时常在梦中,浮现当年"并辔燕市,扬榷风雅,欢相得也"(张秉文《清芬阁集序》)的一幕,时光已如绕城而过的桐溪水一般悄悄流远,他们姐弟的命运早已是天壤之别。

姐姐方孟式婚后不久,姐夫张秉文就高中举人,很快又喜摘金榜,官秩也不断迁升,姐姐一直随夫宦游在外。

而弟弟方孔炤也于五年后大婚,不久高中二甲进士,携妻子出守一方。

可是,方维仪的夫君姚孙棨,尽管"生而沉静颖敏,才思泉涌",却在婚后第二年不幸因病逝世,一个遗腹女抚育才九个月就突然夭折。

"常坐清芬堂,花月照窗北。"自十八岁回娘家清芬阁寡居守志以来,方维仪原以为,这漫长的余生,或许就是在无边的花寒月冷、断肠幽怨里默默地度过。幸亏弟媳吴令仪的到来,与自己朝夕相处,诗文唱和,从未有过愠色,才让她觉得这岁月不只是落花风雨的伤春,也不只是杜鹃斜阳的凄恻。

然而,光阴太易迁,人世总无常!

如今,那么善解人意的令仪,却在最好的年华里撒手西归。从前两对年轻人策马并辔京华长安街的情景,与弟弟新婚时的场景,就这样一直交错迭现于眼前,总是挥之不去。这种悲痛欲绝的回忆,总让方维仪神情恍惚,有时几乎晕厥。

2

此时此刻,晨凉如水。

清芬阁内,方维仪与堂妹方维则、吴令仪的姐姐吴令则等人,一大早就聚在一起,商议着撰写祭文、挽诗、挽联。

"令仪的灵柩目前还在途中,吾弟孔炤一行,应该正在准备出发回城了吧?"方维仪与众人说着,却没有用她惯常喜写的钟繇小楷字,而是用颜体小楷,庄重地写了挽诗《思吴宜人》:"十年黻佩阁,相对坐春风。刺绣双花巧,观书一案同。赏心明月静,礼佛法王空。今日都萧索,秋霜落故宫。"

诗中提及的"黻佩阁"在廷尉第的东厢,乃是方孔炤、吴令仪的卧室兼书斋,旁边有一个小园,吴令仪将其命名为"黻佩园"。吴令仪除了随夫宦游有六年在外,至少有十年的时光是与寡居娘家的方维仪常在一起的。

方维仪的挽诗,回忆了那些与令仪相对而坐、如沐春风的日子,她们一起刺绣,

第二章 呜呼悲歌不成曲

一起弹琴,一起看书,一起赏月,一起礼佛。如今呢,令仪究竟何往?为何只剩下这萧条寂冷的秋霜?

吴令则接过方维仪的笔,颤抖着手,也以颜体在《思吴宜人》诗后,接着写了《挽令仪妹》:"延陵怀礼乐,家世赡诗书。溪径对窗牖,山花满庭除。绿轩衣缡缡,叠翠佩舒舒。此恨凝朝露,溘然归楚墟!"诗中的"延陵"是吴氏郡望,"绿轩"和"叠翠"都是吴氏城中宅第里的楼阁。

"怎能不想起,曾与令仪妹相拥叠翠楼,相携绿轩里,诗文唱和、绘绣龙眠的那些日子?却又如何面对你溘然长逝、已成永别的今后日日夜夜?痛哉!哀哉!"吴令则放下笔,忍不住失声痛哭。她的诗里满是回忆,满是痛惜。

吴令则乃吴应宾长女,嫁同邑生员何应琼,因婚后一直无子,遂为丈夫广蓄媵妾,唯愿丈夫"占服媚",她自己则甘心做一个虔诚拜佛念经的居士,时常回到城中的娘家,与礼佛参禅的方维仪、方维则以及妹妹吴令仪等人吟咏唱和。

"令仪自嫁入方家以来,与我等师事清芬阁,词翰甚美。如今她撒手西归,我等肝胆论交者,从此少一人,岂不痛哉!"方维则红肿着眼睛轻声啜泣。她接着在吴令则《挽令仪妹》诗后,同样以颜体提笔写了《哀令仪》:"朔风何太急,润户偃秋兰。凉气生隅坐,愁人多苦寒。天涯孤梦去,陋阁一灯残。数点蒹葭露,浑疑泪眼看。"

方维则乃是方大镇仲弟大铉之女,因排行第三,故名"季淮"。维则是她的字,她与方维仪一样,也是以字行。而维则亦源于诗经《大雅·烝民》:"仲山甫之德,柔嘉维则。"她的境遇与方维仪的情况类似,十四岁嫁给同邑生员吴绍忠。吴绍忠的曾祖吴檄、祖父吴自峒相继中进士,城西大街有"父子进士"牌坊,可谓一门显赫。可惜的是,吴绍忠不幸卒于万历丁未(1607年)六月,此时方维则年才十六,一子夭折,公婆不久又去世,她的大量时光,是常与方维仪相伴相依,以诗词琴弦和佛香熬煎每一个日夜。

这时,站在吴令则身边的一位年轻女子凄凄地说道:"请几位长辈节哀保重!侄女也为吾小姑吴宜人献上一首祭诗。"只见她含泪拿起笔,在方维则的诗后,接着写了《祭方姑》:"闺中方啧啧,玉树复森森。曾慕三朝贵,今悲五字吟。断肠惟梦蝶,回首独携琴。靴佩才生别,霜风泪满襟。"

原来,这女子是吴令仪的侄女吴坤元,字璞玉。她乃是吴应宾的侄孙女,吴道谦之女。她虽然称呼吴令仪小姑,年纪却只比吴令仪小六岁。

"清芬姐姐啊,吾替令仪妹妹多谢您这些年来的照顾了。"吴令则的声音犹断肠一般。

清芬阁是方维仪的书斋兼居所,也叫"清芬堂"。吴令则等人有时就敬称方维仪为清芬姐姐。时人也常以"清芬阁"来代指方维仪。

3

当方孔炤扶柩归来,他的几个子女由于一路号啕痛哭,进城后嗓子都几乎嘶哑了。两岁的幼子方其义由奶妈抱着,此时刚睡醒,睁着大眼好奇地四望,尚不懂失去母亲的悲哀。

因方家有禁止"佛事"和"鼓乐"的族规,所以吴家安排的"十番锣鼓"殡礼仪仗队到达城门口即撤去,换由方家安排素衣打扮的儒生司仪,带一队儒童仪仗引领,按儒礼从城门东作门外,经东大街,将吴令仪的神位和灵柩接入方家祠堂。

等候在方家一本堂祠堂门外的方维仪等人,见几个孩子如此凄惨可怜,都抢着上前抱住他们并大放悲声。姚老恭人、陈姨娘扶着赵太恭人,也来到了祠堂。两位老太太又是抚摸扑在怀里的长孙方以智,又是抱抱幼小的孙子孙女,老泪纵横。

因赵太恭人年事已高,姚老恭人这一年没有随方大镇进京。根据方大镇的安排,其侧室陈姨娘也留桐协助照顾赵太恭人。方大镇由都察院贵州道御史改任京畿道,接连升任大理寺右丞、大理寺左少卿,重任在肩,无法离京,另一位侧室诸姨娘仍随侍在他身侧。

在司仪的导引下,男孩方以智将母亲吴令仪的神位安放于祠堂正厅与大门相对的神台上。神台之后即是吴令仪的灵柩,以写有大大的"奠"字的黑边白幔隔开。神位两边,早已分别摆放有紫色的酒壶与茶壶各一个。神位前,置有香炉一个。香炉两边,分别是三个紫色酒杯与三个紫色茶杯。香炉前,左右各燃有一支白色粗烛。此外,还摆有果品以及鸡、鱼、肉等三牲供品。

由一位司仪引导,先是男孩方以智及女孩方子耀,牵着妹妹,依序奉香,并于拜席前,向吴令仪神位跪拜,然后跪在抱着方其义的父亲方孔炤身边。接着是吴令仪的平辈方维仪、方维则、吴令则等亲友相继奉香、行拜礼。方孔炤率子女在一边答谢。

两边列队的儒童轻声地、缓缓地齐唱:"蓼蓼者莪,匪莪伊蒿。哀哀父母,生我劬劳。蓼蓼者莪,匪莪伊蔚。哀哀父母,生我劳瘁……父兮生我,母兮鞠我。拊我畜我,长我育我,顾我复我,出入腹我。欲报之德。昊天罔极……"

最后,吴令仪的长辈依序从神位前走过,合掌、闭目,向神位行哀礼,诉说怀念等。有人痛哭失声,有人不忍离去。两边列队的儒童又轻声齐唱"薤上露,何易晞!露晞明朝更复落,泉台何故急催促"!

吴令仪同辈亲戚及闺中好友陆续送来挽联和祭诗祭文。挽联有"无端寂寂虽归月,三十匆匆已出尘""西风忽报伤逝水,朝露俄惊叹落花""执手歧路,宝剑化龙归碧落;伊怀永伤,姮娥骑鹤赴瑶台"等。

其他来悼念的人士也是络绎不绝,又以族人和邑中有姻亲关系的家族最多。

方孟式虽然随夫宦游在千里之外,接到由福宁寄达的讣讯后,也将诔文快寄回桐:"吴宜人,太史公(即吴应宾)仲女,吾弟淑配也。美善于归,宜室宜家。名香闺秀,善事公姑,曲得欢心,克相夫子,以永令誉。至诗字琴画、刺绣酒浆,出其余力,种种精绝。余比昵十六年,两心莫逆……壬戌桂月,惊闻仙逝,盈盈一水,竟成永别。涕泪无从,肝肠尽碎……"

方维仪看着肃立在一边悲戚不已的方孔炤,不由得想起吴令仪的《寄潜夫夫子》诗:"君去觅封侯,金闺第一流。文成知虎豹,价重聘骅骝。诗思春归锦,乡心月在楼。素琴随彩鹢,忘却捣衣秋。"方孔炤原名若海,字潜夫,所以吴令仪称丈夫"潜夫夫子"。

那是当年方孔炤入仕之初,独自带了书童远赴四川嘉定任知州,出门刚一个月,令仪常带孩子与方维仪相伴在清芬阁里,随手写下这首思念夫君的诗。

在吴令仪的眼里,那明月仿佛是一叶彩色的小舟,能将自己千回百转的深情思念,以及热切的盼望和美好的祝福,带给远方的夫君。吴令仪的诗大多遗失了,留存的诗虽少,但读来常让人感觉想象奇特而又浪漫。譬如这首《寄潜夫夫子》,即便在今天的读者看来,也不能不脑补童话《月亮船》那美好的画面。

方维仪想到,这么多年来,令仪与丈夫心心相印、琴瑟相和,其贤淑忠孝、内助勤勉一直为人所称誉。而今,弟弟痛失贤妻挚友,他岂不心如刀绞!

4

祭奠仪式持续进行,到了第六天。

待众人陆续奉香拜祭之后,在司仪引导下,方孔炤立于神位前,嘶哑着嗓子无比哀伤地读《悼亡妻》:"吾妻令仪,淑慎就养,得亲欢心。依太史宫谕(即吴应宾)之训,雅怀道种,亦解禅偈,亦诵悟真。喜摹钟卫,句勒长短,克称馈职,而不妨彤管。溘兮朝露,率尔北舆。聊拟潘情,莫将荀痛……时壬戌阳月也。"

所谓"雅怀道种,亦解禅偈,亦诵悟真",即指吴令仪受其父吴应宾影响,曾皈依博山大师,平素参禅拜佛,诵读佛家经典。所谓"喜摹钟卫,句勒长短",钟卫分别是指三国时期书法家钟繇,以及晋代女书法家卫铄,史称卫夫人,这是赞扬吴令仪的书法艺术。句勒长短,是指她善为诗文。

方维仪扶着吴令仪的灵柩,闭着眼,听着弟弟无比悲伤的哀诗,任由泪珠不断滚落。想着自己早年丧夫夭子,如今情如胞妹的弟媳吴令仪又不幸英年早逝,这人生何以如此无常!

"东林吾侄，你过来。"方维仪听见侄子方以智哑着嗓子哀哭，又见他浑身颤抖，大概是听了父亲的悼文，更加悲痛难已。她连忙走过去，握住他的小手，将他拉到一边。

"吾侄切勿过度伤怀！你还记得先祖明善公嘱你'长大磨铁砚'的遗训吗？"

方以智噙着泪点头："仲姑，孩儿记得！"

"吾侄自幼聪敏好学，人皆称你千里驹也。"方维仪帮他揩去泪水，"你一岁就能画字，五岁即知文史，八岁尤喜物理，十岁更好击剑，如今已十二岁，不久就要束发了。家中长辈尤其是你母亲，对你期望甚高矣。"古人一般十五岁束发，意味着成童，可以参加童子试了。

这个方以智，后来成了传奇人物，今人称他为旷世奇才，是中国17世纪百科全书式的大学者，其思想地位与清初王夫之、顾炎武、黄宗羲并称。他在八年后的崇祯二年（1629年）冬，为仲姑方维仪《清芬阁集》写了一篇跋文，文中提及方维仪"自丙午岁（1606年）与余母朝夕织纴以下俱共事，殷勤之余，时或倡咏，伯姑间归而和之，闺门之中雍雍也"。

方以智这几句话，大有玄机。因为在一定程度上，揭示了可能是中国最早的名媛诗社的秘密：明代万历末期，几个来自世代书香门第、显赫官宦世家的才女，因缘际合，聚到了一起，组建了一个有文学社团性质的组织——清芬阁诗社，"以文史为织纴"，在中国古代女性文学史上，发出了一道独特而绚丽的光芒。

5

方维仪擅绘事，侄子侄女后来也都受仲姑熏陶而成为丹青妙手。比如她最喜爱的侄子方以智，后来在绘画上也卓然有成，形成了自己独特的风格，今犹有四十余帧绘画作品存世。假如方以智留有一幅记忆中的《清芬阁诗社雅集图》，那画中的人物，除了其仲姑方维仪外，必然有以下几人：

首先是方孟式。她是方维仪的姐姐、方以智的伯姑，家居城南的阳和里涉园。而东郊乌石冈又有方家陪嫁的小东皋园林，园林里有她的纫兰阁。不论是留守在家，还是随夫宦游，方孟式与妹妹方维仪、弟媳吴令仪等人一直诗词唱和不断。她工诗善书，有《纫兰阁集》前后集八卷，又有诗集十四卷。其诗典雅而工，情思细腻，绝无雕琢做作痕迹。清初女诗人王端淑《名媛诗纬初编》选其诗二十一首，并题评云："其诗规画古人处，不无拘拟，然浑洁方正，非复香奁中物。"

其次是方维则。她是方维仪的堂妹，方以智称她为季姑，著有诗集《茂松阁集》。她虽然独守城西吴氏"父子进士第"中的茂松阁，但大量的时间与方维仪在一起，是

清芬阁诗会　江虹画

清芬阁诗社"时或倡咏"者之一。《名媛诗纬初编》选其诗六首,编者评论曰:"伦仪确至,实造化鬼神所惮,朔风诗清迥,非凡调所到,诗传人,人传诗,两者均有之矣。"方维则有一首诗《宿姚清芬阁》可以为证:"连榻不成寐,长天不肯明。入帘疏月影,高枕远风清。香气静生室,禅堂空拂云。相依能白首,古学自然成。"

再次是吴令仪。她是方以智的母亲,吴应宾仲女。自从万历三十四年(1606年)嫁到方家后,与方维仪朝夕相处,"时或倡咏"。她虽然"溘兮朝露",仅在方家生活了十六年就英年早逝,生命如朝露一样短暂,清芬阁诗社却因为她嫁到方家而得以成立。她"师事清芬阁,词翰甚美",以方维仪为师,留有《繖佩园壶稿》遗著。《名媛诗纬初编》选其诗十首,编者评论曰:"方夫人诗高老如鸡群之鹤,木群之松。"

还有吴令则。她是吴令仪的姐姐。幼从父吴应宾学诗,博通经史,诗章明绚,声调婉丽,著有《环珠室集》二卷。《名媛诗纬初编》选其诗一首,并评论曰:"然七言一律不特风雅,亦征温淑,如此立念设想,可追风一脉。"由于一直无育,吴令则遂为夫君何应琼广纳媵妾,自己则一心虔诚向佛,常回城居于娘家,与同样礼佛的方维仪、方维则三人成为诗社的"铁三角"。

方维仪还有个幼妹方令德,方以智称四姑。方令德与吴令则是姒娣关系,其夫君是何应琼的弟弟何应璿。但因她年仅十四就出嫁一百里外的东乡,又育有四女一子,因此很少有暇归来参与清芬阁诗社雅集,算不上诗社成员。

由此可见，以方维仪为中心的清芬阁诗社，其成员主要是方氏姐妹与吴氏姐妹，被称为"诗坛五姊妹"。但仔细考察，诗社的外围成员应该还有方维仪婆家弟媳倪夫人等妯娌，她们的晚辈如潘翟、吴坤元、姚凤仪、方子耀、方子瑛、方御等，渐次长大后也逐渐参与进来。方孟式曾有诗记载她们聚社于清芬阁雅集的情形："忆昔春深日，清芬阁聚群。连枝夸咏絮，携手看停云。卮酒寒花艳，离亭落叶纷。谁怜孤影寝，残焰冷秋雯"。（《幼兰阁诗集》卷七《怀孀妹》）

6

与历史上的女诗人结社相比较，清芬阁名媛诗社至少有以下几个鲜明特色：

首先，以诗文为织纴。她们不以务女红为己任，从纺织、刺绣、缝纫等传统的妇功里解脱出来，像文人一样读书赋诗、挥毫泼墨。方以智在跋文里特别强调的"雍雍"二字，乃出自《诗经·周颂·臣工之什》的一篇《雍》。这是先秦时代，为周天子祭祀宗庙毕撤去祭品时所唱的乐歌。其中有这样的句子："有来雍雍，至止肃肃。相维辟公，天子穆穆。"意思是，客人和悦心舒畅，严肃恭敬到庙堂；诸侯公卿来助祭，天子仪容很端庄。可见，方以智用"雍雍"这样的词来形容清芬阁诗社成员间的唱和，既描写了她们互敬互爱的和悦氛围，也表明她们的唱和是郑重其事的，应该有一套可执行的诗社规则吧。

其次，成员都有传世作品。清芬阁诗社成员都是通经史、工诗文，兼擅书法绘画，她们的作品或"音格高娴，沉着痛快"，或"清新婉丽，神骨秀绝"，且都有诗文集和画册传世。诗社成员之间还相互为诗文集作序。尤其是方孟式有编选付梓诗文集的自觉。她随夫宦游，纳交名媛，视野开阔，曾说："余抱病适志，小有积什，附游豫章，闽、粤山水奇胜。"并督促不愿以才学扬名的方维仪编印诗文集。王士禄《宫闱氏籍艺文考略》《燃脂集》、康熙《御选明诗》、朱彝尊《明诗综》以及《江南通志》等重要典籍，均选录了清芬阁诗社成员的诗词。

再次，有杰出的领袖作家。清代学者朱彝尊在其《静志居诗话》里这样高度评价她们："龙眠闺阁多才，方、吴二门称盛。夫人才尤杰出。"夫人即方维仪。这是对方维仪才学的充分肯定。《名媛诗纬初编》认为方维仪"庭不留春风霜满户，山川草木悉成悲响，天地间何可无此人"。为了"扬其节烈，爱惜才华"，而选编了方维仪诗二十首，认为其作品"愁音苦绪，读不能竟"，充满了那种孤寂清冷的意象，无法排遣的苍凉，以及悲慨苍劲的汉魏风骨。

同时，在文学史上的地位也是突出的。近代著名文学史家梁乙真也评论道："明之季世，妇女文学之秀出者，当推吴江叶氏，桐城方氏……而方氏娣姒，亦无不能文诗,其子弟又多积学有令名者。故桐城之方,吴江之叶,自后尝为望族,不仅为有明一代妇女文学之后劲也。"

可见,清芬阁诗社在明季文学史上的地位并不一般,而方维仪在诗社中处于主导的角色。她还在吴令仪的协助下,编著了《宫闱诗史》,分正、邪二集,集古今女史诗作成编,以昭明女子才华,批判淫靡之声。这在历史上开创了以女子眼光编评古代女诗人作品的新视角。清末马其昶在《桐城耆旧传》中评曰:"君子尚其志焉。"

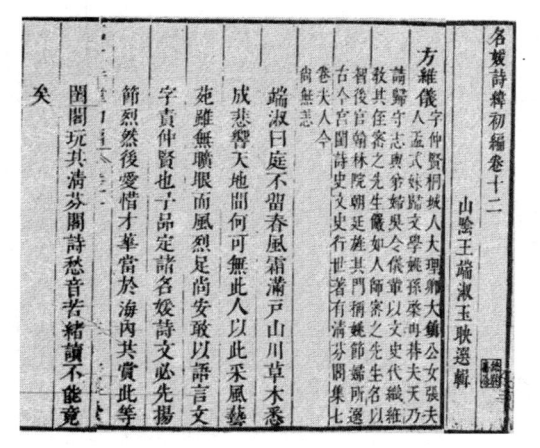

山阴王端淑《名媛诗纬初编》评方维仪诗

在清芬阁诗社中,方维仪不仅"上下古今,娓娓成章",文学成就最高,书法绘画也渊源有自,十分出色,被时人"咸捧如宝"。时人称其"白描大士,不亚李公麟"。她所著的《楚江吟》《归来叹》等诗集,一洗铅华,归于质直。方以智后来将其汇为《清芬阁集》八卷。

"嗟夫!女子能著书若吾姑母者,岂非大丈夫哉!"方以智在《清芬阁集》的跋文中如此感叹。在方以智眼里,尽管自古"女子无才便是德",但他的仲姑母方维仪有不俗志向,能著书且工绘画,的确称得上"大丈夫"。

7

方孔炤岳父吴应宾老居士,派人来方家询问:丧仪是否做佛事?

面对老居士郑重其事的垂询,方孔炤不免有些犹豫不决。

老居士,号观我,所以人们又称其"观我居士"。他虽然一向倡导佛儒道"三教合一",却援佛入儒,以儒护佛。他因眼疾从翰林院辞职归来,在南城墙之外清溪原野间创建了五印寺,又与族人在全县倡募恢复东乡浮渡山华严道场。吴令仪自幼受父亲影响也崇佛信禅,曾积极捐金支持父亲修复倾颓已久的浮渡华严寺。

方孔炤对儒、佛、道三教秉持的是开放包容的胸怀,但先祖有规定,方家重儒,丧仪不得做佛事。祖父明善公方学渐、父亲廷尉公方大镇都是纯儒学者,还特别制定有严格的儒训家礼。

方维仪知道弟弟有些为难,遂请示了母亲姚老恭人。

母亲姚老恭人立即制止说:"遵照吾家祖训,不宜做佛事。"

"可是,既然吴家提起来了,我们是否……"方维仪回娘家寡居以来,每日奉香事佛,而吴令仪是皈依佛门的居士,所以她与弟弟方孔炤一样,内心还是希望为吴令仪做佛事的。

姚老恭人不待她说完,就断然摇头否定:"仲氏啊,你难道不知当年你父不准为明善公做中元佛事吗?"明善公即方维仪的祖父方学渐,其门人私谥其为"明善先生",故称明善公。

母亲的反问,让方维仪突然想起万历乙卯(1615年)中元节的事。

那时,祖父方学渐去世不久,父亲方大镇正远在百里之外的江滨松门岭庐墓。家人在盂兰节之前送信给方大镇,询问是否为方学渐做佛事。

方大镇连忙回信制止。他在信中说:"先君七十六年不佞佛,今身后致之佛,大非其志。"如果晚辈们一定要做盂兰节,那就是"非所以明孝也"(方大镇《荷薪义》"中元佛事")。

想到这,方维仪不免有些愧疚,遂收起了为令仪做佛事的心思。

方孔炤想了一会儿,答道:"父亲在京都,仲父已于五年前仙游,只有请族长和叔父做主了。"仲父即方大铉,叔父即方大钦,是方大镇的两个胞弟。

很快,叔父方大钦传话:"已与族长商定,遵明善公遗训,不得做佛事。其余可按家礼和本地习俗来办。"

方孔炤遂将叔父的话,回了岳父吴家。

值得一提的是,方家居于东城凤仪里,吴家、张家都居于南城阳和里。三家祖祖辈辈往来密切,更有回还往复的姻娅关系。如方维仪与丈夫姚孙棨就是表兄妹,而方孟式与张秉文是自幼定的娃娃亲。当方孟式六岁的时候,张秉文才三岁,秉文的祖父张淳正在福建建宁知府任上,千里遣使回桐城,为两个孩子定了亲。

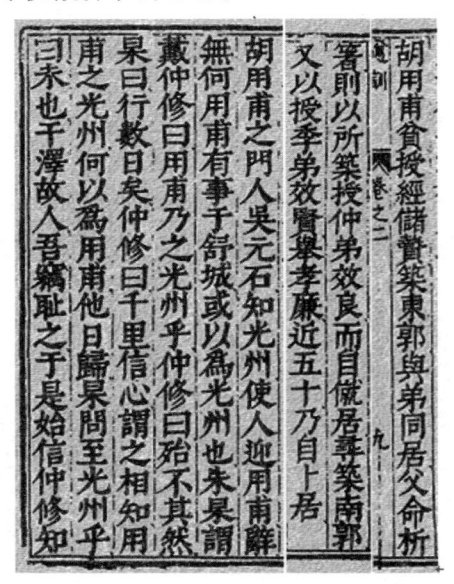

而吴令仪的祖父吴一介(字元石),方维仪

方学渐《迩训》载胡效才和吴一介等事迹

的祖父方学渐,曾经都是邑名贤、东门胡氏胡效才(字用甫)的学生。胡效才也是当世名儒,《道光桐城续修县志》说他"怀高识,历希圣之志,四方从学者众"。胡效才的女儿就嫁给了吴一介的儿子吴应宾。

这些家族之间,通过缔结姻娅网络、世家道谊,在家风家学上相互影响,共同激发忠义,鼓励节气,不仅结成了学术上相互扶持、相互提携的纽带,提升了家族整体文化素质,而且客观上造就了人才密集的绝对优势,促进了桐城区域文化中心的形成,成为明清时代地域文化中极具特色的桐城现象。

8

祭奠仪式到了第七天,阴云沉沉,龙眠山松风如号,桐溪水含咽似泣。

方家一本堂总祠堂。在司仪的引导下,由方维仪、吴坤元协助方子耀,以白沙岭请来的水,为吴令仪进行了"沐浴"之礼。礼毕,随即封灵柩。

在族长宣读过悼词之后,方维仪代表平辈亲戚,于吴令仪灵柩前,颤抖着手,捧读《祭令仪》悼文:"吴宜人……淑慎慈慧,孝友谦恭,能咏诗,通经史,治家有节。内则礼兴,孝翁姑,敬夫子。育子女,以孝弟之道训焉。壶庭和睦,上下相欢。而姑嫂之间,其以道义笃爱,尤倍寻常。岂特世所罕见哉?……"

方维仪读的这段话,既写出了吴令仪的"淑德",以及她的才华,赞叹"岂特世所罕见哉",还写出了十多年来的相处中,对这个弟媳妇兼闺密的由衷喜爱,同时又饱含着对其不幸早逝的无比痛惜。

读着读着,方维仪泪光蒙眬中,无数的往事变得格外清晰起来,都是这十多年来的"雍雍"之景:清芬阁里,吴令仪与她们一起,或潇洒挥毫,或悠悠抚琴,而身边的兰花在恬淡地摇曳,翡翠般的龙眠雨前茶雾气氤氲,观音大士像前的佛香缭绕,与淡淡的墨香混合在一起,仿佛一城清香正由此弥漫开来……

方维仪透过泪眼,还依稀看到当年,吴令仪初嫁方门不久,就拜她为师。那时她们经常一起漫步小城,跨过桐溪塥,走过桐溪桥,迂回到高大的东作门,从其五世祖方法的忠烈坊下穿过,再沿着东门大河绣衣堤缓缓而行。这时,东郭的新柳已经暗下河梁,泗水桥下的芹田郁郁青青。

即使吴令仪随夫宦游在外,她们之间的唱和也随鸿雁往来不断。比如,方维仪有一首《寄娣吴夫人》:"闽山多瘴气,来往烟云隔。千里思皇皇,空望南天白。别久易罗襦,鹧鸪鼓春翮。向来窗前梅,于今高数尺。"这是寄往福建福宁的,关切之情跃然纸上。

而吴令仪也写了《遣怀》诗以寄:"几树孤村外,空船倚暮云。风来衰草色,日去荡潮纹。群雁江边语,凄猿雨后闻。无端钩月小,人影各单分。"又如她的诗《呈姚维仪姑姊》:"与姑为伴十年余,胶漆金兰总不如。忆得峨眉山下住,相思惟有一双鱼。"思念之意密密匝匝。

山阴王端淑《名媛诗纬初编》评吴令仪诗

　　方维仪眼里逐渐长大的，比自己小七岁的可爱的弟弟，她眼见着他牙牙学语、蹒跚学步，眼见着他入塾、童子试，眼见着他结婚、生子，乡试、中举、成进士，年纪轻轻就主政一方，又眼见着他们恩爱的小夫妻出双入对，芳气同馨、兰芷馥郁，曾经的一切都是那么美好！方维仪曾在心里无数遍地祝福他们："愿同黄鹄飞，千里遥相逐。"

　　可是令仪早逝，从此之后，弟弟的身边少了一份温雅柔情，姐姐们的眼里少了一份琴瑟和鸣。这真是"东风不肯留春住，啼痕终日湿阑干"！

　　丧仪最后，由司仪引导，方孔炤率子女再拜告先祖及各路神灵：亡者途中，请予保护和方便。吴令仪的灵柩，也按本地"先厝后葬"的传统习俗，暂厝在南薰门外五印寺观音殿后，拟过几年再卜地而葬。

第三章　白沙名世有大贤

1

也许在当今人们眼里,白沙岭不过是桐城北乡崇山峻岭中的普通一座。正因为如此,今天的白沙岭也像时间一样默默无言。而时间也好像有意要把它珍藏起来,隐蔽在历史文献中那些似乎不起眼的文字里。

可是,如果时间倒流到五百年前,也即明代嘉靖年间,却有一位容貌清癯的秀才,似乎发现了白沙岭与众不同的秘密。于是,他在这里做了一个梦,一个让家族从这里崛起兴旺的梦。

这位秀才姓方名祉,号月山,因授徒讲学而经常往来于白沙岭的村庄之间。他见这里是交通要塞,南下有吕亭古驿,北上有军事要塞"北峡雄关",旗岭与铜山两镇左右夹峙,南湾、麻山、金山、甑山、白水等诸多小集镇星罗棋布于附近,不仅人烟稠集、物流繁茂,民风淳朴好学,而且山川秀丽,遂决定在这附近买田置产,作长久居住之计。

方祉做出的这一决定,对家族后来的命运乃至桐城区域文化的繁荣所带来的影响非同小可。

严格来说,白沙岭并非方家真正的祖居地。可是,吴令仪去世后,为何还有意专程前往离城三十余里的白沙岭举行"起水"仪式?就是因为这白沙岭自从方秀才居家以来,成为方氏家族史上的一个重要驿站,在方家后代子孙心中有着极其庄严的地位。

且说这位方秀才出身也非一般人家。他之所以自号"月山",乃因县城边的月山,是方家自第六世先祖归葬于此以来的历代祖坟山。这个县城方家,又被称为县里方,因居凤仪里,又称"凤仪里方氏",后来又得嘉名"桂林方氏"。此桂林并非广西桂林,或曰科举之盛而"折桂如林",或曰"春风得意,桂林一枝",传说纷纭。邑中一直有传说,方家后来之所以能成为"诗礼簪缨巨族、江南贵胄世家",就是由于这个名为月山的祖坟山,风水绝佳而"发迹"的。

方祉正是桐城桂林方氏第十世孙。此时，他的身份是安庆府学的生员。可是，作为县城巨族后裔，他何以流落到离城三十余里的白沙岭乡野定居呢？本书的传主，也即他的曾孙女方维仪，是否也出生于白沙岭？

2

据《桐城桂林方氏家谱》（后文简称《家谱》。引文未注明的，皆引自《家谱》），方家先祖由广信迁至鄱阳，由鄱阳迁至徽之休宁，宋末有方德益经池口迁居桐城凤仪里（又称凤仪坊），是为迁桐始祖，曾经割宅以增宽县学宫前的道路，还修路架桥以方便里民，县城东门紫来桥的前身，就是德益公捐建的石礅桥，又叫桐溪桥。德益公的德行从此为一邑所颂扬。东门大河乃是龙眠山溪水汇奔，所以古人称桐溪、大溪。

方家在县城凤仪里繁衍生息，一直以忠义节孝闻于乡里。特别是五世祖方法，曾官至四川都指挥使司断事，在明成祖朱棣篡夺建文帝皇位时，他效老师方孝孺气节，不肯在贺表上署名，自沉长江以殉建文帝。

到了第七世，方家开始分房。祖坟在月山的这一支属于中房，中房有兄弟二人又开枝散叶，分成了七大房。其中，"中一房"第八世有位排行居长的方印，字与信，号朴庵，读书不事生产，与弟弟方塘合居于东郭乌石冈，成化丁酉（1477年）中举后任浙江天台令，卒于官。因有政绩于民，祀于桐城和天台两地乡贤祠、名宦祠。

方印的独子，也即第九世方敬，字惟恭，号思耐，是个义官。义官是古代封建社会专设的不拿俸禄的一种编外官职，明朝时最为盛行，由官府直接任命或采用其他奖励形式向社会颁布。由于方敬多有义举，我们猜测他这个义官，可能是官府奖励的荣誉称号。他还因此被族党推为宗督，也即族长（《康熙桐城县志》卷六《逸事》）。

方敬为人豪爽，重义轻财，甚至挥资若弃，"常乘醉与人资，醒不复问"。他有一个姻戚是当地豪强，侵占了方家西龙眠的部分祖坟山，族人颇为不满。方敬大义灭亲，率几个仆人"复之"，族人"服其无私"。但方敬也因挥资若弃而家道中落，以致"岁徙无宁所"（《家谱·方敬列传》）。

方敬虽然"岁徙无宁所"，也即迁徙不定、居无定所，但他还有一份田产，乃是叔父方塘置下的四大田产之一，位于离城八十里外的东乡白壒。他的第四个儿子方祉就是在这里出生的。可能正是方祉的出生地与其他四个兄弟不同，所以方学渐在修家谱撰列传时，特别强调了父亲方祉的出生地。

方祉"幼端凝不好弄"，也即从小就为人端正、善于思考、安静不贪玩，受到处士吴云鹤的称赞。吴云鹤还告诉了其子吴国，吴国正好在此之前"感梦有异征"，遂将女儿许给了方祉。舅舅李琏（怀宁人，曾任赣州太守）也很器重他，为其择北乡名师。

他不负家族厚望,年十六即成为"郡博士"。为了帮助家里生计,方祉和几个兄弟依靠"释儒事生",奔走教授儒术于乡村私塾。

或许是在奔波授徒和求学时,方祉发现了城东北的鲁䂮山余脉白沙岭,这里风物谐和,山水秀美,交通便利,市镇密布,居民崇文重教。众多后来赫赫有名的桐城文化巨族,如麻山刘氏、芦塘何氏、清河张氏等,正在这一带耕读传家,甚至开桐城科举先声。方祉一直有复兴家族的强烈愿望,遂与父亲商量徙居于此。方敬可能觉得自己作为义官和族长,需要经常居城履职和处理族务,而白沙岭距城不远,交通便捷;况且这里学风浓厚,也能让子弟进一步接受书香濡染。

方祉是个大孝子,父亲方敬不幸感染了"末疾"(即四肢患病),他终日服侍在父亲身边,求医看病,端汤喂药。父亲患病三年去世,方祉遵照丧葬"不作浮屠炼事"的家礼,即不作佛法道场,将父亲葬在县城后面的西龙眠祖坟山。方祉独自安养母亲李太君约二十年。母亲卒时正逢岁饥,方祉"鬻婢襄事,不烦他兄弟",葬母于附近鲁䂮山脚下的鲁王墩中部。

有一年夏天,瘟疫流行,方祉仲兄方禄染上疫疾。时人谈疫色变,避之唯恐不及。方祉却亲至兄家,"扶抱制药",悉心照料。由于以孝友称于乡里,为人正直有义声,教授学生娓娓不厌,方祉受到乡党信赖,连妇女小孩都尊称他方秀才、方先生。

3

方祉当初随全家迁来时,就被一个声音吸引。这声音来自距白沙岭不远的旗岭山下,一个年龄约比方祉大十岁,长相颇为俊朗者,正口若悬河地在宣讲着什么。他的面前围坐着一群不同年龄层次的人,有儒生也有布衣,正聚精会神地听着,不时会心而笑。方祉就像其他过路者一样,也走过去站在外围静静地听讲,这一听就入了神,再也移不开脚步。

这位讲学的先生就是方祉很早就钦慕的何唐(1487~1527)。何唐,字宗尧,世居桐城北乡洪涛山,属于芦塘何氏。其父亲何恺与叔父何悦都是邑庠生;仲父何恂为明天顺八年(1464年)进士,官至刑部员外郎,乃是桐城何氏进士第一人;季父何恂为附监生,恩赐中书。可谓满门书香。何唐因慕曾子"吾日三省吾身",故以"省"名斋,学者遂尊称其"省斋先生"。何唐年少时即志行高洁、卓尔不群,二十岁时便成为受人敬重的乡里名士。正德十四年(1519年)乡试中举,十六年(1521年)中进士,曾历任南京兵部主事、郎中。

何唐虽然居官清廉自守,毅然有为,却于嘉靖初年,弃官归里,倡导程朱理学于旗岭山下。他的讲学与一般塾师授业解惑不同,是具有浓厚学术性质的讲论传道,因而吸引了县内外士子纷纷来投。何先生所在的旗岭山，与邻县舒城相接，又叫麒麟山、岐岭山，也因他在这里讲学而闻名邑内外。何唐先生因此被后世学者尊为桐城的"儒宗"，至今犹谓"桐人知学自何先生始"。

方秀才一边听何唐先生讲学，一边在白沙岭一带教授私塾营生。与他一同出入何唐先生门下的，比较著名的还有赵锐、赵钛兄弟，张夔、彭宝、江鲸、朱杲等人，他们皆得何先生真传。这些人相互砥砺，学重崇实躬行，都称被为"真秀才""真学者"。何唐先生不幸因病壮年（四十一岁）早逝，他的这些弟子接武讲学，薪火相续，使得桐城的学术氛围持续浓厚。

此时，方秀才所居住的白沙岭一带，虽是繁忙孔道，人烟稠集，但还仅是一个普通的乡村地名。然而，到了方秀才的儿孙辈，白沙岭的声势竟然盖过了附近的旗岭山，名播江淮，成了一邑人文重地。方家先后五世讲学于此，颇具影响的桐城方氏学派也从这里发微并逐渐崛起。

研究桐城文史会发现，这正是白沙岭在"理学之乡"北乡不可逾越的地位。而要破译白沙岭乃至方维仪所属的桐城方氏家族的密码，又不能不提及明代嘉靖年间在白沙岭发生的一件奇事。

4

且说方祉先生坚持"锄可耕兮书可读，半为农者半为儒"，一有点积蓄就买书，以致"厨书数千卷"。可惜总是"出试不偶"，与功名无缘。他慨叹"冰渊宜戒、富贵何求"，何必"逐逐乎"身外之物！于是"种蔬数十畦"以潇然隐居，做到"君子安贫、达人知命"。

但方祉"瘠虎雄心待清飚"的壮志不已，妻子吴氏去世后他也不续娶，而是让伯子（即长子）学恒退学耕种秉家；卖了部分田地，亲自携次子学渐远道求师问学，与其同寝五年，督教甚严。他将求取功名和振兴家门的希望，寄托在这个儿子身上。

当方祉"积书充栋欲校雠"时，却不幸得了寒疾，年未届五十而逝。他的妻子吴夫人已于四年前去世。方学渐可谓是十三岁失母、十七岁失父，只得与哥哥学恒相依为命。

说来也奇怪，父亲去世后第三年，即嘉靖三十八年（1559年）春天，庭前"杞枫二树，自本及枝，纠结如一"，"成连理之祥"（《家谱·方学渐列传》）。就是说这年春天，家宅前有枫、杞二树，此时忽然长到一起，相互纠缠，挺直向上，且既开复合了多次。叶灿《方明善先生行状》描述："枫杞二树连理者三，人以为孝友之祥。"

这件稀罕事，在当地乃至全县都引起不小的轰动，官民一致认为是天降"祥瑞"，四里八乡的人都跑到白沙岭来看稀奇。加之这里又是交通孔道、人烟稠集，消息因此传播得更远。

学恒与学渐兄弟都是饱读诗书之人，他们自认为连理树的出现，不仅是父亲冥冥中的旨意，要求他们兄弟弘扬孝悌之德，而且也是整个方氏家族自迁桐以来，世代坚守"忠义仁勇信、礼义廉耻孝"，又多有义举善行，"德化"之久久为功的结果。

为弘扬孝悌之德，方学渐于连理树下构筑一亭，题匾曰"连理亭"，题其堂曰"连理堂"。可惜学恒身体也不好，才五十三岁就去世了。学渐悲痛地撰写了一篇《连理树赋》以祭，后来他的文集也取名为《连理堂集》。从"连理亭"到《连理树赋》，再到《连理堂集》，都是强调"连理"二字，向后人昭示要弘扬孝友德行。"连理"成为桐城方氏家风家学的象征。

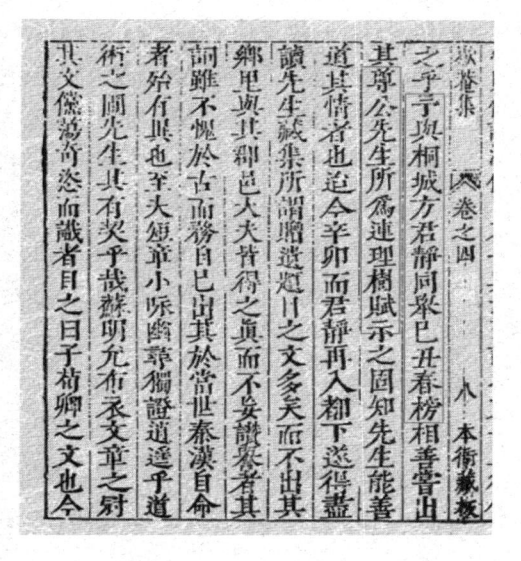

陶望龄《方布衣集序》提及"连理树赋"

方正瑗《连理山人诗抄·连理亭》诗前序也有这样的描述："杞枫二树连理者三，世传孝友之祥。"总之，连理树的出现，仿佛是一个隐喻。正是从方学渐开始，凤仪里方氏白沙岭这一支，迎来了家族振兴、人才辈出的曙光，颇具影响的桐城方氏学派，从这里发微并逐渐崛起。

翻阅各类方氏家藏文献，可以发现，从方大镇携子方孔炤"白沙山中扫室读书"（《田居乙记》），到方孔炤"以连理之祥而号仁植"（左藏一《仁树楼别录》），再到百科全书式大学者方以智，"入关度岭，从舒城还宿白沙"（《博依集》卷八）后来还随身携带"连理亭"印章一枚，以时时自励（《膝寓信笔》），此后，一直延续到清末，几百年间，方学渐后裔在诗文中对"白沙岭""连理亭"的咏唱相当繁复。

白沙岭"木连理"祥瑞，不仅成为方氏家族的荣耀，更受到当地官方高度重视和宣扬，还被郑重记入了县志等乡邦文献。而白沙岭与连理亭，也成了今天人们探究桐城方氏学派的一个重要源头。

5

那么，本书的传主方维仪，是否出生于白沙岭？

对此,方氏《家谱》和桐城县志等诸多文献都语焉不详。但方维仪出生于其父方大镇的府第是肯定的,搞清了方大镇的府第究竟在哪里,也就基本知道了方维仪的出生地。

而方大镇府第与其父方学渐的府第密切相关。为此,我们可以从方学渐的居地变化来考证。据方氏《家谱》载,白沙岭连理亭"本明善公隆庆间旧居"。说是"旧居",缘于明善公方学渐因讲学阵地不断扩大,后来举家迁回城里,在祖居地凤仪里构建了新府第,于是连理亭成了"旧居"。

那么,方学渐是何时从白沙岭迁回县城的?有关历史文献记载也语焉不详。但据曾任福建提学副使的郑三俊所撰《方贞述先生墓志铭》,可以看出一些端倪:"(方学渐)生子三,二成进士。长廷尉公大镇,发于己丑;次户部公大铉,发于癸丑。凤仪坊称双凤焉。"

万历己丑是万历十七年(1589年)。查己丑科殿试金榜,方学渐的同学焦竑正是该科状元,陶望龄是该科探花,方学渐的儿子方大镇(即廷尉公)是三甲16名,赐同进士出身。比方大镇小两岁、后来成为东林党领袖的高攀龙也是该科三甲,但位居第269名。

而万历癸丑是万历四十一年(1613年)。查癸丑科状元正是后来成为崇祯朝内阁首辅的周延儒。方学渐次子方大铉(即户部公)中了二甲第12名,赐进士出身。

既然里人说兄弟二人因为成进士而"凤仪坊称双凤焉",可知他们中进士时已经家居县城凤仪坊(凤仪里),那么早则1589年,迟则1613年,方学渐就迁回了县城。

这是第一个怀疑的迁城时间档——最迟是万历四十一年。

又据曾任南京礼部尚书的叶灿的《方明善先生行状》,方学渐于万历癸巳(1593年)"应岁升廷试毕,过大名视伯子","归后构桐川会馆"。就是说他于这一年以岁贡生身份赴京参加明经考试,顺道去大名府看望在此任职的长子方大镇,回桐城后构建了桐川会馆。则桐川会馆至早已于万历二十一年(1593年)构建。

而桐川会馆建在哪里呢?查焦竑应方学渐之邀所作《桐川会馆记》(《澹园集》卷四),记中明确指出"馆负城临流,据一方之胜"。城,即县城;流,即桐溪,今称龙眼河。

再据方大镇《续置会馆颠末记》,他于癸丑秋"自大梁归"(大梁即今河南开封),应其父方学渐的要求接管桐川会馆,并修缮了旧馆、续置了新馆。他在文中提及馆的四界:"西界祠后天井中心,东界河,南界旧馆,北界祝氏,风火及墙之址各不紊,是以续纪以垂后来。"

这就明确指出:桐川会馆"西界祠",即西与桂林方氏宗祠为界;"东界河",即东以河为界,说明会馆在河西;"南界旧馆",可见旧馆并未拆除,与新馆连成一体。考此四界,正在今日桐城老城区的北大街"讲学园"地段。

这也进一步表明,方学渐于万历二十一年(1593年)之前已经城居。因为在县城构建如此规模宏大、"据一方之胜"的桐川会馆,需要足够雄厚的经济实力。所以,方学渐必于此前已经有了稳定的县城居所,且能就近于桐川会馆讲学授徒。

这是第二个怀疑的迁城时间档——万历二十一年,比第一个时间档万历四十一年提前了二十年。

6

接下来的问题是,方学渐究竟是在构建桐川会馆之前的哪一年,由白沙岭迁回县城凤仪坊的?

叶灿在《方明善先生行状》中说:"方于桐三百年来未有祠堂,大宗之祀阙然也。先生捐金卜东城北隅创祠堂,实田供祀事。"这说明,方学渐在构建桐川会馆之前,还牵头为合族在凤仪里创建了桐城桂林方氏总祠堂,以为大宗之祀。

建宗祠、修宗谱、祭祖先,是中国古代宗法社会的三件大事,具有慎终追远、报本思源、敦宗睦族、光前裕后、规范伦理的教化功能,一直受到高度重视。特别是明代嘉靖十五年(1536年)以后,皇帝诏令"许民间皆得联宗立庙",大江南北的家庙、祠堂便如雨后春笋般涌现出来,建立在联宗基础上的宗族祠堂是这一时期新兴祠堂的主要特征。

方学渐作为一个纯儒学者,对此自然也有强烈的自觉意识和使命感,不到弱冠之年就与婺源方氏进行过"谱辩"。诚如他的侄子也是学生方大美在家谱序言中所说:南安公(方大美祖父方梦旸)"雅称族望","置祭田,聚族而会食"。方学渐"文行冠人伦","作家政、会约化诲之"。两人"相与提衡其间",(家族)"式微之运赖以复振"。方学渐与方梦旸两人希望通过续谱建祠来振兴家族命运。可惜方梦旸不久逝世,方学渐遂独担大任。

方学渐在族党支持下,除捐金创建了总祠堂,还花了许多钱做敦宗睦族的好事,如修祖坟、置祭田、置享堂,设义山义田,为宗族贫困之子娶妻、给租膳、供读书等,并撰修家谱。这同样需要雄厚的家资支持,也必定是在城居稳定后才能进行。

因此,方学渐城居就有可能在修祠堂之前。那么,祠堂是哪一年修的呢?

据《家谱》列传载,明善公"建一本祠,著祠规,置祭田,修宗谱",说明修祠堂与修家谱差不多同时进行的。方学渐在《家谱》序中说:"先兄欲修之,未就而殁。顾命属学渐。"也即方学渐自伯兄方学恒殁后开始修家谱。而方学恒殁于万历十一年(1583年),意味着方学渐至早自万历十一年后,开始纂修家谱、创祠堂。方家"一本堂"总祠堂，即今老城区北大街的城关镇政府所在地，目前尚有部分遗存，与方氏后裔传说相符。

再据方学渐与方大美分别所作的家谱序言，落款日期均为"万历己亥（1599年）仲秋之吉"。方大美在序中说，他的祖父方梦旸（即东谷先生）逝世后，方学渐开始着手修谱。而方梦旸逝世于万历辛巳（1581年），与方学恒殁之年（1583年）相近，表明方学渐最迟于1583年开始修谱，到1599年两人分别作序时，前后至少用了十六年时间才最终告成。

也就是说，修建祠堂至早在万历十一年（1583年）就开始了。这比第二个存疑的迁城时间档——万历二十一年（1593年），又提前了十年。

那么，是否意味着，方学渐早在修祠堂前，也即万历十一年前，就已经回县城定居了呢？

7

据叶灿《方明善先生行状》："先是伯兄废箸更贫甚，即割宅而居，割奁田而膳。"方学渐出生于嘉靖十九年（1540年）。方学渐与伯兄割宅而居，则至少要在结婚成家之后。由其子方大镇生于嘉靖四十年（1561年）时，方学渐二十一岁，可知方学渐至少在二十一岁（1561年）前已成家。

方孔炤于万历庚申（1620年）在福建为官时，曾跋其父方大镇《宁澹语》云：方学渐"居崇实居近五十年"。方学渐逝世于1615年5月，上推五十年，正好是嘉靖四十五年，即1565年。表明方学渐1565年之前很可能还居住于白沙岭。

再据方正瑗《连理山人诗抄·连理亭》诗前序，"亭在白沙岭，明隆庆间明善公旧居"。亭子当然不是用来居住的，之所以说"旧居"，应该是亭子边的连理堂。而连理亭则是建于方学渐兄弟二人未割宅时，名气显然大于建于亭边的连理堂，故而方氏后人沿旧称为连理亭旧居。其中提到具体时间"明隆庆间"，意味着至少在隆庆年间，方学渐还居住在白沙岭。而整个隆庆时期仅有六年，也即方学渐至少于万历元年之前，也即1573年之前离开了白沙岭。

但如果是1573年这一年离开，则居城中崇实居仅四十二年，不符合方孔炤提及的"近五十年"之说。因此，最合理的推测是，方学渐于隆庆元年（1567年）之后至万历元年（1573年）之前离开了白沙岭，正符合方正瑗所说的"明隆庆间"。

方孔炤在《宁澹语》跋语中还说："家大人（方大镇）居宁澹居近二十年。"方大镇在外为官三十余年，但调迁不定，包括休假归桐、辞官归里，都从未固定居于某处近二十年。因此，其居于宁澹居近二十年，必然是为官之前。

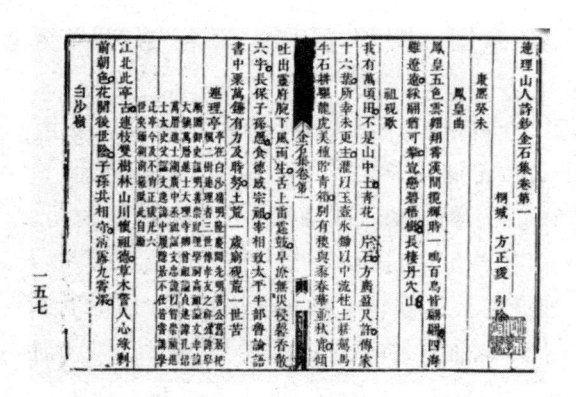

方正瑗《连理山人诗抄》"连理亭"诗及序

而方大镇是万历己丑（1589年）中进士外出为官的，这时他已经二十八岁，减去居宁澹居的二十年，则表明其从出生到八岁，是随父母居住在白沙岭。方大镇生于嘉靖四十年（1561年），八岁时正是隆庆二年（1568年）。而这一年距方学渐去世的万历乙卯（1615年）正好四十七年，符合方孔炤所称其祖父"居崇实居近五十年"之说。

以上考证推理表明，方学渐最迟于隆庆二年（1568年）开始，重新回归城居，并创建了"崇实居"。他在"崇实居"中生活了四十七年，也即"近五十年"，直到万历四十三年（1615年）去世。

方学渐自成家以来，有岳父赵锐先生的经济支持，不再为先前的贫困烦恼（后文有述）。"丙寅（1566）始籍郡诸生"，方学渐成了秀才，不仅免纳田粮和免服徭役，还可以讲学授徒，通过勤奋笔耕获得收入。有了一定的经济基础，也就有了城居的实力。其城中府第"崇实居"正是这个时候创建的。

值得一提的是，据《桐陂赵氏宗谱·儒林传》载，方学渐的岳父赵锐先生受学于何唐，于"东郭辟颜乐巷，筑室贮书"，表示"明经老此生耳"。明经是贡生的别称，那时候贡生是可以授官的。堂弟赵钦劝赵锐出仕，但他直到父亲去世三年后，才外出当了建宁县令，后迁升到均州知府就辞职归来，"沉酣名理"，依旧沉湎于理学，是不是还住在东郭颜乐巷，谱中没有讲，但方学渐在《迩训》中记载，赵锐先生归来后"选胜于鲁谼五岭山中"，与故友门生"时与手谈，呼庐浮白，浩歌为乐，不问生事"。而方大镇《明均州守恒菴赵先生神道碑》也说，赵锐先生"归卜五岭鲁谼之胜，耕耘其中，不干有司，优游泉石"。可见赵锐晚年已经不居城中。

那么，是否可以推测，方学渐的城中崇实居，其实就是在其岳父赵锐的东郭颜乐巷旧居基础上构建的？这其实是有可能的，何况地点都在东郭。而赵锐先生逝世后，其夫人杨妣还存世二十七年，直到曾外孙方孔炤出生（1591年2月）前的1590年8月才去世。杨妣无嗣，很有可能是与女婿方学渐全家住在一起。因没有直接证据，姑且存疑待考。而另一种可能，则是继承（或赎回）其祖父方敬的城中老宅，在此基础上进行了改扩建。

但方学渐的崇实居，无论是对老宅进行改扩建，还是新购地基构建，或是依托岳父旧居构建，都说明他已经返回凤仪坊故里而城居了。由于具备了一定的经济实力,当其兄方学恒日益贫困时,方学渐干脆将从父亲那里分得大约"百金"遗产,乃至妻子的陪嫁田,都赠给了方学恒。

随着儿子方大镇渐大,方学渐考虑要为他新建居所,也即后来的宁澹居。所谓"宁澹",乃是方学渐取意于诸葛亮《诫子书》,希望儿子能够"澹泊明志、宁静致远"。

因方大镇此时尚年幼,宁澹居必然在崇实居庭院内或旁边,不可能距离太远。方大镇在这里读书、结婚、生子,一直住到二十八岁中进士、外出为官。

方孟式生于万历十年(1582年),方维仪生于万历十三年(1585年),方孔炤生于万历十九年(1591年),可见,都不生于白沙岭,而生于城中方大镇府第宁澹居。当然,无论崇实居也好,还是属于崇实居中的宁澹居也好,都在后来因方大镇官居大理寺左少卿,而被里人以汉代官名统称为"廷尉第"。

8

由上述考证可知,隆庆二年,也即1568年,是桐城文化史上一个有着特别意义的年份。

这一年春天,方学渐的少年好友、同学张淳参加会试中了进士,成为张家发迹第一人。而这一年,方学渐由白沙岭迁回了城中凤仪里祖居地,并创建了崇实居,潜心学问,践行何唐与赵锐先生的"学重崇实躬行"理念。

大约十五年后,也即约在万历十一年(1583年),方学渐开始创祠堂、修家谱。再过了十年,约在万历二十一年(1593年),方学渐不再汲汲于科举功名,而致力兴教倡学。在同学张淳、姚希颜等人以及广大弟子的支持下,方学渐于祠堂边创建桐川会馆,以布衣主坛席讲学传教,首开桐城设馆讲学之先河。还将馆中讲堂之匾题为"崇实",并于馆中奉祀开启家乡民智的何唐先生及其老师张甑山(原为桐城县教谕),可见他为学一以贯之,一生坚持崇实,直到万历四十三年(1615年)于崇实居去世。

尽管如此,从后来的文献记载看,白沙岭连理亭旧居仍然一直为方学渐直系后裔世守。作为方氏家族史上的重要驿站,白沙岭和连理亭也一直在方家后代子孙心中有着极其庄严的地位。

方维仪的堂弟方文,是明末清初著名的遗民诗人,其独创的长于叙事歌行的"涂山体",与清初吴伟业的"梅村体"、钱谦益的"虞山体"并驾齐驱。方文曾因从侄方豫立(字子建)画了一幅《连理图》,而写长诗《启一子建作连理图赠予赋此答之》,二人诗画合璧,使得白沙岭和连理亭传播更远。

方文在诗中写道:"我祖明善真大贤,白沙旧有桑麻田。与兄伯氏居其间,至性笃挚情缠绵。茅屋春回读书处,诞生二木庭阶前。左枫右杞本异质,一朝合抱相勾连。君子谓是孝德之所致,小人谓是富贵福泽之几焉。我祖倡学既名世,又赖吾父伯父叔父相后先。簪笏浮荣等闲事,所贵吾家孝友之德永不愆。"

所以,白沙岭"木连理"就成了桐城桂林方氏的一种象征,方学渐这一支有后裔还曾自称"连理亭方氏"。而方维仪的长侄、后来成为百科全书式的大学者方以智,就有一枚随身携带的"连理亭"章,以时时自励。

方文还在长诗中写道,"仰思二木发祥日,到今七十有九年"。方文此诗作于崇祯戊寅(1638年),往前倒推

方文《启一子建作连理图赠予赋此答之》

七十九年,正好是嘉靖三十八年(1559年),正是连理树形成之年。对照方家十六世孙方正瑗《连理山人诗抄·连理亭》诗前序的说法,方家先后五世皆尝讲学于白沙岭连理亭,这五世是指十一世明善公方学渐,十二世廷尉公方大镇,十三世中丞公方孔炤,十四世太史公方以智,十五世为伯父方中德、仲父方中通以及乃父方中履。

而方正瑗的父亲方中履,即葬在白沙岭连理亭附近,仲父方中通(号陪翁)葬在岭对面的五峰,即天马山(又叫乾马山、骢马岭、骢岭)。方中通的儿子方正璆(又名陈正璆,号五峰)有诗《乾马山房即事诗》,尾注曰:"叔父母葬白沙岭连理亭,先父母葬五岭乾马山,两溪环绕,是为双河。"这双河又汇入白兔河,流进浩荡松湖。可见,连理亭这时已演化为白沙岭的一个地标。

对白沙岭连理亭来说,方家先后五世讲学其中的先祖,明善公方学渐是最为关键的人物,不仅让白沙岭从默默无闻到熠熠生辉,更成为桐城文风振起、教育发达、文化繁荣的"实濬其源"者。

由此可知,白沙岭连理亭在方家子孙心中有极其庄严的意义。所以方文在诗中表示,要将子建所绘《连理图》传之后代,以铭记祖德"永不愆"。这就不奇怪方祉后裔殡仪"起水"仪式为啥要在白沙岭举办了。

正如方正瑗在《连理亭》诗中所写的那样:"江北此亭古,连枝双树林。山川怀祖德,草木警人心。绿剩前朝色,花开后世阴。子孙共相守,清露九霄深。"事实表明,方学渐的后裔至少一直到清末,确实做到了与连理亭"子孙共相守"。方以智六世孙方宝仁还收集先世著作,成《连理亭方氏著述》等,后由方鸿寿先生捐献安徽省博

物馆。

这个名头如此响亮的白沙岭及连理亭,尽管文献记载为"北乡""城北三十里",一直到民国,白沙岭地名都始终存在,但近几十年来却从地图上消失了。

那么,这个白沙岭究竟在桐城什么地方?

9

桐城派集大成者姚鼐,有个伯父叫姚兴泉,曾写有一百五十阕《桐城好》小令。其中有一阕写的是《古硖雄关》:"桐城好,岩硖古重关。北通齐鲁开门户,南控沅湘集市寰。雄峙万松间。"小令后有自注:"入小关十里为北硖关,又里许即白沙岭,余外家发祥地。"明确标示了白沙岭的具体方位,作者显然是自庐州舒城北来桐城。可见白沙岭距北硖关仅里许。而姚兴泉的外家即桐城清河张氏,俗称桐城宰相张氏。

查宰相张氏家谱发现,不少张家名人葬于白沙岭一带,其中即有张家发迹第一人张淳。他是张氏第六世,字希古,号怀琴。明隆庆二年(1568年)进士,官至陕西布政使司参政。从此,张家代有达人,其孙张秉文为明代山东左布政使,张秉贞为清初兵部尚书,曾孙张英、玄孙张廷玉更是位极人臣,官居宰相之职,人称"父子宰相"。

其实,康熙十二年《桐城县志》和道光七年《续修桐城县志》也明确记载了白沙岭具体位置和离城距离,并有地图示意。民国二十六年(1937年)桐城商务印书所地图亦标明"白沙岭",其位置就在北乡的大关与三十里铺之间。

据道光年间所绘《桐城县全图》,白沙岭古属北硖关镇(今称大关镇)。此处地势险峻,关隘两侧群峰耸立,峭壁陡崖,乃兵家必争之地。三国时代,魏国与吴国曾因北硖关天险而在这里进行拉锯战。宋代,北硖关为桐城九镇之一,是庐州府与安庆府的界关,为七省交通孔塞和重要的邮驿亭铺。

如果我们有心扫描或梳理一下桐城乡邦文献,乃至与桐城历史名人有交游的区外历史名人诗词,还可以发现,写北硖关及白沙岭的诗词俯拾皆是。限于笔墨,仅再举两例。

姚鼐外出时常路过白沙岭。他的《雨行白沙岭至昂冲遂宿》诗写道:"览物长松杪,春谷正葱芋。北望双阙门,硖石何苍然!寒雨从中来,白云郁钩连。山鸟排空鸣,四岭下飞泉。"可见那时北硖关是有双阙门的,白沙岭被安全地保护在关内。

姚鼐的族玄孙姚永朴编《惜抱轩诗集训纂》时,在诗后有注释曰:白沙岭在西北,逾岭乃至大关、小关,古所谓硖石关也。关外则入舒城县境矣。

康熙庚辰进士查嗣瑮作《过白沙岭寄同年张砚斋》一诗:"积翠浮空不见峰,群峰俱拥万株松。怪来小驿重关路,忽与千岩万壑逢。丹壁斜飞千尺练,白云遥送一声

桐城北乡白沙岭位置图（道光七年《续修桐城县志》）

钟。龙眠居士如相识,画我山庄第几重?"诗中的"小驿",即是与北硖关相邻的吕亭古驿,而吕亭曾是汉代古县所在。

诗中提及的"龙眠居士",是指画马成活、善画白描的北宋第一画家李公麟。这个大画家在桐城龙眠山辟建龙眠山庄隐居,人称"李龙眠"。桐城学画者多以李公麟为宗,出色的画家层出不穷,特别是方孟式、方维仪姐妹,及方以智、方豫立等众多的方氏后裔,都深受李龙眠画技影响。

10

"若千金以下之业,则断不宜城居矣。"

这是张淳曾孙、清初大学士张英在《恒产琐言》中说的。张英此言不虚。考察城居世家望族,其迁城之前,大多曾在乡野冥冥默默,历经五六世甚至更久,才开始发迹有了迁城的资本。

与方学渐由白沙岭返回城中祖居地不同,这些家族多是耕读传家,通过科举改变了命运以后,才迁城聚居。这也从侧面反映了巨家望族迁城的轨迹:贫寒之时家居乡下,富贵之后始迁城居,读书做老爷,并在乡下置有田产。明代弘治时期的桐城教谕许浩在为方氏家谱作序时,为了证明其开支散叶、家大业大,就曾详细罗列了方家各个房头所拥有的乡下田庄。

可见,城居是需要足够的物质基础的。20世纪70年代,日本学者斯波义信曾发表论文指出,中国传统社会精英的城居化在宋代便已出现,明代开始,乡间地主的城居化越来越普遍。

从桐城来考察,这种城居化轨迹也是自明代中期开始加速的。传统农耕之家通过读书改变命运,贵显后迁城,迁城后往往愈加贵显,从而世代弦歌不绝。而居乡下者,也极力送子弟入城读书。即使偶有人才兴起,若未能久作城居,基本没过几代就寂寂无闻了。由于县城所在地拥有优质的教育资源、浓厚的学术氛围,城居的巨家望族之间,往往以"门当户对"为基本条件,通过结成回还往复的姻娅关系网相互借重、共同提升,也在客观上促使县城成为一县的经济文化中心,并促进了人才辈出甚至"井喷"。

其中,以县城张、姚、马、左、方这五大世家联姻最为持久,只要以不同的家族为中心,就能画出各自不同的姻娅关系链。这在一定程度上促进了巨族人才的世代兴盛,不断涌现文学巨子、理学达人、名臣仕宦。而名媛、才女往往也出自这些望族世家,其人数之多、成就之大、母教影响之深,成为一种突出的桐城现象。

桐城北乡北硖关古镇附近的白沙岭,方学渐出生于斯、成长于斯。虽然他出生的时候,何唐先生早已离世,但因为父辈的关系,他受何唐的影响很大。特别是方祉去世后,何唐的高足赵锐先生,不忍方学渐这个颖异之才生活困窘,而将其收为门徒,在生活上接济他,后来还将最疼爱的第三女嫁给他,使他有了迁城返回祖居地的资本。

随着阳明心学成为时代的潮流,方学渐也从学于桐城教谕张甑山、南畿督学耿定向等心学大师。可惜他"七试南闱不售",与其父方祉一样无缘于功名,但他"遂泊然也",大张前辈何唐学风以"克变俗习"为使命,讲学桐川秋浦之间,大力"究良知而归实",著作等身,授徒无数。

清初学者潘江称赞布衣大儒方学渐:"盖桐邑讲学之盛,未有右于先生者也。"然而综观其揭"性善"也好,究"良知"也好,扬"桐彝"也好,倡"迩训"也好,一生事业无非"崇实"二字,也即叶灿所言"根于天性,底于至诚,实心实事"。他的后世子孙乃至桐邑子弟,也薪火相继,不断发扬光大。清初大学士张英因此指出:"明善(方学渐)先生以布衣振风教,食其泽者代有传人。"

对方维仪来说,白沙岭那片难忘的故土,不仅曾是她的祖居地,其附近也是她夫君姚门和姐夫张门的发迹之地,更是十分疼爱她的赵太恭人的成长地和后来的归宿地。赵太恭人常说,她这个宝贝孙女的出生,为方家带来了福气。

也许赵太恭人说得对吧。方维仪出生不久,父亲方大镇就高中举人,很快又摘取殿试金榜。桐城桂林方氏虽然科举鼎盛,但方祉这一房到了方大镇,才改变了先辈"屡试不偶"的窘况,从此科甲连绵。方维仪姐妹出生于这样一个具有浓厚学术氛围的士大夫家族,对其才学和思想必然有深刻的影响。

随着父亲方大镇入仕,方维仪也曾与姐姐随父母宦游,度过了一段无忧无虑的少女时光。

第四章　垂颜一诺抚诸英

1

"谁来抚育年幼的方以智兄妹五人？"吴令仪去世后，这个问题成了东城凤仪里廷尉第方家、南城阳和里方伯府吴家共同忧心的焦点，也必然让寡居娘家的方维仪纠结在心头。

方维仪记得这年六月，父亲方大镇才从御史台转升大理寺臣不久。本来，考虑到朝局混乱，太恭人又年老，所以处于候任状态时，父亲就有了乞休归养的念头，还新取号为"桐川宁澹居士"。但太恭人严肃地对他说："主上新御，弓旌贲于四海，而畴昔向往，诸贤无弗应者。尔奈何尚淹，不以此时捧檄，一就正其所学，更复何待乎？"（方大镇《闻斯录序》）

赵太恭人的责问，实际上是用了"毛义捧檄"典故。用意很明显：新皇上才登基不久，正求贤若渴，四海诸贤无不响应，大镇吾儿你还算饱学之士，早有大志，却退隐在桐。你此时不出仕，向朝廷奉献你的学问，更待何时？就算"捧檄"为老母亲赴任吧！

这时，东林大儒冯从吾、邹元标等人也似乎看到新帝开元的希望，聚于京都琳宫会馆，创"首善书院"，邀请方大镇前来讲学。所以方大镇就听从母亲的话，赴京再任大理寺，旋即迁升本寺左少卿。大理寺是掌管司法的，古称廷尉，因而乡人又尊称方大镇为廷尉公，他的桐城府第从此被邑人称为"廷尉第"。

方大镇曾有诗《长安春兴》抒发心志："蓬莱日出拥天颜，玉殿高居霄汉间。赤汉如云腾紫塞，黄金为土贡青山。绣衣使者貂冠出，露布将军鹊印还。正是平陂忧十渐，衮衣晓夜不曾闲。"诗中所谓"十渐"，典出唐代名相魏征向唐太宗所上《十渐疏》，而桐城前辈余珊在御史任上也曾上过洋洋万余言的"十渐疏"，以遇事敢言、不避权贵而名传后世。

可以想见，方大镇刚刚由盘桓二十余年的御史台迁任大理寺要职，又适逢天启皇帝登基不久，新朝新气象，受母亲赵太恭人的激励，他确实是很想有一番作为的。

《闻斯录》方大镇序

何况,他与东林党人来往密切,论辩学问甚欢。赴任后,可以一边处理政事,一边利用余暇讲学于东林人士创办的首善书院。

而他的儿子方孔炤,也刚刚通过"大计"考核,由福宁知州升任兵部职方郎。正如方孟式所评说的那样:这位文武兼修、年轻气盛的新任京官,正踌躇满志,"谈兵唯是沙场耳"。

由于从万历帝逝世,到天启帝即位,不到两年时间换了三位皇帝,朝局变动剧烈,门户争斗翻云覆雨,地方兵变民乱更是蜂起。特别是辽东边将李永芳投降后金,使得后金对明朝的战争以首战告捷,并兵不血刃地占领了抚顺,给大明朝带来了严重威胁。此时,方孔炤这个怀着满腔热血和报国之志的新任兵部少壮派,正迫切希望在朝政和沙场用兵中,发挥自己应有的积极作用。

因此,在方家父子都想有所作为的关键时刻,吴令仪却抛下五个子女而去,对方家的打击不可谓不大。方维仪首先想到,父亲已经在京,弟弟也即将进京,而母亲姚老恭人或许也要随同进京,难道自己不应该挑起抚教这几个侄儿侄女的担子吗?

但是,方维仪又觉得,作为一个多年寡居娘家的人,自己的命运是不祥的,吴令仪的娘家会有顾忌吗? 即使是自己的父母与亲弟弟,会不会也有所顾虑呢?

假如,时光可以倒流,她多么愿意光阴永远定格在二十一年前啊!

2

那是万历辛丑年(1601年),方孟式、方维仪姐妹俩正是人如花、颜似玉的妙龄。方维仪永远不会忘记那年九月,秋高天碧、金风送爽。她出嫁到姚家,姐姐方孟式出嫁到张家。

虽然张家居城南,姚家居城北,方家居城东,但小城毕竟不大,三家彼此来往也十分密切。她和丈夫姚孙棨(字前甫)、姐姐和丈夫张秉文(字含之),其实都是从小在一起长大的,姐姐方孟式还比张秉文年长三岁,可谓青梅竹马。

那一年的姚孙棨、张秉文都是邑庠生(秀才),都学业优秀、试必高等,不仅家人寄予厚望,合邑也都看好他们的前程。

毕竟,张、姚、方三家都是科举世家。当姚家先祖于宋末德祐年间(1275~1276)由浙江吴兴迁居桐城麻溪河畔时,方家先祖也差不多同一时间由江西广信,经鄱阳、休宁、池口,最终定居于桐城县城凤仪坊。方家五世祖方法,由科举得以任四川断事司断事时,姚家第五世祖姚旭,作为该家族第一位进士,也官居朝廷给事中,后迁升至云南布政使司右参政。

姚家传到第十世姚之兰,也即姚孙棨的父亲,居城中天尺楼。姚之兰进士出身,初任福建海澄知县。姚之兰的母亲方太孺人乃是明善公方学渐的堂妹,姚之兰的妻子方孺人乃是明善公方学渐堂侄女。而方维仪母亲乃是姚之兰从祖父姚希颜之女。因此,方维仪与姚孙棨还是表兄妹。

姐姐方孟式的婆家张家,虽然明初才迁入北乡,但到了六世张淳这一代,也已巍然为巨族了。张淳隆庆二年(1568年)中进士,累迁至陕西布政司参政。张家此时也开始城居。

而方家随着方学渐自白沙岭返城构建崇实居以来,由于他"辈望尊而学术美"(明代金陵状元焦竑语),长子方大镇、次子方大铉先后高中进士,被里人誉为"凤仪坊双凤";季子方大钦也是贡生,笃学力行,专心著述,为时人称道。方家此时已在邑中声名显赫。

因此,方孟式与张秉文、方维仪与姚孙棨的婚姻,不仅门当户对、才子配佳人,而且巩固了家族之间回还往复的姻娅关系链。当然,在一定程度上,也是他们之间青梅竹马、两小无猜感情的水到渠成。方维仪还记得父母亲曾经笑谈的一件趣事:当方、姚、张三家大人在一起为他们议亲时,六岁的方孟式、三岁的方维仪、七岁的姚孙棨、三岁的张秉文四个小孩正好坐在一起,他们也在举酒杯相酬,惹得一座大人尽笑。而受张淳委托来"执柯"(做媒)的耆老戴完先生,也禁不住赞曰:"佳缘天意乎?"

尤其值得一提的是,三家的长辈都曾讲学于桐川会馆,这种以学术为纽带而结成姻缘关系,在旧时的桐城并不鲜见。诸多家族通过回还交错的姻戚关系,在学术上互相影响提携,成为绵延几百年的文化世家。清代学者方东树即指出,桐城"及明以来,乃有世家大族数十百氏繁衍迭兴"。

3

方维仪原以为,嫁入门当户对且是表亲的姚家,从此就开始了琴瑟相和、相夫教子式的幸福生活,而且今后也很容易复制双方父母的人生模板,走上那种科举成名、夫荣妻贤、子孝家和的道路。

"朝为田舍郎,暮登天子堂。"在中国古代传统社会,科举是承平时代唯一能够打破血缘世袭关系和世族垄断,改变中下层读书人命运的人才选拔体制。桐城作为科举大县,明清进士总数居安徽翘楚,举人、府县秀才更是不计其数。桐城著名的世家巨族都是因科举接踵而起的,名宦闻人迭出,士林鼎盛不衰。

所以出嫁之前,方维仪就无数次憧憬着姚孙棨得中金榜"春风得意、大鹏扶摇"的情形。姐姐和姐夫不正是这样吗?万历三十八年(1610年),张秉文与同城的盛可藩等青年才俊一起高中进士,踏上了他们人生和事业的辉煌之路。时人有对联赞曰"张不张威,愿秉文,文名天下;盛有盛德,期可藩,藩屏王家",联中巧妙地嵌入了张秉文、盛可藩的姓名,寄予了厚望,至今桑梓以为美谈。

方维仪的丈夫姚孙棨也是"生而沉静颖敏,读书知孝悌。师傅旨趣,一闻百彻。广猎经史,目不释卷"。这样一位出生在科举之家,"温和谦恭,才思泉涌"的英俊才子,博得科举功名,简直易如反掌。

然而,天不赐福,人生无常!姚孙棨苦读成疾。方维仪嫁过来时,姚孙棨已染病在身,"容颜憔悴,棱棱柴骨"。新婚的喜悦还没享受多久,她就要日夜为丈夫侍汤喂药。

次年仲夏,婆母方孺人"病痢",姚孙棨不顾自己病重,仍然"躬汤药,废寝食"地服侍,当他病重卧床不能起时,仍移榻于母亲室内照顾母亲,竭力尽一个床前孝子的责任。方维仪也是日夜陪侍在方孺人床前,既要协助照顾婆母,又要照顾丈夫。

姚孙棨的病越来越重,直到已经完全不能亲自照顾母亲了。方维仪心力交瘁,不仅要整夜不合眼地服侍丈夫,服侍婆母方孺人,还要兼顾着去照料丈夫的奶奶方太孺人。这一切姚孙棨都看在眼里,他心疼妻子,内疚不安,却又知道自己将不久于世,只能泪叹:"天乎!丧无日矣!生死一致,夫亦何恨?只怜事业瓦解耳!"生死对每个人都是公平的,他只憾恨自己死得太早,"事业瓦解",功名无望了。

方维仪嫁过来才一年,也即次年的万历壬寅年(1602年)九月,姚孙棨就撒手西去,时年才二十二。

从此,方维仪就觉得自己的头上笼罩了一层不祥的乌云,挥之不去。

4

方维仪至今还记得,姚孙棨临终前对她说的话,"吾不久居世,上不能图报劬劳,下不能抚育妻子。诸弟皆颖秀克肩,父母有福将来。但辜汝少,虽娠六月,难征男子。念将永诀,当与汝遗言。汝乃明达贞静之女,必不负我,靡用颓笔"。

夫君的意思是:自己将不久于世了,内心十分愧疚的是上不能报父母,下不能抚妻育子。而父母将来由弟弟们照顾。我唯一担忧的就是,你现在还年轻,又已经怀孕六个月了,还不知道是男孩女孩。在这个即将永别的时刻,我本想留下遗言给你,交代一些事情,但我知道,你是这样的通情达理、坚贞淑静,将来肯定不会有负于我。我还要多费笔墨写什么遗言呢?

本来,痛彻心扉的方维仪想不顾一切追随丈夫而去。古人夫死妻殉,习以常见,也是所谓的封建礼教所提倡的。可是,那时她已有六个月的身孕。她明白丈夫的心思,所以决定将孩子生下来,她岂忍心让丈夫无后!但是,人世太反复无常了。正当方维仪含悲忍痛一心哺育女儿时,哪里知道,这唯一的遗腹女,也是她唯一生存下去的希望,出生九个月后也不幸夭折了!

"天乎!天乎!一脉不留,形单何倚?万物有托,余独无依!"一向自视甚高,且才学为时人称羡的方维仪,从此觉得天塌了、地陷了,自己的人生顿时跌入了万丈冰谷。她写《伤怀》诗,悲怆地呐喊:"此生何蹇劣,事事安可详?十七丧其夫,十八孤女殇……人世何不济,天命何不常!"

这个时候,公公姚之兰"观政实习"正宦游福建,家中不可一日无主。

命运有时真的是云谲波诡。立志为丈夫守节的方维仪,本来还想代替丈夫侍奉公婆,特别是对其高龄祖母方太孺人也即她的姑奶奶,朝暮奉顺,不敢缺礼;同时,代替丈夫抚教两个未成年的三弟和四弟。

岂料,就在孤女夭折后不久,丈夫的二弟姚孙棨又病卒。孙棨妻江氏乃是同邑在朝为御史的江世东之女,这个江氏女尤为刚烈,干脆不活了,丈夫去世仅三天就毅然殉夫而去。

江氏的殉夫,无疑给方维仪带来了更大的思想压力和舆论压力。不久,又从福建传来婆婆方孺人去世的消息。

在这接二连三的打击下,方维仪该怎么办?

5

要么继续为夫守节一生,要么也跟江氏女一样殉夫。摆在方维仪面前的,只有这两条路可选择。

方维仪所生活的时代,以尚死烈、倡守节为特征的礼教思想已是主流。朱元璋立国后,即把旌表节妇烈女作为齐家治国之策,大力表彰和推崇。明成祖朱棣让人编辑《古今列女传》并亲自作序,由朝廷颁行天下。成祖皇后徐氏还撰写了《内训》一书,以赐群臣,俾教于家。随后,又有《闺范》《闺范图说》等官方图书刊行,从维护君权、礼教的立场,表彰妇女清节自守、抚老恤孤。

因此,方维仪不可能不受这些主流思想的影响。何况方家这边,就有女性先辈殉夫的。如四房的九世方说,因病英年早逝,其妻姚氏(为方维仪夫君家的族人),立即自缢殉夫。姚氏女不仅受到朝廷的旌表,其事迹还受到当时的文人吟咏歌颂。"吴中四才子"之一的祝枝山就写有长诗《桐城方烈妇》,诗中有句曰"桐城有女姚,嫁事方家郎。贞心两松柏,信誓双鸳鸯。方郎中路陨,女姚治其丧。明朝郎入土,何事妾不亡"。而方维仪的祖父方学渐还专门编有《桐彝》《迩训》等书,以宣扬乡里忠孝节义为主旨,烈妇节妇也是其中重要内容。

方维仪徘徊复徘徊。或许在漫漫长夜里,她也无数次萌生过自缢殉夫的念头。但她左右权衡,还是毅然选择了第一条路——为夫守节一生。

但是,她的守节,与其说是遵循了这些封建礼教,不如说是她与夫君有青梅竹马的深厚感情基础,以及代丈夫尽儿孙之孝、代丈夫抚教未成年幼弟的责任感。所以她总在心中默念着"未亡人即是儿孙"。尤其是丈夫的灵柩还只是暂厝鲁䃼山寺中,还未及卜址修墓,这是她一直放心不下的。

然而自此之后,她既要独自面对亲人死别的深悲剧痛,又要独自煎熬那孤寂无边的花寒月冷,漫长的日子全是暗夜里的泪水灌满。这种生不如死的伤楚哀怨,谁人能知,谁人能晓?

诚如她在《死别离》诗中泪血泣诉的无奈和绝望:"昔闻生别离,不言死别离。无论生与死,我独身当之。北风吹枯桑,日夜为我悲。上视沧浪天,下无黄口儿。人生不如死,父母泣相持。黄鸟各东西,秋草亦参差。余生何所为,余死何所为。白日有如此,我心当自知。"

尤其是她这样一个早有声名的花季才女,不免"寡妇门前是非多"。更可恨的是,那些邻里宵小的"浮浪之言"不止,以致方、姚两家"相间",产生了不愉快。各种世俗偏见和闲言碎语也常常传到她的耳朵里,让在丈夫家守寡的方维仪十分愁苦,却又不敢向姑奶奶方太孺人禀告。这样的日子,时时刻刻如沸鼎煎熬一般(据方维仪《未亡人微生述》)。

那时她"忧心如焚,呼抢欲绝",只得写一首《见志》以明心迹:"翁姑在七闽,夫婿别三秋。妾命苟如此,如此复何求。泰山其可颓,此志不可刷。重义天壤间,寸心皎日月。"

正当方维仪痛不欲生,感觉熬不下去时,父母得知她的苦衷,及时将她接了回来。父母的关爱重新温暖了她寂冷愁苦的心。

可是在她看来,在娘家寡居的日子同样也是不好受的,不过是"稍延残喘"而已。正如她在《伤怀》里所写的那样:"长年依父母,苦怀多感伤。奄忽发将变,空室独彷徨……孤身当自慰,乌用叹存亡"!可谓写尽了心酸悲苦,只能时常在梦里与丈夫泣诉离肠。

作为这样一个充满断肠幽恨的"伤心寡妇",方维仪既觉得身世不祥,又一直视自己是没有生命的存活。弟媳吴令仪去世后,她怎么能主动提出,担负起抚教弟弟的五个幼小子女的责任?

6

廷尉第远心堂。

姚老恭人慈爱地抱着年仅两岁的幼孙方其义,坐在上首。

陈姨娘将四岁的孙女方子瑞揽在怀里,坐在右首。

方维仪拉着九岁的侄女方子耀、六岁的侄女方子瑛的手,坐在下首。

方孔炤默然坐在方维仪右边,没有了往日的意气风发,显得特别憔悴,尤其是双眼内陷无神,看起来像走了魂一样。方维仪看在眼里,急在心里。

方以智垂手站立在父亲方孔炤身边,面容也是悲悲戚戚,双眼依旧红肿着。

"这几个孩子怎么办?"姚老恭人与陈姨娘焦虑的眼光,从方维仪转到方孔炤,似乎在征询着意见。

"母亲大人!侄儿侄女们尚年幼,仲贤我何忍其失恃之苦!再者,仲贤我常年寡居在家,朝夕依于太恭人,本来也应为父母和弟弟分担一份责任。孩子们就由我来协助抚教,您以为如何?"

当方维仪开口说出这个意思时,连她自己都大吃一惊。她一直觉得自己头上笼罩着的是不祥的乌云。这些年来的寡居日子,多是灵前侍烛,佛前奉香,还有暗夜里长流不尽的泪水。她哪里还能抚教这五个幼小的孩子?特别是那最小的侄子方其义才虚龄两岁!

可是,当她看见踌躇不已的弟弟满脸忧伤,看见母亲和奶奶赵太恭人愁容满面时,她又不能无动于衷。特别是想到自己与吴令仪闺情十余年,而且病中的吴令仪也曾对她这个姐姐有所期冀。

"吴宜人从小受吴伯父庭训,入吾方门十六年,未尝有愠色。吾弟继起家声,宜人实内助之,其聪婉柔正,可谓备矣。宜人当年与仲贤分手时,曾托以两女,仲贤亦涕泣允诺。而今仲贤思虑再三,还是试探着提出想法,愿母亲大人允许。"方维仪又进一步申述情由。

姚老恭人听了方维仪的话,终于长长地吐了一口气,欣慰地说:"贤哉吾仲氏!吾与你陈姨娘正忧愁着呢,也合着你有此想法!想必你父也甚为你欣慰矣!"

"仲氏真乃大贤大孝!"陈姨娘也激动地说。她又试探着向姚老恭人提出,"依吾之见,这几个孙子孙女,大孙与两孙女且归抚于仲氏;幼孙与幼孙女还太小,且由我帮助您一起带着,如何?"

姚老恭人颔首道:"嗯哪,只能如此了!吾仲氏惠心纨质,为人处世又殷勤细腻,你一定能让太恭人放心,一定能让汝父廷尉公放心。"

方孔炤激动地站起来,几乎站立不稳。方以智赶紧扶住了父亲。方孔炤面向母亲和陈姨娘分别深鞠了一躬,感谢母亲的艰难不易,却又惴惴不安地说道:"孩儿不肖,无以可慰吾父吾母,心里愧疚难安!"可能是这段时间哀伤过度,他的声音依旧嘶哑低沉。

方孔炤又转身向方维仪鞠了一躬:"仲姊,如此则让您受累了!这几个孩子虽然还年幼,但大的顽劣不懂事,小的生活还不能自理。今后,您将更加劳苦矣!"

"吾母言重了!吾弟多礼了!"方维仪连忙站起来说道,"诗曰:无非无仪。何况仲贤长年孀居在家,若能为父母分忧,为吾弟分忧,仲贤心足矣!"

陈姨娘也赞许道:"仲贤此举,岂止是替汝父汝弟分忧?汝父汝弟因此才能安心国事也。况且,这几个孩子有仲贤抚教,令仪泉下也就可以瞑目矣!"

7

自此以后,方以智、方子耀、方子玥兄妹三人归养于仲姑方维仪。而方子瑞、方其义由其祖母姚老恭人亲自抚养。方以智兄妹幼年时代受吴令仪的母教很多。吴令仪去世后,方维仪对担当起抚育侄子侄女重任,无形中有一种强烈的自觉意识。

正如方以智崇祯二年(1629年)在《清芬阁集》跋文里记述的那样:"吾母既逝,莫适与归,问我诸姑,仲氏任之,盖抚余若子者,八历年所,无间色矣。"而在另一篇文章里,方以智还说,"余小子壬戌(1622年)失母,仲姑抚而教之。"

方维仪对他们兄妹"抚之如己出"。对此,方以智在跋文里也有细腻描述,"诸子女饮食当治,衣裳当浣,俱身先操作。间命婢,必慰谕遣之,其淑慎如此"。可以说,方维仪对侄子侄女的关心照料是无微不至的,完全承担了一个慈母的角色。

还不仅仅如此。从方以智所说的"抚而教之"来看,应该是既抚又教,既当母亲又当老师。据方氏家传诗集《桐城方氏诗辑》记载,方维仪"教子侄,俨如人师,管束甚严"。方维仪不仅悉心照料他们的生活起居,还亲自当老师,文章、书画无所不教,为人处世严加督促,一言一行都是谆谆教诲。

方维仪后来在《清芬阁遗嘱》里,也说过类似的话:"吴宜人怜余孀深垂颜,复同居十六年,每逢患厄,能网解泽枯。不幸早逝。余以孀苦,为抚其子女,以酬其宜人也。"

对慈母与严师一般的仲姑,方以智在跋文里表达了感激之情:"于是乎自智不得逮事吾母,以不得不子于姑。敢不母事吾姑,以不敢死其亲乎?"这可谓方以智内心的深情告白。他后来一直视姑如母,当是情理所然。

而在《未亡人微生述》里,方维仪也有如此自述:"弟妻吴宜人愉惋同保,不幸早逝,余抚其诸英,训诲成立,完其婚嫁,必当终于一诺也。"可见,吴令仪重病期间,关于身后子女的抚育,与孔炤必有一番交代,她对多年孀居在家的仲姐方维仪也必然有所期待。所以方维仪才有"以酬其宜人也""必当终于一诺也"这样的文字表述。

方维仪对吴令仪的这个"终于一诺",可谓非同小可!不仅使她自己的坎坷人生际遇更加充满传奇,而且抚教的侄子侄女个个成为卓异之才,对桐城区域文化的兴盛也产生了深远影响。尤其值得一提的是,她还为后世培养出了一位百科全书式的旷代奇才。

方维仪绘《罗汉图》

第五章　吹光欲试青萍剑

1

"二月尽头三月来,红红白白一齐开。"料峭的春寒早已远去,丽日晴空,碧树繁花,满眼烂漫。正是天启四年(1624年,甲子年)三月三日。这个上午,孩子们随他们的季姑方维则,陪同姚老恭人到龙眠河边踏春去了。而长侄方以智去年秋日随父进京,还没有归来。

此时的清芬阁,依旧佛香缭绕、墨香飘逸。

这些年,随着姑奶奶方太孺人和公婆相继去世,方维仪也就安心地寡居娘家。在抚教侄子侄女的同时,她还在做一件重要的事情,就是帮助校核父亲交代的相关书稿。

这一天,方维仪将已校核完毕的《田居乙记》等书稿整理存放,李姆姆在一边协助。但是,不知为什么,她的心情完全不能如往日一样平静。尽管李姆姆不时提醒,她还是在整理书册时,不断出错。

因为这一天,父亲方大镇突然由京城辞官归来了!

在官场上,方大镇已经前后奋斗了三十五年,经历了由地方小官到朝堂大臣的曲折道路。万历十七年(1589年,己丑年),二十八岁的方大镇中了进士,初授大名府推官,后擢升都察院御史,并在御史台任上盘桓了二十余年。到今天辞职归来,可谓戎马倥偬半生,谁知落得个辞职而归的下场!

这让方维仪觉得太意外、太突然,不过,仔细想来,却又觉得理所当然。

方大镇(1561~1631),字君静,号鲁岳。与其说他是一位有所作为的官员,不如说他是一个颇有影响的学者。

从身为朝廷官员来看,方大镇始终做到了"勤以办职、廉以临财、谦以待友、慎以出言",深受士民称颂,一生都是无愧于五斗米俸禄的。他年轻时初授大名府推官,甫一上任就平反冤案,挽救130多个因受冤即将被处置的死刑犯。在"摄府篆"也即代理大名府知府时,曾拿自己的官印做担保,借钱为农民买了70头母牛。过了几年,母牛数量增长了很多倍。还本结息后，其余全部无偿捐给农户，至少养活了万家耕农。

在御史台任上的二十多年，方大镇"代天子巡狩"，察吏勤民、锄豪扶弱、芟恶掖善、俾安教化，可谓勤勤恳恳、政绩斐然。如在巡盐浙江的任上，当时所谓"九边"的军饷，半数取之盐课。自万历二十七年（1599年），新增盐税均加在2.6万多号盐商和灶户头上（灶户以煮盐为业，盐商则是流通行业）。由于税负太重，大量盐商和灶户歇业，边疆的军饷因此供给不上。方大镇立条规，清理积弊，释放因贩私盐而充军的数千人。他疏请朝廷减少商、灶新税之半，结果商、灶再度繁荣，税入反而增加了，受到朝野称赞。

巡按河南时，方大镇不仅严格执法，积极肃贪，老虎苍蝇一起打，营造了清明的官场生态环境，而且做了一件为朝野称颂的大事。在他上任前，当地的藩王福王仗着万历帝对自己的宠爱，肆意加税加赋，以洛阳4万顷田赋增加私人收入，又在每年盐税里支取藩银12万两，这明显加重了百姓负担，严重影响一方稳定，也影响九边之饷的征收。

方大镇刚上任就为此事奔走。他一面积极与福王沟通，动之以情、晓之以理，劝其减半田赋和盐税；一面连番上疏朝廷，极力陈说利害，认为"区区争田土之多寡，较财用之盈缩，臣恐百姓疾首蹙额，即福王意得志满何益哉"，否则，必然引起百姓不满，"以贻后世尾大不掉之患"。他提出的建议取得了朝廷支持，事情最终圆满解决。

从作为一个颇有影响的学者来看，方大镇之所以自号"桐川"，也被时人尊称为"方桐川"，不仅仅是因为"桐川"得名源自绕城而过的浩浩桐溪，更因为"桐川"二字被赋予了特殊的意义。

正如前文所述，明善公方学渐于桐城县城创建用于讲学的桐川会馆，被时人赞誉与东林书院齐名，谓"泰山华岳，相望于千里之外"。在方学渐受邀讲学东林时，顾宪成还私淑为方学渐弟子，并作《千里同声卷》，称赞方学渐"德愈盛，心愈下，万顷汪洋"。而方大镇是明善公学说的坚定追随者，他坚持荷薪续火，那时最满意的著述就是宣传父亲学说的《桐川讲义》。因此，"桐川"二字对方大镇来说，意义非凡。

综观方大镇的为官生涯，除了因明善公"捐馆舍"（即去世）归桐守制丁忧外，方大镇唯一的一次请假归桐，是在都察院江西道御史任上，而请假的理由虽是"因病"，其实与当时朝廷发生的两件大事有关，让他愤然"乞病归"。

2

方大镇"因病"请假归桐的前一年，正是方维仪、方孟式姐妹双双出嫁的那年。姐妹俩都随夫君进京拜双方父母，一边伴读，一边领略午门威仪，游览京城名胜。

次年正月，两对小夫妻在京都策马长安街，观看了上元节华灯烟树，感受到京都的繁华热闹。二月，完婚的皇太子奉命于文华门受百官贺拜。由于是喜庆的日子，也允许部分品级以上朝臣带家人参加贺典，姐妹俩与夫君随父亲方大镇观摩了贺仪，畅想着夫君未来班列于朝的景象。随后他们回桐途中，还畅游了吴越。方维仪曾有诗回忆当年："二十邀游燕与吴，长虹霹雳过龙驹。皇门世子垂双髦，陋巷颜生掩独枢。"这是把姚孙棨、张秉文比作安贫乐道的陋巷颜生（即孔子学生颜回），寄希望于他们未来大有作为。

且说群臣正在贺拜世子新婚大喜时，万历帝突然急召部院等官至仁德门静候，再宣首辅沈一贯入启祥宫后殿西暖殿议事。群臣预感有大事要发生。

这首辅沈一贯，与张秉文祖父张淳是进士同年，两人都曾因反对张居正"夺情"，受到张居正另眼相待，沈一贯被长期闲置，而张淳被直接外放到某偏远小县当知县。所谓"夺情"，就是官员在父母去世后不去职守丧（称"丁忧"）而依旧任职，张居正就是以"夺情"为由专断朝政。直到张居正死后，沈一贯才逐渐得到重用，张淳也因治绩重新回到京都，先后擢升礼部主事、郎中。如今，沈一贯已是首辅，张淳则在官至陕西布政使司参政后就致仕，归来与方学渐联办桐川会馆。

待沈一贯走出西暖殿，与众人口宣了万历帝的谕旨，方大镇才知道，原来是皇帝决定停止正在修建的三殿两宫工程，全部停止各地织造烧造业；同时，对镇抚司及刑部前项罪人，都着释放还职，因建言而获罪的诸臣俱复原职，行取科道俱准补用。

众朝臣一听，一时间目瞪口呆，转而又喜出望外，纷纷议论起来。大家都感觉一向深居简出的万历帝，突然如此开明，真是皇恩浩荡！

可是到了第二日一早，群臣又被紧急召到了仁德门。等沈一贯进去再出来时，已是午时。

原来，万历帝竟然收回了昨天的传谕，说自己前次决策乃是因眩晕而仓促为之，因三殿未完，帑藏空虚，矿税等项仍要权宜采用；且今国用不敷，难以停止，还着照旧执行，待三殿落成后，再考虑停止。尽管沈一贯极力争取，但万历帝先是沉默不语，最后不耐烦地一摆手就让他下去了。听了沈一贯新的传谕，诸臣顿时面面相觑。

这真是前所未有的事！方大镇当时就感到疑惑不解。本来昨天的传谕让他太兴奋了，因为他作为江西道御史，初上任就屡接江西方面的案件，多与瓷工闹事有关。昨天朝廷这一重大决定，让他欢欣不已。不料，今天皇帝竟然收回自己的金口玉言，真令人莫名惊诧。方大镇担心江西迟早要出乱子！

果然，不久就传来江西景德镇万余名瓷工发动大规模起义的事，他们毁器厂，烧税署，打死了太守及部分朝廷派遣的税官。朝廷只得将饶州府相关官员一律就地免职，并诏逮入狱，同时答应瓷工暂免税负，让收税的太监回京，事件才得以平息。

这件事情发生后,诸大臣、言官请罢矿税之疏不绝,但万历帝皆置之不理,既不批,也不复。各类征税使者依然肆虐如故,各地大小民变也更加蜂起不断。

大权在握的首辅沈一贯,却只顾顺着皇帝的旨意,对群臣、言官及各地的奏疏一律搁置。也正是在沈一贯的手上,党争愈演愈烈。

就在万历帝自毁其谕的那年三月份,京城厂卫狱中还发生了一起自杀事件,更引起举国震动。这是促使方大镇辞职之前唯一次请病假的关键。

3

自杀者是被朝廷和士林视为"敢倡乱道,惑世诬民"的李贽。

袁中道《李温陵传》有记:李贽被"厂卫五城严拿治罪",系狱日久,病痛之余,"唯愿一棒了当为快耳"。一日,呼侍者剃发。侍者来了,李贽"遂夺刀自割其喉,气不绝者两日。侍者问:'和尚痛否?'以指书其手曰:'不痛。'又问曰:'和尚何自割?'书曰:'七十老翁何所求!'遂绝"。

探究李贽自杀的根源,还在于当时的思想纷争。而与李贽一派相对立的,就是"泰州学派"的中坚人物之一耿定向。这是晚明思想史上一段著名的公案。

从一定程度上来说,当时的思想纷争引起了官场和学人的困惑彷徨。中国古代官员都是官学一体,官员本身也是饱读诗书的学者。所以李贽事件,无数的官员和学者深陷其中,方大镇自然也不例外。加之这时候,得知已先期回到桐城的次婿姚孙棨忽然病情加重,方大镇不由得焦急万分。

他十分看重张秉文、姚孙棨这两个女婿的前程。当他偕两对年轻人畅游京华时,还曾有诗写给他们:"幸逢于祐来题叶,不信陶潜悔折腰。少年马上夸游览,岂问黄金与黑貂。"祝福他们坚贞不渝的爱情,相信他们将来必有一番作为。这次姚孙棨病重,让他隐隐有不祥之感。虽然以前觉得这孩子时常病怏怏的,但一直不太介意。年纪小、身体弱是情有可原的,只要注意调理,加强锻炼,今后必然强壮起来。但现在来看,姚孙棨的病,并不寻常。

方大镇想起前辈何唐、张淳、戴完,曾因不满朝政昏暗而请病假归里的事,于是他也效仿前辈,向朝廷请了病假回桐城了。那个时候,万历帝逍遥深宫不问政事,门户之争剧烈,朝臣甚至多年见不到皇帝面,官员因此而乞休的比较普遍。

回到桐城后,方大镇见姚孙棨病情又稍微好转,也就放了心,遂带着儿子方孔炤到白沙岭,住进了明善公连理亭旧居,去埋头读书。他在《田居乙记》小序里说:

余壬寅既归,则向白沙山中,扫室问药。清风明月而外,不能不寓目竹素。

然病不能读,读亦不能记。徒自费耳。乃复不能弃。但目之所触,心之所赏,则效古人读书法辄乙其处。命儿子孔炤笔之。

壬寅,即1602年,正是万历毁谕、李贽自杀的这一年。白沙山,即白沙岭。也就是说,方大镇刚届四十不惑,正是年富力强之时,却请病假归桐。

作为一个以易学为家学、注重养生者,方大镇历来强调"体康强然后可以任重道远",注重文武兼修。而这次生病请假,恰好在党争加剧、李贽自杀的关口,处在当时激烈的思想纷争之际。

那么,先后发生的两起事件,为什么让方大镇"病了",迫切需要一次身心上的休整?

4

"吾家素业儒。"方维仪觉得,父亲是一个"四体肃然"的纯儒学者。而近世儒者虽然高谈仁义,却大多是堂奥佛老、支离程朱,乃至于趋炎附势,大搞门户之争。父亲归而"扫室问药",其实是试图寻求破解之道。

李贽在世时,积极倡导"童心说",甚至提出以自我为中心,"大凡我书,皆为求以快乐自己,非为人也",强调"我以自私自利之心,为自私自利之学,直取自己快当,不顾他人非刺"。大有登高一呼,一境皆狂之势,引起当时学者名流高度关注,或批评、或赞许、或困惑,引发了广泛的思想争论。

其时,方维仪的祖父,被誉为布衣鸿儒的方学渐仍然健在。他早年也曾是南畿督学耿定向的门生。而耿定向作为"泰州学派"的中坚力量,正是与李贽针锋相对的心学大师。

但是,方学渐对"泰州学派"的"四无说"并不满意。所谓"四无说",就是认为,心、意、知、物只是一事,"心是无善无恶之心,意是无善无恶之意,知是无善无恶之知,物是无善无恶之物"。方学渐斥责其多有附会,以致扭曲了阳明心学本意。于是,他提出"究良知而归实",倡导身心性命之学,力争革除阳明心学末流弊病,企图恢复阳明心学正统。

为此,方学渐频频讲学于桐川、秋浦乃至东吴和江右,宣扬"理"为"天理","欲"为"天性",批判道学家的"存天理,灭人欲"和"无生有",倡导"崇实"为旨,并撰《性善绎》进行具体阐述。他甚至提出了万物之所以生生不已,是"一元流行于亨利贞之中",也即运动的始动(动因),流贯于运动过程的始终。可见方学渐的心论已非"泰州学派"所能收束,开始由良知之心走向天地之心的道路,其客体化趋势十分明显。

在当时官场和民间形成大规模的耿、李思想纷争之际,作为方学渐学说的坚定追随者,方大镇既不盲目追跟李贽的"童心说"热点,也不以王学末流的放诞空言为时髦,而是力图跳出来,回归故乡桐城的白沙岭,"扫室问药",寻求新的破解之道。

由于"病不能读,读亦不能记",方大镇就让时年十一岁的儿子方孔炤帮助做笔记。而读书方法也是《田居乙记》内容之一。如其中就记录了苏轼的读书法:"吾读《汉书》,盖数过而始尽之,如治道、人物、地理、官制、兵法、货财之类,每一过博求一事,不待数过,则事事精核矣。"方孔炤及其子方以智,后来能成为学问大家,与其自幼讲求读书方法是分不开的。

方学渐《性善绎》书影

5

方维仪读了《田居乙记》所记内容,觉得似乎也挺简单,除了读书方法外,无非是"或取古人行事,或取其言,凡有关身心家国之理者"。从目录来看,主要分四门:一曰潜见,分记学、记仕二子目;二曰筌宰,分记君、记臣二子目;三曰阀阅,分记操持、记作用二子目;四曰居息,分记家化、记性命二子目。

方维仪觉得其中的记录都表明,父亲对当时的门户纠葛和思想纷争有所困惑,于是力求从前人论述里理出新的头绪,同时也希望以此启迪世人。

方大镇还写诗给城里的朋友,描述自己的田居读书情况:"慈云石室绕烟霞,醉里挥毫不问家。骢岭龙山三十里,忆君真似隔天涯。"(《酬谢山人寄"怀白沙"用来韵华》)骢岭,即与白沙岭相距不远的一座山岭,这里用来代指白沙岭一带,又称骢马岭、天马山;龙山即龙眠山,这里代指县城,距白沙岭差不多三十里远。

但是,方大镇始终以传承其父方学渐的连理堂之学为使命,在白沙岭读书的同时,他还经常侍从其父方学渐,讲学于龙眠河畔的桐川会馆,并受邀来往于县内外传播其父学问。经过一段时间"宁静致远"的读书思考,特别是讲学提炼,方大镇认为当时的学人"全副心肠都着世味浇透,食色旧习难除,'功利'二字尤其病根"(《宁澹语》)。为此,他根据其父方学渐的"心体至善"观点,提出了"至善为宗"的理论,认为"学者从入究竟,必求正大,旁门歧路必不可由"。

"理学者,国之所宝也。"方大镇充分认识到"清其源、正其本"的重要意义,而"本正然后千枝万叶从兹皆正"。他将前人言行与其父方学渐连理堂之学,作为治疗时事国政的药引,认为方学渐的"崇实"为旨、"身心性命"之学,更能挽救当时混乱的人心。

方维仪读着父亲方大镇的手稿,突然明白,正是这次回归白沙岭连理亭旧居读书,并侍从明善公方学渐讲学,父亲理清了一条明晰的为政和治学思路,又获得了从白沙岭重新出发的力量。万历丁未(1607年),他被重新起用为两浙巡盐御史。

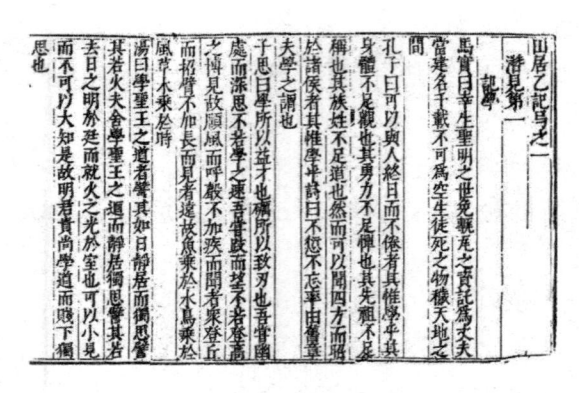

方大镇《田居乙记》书影

6

下午,阳光依旧温暖而澄亮。

廷尉第小园里,所有的树木似乎都静默如禅。方维仪从它们身边缓步而过,迈步进入远心堂,再走进自己的清芬阁,往观音大士像前的香炉里添了一炷香,就安静地坐在一盆春兰旁边,再次校核父亲的文稿。

父亲从白沙岭重新出发后,先是巡盐两浙,接着巡按河南。在这两个重要岗位上,父亲究竟是怎样挽救被世味浇透的时人呢?

方维仪在父亲的文集中看到了一些奏议。认真拜读父亲这些文字,其实是在读一颗拳拳为国的忠心,是在读他矢志不移的修齐治平理想。

方大镇辗转仕途,却一直不忘传承真儒之学,特别是明善公方学渐的连理堂之学。每任一地,必褒崇理学,强调"明仁义、宗至善",呼唤良知良能。

如巡盐两浙时,他上疏朝廷,为低级官员陈献章、布衣胡居仁请谥,认为这二人虽然已入祀孔庙,但他们的理学贡献,有利于"楷模世教","此宜亟为补请谥号,以表斯文之英,彰祀典之美者也"。

但是,礼部、内阁、翰林院、吏部等部门意见不一。

为此,他大声疾呼:陈献章"宗自然""贵自得""重涵养",其学问"廓高明之宇,游广大之途";胡居仁"以忠信为先,求放心为要"。可是,"今二臣祀而未谥",这不利于褒崇理学,也就不利于稳定人心。而人心不稳,必不利于国家长治久安。

经过不懈努力,终于得到万历帝的批准,陈献章被补谥为"文恭",胡居仁被补谥为"文敬"。

别轻看了这个补谥,这对消除当时混乱的社会思潮,稳定人心,让人们从名节世味的浮躁中清醒过来,是非常及时、非常迫切的。今天来看,有明一代,布衣之士得谥号的,仅胡居仁一人而已。

在巡按河南时,方大镇有感于时政衰败,民变兵乱接踵,他又以"奈何世教不流,而江河人心不趋"等原因,上疏请褒崇扬州王艮、常州顾宪成、建昌罗汝芳三位理学名臣。

方大镇在奏议中说:"世道之升降本乎人心,人心之邪正系乎学术。圣王在上,哲相在列,必讲明学术,以为世道标;必褒崇名理之臣,以为学术标。"

因为"风教攸关也"。为此,方大镇请求朝廷"察其要领,挈其纲维,推奖理学,而赐之褒崇,使先进之风独振于叔季,枝叶之论不胜其本根"。

无论是为陈献章、胡居仁请谥,还是请褒三位理学名臣,实际上既是对当时虚妄学说的一种回击,同时也是对"重名教"者心口不一或言行背离的假道学的反正。

方大镇在奏议中还不忘提及明善公之训:"臣父学渐庭闱之训谆谆在是。"方维仪明白,这是父亲表明自己传承明善公连理堂之学或者说桐川之学的坚定态度,他希望调和理学和心学矛盾,以"崇实""至善""致知"挽救世味浇薄的人心,从而进一步挽救濒危的时局国运。

读着父亲的奏疏,方维仪疑惑的是,父亲的努力果能实现吗?

7

这一天,与昨日的绚丽不同,天空似乎心事重重地阴着。

方维仪一边校核文稿,一边想着,即使是鲜花着锦的美好春天,也不总是晴空丽日的。就像生命也有轮回的劫数,天地早有安排。比如,她的丈夫姚孙棨,最终还是于父亲病假归来的那年冬天,依依不舍地走了!

又比如她的父亲方大镇,在天启初年也是雄心万丈的。天启改元以来,他由江西道御史起补京畿道、贵州道,第二年六月又迁任大理寺右寺臣,随后奉太恭人命"捧檄"进京,再赴大理寺任左少卿,正准备有一番作为时,却不得不辞官归里了。

"可惜呀!到了天启一朝,朝廷被魏忠贤等阉党所掌控,朝纲混乱,民生凋敝,内忧边患,国运已经系于一线了呀!"方大镇后来时常在家里叹息道。

虽然如此,方大镇当时在京师还是尽了最大的努力。他在大理寺左少卿的位置上干了近两年。在认真履职的同时,还积极上疏,请求懒于日讲的皇帝恢复日讲制度,多听侍讲经筵宣讲前朝成宪典故,禁止太监参与阁臣、讲官议政,以正朝纲,挽救危局。值得一提的是,他还将明善公早年拟写的《治平十二箴》也进谏朝廷。可惜,却被联合齐楚浙党而逐渐壮大起来的阉党魏忠贤,不择手段矫旨严责。

另一方面,方大镇还积极参与邹元标、冯从吾、高攀龙等东林党中坚创办的首善书院,并主讲"性善之学"。当时方大镇赋诗抒怀:"闻道诸公负笈来,半途惊说使星回。云开北道趋仙仗,雪满东林缀讲台。吾道自看川上月,天心为景腊前雷。惠山昨日登临处,寄我寒泉可数杯。"表达自己努力在首善之地调和"心学"与"理学"的愿望,与东林中正直人士一起,化作"腊前的春雷",试图将日趋混乱的人心唤回。

但严峻的现实,让方大镇逐渐清醒地认识到,斯时朝堂之上,相互倾轧、明枪暗箭的门户之争日趋激烈,而正直为官者已经不能有所作为,所以上自内阁大学士,下至各部臣工纷纷引疾乞归。

方大镇在朝堂之上感到越来越孤单,天启二年(1622年)八月赴京的激情已被荡涤而尽。他赋诗遣愁:"春风燕市昼苍茫,何处荆高醉酒场。匕首求来过易水,头颅带得入咸阳。吹光欲试青萍剑,卧雪何须白玉床。共道鹓鸿满台阁,可知虎鼠斗东方。""荆高",即荆轲与高渐离,这里指刚正不阿的高士;"虎鼠",即大搞内斗的阉党。

青萍剑是古代传说中的神剑,乃是开天辟地时由莲花变化而来的先天灵宝。方大镇诗中提及"吹光欲试青萍剑",也曾让方维仪热血沸腾。这不禁让人想起白居易有诗句咏古剑"愿快直士心,将断佞臣头"。然而,现实却是异常残酷的,方大镇"欲试"青萍剑而不能,唯临"易水"击剑悲歌。因此,方大镇此诗让方维仪读来更觉慷慨悲壮。

8

方维仪曾问父亲:"是从什么时候开始,您就有了退意?"

"被阉党矫旨调虎离山,让我巡察蜀地,归来时看到朝堂一片混乱,我就萌生了退意。觉得吾在朝廷已经不可能有什么作为了。"方大镇长叹一声后回答方维仪。过了一会儿,他又补充道,"当年恒庵先生不也是看不惯官场混浊,急流勇退,以不欺其志吗?"恒庵先生即赵锐先生,乃是赵太恭人的父亲、方维仪的祖外公。

方维仪若有所思地点头。她想,父亲那年原本准备退隐桐溪了,在太恭人的激励下,才"捧檄"赴京。正是魏忠贤派人以"倡其邪学""异言乱政"等为名,捣毁包括首善书院在内的全国书院后,父亲愤而上疏《论书院不当毁》,阉党又矫旨攻击,他才心灰意冷,借口卜得"同人于野"卦,于天启四年(1624年,甲子)春雪漫天之际,引疾辞官,归隐故里。

方大镇等人的辞职,阉党自然是求之不得。因为不仅一些职位空出来,还少了一批强势竞争对手。他们还假惺惺地挽留了一番,又运作晋升方大镇为南京光禄卿,但方大镇早已"心归南山",不可能赴任的。

随着方大镇等一些正直老臣相继辞归或被驱逐,阉党炽焰大张。即便如此,仍有一批东林人士坚持与阉党斗争。方大镇的同里好友左光斗,以及湖广应山的杨涟等为首弹劾阉党的东林党人,虽渐显弱势,却越战越勇。

当方维仪看到白发苍苍的老父归来时,不知道是该高兴还是悲哀。

桐川会馆之北,是父亲新构的书斋荷薪斋,斋内满壁图书,灯光摇曳。父亲埋首案间,开始着手整理其一生所著。所谓"荷薪",取意继承明善公学术,继续深剥良知之说。而他这时著述的重点则放在儒释分别,力求辩论极详。

父亲忘不了白沙岭的那处明善公连理堂老宅。他告诉方维仪及其门生,拟汇编的文集《宁澹居文集》要专门有"荷薪"部分,就是表达不忘继述明善公学问之意。

他让方维仪帮助校核文集中的《田居乙记》《山居记事》《诗意》《礼说》《诗集》等卷,这些都是他当年在白沙岭读书时所著。方维仪在校稿誊写的同时,还经常陪父亲散步,也常将自己的读后体会讲给侄子侄女们听,并让他们读书时学会"勾乙",认真做好笔记。

方维仪绘《西池大阿罗汉图》局部

一天早晨,方维仪陪父亲到城东河边散步,边走边谈所校核的诗文。父亲称赞她的小楷誊写极为工整秀丽,忽然又道:"仲氏,很久没看到你作诗了呢。"方维仪一怔,心想:女儿哪里是久不作诗?不过是时常诗成辄弃罢了。但她随即微微一笑:"女儿这就想着,以眼前之景,作一首吧,请父亲雅正之。"不一会儿,她缓声吟道:"东城溪水曲,远岫荡烟霞。晓笛引愁泪,秋风吹落花。白云当户牖,碧沼暗蒹葭。寂寞怜双燕,徘徊顾我家。"

方大镇听了,笑着点头称好,却又长长地叹息了一声。方维仪挽着父亲的手臂,看着天边的朝霞渲染着远山,以及飞来飞去的燕子,听着桐溪水潺潺东去,时起时落的笛声,风中起伏的芦苇,不由得忆起了儿时随父亲宦游的那些美好的日子,以及出嫁时随夫遨游京城和吴越的高光时刻。又想到父亲戎马一生,却愤然辞官归里,而自己遭遇婚姻的不幸,弟媳又英年早逝,人生如此无常,泪珠止不住滚落下来,连忙转身悄悄揩去。

第六章　几番花落歌短檠

1

"自从堤修好后,洪水之势趋缓,馆前乃有沙出焉,近且成洲矣。"方大镇指着桐川会馆前的一片沙洲说。

方维仪顺着他的手指望去,但见洲上青草离离,白鹭翩翩。沙洲对面垂柳婆娑,若隐若现的一座寺观正是柳林庵。而脚下的绣衣堤,鸠工累石,屹屹岩岩。

方维仪感叹道:"鹾台龙公与吾父功德大矣,从此东门这边不再有鱼鳖之忧。您看这绣衣堤石,这些年来已经被水浸渍成赭褐色了,与清清的河水、金色的沙滩相映成趣呢。"

鹾台龙公即两淮巡盐御史龙遇奇。鹾是盐的别称。龙遇奇曾担任金华知县七年,那段时间,方大镇正巡盐浙江,两人因都有共同的理学志趣而交游甚笃。

万历末,方大镇与邑人吴叔度(与吴应宾同族同辈,隆庆举人)找到县令王廷式商量:桐溪流经东门大河那一段堤岸,即自东门而北、向阳门而南的一段,向未筑堤,常受水患侵扰,每次发洪水总要决去数百丈,最惨烈时甚至漂去几百户人家。前任县令刘时俊虽然启动了修堤工程,不料中途调走,致使工程搁置了十余年,其间灾害不断,对东城居民威胁越来越大,有必要在新一轮洪水来临之前,重启桐溪东门大河段堤岸修筑工程。

当听说吴叔度募捐修堤款缺额甚大时,县令王廷式表示,目前县库收入有限,而且多被征作辽饷,但他愿意捐出自己的帑金六十金。方大镇立即表示也捐六十金。龙遇奇此时正在皖府,听说此事后,慷慨捐帑二百金。

于是,修堤工程顺利启动。重点择其要害两段,即上一段二十丈,下一段六十二丈,率先施工。并邀请里中长老吕宗望、程万里,以及方家的老仆方魁,三人作为施工监督。工程从孟冬开始,共花了四个月时间,正好在洪水到来之前的孟春结束。

当时邑中诸老议论说,鹾台龙公捐助独多,按台方公既出力又出资,可不能忘了他们的恩德。于是将此堤命名为"绣衣堤"。所谓绣衣,是沿用汉代"绣衣御史"古称。而龙遇奇那时正是两淮巡盐御史,方大镇正是河南巡按御史。

"祖父、仲姑,我觉得那一块块巨石,颇像一颗颗巨大的牙齿,牢牢地咬住了堤岸。能完成这样浩大的工程,真不容易啊!"方以智十分敬佩地说。他的话打断了方维仪的悠悠回忆。

小童鲁墨插了一句:"长公子,你说这一块块巨石像一颗颗牙齿,怪不得常有人开玩笑,说某人的牙龇得跟东门大河摆一样呢!"

"哼!你们这些男孩子就喜欢赤着脚在东门大河滩上跑,也不怕黄滑石硌脚。"方子耀撇着嘴,向祖父"揭露"方以智。

"那黄滑石是山上滚落顺水而下的,不知经过了多少年,才到了城边,都成了溜圆的滑石,哪里还硌脚?何况,焉知吾不是踏石河中,循究大禹之旧迹乎?"方以智笑着回她。

方大镇听了大家的议论,不由得爽朗大笑:"你们曾祖父明善公,也曾有踏石过河诗呢。诗曰:曲曲龙眠河,磊磊河中石。步石渡河流,雨后河边立。所以从那以后,桐溪又被人们称为龙眠河了。"

"东林,你可不要玩心太重啊!"方大镇又提醒孙子。他还向大家讲述了那片沙洲对面的柳林,嘉靖时期曾是邑前贤戴完先生的东林会馆所在。戴完先生曾中嘉靖甲辰(1544年)科殿试二甲第一名,历任江西提学、贵州按察副使。他正值壮年时就致仕归乡,于城东开辟东林会馆,讲学三十七年,每日从学者不下数百人。

每天都能看到父亲在宁澹居荷薪斋里忙碌,或是陪同他在桐溪绣衣堤散步,方维仪心里就有一种特别温馨而又宁静的感觉。

有时,父亲精神矍铄地出现在桐川会馆,与邑中学者论辩学问。方维仪如果有空,也与堂妹方维则率侄子方以智和侄女们在后院听社讲。

方以智是前一年(1624年)底从京城回来的。他在仲姑方维仪的抚教下,每日在城东稽古堂读书作文练字,甚是勤奋。有时也被仲姑召回来,一起去桐川会馆听祖父方大镇的社讲。方大镇以他深厚的学识、卓越的见解,并联系实际,讲得具体而又生动形象,让人有所思、有所悟。

方大镇在社讲或著述之余,尤喜在绣衣堤散步。方维仪常携方以智、方子耀陪同着他,沿着绣衣堤不紧不慢地走,听老人家讲他为官和为学的故事。

但是,这样的日子没过多久,父亲突然提出要到东乡浮渡去。

有一天他从桐川会馆讲学归来,对方维仪说,已与吴观我老居士商量好了,去东乡浮渡隐居一段时间,以便与老居士继续辩论学问。

没过几天,他就带着老仆方魁和一个书童,驾着装满书的马车,匆匆出发了。

苍苍龙眠山，悠悠桐溪桥

2

这些日子，母亲姚老恭人与陈、诸两位姨娘，或是陪赵太恭人打牌，或是逗逗小孙子小孙女，或是到投子禅寺、柳林庵拜佛参禅。有时她们也会到清芬阁来坐坐，看方维仪和方维则分别教孩子们先秦两汉古文和诗词歌赋，教他们书法和绘画。

前不久，方孟式因随夫君赴湖广荆襄道任职，路经桐城暂住了一旬。临别之前的一个夜晚，趁着月色正好，方孟式约了方维仪、方维则、吴令则，以及方维仪的婆家弟媳倪夫人等，来张家心远楼雅集。

这张家心远楼之名，乃是张秉文祖父张淳所取，当然与方家远心堂名字意思差不多，也是既有追求陶渊明的诗境，又有远离心学末流空泛虚无之意。可见张淳与方学渐有着共同的问学旨趣。

是时，月光如水，梅香暗袭。而龙山幽幽，松涛低卷；熏风徐来，桐溪流韵。

众姊妹饮了几巡桐城糯米老酒，回想少年时代，畅叙如烟往事，照例授管分笺，赋诗酬唱。方维仪挥毫写了首《春夜留饮诸姊》："明月照南窗，春风吹草木。芬芳池上梅，幽径常肃肃。仙子爱山林，逍遥栖云谷。今宵共叙少年情，几番花落歌短檠。浮生何用苦经营，看取芳槿三春荣。"

众姊妹看了，都称赞诗书双绝，境界空灵，读之可以一扫浮躁，荡涤尘心。方孟式心疼地握着妹妹的手，似有千言万语，却"无语竟凝咽"。而她自己的人生表面上看来比这个孀妹风光，其实也有另一种愁苦，却无以言说。

次日一早，众姊妹又相约一起赴城东乌石冈。这里是张秉文的小东皋园林所在,乃是方家陪嫁的田庄。方孟式的纫兰阁就在这个园林里,她居家时,大多时候不喜居城中,而更愿意在这里消磨,曾有《东皋即事》诗写道,"吾居纫兰阁,乃在乌石冈""新丰市口人如栉,投子山头月似霜"。这里河水环绕,竹林荫蔽,杂花生树,村庄掩映其间。高冈周边是稻田、荷塘,鸥鹭翩翩起落。

众姊妹要与方孟式在乌石冈惜别。大家拉着即将远行的方孟式,又不免争着祝福了一番。方维仪将内心的不舍,化为表面看起来的恬静。她凭眺姐姐书斋纫兰阁窗外,那熟悉的梅林、桃园、柳堤、荷塘,还有太乙舟,满眼芳华,依次涌入眼底,似乎当年与夫君鲜衣怒马、驱驰京华和吴越的景象又迭现于眼前。

如今,她为姐姐和姐夫"共为双鸿鹄"而祝福,却为自己孤燕寂寥、孤影伶仃,生出莫名的惆怅,遂再题诗《春日与姊话别》:"勿忘梅阁下,握手对春风。落月窥离色,残花送晚红。灯前赠芍药,别后落梧桐。明日扁舟去,襄山烟雾中。"

但那年梦中烽火围城的骇人场景,却一直挥之不去,这已成为她心里沉重的阴影。她知道,现在天下越来越不太平。西北农民军纷起,东北边乱频繁,而京城这几年由于党争激烈,更是腥风血雨,一些朝廷命官甚至因此丧失了性命。难道不是吗?父亲一辈子兢兢业业、勤勤恳恳,却满怀忧郁地辞职回归桐城。

尤其令她无时不担忧着的还有一个人,那就是唯一的弟弟方孔炤,此时他正在兵部司马门担任职方郎。

3

方孔炤的号为仁植,源自白沙岭连理树,自然也有传承明善公连理堂家学的使命意义。他年少时即咏诗读经作文,隽朗有辞藻,但性格果毅不群,非一般文弱书生所能比。后来也果然不负父祖期望,他不但具有广博的传统文化知识,进一步发展了其祖、其父的学术思想,而且对明末开始输入中国的西学也有着非常浓厚的兴趣。

方维仪还记得万历四十四年(1616年)春,丙辰科殿试放榜,桐城县有四人登榜。这是本县历史上科举成绩极好的年份之一。当消息传到桐城时,整个山城都沸腾了。以病乞归的翰林院编修吴应宾得知女婿方孔炤登榜,高兴地赋诗《喜贺方婿潜夫》:"万里雄风两腋生,祖龙今日动山城。花当月夜开时折,人向云车簇处行。柱下又看麟一角,楼中真喜凤双鸣。欲知年少登科好,只在忠良答圣明。"

诗中之所以说"雄风两腋生""楼中凤双鸣",乃指其婿方孔炤、其从弟吴叔度同中二甲,而方孔炤的从父方大任也高中三甲。因此,方、吴两家都是"双喜"临门。方孔炤的父亲方大镇此时正是朝廷御史(御史古称柱下史),父子进士,同朝为官,可谓"柱下又看麟一角"。

值得一提的是,本次四名高中金榜者,方大任、吴叔度已经年逾六十,他们都是方孔炤的长辈;与方家有世戚关系的阮大铖,虽然与方孔炤平辈,但年长方孔炤四岁,他与方大任都位居三甲,只不过排名在方大任之前。所以,四人中,时年才二十五岁的方孔炤最为引人注目,他高中二甲,排名居前,可谓少年得志,春风得意。

记得家中收到从京城传来的喜报时,每个人都争着捧过来反复地看。方维仪也捧过喜报,眼里闪着泪花,朦胧中却仿佛看到了姚孙棨的名字,心中不免又有一声无人察觉的沉重叹息。

方氏合族之人甚为振奋,前来贺喜的人太多,族长遂安排部分族人于方家一本堂宗祠祭祖"会食",感谢列祖列宗在天之灵。宴会还为方大任、方孔炤叔侄披红戴彩,好不热闹。吴应宾也前来贺喜,他希望年少登科的女婿能够像方家先祖那样,做忠诚正直的贤良之臣,努力报效朝廷。

可惜此时朝政日趋浊乱,各地的民变兵变也日趋激烈。影响较大的兵变就有五月份的福宁兵变。士兵张天锡、王一经等与众兵卒一起关闭城门,包围官署,殴打贪吏,树旗拆屋,城门关闭达十三天。直到朝廷派兵通过艰难剿抚乃定。而发生在广州的民变也具有一定的代表性,由饥民闹事引发。两广总督胡应台率兵斩杀为首者五人,才终于平息。

尤其值得一提的是,这一年,努尔哈赤在赫图阿拉称"英明汗",建元天命。大金政权建立起来了,史称后金,开始形成与明朝分庭抗礼的局面。

这也就意味着,大明的天下越来越不太平了。

4

就在全家既为方孔炤金榜题名高兴,又为国家形势危急而不安时,英姿勃发的方孔炤却踌躇满志,觉得这正是自己投身报国之时。

他在京城得知中式后,并没有立即返回桐城与家人庆祝,而是与一班同榜,策马兴游,往来雅集,待朝廷通知一到就直接进兵部观政去了。

方维仪知道他报国心切,遂写了首诗《寄弟》:"年少喜论兵,孤身入帝京。长安风景暮,关塞雪霜清。天子方明圣,男儿志令名。高堂春日永,勿复故乡情。"字里行间,叮嘱谆谆,关爱殷殷。

三个月观政期结束,方孔炤又独自带着书童直奔四川嘉定。没过多久,吴令仪也带着六岁的儿子方以智、四岁的女儿方子耀,高高兴兴地随夫进川去了。

方维仪曾在心里无数次地祝福着弟弟和弟媳:"愿尔黄鹄飞,千里遥相逐。"她把从前对夫君的希望,全部寄托到这个年少即喜欢谈兵论剑的弟弟身上,嘱咐他一心从政，家中老亲自有仲姐照顾，不用过多虑及。

次年，方孔炤又转任曾发生兵变的福宁知州，这显然是上层有意让他磨炼。四年后，孔炤果然因民安定、治绩佳，考核优等，擢升为兵部职方郎，相当于进了国防部当参谋，由偏远地方小官升到朝堂关键岗位。

可惜的是，也就是从这一年开始，没有执政能力的天启皇帝朱由校，重用乳母客氏的相好魏忠贤，纵容其擅权弄政，导致朝廷上下昏聩不堪，原先势力较盛的东林党受到阉党排挤打压。

另一方面，由于国内土地兼并加剧，苛捐杂税繁重，各种社会矛盾不断激化，导致各地民变、兵变纷起。白莲教在山东揭竿，奢崇明、安邦彦起事于西北。而努尔哈赤已经攻陷了沈阳、辽阳等地。

天启二年（1622年，壬戌）入冬后，西北的农民起义更加风起云涌，辽东努尔哈赤迁都辽阳，定名东京。大明内忧外患，形势岌岌可危。

作为一个兵部职方郎，方孔炤的主要职责是，掌天下地图及镇戍、堡寨、烽候，及沿边少数民族内附等要事，可谓要害岗位，职责重要。

但方维仪很清楚，在当时阉党乱政的体制下，正直臣工个人是很难有所作为的。所以方孔炤曾无奈地告诉她，所谓"职方郎"，其实就是"职方难"。

5

方孔炤有一首《职方难》诗，描写了自己当时的窘况："职方如奴隶，专供要路津。一官几人役，咳唾犹鬼神。虽有帝王尊，不足家兄亲。如蚁慕羊肉，如脂转车轮。执持不见听，怒气排三辰。中伤一旦起，空使峨眉颦。"不说受到的各种掣肘刁难，就说那莫名的谣言非议也每每让他心情沉郁。

但是，方孔炤不甘就此沉沦。他利用在兵部任职的便利，抽出时间努力搜寻资料，准备编撰一部《全边略记》，力图从历史中寻找问题根源，探求解救大明王朝九边危机的答案。

方孔炤所任职的兵部职方郎，与吏部文选郎对应，分别主管中级以下文官和武官的任命调迁，表面看来，权力不小，其实充满掣肘。

东林党魁首顾宪成（1550~1612）的最高职务也只是做到了吏部文选郎，但他充分发挥超强的活动能力，对有关人事安排发挥积极的作用，以致激怒了把持朝政的权臣而被驱逐回乡。

方孔炤在兵部职方郎任上时，正是魏忠贤把持朝政、猖獗之时。以他刚直、果毅的个性，又经常参加同里左光斗、叔父方大任等一批东林党人的活动，与权奸发生激烈碰撞已是必然。

天启三年（1623年）"癸亥京察"中，方孔炤配合东林党人，抓住机遇对魏忠贤及其附逆崔呈秀等进行了抨击，魏忠贤怒不可遏，视其为必除。

天启四年（1624年），左佥都御史左光斗再一次拼却身家性命，直胆上疏，论魏忠贤"三十二可斩"；左都御史杨涟也根据具体事实，配合左光斗，上疏弹劾魏忠贤"二十四大罪"。可惜二人的上疏很快为魏忠贤得知，他因此视杨、左等人为眼中钉，必欲除之而后快。十月，左光斗、杨涟等人被黜罢回乡。

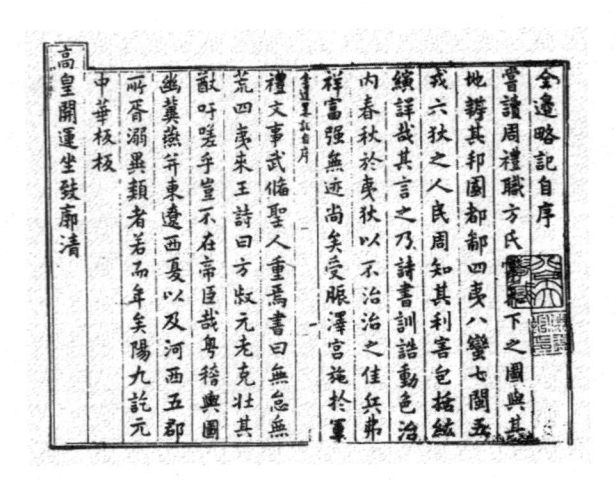

方孔炤《全边略记》书影

就在方维仪日夜担心着在京的方孔炤安全时，天启五年（1625年，乙丑）四月，方孔炤再次参与上疏坚决反对魏忠贤封其侄为伯爵，随即被削官夺职、驱逐回乡。其在朝廷担任御史的叔父方大任，以及同在朝为官的何如宠、叶灿、倪应眷、吴善谦、盛世承、马孟祯等桐城人士，也先后被削籍免职或引疾乞归。至此，朝中一批正直大臣被黜罢殆尽，要么在狱中等着受大刑，要么被驱逐。

"你们终于回来了！"当方维仪陪着母亲姚老恭人倚门眺望时，方孔炤一家乘着马车风尘仆仆地突然出现在她们面前，方维仪几乎不敢相信似的吃惊得喊出声来。她立即指派家仆打马前往东乡浮渡，报告在那里退隐读书的父亲，同时着手安排为弟弟接风。

虽然方孔炤回到了桐城，但是方维仪悬着的心并没有放下。特别是听了他讲解的混乱时局，方维仪更加忧心忡忡。

6

廷尉第远心堂。

方维仪走进来时，弟弟方孔炤放下了正在疾书的笔。原来他刚刚写好一首《天启乙丑忤党削籍》："不即膏唇舌，犹承浩荡恩。瓶原难假器，锄祓为当门。鹿马千前辙，鸥凫善斗魂。埋忧唯抱甕，灭迹此荒园。"看其笔锋，显然指向鹿马不分、鸥凫善斗的汹汹党争。诗题中的天启乙丑，正是方孔炤南归桐城的这一年。

"现在,可以告慰双亲和仲姐的是,这几年心血没有白费!"方孔炤又搬出一箱厚厚的书稿,告诉方维仪,他所要编撰的《全边略记》资料收集全部完成,初稿已经撰写了四分之三。这次被免职南归,正好有时间继续撰写。

方孔炤又问:"仲姐,父亲何时到东乡浮渡的?"

"去年春天辞职归来,秋天就去了浮渡。我们本来极其不愿意父亲远避乡下。"方维仪说着,回忆起父亲临行前的情景。

那天从桐川会馆讲学归来,父亲神采奕奕地说:"吾将效法古人,远离城市喧嚣,幽居乡间读书。"他告诉方维仪,他任大名府推官十多年,其地有大伾山,地质风貌都与桐城浮渡颇为相似,他曾于官暇遍游大伾山并镌诗于崖石上。而今退隐浮渡,其实亦可解对大伾山的思念。

方维仪当时就表示不赞同,第一次与父亲发生了争辩。

她说:"父亲,您多年宦游在外,吾祖母太恭人尤为挂念。现在朝局并不安稳,您既然已叶落归根,太恭人合全家也都喜不自胜。何况您年事已高,本应享天伦之乐,就不要再奔波远避乡下了!"

"仲氏啊,你祖父不是常说,'文武兼修,以致用也'。吾向来以为,体康强然后可以任重道远也。吾虽辞归,但自以为身体尚健。只是每思及你祖父明善公的连理堂之学,必汗浃而寝食不安。你祖父在时,逾七十依然外出讲学,吾年不及你祖父,更应笃行其志啊!"

"可是父亲,您前不久也说过'永桐溪乎茳轴,踵彭泽其焉疑'呢。这龙眠之阳,桐溪之畔,山清水秀,风物尤美,不正是彭泽东篱、悠然南山?且祖父明善公始创的桐川会馆社事兴盛,邑内外诸生学者多来往切磋,亦需您辨证也。"

"吾已与同人商定,桐社的规章制度,一律依照你祖父明善公的旧制。社事自有社长张道卿及诸同人执事。吾多年来劳形仕途,此番悠游浮渡,其实也算是决意休养了。"

方维仪知道父亲避居乡下之意已决,就不再言语。父亲临行前的一个傍晚,她与侄子方以智依依不舍地陪他慢慢地走在绣衣堤上。

"吾这几个孙子孙女,这几年让你颇为操心了。"方大镇看着女儿,有些心疼地说,"你看你,白发也新生了不少。以后凡事不要总是亲自去操劳,可多安排女婢去做。"方大镇又嘱咐了一些照顾好太恭人以及书稿校核等事宜,方维仪一一答应着。

方维仪沉默了一会儿,又提出要口占一首《晚步》诗,以记下随父亲晚步的情景:"幽砌深梅径,空阴凉气赊。闲来寻白石,随意见黄花。巷老将飞叶,林孤未息鸦。曲栏凭薄暮,柳色淡烟斜。"

方大镇听她念完,明白女儿是劝慰自己保持一种闲适的心境,观黄花之淡泊,寻白石之雅趣,像梅一样愈老愈精神。但他去意已决,遂说道:"你的心思为父明白,也甚欣慰。只是那东乡浮渡山,与吾曾治理过的大名府大伾山何其相似,可解吾多年思念。况且此番吴观我老居士从浮渡相招,又有丰城王山人为吾指浮渡之胜,吾何不趁着这难得的退暇去认真考察一番?"

随后不久,方大镇在门人和邑中部分士子的帮助下,从家中藏书楼稽古堂选了一马车书,带着老仆方魁和一个书童,就奔赴距城九十里远的东乡浮渡山去隐居读书辩学了。

"父亲还以那支辞官前卜得的'同人于野'卦,自我解嘲地号为'野同翁',并题写'野同岩'三个大字,命人将其镌刻到雪浪岩的崖石上。"方维仪告诉弟弟方孔炤。

浮渡山远离城市的喧嚣,江西丰城的王山人已帮助方大镇在那里卜选了一处幽胜之地。方大镇初步考察,较为满意,还筹集资金,买了当地人的几间旧居,加以翻修和扩建,命名为"在陆山庄",表示自己"藏陆于朱",即藏陆九渊心学于朱熹理学的问学旨意。

方孔炤听了后,笑道:"弟倒是想着,仲姐年来极是辛苦,弟近来又沉于《全边略记》,是不是把咱家东林也送到父亲那里读书呢?"东林是方以智的乳名,还是在他出生时,明善公从无锡东林书院讲学归来时,给曾孙取的。

方孔炤让小童鲁墨喊来了儿子方以智。

"你还记得你的乳名是谁取的吗?"方孔炤问。

方以智立即回答:"曾王父取的。"曾王父即曾祖父,指明善公方学渐。

"那你还记得这个乳名的意义吗?"

"孩儿不会忘记。"

7

提到明善公方学渐为东林取乳名的事,方维仪、方孔炤都沉入了回忆。

当年,方学渐力求恢复"阳明心学"正统,反对王学末流陷入空谈,治学坚持"心体为本","崇实"为旨,倡导"性至善",立志要"救天下之虚无"。

与此同时,倡学东南的江浙王派传人顾宪成、高攀龙、刘宗周、黄道舟等人慨然以天下为己任,关心明帝国的财政和军事,企图拯救这个正在腐败的皇朝。他们对王学末流不切实际的空谈心性相当反感,竭力进行拨乱反正。

方学渐与江浙学者遥相呼应,引为同志,而高攀龙等江浙学者则将方学渐与顾宪成并称。

万历年间,方学渐在城东桐溪之畔创建桐川会馆,设先贤何唐、老师张甑山牌位,开坛讲学,一时从学者云集,人尊其为"布衣祭酒",意即平民学者领袖。早年曾为方学渐同门,都师从过心学大师耿定向的金陵状元焦竑,专程自金陵来桐寻访桐川会馆,拜见方学渐。他看见"馆负城临流,据一方之胜",名流荟萃,从者如云,非常高兴,遂欣然作《桐川会馆记》,盛赞方学渐"辈望尊而学术美"。

而差不多在同时,顾宪成也在其家乡无锡修葺北宋时期知名学者杨时的讲学旧址东林书院,与同里高攀龙等人讲学其中,四方之士闻风而至。

方学渐称誉东南诸君子联袂而起复兴东林,以兴文明之运;高攀龙、顾宪成等人则推学渐为东南学者旗帜。顾宪成甚至私淑为方学渐弟子,在其《千里同声卷》一文中公然声称:"余宪成私淑本庵方先生有年矣。"本庵,方学渐的号。

方学渐晚年虽不再轻出应邀讲学,而是潜心著述,相继完成《心学宗》《性善绎》《连理堂集》《桐川会言》等著作,但由于与"东林"诸俊杰彼此相慕已久,所以七十二岁这一年,尽管"马齿颓矣",他还是应"东林"俊杰之邀,在安述之、汪崇正、吴畏之等门人的陪同下,于八月上旬乘舟出菜子湖,顺江而下,经过二十六天的颠簸,"抵东林,下榻馆于邑中,诸名贤次第相见,幽讨剧谭,务寻学脉之所在"(方学渐《东游记》)。

方学渐不仅参加了规模盛大的东林会讲,还在顾宪成的陪同下,巡回于各地的经正常、传是堂、取是常等学术组织进行讲学。他虽年逾古稀,却"色若孺子,行住坐卧,洒然自得""时同志来见者,大叩大应,小叩小应,不稍倦也"(顾宪成《千里同声卷》)。总之,方学渐这次"务寻学脉之所在"的讲学之旅,获得巨大成功,时人因此称颂东林书院与桐川会馆是相望于千里之外的两座学术高峰,以泰山、华岳譬之。

方学渐于这年的十月之望回到了桐城,整理东林问答之语到十月二十六日,适逢曾孙方以智呱呱坠地。

鹤发童颜的古稀老翁因喜得曾孙,四世同堂的欣悦涌上心头。他随即让儿子方大镇、孙子方孔炤跟随到一默轩书房,并命老家人拿来上等宣纸,磨好墨,在听着婴儿的有力啼哭声中来回踱步。忽然,老先生健步走到案前,饱蘸香墨,提笔运腕,写下两个遒劲的大字——东林。

方学渐捋着花白的胡子说:"我就给孩子起这个乳名吧。吴钩之颖,需加以砥淬才锋利,学亦人之砥淬也。希望这小子将来能磨铁砚,效'东林'士子榜样,做一个品行高洁、忧国忧民的饱学之士吧!"

值得一提的是,关于方以智的出生地,长期研究明清儒学和现代新儒学的著名学者、苏州大学蒋国保教授,早在1987年出版的《方以智哲学思想研究》一书中,就有《方以智出生地小考》一节,考证翔实,最为接近真相。他认为:方以智必出生于方大镇早年的居住地。可是,方大镇的府第又在何处呢?现可知有二处,一是浮山脚下的此藏轩,但它建于方大镇辞官隐居之时,当时方以智已十三岁,它非方以智出生地自不待言;另一处是建于时称小龙山的白鹿山庄,然而它是方大镇晚年遁居之处,则方以智更不可能出生于这里。方以智当出生于方大镇早年的居住地。史籍没有这方面的记载,但照当时的惯例类推,方大镇的早年居住地,理当为方学渐的府第。而方学渐的府第却有材料可供稽考。

　　蒋国保教授根据方学渐的府第资料,推证方学渐居于距城三十里远的白沙岭(今桐城大关镇三十里铺)。方大镇与方学渐是居于一处的。而方孔炤生于万历辛卯(1591年),中进士出外为官在万历丙辰(1616年),则方以智出生时(1611年)他尚在方大镇的府第里。因此,方以智出生于白沙岭。

　　但蒋教授在这里被桂林第障了一下眼睛:他以为城中凤仪坊桂林第此时属于中六房方大美,而方学渐不居于桂林第,则必居于白沙岭。其实,方学渐最迟已于隆庆二年(1568年)重新回归城居,并创建了崇实居(参见本书第三章详细考证),后被称为廷尉第(今称潇洒园),与桂林第同在凤仪坊,近在咫尺。如果蒋教授注意到这一点,就必恍然:方以智出生于城中方大镇的廷尉第是确凿无疑的。

8

　　"虽然曾王父去世时,孩儿才五岁,幼小无知,但至今仍记得曾王父慈爱地喊我'东林'名字,祖父还曾提及乡先正戴完先生的东林之学,这都是对孩儿寄予很高的期望。"面对父亲的提问,方以智回答道。

　　"是啊!"方孔炤颔首,"你曾王父就是希望你'长大磨铁砚'。你刚满月时,他就要我抱你去见家庙,希望祖宗保佑你有远大的前程。"

　　方维仪道:"提到满月拜家庙,我记得那是冬至后第七天。""是的。祖父讲学东林,我又得子东林,深知传承家学之重任。"方孔炤说,"所以,我当时有诗述事:锡山建书院,桐溪称大善!小子既抱子,我祖相其面。名之曰东林,将来磨铁砚。弥月见家庙,冬至长一线。占易得硕果,珍重七日见。"

　　方维仪笑了:"潜夫呀,你可记得这孩子周岁时,家里也没有举办本地比较看重的'抓周'纪念,你外舅吴观我老居士至今还不满呢!"

　　"潜夫"是方孔炤的字。方孔炤原名"若海"。《诗经·小雅·正月》:"潜虽伏矣,亦孔之炤。"这正是方孔炤名与字的来历,诚如《易经》第一卦初九"潜龙勿用",旨在小心谨慎、韬光养晦。而东汉学者王符,隐居著有《潜夫论》。可见,方孔炤字潜夫,当然亦有潜心学问之意。方维仪想着,他这字还是明善公取的,寓意深刻。现在东林已经长大了,不久也应该取字了。

"是的,他周岁时,又根据明善公的要求,我带他到县文庙拜谒了孔子诸圣,又到桐川会馆祭拜了何省斋先生、张甑山先生的牌位。"方孔炤答道。

方维仪清楚,家人期望小东林今后传承家学、光大门庭。而小东林自幼沉浸在严格的馆学之中,没有尝到多少一般孩子的童年欢乐。吴令仪不幸早逝,小东林更是比一般孩子显得早熟。

"东林,你现在年岁渐长。由于仲姑还要抚教你弟妹,辛苦备尝。我近来有打算,拟送你到浮渡,你在那里陪你祖父读一段时间的书,你看如何?"方孔炤征求着儿子的意见。

"禀父亲,孩儿一直母事仲姑,虽然舍不得离开仲姑,但也愿意陪侍祖父!孩儿一直铭记着'长大磨铁砚'祖训呢。"方以智立即回答道。

方维仪见这孩子如此懂事,心下喜欢至极,遂上前拉着他的手说道:"吾侄有此心,仲姑很高兴。相信你将来啊,一定能够像'东林'士子那样,做一个饱学之士,以报效国家为己任。"

第七章　空山高卧近逃名

1

桐城东乡浮渡山。

两位白发苍苍的老者,皆着布衣道袍,头戴六合一平民小帽,沿山溪缓步而行。左边高而微胖且衣着深紫色者,正是致仕归来的廷尉公方大镇。右边瘦而微驼且衣着灰色,手扶一童子行走的,则是他的少年好友、儿子孔炤的岳父吴应宾,字客卿,号观我,人称"吴观我老居士",曾是翰林院编修,因眼疾辞归。

吴应宾又被里人尊称为"吴宫谕"。这是因为天启二年初,时任御史的左光斗、方大任向朝廷推荐,认为吴应宾"妙年登第,擢为史官"(故里人又敬称"吴太史"),"制行端严,名理透彻,所著《宗一圣论》《性善解》诸篇,尤足正人心,砭俗习"。现在他虽然因眼疾不能入朝为官,但是"立言垂世,无用之用更甚于有用",于是上谕诏加吴应宾为"左春坊左谕德,兼翰林院侍读",并以新衔致仕。同时推荐并得到诏加的还有同里吴用先、盛世承(方大任《荐同里三贤疏》)。

辞归故里这些年,吴应宾频繁来往于县城与浮渡山。他一直在做的一件大事,就是竭力修复已经荒废许久的宋代遗存华严寺。

小满刚过,正是枣花新落、蚕熟麦香时节。两位老人一边走,一边谈论着。

方大镇看着自己这个亲家吴应宾,眼睛虽盲,但与那些往来于浮渡的普通居士显然不一样。他受当时的紫柏、博山等高僧影响,主张三教合一,然而强调的是"释道之儒",认为儒释本不二,儒释道可以圆通。

"一盲引众盲。"方大镇忽然想起宋代高僧普济禅师的这句禅谒,就随口以玩笑的口吻说了出来。他想借此句,来称赞吴观我虽然眼睛不好,却学通儒释,精于西乾,为众生导引。当然,同时也是提醒吴观我,不要模糊了儒释界限,否则就会真的以己之盲而引众盲了,千万要慎重啊!

"朗目开新目。"吴观我随即对道。朗目是万历末期重振浮渡宗风的朗目和尚。吴应宾以"朗目"对方大镇"一盲",以"众盲"对"新目",与方大镇的出联,都可谓语带双关的妙对。

方大镇又笑道:"朗和尚法号朗目,观我居士却忧目盲,以和尚光明不能破除居士黑暗乎?"

"昔年,远公黑白未分时,一着子落处,正需有盲人始觑得九带亲切耳!"吴应宾也大笑。

吴应宾所说的"远公黑白",是指浮渡"因棋说法"一景,传说是当年远禄禅师与欧阳修下棋处。所谓"九带",是指佛教禅宗汇编的九种教理。

浮渡《因棋说法》石刻

方大镇明白,吴观我其实希望他既然来到浮渡山,就应当安心参禅,不要固执于儒释分别,崇佛不见得就会影响儒学的主流地位。

两人抚掌大笑,皆心知肚明对方究竟在想什么。

他们在浮渡山就这样日夜辩驳学问,甚为欢快。

2

这一天,在陆山庄书斋中,两位老人继续品茗、辩学。天气虽渐渐炎热起来,但书斋四面窗户洞开,山风习习而至,颇觉清爽。

所谓"在陆",陆是宋代心学大师陆九渊,学者称"象山先生"。方大镇将山庄命名为"在陆",表达自己承继明善公之学,决心"燧陆(陆九渊)炊朱(朱熹)","藏陆于朱",力求恢复正统王学的志向。

旁边坐着的中年僧人,乃是觉浪道盛禅师,俗姓张,福建人氏,少习举子之业,但好禅寂,初拜博山元来大师,不久又拜谒晦台元镜禅师,承继为曹洞宗第33世法脉,方以智的母亲吴令仪曾经也是博山元来的俗家弟子。觉浪道盛这次受吴应宾邀请,来浮渡协理华严寺。

吴观我建议方大镇,将在陆山庄的书斋命名为"此藏轩"。他还借此发挥说:"以赤子证良知,犹是矿金。削矿成金而藏用处,或藏金于矿耳。"意思是,良知源于心性,犹如矿中藏金或金藏于矿。

方大镇会心地一笑:"阳明复生,自以考亭之井绳为善刀之藏矣。"阳明指的是王阳明,考亭指的是朱熹。这句话其实是方大镇"藏陆于朱"的问学旨意,表明了他一贯坚持儒家道统的立场。

"了了乾坤双眼在，镜中花放木樨香。"觉浪禅师也微笑着悠然对道。

这时，童子飞奔来报："禀二老，稀客来也！"

声音刚落，方维仪、方孔炤、方以智一行已经踏入斋门。但见三人都拿下了草帽，方维仪上着浅灰色披风、天蓝对襟、月白缎衫，下着多褶素裙，极是淡雅；方孔炤则是头戴儒巾，身着葛绸道袍，极是飘逸；方以智先前的披肩发已作掳扎，身着紫色软绢长衫，极是潇洒英俊。

方大镇见他三人风尘仆仆的样子，不由得大笑："我在这里隐居读书，与观我老居士辩学，你们匆匆来此为何？"

"回父亲，孩儿不肖，因忤魏党而免官削籍了。"方孔炤弓腰行礼，有些愤愤不平地回答。

方大镇却慨然道："潜夫啊，你的字里有个潜，你可知道，陶潜当日留三径，毛义何情恋一官？"语气里颇有安慰儿子的意思。他的用典是，昭明太子《文选》中"陶征士诔"：远惟田生致亲之议，追悟毛子捧檄之怀。毛义为了奉养母亲，不惜暂屈己志，出仕为官，这与曾子"家贫亲老，不择官而仕"的情怀是一致的，与陶渊明归田园居的精神也是相通的。

吴观我老居士乐得合不拢嘴。他一只手拉着外孙，另一只手挥舞着，打断方大镇和方孔炤的对话，说："如今这里是世外桃源，就不要说那浊世之事了。"

方维仪向两位老人分别道个万福，见两位老人开朗乐观，心下就有些高兴，说道："禀父亲和老居士，仲贤来之前与孟式姐姐来往鱼书，提及二老在浮渡辩学之事。孟式姐姐极为欣然，且有诗赋寄来，所谓浮渡山居'十乐'也。"

"呵呵，究竟哪'十乐'呢？仲贤倒是都一一说来。"吴观我抢着问。

"这十大乐趣呢，您二老必然早就体会到了，且听仲贤诵来。一是'空山高卧近逃名'之乐，二是'枕流扫径烟霞僻'之乐，三是'庭除香篆袅春风'之乐，四是'入林把臂双相得'之乐，五是'野人幽事两相宜'之乐。其他还有疏云漫月、短棹泛湖、寄傲忘疲、浊酒麦饭、别有洞天等。"

"好一个'空山高卧近逃名'！正因为这里烟霞僻、人迹稀，才有独到之幽、逃名之乐呢！"吴观我拍掌大笑。

方大镇也呵呵笑道："你们有心了！吾远离了朝堂纷争与城里喧嚣，与你吴伯伯，整日里把臂入林，树下诵诗，泉边谈经，舟中置酒，月下吹笙，真乃忘形快事也，岂止十大乐趣，是天天乐啊！哈哈哈！"

众人都被两位老人爽朗的笑声感染了，不由得也跟着大笑了起来，笑声震得屋外的野鸟呼啦啦地飞起来。

待大家好不容易止住笑，方维仪牵着侄子方以智的手，对两位老人说："考虑到东林年岁渐长，我们送他来二老身边读书，接受二老的亲自督促和指导，不知二老意下如何？"

"好啊！好啊！"吴观我老居士不等方大镇回答，又抢先应道。

方大镇看着眼前这个仿佛一夜之间长高的少年，虽然才十五岁，束发不久，童颜未脱，举止却显得有点老成持重了。

3

次日一早，众人洗漱完毕，用过早餐，按前一晚的商定，清晨去游览浮渡的山光水色。吴观我也在小童的扶助下早早地来了，与他一起的还有觉浪道盛禅师。众人各执一杆竹杖，一起出发。老仆方魁心细，背袋里除了水壶和常用药品，还带了笔墨纸砚。

方以智是第一次来到浮渡山，站在山下放眼望去，见此山体量不大，海拔也不高，就问祖父："祖父，我自幼随父亲宦游，多阅名山大川，见峨眉，下三峡，过武夷、太姥，也登上了泰山，就是不知道本邑这浮渡山究竟有何妙处。"

方孔炤见儿子言无所忌，不由得眉头紧皱，扭头似乎是对方维仪说，其实是说给儿子听的："子曰：德言盛，礼言恭，谦也者。这小子喜欢放言呢。"

方维仪正拄着竹杖前行，闻方以智所言，也不由得嗔怪道："吾侄岂不闻'地山谦'乎？"所谓"地山谦"，即《易经》中的"谦卦"。其卦象是地中有山，山高地卑，高山却在卑地之中。因此，登万仞之高，反有平淡无奇、毫无险峻之感，也就是要做谦谦君子，谦言卑行。

易学是方氏家学，方以智自幼耳濡目染，当然知道此卦，听了仲姑的嗔怪，又见父亲紧锁眉头，一时也觉得自己问得太唐突了，心下就紧张起来。

"学问学问，为学贵问。"见孙儿喜欢提问，方大镇很高兴，一点也没有责怪的意思，"东林啊，你别看浮渡不高，却有奇峰、怪石、巉岩、幽洞之胜。你是初来乍到，若你探之久了，必能发现其妙处所在也。"

方以智见祖父鼓励自己提问，胆子又壮了起来："提到奇峰、幽洞，孙儿今年春天由京华归来，登上泰山险峻之峰，颇有孔夫子'小天下'之志。"

"呵呵，吾孙志概不小啊！"吴观我老居士一手扶在小童的肩上，一手捋着胡须，朗声笑道。

方以智见外祖对自己也颇是嘉勉，就继续无所顾忌："孙儿幼年随父宦游，在南海武夷山，亦曾为其三十六峰、九十九岩、七十二洞、一百零八景而痴迷，更对丹山碧水间的仙道传说神往呢。"

"吾浮渡也有三十六岩、七十二幽洞、二十八怪石！"吴观我捋着胡须,另一只手从小童肩膀上移开,随意地一指,仿佛他自己能看见似的。

方维仪一边听着他们的谈话,一边跟着两位老人往前走,但见浮渡周边湖水迷茫,山势几欲乘风而去,果然空灵飘逸。心下又想着季妹方维则,当时听说他们要去浮渡,也曾想一道来看看,却因故未能成行,只得赠诗曰:"今日山中赋,清风林下衣。幽思如可寄,东望白云飞。"

吴观我继续对方以智说道:"自宋代远禄禅师与欧阳文忠公,在此'因棋说法'后,浮渡道场宗风大振。可惜呀,后世屡遭倾废,残炉断火,时显时晦,逐渐荡覆,也就荒寂了。好在后来又有朗和尚没有放弃努力。"

方以智见老居士提及"道场"二字,立即说:"那年,孙儿随父登南海武夷,此山怪哉,儒释道同山,难分主次,更是道场林立。父亲曾题写'重洗仙颜'四个大字,令人刻于云路石的上方……"

"小子语类荒唐,休得无礼抢白！"方孔炤神色一凛,想着自己当年也是年轻气盛,主张以儒学来肃清

方孔炤曾在福建武夷山镌刻"重洗仙颜"

(重洗)儒释道混杂现象,现在又差点被儿子在岳父面前揭露。

方以智吓得一吐舌,赶紧闭嘴止住话头。方维仪心里一乐,且看这对父子如何交锋。

4

"东林所言颇有见识,吾甚欣慰。"方大镇一挥手,止住了方孔炤。他担心方孔炤过于严厉,就让方以智走到自己身边来。

吴观我笑道:"虽说三教门庭各别,入主出奴。吾总为三教圣人声冤久矣。譬若吾浮渡,与外地名山大川比起来,徒因路远偏僻,其实更能常保清淑之气,亦是他处不可多得也。"

"人言此地是鳌宫,升降随波与海同。共坐舟中哪得见,乾坤浮水水浮空。"方维仪想起苏轼的这首《过淮上浮山》,随即念了出来,又说道,"老居士所言有理,浮渡应是自东海飘来,其清淑自带仙气也。"

"每隔一千年,仙人就要来此聚会一次,所以有仙气嘛。"吴观我接过话头,"可惜

浮渡为里豪侵占多年。前些年,吾与本家侄子本如先生,呈檄有司,竭资尽赎恒产,乐而购焉。后又牵头,聚本族之力,广募邑内外善资,与朗目和尚一起,餐风吸露,竭力恢复湮灭已久的华严道场。东林母亲令仪也曾积极响应,多次予以布金。终于修复华严寺,往日宏壮之观初步恢复矣。"

吴观我提及的本家侄子本如先生,即前任兵部右侍郎、后改任蓟辽总督的吴用先,字体中,一字本如,号余庵,乡人尊称大司马。因时值阉党魏忠贤等诬陷杀害左光斗等人,他愤而辞官回归故里。这是他第二次辞归。第一次辞归是在四川巡抚任上,在乡居的八年时间里,他牵头在城里修建了麻溪吴氏总祠堂。这次辞官归来,他就与其从叔吴观我老居士一起,倾力修缮城南五印寺、南乡小龙山中方寺等寺庙,还曾通过打官司,将里豪侵占的浮渡华严寺法产等赎购过来,因而浮渡又被邑人以吴氏郡望而称为"延陵山"。

众人说着,沿华严东麓,穿过松冈,经清水塘,往前又东北数折,都觉得愈入愈深,愈深愈奇。虽是夏日,山外太阳炙热,山里却清风习习。

到了金谷岩,只见重峦叠翠,壁削苍苔,树吐流泉,但石径险仄难行,大家都感觉体力不支了,于是拄杖歇息。吴观我随口吟诵了唐代孟郊的《金谷岩》:"鬼斧何年开石窟,人行此地作金声。山中信是神仙宅,不羡繁华浪得名。"又喃喃道,"神仙宅啊!神仙宅啊!"

这时,华严寺的清隐法师迎了过来。清隐法师俗姓崔,乃是郾城人氏。自幼出家,后至浮渡受戒,又经历多年游方,弘扬佛法。近年听闻吴观我老居士修复华严之决心,也就回到浮渡,与觉浪道盛共襄华严复兴。他精书法、工诗文,与两位健谈的老人在一起,颇是知心。

清隐法师引导大家礼拜丈六金身接引佛像。此佛像乃是吴观我老居士募万斤铜而塑,众人见其后壁镌有石佛,也是极其庄严。

"吾外舅老居士倾力于浮渡道场恢复,孔炤预见浮渡必将因华严复兴而重新崛起。近期在家,吾与邑中士绅子弟相谈,他们纷纷有慕游之志,有所谓'桐之有浮渡,浮渡之有华严也'之盛赞。"方孔炤说。

"那是因为佛祖有灵,所以古刹重兴必矣,华严定会俨然。当年慈圣太后欲颁经遍施天下名山,吾浮渡亦得朝廷恩赐《大藏》经矣。吾等深受鼓舞,定当传承浮渡家风,演作华严轨范,保万劫不坏。"吴观我刻满风霜的脸上现出果毅之色,众人纷纷点头称是。

慈圣太后即万历皇帝生母李太后,她十分崇佛,万历帝朱翊钧即位后遂大兴佛教寺院、礼遇高僧,后来又以内宫之力造《永乐北藏》的《续入藏经》,并北藏一起,遍颁天下名山。所谓《大藏》即《大藏经》,为佛教禅宗经典的总集,简称为《藏经》,又称为《一切经》。吴观我当年曾委托朗目和尚携信至淮安漕运总督府，找到工部右侍郎兼河漕总督刘东星，千方百计才得到御赐大藏经。

吴观我又转头对外孙方以智说："吾在浮渡，拈来满地春光，并作家常茶饭。金谷洞中一任青山待客，柳绿花红付与东君作主，石莲峰头但与明月谈心。汝母亦是博山大师弟子，早年皈依浮渡。将来你若有心，可泼墨写浮渡烟云一幅。"

方以智见老居士神色庄重，立即清脆地应了："是！"

众人继续前行，到了会胜岩，经三门左转，即到了雷公洞，有垂泉为帘，中有石池。吴观我告诉众人，因闽人雷鲤曾读书于此，故名雷公洞，有雷鲤题刻的"雨花天"三个大字。方维仪赞道："此三字，真乃绝妙也！"

众人再由西折北，入石门上山顶，其上平旷，有大小三个天池，竟然有虾鱼群戏其中。旁有大石平坦，足可以站立千人。方维仪不由得连连称奇。

"这一路看来，但见山下湖村沙屿、鹭鸥翔集，山中裂石成岩、幽谷奇洞、苍松古藤，天然是写不尽的画图啊！"方维仪站在平石上，指点着远近景色说。

方以智却忍不住说道："可孩儿还有想法。这浮渡虽好，但是远僻了些。岂有城内游宴园林和近城之山登游之乐？"

"远僻自然有远僻之好呢。浮渡陆行距城九十里，舟行距江六十里。由于其途荒僻，里人非性耽冥搜，足迹罕至；四方好奇之士闻声欣动，又欲至而无缘也。"方大镇含笑道。

觉浪道盛禅师看着方以智，合掌称赞道："善哉！谁把洪荒一柄斧，浮山劈出无今古。桐城自有真山水之趣。远者近也，近者远也。岂不闻空山钟磬、声若天语乎？吾见小施主语言活泼泼的，充满生机，颇有法缘也！"

5

方维仪忽然心有所动，因为刚才吴观我提及他的女儿吴令仪布施华严之事，不由得想起令仪当年所发的大心宏愿。

话说晚明之世，儒者讲学大盛，佛教亦并时兴起，皆宗说两通，道观双流，各就所得，著书立说。"法运之盛，唐以来未曾有也。"吴观我与当时的高僧大德紫柏、憨山、博山诸大师都有密切交往，自号"观我居士"，响应紫柏、憨山等大师关于"三教合一"的观点，晚年又自号"三一老人"。

受其影响，他的女儿吴令则、吴令仪早年也崇佛信禅，吴令仪还皈依华严第十一代禅师博山大师，自称"博山法脉"。由于在方以智出生前夕，吴令仪梦见"毒龙"入室，狰狞不去，遂更加虔诚向佛，誓发宏愿，以求化解异梦，为子祈福。故而对其父恢复浮渡华严道场甚为热心,多次布施。

方维仪这时隐隐觉得,浮渡将来也许是吴令仪最好的归宿。方大镇似乎看透了她的心思,他告诉方维仪、方孔炤及孙子方以智,吴观我老居士与他商量,已在这里卜选了佳处,必能合了吴令仪的心愿,具体方位有待于将来再占筮而定。

"你们以为如何?"方大镇似乎在征求他们意见。

方孔炤怔了一下,却又点头道:"就依两位尊长的意见了。"

"挺好!令仪会满意的。"方维仪早年与吴令仪"愉惋同保",相互影响,对佛教都有浓厚的兴致,两人都以宋画大师李公麟白描技法为宗,绘画也多摹写观音、罗汉。见方孔炤点头同意,方维仪也很高兴。

因见浮渡道场重振有望,方维仪又欣然称赞吴观我老居士:"唯是大居士,凤茞往熏,圆机活眼。真是万段因缘、一丝付托,终于东土再来、净业重生,如今浮渡是好一派大自在也。"

吴观我捋了捋花白的胡须,爽朗一笑,并随口诵了一首诗:

欲识圆通旨,先须了性空。
道超言象外,心应色尘中。
鸟语谈真谛,溪声演妙宗。
返闻闻自性,更莫问西东。

方大镇听了此诗,却隐现不悦之色。他也念了一首诗:

静寄岩廊下,尘氛昼不侵。
竹来风韵细,池滴雨花深。
漉酒浮青玉,空山理素琴。
野夫千载后,谁见筑台心。

方孔炤见两位老先生"机锋"又现,各自念出了不同的"空灵"之境,一种是"出世之空",有不问西东、悠然方外之感;一种是"避世之空",则有逃离世俗、悠游林泉之志。他唯恐二老又要起争辩,忙向方以智使了眼色。

方以智随即大声说:"孙儿觉得,空灵虽好,仅以松洞白云为邻,不免有人迹罕至的寂寞。"

方大镇知道他的心思,也就颔首道:"正因为人迹罕至,才是读书至幽至静宝地也。我这半年与你外祖父逍遥于此,还安排人员辟建读书别业,建起了这座在陆山庄。"

"你们且看那里。"方大镇牵着孙子的手,指着他的在陆山庄说,"松竹参差,花草掩映。再看那清溪环绕门前,而百鸟啼于窗外。晴则可以攀岩观云、指天数星,雨则安然卧榻读书、听泉辩易。岂不是神仙乎?我与你外祖父商量着,命其中书斋曰'此藏轩',以后你们或许会宝爱这里的!"

方以智听后,兴趣大增,再放眼望去,果然已没有了初来时的荒凉之感。

经过海岛雪浪岩时,众人但见那岩石赭黑赭白相间,叠叠层层,一浪复一浪,大约这就是雪浪岩的得名吧。又抬头看岩上"野同岩"三个行书大字苍劲有力。方孔炤对儿子说:"你大父'野同岩'行草在此。我昨夜因梦邵子于此种松,今见之,果然安乐窝也。"

"父亲,孩儿由您梦邵子安乐窝,想到当年瞻仰过武夷山'云窝'题刻。孩儿习书已久,愿题'行窝'二字于此,可否?"方以智仰头看着"野同岩"三字良久,忽然说。

方孔炤点头道:"可以。你且寻着一个佳处,记着长宽,回去即书来,择日请人镌上。"

"挺好!挺好!"方大镇拊掌而笑,"方魁正好带有笔墨纸砚,吾孙不如现在即书来。"

邵子,是北宋思想家邵雍,后人尊称他为"邵子"。中年后,他淡泊名利,隐居洛阳,栖居于一个"蓬荜环堵、不蔽风雨"的草棚,自称为"安乐窝"。他不仅

祖孙石刻:"野同岩"与"行窝"

学贯古今、奇才盖世,而且品德高尚,待人至诚。这使他远近驰名,所到之处士大夫们争先请他留宿,有人还把邵雍留宿过的地方称为他的"行窝"。

6

城中廷尉第远心堂。

下午的阳光仍然较炽烈,直射在窗外的园子里,树木花草有点恹恹之态。

方维仪坐在弟弟孔炤的书案前,翻着厚厚的《全边略记》初稿。他被削职夺官南归,用了近两个月的时间,完成了后续的四分之一稿子。

孔炤站在一边介绍全书概况:全书目次编为十二卷,主要包括洪武以来北方(西北、东北,习称"九边")、西南(蜀、黔、滇)、东南(两湖、两广)等地区的边防建置、境

内外民族名称、分布情况、民族政策,以及历朝所发生与之相关的政治、军事、经济、文化等方面的事件等。同时,还绘有近百幅"大明神势图",也即山川关塞、地理险要和兵力部署等。

"如此浩繁,必然大耗精力,吾弟真是用心之至!"方维仪不由得称赞道。令方维仪感兴趣的是,孔炤还绘有细腻逼真的"大明神势图"。

方孔炤谦虚地回应:"现在天下很不太平。西北农民军纷起,辽东战事吃紧,努尔哈赤将沈阳改名盛京并定都。朝廷又每每争斗得你死我活。弟与诸多同僚却被夺职,闲居在家,想想也只能做这件事了。"

"吾弟何必过于忧虑?你此时乃是遁卦之象,正应豹隐南山,远恶避险。依吾之见,你不愁没机会报效国家。不似我等妇人,只能蹉跎余生。但愿来生能为男子,也可以驰骋沙场!"方维仪安慰他。

所谓"遁卦",是乾卦在上,艮卦在下,代表着退避,是百事不利、宜于退止的卦象。这与猎豹的警觉、善于隐藏类似。后以"豹隐"比喻隐居伏处,爱惜其身。

二人正说着,小童这时进来通报:"长公子回来了!"

方维仪吃了一惊:"这孩子咋回来了?事先没有来信告知啊!"

"让他进来吧!"方孔炤吩咐道。

7

方以智一边擦着汗,一边说:"仲姑、父亲,孩儿回来了!"

"吾儿!你祖父回来了没有?"方维仪急问。

"祖父没有回来。孩儿前几日因想到县试即将到来,向祖父禀报回城做准备。祖父也同意了,并安排了车马等事宜。但孩儿想到,这天下将乱,士君子当习劳苦,就执意独自骑归。祖父颇为赞同,安排鲁墨与孩儿一起,今天用过早餐后,一路马不停蹄赶回了城里。"

鲁墨是跟随方以智的小童,已到院后安排马料去了。

"嗯!你有习劳苦磨炼意志的想法,挺好!"方孔炤颔首道,"你现在已不是懵懂少时,凡事都应该深思熟虑。待明年秋你生日前后,可请祖父为你取字了。"

方维仪也嘱咐道:"县试是将来取得功名的重要一关,不可轻视,须好生准备着。你现在满头大汗,先下去收拾收拾吧。"

方以智答应着,又将一封信呈了上来,就转身出去了。

所谓县试,也即童试。封建时代的科举考试分为童试、乡试、会试和殿试。县试三年两考,考中者分别称为府、县学生员。乡试三年举行一次,一般在秋天举行,故称"秋试",又叫"秋闱"。试期共九天,分三场,每场三天,分别开始于农历八月九日、十二日、十五日。会试也是每三年一次,在春天举行,故叫"春试",又叫"春闱",也为三场,每场三天,分别开始于农历二月九日、十二日、十五日。

方孔炤拆开信一看,却是父亲方大镇写来的,无非是告诉他这些日子在浮渡的情况,又询问和嘱咐了一些城里家事,最后指示：

"浮渡虽然幽僻,但近期江淮各地往来居士渐多,放诞空谈之风,引人忧虑,岂不闻前朝李贽之乱乎？此风不可长,恐对平常人家子弟有影响。正好东林要回城应试,他又要磨炼自己,吾就允可了。你与仲氏商量着在城内外择一方幽处,好辟作东林等孩子读书之所,以为如何？野同翁匆匆草嘱。"

方孔炤又将信递与方维仪看了。

方维仪闭目捻了几圈佛珠,又睁开眼睛说："城南倒是有一处不错,吾与你季姊维则到五印寺礼佛时,每经过必感叹斯地幽雅可居也。"

"既是仲姐认定的好地方,那就错不了！明日待弟去考察一番,谋划个方案。"方孔炤笑道。

两人又将话题转移到面前的《全边略记》上来。

方孔炤说："这个《略记》的编撰,力求做到'仿率旧章,可以为治'。"

"吾弟真正继承了父祖的崇实学风！对你的良苦用心,吾也甚觉欣慰。"方维仪高度赞赏弟弟"经世致用""以史为鉴"的治学精神。

"但是,吾一直担心你太过于露锋芒和刚直。若是不注意修正,倘若将来起复,吾担忧你还要吃些苦头。"

方孔炤听了她的话,若有所思。

第八章　寓兴泽园为远趣

1

窗外的阳光渐渐偏移,荫翳的地方多了起来。风将那薄薄的门帘一次次地卷起。

"当前朝纲日趋混乱,忠直之臣常常面临'谤书盈箧'的险境。潜夫,你可知道,你在京城时,我就想着'曾参杀人'的故事,天天忧心如焚啊!"方维仪一边说着,一边掀起门帘,走进了院子。

方孔炤也跟着走出来。

所谓"曾参杀人",是春秋时期的故事:鲁国有个与曾参同姓名的人杀了人,有人告诉曾参的母亲,他的母亲仍旧织布,泰然自若。等到先后来了三个人告诉她同样的事情,曾参母亲扔下机杼,跳墙逃走了。

方维仪又深深叹了一口气,说:"君王对待臣子,哪能像母亲对儿子那样信任?谣言如恶虎一样能吃人,诽谤如利刃一样能杀人啊!"

"弟亦深知也!"方孔炤连连点头,"弟也曾想过战国时的乐羊中山役事。"

战国时,魏文侯命令乐羊攻打中山国,乐羊率领将士猛攻敌人,历经千辛万苦,三年才将中山国攻占,自以为功不可没。魏文侯叫人拿出一满箱的告状信给他看,乐羊一下掉到冰窟里,连忙磕头稽首,说攻占中山不是微臣的功劳,而是国君的力量。

方维仪继续说道:"面对'谤书盈箧,毁言日至',忠臣良将们惨遭死亡,史籍记载可谓汗牛充栋。当前朝政昏庸,何时将有魏文侯再世?"她还特别提及了左光斗、杨涟等"六君子"案。

话说魏忠贤终于找了个机会,假传圣旨,将杨、左等人削职为民。天启五年(1625年)三月,魏忠贤等接着再反咬一口,诬杨、左移宫逼李选侍、受熊廷弼贿等为罪端,并逮其下诏狱。这熊廷弼是被朝廷传首九边的人物,若纳他的贿还得了!

熊廷弼是江夏人,万历二十六年(1598年)进士。他曾为挽救辽东危局做出了积极贡献,稳定了陷于混乱状态的前线,使得边防守备大固,功绩卓著。但在激烈的党争中,不得不离职回乡,等候调查。

结果他的继任者一败涂地,把沈阳、辽阳都丢了。天启元年(1621年),朝廷只好再次启用熊廷弼。可是,熊廷弼这一次在与敌人交锋时,竟然赌气主动弃守广宁,带领军民溃退,将辽西土地、人民、城堡、粮食、财物拱手让给后金。

这一番溃败引发了庙堂上不同政治派别、不同利益集团更加激烈的党争。熊廷弼被传首九边,也就是杀了头之后还要将其头颅传示九边,以警示他人,做了晚明腐败政治的牺牲品。

"熊廷弼为人倒是一向刚正清廉,从来'不取一文钱,不通一馈问'。"方孔炤说,"但是,他不该主动后撤,将大片河山拱手让敌。"

方维仪愤然道:"那魏党竟然诬陷杨、左等人'纳熊廷弼贿银'各二万两,可见罪名是'莫须有'吧。"

2

两人走出廷尉第,来到了东门大街上,日头已经离地平线不远,有的店铺甚至早早地点上了街灯,街上走动的人反而渐次多了起来。

当他俩走到左光斗的御史第门前时,但见大门依然紧闭。以前左府的热闹,其实已经多日不见了。

方维仪不免又是叹息:"当京城缇骑将至桐城捉拿左公时,左公神态坦然,唯私语子弟曰:'父母老矣,何以为别?'及妻子环泣,也视之不顾,只是勉励子弟不失信心、不弃诗书。"

方孔炤也慨叹道:"左公真不愧是'铁骨御史'!"

"当时,包括吾父在内的邑中父老都前往送别。左公还将家里一切托付给也被削职在家的马光禄,其情其景真是凄惨至极啊!这魏党何以如此猖狂?"马光禄即马孟祯,曾任光禄寺卿,也被魏党削职为民。

"无外乎杨、左等东林党人逼走了企图垂帘听政的李选侍,又公开对抗权阉魏忠贤。而熊廷弼又是一个'性刚负气,好谩骂'的人,他仗着自己能言善辩,每次朝争中都是咄咄逼人,也从无败迹,因此得罪了权奸。所以魏忠贤将杨、左等人与熊廷弼案联系起来,就是要置他们于死地。"

"当时厂卫真是'隳突乎南北,叫嚣乎东西',四处抓人呢。"方维仪说。

据《明史·左光斗传》《桐城县志》及马其昶《左忠毅公年谱定本》等记载:天启五年三月十九日,魏忠贤矫旨派缇骑赴桐城逮左光斗。县中许多年轻人张榜欲击缇骑,被左公制止。

当左公被逮安然坐进槛车出郭时,县中父老子弟倾城出动,头顶明镜,手端清水,拥马首号哭,焚香拜北阙;既而又跪拜缇骑,缇骑也不由得泪水涟涟,同意槛车停到文庙前,由左光斗父亲左太公举行了生祭。诸多年轻士子又准备随槛车进京伏阙鸣冤,左公知道后,立即譬以利害,辞谢不允。

这时朝廷内外一些正直之士,如孙奇逢、鹿正、张果中等人,在京城发起募捐,为左光斗缴纳所谓"赃银"。桐城以马孟祯、盛世承、方大镇、吴应宾、方大任、方象乾等士绅为首,也积极为左光斗筹集"赃银",其中仅方象乾(方苞曾祖父)一人就筹了千金。

桐城北大街左光斗故居啖椒堂及左忠毅公祠

阉党一看这情形大为不妙:"赃款"一旦缴足,就必须把左光斗放出去,但左光斗已经被打得不成人形,在如此激昂的民气之下,看见那种惨状,势必激出"民变",后果将不堪设想。为了避免"放虎归山",阉党一合计,干脆一不做二不休,指使狱卒将杨、左、魏等人在狱中秘密杖杀。左公遇难时年方五十一岁,正是天启五年七月二十四日。

左公家人的境遇更惨,兄弟几个的家产都归在一起缴纳所谓的"赃银",仍不满万余。长兄光霁被累,忧急而死;老母哭子,不久亦弃世;弟光先、光明也是几乎险死,家中佣仆十四人都被逮走,全族之人一日数十惊。

后来由于孙奇逢在京师募捐代缴,加上史可法的全力斡旋,左公的灵柩才得以由三弟左光前运回桐城,归葬城东北的鲁硗左家大山。

说到这里,方维仪垂泪道:"左公本来已决定就在龙眠'三都馆'课子读书了,岂料又遭此惨祸!这真是六月天飞大雪——奇冤啊!"

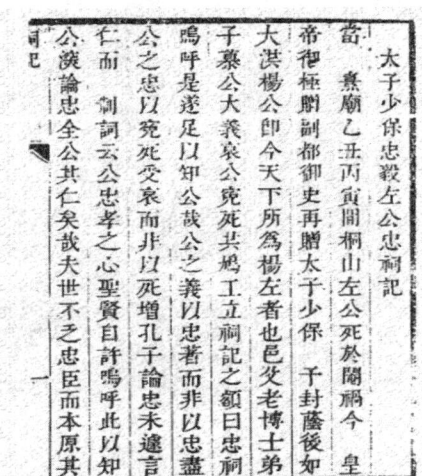

周镳《太子少保忠毅左公忠祠记》

"弟最近看了抄来的邸报,西北那边还真是六月天风雪漫天!而济南飞蝗蔽日,秋禾荡尽。一些地方因大饥,致人相食,可不惨乎?"方孔炤说。

方孔炤见仲姐有意带他经过左公门前,并叙说着左公的惨烈遭遇,其实是提醒自己,在如今阉党一手遮天时,要安心"豹隐",蛰伏乡里,不可妄言时政。

二人刚回到远心堂,女婢就呈上一叠厚信,原来是方孟式寄回的家信。除了一些问候和寓外情况外,还有多首诗,是分别写给祖母赵太恭人、父母及弟妹的。给方孔炤的诗是《寄潜夫弟因归林下感怀》,其中有句曰:"豹隐何年贲,珠潜当世稀。"方孔炤笑着对方维仪说:"我这两个姐姐,想的都是一样呢。"

3

城南,郁郁的一片竹林,广袤的田野。

一道霞光由东方的松湖方向开始,逐渐染红了半片天空。

太阳很快升高了。由龙眠山大溪奔流而来的河水,穿入城中,流经文庙和学宫后,分成两股河道。

一道古称"洙水",俗称"北溪",穿城而过后,绕着东郭外的乌石里,又重新注入龙眠大河,奔向连通长江的浩瀚松湖。

另一道穿越治平里及太平里,由南城墙下穿出,清亮亮的河水绕过竹林,穿行在绿洲上,河边每隔十步左右就有一株粗壮的垂柳,斜伸向河,依依垂枝宛若长袖轻拂。河底的鹅卵石清晰可见,水边的石头缝里,藏着无数的小鱼小虾,动静相宜。

道光桐城续修县志中的五印寺位置图

附近有一座五印寺,乃是吴应宾与吴用先等人当年募建的,吴令仪即厝于寺内观音殿后。吴应宾又将浮渡华严的《大藏经》分了一部分藏于五印寺中。

这五印寺相对其他寺庙来说,更为壮观。所在位置正对着西北龙眠群山,又有南河环绕而过,风景宜人。这南河,也称南溪。

方维仪、方孔炤带着方以智、方子耀、方子瑛兄妹以及小童鲁墨等人,沿着南河边的小径,缓步而行。快到竹林边时,他们站住了。

方维仪指着城西北方向的群山说："你们看,这里北望龙眠投子诸峰叠翠,山色带云入城;南眺松湖烟波浩渺,近看竹林茂盛、清溪潺潺,真是一派好所在啊!"

方孔炤、方以智父子放眼四望,也感觉满目风光,十分惬意。

"这里距城东咱家廷尉第直线距离不过六七里之遥。"方孔炤对儿子说,"如果在这里辟建个读书小园,既宁静养心,又陶冶志概,也便于你仲姑及家人随时照料。"

方维仪也颔首:"令仪就在附近的五印寺,东林在此读书,可以随时拜祭他母亲,以慰慈亲以尽孝心。"

方子耀、方子瑛和小童鲁墨一路走着,却不时停下来,在河边的石头缝里逗一逗鱼虾。为了跟上速度,他们又在后面不时地奔跑。

当众人穿过一片竹林时,方维仪指着眼前的开阔地说:"潜夫,你看这里,面积真不小,环境如此清幽,岂不是辟为读书小园的首选地吗?"

这片开阔地的南面有一湾约五亩的水塘,南河流经这湾水塘,俗称南塘,拐向东汇入了桐溪下游大河。南塘里红蕖、紫荇、菱芡、花实交映平波,几只白鹭受惊冲天而起。水塘边有一亭子,亭上有一匾,上有"清风明月"四个颜体大字。石柱上还有两联,分别是"江湖去为思鲈鲶,雾雨还归养豹姿""饱观明月何妨临溪寄兴,遍倚清风孰与对酒长歌"。方维仪仔细看去,题匾者乃是曾外祖父赵锐先生,两联书者分别是张淳和姚希颜。

开阔地的北面是几间青砖瓦房,但门锁已锈迹斑斑,窗子上布满了蛛丝网。

方孔炤沿着这片地的四周走了一遭,边走边看,若有所思。

4

管家陈砚走过来说:"禀方大人,据小人父亲说,这一片竹园包括水塘,约二十亩,原为明善公当年闲居读书之地,小人父亲曾跟随明善公在此打理过多年,不想这些年荒废了。现在大人要辟为长公子读书小园,小人以为正合适着呢。"

"那就好好谋划,先画个图纸与我看了,再择日安排动工吧。"方孔炤吩咐道。

一行人又踏看了一番,就回程了。

晚上,廷尉第远心堂。方以智正在灯前提笔作文。

方孔炤一边摇着芭蕉扇,一边翻看着儿子写的诗文,不时拿起笔来圈改。

方维仪与方子耀走了进来。

"很快就要县试了,东林现在感觉如何?"方维仪问。

方孔炤答道:"我看他平素所作的诗文,心里也就有些底,县试应该没有大问题,关键是临考状态,只要发挥正常即可。"

"那就好。东林的县试与哪家的孩子结成一组？"

"主要是咱们的堂弟方文，令仪的幼弟吴道凝，叔父大钦公的孙子方豫立，凤仪坊西头孙晋的弟弟孙临，还有南城廷尉公吴应琦家的公子、秀才张秉成家的公子以及马光禄家的公子马之瑛等，一共八个孩子。"

"这几个孩子都是天资聪慧。那作保的是谁呢？"

"作保的就是吾家子建，他比这几个孩子年纪大几岁，又是前年的县廪生，而且文思泉涌、才笔纵横，正是孩子们的学习榜样。"子建即方大钦的长孙方豫立，号竹西，县学诸生，擅绘事，常驱驰百里前往天柱山下写生。

"既然有子建作保，那就更放心了。"

"由于左公遇难，不然他家的大公子左国柱也可以作保的。这孩子曾以第一名的成绩入县学的啊！"

"唉，国柱这孩子现在还在京城狱中……只能泪叹矣！"

大家都沉默了。

过了一会儿，方维仪又开口道："我带来了一团香，这是投子禅寺近来新出的一种香，原料含有花椒粉和辛夷花等，不仅驱蚊效昊好，而且醒脑舒神呢。"

方子耀听到仲姑提及团香，就随手撕开写有"投子寺"字样的精致的小包装，拿出一盘香来，就着灯火点燃了，一股奇异的清香弥漫开来，方以智顿时觉得神清气爽。

方维仪也翻了一会儿方以智的诗文，看了方孔炤的批示，满意地点着头，随后就招呼方子耀出去了。方孔炤送到了门口，又返身回到了屋内。

此后几日，方家精心准备长公子方以智的县试。到了九月上旬，成绩放榜，方以智等几个互结的孩子县试成绩都不错，其中，孙临第一名，马之瑛第二名，方以智第五名，方文第十名，吴道凝第十一名。一家人庆贺了一番，且不提。

5

已是中秋之后，连日几场雨，天气忽然就转凉了。

因是雨后，南河的水比往日流得更急。北边龙眠投子诸峰被云雾包裹着，城南小园也是一团团雾气，随着天上露出微薄的阳光，正渐渐散去。

几间青砖小瓦房子已经修缮一新。水塘沿边增加了一圈由木槿枝条形成的篱笆。清风明月亭也被漆刷一新，亭四围增加了一圈木倚靠，里面设有一个石桌、几个石凳。开阔地边沿，几株紫藤等时令花植，看上去是新移栽不久。此外，还布置了几个花坛，栽的都是当地常见的时令花草。

方维仪、方孔炤携方以智、方子耀、方子瑛、方子瑞兄妹，在管家陈砚的陪同下，又一次来到这里,看到焕然一新的小园,几个孩子一阵欢呼。

方维仪放眼四望,很是满意。就径直来到小亭中,选了一个石凳,女婢立即铺上垫席,方维仪面对南塘而坐。

方孔炤也跟来坐到另一个石凳上。几个孩子围立,皆面向南塘以及秋色郁郁的田野。

方维仪面对南塘中随风摇曳的青荷,沉思着说:"吾忽然想起一句诗来:数株碧柳苍苔地,一丈红蕖绿水池。"

方以智问:"仲姑,您是否因为王安石的诗句而想起王父明善公来了?"

"是呀,坐在这里,不能不怀想当年,明善公于此饱观明月、遍倚清风的情景。"

方孔炤笑道:"王安石是一代明相,必然有忧国忧民之思啊!这首诗全文是:昔人何计亦何思,许国忧民适此时。寓兴中园为远趣,托名华榜有新诗。数株碧柳苍苔地,一丈红蕖绿水池。坐听楚谣知岁美,想衔杯酒问花期。"

方孔炤的神色忽然凝重起来:"昔人何计亦何思,许国忧民适此时。正如王荆公此诗所说,当今天下并不太平!吾本当班列于朝,为君王分忧;或杀敌于沙场,驱敌于关外。奈何如今只能偏居乡里!"

"吾弟也不必整日忧愁,安心养身才是。这正应了那亭子的一联:江湖去为思鲈鲙,雾雨还归养豹姿。吾弟来日必有一番更大作为。"方维仪安慰道。

方以智此时正沉浸于南塘之美,方维仪以为他因父亲的话而迷茫,就又嘱咐道:"东林啊,你父你祖都曾班列于朝,眼下的困顿只是暂时的。希望你以后安心在这里读书,安心攻读举子之业。"

"孩儿记着了,仲姑!"方以智答应着。

"读书攻举子业当然是大事。"方孔炤见他有些心不在焉,遂加重了语气,"东林啊,你要牢记的是,你王父明善公'长大磨铁砚'之训,你大父廷尉公'学必求其至'之训,唯如此,才能更好地传承家学。"

方以智看父亲神情严肃,连忙郑重地点着头。

"明善公说过,文武兼修,以致用也。"方维仪又嘱咐,"要始终注重强身健体,习剑学射骑马等,任何一样都不可偏废。你祖父也经常说,唯体康强,才能任重而道远。"

6

这时,方子耀忽然问道:"仲姑、父亲,既然有清风明月亭,又有南塘,可是那片开阔地还没有名字呢。依我看,这水塘岸柳扶风,水面青荷荡波,就叫'柳荷台'如何?"

"我看就依着你吧,这名字也颇有些风雅了!"方孔炤看着这个长女,才十三岁,却已经亭亭玉立了,似乎突然间才发现她已经长大。

"仲姐,您由王安石的诗,想到明善公的恩泽。子耀又提及命名的事,弟就想着,这个园子的命名也就有了!"

"父亲,快快说出您的命名吧!"方子瑛和方子瑞都急切地嚷着。

方维仪也想知道,方孔炤究竟怎么给这片小园命名。因为清水塘对面的田野,是仲父方大铉的遗田,他的儿子方文为那一片田野取名"南亩",颇有晋人陶渊明"躬耕南亩"之隐趣,所以她心里想着为小园取名"南园",与之就有了对应之美。

"弟思索着,名为'泽园'。仲姊,您以为如何?"方孔炤见孩子们着急地问,就对方维仪说。

"哦?说说你的旨意。"方维仪笑问。

"泽者,一来,意为先祖的恩泽,如这南河的水一样,奔流不息,滋润着子孙后代。二来,丽泽也。《兑》卦《象》曰:丽泽,兑;君子以朋友讲习。东林在这里读书,可以学耕会友也。"

"泽园之名,正合吾意。"方维仪一听,觉得很有道理,不由得称赞道,"吾弟有心了!当然,不忘先泽,更应磨砺志概。宋人刘过有劝学诗曰:力学如力耕,勤惰尔自知。但使书种多,会有岁稔时。所以啊,泽园虽小,要有远趣嘛!我看可以借用一下宋相王安石的诗意,应是:寓兴泽园为远趣。"

几个孩子都击掌,称赞说仲姑解释得好。

方孔炤提议,去看看屋子里布置得如何。众人又一起往北面的房子走。

进了房子,一切布置虽然比较简约,依墙的书橱都还是空的,但已经可以看出管家陈砚的精心设计了,只要搬一些书来,笔墨摆上,再挂上几幅字画,增设几盆绿植,尤其是龙眠的山兰,便会立即显出书香雅气。

"仲姑、父亲,孩儿思考,小园既得名'泽园',园中小亭又有'雾雨养豹姿'句,就想为此中堂命名为'雾泽轩'。雾雨者,养豹姿也,表示孩儿潜心力学,以求冲破迷雾之志;泽者,取泽园之意也。不知仲姑、父亲以为如何?"

方维仪笑道:"很好!吾以为此轩名颇为不俗,仔细一想,真是内含深意啊。不如就趁着此日,你且题写了轩名吧。"

"轩名甚合吾意!东林意欲潜心力学,其志可嘉。"方孔炤也微笑着赞许,并吩咐陈砚取来纸笔。

方子耀帮着铺压好竹纸,笑着说:"哥哥,刚才来的时候,经过城东演武亭,你还跟我们说着那京城的繁华呢。说什么:劳劳东武亭,山侧多黄瓜。少年情不久,复言游京华,未必即还家。"

"嘿嘿!这会儿我又想到:虽有四海志,羽毛还不丰。危坐望西山,甘愿居园中。"

方子瑛一面帮着磨墨，一面喊方子瑞过来观摩哥哥书法。

7

方以智手执毛笔，站立一边比画着，似乎若有所思。见墨磨得差不多了，他才两脚微分，身子稍稍前倾，左手压住纸边，右手执笔饱蘸墨汁，腕肘挥动间，"雾泽轩"三个颜体大字已跃然纸上。

众人皆称赞道，运笔若行云流水，字体端庄秀丽，结构谨严有致，颇得颜柳神韵。

"看来你坚持日习千字，功夫没有白费。"方孔炤颔首，却又问他，"你可知道，你仲姑刚才说轩名'内含深意'，究竟是什么深意？"

方以智答道："孩儿一开始还没有意识到，直到提笔书写之时，才忽然有所醒悟。"

"哦？那你具体说说。"方孔炤微微一笑。

"是，父亲。孩儿是在写这个字的时候，忽然想明白的。"方以智指着纸上的"雾"字，"雾者，气象迷茫，若失津渡也，正是遁卦之象。原来，那亭联'雾雨还归养豹姿'大有深意。"

方子耀恍然大悟似的："我也明白了！所谓遁卦，就是要学会豹隐。仲姑给我们讲授《列女传·贤明传》时，提过陶答子妻的故事。"

"陶答子妻的故事，我知道。"方子瑛又抢着说了，"讲的是陶国有一个大夫叫答子，上任三年来，没有替老百姓做一件好事。他根本不听贤妻的劝告，贪污受贿，家中富得流油。他的妻子觉得这样下去会出事，就带着儿子离家出走。一年后，答子果然出事了，被朝廷判罪诛杀。答子妻才回到家中，继续孝养婆婆送老，抚育孩子成人。"

方维仪笑道："子瑛这孩子好记忆力！想必答子妻的原话也还记得？"

"孩儿记得的，仲姑。"方子瑛答道，"原话是，妾闻南山有玄豹，雾雨七日而不下食者。何也？欲以泽其毛而成文章也，故藏而远害。"

方孔炤点头道："前不久，你们仲姑也与我谈到这个故事，要我'豹隐'南山，远恶避险，以待将来呢。"

"今天，由'雾泽轩'三个字，我又有新的思考。"方维仪说，"我想把'豹隐'改成'豹变'，送给东林。希望你要像豹子那样，学会沉潜、执着、坚韧，以待将来'豹变'为强者。"

"东林，为父且与你共勉吧！我考虑，最近一段时间，也将与你在这里共住。"方孔炤最后说。

这时，管家陈砚进来禀报，原来，方大镇一行已经由浮渡回到了城里。

方孔炤对陈砚吩咐了几句，大家立即出了雾泽轩，往城里赶去。

父亲此时何以突然回城？方维仪一路上既有些高兴，又有些疑惑不解。

第九章　旧日龙眠今不眠

1

"王先生来也！"小童鲁墨清脆的声音通报。

这是天启六年(1626年,丙寅年)的早春二月,正值乍暖还寒时,泽园里柳荷台边,去年新移栽来的几株老梅树,梅枝缀玉,清香袭人;几株高大的辛夷也含苞待放。

清风明月亭里,方大镇、方维仪、方孔炤正坐着闲聊,南塘里偶尔有鱼跃出水面。方以智、方子耀立于一边,侍茶,听大人议论。方子瑛带着幼弟幼妹,正沿着柳荷台追逐嬉戏。

"快请进！"方孔炤听到鲁墨的通报,连忙站起来迎出去。

方维仪也站起来,陪着父亲走出亭子等待。

泽园竹林入口处,马车嘚嘚声戛然而止。

一位唐巾黄衫、须眉皆白的老者,在方孔炤的躬身引导下,健步而入。身后两个小童抬着一筐书册。

"虚舟子,你终于来啦！"方大镇上前身子微曲,拱手作揖。

"我来看你了,桐川老朋友！这里好一派田园风光,你可真是逍遥陶夫子啊！"王先生也躬身双手作揖。

"哪里,哪里！快请进！"方大镇谦道。

"王先生一路奔波辛苦,仲贤这厢有礼了！"方维仪向王先生道了个万福。

"免礼、免礼呢！"王先生连忙谢过。

方孔炤再次向王先生深深作揖,并侧身恭请父亲与王先生入雾泽轩,吩咐小童上茶、端来时令果品。

王先生即王宣,字化卿,号虚舟。时年已逾七十。他本是江西金溪人,因父亲流寓于桐,他也出生于桐,遂久居于桐。

原来,王宣是方大镇亲自为大孙子东林请来的新老师。

2

方维仪之前忐忑的心终于放下。父亲最牵挂的还是大孙子东林的学业,所以也不顾老友吴观我的再三挽留,卜隐浮渡山读书不到一年,还是毅然回到了城里。毕竟明善公晚年将亲自开创的桐川会馆亲手转交给他,希望他"荷薪克昌",而他隐逸于偏远乡下,心中时时感到不安。

最关键的是,凤仪坊廷尉第老宅中还有高龄老母赵太恭人。老人家年高体弱,这几年大铉、大钦两个儿子相继去世,颇受打击,身体越发不如从前。而方家几百年来始终以"忠孝"为本,方大镇又是个出名的孝子,所以回城是必然的。

同时,作为一个四体肃然的纯儒学者,方大镇也考虑到浮渡山别业并不能作为久居之地,毕竟这里是华严道场,与明善公方学渐及自己一向反对释氏空谈的原则相背驰。

为进一步加强对孙子的学业辅导,方大镇曾亲自联系了东郊乌石冈的慧业堂,让孙子常去那里习读经史。慧业堂是其八世曾伯祖方塘创办的本族公学,已有百余年的历史,在桐城很有名气,加之重资延聘的皆是桐城本地硕儒,故方家子弟多从学于此。

东郊慧业堂虽然河水环绕,竹林荫蔽,环境幽雅。然而,一向放逸散漫的方以智并不喜欢慧业堂的呆板气氛。现在有了泽园,他倒是颇为欢喜。

去年中秋过后,一连几场雨。雨霁,方以智正式搬进了泽园。

方维仪、方孔炤陪同父亲方大镇,第一次来泽园时,是某一日早饭后不久,一场细雨又淅淅沥沥地下起来,氤氲的南河,哗哗的流水,弥漫着一层薄薄雾气的竹林,以及远处忽隐忽现的龙眠山,如诗如画,让所有人为之沉醉。

方大镇见孙儿方以智安心在泽园读书,还将园中的读书屋命名为"雾泽轩",心里很高兴,认为"雾泽轩"这个名字起得很好,知道孙子有读书向学的决心。

"经师易得,人师难求。"方大镇又提出,"道理本是圆融,讲说最忌笼统。学者大病只在共睹共闻处驰求,不在不睹不闻处着力。虚舟子广闻博识,衍河洛,知物理,诚为难得之人师也。"

于是,就与方维仪、方孔炤二人商议,延请了他的老友王宣为方以智老师。

王宣听了方大镇在浮渡山隐居读书的讲述,甚觉有趣,表示择日也要去浮渡一游,去看看老朋友吴观我。他又问及这片泽园的辟建原因及过程,方孔炤都一一做了回答。

王宣忽然站起来,指着那"雾泽轩"三个大字,严肃地说:"这匾额有问题啊,大有问题!落款'龙眠愚者'?更有问题!吾左端详右端详,都大有问题!桐川先生、仁植先生以为呢?"

第九章　旧日龙眠今不眠

方大镇、方孔炤听了都显出吃惊的样子，方维仪也不由得抬头仔细看去。

3

众人聚到"雾泽轩"匾下，一起抬头向上看去。

方维仪仔细看了匾后，知道是王宣老先生故作惊诧，卖了个关子而已。

却见方以智倒是很镇定。

果然，王宣见大家都吃惊的样子，就瞪着眼睛问："这匾额'雾泽轩'三字，虽然秀丽磊落，其实并不老成，究竟出自谁的手笔？落款'龙眠愚者'是谁的雅号？颇有那宋画第一的'龙眠居士'李公麟之高风，吾左右端详，何以不似桐川先生和仁植先生的一贯风格耶？"

"哈哈，虚舟子迷惑了吧？这当然不是吾和孔炤字也，而是出自吾孙小东林之手。因为轩名是他所取，故而让他自己题匾。还有'龙眠愚者'，也请他自己解释吧。"方大镇爽朗大笑。

众人在方大镇的笑声里，都明白了王宣的意思，脸上的惊诧之色也转变为恍然的笑意。大家一起看着方以智，看他究竟怎么回答。

方以智先是上前向王宣深深作揖，然后不紧不慢地说道："禀王先生，因为'泽园'乃吾仲姑与吾父共同命名，取'丽泽'之意，以不忘祖先恩泽，做到力学如力耕；而泽园常常多雾，颇似研学途中之迷雾，故晚辈名之为'雾泽轩'，以图依祖先恩泽、破学问途迷也。至于'龙眠愚者'，乃是晚辈表达问学决心而取的自号。"方以智继续解释道，"晚辈生长于龙眠，岁徜徉其间，故而对'龙眠'二字极是敬爱。"

王宣见这个少年翩翩而立，英姿洒然，说话彬彬有礼，言辞温文尔雅，心里很是欢喜，却又故意问他："吾以为你这个自号，意不止于此吧？"

"是的，先生。"方以智向各位长辈鞠了一躬，请大家坐回原位。

"东林，你就向王先生禀告你这个自号的由来。"方维仪见这孩子不似当初到浮渡时的无所顾忌，居然有些拘谨，就微笑着劝他。

"是，仲姑。禀王先生，吾邑古属群舒之地，宋时属舒州府，宋以来，桐城颇有几件值得今人一说的风雅，晚辈取号正是受其启迪。"方以智说。

方大镇笑了："颇有几件？究竟哪几件？吾孙别急，你且慢慢说来听听。"

"是，祖父。至少与五件事有关。这第一件，就是当时有'宋画第一'盛名的李公麟，人称李伯时，因隐居于吾邑龙眠山，建有龙眠山庄，自号龙眠居士，所以又称李龙眠。他开创了'白描'这种新画技。自是以后，吾邑能画者辈出，吾孟姑、仲姑、季姑及吾母都以龙眠居士为画宗，颇得其神韵。"

"好！这一件确实与龙眠相关,那龙眠居士李伯时大大的有名。那第二件呢?"王先生装着急不可待的样子,颇似老顽童。

"这第二件,就是李龙眠画了一幅传世之作《龙眠山庄图》,把吾邑龙眠山水奥区几乎都画了进去,一时传遍天下,龙眠之名遂闻于天下。自是以后,吾邑历代骚人雅客,几乎都以悠游于龙眠居士笔下的山水为林泉为人生至乐。"

李公麟《龙眠山庄图》局部"垂云沜"

"这个《龙眠山庄图》可谓北宋第一名画,非常了得,吾邑能画者几乎都临摹过呢!"王先生转头对方大镇说。方大镇含笑不语。

"第三件,由于龙眠居士的影响,北宋时期的大作家、大诗人、大学者纷纷寻访、畅游龙眠,留下诗文无数。其中最著名的当是来自天府之国的苏轼、苏辙兄弟,以及来自才子之乡豫章的黄庭坚等人,他们的笔墨更是大为吾邑龙眠添彩增色。读东坡尺牍可知,他还曾托人在龙眠买了块地、盖了房子,准备终老于此,可惜后来越谪越远,未能实现。"

"这第三件有好有坏。好的你说了,坏的就是这个东坡先生,真不该没有实现终老龙眠的诺言,依我看呢,这大概是他一生最大的遗憾吧!"王先生哈哈笑道。大家都跟着笑了起来。

"这三件都与李龙眠有关啊?"方大镇示意孙儿接着说,"第四件还与他有关吗?"

"不了,第四件与两个桐城县老爷有关。"

"哦? 这就奇怪了,你的自号还与当今桐城县的县老爷有关?"王先生十分惊讶地问,众人也都好奇地看着方以智。

4

"东林,你就直接说吧。"方维仪笑着催促侄子。

"是,仲姑。禀王先生,不是当今桐城县老爷,是北宋时期桐城的两个著名的县老爷。"

"桐城自有县名以来,历代县令不知凡几,你为何只举北宋的两个人?"王先生又故作惊诧。

"这两个人距今天其实并不久远,晚辈最为熟悉,也最为敬佩。"方以智又躬身作揖道。

"不必多礼,你且继续说。"方大镇呷了一口茶,微微笑着。

"一位是梅尧臣。梅氏初登仕途就是桐城主簿。他虽然在仕途上极不得意,却在诗坛上享有盛名,南宋刘克庄称他为宋诗的开山祖宗。这样一位大诗人,也在吾龙眠留下了诸多足迹和笔墨。"

"这位嘛,勉强算县老爷。"王先生摇摇头,又频频点头,"不过,这个梅先生确实是大大的有名。另一位是谁?"

"另一位,就是被时人誉为'李白再世'的北宋诗家郭祥正,于桐城县令任上,同隐居于龙眠的李伯时相交游,为龙眠留下了传世佳话。"

"哦。这人也与李龙眠同时代啊!"王先生恍然大悟似的。

方孔炤见儿子滔滔不绝,显露骄骄之气,几次想斥他"小子,切莫得意忘形",又不好发作出来,只得不停地向他使眼色。

方维仪倒是觉得很欣慰。这几年来,长侄跟随自己读书问学,一向善于钻研,坚持追求"至学"的境界,所以她又含笑使眼色鼓励方以智说下去。

方大镇和王宣都捋着胡须,做侧耳倾听状。方孔炤见他们如此,只得将到了嘴边的斥责话又咽了下去。

方以智见父亲神色不对,赶紧长话短说:"正如郭祥正县令写的'桐乡山水天下名,龙眠气势如长城'那样,自是后,龙眠之名闻著于天下。"

"嗯嗯,如此说来,吾东林孙儿这个'龙眠愚者'自号,可是不同凡响啰。"方大镇说着,转头与王宣相视而笑。

王宣依旧装着迫不及待:"现在我最关心的是最后一件事。"

方以智拱手作揖道:"最后一件事,与吾家有关。晚辈自幼见家里正厅远心堂有《龙眠山庄图》,又常听长辈们叙说龙眠居士的故事,所以十分崇敬,也常常临摹学习。"

众人听了都频频点头,方孔炤的脸色这时也变得随和起来。

"吾王父明善公写龙眠山水诗文极多,吾祖、吾外祖、吾父也如此,还在龙眠辟有别业呢,如搴兰馆、听峡斋、游云阁、先雪楼、披云亭等,更有朱槛画舫、层楼叠榭。晚辈自幼徜徉于龙眠,尤为仰佩龙眠居士高风,故而自号'龙眠愚者',表明自己闭关向学、不屑于人情世事之姿态也。"

王宣听他说完,不由得击掌叫好:"那写过'旧日龙眠今不眠'的黄庭坚,当年就说过:老杜作诗,退之作文,无一字无来处。东林小小年纪,善于触类旁通,心志果然不凡!"

众人听了也都很高兴,对方以智勉励有加。

5

"那么这幅中堂,自然是出自桐川先生大笔了?"王宣又问。

"确是吾父手笔,岂能瞒过王先生法眼?"方孔炤连忙笑答。

王宣大笑:"哈哈,吾虽不善书,晓书莫如我。此书看上去,端庄杂流丽,反复真有味,刚健含婀娜。"

只见中堂上那幅遒劲的苏东坡体,写的是"心随地生,循经有为;坚苦之辙,寡尤有常;威俭逊难,毋荣之禄;知止不殆,吾道自亨"。

方大镇也捋须大笑:"知我方桐川者,虚舟子也。我再给你补充两句——书成辄弃去,谬被旁人裹。"说完,作势要取下弃去。

"且住!我可不是你所说的'旁人'!我是真心觉得好!"王宣突然收住笑容,连忙挥手制止,仿佛方大镇真的要将那幅书法扔掉一样。

方维仪知道这二老口里念的是苏轼的那首五言诗《和子由论书》,相互开着玩笑而已。

"虚舟子,我给东林孙儿题这幅字,是希望他带弟弟在这里安心地读书习字、学耕会友、骑马练剑、强身健体。同时呢,采芹游泮,研习科举文章,以便将来能够取得功名,实践明善公的'长大磨铁砚'遗训。"方大镇也收住笑容。

王宣连连点头,又笑道:"要把铁杵磨成针!"

方大镇继续说道:"为此,我还作了一篇《雾泽轩诫》,无非是要求后生小子:一要定品,二要慎交,三要惜时,四要尊闻,五要持戒。"

"东林,你记得'天在山中,大畜。君子以多识前言往行,以畜其德'吗?"方大镇转头问孙子。

方以智立即点头答道:"祖父是希望我今后跟着王先生,多记多悟前贤往哲的言行事迹,不骄不躁,以提升学问、修炼品德。"

"这么说来,老朽我压力不小哦!"王先生一改笑容可掬,突然严肃起来。

方大镇《雾泽轩诫》书影

6

作为明善公方学渐的得意门生,王宣不仅是易学大师,心学修炼也达到至境。而易学是桐城桂林方氏的家传之学,方家"屡世传易,《易蠡》《易意》《时论》《易余》等,诸书盈尺,类皆发前人所未发"(方中通《数度衍》跋文)。

方以智后来的"易学"成就极高。他多次提到"征三世易""征四世易",指的就是从曾祖方学渐到祖父方大镇,再到父亲方孔炤的易学传统,当然也包括其外祖吴应宾、老师王宣,这就形成了一个比较完整的易学体系。

这次王宣老先生驾到,方孔炤自然是十分高兴。为此,他将早已写好的一首诗,令小童取出,他亲自恭奉给老先生过览——《名儿以智、其义》:"大儿方以智,天下藏于密。二儿方其义,所以用乾直。连理著《易蠡》,荷薪以意识。两儿念此名,根本在学《易》。"

王老先生念念有声,看完后又扭头对方大镇说:"两儿佳名皆取于《易》,实源于'连理''荷薪'家学,潜夫(孔炤字)夫子对两位公子寄予了厚望啊!"

"是也,晚生希望两个犬子,'根本在学《易》',希望他们能够传承家学。"

原来,方孔炤诗中提及的"连理""荷薪"两词,也是大有深意的:

所谓"连理",是用来代指方学渐的学问。这不仅因为方学渐在白沙岭有"连理树""连理亭"以及他的旧居"连理堂",还因为他的著作《连理堂集》,这代表了方学渐的学问德行。实际上,"连理"二字也是方家的家风家学的一种象征。至今他们的后裔还有人以"连理亭方氏"自称。

所谓"荷薪",是用来代表方大镇的学问。方大镇以方学渐之学说为正学,试图在其父易理思想的屋基上,精心构架自己学说的华堂。他著有《荷薪义》八卷,以及《荷薪别集》《荷新韵》《易义》等书。因此,方孔炤在诗中以"荷新"二字来代指方大镇的学术思想。

那么,王宣老先生对方以智的易学思想有何深刻影响呢?方以智本人就说过,他的易学思想受王宣影响,侧重于"象数"推衍:"余小子少受'河、洛'于王虚舟先生,符我家学。"王宣极善于以易学来解释整个自然科学与社会科学,对方以智启迪尤甚。

当然,对王宣应当如何施教,方大镇是有深思熟虑的,并与方维仪、方孔炤认真探讨过。为此,方大镇还专门拟就一文,以阐明自己的观点:"盖圣人之教,因性而立者,而凡人之性乃因教而转,亦因教而定。圣人千言万语,总以修明教法。……然师严道尊之说,非必假夏楚也,师逸功倍之说,非读勤记诵也,要在开其性灵而慎其所习。"

方大镇反对用高压暴力的教育方式,主张教育应注重"开其性灵";反对追求功利,主张讲求"经世致用";反对偏执于某家学派,主张"调和执中"。

方大镇这种教育思想也是方维仪一直遵循的。方以智后来在学术研究上不偏执中西,注重实际研究和试验,无疑与方大镇这一教育思想密切相关。

"请问先生,邵子曰:不用,所以用也。如何理解啊?"方以智一边为王先生添茶,一边恭敬地请教。

王宣端起杯子,轻抿了一口茶,微笑着说:"那是因为,三百八十四爻,真天文也。用止三百六十。以乾坤坎离之不用也,不用所以用也。故万物变在四者不变也。"

见方以智正在向王宣老先生请教物理,方维仪就要先行告退,遂与父亲和王先生等人别过。

7

方孔炤送仲姐到泽园门口,李姆姆已与车夫恭候在此。

方维仪上车前,对孔炤说:"吾弟就在泽园安心著作,安心修改完善《全边略记》吧。希望吾弟之努力,真正'令贤杰得有以自见非',能够如你所愿。"

"谢谢仲姐勖勉!弟当努力,不虚度时光。"

"吾弟同时也要保重身体,不要过度劳累。吾弟才三十几岁,正青春芳华,两鬓却已经秋霜初染矣!吾母心疼不已。吾弟应体谅吾父吾母为是!"

孔炤连连答应着,方维仪上了车,孔炤眼看着车子转过竹林不见了才回头。

次日,廷尉第远心堂热闹非凡。

原来是方大镇安排了一场宴集于此。他命孔炤持帖邀请了相关人士,包括孔炤从叔方大任、孔炤岳父吴应宾,以及其他在城的桐川会馆社友叶灿、盛可藩、孙颐、胡瓒、倪应眷、张士维、何如宠、方象乾、吴应琦、吴用先、钱可久、夏伯孺、张道卿、王达夫、姚若水、姚孙森、姚孙林、姚孙棐、齐琦名、吴叔度等人。

其中,吴应宾即吴观我老居士,也是去年秋末回城的。他见方大镇回了城,也就动了回城的心思。毕竟已经年迈,身体也不似刚致仕归来那些年康健了。再说这些年浮渡道场的修复工程也进行得差不多,觉浪道盛禅师又云游到其他道山去了,余下的事宜可以放心交给清隐法师和子侄辈,他也就回到了南城家中。

于是,两位老友继续在一起论辩学问。有时,方大镇应邀到吴应宾的南城叠翠楼,为吴氏子弟讲《易》;有时,吴应宾应邀到东城桐溪之畔的桐川会馆,为邑中士子讲学。方维仪觉得,这两位老人虽然总是辩来辩去,其实都是以儒为统,或者说佛为儒用、儒为佛心罢了。

而王宣就借住在方家图书楼稽古堂里,泽园授业之余,也乐呵呵地参与桐川会馆社讲。

遇上天气晴好,他们甚至就在桐溪之畔的柳坛上高谈阔论,叶灿、盛可藩、何如宠、夏伯孺、张道卿、王达夫等人也参与其中。

一时间,桐川会馆的社讲,不仅吸引了邑内外学者聚听,田夫野老、贩夫走卒也往往会集过来,听得津津有味,明善公当年讲学的盛况又出现了。

方维仪还要时常遵父亲之嘱,将他在论辩中新的所得,补充进正在校核的相关书稿里。

这次为了感谢王宣应邀来授孙子学业,方大镇特别于远心堂举办了一次宴集。

远心堂的面积比较宽敞。众人于宴中分韵赋诗,到了高潮时,有鼓琴助兴的,有击节而歌的,甚至还有手舞足蹈的。

值得一提的是,这些参加宴集的多来自城中巨族,各家族之间虽然彼此来往密切,甚至姻娅关系交错,但不少人为官为学在外,平时很难聚到一起。由于天启朝的混乱,诸多名臣仕宦被削职回乡,使得这一场热闹的宴集成为多年来桐城名士学者难得的一次大集合,堪称一次文化的盛宴。

8

就说这次参加宴集的吴应宾、吴应琦、吴用先、吴叔度吧,他们即来自著名的麻溪吴氏,不仅是文学世家,还是世代簪缨。清初大学士张英曾说:"吾邑称德行者,必以麻溪吴氏为最。"据桐城《麻溪吴氏族谱》卷五十一介绍:"县市之吴迁自麻溪之派者众矣。"县市,即今桐城城区,旧时属于县市乡。麻溪吴氏"支派繁衍,分东、西两股",东股则有方伯公吴一介(东股一房城居之始)、宫谕公吴应宾(吴一介第四子)、司马公吴用先(东股二房城居之始,居城之西南);西股则因应元海公举于乡始迁居城,有廷尉公吴应琦、黄州公吴叔度,"蝉联而起,代著伟人"。他们分居在城内东南西北,龙眠叠翠涌于窗庸,桐溪环绕歌于楼前,故吴氏族谱强调,"麻溪,源也;桐溪,流也"。

吴应宾的父亲吴一介,明嘉靖三十五年(1556年)丙辰进士,官至河南左布政使,其城居府第中有叠翠楼。钱澄之在《讲易叠翠楼记》中说:"楼为吴氏五世祖方伯公建,到今百五十年矣。"吴氏五世祖方伯公即吴一介。钱澄之(1612～1693),卒年八十一岁。他撰此文时自述为"七十老叟",以此年龄倒推,吴氏叠翠楼当建于吴一介登科以前的明嘉靖前中期。吴一介与曾任户部右侍郎的盛汝谦等致仕归来,联合乡绅,将桐城土筑老城墙改建成时称"江淮第一城"的砖城,邑人至今称誉"盛吴伟业"。

而吴应宾三龄而孤时,曾与兄吴应寰随继母程氏居县市西门之内的吴氏翠光楼(《麻溪吴氏家谱》)。

这次参加宴集的盛可藩乃隆庆时期操江御史盛汝谦之孙,今桐城还有"操江巷"。而盛家早在洪武时期就曾与方家联姻。方学渐《桐彝》中载:"桐有凤仪坊,方居其北,盛居其南。"可见方、盛两家曾是凤仪坊邻居。

参加宴集的齐琦名,家居城西南,也是世家望族。他出自龙眠大启堂齐氏,传为中山王徐达次子徐天福之后,其先祖因避祸由凤阳迁居桐县市乡太平坊保,更姓为齐。第六世齐之鸾,开桐城士子由进士入翰林为庶吉士之先例,官终河南按察使。论及桐城诗派之肇始,必提齐之鸾。齐之鸾乃是方孟式丈夫张秉文的曾外祖。桐城人教子,常以齐之鸾为榜样。

来自东门胡氏的胡瓒也参加了宴集,其家族世代书香,以禹贡之学为家学,人才辈出。吴应宾妻即为胡瓒的妹妹。胡瓒的父亲胡效才是嘉靖四十四年(1565年)进士,为吴一介、方学渐的老师。胡效才、方学渐师生二人都曾积极纠偏阳明心学末流。

与方家也有姻亲关系的吴越钱氏,弘治进士、刑部尚书钱如京归里后,引龙眠溪水进入自家大院,流觞自娱,并自号"桐溪",与弟弟如畿、如景,子辈元善、元鼎等讲学龙眠。这次钱如京之孙钱可久也应邀参加了宴集。

其余人士也多为方家的亲戚故旧。如方象乾乃是方大镇的堂兄方大美第四子,吴应宾与方大美同属万历十四年丙戌(1586年)科进士,而方大美又是方学渐的学生。张士维乃张秉文之父,姚孙棐是方维仪夫君的五弟,也是方大镇的表侄,姚孙森、姚孙林与姚孙棐为堂弟兄,而姚若水是姚孙棐的从叔。

9

且说方以智根据父亲要求,回到远心堂,一一拜见了诸位长辈,又认真回答了长辈们的一些提问,就带着近日的课业,到清芬阁拜见仲姑方维仪。

只见仲姑正在教二妹方子瑛改诗,大妹方子耀正在教方其义描红颜体大字。

方维仪见他来了,问了些近况后,就翻看他的课业。

方以智则走到子耀、其义那边,帮其义扶了扶手中的笔,又试着写了几个大字,让他跟着描。其义描了一个字后,就要哥哥讲讲泽园的趣事。

"泽园中间有松竹掩映的小径,临水有万条垂下的杨柳,漫步的时候可眺望城后的西北群山,还时常有奇异的云彩飘过城头呢。"方以智告诉他。

"我们的泽园啊,逍遥、闲适、随意。只要是一个绐心的人,就会发现那里的一草一木都别有意旨呢。"方以智又说。其义认真地听着,做羡慕状。

方维仪一边翻着方以智的课业,一边接过话头:"所谓逍遥,正是问学应努力追求之境界,但这谈何容易?必须狠下功夫才行。"

"是,仲姑。"方以智连忙答道。方其义也似懂非懂地跟着点头。

"其义,你不是喜欢吃水芹吗?泽园那里有自然生长的一片绿油油的水芹。这水芹,被龙眠山流下来的泉水滋润着,成长于河沙香泥之上,吃起来格外鲜嫩香脆、余味悠长。"

"这是家里常吃的菜,也是我最喜欢吃的菜呢!"方其义显得非常高兴。

方维仪笑道:"水芹叶对生似芎䓖,茎有节棱而中空,其气芬芳袭人。这难道不是人情和节义之写照吗?"

方以智若有所思地点头,方其义似懂非懂地望着仲姑。方子耀和方子瑛也过来听仲姑说话。

"至若桐邑水芹,可是有历史的。"方维仪看着孩子们,尤其是喜欢方其义那活泼灵动的样子,心想自己那个女儿要不是早殇,她也会有一个其义这么大的孩子了。这样想着,心里就有些酸楚,眼睛也有点发涩。

桐城水芹

"仲姑快讲、快讲。"方其义小嘴嘟囔着。

"就你多嘴!"方子瑛轻轻拍了一下他的小手。

方维仪把其义揽进了怀里:"古人把读书人谓之'采芹人'。旧时桐城读书人,伴读洙泗水,采芹龙山下;侧身居陋巷,待售帝王家。"方维仪联系采芹,给孩子们讲了过去许多桐城读书人的故事,最后嘱咐方以智:"你可不要忘了明善公对你'长大磨铁砚'的厚望啊!"

不久,方孔炤也由小童通报后,走了进来。几个孩子分别向父亲行了礼。

方维仪与他寒暄几句后,就把方以智的课业递给了他。方孔炤看了一会儿,又给予几处指点,就告辞出去,继续到远心堂招待客人去了。

第十章　莺啼燕舞清明天

1

　　气温逐渐上升,花事渐趋热闹,而天空也如水洗一般明净。下午的远心堂,温暖的阳光透过宽大的窗户照射进来,屋里显得异常明亮。方维仪正坐在书案边闭着眼睛捻着佛珠。方以智与弟妹几人立在堂下,等待祖父和父亲到来。

　　"仲姑,孩儿有件事想禀报您。"这时,方以智踌躇了一会儿,还是小心翼翼地开口禀报方维仪,"古人云:'独学而无友,则孤陋寡闻。'您与吾父曾要求孩儿,力学如力耕,会友共学。孩儿想着,拟邀请几个学友去泽园共读,不知可否?"

　　"东林,你的想法甚合吾意。不过,你想邀请哪些学友呢?"

　　"就是与孩儿互结参加县试的那几位。一位是六叔方文,一位是吾舅氏道凝,一位是城西的孙临,孩儿与他们三人年龄相若,颇是情投意合。"

　　"嗯,这几个孩子学业也很优秀,在一起可以共读并进、相互磨砺。"

　　"此外,还有左公家的国柱公子,也想找机会一并邀请。"

　　"只是左公遇难不久,他家国柱公子此时尚在京城吧?"

　　"是的。若非左公蒙冤,国柱公子定会与我们在一起。"

　　"待会儿你再向祖父和你父亲禀报吧。"

　　不一会儿,孔炤陪着父亲方大镇过来了,方维仪与父亲礼毕,又与孔炤相互致了礼。见两位男主人先后坐下,小童鲁墨立即上前,为他们各捧上一杯"龙眠雨前"香茗。

　　"东林,你且将近期的课业呈你祖父。"方维仪转头对方以智说道。

　　方大镇并没有立即翻看,而是让其义走过去。他牵着其义的小手说:"其义孙儿,你已经六岁了,个子长得很快啊!最近在学什么呢?"

　　"祖父,孙儿在描红习颜柳,还跟哥哥背了《诗经》,跟仲姑背了《离骚》呢。"方其义仰着头答道。

　　方大镇点点头,这才拿过方以智的课业,认真地翻了很长一会儿。

第十章 莺啼燕舞清明天

"潜夫啊，东林已经大了，虽未加冠，但已束发，可以命字了！你有什么想法啊？"

"自宋以来，男子十二岁以上都可视情而加冠，东林比其他同龄人早熟，且已粗通礼义，正想着什么时候请您为东林赐字呢！"方孔炤连忙应道。

方大镇站了起来，面向《龙眠山庄图》下的明善公牌位，躬身礼敬。

方孔炤立即命鲁墨摆好香案。众人跟着方孔炤，依序站好，也躬身敬礼。

方大镇又恭恭敬敬地上了香，这才回过头来，郑重地说道："吾方家世代业儒，而易学又为家学，你为他们兄弟二人取名都来源于《易》。就说'方以智'这名，也含有'圣人洗心，退藏于密，吉凶与民同患'之大义，以观象于天，取法于地，继之以德。吾仔细想来，且为他取字'密之'，潜夫你看如何？"

"甚好！甚好！东林，不要辜负你祖父的厚望啊！"方孔炤连声称好并叮嘱儿子。方以智连连点头，很高兴地感谢祖父赐字。

"那么，祖父，我的字呢？"方其义忽闪着眼睛问。

方孔炤见他认真而又急切的样子，笑了起来："你还太小嘛，待长到哥哥那么大的时候，让祖父再为你赐字！"

"不！我现在就要字！"方其义嘟着嘴。

方维仪嗔怪道："这么小的孩子，还没有成童呢，不必过早地取字。"

方其义更加不高兴了，一会儿推推父亲方孔炤，一会儿又来拽拽仲姑方维仪的衣袖，眼睛却热切地看着祖父。

"好！不如就一并取了吧。"方大镇被他缠不过，心就软了，他拉过其义，抚摸着他的小脸，"你父为你取名'其义'，是希望你'直其正也，敬以直内'，如此则'义立而德不孤'。我看你就叫'直之'，如何呢？"

"密之、直之，快过来，一起谢过祖父！"方孔炤立即叫道。

方以智拉过弟弟，两人一起并立到祖父方大镇跟前，鞠躬行礼。方以智满心欢喜地说："谢谢祖父赐字！孙儿一定铭记祖训！"方其义也学着哥哥的话说了一遍。

方维仪吩咐李姆姆："请姆姆将朱砂笔呈来吧！"

李姆姆答应着，将早已准备好的朱砂笔呈上来。方大镇微笑着拿笔在方以智、方其义的额头正中心各点了一个朱砂。

"这叫'朱砂点智'，开启智慧。你们要知道，传承家学，根本在学《易》。你们兄弟俩要笃志奋发，文武兼修，不辜负祖父厚望。"方孔炤严肃地说。

方大镇满意地点着头："道无尽也，学亦无尽也。密之、直之吾孙，希望你们今后为学啊，一定不要存有满足之心，否则犹如夏虫井蛙之陋；也不要存有畏难之心，否则必然如望洋临渊之浅；更不要存虚夸之心，否则必然是照虎画狼、滥竽充数也。"

"孙儿记住了！"方以智答应着，方其义也似懂非懂地跟着说记住了。

方以智又禀报了邀请学友泽园共读的想法。方大镇见方维仪、方孔炤都同意，也就表示没有意见，但他又嘱咐说："力学如力耕，就是讲几分耕耘、几分收获。你们几个孩子在泽园要相互学习、相互磨砺、共同进步。"

2

见几个孩子都下去了，方大镇捋着花白的胡须说："最近看邸报，朝中的魏党又搞出了一个'东林点将录'，要以党人姓名罪状，榜示海内。凡党人已罪未罪者，悉刊名其中。真是唯恐不天下大乱！前几日与吴观我、何康侯（即何如宠）闲聊此事，都是愤愤难平！"

"国之将乱，必出妖孽啊！"方维仪叹息道。

方孔炤也叹道："想从前，何伯父坐镇朝堂，真可谓调元自若，纵论从容，捧苍天之赤手，抒报国之丹心啊！"

"可是，他也被魏党视为左苍屿（即左光斗）的同乡同党。"方大镇摇着头，"如今，他也不得已弃官归来，就在龙眠的别峰山里找了个自在处，以'西畴老人'自居，并着手筹建别峰山房。前日，他托人带信，鼓动吾也一起去逍遥呢。"

方维仪笑道："看来何伯父的意思，是想请吾父一起去学那陶渊明啊。'农人告余以春及，将有事于西畴。'西畴老人，这号真是极优雅。眼下春种即将开始，他该是邀请您一起去别峰那儿看农人耕种吧？"

"不过，吴观我老居士则问吾，'桐川老夫子，你回城就再也不走了吧？'你们猜猜，吾是如何回答的。"方大镇故意止住话头。

方孔炤猜测着问："那当然是与何伯父一样，悠游于龙眠山水了？何况，李伯时龙眠山庄那片悠胜山水，早在明善公时，就已经被吾方家买入了。您是否曾想过，要在那里再辟一个山庄，与李伯时共写龙眠烟云呢？"

"非也，非也！"方大镇故作神秘地卖着关子，"平生最嗜隐名山，拂衣遁迹是龙眠。老夫想要悠游龙眠山水倒是不假。吾对龙眠，何其熟悉？而且上次东林说了龙眠诸多妙处，就连吾这样的老龙眠人，也依然是心驰神往。但是呢……"

方孔炤不解地问道："那不是正好吗？儿在龙眠碾玉峡还有游云阁别业，叔父计部公的玉峡山庄、玉成公的听峡别业都在此处。我前段时间带东林过去读书，觉得龙眠烟云最胜之处应该就是碾玉峡了。祖父明善公的著作素板，都还藏在那里呢。您也说过，您的著作素板将来也要藏在那里的！"方孔炤所说的叔父计部公是指方大铉，玉成公是指方大任。

"你的想法与吾从前的思考倒是契合。只是吾近来深思，这龙眠虽好，却离城太近。虚舟子也与吾一样忧虑,以为天下不久将乱。如此一来,城郭一旦受兵,即使龙眠山再深,也不过急趋罢了,未必能幸免矣。吾正忧心着到哪里再去找一方安宁之地。"

"父亲不是应了丰城县黄山人之卜,已经在浮渡建有在陆山庄吗?"方维仪也疑惑地问。

"吾预感浮渡也难以幸免,那里曾有过几次屯兵,国初那里还多次发生拉锯战。何况近来各地居士渐多,人心好乱,易于为非。前几年,吾请贵池县王山人帮助卜选最后的归宿,王山人以为南乡鹿湖之畔的白鹿山尤佳,那里岩壑深邃,竹树清嘉。寇氛起时,邑人多予此地趋避,承平时亦可留心也。"

方孔炤立即点头道:"白鹿确实不错,来去亦颇为方便,由松湖舟行可来往直达,陆行经孔城东向也可,经天林庄由金神墩南下也可。无论舟行或陆行,都是一路风景宜人。而白鹿与大小龙山相依,风水亦为吾桐佳绝,可称'南浮'也。"

"吾与你所见略同,尤其'南浮'之称甚合吾意。吾观桐城山水形势图,这龙眠有投子禅寺,泽园附近有五印禅寺,浮渡则有华严禅寺,比较起来,吾还是觉得白鹿颇合法度。吾早年曾多次游访庐山白鹿洞书院,吾桐南其实也有'白鹿洞天'也!若天下乱起来,那里退可隐深山重湖,出则有浩渺大江,可为子孙后世长远计。"

方大镇停了会,忽然手一挥:"近期,吾颇想抽身去桐南考察一番。"

方孔炤连忙接道:"父亲,儿子愿陪您一道前往考察。"

3

转眼已是晚春时节。

方维仪这天早晨起得很早,按惯例上香、诵经后,她又持笔用钟繇体小楷书写了一首《独坐》:"僻境无人至,清芬阁独居。梁间新燕去,墙外老槐疏。风韵笛声远,花残月影余。编摩情未厌,坐卧一床书。"诗中所谓"编摩",是指她正在遵父嘱校核其书稿。

见天色已经大亮,方维仪随即下楼。

她要与弟弟方孔炤陪同父亲方大镇去探访一个神秘的人。他们分乘小轿,出了东作门,前往乌石冈探访东郊慧业堂。但见大河之畔垂柳依依,民居参差相接,杂花生树,蝶追莺闹。

远远望去,慧业堂所在地是一处高冈,此即乌石冈。张秉文的小东皋园林也在这里,园中最高处有一栋别致的小楼,正是方孟式的纫兰阁。

轿子走了大约三里路就到了。因张秉文、方孟式宦游在外,众人也就没有去小东皋园林探望,径往慧业堂走来。只见慧业堂大门边,有两株粗大的古槐如威武的将军一样挺立于两边,也不知其年若何,其枝叶犹如撑开的巨伞,映衬在蓝天白云之下,洁白的槐花正吐露着清逸芬芳。

众人穿过洒满细碎阳光的甬路,进了慧业堂,外面喧闹的市声忽然就远去了,里面有一种安宁静谧的感觉。众人觉得奇怪,都不由得放轻脚步,在管家陈砚事先安排的慧业堂书童引导下,来到东冈书舍。众人从宽大的格子窗向里看,慧业堂偌大的正厅内,一群学子正在闭目打坐,其中有方以智、方文、吴道凝等人。估计打坐时间不短了,许多人汗如雨下,一些人开始东倒西歪。众人又不由得都屏住了呼吸。

作为桐邑首屈一指的家族公学,慧业堂距天启时代已有一百余年历史,其始创者为方维仪的八世从祖方塘。

当时,方塘与方印兄弟俩因父亲死得早,哥哥方印从学于三伯父方佑,弟弟方塘就全力担当起了种田养家的重任,方印中式举人后任职天台知县。方塘似乎很会营生,先后置下了孔城、松山、白杨等多个较大的田庄,还把家安到了东郭乌石冈,并自号"东冈半隐"。

方塘虽专事耕作,但他的后裔聪警能文者甚多,所建东郊慧业堂在桐颇有名气,加之重资延聘的皆是本地硕儒,除了方家子弟外,甚至外族子弟也多从学于此。

方大镇这次之所以携方维仪、方孔炤姐弟二人同来探望,是因为慧业堂新近延请了一个本地很有名望的塾师白瑜。

白瑜,字瑕仲,一字安石,家在白鹿山附近石塘湖畔,因自号"石塘子",人尊称"石塘先生",时年刚五十初度。

方维仪知道,这石塘先生可不是那么好请的,他在邑中可是一个神奇的传说。

4

且说这白瑜早年亦在东郊慧业堂求过学,学业优等,考了个县廪生。但因为家中只有几亩薄田,随着结婚成家,儿女渐多,父母又年事渐高,只得到处授徒为生。没想到授徒逐渐有了名气,所授的学生不是中了举人,就是得中进士,至于府县的官生就更多了。

白瑜用自身的实践证明了"没有失败的学生,只有失败的教育"。只是他自己的举业颇为不顺。这也没有什么值得说的,古时候类似白瑜这样的不得志者很多。

值得一提的是,他有一个特殊的学生叫刘潜,而刘潜的父亲就是前面提及的启动东门大河城坊堤修筑,却因临时调走,而留下一个半拉子工程的桐城县令刘时俊。

刘时俊虽然任职桐城仅一年多时间,却因为勤政爱民,深受士民爱戴。他任职桐城的万历二十八年(1600年)六月,恰好发生了多年不遇的特大洪涝灾害;外则湖潮涌障,内则蛟势奔腾。"居山僻者随波逐浪,近城垣者沉灶产蛙"。刘时俊亲临受灾处所逐一踏勘后,向朝廷报告,"当旧岁六月成熟之际,籽粒不收。值今春耕作之时,无地可种。家基何在,国税何输?本县触目伤心,独此为最"。他请求减免粮税,幸存的老百姓必将感谢朝廷恩泽。

这个只任了一年桐城知县并远调苏南吴县的刘时俊,何以舍得将自己的公子托付给塾师白瑜?方家为何对白瑜这样一个久不得志的塾师这么重视?

5

话说刘时俊虽然远迁吴县,却把儿子刘潜留在了桐城,留在了塾师白瑜家里。

这个刘潜的特殊之处在于,他幼年失母,父亲调任吴县知县时,因继母不喜欢他,说他笨,将来没出息,估计还经常虐待他,刘知县只得将他暂寄于塾师白瑜家中。这一寄养就是六年。

白瑜不仅不嫌弃刘潜,供刘潜白吃白喝,为他看病去灾,还热心地授他举子业。当然,邑中其他士绅知道白瑜家贫不易,也时常帮衬着白瑜。可是,大家都不看好的刘潜,却偏偏高中天启甲子举人。刘潜中举后,白瑜还千里迢迢将他送到已在四川的刘县令家中。这下子,邑人更加佩服白瑜的教学能力和高尚德行了。

刘时俊虽然仅任了一年桐城令,桐城人却特别为他立了一座"去思碑"。而白瑜为了纪念他,就在家门前栽了七棵海棠树,还自号"七棠先生",并常诵《诗经》"甘棠"篇,既借以歌颂刘时俊遗爱桐城,也表示自己崇尚陶渊明风度。他每天只做两件事:一是于心不甘地教书,一是继续踏踏实实地攻读自己的举业。说来也怪,教的学生个个都是"考神",他自己却偏偏总是名落孙山。

传来传去,白瑜在邑中成了一个神奇的传说。方孔炤在《七棠先生序》里说白瑜"博学强记,一目十行俱下,儒术尊乎邹鲁,原本无杂;诗文法汉魏以上,雅言无靡。制义成宏,试辄最高",以致请他授业的学生众多,人们争比为"隆中卧龙"。

但白瑜有自己的规矩,决不随便收徒。特别是随着年纪大了,更不轻易收徒。有的富贵人家认为白老师的五个儿子都贤,将来肯定会发达,就千方百计想把女儿嫁过去,同时又能赚得白老师教授子弟,做的是两全齐美的梦。

白瑜的老师,那位人称"风流太守"的退休官员阮自华,甚至把嫁孙女的场面都设计好了,要用"百辆而将之",也就是要用一百辆车送嫁,设想的场面何其盛大!白老师却以"家里贫寒,嫁过来会转慕成恨"为理由坚决推辞,实际上是"贬父貌以避妇娇",即避让富家女的骄娇之气。

方维仪想到,方家毕竟是"世代业儒"的科举世家,子弟也多是科考达人,而要实现科举考试的顺利,"制义"则是必过的重要一关。虽然县学里也有老师,可惜自从名贯大江南北的左德玮先生天启乙丑(1625年)去世后,学子家长就争相在外延师了。方家前段时间已经邀请了王宣为子弟业师,王宣专攻名物训诂和《河》《洛》之学,治学严谨,也是当时治《春秋》的大家。这次如果再邀请精通经史辞章之学的"制义"高手白老师来任教,岂不是更上一层楼?

听了方维仪的提醒,方大镇与方孔炤父子深为赞同,他们也非常赏识白瑜的德行和学识。于是,父子二人到南乡白鹿山考察新的别业山水时,就专程去石塘湖畔的白家湾走了一趟。

6

白老师家果然清贫。虽然不是他自己所宣称的"茅屋数椽,以蔽风雨",但也就是一般平常人家屋舍,不过干净整洁,还有一个临湖的书斋,藏书满壁。

照例,白老师对他们的邀请予以坚决拒绝。白老师说他已经"尽废皋比垂髦仪矣"!意思是"收徒仪式早就废了"。估计是一边摆手一边说,我自己都考不上,不教了,不教了!你们走吧!

见没请动白瑜,方维仪不甘心,就极力劝父亲和弟弟"三顾茅庐"。这时候白老师也就不好意思再推辞。毕竟方家以前也是朝廷高官,但与其他官僚不一样,他们德望重于乡里。他们如此恭请一个乡下不得志的贫寒塾师,怎能一再拒绝?至于白老师最后究竟是怎样答应下来的,方孔炤的《七棠先生序》里没写。

但这事白老师在自己的文章《方逋庵传》里隐约提了一下:"丙寅春,中丞仁植再赴职方,强予就塾。"

由于方孔炤后来曾以右佥都御史巡抚湖广,所以人们以汉代官员古称,尊其为"中丞公"。同样方大镇的"廷尉公"也是以汉代官职名尊称。

白老师在那篇文章中说,中丞公方孔炤往白家湾跑了多次,"强予就塾",极力邀请他去他们家塾任教。

这时候虽然不得不答应下来,但他又有了新的托词,说是万历己未(1619年)冬,他的老师阮自华赴任西北庆阳知府,临行前曾告诉他:桐城这个地方,目前正是"如在日中",正是兴旺繁荣的时候,"城内外丰屋蔀家,争翔天际"。也就是说,城内外豪富者华堂大屋相接。但城内"居民绣错,门唇鸥尾,象皆为火,不十年桐必烬"。换句时髦的话来讲,也就是所谓"夜观天象",预测"桐城不几年就要大乱"。

阮自华还告诉白老师,今后都不要到桐城城里去。白老师说,他听了阮太守的话,心里害怕,至今已经六年不敢进城。有人曾开玩笑说,阮太守其实是怕白老师进城教出更多更厉害的学生，故意恐吓他，不要他进城。反正都是传说，当不得真。

白老师为什么相信阮自华的话呢？除了白老师本人也是易学大家，与阮自华一样会看风水，并有共识外，关键是阮太守也来自桐城名重望显的世家大族。他的迁桐始祖是唐代征江南大将军阮枞江，父亲是抗倭名将阮鹗。他本人乃是万历二十六年（1598年）进士，诗酒风流，博学多才，在桐城乃至安庆府可谓一呼百应，具有很强的影响力。

当白老师真的多年不入城时，他的那些居住在城里的好朋友都拿此事当个笑谈。比如他的同学左德玮就不信那个邪，一直在城里县学当老师，门下弟子也是人才辈出，还曾被城东桂林第方遹庵他们家延请为私教。不过，方遹庵也实实在在地相信了阮太守的话。这个方遹庵却是方大镇的堂兄方大美的次子，是后来卓然成文学大家的方苞的曾祖父辈。遹庵是他的号，大名是方承乾，虽与方孔炤同辈，但比方孔炤年长12岁。方遹庵通过自己对种种社会现象的判断，认为阮太守所言并不虚，桐城或许在不确定的将来，真的会有骚乱发生。

面对屡次来拜访的方孔炤，白瑜以阮自华的话为借口，犹豫着说："我实在不敢入城授业。"

方孔炤对所谓的"桐城将乱"不以为然。他继续热情地相邀："您不入城也可以，吾方家有百年家塾慧业堂就在东郊，离城有三里远，您可以安居于那里，一切生活起居都由我们照顾，如何？"

话已经讲到这个份上了，白老师再也没有推却的理由，于是拣了个日子来到了东郭乌石冈。

但白老师还是不愿意住慧业堂，而是"遂憩东门外五里山庄"，也就是住到距乌石冈又有两里远的五里山庄。

方孔炤虽然哭笑不得，却也只得由他。

白老师对自己要求很严，"经月一往，风雨必出"。但他对慧业堂这些城里的学生，特别是方家子弟，教学方法有一大怪异之处。

7

且说长侄方以智、从弟方文等回来后，向方维仪禀报这个白老师教学方法之怪异，方维仪听了也不由得起了好奇心。于是就怂勇父亲方大镇、弟弟方孔炤等，一同去东郊慧业堂实地考察一番。

这次是白老师第三次入城授业。方大镇一行早早做了准备。待白老师上课时，一行人先在窗外"考察"，结果还真是看出了怪异之处。只见白老师面对学生席地而坐，面前一个香炉里,一炷香还高高地立在那里,烟气袅袅升腾。学生分成几排也是席地而坐。大家一律做闭目养神状。大约就这样过了一个时辰,那炷香居然还有小半截。

方维仪感觉,白老师这种静坐法,与别的塾师根本不同。

"待晚上请白老师一起用餐,再借机请教,如何?"方孔炤思索着,向父亲提出建议。

方大镇一摆手说:"还是回去吧。这可是在打坐,要避风避剑避惊扰的。"

方维仪遂吩咐小童鲁墨去通知轿夫。三人一起悄悄地走出了慧业堂园门。

"吾以为虚舟子的授业方法是'开其性灵',石塘子的授业方法是什么呢?"一行人回到了廷尉第远心堂,甫一坐定,方大镇就问。虚舟子是指王宣,石塘子是指白瑜。

古人焚香静坐

方维仪想了想,回答道:"静以修身,俭以养德。这应该是儒士的'正襟危坐',通过静坐修身,从而去除杂念,实现心静。而心静以后,则能正、能远、能深也。"

"仲姐所言颇有道理。诚如《大学》云:静而后能安,安而后能虑。其实前人也有喜好打坐的。且不说魏晋时代以打坐'栖神导气',就是宋人理学也承古儒,习打坐之法呢。"方孔炤做恍然状。

听了方孔炤的话,方维仪也若有所思道:"说到宋人打坐法,吾也知朱考亭(即朱熹)、李伯时(即李公麟)、王荆公(即王安石)、苏东坡等前贤都喜好打坐。而佛经里说,佛在菩提树下静思,七日洪雨不止,多头蛇那伽出,以身绕佛七匝,引头覆佛头上,守护佛陀,使不受诸恼乱。"

"仲氏所举佛陀静思一例,颇是神异。"方大镇有些不满道,"却不必与大儒朱考亭作类比也。其实,唯静可澄心。历览古今为学者,未有不静能成者。当然,单以打坐来论,正是石塘子的过人之处吧,也恰是其他塾师所不屑的。"

方维仪连忙称是:"其他塾师,大多是滔滔以灌罢了。更有庸师,企图以己昏昏,使人昭昭呢。"

"诸葛孔明不是早就说过,'非宁静无以致远'吗?以打坐法来实现'宁静致远',可谓独得其妙矣!东林这班小子,平时闲散惯了,白老师这是对症下药啊!"方孔炤接道。

"为学不落'动静'二字。"方大镇捋须点头,"古人所谓静以修身、俭以养德,所谓'守中''不想',都是一个字,静。唯静,才能达到不见所欲,不乱心念。王阳明最擅打坐。其十七岁结婚当日,偶入铁柱寺,见一道人跌坐,便对坐忘归。可见那时就已得入静之妙。"

方维仪和方孔炤都做恍然状:"今人名节心重,甚至浮躁太过,故而很难静坐得住,不能久于静坐,则不能沉潜务实。石塘子或许是抓住了利害关节也!"

8

这天晚上,方以智、方文、吴道凝等人归来,针对家中长辈的询问,又报告了白老师的一些具体要求。

"石塘先生每次来授业一旬,每天就要花去半天时间打坐。你们以为,究竟是好呢,还是不好呢?"方维仪问。

方文立即报告说:"当然好!以前我们这群孩子就像猴子一样,根本坐不住。只有那延平李氏、芦塘何氏两家子弟能安定如禅。不过,我们现在也基本能安静地坐下来了。"

"以前打坐一会儿就支撑不了,大汗淋漓,腰酸背痛。现在好了,能静坐很久。只是那些初来慧业堂者,还是坚持不住的。"吴道凝也认为半天打坐好。

方以智补充道:"白先生要求学生,半日打坐,半日读书。强调如若不打坐,不会打坐,就等于是浪费光阴,浪费生命。"

"才须学也,学须静也。"方大镇听了很高兴,"这正是吾从前赠你'非宁静无以致远,而本于澹泊明志'诫语的道理啊!那延平李氏子弟能安坐如禅,大略是传承其先辈学人李侗之风吧。芦塘何氏子弟料亦如此。"宋代大儒李侗是福建延平人氏,为理学宗师朱熹老师,主张为学要"默坐澄心",在静坐中"体认天理"。其迁桐后裔以"延平李氏"自谓。芦塘何氏即是开桐城讲学之风的何唐先生家族之后裔。

"石塘先生还训示了哪些?"方孔炤又关心地问。

方文依旧抢着禀报:"白先生强调,读书要因书籍不同而采用不同的方式来吸收;坚持道、业并重,对圣人经典要据实从之,对百家之言则要化为己用,并注意从正反两个方面反复推敲,以顺应时代变化。"

"嗯,这些都与我之所思颇为契洽。"方大镇频频点头,"道无尽也,学也无尽也。希望你们无存满足心,莫如夏虫井蛙之陋;无存畏难心,莫如望洋临渊之浅;无存虚夸心,莫如虎画狼藉之玷。"

方以智深有所悟:"祖父所言极是。白先生还说,读圣贤之作当虚心以从经,览百氏当化书以从我,察其两端,由中道行,中备四时,随其环应。"

"白先生强调,博约作述,皆此一心,何内何外?合今古而陶铸之。无奇无平,亦不妨有时奇,有时平也。"吴道凝又补充了几句。

方维仪听了这些孩子的话,遂总结道:"如此看来,石塘先生授徒之所以成功,大约都是因为遵循了他这些独特之处。亦颇与吾方家惯来提倡的'体康强然后可以任重道远'契合,以静强身,以静正心,以正心而正学。"

"是也。石塘先生是一个所读必周秦之言、所赋必汉魏之诗的纯儒学者,他与父亲一样,反对务虚弊病,不喜释道空谈。他也根本不为浮躁时风所动,而是强调宗古重经,博学洽闻,融会贯通。"方孔炤也感叹道。

"你们所言,正是如此!我看这石塘子坚决不入城,只住城东五里山庄,每旬授业为重,吾亦不方便去探望了。孔炤这期间可多代予示谢。"方大镇说着就站了起来。

方大镇踱到那幅《龙眠山庄图》前,仔细看了一会儿,又念了一遍明善公的"龙眠精舍"诗,回头对众人说道:"吾颇为焦虑者,乃是石塘子担心'不十年桐必烬'之说。方今天下纷扰,吾亦有此忧。好在白鹿山庄已经竣工,过几日吾先去住一阵。"

方大镇说完就转身回内府去了。方维仪、方孔炤又对众学子嘱咐了一些,大家也就此散去。

第十一章　千家绕郭唯流水

1

正是"梅子黄时雨"时节。

一连下了几日的雨,此刻碎碎点点的,时下时停。泽园蛙声此起彼伏。清风明月亭内,一男一女正倚栏,数着南塘水面的点点雨花。

"梅雨细,晓风微。倚栏人听欲沾衣。"男子一副军士打扮,衣服后襟较短,穿着马靴,似乎刚骑马归来。他的腰上还挎有一把佩鞘的短刀,左手持一箫。整个身形看上去很是孔武有力,口中念出的句子却婉约多姿。

"梅子熟,燕雏飞。轻蓑绝胜芰荷衣。"女子也念了一句。背后看去,她云鬟轻绾,长袖短衫,飘逸的月华裙,身材婀娜,能想见其娇柔温婉之态。

方以智悄悄地走过去,站在他们背后,忽然大声说了一句:"这雨下得别有情致,何不奏箫为兴啊?"

两人都吓了一跳,立即回过头来。原来这两人分别是孙临与方子耀。

方子耀的脸有点羞红,向似乎也刚骑马归来、一身短装打扮的方以智致以简礼,就低头抿嘴笑着匆匆往雾泽轩走去。那里,方维仪正与方子瑛、方其义讲解《诗经》,方维则也在座。

因为方其义近来常常提出要到泽园去,方维仪也就与从妹方维则常来泽园,正好带上方子耀等几位女侄,算是清芬阁诗社活动了。而五印寺就在附近,她们也趁此机会常去寺里礼佛敬香。

孙临倒是大大咧咧地向方以智唱了个喏:"孙三有礼了!密之兄也有雅兴雨中一游啊?"由于平时非常注意练武,孙临浑身透出一股桀骜不驯的味道。

孙临,字克咸,与方以智同龄。他出身于诗书传家的桐城望族仓基孙氏,该族迁桐始祖为唐金吾将军新安孙万登之十四世孙。孙临一岁时丧父,母亲汪氏守节养育子女。史料记载,孙临幼年时即聪慧过人,他生性豪放,才气超群,善于吹箫度曲,工于辞赋,"于书、传略一涉猎,即可解其大意,娓娓而谈;或措之笔墨,皆能成为文章"。

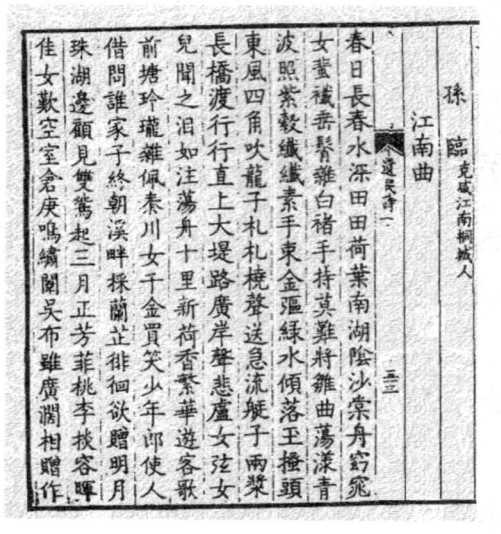

孙临《江南曲》书影

那边方文和吴道凝也快步走了过来。他们都是应方以智之邀,来商量一件事情的。

"原来你们先到了!这南塘初荷亭亭出水,别有娇娇之态,煞是好看呢。"一身素白衣服、只是头上包着紫色儒巾、系着紫色腰带的方文,目光立即被水中青荷吸引住了。

方文,字尔止。他虽比方以智小一岁,两人也情若兄弟,但从辈分上来说,方文却与方孔炤同辈,是方以智的堂叔,因排行第六,故方以智称其为"六叔"。他的父亲方大铉久艰于嗣,中年以后再纳王氏为侧室,始得子方文。方维则是他的姐姐,比他年长二十余岁,却是方大铉元配萧氏所生。

"是呀,六叔雅兴来了,可赋诗一首耶?"方以智笑着对方文说。

方文则指着南塘,向吴道凝道:"赋诗倒也不难,写图则更好。瞧这荷叶翩翩起舞,荷花半掩半羞初开,雨珠点点滴滴在水面勾画着什么,游鱼神出鬼没地嬉戏着雨珠与青荷,而青蛙在荷叶与青草间跳来跳去地唱歌,真是别有雅趣。"

"吾子远舅氏擅绘事,可以趁机画一幅《初荷出水》,如何?"方以智也如此劝道。

"泽园主人啊,此乃天然一幅佳图,照着描摹下来就是了!"一身儒生打扮的吴道凝立即回应。他一边说着,一边就将背着的画匣取了下来。泽园主人是方以智的自号。

吴道凝,字子远。他的祖母即来自孙临家族。他也比方以智小一岁,是方以智母亲吴令仪最喜欢的幼弟。少负才略,豪放不羁,工辞赋,善草书。据县志载,道凝"与人言论,辄风生四座。尤长于诗赋古文,援笔千言立就"。《桐城耆旧传》更称他"才性俊迈,草书尤横绝,自谓似李北海"。李北海即唐代著名书法家李邕。

方以智双手一击掌,笑道:"既然大家都到了,我们来商量一件事情吧。"

2

虽然方文、吴道凝都是方以智的长辈,却是自幼在一起的玩伴,而方以智年长一岁,儿时又随父宦游京城及川楚等地,见多识广,所以凡事都极有主张,实际上处处发挥着号召的作用。

"算起来,我等居泽园已有一百多天了。近来我一直在设想,诗曰'或群或友',古来文人喜为结社。泽园既然取丽泽之意,倡君子以朋友讲习,那么我等为何不以诗以文结为社友呢?"

"太有必要了!"方文等人立即表示赞成。

方以智继续道:"何况,我先王父明善公有桐川社,我外祖太史公有环山社,我仲姑还有清芬诗社呢!而邑中马氏也有怡园社,姚氏也有天尺楼社,再说安庆府皖城还有海门诗社、中江社。如今社事兴盛,我等处泽园同气相求,岂不渠成?"

"言之有理!"吴道凝立即接过话头,"我听说南直隶及两浙的士子都热衷于成立文社的。如果我等也以诗以文结为社友,必定能砥砺文辞,促进制举。"

方文也点头说:"我太赞同啦!你看这南塘的一派勃勃生机,再看半阴半晴的天,真是'乳鸭池塘水浅深,熟梅天气半阴晴',多好的景致啊!我们今天就成立一个诗社,先来一次分韵赋诗吧!"

"克咸呢,你意下如何?"方以智用胳膊肘碰了碰孙临。

"孙三我当然同意,但也有一点意见,就是不要整日文绉绉的,也要谈论些天下之时事。你们看现在到处都是闹哄哄的,只恐怕不久你我都要驱驰于沙场了!"孙临微笑中显出果毅。因在族中排行老三,所以他常自称孙三。

方以智笑道:"那是自然!岂不闻东林书院名联:风声雨声读书声声声入耳,家事国事天下事事事关心?"

"不过,我等加起来才区区四个人,是否冷寂了一些?"吴道凝又问。

"结社并不在于人多人少。"方以智答道。他思考了一会,又说道:"可惜的是,吾家子建(方豫立)因在天柱山下习画,而左公家的公子国柱尚在京城狱中,否则就够热闹了。"

方文听他提及左公,也沉重地叹息了一声,但他忽然想起来似的:"诸位,我觉得还有一个人可以参加。他年纪只比我们稍长几岁,但博雅多闻,胸有奇气,也极有谦谦君子之风。"

"此人是谁?也在城吗?"方以智急切地问。

"他本来家在较远僻的东乡,因幼孤,而寄居于城中左公家,与国柱、国棅等从学于左公。"

"你说的是他啊!"方以智立刻知道了方文说的是谁。

"是的,就是他。"方文接着说道,"他姐姐是左公原配周夫人,可惜周夫人天不假年,年仅二十五岁就去世了。不过,现在的戴夫人对周岐也视如亲弟弟。"

"上次童试互结时,县学训导还建议我们与他互结呢,说他学业精进扎实,论策常有独到见解,我素心慕之,未尝得遇。只是不知他可愿意参与。"方以智表示不大确定。

"呵呵,我孙三也认识他呢。上次在学宫与其偶然讨论了一下汉赋,觉得其学甚厚。只是,他看上去太文弱了,而且啊,他还有些口吃!"

3

"现在党祸大作,被削籍官员,谁敢说平安落地? 左公都已经在龙眠三都馆课子授书了,谁知惨遭劫难!"泽园雾泽轩内,方其义正在他专属的小书案上描红。坐在他身边的方维仪,一边神色凝重地看着方其义的笔脚,一边说话与方孔炤听:

"时下,厂卫仍在按魏忠贤指令驰奔各地,凡善类无一得免。吾家与左家不仅是同里,还是世戚,只怕魏党按'东林点将录'索骥,吾弟务必小心啊!"

方孔炤站在窗前,听着仲姐方维仪的话,若有所思。他久久眺望着西北龙眠诸峰。

尽管现在已是盛夏时节,满眼绿意葱茏,但那些时令繁花依旧绚丽缤纷。远处两三只白鹭从眼际不时翩翩掠过,蝉声从树林间时断时续地传来。多么祥和的景致啊!

方孔炤终于转过头来,对方维仪说:"仲姐的忧虑不无道理。不过,眼看国家正内忧外患,这大好河山有多少生灵正水深火热,弟岂不忧心如焚耶?"

方孔炤表示,要在《全边略记》里,既揭露鞭笞那些"欺策忠勋,怯邀勇锡,膻且腐者登洁籍而被奇褒"的丑陋,更同情历朝志士仁人"时至而画已周,事起而谇相蹈,胆任扶衰,中于求枝"的处境。

方维仪听了他的话,又感叹道:"岂不闻前不久京城的王宫厂大爆炸,致几万人惨死? 这难道不是上天的报应?"

"仲姐不必过于担忧,弟定当小心从事。"方孔炤也承认时局之乱,"我朝承平已久,读书人热衷于八股制义、文学复古,很少关心时政,现在天下乱纷纷,皇帝没有股肱之臣,国家没有忠臣良将。弟是坐卧不宁啊!"

方维仪见孔炤神情更加果毅,知道他又要投入新的忙碌,建议他就在泽园里继续完善《全边略记》书稿,既可隐居,以避时局之乱,又可以借机休整身心,以图再起。

方维仪走到书案前,拿起一支竹刻三国人物的紫毫毛笔。

方孔炤知道她要写什么给他,就令方以智上前去磨墨,又命小童去通知李姆姆取来仲姊的印鉴。

只见方维仪一番思考后,就提笔用小楷在宣纸上写了以下这首诗:

第十一章 千家绕郭唯流水

千家绕郭唯流水,避暑城南绿柳中。
凤阙烟云愁白日,龙山松柏起清风。
一官休沐居田野,三径逍遥卧竹丛。
鸥鸟相随岚影合,溪边垂钓作渔翁。

右上方楷书稍大,是诗题《题弟南溪避暑》,署名为"姚门方氏维仪"。这次她只在左下角盖了一枚朱文印:"清芬阁"。那枚阳文印"名余曰仲氏兮字余曰维仪"放在一边没动。见留白甚多,她又拿起笔在最下方浅浅勾勒了几下,一溪流水,一株垂杨,一个头戴斗笠的垂钓者,远山在望,隐隐城郭,顿时满纸生趣。

方孔炤拱手作揖谢道:"仲姐所示,吾自当好好领悟,泽园风光吾定将不负。但现在,国力衰微,形势危如累卵。努尔哈赤虽然战败已死,皇太极却又卷土重来。弟不能总是安于书斋之中,只盼能早日起复,好有所作为!"

方维仪点头道:"依吾看,这魏党虽然风头正盛,但他们的好日子不会太长。你且好好享受家乡山光水色,以待来日吧。"

4

"长公子与其同学一行来到。"

方维仪正与弟弟说着,有小童匆匆入报方以智等人归来。坐在一边的方子耀,遂携弟妹退到后庭。

"请他们进来吧!"方孔炤挥了挥手。

只见方以智、方文、吴道凝、孙临等一行几个人相继走了进来,并躬身向方维仪、方孔炤行了礼,由小童引导分别坐下。

"最近你们泽园永社的课业进行得不错,所作制义之文和诗赋辞章,吾每翻阅,都见有所进步,甚是欣慰也。"方孔炤微笑着说。

"我看你们近来也沉稳了不少,这多亏了周夫子之功也!"方维仪指着坐在方孔炤下首的一位瘦高年轻人说。

"多、多、多谢仲姑嘉勉!"那年轻人连忙站起来,躬身作揖道,估计有些紧张,不免口吃。

原来,他正是前次方文介绍参加泽园课业的周岐,原名周基,字农父,号需庵。虽然周岐比方以智大四岁,但他们一见如故。他又是左光斗的内弟,从学于左光斗。而左光斗之次女,又与方大铉之长子方文结的是娃娃亲,故而周岐与方文相识较早。

他们五人于春末结社时，方文以"永结金兰之好"为由，推荐以"永"字名社，又能表达畅泳学海之意，就叫"永社"，获众人赞同。泽园永社有时也简称为"泽社"。

看到周岐，方维仪又想起了他的姐姐、已经逝去的周氏夫人，那位曾经与自己志趣颇为相投的才女，不由得心有悲戚。前天还写过一首《忆周氏姊》："西山烟雾暗东桥，故旧空伤草木凋。夜雨孤灯虫唧唧，寒窗一几树萧萧。观书犹忆参今古，穷岁常来慰寂寥。昔日同游偏赏处，于今只对一芭蕉。"诗中的西山，是指左光斗父亲左太公年轻时迁城而创建的府第，今归左光斗弟弟左光先。

"如今你们结社已经两月有余，所修制义之文也颇值一观。我每闻说，社中尤以农父为人敦厚朴实，博雅多闻，办事沉稳有条，处处率先垂范；每有争论，都是农父从中调和。吾为尔等有如此值得敬重的兄长而高兴哪！"方孔炤赞赏道。

"小、小、小子何德何能？"周岐诚惶诚恐，"其、其、其实还不是诸位同学，以谦谦君子之风召我，以束身向学之志勉我，以儒雅博闻之识携我，农、农、农父始有渐进矣！"

方孔炤与周岐的对话打断了方维仪的回忆。她看见孙临也站起来，似乎有话要说，于是点头表示同意。

孙临向方维仪和方孔炤作揖："农父虽然忠厚博雅，但射箭与马术功夫还欠火候。侄孙三以为，当今天下不太平，攻书的同时，也当习武强身。"他又转身向周岐，"不知农父以为如何？"

"克咸所批，言、言、言之有理。农父定当向你学习，以求武术精进、强身健体。"周岐连忙向孙临拱手道。

方维仪见周岐这孩子如此口吃，不免有些心疼。她知道，周岐原本并不口吃，从小就吐词成章、应答无间响，被人视为异才。只因其父高龄得子，去世后，族人谋其家产，受到惊吓而致。

方孔炤点头，挥手示意周岐与孙临都坐下。

"克咸马术、射术与密之不相上下，而诗文近来也颇为可观，吾甚为欣慰。"方孔炤说，"你仲兄鲁山先生去年高中三甲，如今为官在外，与我往来信函，总是嘱我多关照于你，此自不待言。"

孙临仲兄孙晋（1604～1671），号鲁山，天启五年进士，如今正在河南南乐知县任上，其妻为左光斗长兄左光霁之女。

方维仪与方孔炤对这"泽园五友"勉励有加，他们还知道长侄女方子耀与孙临颇有意属，二人也多次相商过这两个孩子的婚事，所以孔炤就说出上述话来，众人一听都心有会意。

只是方子耀在后庭偷听，被方子瑛撞见了，不免又窃笑一番。

5

转眼已是天启六年(1626年,丙寅年)天高气爽、秋光潋滟的时节。

方大镇携姚老恭人和诸、陈两位侧室在南乡白鹿山庄,已近三个月了。其间,方大镇每旬回城,必与白瑜一道。一来可以看望母亲赵太恭人,见她老人家身体还硬朗,只是不便远行,但家中有仲氏照顾,也就放心。二来顺便检查一下孩子们的学业。待白瑜旬课结束,又与他一同前往南乡。

方维仪除了周到安排家中事宜外,与方孔炤、方以智等人也去过几次白鹿山庄。去的时候,先乘轿到孔城镇的荻埠港,坐船经白兔河进入浩渺松湖,到达梅林墩后,下船再坐轿走半个时辰,就到了。方维仪每次都是早上出发,需要在白鹿山庄歇息两晚,第三日再一早出发返回。而方孔炤、方以智父子每次去则要住个五日以上,有时甚至要住一旬。

白鹿山庄的产业是从一位程姓人家手里陆续购置下的。早在万历四十六年(1618年),方大铉因庐墓明善公方学渐而逝,就葬在白鹿山附近的梅林墩。方大镇就对白鹿山及白鹿湖的山水风物颇为倾心。

方大镇权衡利弊,最后还是以白鹿山为最后的归宿。他认为白鹿山水"法度颇合",可能就是指这里清静安宁,没有其他地方那种道场多、释氏放诞空谈相扰,有利于子弟追随和弘扬明善公崇尚"实学"的一贯学风。

白鹿山与白鹿湖

方大镇将白鹿山庄的中堂命为"荷薪馆",意为传承其父方学渐的学问。这里东临菜子湖之水,南依浩浩长江,北离安庆郡城不远,交通便捷,出可放舟远行,退可隐而读书,尤其是可以照料离此地不远的明善公方学渐墓地,又与弟弟大铉的归宿地相邻。

白鹿山庄的产业很大,不仅包括山场,还包括山下的长河以及田地。方大镇在《归逸篇》中要求子孙:

河地二租并田租,三分之一供岁事修葺之需;其田租之二则给子孙佐诵读,冀以光显吾志,各不得纷更迁改违吾戒令也。

方大镇常对晚辈们说,白鹿山虽没有泰山和天柱山的雄伟,但登之颇有凌云之意;白鹿湖虽没有大江大海的宽广,但舟于其中即有悠然胸怀。希望将来子孙能在这里专心诵读,让山水的纯厚天真荡于胸襟,达到体静心闲、物我两忘,以涵养凌霄之志。

方孔炤携方以智、方其义来往于白鹿时,与他二人吟诗唱和,将白鹿山与白鹿湖的景色都吟了个遍,于是也就有了所谓的"白鹿八景":一曰"二龙出云",二曰"南浮春秀",三曰"东浦观莲",四曰"画船秋月",五曰"花峰雪霁",六曰"石塘霞炤",七曰"螺湾渔唱",八曰"青洞邻钟"。方孔炤还撰文赞叹白鹿一带"真是梵隔峦幽、清音花外,篷梢风信、醉中禅意,溶溶江月、潋滟梅梢,人生得此佳境,把酒其间,诵诗抚琴,其乐何极"!

此时,人称"风流太守"的阮自华也休官在家,正在召集六皖(指安庆府所辖六邑,主要是桐城、怀宁、潜山、宿松、太湖、望江六县)人士,唱和于他兴建的中江楼海门诗社。阮自华喜为戏曲,组建过阮氏家班。皖城因他归来,曲声飞扬,唱戏听曲竟成为时尚。

而阮家与方家是世交,阮自华又曾从游于明善公方学渐,他还于万历壬寅(1602年)冬季,应方学渐邀请,为其曾祖父方印(浙江天台知县)撰写了神道碑碑文。

所以,方孔炤携子参与阮太守的宴集唱和也是顺理成章的事。

这一唱和不要紧,倒是唱出一段佳话来了。

6

连绵的大龙山脉,苍石嶙峋,树木葱茏。山下的石塘湖,波光跃金,鸥鸟飞翔,帆船点点,渔歌互答。方以智与方文、吴道凝"百里从师常负笈",每次送白瑜老师回白家湾后,必定要乘兴沿湖堤漫步。

这天,几个年轻人眼见这湖光山色,不由得诗兴大发,分韵赋诗。

"长啸水连空,幽怀逐浪中。直挂云帆去,相知几人同?"吴道凝分得"同"字,首先吟诵,声称自己这首是"折腰体",为这山水妩媚而"折腰"。

"白日逍遥过,看山复绕池。同人笑相问,羡我足闲时。"方文分得"时"字,紧跟着吟出了这一首,并感慨得闲于山水之不易。

方以智分得"机"字,乃吟道:"天远云空积,溪深水自微。闲情对秋色,沉醉淡忘机。"

吴道凝笑他近来好酒,吟诗作文常常不经意间就有"醉"字。

方以智辩解说:"非也,吾乃是为这里山水而醉。今春我从清隐法师再游浮渡,曾题刻'密岩'二字。现在想来,这石塘湖畔风光,诚不减浮渡也,若是有暇亦可寻一题刻佳处。"

"密之所言甚是。吾以为,桐城处处美景,真乃人间天堂。"吴道凝放眼四望,有些陶然的样子。

方文立即反驳:"错矣!人间天堂乃苏杭,桐城岂能相比?"

"你才错矣!你是身在宝地不识宝!"吴道凝回头对方文撇嘴,"单以地名来看,桐之南有白鹿山、白鹿湖,白鹿,仙界灵物也;桐之东有浮渡,海上飞来蓬莱仙岛也;而桐之北,白沙岭附近,有麒麟、天马、莲花诸峰,皆灵圣之仙物也;桐之西,则有天林、天城,单一个'天'字足以明矣;桐之龙眠山,有碾玉峡,乃'寥天为一'之洞天;而桐之城,倚龙眠,龙亦灵圣也,且城有仙姑古井、吕公书台。如此看来,吾桐岂非人间天堂?"

众人听了吴道凝的话,都不由得啧啧称赞他说得好!方以智接道:"子远舅氏提及'寥天为一',乃庄子言也。这让我想起幼年时随父亲读书的碾玉峡寥一峰。其实啊,依我看来,桐城西北环山、东南滨水的形胜,正契合《周易》太极八卦图像:龙眠山脉是阳鱼首,松湖平原是阴鱼首。正是阴阳太和,吾邑人文才因此而演绎不绝也!"

三人边闹边走,正准备继续分韵时,忽见林荫道的三岔口走出几个玉佩罗裙的娉婷少女。她们似乎也是沿另一边湖堤漫步而来。走在中间的那个步态婀娜,脸如皓雪,眉目含情。方以智不由得呆了一下。那女子似乎也发现有人看她,立即收敛了笑容,与女伴一起低头匆匆与方以智等人擦身而过,一阵香气随风飘逸。

"密之莫不是有了心思?"吴道凝推了一下发呆的方以智。

方以智清醒过来,随即脸一红:"昔年种柳,依依汉南;今逢摇落,凄怆江潭。树犹如此,人何以堪?吾见这依依垂柳,叶落纷纷,陡生悲怆之心。又不知道那是谁家女子?真个是有文君之态、文姬之姿,却不能上前相认,如同眼前的美好,眼见着随落叶纷飞,难再相逢,岂不怆然也?"

方文不由得大笑道:"好个密之,你一向豁达开朗,甚至癫狂,今次何以如此多感?若是你真个对她动了心,我看她们正走在前面也不远,你何不主动上前,做个试探?"

"千万不可!倘若如你所为,只怕是惊扰了人家姑娘,还落得个不好的名声。"方以智连连摇头。

"没见过你今天如此小心!要不,我们加快些步伐,就此跟上去?"吴道凝又问。

"不可无礼!我们还是放慢步子吧,免得打扰人家欣赏这秀美湖光也。"方以智连忙制止了他。

当日晚上,阮自华在镇海门大办宴集,阮氏家班准备了两曲大戏,轮番上演。六皖人士计有七十余人参加,方以智、方文、吴道凝等十余个年轻人也参与其中。

且看那风流太守阮自华果然风流,虽然已是七十老翁,着装却是华美耀目,身披彩绘荷菊长袍,头戴大红方巾,正红光满面、抑扬顿挫地即兴致辞,赢得众人喝彩不断。

方以智也被父亲拉着挨桌向长辈们敬酒。

当敬到阮自华那个桌子时,这位有着六个夫人、十一个女儿的风流太守,热情地握着方以智的手,大笑道:"都说我阮坚之最爱诗酒风流。其实呢,老朽久闻潜夫家公子才品卓绝,姿抱畅达,乃是皖郡桐邑后起之秀,以文章名动六皖,只是一直无缘得见。今日幸会,果然如此!何不趁此盛会,方公子即兴赋诗一首?"

"长辈在上,小子岂敢露怯!"方以智连忙躬腰作揖谢辞。

7

众人立即都转过头来看这里,见是一个身着紫色长袍、容仪俊爽飘逸、器宇不凡的年轻公子,都一起响应着喊"方公子即兴来一首吧"!

方以智连忙拱手作揖谦让道:"今夜六皖名士云集于此,仙乐飘飘,风雅无比。座中诸多长辈,小子向来浅陋无知,岂敢在长辈面前造次?"

这时,坐在阮自华对面的一个中年人站了起来:"不妨!不妨!这里也不分长幼,但凭诗兴,方公子且请即席吟咏,一抒胸臆!"这个中年人,身材魁梧,头大面阔,声音浑厚有力,面色也生得端明,笑容很是可亲。

他这话一出口,跟着后面附和的人就更加起劲。

"既如此,就不要拂了在座长辈的美意了!"方孔炤也笑道。

"孩儿承命!"方以智躬身拱手作揖。只见他不慌不忙地走到中间的长书案,提起一支毛笔,比画了一下铺在案上的宣纸,就饱蘸香墨,挥洒起来。

众人围了上去。那个中年人站在方以智的旁边,见方以智写一行,他就念一行。只听他念道:"劳劳江岸晚风凉,梧叶蝉声易夕阳。欲采蘼芜怜素手,讶生杨柳落横塘。相逢恨不相知早,别梦愁无别赋长。更惜大龙山上月,照人蓬鬓上流黄。"

"好诗,好诗!七步成诗,老朽今日见矣!只是不知方公子相逢的是哪家西施还是貂蝉?要为谁采蘼芜?为谁写别赋?"中年人刚念完,阮自华即连声称赞,且开着玩笑,众人也都赞不绝口起来。

"诸位长辈过奖了!小子写的是对大龙山水的依恋,自知十分陋鄙,还请长辈们多加指点。"方以智向周围不停地作揖。

"潜夫啊,你家公子聪颖机智、前程可期!只是老朽要借问,有好人家许字了没有？要是没有的话，老朽以为，方公子与次鲁先生的掌上明珠，倒是很相配呢。"阮自华走过来拉着方以智的手问方孔炤。

"禀澹宇老先生，吾家犬子至今还没有中意的呢。"澹宇是阮自华的号。

"想必是太挑剔了吧？"阮自华抚髯大笑，然后又转向身边那个中年人，"老朽喜与贤者结亲。但今天，这一番美意倒是合着你了，次鲁你可有此雅旨？"

"哈哈，澹宇老先生'既作风雅主'，次鲁亦'当觅知音人'啊！可是呢，尚不知道吾家小女的知音人，究竟是何人啰？"中年人说话依旧爽朗。

方孔炤也笑道："早闻潘君令爱乃扫眉才子、咏絮无匹，吾家犬子未知有此福气否？"

方以智一时间羞红了脸，退到一边不敢言语。

"潜夫、次鲁，依老朽看呢，不如就明日让两家见上一面，定会合着双方的心意，也让老朽高兴着又做了一回好事。"阮自华提议道。众人也齐声附和。

潘次鲁端了一杯酒过来："潜夫，不管两家小的心意合不合，吾两人先饮了这杯酒，为澹宇老先生助兴吧！"两人仰首一饮而尽。

第十二章　仗剑时成风雨声

1

"这几个孩子又是一夜未归！"

"风雪之夜，居然进山寻趣不归，不怕冻坏了吗？"

早晨安排家事时，听了管家陈砚的禀报，方维仪更加惴惴不安。

自从方文、方以智等人泽园结社以来，他们似乎越来越喜欢效法魏晋时代名士"竹林风度"，饮酒赋诗、好言玄虚，不仅白天到处出游，晚上也常常醉入深山不归。

"如此长期下去，岂能光显家学？更莫谈精研制义、博取功名了。若是这样荒废了学业，吾将来又如何面对明善公，如何面对令仪？"

方维仪心下焦虑，想跟弟弟方孔炤讨论一下孩子们的事。但这几日，他正陪同父亲方大镇在南乡白鹿山庄，与六皖人士过从甚频。

这已是天启七年（1627年，丁卯年），正月元宵节之后了。

方以智《侍姚仲姑母作》（选自《流寓草》）

虽然寒风依旧瑟瑟，但无边丝雨似乎让人看到了早春的脚步。瞧那辛夷树光秃秃的枝条上缀结了诸多饱满的花蕾，似乎正在酝酿着与春天一起出场。城内依然有此起彼伏的鞭炮声，小城元宵节的欢乐还未离去。

方维仪携方子耀、潘翟一行前往泽园探望。这潘翟正是潘次鲁先生次女，现在已是方以智之妻。

去年秋天"海门"宴集的次日，阮自华做媒牵线，方、潘两家各携子女在阮氏太守府第相见。

当时方以智与潘翟都大吃一惊,原来他们此前已在石塘湖畔遇见过了!二人目光只是匆匆一对接,就都知道对方是谁,虽然都低着头羞红着脸,但双方家长明白他们已经情投意合。正如《诗经》所言:"有美一人,清扬婉兮。邂逅相遇,适我愿兮。"

双方家长听说了他们此前的奇遇,也各自欢喜不尽。众人都惊叹:岂非天作奇缘?阮自华闻说后,更是抚髯大笑:"所谓'姻缘前生定',其实老朽早已掐指算过,知道你们有这一番奇遇,所以月老就特别委托老朽来牵线也!"

方大镇听得此等奇遇巧合,也非常高兴。正好这年秋天一个吉日,方氏一本堂宗祠举办十五岁以上男子集体束发、二十岁以上男子集体加冠之礼,方大镇受族长委托,在仪式上强调了族规,重申了"当勉当戒"之家训家风。

方以智、方文等人虽然早已过了束发之年,但距加冠还早,按规定也必须参加观摩,接受族长和有关长辈的训示。

族长同时提醒,根据国初洪武帝的诏令,以及家族中的惯例,男子十六岁以上、女子十四岁以上,可以成亲、成家了。

方大镇也认为,方以智这个孙子已经到了成婚之龄,婚姻可以让他收束那虚狂放诞的心,从此好专注举业、一心向学、成就功名。

至于是否答应与潘家的亲事,方大镇却与维仪、孔炤进行了一番辩论。

众人所忧虑的是,这个潘次鲁正是潘汝祯次子潘映娄,乃是乡先辈戴完的孙女婿,与左光斗是连襟。潘汝祯现在可是大名鼎鼎、举国闻名!他现任浙江巡抚,处于浙党要地。浙党与齐党、楚党又依附于朝廷魏党,而方家显然是东林系的。

所以,在朝野门户之争异常激烈的时期,方、潘两家关于这桩婚事,也就变得异常微妙而敏感起来。

2

潘汝祯既然是一个极其敏感的人物,那么阮自华这个风流太守,如何还积极撮合两家的婚事?方维仪当初闻说此事后,心下十分震惊。

而侄子方以智对家里长辈们的担心也非常理解。他的诗集《博依集》中有《咏怀》篇提道:"昔予十三四,束发游京师。"他束发比一般人早,对党争也较早就有了清醒的认识。

那时,方孔炤刚擢升兵部职方郎,方以智随父进京,曾目不暇接于京城的绚烂繁华,陶醉于上元的华灯烟树,震撼于午门班朝的威仪。但他又目睹了早有耳闻的剧烈党争,更亲身经历了父辈因忤奸党而被削职夺官的震动。

当然，方大镇、方孔炤也不是不熟悉潘翟的祖父潘汝祯。

且说这潘汝祯，出自桐西练潭古镇的木山潘氏，字镇璞，号石乳。万历二十九年（1601年）进士，由大理寺观政授浙江缙云、慈溪知县，浙江乡试同考官，后擢户部主事、监察御史，巡按山西，以河南道御史巡视三关，后又以福建道御史掌河南道，司"京察"。所谓京察，就是考核京官的一种制度。与之相对，考核地方官叫"大计"。

天启二年，潘汝祯以疾归休，举家迁居县城。起复后，去年四月以佥都御史巡抚浙江，成为一个正四品的封疆大吏。他本来是一个非常正直的人，在任上除奸剔弊，奸吏都畏怯他，而老百姓尤喜爱他。

"这样一个忠直正派的官员，履历也比较丰富，又是如何陷入门户之争的旋涡，甚至成了魏忠贤的依附？"在当时的家庭讨论中，方维仪提出了疑问。

"门户之争，何其复杂？岂是非此即彼这样简单！当然，更不能简单地看待潘巡抚这个人。"方大镇回答方维仪的疑问。

方大镇与方孔炤都从各自的角度进行了分析。所谓门户之争，起因源于万历早期内阁与吏部的争权，而导火索正是"京察"与"大计"。

当张居正位居内阁首辅时，拥有一人之下、万人之上的强势威权，甚至连万历皇帝都不能把他怎样，吏部基本丧失了官员任免大权。随着张居正死后被清算，吏部势力渐渐抬头，围绕官吏任命和考察，在"京察"和"大计"上大做文章，由此出现了越来越严重的门户之争。

分析这些门户，当时有以姓氏命之顾（天峻）党、李（腾芳）党，有以地域划分的秦党、南党、昆党、宣党，还有万历四十年之后势头大盛的齐党、楚党、浙党等。其中，地方上以齐、楚、浙三党势力最强，他们的最初盟主是首辅沈一贯。朝廷中主要还是东林系与魏忠贤系的纷争。

潘汝祯巡抚究竟是不是浙党主要成员？面对侄子方以智的婚事，方维仪非常担心的就是这一点。她想，天启改元以来，朝廷门户之争愈演愈烈，吾邑多位忠臣廉吏卷入其中，左公不幸遇难，父亲与弟弟还有邑中不少在朝为官者相继去职，甚至性命都岌岌可危。如此内忧外患，国家岂有宁日？

方维仪一路上想着这些事，不经意间，一行人就到了泽园。小童鲁墨开了园门迎接进去，得知方以智等泽园学子仍然没有归来。

3

雾泽轩内，右边案桌上摆放着昨夜的残席，小童鲁墨忙着撤下。正堂书案上留有一张宣纸，上有一首钟繇体小楷书写的诗。方维仪刚坐下，潘翟就将这张宣纸呈

第十二章　仗剑时成风雨声

到她面前,只见题为"泽园永社",诗曰:"南郊有小园,修广二十亩。开径荫松竹,临水垂杨柳。西北望列嶂,芙蓉青户牖。筑室曰退居,闭关此中久。晨起一卷书,向晚一樽酒……结社诗永言,弦歌同杵臼。河梁如嚆矢,风骚为敝帚。聊以写我心,何暇计不朽。"

这是一首长诗。落款是"龙眠愚者写于丁卯年正月望后三日"。其下有一枚朱文钤印"连理亭",一枚阳文钤印"龙眠愚者"。丁卯年,正是今年,也即天启七年。"连理亭"和"龙眠愚者"都是侄子方以智的闲章。望后三日,即正月十八。这说明他们是正月十八晚上醉后入山的。

方子耀碰了碰潘翟,称赞道:"好一个'河梁如嚆矢,风骚为敝帚'。显然,这是他们的永社诗课之一。你家夫子真是书生意气、风骚大雅哦!"

方维仪看潘翟羞涩地低着头浅笑,又想起去年秋天,在他们结婚之前,家里为究竟结不结这门亲事而起的争论。

方孔炤当时也颇为犹豫不决:"阮太守极力怂恿缔结这一段姻缘,两个小的也是一见钟情、意合情投。那潘次鲁先生与我多有接触,却是一个忠厚且雅好风骚之人。况且,我也访得潘翟这孩子是个不可多得的贤惠才女。"

在这次家庭讨论中,方维仪也因此更加知悉了一些当时朝野门户纷争的事。

正如父亲方大镇所说,门户之争或者说党争,实际上正是起源于内阁与吏部之间的权争。就在这种权争中,逐渐形成了为自身利益而缔结形成的派系,力量角逐争强斗胜、此起彼伏。参与争斗的各方,都称别人为"党",因为"党"在那时是贬义,是结党、勾结之意。

由于东林党阵容强大、人数众多,他们本来遵循"读书通大义,立志冠清流"的宗旨,在朝堂内外勇于言事、抨击弊政。但随着朝野党争的日趋激烈,各党之间的制衡斗争乃至相互攻击,到了水火难容的地步。东林党人也因此有了很多过激行为,对其他小党形成了威胁。为避免党争时吃亏,其他势力较弱的各籍党人也联合起来,以共同对付东林。

这时的党争形式主要以六年一次的"京察"这种官吏考核来互相剪除异己。

与此同时,地方官吏的外察中,也或明或暗地上演着门户斗争的大戏。就以桐城县为例,万历四十一年(1613年),南直隶桐城知县徐从治因事与当地乡绅产生矛盾,楚党的刑科给事中姜性、兵科给事中吴亮嗣上疏揭发,乡绅以公启上呈巡按御史荆养乔,荆养乔遂以公启弹劾知县徐从治,徐从治被降职为教授,调离桐城。

"那一年,徐从治调离后,豫章的王廷式调任桐城县令。也是在王侯的任上,东门河堤得到了修筑。"方大镇曾向孩子们提及东门大河城防绣衣堤时,也谈到门户之争这些事。

所以，方维仪曾十分担心这门亲事，会将方氏家族引向更深的党争旋涡中。她对左公的不幸遇难，以及桐邑多数官员因党争去职，一直心有余悸。

4

"事实证明，自己的担心是多余的。"坐在雾泽轩里，因泽园学子仍未归来，方维仪还在回想着去年为侄子方以智的婚事，家中曾多次讨论。

尤其是潘翟的祖父潘汝祯，似乎在浙江巡抚任上搞出了一个为魏忠贤建生祠的"今日头条"大新闻，从而引发了全国各地纷纷为魏忠贤建生祠的热潮。这件事在家庭讨论中，是关注的焦点。但事实究竟是怎样的呢？

天启初，赵南星等东林党人重新崛起，在主持京察时，再次趁机对齐、浙、楚诸党进行大规模的清洗。

这时的天启皇帝朱由校，是一个没有接受多少文化教育、对政治相当白痴，对木匠活却十分痴迷的顽童，他将所有的政事放手交给了大太监李进忠，并为他赐名"魏忠贤"。魏忠贤肆无忌惮地滥权，越发令朝政污浊不堪。

之前被东林攻击的首辅沈一贯，这个时候实际上成了一个无用的摆设。但是，他不甘罢休，为了提升话语权，与齐、楚、浙三党一拍即合，形成了稳固的利益联结。但即使如此，实力还是过于弱小，于是从加强自保出发，沈一贯与齐、楚、浙三党依附于魏忠贤门下。

"事实上，潘巡抚并不是首倡建生祠者。"方大镇认为，"潘巡抚是去年上任浙地，而前年杭州通判唐登已经在清波门建好魏忠贤生祠了。太监李实嫌弃这个生祠太简陋，要求大兴土木重建，而这势必要动用当地'织币'，无疑加大了百姓赋役。潘巡抚上任后，为了疏解民困，不得不上疏请求朝廷拨款。对此，江南纺织匠人还十分感谢潘巡抚呢。"

方孔炤恍然大悟似的："是呀。潘巡抚此举也许是一个权宜策略。至于由杭州唐登之举引发全国纷纷效仿建生祠，这在魏忠贤炙手可热、一手遮天之际，是必然结果，岂是后来上任的潘巡抚所能引发和控制得了的？"

方维仪听了他们的议论，渐渐对这些纷争理清了眉目，对潘汝祯也有了新的认识：潘巡抚在这个节骨眼上任职浙党要地，给人印象似乎他是浙党，而将杭州通判唐登所建生祠，模糊到潘汝祯身上，似乎是他首倡建生祠。

"这可能是人们的误识，但也可能是阉党的奸计，因为既可以壮他们的声威，又可以促成全国建生祠的热潮。"方孔炤分析道。

最后还是方大镇的一席话让大家定了心："这几日吾深入反思，以为生祠成于唐登,遂于李实,事在乙丑(1625年)秋冬间,而潘巡抚是丙寅(1626年)四月上任,生祠之事与潘巡抚何干?在朝野党争激烈之时,他身在浙党要地,能为民谋惠政、做实事,可谓清廉有德。至于后来舆论纷攘,相信有朝一日,定会还他清白于世。"

"父亲所言极是,何况潘映娄与左光斗还是连襟呢。而且吾邑北城的马光禄,他的孙子马之瑛不也是新娶了潘映娄的女儿吗?"方孔炤赞同父亲的判断。

马光禄是指北城的马孟祯(1566~1634年),与同邑何如宠、何如申、阮以鼎、阮自华,乃是万历二十六年戊戌科同榜进士,由江西分宜县知县,累官至南京光禄寺少卿。天启初,被阉党削职为民。

而与方以智同龄的马之瑛,娶的正是潘翟的姐姐。

方、潘两家这桩婚事,自然成了轰动桐邑与皖城的盛事。

5

"凌云久动江湖气,仗剑时成风雨声。海内只今信寥落,龙眠山下有狂生。"

门外传来一阵嘹亮的歌声。正在忧虑着当下朝野纷争的方维仪,仔细听了这歌声,知道是方以智回来了。这四句他逐字逐字地拉长声音连唱了两遍,所以听得清晰。而"龙眠山下有狂生"这句则连唱了三遍,与前一句"海内只今信寥落"的悲怆相比,这一句更加激越,洋溢着一种不甘落寞、奋力振起的力量。

果然,小童鲁墨很快进来通报方以智等人归来。

只见方以智、方文、吴道凝、孙临、周岐五人鱼贯而入,将身上的蓑衣雨披脱了,由管家陈砚接了拿走。他们又依次向方维仪行了礼,由鲁墨引导入了座。方子耀与潘翟协助鲁墨,给每个人端来热乎乎的鸡汤泡炒米。这鸡汤是方维仪与她们俩自昨夜就开始熬制的。

潘翟坐到方以智身边,看他有滋有味地吸着鸡汤,脸上显出很心疼的样子。方子耀站在了仲姑方维仪的后面,眼是瞄向孙临的。

"这汤真得味,这炒米真香啊!"方文和吴道凝则是不停地吹着热气,饥不择食般地喝了一口,又怕烫似的龇牙咧嘴地咂着舌头。只有周岐安安静静地舀起一勺,轻轻吹着热气,显得成熟、稳重。

看到方以智、潘翟小夫妻俩和和美美的样子,方维仪此前的焦虑神情忽然消失了,却又想到他们结婚前的那次家庭讨论。

方孔炤当时说:"天下谁不识东林?时虽黄童、白叟、妇人、女子,皆知东林为贤。为了不使皇权旁落到阉党手中,我们自然是坚定地站在东林一侧。但是,一大批忠直廉正者因此被夺官削籍了。"

"你是被迫夺职削籍,而老夫早就看出朝野门户森严,实是相互倾轧、明枪暗箭,大小官吏不是徇私舞弊,就是尔虞我诈,真是积弊丛生、民不聊生啊!"方大镇长叹一声。

当方大镇于天启初调任京官时,即追随东林领袖邹元标、冯恭简,并应邀于其京城所建的首善书院讲性善之学。方孔炤擢任京官后,也跟随其父,进一步加强了与东林的联系。魏忠贤甫一把持朝政,就立即对东林人士大办书院大加排斥,更视首善书院为眼中钉,不仅找个借口驱逐了邹、冯等人,还下令捣毁包括首善书院在内的全国所有书院,这是权奸魏忠贤矫旨而为,目的就是为了排除异己。

"谩将岁月消鸡肋,不若青门学种瓜。"方大镇回忆了往事,又慨然长叹,"老夫既不能有所作为,又不愿意同流合污,只有主动引疾请辞啊!"

方孔炤仍然有些气愤难平:"是呀!这个时候,内忧外患已是一发千钧。但是,朝政依然凋敝,门户之争依然激烈。"

"吾之老友邹元标,后来不就是瘸着他那条四十年前被张居正打折了的腿,极力上疏为张居正平反吗?他也是清醒了,但又有何用呢?"方大镇还是无奈地叹息。

方维仪知道,这正是父亲思来想去而毅然辞去官职的原因。他后来借口卜得"同人于野"卦,与几个好友从此绝意仕途,归乡隐居。

一旦置身党争之外,方大镇才更加觉得时局混乱的原因,根本还在于人心的浇漓。所以方大镇认为,"人之大病在自是自尊"。要挽救时局,必先挽救人心,尤其是处于中上层利益纠结之中的人心。而要挽救人心,不能依靠道家的空谈,也不能是遁入佛家的虚无,还是要秉承明善公方学渐的"崇实""性善"要义,做到"去骄去泰,为中为和,胸中堂堂正正,阳明不杂阴暗"。

所以方大镇归来后,除了隐居读书思考外,还大兴桐川会馆社讲,并时常与同邑多个退职归来官员集会研讨,借机再揭明善公宗旨。

而这些退职官员甚至包括乡绅,虽然此前的观点各不相同,甚至在官时分属于不同门户,但现在聚到一起时,都有幡然顿悟之感。他们仍然关心时局,并认为,正当壮年者应等待再起时机,随时为国效力;即使衰年老朽者亦不应颓废,可以积极参与方大镇的桐川会馆讲学事业,不放松包括自己子孙在内的邑中子弟教育,为国家未来培育人才。

基于这样的开明胸怀,方、潘两家结成姻亲,也就不存在什么思想障碍了。

6

"密之,你们夜入龙眠深山,可知仲姑因此担心得一夜未眠?"

"副华,你也一夜未眠吧?"

方以智与潘翟虽然小声说着,但方维仪还是听到了。

副华是潘翟的字,这个比方以智小两岁的姑娘,却与他同月出生,也算是巧合之缘了。

"龙眠乔松可广茂了,皆是三百余年灵物也,可惜啊,你还没有进山见过呢。"方以智对潘翟说。

"呵呵,龙眠百余里绵延,我伯兄即隐于椒子崖,我仲兄称此地为王维之'辋川胜境'。"孙临一听方以智提龙眠,不由得眉飞色舞,"我孙三没有一日不与龙眠打交道,每每对着飞瀑流泉、长溪云霞、幽谷平湖,虽司空见惯,却是难以言尽其美也!"

孙临连比带画地说着,又是自称"孙三",又是一连几个"我"字,惹得站在仲姑后的方子耀忍不住扑哧一声笑出来。孙临也不好意思地看了她一眼,低着头笑。

"不要说你没有一日不与龙眠打交道,吾父搴兰馆、密之父亲游云阁,还有吾从父玉成公听峡斋等都在龙眠碾玉峡。吾家还有宅田在碾玉峡呢,吾与龙眠,岂有一日不消磨?"方文似乎不服气孙临的炫耀。

"可是你们又不写生!我吴道子天天写生,龙眠烟云哪一日、哪一处不在我的画册里?"吴道凝拍着自己的画册争辩道。

"你吴子远好狂!居然说龙眠全在你画册里!就是北宋的'龙眠居士'李伯时,也不敢这样说吧?何况,我仲姊就是以李伯时白描画技为宗的!你今天竟敢如此放言!"方文是一个喜欢争辩的人,眼看着又要与吴道凝争起来,周岐连哼了几声才制止。

"除了农父生于东乡周潭外,我等都是生于龙眠、长于龙眠,岁岁倘徉其间。而东西龙眠皆吾家先垄,吾以为,龙眠绝胜处当在碾玉峡和剩山峰。以漂流来论,碾玉峡最壮观;以烟云论,剩山峰最梦幻。你们看那乔松,风晨雨夕烟云缭绕,若苍龙飞舞于霄汉间,又犹如壮士癫狂之态,岂不可爱乎?"方以智微笑。

"山松也癫狂?再狂也不如你等狂生之狂吧?"潘翟也笑。

"密之才是真正狂生也。岂不闻他刚才还在唱'龙眠山下有狂生'?"听潘翟说他们都是狂生,吴道凝一边慢悠悠地品着汤,一边回答。

方文知道吴道凝其实是说给自己听的,又想抢他一句,但被周岐轻轻踢了一下脚,就忍住了。

方维仪听着这帮孩子的争辩,一夜的担忧和气恼忽然就消失了。本来还一脸肃然,装着非常生气的样子,又被方子耀的扑哧一声冲跑,脸上不由得就有了一丝笑意,一时竟也掩饰不了。

众人见方维仪的脸上有了笑意,先前的紧张气氛忽然变得轻松起来。

7

"仲姑,不必过于担心!昨夜在碾玉峡,我们住在父亲的游云阁,毕竟是我幼时随父亲读书的地方,都是从前跑惯了的,哪一个角落不熟悉?又有老仆在细致管理,一切应有尽有,管吃管喝管睡,真个是寰一洞天、神仙之府呢。"方以智站起来,虽然向仲姑弓腰行礼表示悔错,但语气里显然还挺自得。

吴道凝也站起来大大咧咧地说:"所以,我们虽然在山里待了一夜,实际上是在游云阁玩了一夜的'射覆',却是毫发无损。"

射覆,是一种练习作诗的游戏活动。古人通过射覆活动,能锻炼思维、启发性灵。但也有人将此游戏用于行酒令,这正是方维仪担心并生气的。

"你们啊!以前天气晴好,你们往往酒酣夜入深山,吾并没有多少担心。只是昨夜寒雨,还夹着雪花,山上气温怕是更低。这样的夜晚,岂能不顾安危,醉酒还进山赴险呢?"方维仪的语气显然加重了。

"昨、昨、昨夜酒酣耳热,我们一时冲动,就举着火把进山了。"周岐这时连忙站起来,他知道方维仪其实还在生气,所以一边弓腰作揖,一边将责任揽到自己身上。他又有些轻微的口吃,一紧张就口吃得更厉害,"大、大、大家只是想着趁这难得的雨雪,乘兴进山分韵赋诗,还可以借此磨炼自己,却、却、却没有及时向您禀报,农父我、我、我作为他们的兄长,有不可推卸之责任也!"

"农父,你确实有责任啊,作为兄长应多予提醒才是。岂不闻:讳痛者自病也?遮掩弥缝,危害甚大矣。"方维仪借机批评道,语气显然有些重。

周岐的脸唰地红了,连声应诺。

方维仪知道周岐从小就失去父亲,惯受族人欺凌,形成了内向性格,这也是他有轻微口吃的原因,所以对他一向怜悯,也就不好再批评他。于是改变口风,又道:"各位泽园同学啊,大家彼此之间也都要相互提醒!"

泽园学子们不住地点头。

"不过,事情既然已经过去,你们也安全归来,农父就不必过于自责了。都坐下吧!下次大家还是要非常注意的。"方维仪又一想,他们也都成人了,也不便多加责备,给他们提个醒,警告一下,也就算达到目的了。

碾玉峡又称玉龙峡,北宋李公麟《龙眼山庄》图局部

方以智却没有坐下，满怀歉疚地说："仲姑提醒得对，孩儿知错了。孩儿在泽园与几位学友共读，其实也丝毫不敢懈怠。每逢初一，孩儿必进五印寺拜祭母亲，告慰吾母孩儿学习情况。"

"嗯，这就好。你也坐下吧。近来你们永社活动还挺丰富，社课不断，课业吾大多审阅过，颇有可观之处，甚是欣慰。"方维仪又表扬了几句，算是鼓励，同时又问，"最近虚舟先生和石塘先生对你们可有什么新要求啊？"

方以智连忙答道："虚舟先生最擅以象数言物理。孩儿对虚舟先生所著的《物理所》倍感兴趣，也仿作《物理小识》，现已积累几十个条目了。虚舟先生对此也不断嘉勉小子。"

"嗯，吾听你所言，也甚觉欣慰。不过，人贵有恒心，这需要长期积累，长期坚持。希望你的《物理小识》真正有所成、有所新。"方维仪脸上又有了笑意。

"石塘先生还是强调要练好打坐之功，让心归于宁静，然后才能专心向学。"方文接着禀报说，"至于如何为学，先生认为，既要注重宗经复古，又要注重个人认知；既要注重体察古人，又要注重为我所用；既要注重自由活泼，又反对活剥生吞。"

"此乃石塘先生高见也！你们果能如此，则可以达到无分内外、平奇，熔古今于一炉矣！"方维仪颔首而笑。她知道，这些孩子在白瑜老师的循循善诱之下，正一面授受复古诗学的洗礼，一面也在养成博学融通的开阔胸襟。

第十三章　忠臣节妇亦奇人

1

"如今真个物是人非。仿佛歌咏声犹昨,可是高贤何在?"方维仪叹息道。

方维则不由得泪下:"峡犹如此,馆犹如此,亭犹如此,只是弱女孤儿何堪也!"

这几天阳光明丽,春花一茬接一茬次第开放,新鲜的绿叶在枝头伸展,随着清亮亮的山溪奔逐的小鱼,时不时从水中跃出。

方维仪与方维则、弟媳倪夫人、表妹吴令则,以及侄女子耀、子瑛、子瑞和侄媳潘翟等人,去城后碾玉峡踏青观瀑。没承想这一番踏青,引出了诸多伤感。

以前姐姐孟式在家时,还常常与大家一起赴山里游赏写生,后来随着令仪辞世、父亲和弟弟辞官南归等诸多变故,方维仪已经很久没有入山了。

长侄方以智与他们泽社的几个同学,经常到碾玉峡分韵赋诗。方维仪每见他们的诗作,常写龙眠溪水穿崖泻壑、飞瀑千丈的壮观,就想着几时能携清芬阁诗社再去悠游一回。

这几年孩子们渐渐大了,也懂事了,加上子耀、子瑛、子瑞与潘翟也怂恿着,于是约上方维则、吴令则、倪夫人和左萱,趁着大好春光,去碾玉峡欣赏其喷珠跳玉、雪浪奔雷。

龙眠幽丽之景虽多,但离县城最近者,以碾玉峡最善,所以坐一会儿轿,走一会儿路,不多时就到了。只见悬崖飞瀑边,也有一方平阔地,建有几处房舍,周边则是巨松林立,竹影婆娑,杂花生树,蝶舞莺追。有一六角飞亭立于崖壁之上,上书"玉龙亭"三个苍劲大字。

方维仪指着玉龙亭说:"看到玉龙亭,忽然想起吾父写的《玉龙亭》诗:玉龙山馆怆新开,泻峡飞泉听转哀。树日三峰垂半槛,松风一壑冷虚台。草堂惊见亲题字,画省空怀作赋才。兄弟三人今损一,白头强饮不胜杯。"

"那是伯父送吾父灵位入祠堂那天,来碾玉峡有感而赋吧。"方维则站在搴兰馆前,听了方维仪吟咏的诗,不免又哀伤欲泣。搴兰馆是其父方大铉(1564~1618,字君节)辟建于此的读书别业,幼时她常随父亲来此。父亲因特别钟爱这里,还自号"玉峡",因此人们又称他为"玉峡公"。

方维仪等人陪着维则悲伤了一回。那个时候的玉峡公在入仕前,与玉成公(即方大任)、左光斗公、叶增城公(即叶灿)等人,经常于此把臂入林,呼酒拈韵,纵论古今,他的《搴兰馆集》中的诗大多是写于这里。

"前不久,吾在校稿时,还看到了吾父为玉峡公《搴兰馆集》所写的序。吾父在序中说他与玉峡公早年在一起读书时,'未尝不食一牢、寝一被也'。那是写他们亲密无间的兄弟之情啊!"方维仪面对着搴兰馆,感慨地说。

"是哦。他们先后中进士,成为朝廷命官,里人称他们为'凤仪坊双凤'呢,就像现在,里人称密之和其义为'远心堂双雁'一样。"方维则回应道。

"吾父在序中说,玉峡公的才笔在他之上,15岁就成了县学里的诸生。明善公也认为,玉峡公'必先阿兄鸣'呢。可是玉峡公每试不中,于是在北郭穷巷找个陋居,一心专攻古文辞,又在这里辟搴兰馆。"

"嗯,搴兰馆就建于那时。后来他中进士,任职户部,却对朝野党争、朝政凋落,痛心不已。他任京官时,发生了一件震惊朝野的事。"

"你说的是'国本之争'吧?玉峡公在其中也救了一大批人。"

"什么是'国本之争'?"方子瑛见两位仲姑边走边说,又听到"国本之争",甚是好奇,忍不住问。

"所谓'国本之争',就是皇帝与大臣之间,关于册立太子的纷争。"方维仪见方子瑛虽然才金钗之年(十二岁),却也亭亭玉立了,微笑着对她说。

方大镇"送君节入祠",君节即方大铉

原来,万历皇帝有一次去母后慈宁宫时,一时冲动宠幸了一位王氏宫女,这宫女有点小心思,她暗结珠胎,怀了龙种,生下了皇长子朱常洛。

但是万历皇帝并不喜欢这个长子,偏爱的是后来郑氏所生的朱常洵(即福王)。按照明代"立嫡,无嫡立长,兄终弟及"的继位制度,朱常洵自然是没有机会超过他的哥哥朱常洛的。

万历皇帝有自己的打算,拟晋封郑氏为仅次于皇后的皇贵妃,而生下长子的恭妃王氏却没有得到这样的待遇。

群臣以为,一旦皇后去世,郑贵妃可以升为皇后,按照"有嫡立嫡"的法则,朱常洵就可以名正言顺地被立为太子。群臣们因此极力反对册封郑氏。

　　皇帝与朝臣之间由此开始了长达几十年、马拉松式的皇位继承人之争。这就是所谓的"国本之争"。

　　方子耀听了仲姑的介绍，有些不解地问："朱常洛不是被册立为东宫了吗？何以还要争论不休？"

　　"是的，这种争论并没有结束，总是或明或暗，有时甚至异常激烈，以致最终引发了'梃击案'，处理不好就要株连一大批人。当时满朝文武大臣人心惶惶。"方维则答道。

　　说到这里，几个晚辈女子都做聆听状，子瑞还有些紧张感。

　　"这事吾父后来也说过。那是万历四十三年（1615年）五月，有一名叫张差的中年男子，突然闯进太子朱常洛的慈庆宫，手持木棍击伤了守门太监。"

2

　　"那时的形势，就好像这飞瀑烟云和水激轰鸣一样，一时间，根本无法看得分明、听得真切。"方维仪见方子瑛还是追问，就回答她。

　　"嗯，吾父当时正任职刑部主事，对朝中这种长期'国本之争'深感困惑。"方维则接着说，"他忧心此案若进一步深究，牵涉面太广，不仅会让更多无辜者受害，而且有可能适得其反，造成太子之位不保，那就真的动摇国本了。"

　　大家都看着方维则，听她继续说。

　　"于是，吾父抱着公文跟在大司寇后面，极力诉说其间利害关系，说到动情处，涕泪兼下。可能大司寇因此猛然醒悟过来，所以在重新会审后决定维持原判，重点只追究张差一人。这样既顾全了大局，又避免了更多人受害。"

　　"以玉峡公的秉直个性，若是到了今儿个天启朝，怕是也会被削籍夺职呢。"倪夫人说。

　　方维仪点头道："是的呢。吾父在《搴兰馆集》序里说，玉峡公常以气节自励，不甘流俗时风。"

　　"我有些担心的是，吾弟尔止（即方文），也有吾父这刚直的秉性。"方维则满脸忧虑。她虽然比方维仪年纪要小，两鬓却已全是白发，仔细看，额头上也有细密的皱纹了。岁月催人老啊！

　　"尔止这个字，乃是他伯祖廷尉公所取，大有深意也！"听方维则提及方文，方维仪忽然若有所思地说。

　　方子瑛又着急地问："有何深意啊，仲姑？"

"你还记得《诗经》中有这两个字吗?"

"记得!诗云:淑慎尔止,不愆于仪。"

"是的,就是这句,来源于《诗经·大雅》。意思其实也简单,孔夫子就说过:可言不可行,君子弗言;可行不可言,君子弗行。则言不危行,行不危言。玉峡公要求尔止一生都要遵循'尔止'之意,注意个人修行。"

方维则这时不由得凝眉道:"可是这个尔止啊,常常倾酒不知南北,为诗为文极其狂狷。这哪里是'尔止'啊!"

"他这倒是有玉峡公的个性呢。"方维仪笑道,"玉峡公在家时,常常仰屋浩叹:'丈夫不能必得于斯时也,则何可不能必得于千古?'可见他的傲世不俗。"

"唉!尔止就是以父亲为榜样,他常说要追慕先君子的纵横才气。可是先君子为文典雅赡丽,尔止为诗呢,则尤为喜欢悲歌,为文又常常耽于激越,不能专注于科举制义,岂不是自取时人之厌?"

"密之同样如此呢,耽酒悲歌,慷慨时事,只怕不利于制义。恳请仲姑及时提醒他们。"一直默默无言的潘翟,这时终于说了一句话。

3

"左公的三都馆读书别业,与他城里的府第一样,还是紧闭着大门呢。"倪夫人指着龙眠山入口处的一座幽静的庄园说。

由龙眠回城时,见倪夫人如此说,众人有意绕经三都馆,见其院门紧闭,篱笆墙内,杂草渐生,不由得收足站住,沉默良久。

方维则首先开了口:"此事令合邑为之悲痛,却不知他们一家何时能走出来!据言,自从左公遇难以来,他父亲左太公至今还没有开口说过一句话呢。"

"相信有朝一日,左公之冤,终会得到昭雪。我等且回去吧!"吴令则见天色不早,山下城中,万家烟火,遂提醒大家赶路。

"想想吾方家历代先祖,亦多有蒙冤被屈。"方维仪一边走一边说,"尤以五世祖断事公方法老祖宗,刚正廉直,执法不挠。后来成祖朱棣发起靖难,断事公效法其师方孝孺,不肯署名贺表,投笔而走,被逮捕往南京时,逆江而上,船至望江江面,遂向家乡龙眠方向三拜,自沉以殉国。"

方维则听她提及断事公,就提醒众人道:"断事公那高大的忠烈坊,就在东作门内。吾每每经过,都有慨然之气也。等会儿经过时,我们再拜一番吧。"

"我会背断事公的《绝命辞》。"方子瑛抢着说,随即就背起了《绝命辞》,"休嗟臣被逮,是报主恩时。不草归降表,聊吟绝命辞。身当殉国难,死岂论官卑。千载波涛里,无惭正学师。"

方子瑛还没有背完,方子瑞抢着接道:"闻道望江县,知为故国滨。衣冠拜邱陇,爪发寄家人。魂定依高帝,心将愧叛臣。相知应贺我,不用泪沾巾。"

众人都称赞子瑛、子瑞背得很好。其实,方家五世祖方法的这两首绝命诗,乃是方氏族人老幼都会背诵的。

"那忠烈坊是断事公被昭雪以后,朝廷所立。吾家祖训,子孙后代必拜断事公事迹,故至今骎骎乎遗风较著矣!而吾两人当以郑太君和老姑为榜样也。"方维仪对其妹方维则说。

"老姑,就是宗祠和家庙里供奉的贞老姑。"方子耀对潘翟说。

方维仪点头道:"是也。当初断事公沉江后,夫人郑太君抱其爪发,归而孀居守志。有一个女儿生于四川,故名川贞,就是我们的贞老姑。"

"老姑幼时即许聘于同邑同坊的盛家,正待成婚时,盛郎突发病卒。老姑立即去服丧,并表示愿与盛郎死同穴。盛家不允。老姑誓不再嫁,与母亲郑太君同居一室,仍尽两家孝道。郑太君去世后,她独居一室而终,享年八十高寿也。"方维则接着说道。

"老姑是端坐而逝的。临终时,异香满室,三昼夜红光照耀不绝。"方维仪说,"老姑在世时,吾家诸子弟内外事宜,莫不是禀报老姑,然后才去办理。老姑去后,宗族乡党都尊称她为'贞老姑'。"

众人听了,都显出肃然的样子。

4

众人走进了东作门,高大庄严的忠烈坊立即出现在眼前。

大家于忠烈坊前再三鞠躬行礼后,肃立良久。

"如今,金陵表忠祠、成都显忠祠,皆奉断事公俎豆也。"方维仪说。所谓俎豆,是指古代祭祀、宴飨时盛食物用的礼器,亦泛指各种礼器。后引申为祭祀和崇奉之意。

倪夫人带着随身婢女先行回家,其他人等一起回到了方维仪的清芬阁。李姆姆正陪方其义聚精会神地临摹颜体字帖。

方维仪看了一会儿,心中很高兴。她把其义叫过来:"其义,你现在已能辨四声,联对也迅答如流,目前《诗》《礼》二经也进步不小,习帖又很勤奋,仲姑甚是欣慰。"

方其义受到仲姑表扬,立即高兴地说:"直之要以哥哥为榜样,他能写的,我也一定要写好!"

"嗯,直之好样的!你哥哥密之可以为你师矣!"方维仪听他自称直之,不由得笑道。

方维仪又转过头来对子瑛、子瑞说:"你俩近来刺绣技艺大进,针线细密规整,设色也甚精妙入理,花鸟也颇有绰约谗唛之态。下一步可涉足山水,多观摩李伯时《龙眠山庄图》等可也。"

见子瑛、子瑞清脆地答应了,方维仪就走到书桌边,对大家说:"今儿个进山观峡,这一路上所思所想,爱赋《三叹》诗三首。"

"仲姊这次准备写些什么呢?"方维则笑着问。

方子耀立即说:"我来磨墨。"方子瑛和潘翟立马去整理书桌。方其义也来到书桌边。

方维仪又踱到北窗,望着窗外的青山、白云,以及眼前石壁上的藤萝、青苔,还有院子里的几缸盆景,然后转过身来说:"吾自幼感慨断事公、郑太祖母以及川贞老姑,可谓是忠臣节妇,事迹奇伟。"

方维仪走到书桌前,拿起那支常用的刻有龙眠山水的狼毫笔,一笔一画地写起来,众人静静地围着看。只见她依旧写的是钟繇体小楷:

其一

嗟公当靖难,不肯署降名。
逮诏由巴蜀,沉江近皖城。
招魂空自吊,剖腹向谁倾?
唯有秋潭月,年年照水明。

其二

当初归皖邑,肠断不堪闻。
抱发悲昏日,看江思故君。
家门宁寂寞,儿女共辛勤。
母教风声远,千秋皎白云。

其三

忠臣配节妇,生女亦奇人。
未嫁歌黄鹄,终年守赤贫。
雨风常暴变,组练自灰尘。
誓死庭前柏,相看八十春。

方子瑛待仲姑写完,朗读了一遍。方子耀听她读完后,遂问她:"你知道这三首诗分别写的是谁吗?"

"知道也。其一写的是断事公老祖,其二写的是郑太祖母,其三写的是川贞老姑。"

"嗯,断事公老祖沉江殉国的事大家都知道,川贞老姑也至今为吾族所颂扬。可是你们知道郑太祖母有《女教经》一书吗?"

方子瑛、方子瑞都摇头。

"你们啊,读书还是不认真、不细致哦!我是在读仲姑《宫闱文史》时读到的,郑太祖母著有《女教经》,可惜的是只有书目,原作已经散佚了。"

方维仪听了,颔首道:"是也,子耀读书用心了,你们要向姐姐学习。郑太祖母此书是散佚了,吾也不曾见过,只是幼时听你们赵太祖母和明善公都说过有此书。所以呀,我在第二首诗里提到'母教风声远,千秋皎白云',说的就是这件事。"

5

"仲姑,仲姑,我已经把您前日写的诗背下来了。"方其义一早就跟着李姆姆来到清芬堂,高兴地向仲姑报告。

方子耀、方子瑛、方子瑞也陆续走进来。

方维仪已经诵完一遍《金刚经》,正在向观音大士像上香。

"你们都来了,好!"方维仪说。

大家听方其义稚声稚气地背了仲姑的《三叹诗》,都热情地鼓励他。

方维仪说:"这些时日我思虑再三,'三叹'就变成了'六叹'。孩子们过来!"

大家又一起围到书桌前,只见原来的三首诗后面,又增写了以下几首,方子瑛读给大家听:

其四
雨都歆俎豆,断事岂堪嗟。
黼黻存新泪,衣冠肇旧家。
生前臣节苦,死后主恩赊。
今日绳绳者,遗风连理华。

其五
涕泣分江口,伤情入故林。
小臣为碧血,女子亦丹心。
孤幕风霜重,荒田雨雪深。
门前坟墓在,松柏至于今。

其六

时抱亡臣泪,能缝老母裳。
人生谁不死,苦节倍堪伤。
临没犹端坐,中庭闻异香。
一门有如此,诚可对先王。

"那题目是否要改为《六叹》,仲姑?"方子瑞问。

方维仪说:"你们认为呢?"

"可以不改的。'三叹'一词,本来就源出有典。而子瑛又以为,前三首分别写的是五世老祖、五世老祖母、六世老姑,后三首写的也是老祖、老祖母和老姑。所以,子瑛认为题目不宜再改,还是《三叹》为好。"

方子瑞点了点头:"我懂了,我赞同子瑛姐姐的看法。"

方子耀虽然在一边不语,但她的内心是疼痛的。因为她心里明白,仲姑这《三叹》诗,前后写了两回,心境却是迥然不同。昨天写的三首,是由衷地称颂断事公、郑太祖母和老姑。而今天写的三首,虽然仍然写的是断事公、郑太祖母和老姑,但从"新泪""绳绳""连理"等词语可以看出,仲姑已经将自己融入其间,表达的是"遗风连理华"(也即连理亭后裔要继承先辈遗风)的心志,发出的却是"人生谁不死,苦节倍堪伤"的悲叹。仲姑的内心该是多么凄苦啊!可是这种悲叹与凄苦,两个妹妹年纪尚小,没有读出来。

"大姐姐再帮我抄下来,我还要背呢。"方其义又拉着子耀的手说。

方子耀答应着,夸奖其义说:"好样的,其义。你已经会背不少唐诗了,家里长辈的诗你也能背不少。大姐相信你以后一定能写很多好诗的。"

"其义,我跟你讲一个唐代诗人张籍的写诗故事。"方子瑛忽然故作神秘。

"二姐姐快讲!"方其义又转过来拉着方子瑛。

"这个故事说的是,张籍'焚杜甫诗饮以膏蜜',就是把杜甫的诗一首一首地烧掉,焚成灰烬,然后加上蜂蜜,每天喝下去,所以呀,后来张籍的诗就写得特别好。"

"那我也要喝这样的蜂蜜!"方其义认真地说。

"子瑛你这个顽皮丫头,净讲歪故事!"方子耀点了一下子瑛的额头,又转头对其义说,"你太率直了,可不要当真啊!其实,古诗传承千百年来,古人已经把好诗都写尽了,今人或许再也难以写出更好的诗,但可以汲取古人诗中那种气韵和精神,这可是要花苦功夫的,不可能是靠吃啥补啥哦!"

方维仪看着孩子们,听着他们的对话,心想:令仪已经走了五年多,孩子们渐渐长大,都聪敏懂事。而自己尽管白发丛生,却也没有辜负郑太祖母"母教"遗训,没有辜负赵太恭人和母亲的厚望,也对得起泉下的令仪了。

6

这时李姆姆进来通报:"他仲姑、孩子们,职方老爷回来了。"

孩子们刚才还在喧闹,一听父亲回来了,顿时安静下来。

只见方孔炤走了进来,见孩子们都在,就跟着孩子们的辈分说:"仲姑,您猜我昨夜回来干什么。"声音里却有一种止不住的高兴。

"昨夜就回来了?怎么不告知一声?难道有什么喜事吗?"方维仪见他这样子,知道他又卖关子,故意不急不慢地问。

"昨夜怕打搅你们。其实也没有什么大事,但这件事真的好生奇怪呢。"方孔炤说。

"父亲和母亲还好吧?"方维仪见他还在卖关子,就故意岔开话题,"后天就要进入仲春二月了,算得上一年中最美的时节。石塘湖的杏花成片成片地开放了吧?杏花飞帘,绿涨春池,桃花随流水,杨花似雪飞,赶明儿找个时间,我带孩子们也去看看两位老人家,顺便走一走那里的山水。"

方子耀等几个孩子见仲姑与父亲都在卖关子,不由得掩嘴而笑。

"他们在白鹿山庄很忙呢。"方孔炤回答道,"父亲与我前一段时间督工新建了明善祠,现在正着手整理《荷薪义》等手稿。山庄离皖城近,皖城及附近来访者多,所以父亲每天都忙忙碌碌的。母亲与两位老姨也帮着安排些事情。这些日子,我也正想着接你们一起过去,踩踩这春光。"

"只要他们都很平安,很快乐,我也就放心了。请老人家不要担心孩子们的事,得空了就回来。吾弟刚才说回来有什么重要的事吗?"方维仪终于提及孔炤要说的事。

"这件事呢,弟实在是有些不明白。"方孔炤摇头。

方维仪觉得可能真的是值得关注的事,就认真地等着他往下说。方子耀等人见父亲磨蹭了这么长时间,还没有说出他要说的事,都有些着急,就一起看着他。

"你们知道吗?石塘先生要进城了。"

"石塘先生要进城了?"大家一起看着方孔炤,都显出惊讶的神色。

7

这石塘先生白瑜,已经多年不入城。自从去年春天开始,应方孔炤之邀,每月一次,风雨无阻,到东郊慧业堂为方家子弟作旬讲,一直都没有入城,而是住在离城五里的五里山庄。

"石塘先生这次何以要入城呢?"方维仪觉得很奇怪,"是不是要到廷尉第来?可是父亲没有回来啊!"

方孔炤说:"我初得告知时,也觉得很奇怪。后来吾家逋庵兄告诉我,石塘先生这次破例入城,乃是因为桐城前知县、今为太仆寺卿的刘时俊大人过桐,来不及赴皖府,就在桐与何如宠伯、马孟桢伯等同年挚友,做个短暂相聚,且特别想见石塘先生一面,以表达对他曾经收留其子刘潜的谢意。"

"这理由不充分啊!"方维仪摇着头,"虽然我们都知道,石塘先生在家门前种海棠树,并自号七棠,以纪念刘大人为桐城父母官时的贤德,但是,以石塘先生之秉性,焉知他此举不是给后任父母官做提醒?吾倒以为,他也不会因为刘大人的所谓感谢而破例入城啊!"

"因为刘时俊太仆与吾从伯父大美公是故交,所以这次暂且下榻于桂林第。而吾家逋庵兄也特别向石塘先生发出了邀请。"

"即便如此,石塘先生也断然不会应邀入城吧?"

"是呀!我昨夜对此也未想通。后来吾家逋庵兄对我说,石塘先生与他有少年同学之谊。且不说这一层关系,关键是还有一层比较特殊的关系,也是我等所想不到的。"

"啊?究竟是怎样的特殊关系?"听着父亲与仲姑的对话,方子耀、方子瑛、方子瑞也觉得挺好奇,她们不仅认真地在听,还小声地互相探询着。

"石塘先生之祖父,与吾家逋庵先生曾祖父之间,曾经发生过一件事。这件事情当年传播很远,直到如今,乡里耆老仍然口口相传。而这件事,是石塘先生不能拒绝逋庵兄邀请,非来城里不可的主要原因。"

原来,方孔炤与方逋庵(原名方承乾)都是一个方家祠堂的,称为"桐城桂林方氏"。他们的六世祖方懋与弟弟共创的府第桂林第,从七世开始分房,方孔炤属于中一房第十三世,方逋庵属于中六房第十三世。所以方孔炤称方逋庵为"吾家逋庵兄"。

这中六房的第十世有个东谷公,也就是方逋庵的曾祖父东谷公,是一个闻名邑内外的高行大德之人。他经历了许多常人难以忍受的磨难,又做了许多至今令邑人称道的善举。

当时的文学家袁宗道,就专门写过赞扬东谷先生事迹的文章。这可是当时有名的大文豪写的,相当于发表在全国最热论坛上的头条帖子,一时间顶帖、点赞无数。而东谷先生做的其中一件好事,就与白瑜先生的先祖有关。

8

话说,有一次东谷公与人坐船到南京做生意。同船有一个人因为"失金"而怀疑另一个人,对其大打出手,另一个人也愤怒还击。风浪中的小船因此更加猛烈摇晃,随时都有倾翻的危险。众人惊慌失措,却没办法阻止他们争打。

这时东谷公忽然大声说:"不要再争打了,你丢失的一千金,我的书童捡到了。"船靠岸后,失金的人却发现金子并没有丢失,就问东谷公刚才为什么要那样说。东谷公回答说:"金,微物也。争恐溺,同舟安乎?宁谬偿耳!"

假如那人的金子真找不到,东谷公为了一船人的安全,也宁可错把自己的金子赔偿给失金人。何况,这个金子也许是那个"失金"人的一家生存之命呢,不然他何以不顾危险来拼命?

那个被冤枉的人就是白瑜的曾祖父。自那以后,两家遂成为世交。东谷先生的高行大德也更加远扬。

"这么说来,石塘先生真是盛情之下其实难却啊!面对吾家逋庵兄的极力邀请,他根本无法推辞。"

方孔炤笑道:"是的呢。吾从伯父大美公又与刘时俊太仆是至交。刘时俊太仆与石塘先生也是非同一般的关系。这不,石塘先生不入城的神话,就这样破灭了。"

方子耀等几个孩子听了,都如释重负地松了一口气。

"石塘先生要来桂林第,你回来参与接待也是应该的。"方维仪也笑了,"只不过这桂林第啊,那可是咱们老祖宗创下的几百年基业!我已经近半年没去了,你家阮嫂子还常邀请呢。"

方维仪所说的阮嫂子,是方逋庵的夫人。

"是呀!桂林第自国朝初年创立以来,迄今已经二百余年,乃是吾桐桂林方氏百世不易的祖居,也是护佑吾方氏族众裔繁、兴旺发达的风水宝地。无论族人播迁何处,凤仪坊和桂林第都是永远的根脉所在,决不可忘了自己来自哪里,决不可背恩忘祖。"方孔炤接道。

"待有空,我带孩子们再进去走走,也不枉阮夫人盛邀。正好呢,我这个幼侄其义也开始懂事了,我也要借此机会给他讲讲咱们方家老祖宗的故事呢!"方维仪笑道。

"届时让尔止、密之也跟着去吧,听听老祖宗创下这基业的传奇。还有,关于桂林第祖宅的继承,有一个不为外族所知的、独特而又神秘的族规呢。"方孔炤又卖起了关子。

急性子的方子瑛立即追问："这神秘的族规究竟是什么？以前没听说啊。"

"我也一直有个疑问：为什么咱们家不住在老祖宗创建的桂林第呢？今天父亲提及此事，我更觉得是个有趣的谜呢。"方子耀也接着问。

"别急，一定会给你们细细讲的。你们也长大了，可以跟你们说了。"方维仪见她们打破砂锅问到底的样子，不由得笑道。

孩子们都兴奋起来，表示愿陪仲姑去桂林第"探秘"。

第十四章　第宅高明巨贵家

1

廷尉第远心堂。

刚及上午巳时，水缸里几条游来游去的小金鱼偶尔溅出水花，几盆绿意盎然的植物，在透过宽大窗户射进来的阳光的映照下，点缀出满堂生机。北面正墙上的那幅《龙眠山庄图》，其中的人物仿佛要走出来，与远心堂的主人对话似的。

远心堂的主人方孔炤，此刻正坐在长条平头书案前，不时地翻动着一卷书，神情十分专注，还偶尔停下来，拿过一支毛笔圈圈点点。

这时，方文、吴道凝、方以智匆匆走了进来。

"仁植兄，弟尔止这厢有礼了！"方文弓腰行礼后，擦着满头的汗说。

"六弟不必多礼！为什么这样匆忙？都请坐吧。"方孔炤示意小童鲁墨上茶。

"姊夫何时归来的？我等正拟去五里山庄拜见石塘先生呢。但听说石塘先生已经先行入城了，大家都颇觉意外。"吴道凝也弓腰行了个礼。

方孔炤整理着手中的书卷，并将其放到面前的书龛中，也来不及还礼，就告诉他："子远弟免礼了。石塘先生有特殊之邀约，已经赴桂林第去了。你们不要过多关注，且用心于泽社课业吧。"

"密之，听说你等最近好做结伴之游，此亦是永社社课耶？"方孔炤见方以智站在吴道凝后，似有话说却又不说的样子，等他过来行了礼，就问他。

"禀父亲，孩儿近来在泽社活动中，与尔止六叔和子远舅氏等同学学诗作文和制义，甚为勤奋，但也感到安居小城一隅，毕竟眼界所限，难以精进。故而常常远足励志，以吸纳山水之灵韵和天地之灵气。虚舟先生和石塘先生对此也多有勉励，石塘先生有时还参加我们的远足呢。"

方孔炤本来想批评他不用心课业，但此时听他说得颇有些道理，也就点了点头："嗯，很好。吾见你等所写邑内山水，涉及近郭龙眠、投子、鲁骐甚多，远至北硖关、大小二龙、浮渡、青山，邑外的天柱、冶父、齐山、九华等也常涉足。所咏高古亢越，所论亦颇有一些新见。此皆虚舟与石塘两位业师之功,吾甚为欣慰也。"

"但是,吾亦有忧虑。"紧接着他又话锋一转,"昨夜反复检阅各位制义之文,越读越觉得不足之处颇多。刚才与你仲姑也谈过,她亦深有同感。现已批注于留白处,你们且拿回,仔细研阅参悟。"

众人接过管家陈砚分递的书卷,一页页仔细翻看起来,只见上面有密密麻麻的圈点批注,字体与颜色都不同。大家都知道,那方方正正的小楷一定是方维仪批注的,那遒劲的行草,则是方孔炤批注的。

"我这会儿就赴桂林第,先接石塘先生去东郊慧业堂。尔等就在此候着吧,密之仲姑或许有些事要交代,你们且听了再回慧业堂不迟。"

原来刘时俊昨天已经辞别,石塘先生今日将赴东郊慧业堂继续他的旬讲,方孔炤自然要与方逌庵陪同他一起去东郊。

众人都站起来连连答应着,并拱手作揖相送,见方孔炤健步而出,就坐下继续看自己的书卷。

不一会儿,孙临和周岐也快步走了进来,陈砚也分发给他们二人书卷。

孙临见自己书卷上面有许多圈点,留白处多有"佳""甚当""妙得""独见""此段害理,宜删""此处不达意,宜改""此论偏颇,慎之!",又是挠头又是点头,仔细再看,却见圈阅字体并不一样,显然是方维仪与方孔炤两人分别圈阅的。

"扑哧——"忽然又是一声忍不住的笑声传来。

2

孙临一听笑声,就知道方子耀、潘翟等人陪着方维仪来了。

方子耀看这些学子都极其认真地在翻看书卷,甚至没有发现她们进来,而孙临抓耳挠腮的样子,让她觉得最为有趣,就忍不住又笑出声来。

众人这才惊觉,就都赶紧站了起来,向方维仪行礼问候。

方维仪拿着佛珠,走到方孔炤刚才坐的那个座位的旁边坐下,微微笑着,示意大家都坐好,并拿起面前书龛里的书卷,翻开其中一页,指着说:"陈砚经常禀报说,你们的永社课业十分繁忙,慧业堂攻读也很勤奋,今天看大家果真是如此沉潜!"

"农父刚才……认真研读您与仁植先生的圈阅,真个有、有、有拨云见日之感。"作为泽社里的年长者,周岐率先站起来称谢,他尽量放慢语速,却因为稍稍紧张,还是有些口吃。

"农父不必多礼!你为诗作文博雅,忧患意识甚强,所论时政得失颇有独见,要继续在泽社带个好头呢。"方维仪对周岐颔首称许。

一向不轻易表态的孙临,见周岐既然说过话了,也连忙站起来说:"克咸我虽是'冉冉孤生木',但一向受到仲姑的嘉勉,怎能不添'日夜磨刀'志概?"

　　孙临这一次居然没有自称"我孙三",而是在语意中提及自幼失怙,可见他看到方维仪、方孔炤在他书卷上的诸多评点和嘉勉,内心深受触动,有更加发愤用功的心情流露。实际上他自入泽园以来,写诗作文都较以前更加勤奋。

　　"克咸近来所作最富,其旨甚远,其思也深,尤其是其诗过宋追唐,比于汉魏,得乎咏歌之意。但也应注意在制义上多用心,持论切勿偏颇也。"方维仪继续对孙临勉励有加。

　　方子耀听了仲姑的夸赞,向孙临投去肯定和欣赏的目光。

　　方维仪又对吴道凝、方以智做了些简单的点评后,说道:"诗有诗风,词有词格,文有文体。这制义呢,讲究起承转接。你们要多领悟书卷上的圈点,那多是从讲门径、防偏差出发,提醒尔等含糊不得啊!"

　　众人都频频点头。

　　"昨天仁植先生还说,这制义啊,要多作洗剥、多行深掘,不宜过多立异,而应异中求同、同中见异。"方维仪停顿了会儿,又继续谆谆告诫道,"毕竟将来成就功名,还需要跨过举业这个大关。尔等千万不可轻视!"

　　众人又纷纷表示要铭记。

　　"吾闻虚舟、石塘两先生,经常鼓励你们远足,还欣然参与你们的雅集。吾正奇怪尔等诗思何以近来得以大进呢。"见众人都神情严肃,方维仪随即换了一种口气,微笑着说道。

　　"禀仲姑,我们前几天不仅去了邻县庐江的冶父山,还渡江去了九华山。我等在壮游中还常常感叹:少壮几时能起舞?安居哪能成豪杰?"方以智见仲姑脸上有了笑容,也笑着报告。

　　方维仪颔首道:"嗯,你们近来饱览邑内外秀丽山水,也磨炼了意志。吾前几日呀,也与家里一众人马,趁着这春光正好,进了龙眠,去了离城较近的碾玉峡等地。因常听讲尔等每每酒酣去那里,振衣蹑级,过水坐石,啸咏歌诗,真个是风流儒雅。这次我们也切身感受了一回。"

　　却见方以智虽然也与大家一样在笑,但脸上还是显露出忧愁之色。方维仪知道他近来远足奔波,又忧愁时事,劳形劳心,所以比往日更消瘦了些,不由得有些心疼。

　　"你们可以去慧业堂了。明天上午课堂打坐静思时,尔止与密之两人,可以先向石塘先生告个假,回城陪我到桂林第走一趟。"方维仪又吩咐道。

　　方维仪站起身来,向堂外走去。众人都站起来目送。方子耀、潘翟也跟着往外走,经过孙临身边时,孙临将一个纸条悄悄地塞给了方子耀。

3

"翕乐堂这处还可再修改一下,宜用复勾。"

"孚萃堂这里的单勾,曲折周到,纤毫毕现,甚妙!"

"门前四座牌坊,宜厚重,与双桂树茂伟婆娑相映衬。"

晚上,廷尉第远心堂灯火通明。那条长长的平头书案摆在了正中,它的北头正上方,就是那幅巨大的《龙眠山庄图》。画下,方维仪、方孔炤分坐在平头书案左右两侧。潘翟、方子耀、方子瑛、方子瑞四人,依着方维仪,由北而南坐在东边;方以智、方其义兄弟二人,则依着方孔炤,由北而南坐在西边。方子耀、方子瑛、方子瑞正在对一幅白描图进行勾勒修改。

"前几天,我和你季姊带孩子们多次进桂林第,瞻仰了老祖宗创下的二百余年基业。现在,子耀、子瑛、子瑞三人合作的这幅白描,基本将桂林第勾勒出来了。"方维仪微笑着对方孔炤说。

"孩子们已经颇得用墨之道了,这要多谢您精心传授她们画技呀!回想这些年来,您对孩子们不辞辛苦地抚教,真是太不容易了!"方孔炤欣慰地看着孩子们在修画,充满感激地对方维仪说。

"何必见外?你是吾弟嘛!吾常恐有负令仪所托,有负吾父吾母所望呢!好在孩子们都懂事,又聪颖好学。吾揣摩龙眠居士李伯时之画法,线条遒劲圆转、轻重合宜,诚为最难至之境,不过孩子们倒是颇有所悟呢!"

"这次,您让孩子们既习画技,又知悉家史,真是一举两得!"

"这要感谢吾家阮嫂,她亲自带着几个侍婢陪同我们,还不厌其烦地向孩子们做介绍。"

"几个娃儿喜欢打闹,只怕阮嫂要多担待些了!"

"他们还够安静的,毕竟那里也是他们的祖宅啊。对老祖宗开创的二百余年老祖业,尔止与密之都非常崇拜呢!"

方维仪与方孔炤一边说着,一边看孩子们修画。而孩子们也在嘀嘀咕咕地小声议论着,方子瑛执笔,正在按大家的意见进行涂改。

"好大的两株树啊!"潘翟惊叹着,低声对夫君方以智说,"当我看到子瑛与子瑞两人拉起手来都合不拢时,觉得真的是太高大粗壮了!"

方以智知道她毕竟是第一次去桂林第,故而所见都惊诧不已,却不像他们兄妹,进出桂林第不知多少回了。他也低声道:"这两株老桂树啊,毕竟是二百余年的老神仙了,乃是咱们的老祖宗手植,当是桂林第乃至吾桐城桂林方氏的象征矣。"

桐城东作门及附近的桐川会馆

"孩子们画得不错!"方孔炤轻轻敲了敲桌子,见大家顿时安静下来,接着说道,"每一次进桂林第,吾都是十分崇敬,想必你们这几天也是如此。"

"是呀,是呀!"孩子们纷纷说。

"可是,你们知道这桂林第是哪一世老祖宗开创的吗?与原来的凤仪坊、断事坊究竟是不是同一座府第?"

方孔炤取出一卷书来,原来是《家谱·列传》篇。他指着翻开的一页说:"大家看,这里就讲了六世祖自勉公在凤仪坊建基开业的故事。密之,你来读一段给大家听,如何?"

"是,父亲。"方以智连忙站起来,捧过家谱,朗声读道,"自勉公讳懋,美威仪,孝友英,特负大略。十五父死于官,茕茕归,孝母友弟,以所事父者事世父。世父时同居,颇裕资产。自勉悉捐让,无所取,自购邑东隅地筑茅茨居,母及弟黎藿相欢,视曩资产漠如也。"

众人都安静地听着方以智朗读:"自勉治家勤奋,家日丰,训诸子能文学,里干信之。有不平者,不求直于官,而求直于自勉。以子息蕃,廓所居,构断事坊,宏丽甲一邑。"

方维仪见他读完了一段,就说:"家有谱,犹国有史。吾桂林方氏家谱,截至本轮乃是吾家明善公所续修,纲目烂然,林林乎十有三世。吾方氏先世以儒术兴,子孙回溯家史源流,不忘先人遗训,方能修世业而光大之。"

"正是如此。桂林第乃回溯家史之源。"方孔炤也指着孩子们的画说,"而提及桂林第,不能不提自勉公兄弟。自勉公讳懋,乃创建桂林第的六世老祖,他的弟弟自宽公讳恕。"方孔炤接着绘声绘色地给孩子们讲述了自勉公兄弟的故事。

方以智听父亲说完，就接着说道："家谱中是这样写的：自宽公十岁孤，严事其兄，拮据家政，躬织细而总其成于兄，所获无多少，不入私室。创桂林新第，材木皆自宽手料，德望威仪并于其兄，乡人称'双璧'。吾宗之兴，自勉运智，自宽运力，犄角之功也。"

"原来如此，是这两位六世老祖宗创建了桂林第！"方子瑛说。

方维仪笑道："是也。两位老祖宗还同时栽下了两株桂树。当然也许不止两株，不然何以称'桂林第'？可能只有这两株最后存活下来，且存活了二百余年，如此枝繁叶茂，不正象征着吾方氏兴旺发达吗？"

方孔炤见孩子们都频频点头，就接过话头提问："但是，桂林第一开始就叫桂林第吗？它与凤仪坊、断事坊两个祖居地是何种关系？与咱们现在所住的廷尉第有何种联系？吾方氏何以称'桐城桂林方氏'？"

"这些问题，留于明晚再说吧。我们每天晚上只讨论一个时辰，如何？"方维仪笑道，"密之明天一早就要到慧业堂，不能耽误了。"

"可是，我们的好奇心都被提到嗓子眼了啊！"方子瑛站起来时，嘟着嘴说。

4

虽然细雨霏霏，但这个晚上的廷尉第远心堂，依旧灯火通明。

"提及桂林第，不能不提吾方氏始迁地凤仪坊，又不能不提当时'宏丽甲一邑'的断事坊。"方孔炤向坐在书桌对面的孩子们娓娓讲述。方维仪不时地插话点评，孩子们也听得入神。

据《家谱·列传》篇和《家政》篇等所述，"凤仪坊祖居在县东门而南"。这即是方家的始迁祖德益公来桐时，于凤仪坊构建的祖居。明善公方学渐在《家谱》卷九写道："我家素市，籍县市一图五甲，为坊长。"可见，此祖居在县城东门而南，即今之东门外桐溪桥（又称"子来桥"）附近，这里是凤仪坊一图五甲，而且方家还是坊长。所谓"我家素市"，就是我家本来就在城市里。一图，即第一图。明代以一百一十户为一图（又称一里，所以凤仪坊又称"凤仪里"）。五甲，第五甲。明朝规定，每里编为十甲，每甲有一户为里长户。坊长，应该就是里长。

可是在南宋末年，当方氏先祖德益公由江南池口迁桐城凤仪坊时，这桐溪之上原本没有今天的这座桐溪桥或者说子来桥，每到洪水季节，必激石漂木不可渡。明弘治六年桐城儒学训导许浩（浙江余姚人）在方氏《家谱》序中说，德益公"倜傥忠厚，勇于为义，尝割屋基为儒学前路及石甃桐溪桥，遗迹犹存"。

方孔炤讲完了这一节，方维仪插话说："你们站在县学宫前时，应该想到吾方氏迁桐始祖德益公的高行，他割让一半宅基，以使学宫门前狭窄的道路更加宽广；当你们走过桐溪桥时，应该想到德益公的义举，他捐资构建石瓷桥，以利于两岸居民通行。所以呀，当时的桐城训导许浩先生赞叹，'益积而益倍，则其后必昌矣'。"

见孩子们若有所思的样子，方孔炤沉默了一会儿，又接着讲述起来："始祖德益公所创建的学宫前凤仪坊祖居，具体位置今已不可考。但四世祖方圆（字有道）的旧居，仍在学宫前稍东，传到了第五世方端（字伯常）、方法（字伯通）、方震（字伯起）三兄弟。方法，就是我们直系先祖字伯通公，他才九个月父亲就去世了，依程太君占籍起家。程太君独授伯通公书，嘱咐他：（唯洪武开国之初），'圣明定天下，行且偃武而修文，孺子不以文德绍箕裘，未亡人其何藉手报地下！'就是要求他继承先人的德义，读书报国。伯通公果然不负厚望，作为县学宫里最优秀的学生，在建文元年己卯（1399年）应天乡试中，一举成名，并赴任四川都指挥使司断事。因此，后人又尊称他为'断事公'。"

"断事公的事迹，前几日仲姑也说与我们听了。他步屈子后尘，自沉江流，身葬鱼腹，以身殉国之忠烈，可昭日月矣！"方子耀感叹道。

方维仪点点头："是也。断事公、郑太君、川贞老姑均以大节著显，吾方氏因而长盛不绝。"

"历代先祖都告诫，必须代代讲述断事公及郑太君和川贞老姑的事迹。"方孔炤说，"凡吾方氏子孙，为官者必须守官箴、竭忠尽。因为执法而获谴的（即官员获罪受罚），合族议贺；因为廉洁而致贫的，合族议助；因为不忠尽、腐败的，合族不许迎候，应以之为愧。为民者，即使种田或从事农工商业，都要依法纳赋，以明德尚义也！"

断事公沉江殉国后，其长子方懋（字自勉）才十五岁，次子方恕（字自宽）才十岁。自勉公忍着巨大的悲痛，独力孝母友弟。当伯父方端只看重家产，而对他们有所责言时，自勉公就把自己的家产全部让给伯父，又在城东一隅"筑茅茨居"，与母亲程太君及弟弟"黎藿相欢"，意思是母子三人住在简陋的房子里，过着粗茶淡饭的生活，不以为苦。

由于自勉公勤奋治家，"家日丰"，又注重培养孩子学习文化、攻读制义，几个孩子学业优秀，里人都很敬佩。随着家中人口渐多，加上有了一定积累，就把所住的简陋房屋进行了改造扩建，房子造得十分宏伟壮丽，堪称全县第一（"宏丽甲一邑"）。当时他的好友金腾高也建房于城东，两家的房子同日落成，于是"彩帛羊酒，交相庆"，而里人"观者填巷"。

"这就是断事坊祖居。"待方孔炤讲了以上故事后，方维仪接道，"此坊乃是府第也，并非凤仪坊的坊，而是袭断事公官职名。那为什么还称'坊'呢？"

方以智答道："大概是因为当时方家人口众多，盖的房子排列得有如坊巷一样。

前面不是说'观者填巷'吗？也就是有了坊巷的规模，但还不属于独立的里巷建制，所以仍然属于凤仪坊。"

"是的。"方孔炤又拿起《家谱》说，"吾家祖居，无论是县东门而南学宫附近，还是迁到东郭一隅建成了断事坊，都属于凤仪坊，都还属于县市乡第一图第五甲。吾家毕竟是凤仪坊的坊长嘛！"

"家谱《居家政考》云：'有道（四世祖）旧居在儒学东，伯常（方法之兄方端）居之，历六世后，鬻钱如畿为御书楼。'由此可见，学官附近的祖居至少在嘉靖年间，已经由长房伯常公后裔卖给了钱如畿家族。"

"如此，那个被卖给钱氏的祖居显然不是桂林第。那么，断事坊也就是桂林第了？"方子瑛一向有些性急，不待父亲讲完，就急着问。方其义跟她一样，也定定地望着父亲。

方孔炤答道："断事坊是不是桂林第？这个提问很关键。而吾方到了桂林第，才真正有了'桂林方氏'这个族名，巍然乃大矣。"

"今晚有点迟了，待明晚再听你父细细分解如何？"方维仪笑着说。

方孔炤道："既然如此，今晚就聊到这里！大家各自回房休息吧。"

方子耀跟在潘翟后头，悄悄地说了几句什么，又塞了一件东西给她。方以智心里有些好笑，只是忍着，装作没看见。他也做了不知几回这样的"传递使者"了。

方学渐《桐彝》载断事公事迹

5

"我知道，六世老祖创建了断事坊，坊名来自五世老祖断事公的官职。"方其义对方子瑛说。

"你好聪明也，记得不错！"方子瑛表扬弟弟。

方子耀陪同方维仪来到远心堂时，见父亲方孔炤正在批阅书卷，那应该是哥哥方以智的诗文了。方子瑛、方子瑞仍在细心修改《天香接桂林图》。

"仲姑来了，大姐姐来了！"方其义一声欢叫。

方维仪笑着坐下。方孔炤也放下了手中的书卷和笔。

"今晚就讲讲断事坊怎么变成桂林第的。"方子瑛总是急性子。

"好,今晚就讲这个。"方孔炤笑着说,"吾桐城方氏自始祖德益公迁桐以来,始称'凤仪坊方氏'。又因为居县市乡,故称'县里方'。自勉公创建断事坊后,因'宏丽甲一邑',故吾方氏又被里人誉为'断事方'。"

"可是现在却称'桂林方'了,难道真的与桂林府有关吗?"方子瑛急着说。

大家都看着方子瑛那急不可待的样子而笑。

"别急,且听为父慢慢分解。"方孔炤说道,"家谱中说,桂林第是'宣德年间,自勉祖买乡进士黄镕基地而创建者也'。也就是大概在宣德皇帝在位这十一年间所建,且指出'桂林第在寺巷口',也就是现在的大宁寺巷口那儿。"

"那么,根据家谱这个记载,桂林第其实就是原来的断事坊,而且是新买举人黄镕家的基地。"方子瑛说。

"是呀!家谱在自勉公的列传里,提及断事坊由城东隅茅茨旧居扩建而成。而《家政》篇则说新创建的府第是买寺巷口地基新创建的。自勉公兄弟二人当时不可能有实力同时建两座宏伟的府第,因此,断事坊肯定就是后来的桂林第。"方子耀分析道。

方孔炤说:"嗯,你们分析得有道理。家谱中说,这新的桂林第,成为'七房之祖居,同庖三世'。所谓七房,是指自勉公五个儿子、自宽公两个儿子共七大房之简称。这与家谱中自宽公列传所说契合。列传又说,'创桂林新第,材木皆自宽手料'。那么,是否可以讲,在六世祖的时候,创建的新第就叫'桂林第'了呢?"

"这个说法,只此一处,其他家族文献不见佐证。尽管如此,也不可否认这是桂林第得名渊源之一也。"方以智点头又摇头。

方子耀想了想后,说道:"如果'桂林方'自六世祖新创建时因桂林第而得名,那么'桂林方'就仅仅是桂林第中的七大房的共名了,而且与桂林府并没有关系。"

方以智在纸上用毛笔勾画了一条线路:"有一点可以看出,凤仪坊祖居在东门而南的学宫附近,自勉公兄弟所创桂林新第却在寺巷口,这说明咱们老祖宗这时已经把家由城东,往上迁到了东门而北。再根据德益公割让屋基于学宫的义举来看,那个时候学宫也不是现在这个位置呢。"

"同庖三世,那么就是从六世一直到八世,都住在这里了,是吗?"方子瑛又忽然发问。

方孔炤也肯定了大家的分析,他说:"同庖三世,与家谱列传中八世祖方印(字与信)列传所载也是一致的,列传说,'时同居凤仪坊,五服之属萃一堂'。五服,就是从高祖开始往下,至少五代同堂。这是有可能的,因为小房长辈多,且年龄差距相当大。就如尔止比密之小一岁,却是密之的六叔一样。"

第十四章 第宅高明巨贵家

"由此可见,无论是东门而南的祖居,还是城东隅的断事坊,以及后来寺巷口的桂林第,都属于凤仪坊。而族名的称呼,也从'凤仪坊方氏'到'断事方'再到'桂林方'。"方子瑛恍然大悟似的,她以为这就是桂林第和桂林方得名的由来了。

"问题岂是如此简单!"方以智笑道,"自勉公与自宽公创建桂林新第以后,仍然称凤仪坊方氏是肯定的,间或称断事方、县里方。只能说明桂林第创建在前,桂林方得名不一定是同时。"

方子瑛又急切起来:"糊涂了、糊涂了! 你们给个准确的答案吧!"

"虽然桂林第创建在前,桂林方得名不一定同时,但请注意:桂林方得名也有两个重要的时间佐证。"方孔炤提示道。

方以智沉思着说:"父亲,孩儿以为,可以肯定其中一个时间佐证是,七世祖三房廷辅公(方佑)开府桂林了。"

"嗯,你深入分析一下?"方孔炤鼓励道。

方以智接着说:"时人赞誉廷辅公为'真御史',又尊为桂林公,其故事一直在吾邑吾族流传。廷辅公曾于成化元年(1465年)巡按广西,虽然考绩天下第一,但终因得罪宦官被贬为桂林知府。廷辅公有诗感慨'台臣作守忽西东,路入南天渐不同'。只做了八个月桂林知府就致仕归桐。因此,桂林第虽不是直接得名于桂林公,但因为有了桂林公,'桂林'二字就更响亮了。"

方维仪笑道:"都说密之近来喜好考稽,此番所论果然!"

"古云:唯博,乃能约。密之日益精进,吾之慰也。那么你以为第二个佐证时间呢?"方孔炤也欣然微笑。

"第二个,应当与桂林第大门楣上的'桂林'二字有关。"方以智答道。

方子瑛抢着说道:"我知道,家族长辈们常常说这个门坊题字故事。由于自勉公的子孙科举相承,门望欲隆,都谏王瑞很高兴地在桂林第门坊上题字'桂林'。而王瑞乃是望江县人,是吾八世祖与信公方印的仲女婿。"

"嗯,王瑞为成化十七年(1481年)都给事中,故尊称都谏。"方以智点头,继续道,"因此,其题字时间必在成化十七年之后。题字后,家谱强调'族乃大'。可见从这个时候开始,'桂林'二字的影响渐渐扩大,开始正式冠名吾方氏。"

方以智想了想,又补充道:"还有呢,桂林第门前有弘治时期八世祖方向等五举人'桂林坊',其影响也大矣。"

方子耀听了频频点头,若有所悟地说:"如此说来,吾方氏得嘉名桂林,其源有四。一者,二百余年前,六世祖自勉公、自宽公兄弟于大宁寺巷口新创建桂林第,自勉公还首创家谱,即以桂林贯名吾族,那时就手植了双桂树;二者,成化元年,七世祖廷辅公开府桂林;三者,成化十七年后,都谏王瑞题门'桂林'二字,族乃大;四者,桂林第门前有桂林坊!"

"子耀总结得好!但无论如何,自成化年之后,吾族获嘉名桂林方氏都已经是水到渠成矣。"方维仪和方孔炤相视而笑,都为孩子们的进步而高兴。

"哦,我终于明白了!"方子瑛也如释重负地松了一口气,"可是,仲姑、父亲,你们说过,这桂林第老祖宗基业如何传承,也是不同于其他姓氏的一个特殊地方呢?"

方维仪挥手止住大家的话头:"子瑛问得好,但时候已经不早了,这个问题还是留待明晚再说吧。密之明早的慧业堂旬课,可不能迟到啊。"

方子耀又与潘翟走在了一起,两人小声地说着什么。

6

"采采芣苢,薄言采之。采采芣苢,薄言有之。采采芣苢,薄言掇之。采采芣苢,薄言捋之。采采芣苢,薄言袺之。采采芣苢,薄言襭之。"

廷尉第远心堂,依旧灯火灿然。方其义一边念念有词,一边在纸上画着什么。

"其义,你画这个干什么呢?"方子瑛问他。

"画的这个是芣苢,就是车前子啊!今天天气真好,一直下得没完没了的雨也停了。这是上午在泽园里采的车前子,你看又大又肥!"

正说着,方维仪、方孔炤、方以智等人已经走进来。

众人一坐下,方子瑞就指着画卷对方孔炤说:"父亲你看,这翕乐堂是桂林第中最为古老的,上面'翕乐'二字是颜体,但颜色有些脱落了,好在我用的是白描技法,这样就看不出掉色。"

方孔炤颔首微笑,嘱咐她多听仲姑的意见。

方子瑛却迫不及待地抢过话头:"上次阮婶母说,翕乐堂属于我们中一房的。当时我心里就有疑问,既如此,吾家何以不住其中?"

"这'翕乐'二字,还是当年大参公姚旭为自勉公所居之堂题写的呢。"方孔炤见她急性子,就有意慢条斯理地回答她,好磨磨她的性子。他给孩子们讲述了姚旭的故事。姚旭正是方维仪丈夫姚孙棨的五世祖,曾任云南参政,故称"大参公"。

"当时,七世老祖廷献公方琳,有母弟四人,从弟二人,家谱说他们'居同室,食同釜,终身无改'。廷献公秉家政,'不以一黍自私',诸弟'亦无所私'。大家白天或耕或读或贸迁,各授其职;夜晚坐在一起,'恰恰怡语',直到'漏下一鼓'始退。"方孔炤接着讲述。

"后来到了天顺年间,知县赵公认为廷献公德行高尚,又有学问,就延请他为县学'阴阳训术'。廷献公还与当时的京都名贤相交游,如景泰状元、翰林院修撰经筵官柯潜,礼科给事中张宁,以及大参公姚旭等人,'皆乐与之游'。姚旭先生还为自勉公曾经所居之堂(这时已经由大房廷献公继承)题了'翕乐'二字,翰林学士柯潜写了《翕乐堂记》,众人还竞相以诗文赠之。"

方以智问道:"诗经云:兄弟既翕,和乐其耽。这'翕乐'二字应该是取这个意思吧?"

方孔炤点了点头,接着说道:"那时的桂林第,正如家谱所言'雁行七室,递秉家政,诸妣职春爨,三世同居无间言。'兄弟七人轮流执家政,三代同堂,可谓'翕乐'。而廷献公所继承的翕乐堂有如此众多名贤为记、为诗、为题,又为吾廷献公一房所继承。尔等将来应当对这些诗文啊、题记啊,及时做些整理,记载下来,以永为念。"

方以智等人都点头称是。

方以智又问道:"柯潜除了写有《翕乐堂记》,还有诗写廷献公,'近已攀龙霄汉上,梦魂犹恋水云津',这句诗大约是说吾方氏自此已经开始崛起了吧。"

"确实如此。"方维仪接过话头,笑着说,"吾方氏族始兴于自勉、自宽两兄弟,时人称'凤仪坊双璧'。而自勉祖有五子,也即七世祖兄弟,时人誉为'凤仪坊五龙'。吾父廷尉公、仲父玉峡公,时人更誉为'凤仪坊双凤'。"

莆田状元柯潜《翕乐堂记》书影

"吾与哥哥密之,里人都指着说是'远心堂双雁'呢!"一直在认真听讲的方其义忽然奶声奶气地说,语气里满是自豪。

方子瑛立即接道:"嗯,鸿雁!高飞的鸿雁!"众人都笑了起来。

方孔炤继续说道:"吾家素业儒,自六世祖之后,科第相承,家日以大,人文蔚起,已巍然为巨族矣。这从城内诸多吾族牌坊可以看出,如世科坊,为洪武己卯举人五世祖伯通公立;联芳坊,为正统丁卯举人七世廷辅公立;奎光坊,为成化己酉举人廷璋公立;登庸坊,为成化丁酉举人与信公立;桂林坊,弘治戊申知县陈勉为吾方氏五举人立;等等。"

方子瑛又急着问:"后来翕乐堂归哪一房了?"

"别急,听我慢慢道来。"方孔炤依旧不急不慢,"且说到了八世祖的时候,吾方氏已经人口众多,桂林第不可能住得下七大房越来越多的子孙。好在各房在乡下都有田庄。弘治时期的桐城训导许浩,为吾方氏家谱作序时,还详细列出了各房的乡下田庄名,称赞方家田产甲于一县,其实就是赞扬吾方家开枝散叶、族众裔繁嘛!"

方子瑛追问:"那么八世的时候,老祖宗开始分家了吗?"

"没有吧。"方以智接过话头,"吾刚才翻家谱时,正好翻到这一节,说是虽然已经分房了,但还没有实质性地分家。那时也有人提出要分家,可四房的八世祖与义公方向,写信回家力言不可,认为分家不是好事,'不祥莫大焉'。"

方孔炤笑道:"嗯,是这样的。其实家谱中还有其他线索。八世祖与济公方舟的列传有记载,'诸父以序为政,及廷实(四房方瑜,廷献公方琳的四弟)。与济曰:大人秉家,当入城。几代耕仙壖,席世业'。可见,八世的时候仍然没有分家,但各房都在乡下有自己的田庄。城里的桂林第则由各房轮流'秉政'。"

方维仪点头:"这与咱们一房与信公方印列传,也互有映证。与信公列传说'时同居凤仪坊,五服之属萃一堂',说明此时确实没有分家。"

"其实,"方孔炤接道,"七世祖桂林公方佑在外为官时,就曾有家书提及'九世同居'。可见,当他还在世的时候,上有长辈,下有孙辈,桂林第已经是九世同居的祖居。他还在家书中说,'古称同居为义门,则分门割户为不义'。他也不希望分家,并要求子孙'永相翕乐'呢。"

方子耀说:"明白了。也就是说,直到第九世,桂林第中仍然有七大房。其中,翕乐堂在这个时候,仍然是属于我们一房的。其他各房在桂林第中自然也有自己的堂第。"

"是这样的。大约在嘉靖年间,也就是在第九世的时候,我们一房出了点事情。除了四房有位九世祖'贤且贵'外,其他各房都平平。这个时候实质性的分房就开始了,桂林第才在家族内部真正发生了产权转移。"方孔炤说。

方子瑛又着急了:"究竟我们一房的九世祖出了什么情况,从而导致离开了桂林第?"

"时候已经不早,且听下回分解!"方其义奶声奶气地学着父亲的声音说。方子瑛用手指点了一下他的额头,大家都笑着分散走出了远心堂。

7

廷尉第远心堂。

方维仪正在点评方以智的制义卷。"密之,你近来所读必周秦之言,所赋必汉魏之诗,课业确有精进。同时也要注意,防止陷入奢靡空疏不实的文风,应裁量众流百家之得失,力求做到文辞尔雅、叙事达义。"

方子耀、潘翟等人,有的在忙着刺绣,有的在忙着绘画,也有的在翻阅书卷。

第十四章 第宅高明巨贵家

"仲姑,我们来了!"方其义在前面跑着,方孔炤跟着大踏步走了进来。

"父亲快来讲,从昨晚到今天一天,我都在纠结今晚的答案!"方子瑛依然说话很快。

方维仪微微笑道:"潜夫,孩子们!家乃国之本也。理家史,溯源流,以仰承列祖之忠孝节义,继绍列祖箕裘,岂可不敬慎乎?桂林第祖宗式之,子孙赖以保之矣。"

"是也。"方孔炤说,"吾方氏向来以高行德义闻名乡里,桂林第更为一邑之重。传至第九世时,仍有七大房居其中。而翕乐堂亦由一房继承,传至第八世与信公方印,他以成化丁酉举人任浙江天台令,卒于官。因有政绩于民而祀于桐城和天台两地乡贤祠。其独子,也即一房第九世惟恭公方敬,出现了一点意外情况,不得不离开祖居地了。"

孩子们都凝神静听,方子瑛与方其义显得尤其急迫的样子。

方孔炤继续道:"惟恭公重义轻财,甚至挥资若弃,常乘醉与人资,醒不复问。他有一姻亲乃是当地豪强,侵占了吾方家龙眠山里部分祖坟山,惟恭公大义率族人复之。族人深服其无私也。"

"方家好义重德,一向如此。"方维仪说。

"是也。"方孔炤接着说,"但惟恭公也因此家道中落,家谱列传中说他'岁徙无宁所',当他耕作于东乡田庄白塥时,你们的高祖父月山公(方祉)出生了。月山公和几个兄弟长大后,为了帮助家里生计,依靠释儒事生,并努力攻读功名,却出试不偶,后来携家潇然隐居于自己授徒为生的北乡白沙岭,你们曾祖父、祖父都出生于那里,白沙岭、连理亭,已是吾一房之重要过渡地也。"

"那就是说,到了九世祖惟恭公时,桂林第产权归属发生了变动是必然的了。"方子瑛恍然大悟似的。

方以智也似有所悟:"或许,桂林第的传承与其他家族不同的特殊地方,正在于'贤且贵者承继'吧?"

"正是这样。桂林第的继承突破了大小宗和嫡庶之别,只有由贤者、贵者承继,这样才能世泽永绵,防止五世而斩啊!"方维仪颔首道。

方孔炤也点头道:"是也。嘉靖年间,桂林第的继承者出现了。这就是四房的惟力公方克。他中了进士,由贵溪知县、桐乡知县,擢升四川道、贵州道御史,再出为泉州太守。因为他的家在桐城,任职过桐乡,而泉州别名刺桐城,所以他又自号'三桐寄主'。在升任陕西苑马寺少卿后,族人又尊称其为'少卿公'。"

方维仪插话道:"吾少时常闻少卿公故事,赞他持风采、不避权要。有一年,他在巡按庐凤等府时,这些地方的贪官墨吏得知他要来巡查,都吓得自动丢下官帽望风而逃了。"

"仲姐今后若得闲时,可为孩子们多讲讲少卿公逸事。"方孔炤笑道,"少卿公垂髫过带,远远望之即知为伟人。且说少卿公任地方官时,多有惠政,所经之地都立有'去思碑''甘雨碑',祀名宦祠;在御史任上,他上疏整兵弊、革冗费、理盐政、安民生,语皆切直有条,最为贪官污吏所忌惮。"

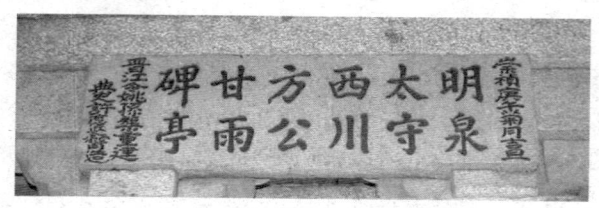

泉州至今仍有纪念泉州太守方克的甘雨碑亭

"吾弟自从通籍为官以来,吾父不也是经常写信与你,要求你勤以办职、廉以临财、谦以待友、慎以出言吗? 还经常列举少卿公等家中前辈的事呢。"方维仪又道。

方孔炤点头道:"是也! 吾为官一直以桂林公、天台公、少卿公等先辈为榜样。少卿公为官三十年,田宅仍先人之旧,时人赞他'俭养廉,廉生公,进为司直,退为典型'。里人中丞赵公釴,即咱们太恭人的叔父,曾为之作谏文曰:公所不能者,愚夫愚妇之所易;而所能者,豪杰之士难之。"

"这么说,桂林第后来就归属四房九世祖少卿公方克了吗?"方子瑛关心的仍然是桂林第的归属变化问题。

"到了嘉靖年间,由于少卿公的贤且贵,桂林第确实一并归属于少卿公。"方孔炤说,"桂林第中的孚萃堂,就是少卿公之堂。可惜的是……"

"可惜什么?"方子瑛又着急了。

方孔炤喝了口水,继续道:"可惜的是,少卿公因为子生辄夭,没有后嗣。所以,桂林第又重新归属于一房,由第十世子孝公方迯继承。子孝公是第八世与溉公方塘的曾孙,而与溉公又是我们先祖与信公方印的弟弟。所以说,桂林第这个时候又重新归属于我们一房了。"

"那后来,桂林第怎么又归属于六房了呢?"方子瑛仍然着急地问。

方子耀笑着说:"故事的发展,越来越接近我们这个年代了。别急,明晚再听讲吧。密之哥哥明天一早要去慧业堂呢。"

"哼! 谁不知道你呀!"方子瑛白了一眼方子耀。

8

"潜夫,上午你季姊跟我闲聊,她听说这些天晚上,吾家经常举办家史讲述,十分高兴。所以呀,今晚六弟尔止,也将陪你季姊前来呢。"

"很好!季姊前几日与六弟一起,也同你们去了桂林第,必有其新见也。"

廷尉第远心堂,又一场讲述即将开始。当听姐姐方维仪说季姊和六弟也要来时,方孔炤和孩子们都很高兴。

方以智知道方文要来,也坐立不住起来。他们二人年龄相若,在一起总有说不完的话。但今天在慧业堂时,方文并没有提及此事,可见是季姑方维则后来才告诉方文的。

众人正说着,小童禀报方维则姐弟来了。

方维则进来后,坐在了方维仪的下首。方孔炤则招呼方文坐自己的下首,正好与方以智坐在一起。

方维仪笑着对孩子们说:"前几个晚上的讲述,我都与你们季姑说过了。今晚继续说十世祖东谷公的家事儿。"

方子瑛马上接口道:"好呢!我就关心桂林第如何由吾一房子孝公,又流转到六房东谷公了。"

方孔炤微笑道:"咱们中一房的子孝公有五子,其中长子、第四子、第五子都没有后嗣,第三子也人丁不旺。按理应该其第二子赞元公(方学华)继承。"

"赞元公隐居于浮渡,我十五岁那年陪祖父在浮渡读书时,他还多次陪祖父优游呢。"方以智说。

"但是,赞元公本来家居松山。他和我们的九世祖惟恭公一样,为人古直好施,经常将财产赠予他人,由是家道中落,不得不在松山、浮渡等地授徒为生,后来他就徙居于浮渡了。这个时候,吾方氏家族又出了一个高行大德之人,其子更是既贤且贵,桂林第就归属于他了。"方孔炤说。

"就是阮婶母他们家了,是吧?"方子瑛终于松了一口气,但是她很快又问,"父亲,孩儿想问的是,这个高行大德之人是不是逋庵先生的祖父?"

方孔炤点头道:"是也。他就是吾前些天与你们讲述过的东谷公(方绹),大文豪袁宗道写过东谷公行状。"

"左公也有一首七古诗是写东谷公的呢,尔止你还记得吗?"方维则的父亲方大铉与左光斗、叶灿、方大任四人,无论居家还是居官,都是来往最为密切的契友,所以她对左公的诗文比较熟悉。但她让弟弟方文说,因为方文乃是左光斗的大女婿。

"我知道这首诗,请允许我背出来吧!"方文随后就背起了左光斗的诗《题东谷先生山庄》,"予生之辰苦不早,父老犹能说乡老。乡老显者郁相望,德行无如东谷好。东谷先生古隐沦,结庐直与杜陵邻。十里绮疆分地巧,千年古木拂天匀……余不识翁识翁处,识翁之孙名侍御……"

"诗中的'名侍御'就是吾从伯父冏卿公方大美,乃是东谷公的长孙也。所谓'十里绮疆',即今城郊吕亭十里铺也。经由此地前往白沙岭,皆千年古木连荫。"方文背完了诗,并解释说。

"是也。"方孔炤点头称许,"东谷公是六房,他们这一支也与我们一房一样,经历了由城入乡又由乡入城之路。"

方孔炤接着详细讲述了六房的故事。且说成化元年,方氏三房的七世祖桂林公,正由四川道御史巡按广西时,六房的七世祖廷璋公方瓘,由县学生中应天乡试第二十九名,次年落第回归,不幸病卒于山东临清县学宫。廷璋公是自勉公幼子,比桂林公年幼二十六岁,他在幼年时自勉公就去世了,实际上也是自幼受教于仲兄桂林公。

"廷璋老祖的命运也实在不济呀!"方文听完了六房的故事后,转头对方以智说。

方孔炤继续说道:"廷璋公有三个儿子,都幼孤。其中长子与宪公方台,与吾一房八世祖与信公方印一样,只读书不问生计,可惜他屡次应试都不利。仲子与执公方圭,耕种于城南的南亩,以养其家。有一次向伯父借母牛,伯父'微德色',他遂即不借,回家'向隅而泣',然后就奉寡母,发奋力耕,每年开荒三亩田,冬季则带着家仆做买卖,就这样勤奋努力了三十年,终于在吕亭创下了乔庄,有田三百余亩。"

康熙三十五年《桐城县志》凤仪坊位置图

"今晚一个时辰已到。我留个问题吧:与执公方圭创建了乔庄,对六房来说,这意味着什么呢?"方维仪这时止住方孔炤,微笑着问孩子们。

9

"现在,我回答昨晚仲姑的问题吧。与执公方圭创建了乔庄,这表明六房先祖由城入乡吧？"待众人坐定,方以智首先说道。

远心堂,灯光如昼。

"是也。"方孔炤微微一笑,"与执公方圭所创的乔庄,在吕亭古驿附近。附近有东环山鲁𪩘,还有古鲁王墩。他与兄长与宪公方台合住于乔庄,一个力田,一个攻学。与执公有两个儿子惟著公方绷、惟朴公方绚,但惟朴公方绚无嗣且先逝,惟著公方绷有一子,你们猜猜是谁？"

方子瑛抢着说:"正是吾方氏六房崛起的关键人物,十世祖东谷公是也！"

"对！东谷公是其别号也,源于其家居附近的东环山鲁𪩘。𪩘,谷也。名讳梦旸,字子旦。夫人齐氏,为齐之鸾之女。而齐之鸾是桐城历史上第一位翰林。"方维则接着话头,十分感叹地说。

方维仪笑道:"季妹也熟悉东谷公事略？由于东谷公大贤,所以袁宗道称赞'凡昌炽之门,其始必有笃行君子,溟溟默默,不显其声名,以深舂根,故其发必大'。斯言诚哉！"

"仲姊,您难道不记得,吾家与东谷公之渊源吗？"方维则也微微一笑。众人听她一提醒,都恍然。

原来,方维则年十四时嫁同邑生员吴绍忠。吴绍忠乃是嘉靖朝陕西参政吴檄之曾孙、万历朝通政吴自峒之孙。而吴自峒正是东谷公的女婿,幼时孤贫,由东谷公抚教十余年,嘉靖四十一年(1562年)成进士,历官尚宝卿,再升太常寺卿,转南右通政(正四品大员)。

可惜吴绍忠与姚孙棨一样体弱多病,方维则嫁过来两年,他即撒手西去,留下一子也早夭。方维则也与方维仪一样,回娘家寡居。

"岂有不闻耶？"方维仪说着,又拿出了一卷书,"我从城东稽古堂里找来了袁宗道先生的著作,这里有一篇写东谷公的文章,提及许多积德隐忍逸事,也提及了方家与吴家的渊源。袁先生为文独抒性灵,不拘俗套。尔止与密之,你们可以拿去认真拜读领会。"

方文与方以智连忙答应道:"是。"

方维仪又道:"东谷公之积德隐忍,皆为常人所不能。其后世子孙受其惠而发必大。所以袁宗道先生在文章里云:'不溢于后,将安泄乎？'他的后代怎能不发达呢？"

"吾姊所言甚是也！东谷公生平所受的横逆,别人以为腐心塞咽,不堪忍受,而东谷公甘之若饴。所以啊,其子孙辈人才济济,真可谓溶历崇显、兰玉相映矣！"方维则说道。

方子瑛终于松了一口气:"所以这个时候,桂林第必然归属六房东谷公了,因为其高德大贤,子孙也贤且贵啊！"方子瑞、方其义也恍然似的松了一口气。

"嗯,汝父现在可以公布答案了吧!"方维仪颔首笑道。

方孔炤看着孩子们,微笑着说:"万历年间,六房十二世囧卿公方大美考中举人那一年,吾方氏合族之人都说,东谷公有盛德于宗族,既贤且贵,桂林第舍思济谁归?思济者,囧卿公字也。于是,囧卿公就顺从族人的美意,将整个桂林第买下。桂林第从此就成为囧卿公之私第矣。"

"六房这个时候,又从乡里返回城里了。"方以智说道。

方孔炤笑道:"根据家谱记载,东谷公早就奉母亲城居了。因此,六房返城其实很早,并非从大美公开始。"

方子瑛立即接道:"也就是说,六房从第八世离城入乡,又从第十世由乡回城。而我们一房呢,是从第九世离城入乡,第十一世又由乡回城。"

"总之,桂林第翕乐之堂,自勉公方懋之堂也;孚萃之堂,惟力公方克之堂也;光启之堂,囧卿公方大美之堂也。"方维则说。

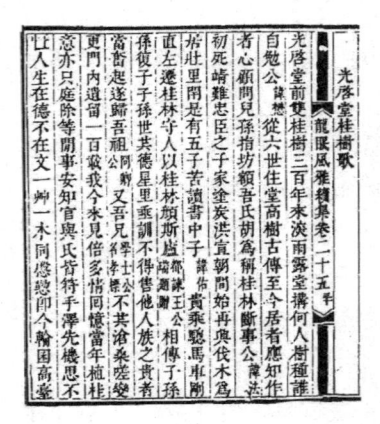

"是也。"方孔炤颔首道,"我们一房明善公进城后,在桂林第附近另辟地新建府第,还为合族建了总祠堂一本堂,并于祠堂边创建桐川会馆。囧卿公与吾父最为交好,他在桂林第住了数十年,其堂为光启堂。今桂林第中,六房可谓人才辈出,正如你们季姑所言'浒历崇显,兰玉相映'矣!"

方维仪见众人听了,都欣欣然有所得的样子,又见时间不早了,想到回溯家史的基本目的已经达到,于是说道:"这几天晚上,带着孩子们回溯家史,探讨族名因缘和族规祖训,唯有一句话要告诉孩子们,那就是吾方氏自德益公宋末迁桐以来,始终信奉的是,为臣必为忠臣,为子必为孝子,为弟必为顺弟,为友必为信友,为学必为真学。尔等切切铭刻于心,无论何时何地,都不可忘记也。"

东谷公裔孙方育盛《光启堂桂树歌》

"孩子们,你们仲姑所言极是。"方孔炤也深有感触地说,"今天来看,翕乐者,颂词也。孚萃、光启者,皆勉词也。这几日,孩子们溯源家史,仰承先德,岂可不念翕乐之施?岂可不思怎样孚之萃之?岂可不念如何光之启之乎?"

第十五章　援琴慷慨不能忘

1

"二月三月山初暖,最爱低檐数枝短。白花不用鸟衔来,自有风吹手中满。"方维仪忽然想起这首唐诗。此时已是崇祯元年(1628年,戊辰年)二月将尽时节。

尽管天气比较干旱,但花事依旧一茬接着一茬地热闹着,她喜欢抬眼搜寻这个季节的龙眠山,但见那些杜鹃花正呈欲燃之势,而花香随着微风扑鼻而来,一种沁人心脾的感觉。

泽园学子连日来在慧业堂上旬课,课余还在泽园开展了学耕活动。白瑜老师也趁着大好春光,于"三月三日"上巳日这一天,带着慧业堂一批学子来南河边,效晋人王羲之"曲水流觞,修禊事也",分韵赋诗。

方大镇一面在家安排精心照顾高龄老母赵太恭人,一面与桐川会馆社友相与论学,同时在仲女方维仪的协助下,加快若干著作的整理编辑进度。方孔炤则去了皖城,参与那里六邑士子组织的雅集活动。

龙眠山上的杜鹃花正呈欲燃之势

适逢三月望日(三月十五)之夜,明月在天,花香扑鼻。方维仪带着侄子侄女们在远心堂的庭外赏月。

方子耀见仲姑正若有所思地沉默着,就想让仲姑开心,遂上前说道:"如此好花如此月,月诚不负人也。仲姑,您的清芬阁雅集好久没有进行了,不如今晚咱们来一场'明月赋',也不负月,也不负花,就算是清芬阁雅集了,如何?"

方维仪心想,这侄女估计是看着我这些日子总是面有愁容吧?故而想趁这花月良宵,凑个乐趣。正待开口时,方以智已经高兴地响应了:"好也!"

"那就开始吧!"方维仪的声音依然是平和的。

"既然子耀最先倡议,那就由她先起头,如何?是诗,还是词、曲;是五言,还是七言,都由子耀先起为定,大家以为如何?"方以智笑着说。

方子玚急忙说:"好是好!只是不要太难!"

"我且以仲姑清芬阁诗社为譬吧!"方子耀站起来,沿着中间的花坛走了一圈,然后清了清嗓子,抑扬顿挫地吟咏道:

忆秦娥·远心堂赏月

东风烈,满楼兰气人如月。人如月,墨香飘逸,烛光澄澈。桐山涌翠翻新阁,清芬松竹真高洁。真高洁,龙眠居士,苏黄相悦。

"子耀雅意深远啊!"潘翟听她念完,立即赞许有加。众人也都称赞说好。方以智也笑着说:"子耀平时不露声色,每发声必有惊人句。这首词立意甚好,即景咏怀,又将那宋画第一的乡贤李公麟故事融入进来,以况吾仲姑清芬阁诗社,真是妙极!"他也绕庭中花坛走了一圈,然后朗声咏出:

忆秦娥·远心堂赏月

花似雪,东风夜扫龙眠月。龙眠月,清光朗照,几回圆缺?安居岂可称豪杰,南溪亭古长思彻。长思彻,江南江北,知交和悦。

"密之可谓才思敏捷也。南溪亭古一句,应该是以你曾祖父明善公为喻吧?那'清风明月'亭乃是他亲手所建,又多年读书于亭中。你安居泽园,应该时常想的是他对你'长大磨铁砚'的厚望。至若游侠豪杰之思,如今吾大明已是崇祯新元,期待尔等士子不久将来也班列于朝,为国做贡献,那时才算得上真豪杰呢!"方维仪对侄子既予以肯定鼓励,又趁机予以提醒。

方以智对仲姑的嘉勉连声答应着,退坐一边。方子玚急不可待地站起来:"若是就填这个词,我觉得并不难。"她也学着前两人的样子,绕花坛一周,然后清脆地吟诵道:

忆秦娥·远心堂赏月

花飞雪,远心堂对亭亭月。亭亭月,画栋帘卷,丹青明洁。琴心试与弹三叠,纷纭玉峡何清切。何清切,结庐斯境,应堪怡悦。

方子耀笑道:"好你个子瑛,你是三句话不离你的画笔和琴弦!不过呢,你小小年纪,倒有吾家长辈们结庐玉峡的心境,虽是故作超然,却也难得!"

"这杏花如雪、皎皎明月,让副华想到西乡练潭故里,大儒王阳明先生曾留有'练潭秋月'佳咏。副华才力不逮,思考许久,勉强为之,敬请仲姑教正,也请弟妹们不吝指瑕。"潘翟见应该轮到自己了,但见她站起来吟道:

忆秦娥·远心堂赏月

杏花雪。寒潭曾对阳明月。阳明月,风传细细,清香澄澈。一泓澄练真如玦,芳华不负乘时节。乘时节,凌云逸气,此情堪悦。

"副华心似明月何皎皎也。"方维仪称赞着,心里想,这副华的词,显然有规劝其夫君勤学之意,遂又说道,"但亦有凌云之气,谁言吾女子不如男耶?这样吧,仲姑我也填一首为你们凑个兴,算是不负今夜明月,愿尔等不负芳华!"只听方维仪缓声吟诵道:

忆秦娥·远心堂赏月

东风烈。庄生晓梦迷蝴蝶。迷蝴蝶,向隅眉敛,当年吴越。桐山欲画千重叠,一轮皎皎真明洁。真明洁,诗书课侄,吾心禅悦。

众人都击掌说好,方以智却站起来说:"仲姑幽心禅意,却向隅眉敛。我等也应多多体谅仲姑之劳苦,如此则诚不负教诲也。"

正说着,小童进来通报:廷尉老爷来了。众人遂都迎将过去,却见方大镇已经走进了院子,跟在他后面的是老仆方魁和一个书童。方维仪看见父亲虽然已年近七旬,但精神还不错,走路步伐仍然很矫健。

2

去年暮秋,方大镇从南乡隐居地白鹿山庄回来后,一直到现在还未出城。原因是去年以来,他的高龄母亲赵太恭人,身体状况一直欠佳。在方大镇细心的服侍下,老人家的身体又渐渐好转。方大镇还将宁澹居荷薪斋的那栋楼,重新命名为"春晖楼",寓意为"寸草报春晖"。

难得的是,小妹方令德去年秋末也归来了。自出嫁以来,令德与夫君随公婆宦游多年。公公虽曾居高位,却清廉自守,致仕后家中仅有薄田数亩。令德与夫君秉家政,抚教四女一子,孝养公婆,忙碌生计。随着公婆相继去世,几个女儿相继成家,红白之事,都亲自操劳,又因道遥途远,所以每次回城总是来去匆匆。这次探望了病中的太恭人,却得讯继婆母江夫人身体有恙,不得不辞别,匆匆而去。

方维仪当时写了首《暮秋方妹至》:"石上逶迤挂薛萝,穷庐岁暮转蹉跎。高山野雾催寒近,古树秋风落叶多。回雁远从黄菊至,空庭遥望白云过。每逢知己开幽兴,向月琴尊若夜何?"回忆从前与幼妹月下弹琴的日子,感叹幼妹与夫君骈驰的幸福,而自己则是年年蹉跎穷庐。诗中"白云"二字乃是双关,实指妹妹家在百里之外的东乡白云岩那里。

方大镇今晚在桐川会馆与马光禄(马孟祯)、盛光禄(盛世承)、吴宫谕(吴应宾)以及族弟方大任等人商谈社事,谈到天启时代落幕,把持朝政的魏党之流已经被驱逐;崇祯改元,标志着一个新时代的来临,不免兴奋。本来想回房休息了,却见孩子们仍在月下雅集,就过来看看大家,不由得又谈起崇祯改元之事,进一步勉励方以智等人将更多的精力放到攻读举业上来。

方大镇《春晖楼》诗并序

"明月虽皎皎,但夜凉如水,或易受寒,请父亲和孩子们还是到远心堂里来吧。"方维仪站起来说道。

方大镇见这几个孩子正津津有味地听着,也怕他们着凉,就应了方维仪,往远心堂走去,方维仪与孩子们跟着方大镇进来。

方大镇还给孩子们通报了朝廷邸报消息:崇祯元年正月,魏忠贤、客氏、崔呈秀这三位"祸首"被加重处罚,虽然他们本人已死,但他们的尸体仍然被处以"凌迟"极刑。

这虽然是一条迟到的消息,但对方家来说,不啻一声平地春雷。未来方孔炤、方大任、何如宠、马孟祯等一大批被削籍夺职、在家闲居的官员,必将会被起复使用。作为正在攻读举业的诸生,方文、方以智、吴道凝、孙临、周岐等泽社诸友也将迎来重走父辈科举之路、报效朝廷的新机遇。

方维仪在与孩子们议论这份邸报时,不由得对新即位的崇祯皇帝朱由检刮目相看,觉得他既不同于万历皇帝朱翊钧的消极怠政,又不同于天启皇帝朱由校的皇权旁落。

话说朱由检的养母,正是曾经想控制天启皇帝搞"垂帘听政",却被左光斗、杨涟等朝臣驱逐的李选侍。这位对朱由检倾注了全部心血和母爱的李选侍,在被驱逐出东宫后，又遭到客氏、魏忠贤之流忌恨和排挤，以致忧郁而死。

朱由检五岁时，生母刘氏被父亲下令杖杀。这次养母被移宫致死，他因此受到极大的震动。他自幼就痛感人世的复杂和朝野党争的恶劣，也因此养成了对身边人不轻易信任的态度。

这种不轻易信任其他人的习惯，为朱由检艺术性地处理阉党魏忠贤及其余毒，留下了即位以来最为精彩的一笔，受到朝野人士的刮目相看。人们似乎从朱由检身上看到了新希望。

朱由检年龄与桐城泽园这班少年正好差不多大。作为朝臣之子的方以智等人，很早就领略到了朝野门户之争的险恶。而作为皇室贵胄藩王的朱由检，更是没有一日不耳闻目睹朝臣激烈的党争，这让他过早地在心智上成熟起来。到了天启时代，对于魏忠贤和客氏的一手遮天，朱由检也早有警觉，决不轻易暴露自己的想法。

没想到造化弄人，天启七年（1627年）八月，朱由校意外驾崩，而他曾有过的三子二女都先后夭折，他的七个兄弟，只有异母弟朱由检和他长大成人。十七岁的朱由检作为顺位第一继承人，就这样毫无思想准备地站到了大明皇帝宝座面前。

3

"面对狡猾的魏党，新天子是怎么应对的？"方以智继续追问。

方维仪显然也非常关心，她与几个侄女都在认真地听着方大镇解读邸报。

朱由校临终前，还称赞魏忠贤"恪谨忠贞，可计大事"，说白了就是要大小臣工继续听命于这位九千岁。而作为皇帝侍卫的军事机构锦衣卫，一直唯东厂马首是瞻，五城兵马司的各路指挥使，也多与以魏忠贤为首的阉党有千丝万缕的联系。兵部尚书崔呈秀更是魏忠贤的最大智囊。

朱由检如果一着不慎，就很有可能粉身碎骨。即使顺利登基，面对其兄朱由校留下的这个烂摊子，该如何整治和振兴，他的心中其实也一片茫然。

似乎受到高人的暗中指点，朱由检一面表达对先皇去世的悲痛之情，高度评价先皇的伟绩丰功，一面赞赏魏忠贤等内外朝臣这几年来劳苦功高。除此以外，他基本上保持沉默，一切任由朝廷按既定程序办理。当然他明白，所谓既定程序，其实都是魏忠贤在把控。

这时，有一个人也在忐忑不安，正反复揣测朱由检的心思。他就是魏忠贤。但他仍然表现得很自信，毕竟朝堂上下都是他的党羽，谁敢不听他的使唤？至于新皇即位，那还不是按他魏忠贤的意见操办吗？

朱由检终于小心谨慎地熬到八月二十四日登基大典。魏忠贤宣读先皇遗诏的声音悠长地回荡在皇极殿内,朝臣依旧能从他的声音里听出踌躇满志。

诏书开始无非是赞颂先帝"仁度涵天,英谟宪古,励精宵旰,锐意安攘。海宇快睹维新,疆土勤思恢复,万机总揽,六幕提麻"之类,然后是"爰膺顾命,仰承遗诏"之类的谦辞。最后是表达新皇的施政方向:"朕以冲龄统承鸿业。祖功宗德,惟祇服于典章;吏治民艰,将求宜于变通。毗尔中外文武之贤,赞予股肱耳目之用,光昭旧绪,愈茂新猷。所有合行事宜,开列于后。……播告天下,咸使闻知。天启七年八月二十四日。"

在魏忠贤朗声宣读即位诏书时,朱由检默默地放眼望去,但见大殿内,文武大臣班班于列,殿外还有百官候列听诏。朱由检似乎要努力洞悉这些表情肃穆的臣工的内心。他知道,这份《即位诏书》,不过是魏忠贤和这些内阁大学士给他这个新皇帝画了一个今后执政的"框框"而已。

4

暮春时节,泽园里柳絮翻飞,榆荚伴舞,落地残红。

这天上午,方维仪带着三个侄女和幼侄方其义来泽园附近看农耕,顺便就到了泽园雾泽轩,见方以智等人正在围绕最近的邸报内容,谈如何写好"拟疏"一类的策论,遂坐下听他们的议论。

不一会儿,方孔炤也走了进来。

方孔炤这段时间心情很好,他坚信自己即将起复,而《全边略记》已基本告成,届时他将奉献给新皇。近几日又应他的同科进士阮大铖之邀,频频赴皖城,参与阮自华组织的六皖人士海门诗社雅集。阮自华乃阮大铖叔祖。

"仲姊、孩子们,崇祯改元,气象一新。目前魏阉已经伏法,余党正在追究之中。我们之前被削籍夺官而退居乡里者,看来很快将起复了!"方孔炤的声音透着难以抑制的兴奋。

"如此,吾就等着祝贺了!不过,吾弟虽削职在家,可也没闲着,所编撰《全边略记》已经完稿,正可呈上御览呢!"方维仪也高兴地说。

方文立即激动地站起来:"而今,魏阉已除,必将海晏河清矣!"

孙临也随着方文站起来,按着腰上随时带着的佩剑,微笑中带着坚定:"如今大逆剪除,朝纲重振,未来驱除蛮夷、恢复边地,平定内乱、安民兴国,大有望矣!而我孙三日夜舞剑,只待挥戈沙场。"

"有道是,太平本自将军至,不许将军见太平。克咸颇有大将风度呢。"方孔炤很是欣赏地看着孙临说。

方子耀也望着孙临，眼里好像在嗔怪他："就你这个孙三，总是喜欢谈兵论剑的！"

"新天子不动声色之中，连出了几个凌厉的绝招，遂定大局。"周岐这时几句话，把大家的注意力吸引了过来。

孙临立即问他："你别着急，且慢说来，究竟是哪几个厉害的招数？"孙临担心周岐一着急就口吃。实际上，周岐经过这些日子与大家相处，一改往日内向的性格，口吃毛病也于不知不觉中改掉了。

"首先一招是，"周岐点头，尽量语气平缓，"剪除魏阉得力助手、位高权重的兵部尚书崔呈秀，向朝野发出了重整朝纲的政治信号。正是这凌厉一招，让许多官员闻风而动，上疏弹劾魏阉的奏折雪花一般。"

"可见新天子的雄才大略！"方文赞道。

周岐接着说道："新天子最凌厉的第二招，紧接着递出——公开宣布魏忠贤'不报国酬遇，专逞私植党，盗弄国柄，擅作威福，难以枚举'之累累罪行。"

"结果大家都知道了，魏忠贤被发配凤阳祖陵途中畏罪上吊，客氏也以自杀谢罪。自此，阉党余孽作鸟兽散矣！"孙临大笑。

"果然，果然！"吴道凝高兴地挥着手，"新皇即位以来，吾人多持疑虑之心，盖因其袭旧制、尊阉党，以为'老马配新鞍'。其实我已看出此种表面融洽，大约是权宜之计，麻痹魏阉而已。此后果然！"

众人见他一连说了几个"果然"，也都忍不住笑起来。吴道凝不顾大家笑他，更加兴奋："新天子对魏忠贤之流，应该是早就恨之入骨了！果然，改元崇祯以来，更让人强烈地感受到新兴气象矣！"

"吾人是否高兴得太早？"方以智却不无忧虑，"天子处理魏阉尚且如此费尽周旋。虽然对魏忠贤、客氏、崔呈秀这三位祸首处以极刑，但能否真正起到釜底抽薪作用？"

5

众人走出了雾泽轩，一起向清风明月亭走去。方维仪见田野中已经有农人在忙碌着春耕，而南溪弱柳垂翠带，别有一番景致，刚才压抑的心情顿时觉得轻松了不少。

"密之刚才所忧，虽然不无道理。"方孔炤边走边说，"但是，吾在朝时，曾见过新天子，其英俊白皙，颇有气质。今个来看，果然是出手不凡，吾人岂不应为国家欣喜？"

众人听他也说了一个"果然"，又都笑起来。

方孔炤随大家一起笑。过了一会儿，他又严肃起来："尽管如此，魏阉余毒还甚为流广，要提防再度陷入党争危险之中。"

"吾弟与密之侄所忧，亦我所忧也！天启四年（1624年），杨琏、左公等招至杀身之祸，何其惨烈！而今新皇锄奸定案，杨琏、左公等忠臣可含笑九泉矣。"方维仪回头北望龙眠。

大家一起随着方维仪的目光，向龙眠眺望，那里正是左公的龙眠三都馆。当左公遭党祸时，家产尽卖，而左公刑困时还在问："龙眠三都馆也卖了吗？"家人知道他的心思，就竭力留下了此馆。

方孔炤想到左公，就说道："奸党惨杀左公等忠臣，亦使其恶谋大露，终被锄之，左公又何憾也？吾人当期待新朝，加快平反左公、杨公等忠臣了！"

众人都点头，纷纷说，左公平反必矣，此当最为期待！

"新帝开元，本当喜事。可面临的挑战，也是非常严峻的。"周岐却又提醒，"当前北方大旱，几乎赤地千里，尤以三秦大地为甚；而辽东边事日紧，惜无良将，也无勇兵。于是乎，流寇、兵变、民乱、边警，新帝如何面对？"

孙临听了周岐的分析，不以为忧，反而按着腰上的短剑，颇是踌躇满志的样子："依我孙三所见，现在军权多由文官掌管，有骄横倨慢之心，无驭兵之术、作战之略。我孙三乃是春秋孙子异代而生，而今机遇来临也！"

"你这个孙三，是不是又在想着何时能决战沙场？"方文指着他笑。

"刚才农父所言，吾深以为然。"方以智依旧沉思着说，"吾观今之大臣，多不读书，一旦执掌国政，则高峻其门，不复见客，又岂能指望他们开导圣心？而朝廷奏疏，一半都是诤来讼去，另一半不过是满纸无益的公文，只因为他们不读书，只因为草莽之士太多啊。岂不忧哉！"

方维仪见大家议论热烈，心想这些孩子正渐趋成熟，所言所论都是直切通理，不禁有些高兴，脸上始终微笑着。

"吾编《全边略记》，旨意也在于此。"方孔炤接过儿子的话说道，"自宣德、正统以来，世家子弟骄横、贪婪，不谙军事，佩将印者只顾专权而欺世盗名。后来军权改由文官控掌，但他们更加注重清规戒律，搞内外亲疏。这些人只重气节，不尚血气。而武人多是科举不成的弃文从军者。可见，改变此等世风，何其紧迫！"

"是也！吾门子弟今后应更重视文武兼修，不可偏颇。可恨吾非男儿身，不像你等总是枕戈待旦。"方维仪也感叹道。

方孔炤笑着说："仲姊能诗文、擅绘事，也是女中豪杰。但有吾等男子在，总不能再让您去当花木兰吧？"

方维仪也跟着众人笑了起来，但她又话锋一转："前几日读吾弟《全边略记》，其中列举甚多,教训何其深刻也。其中多有总结分析,读之令人扼腕。而所提建言也都极有见地,拳拳之心可昭日月!孩子们也应仔细领会汝父此番心血。"

6

这一日,方维仪与季妹方维则,带着潘翟、左萱(左光斗次女,方文妻)、几个侄女,以及侄子方其义,与其说是前往泽园采摘蔬菜,不如说是去探访南溪盛开的荷花,让心情尽可能地得到放松。

没想到泽园里静悄悄的,小童鲁墨禀报说,方以智等人去郊外练习骑射了。

方子瑛看出姐姐子耀似乎有点失望,就故意逗她:"那个孙三呢?"

方子耀有些好气,却忍着岔开话题:"小瑛子,你看这泽园里各种各样的花都开了,好像睡醒了似的;那天上的燕子就像在闲庭信步一般。你听这四野的虫唱,你应该把你的琴带来伴奏呢!"

方子瑛不满地说:"槐树公公枝丫多,又打岔了!"

"我本无心道人,你才有意打岔呢!"方子耀说。

方维则见两个侄女闹得有趣,就说:"仲姊,学子们既然练习骑射去了,那我们就看看他们在这里的学耕情况吧。"方维仪答应着,就在小童的引领下,带着大家,先到南园里观看。

只见一园的菜被分成不同的模块,几个园工正在忙着锄草。一个老园工弓着背过来,给大家介绍这些不同模块里的菜名:"这是白菜,那是萝卜;这是黄瓜,那是茄子;这是南瓜,那是韭菜;这是芹菜,那是苋菜;这是豇豆……"

方维仪等人点着头。方子瑛惊叹着说:"这些菜长得多齐整啊,好像是穿了各式漂亮衣裳,整齐地列着队,欢迎着我们到来。"

"我最喜欢的是那白菜呢,只是现在的味道并不好吃。"方维仪笑道。

方子瑛急忙问:"不好吃,为什么还喜欢呢?"

方维仪答道:"不是说'早韭晚菘,山味厨珍'吗?早春之韭菜,晚秋之白菜。秋后的白菜最好,那个时候含露负霜,甘芳脆美,既可做时令佳肴,也可以腌制为冬季佐饭美味小菜。"

"我最喜欢的还是这水芹,全是自己生、自己长。"方维则也笑着说。

方维仪沉吟道:"南溪水芹,盖因龙眠长流不尽的山泉所润,而山泉多是历经兰草、松竹溯洗,这让水芹显得更加清香可口、风味独特,真乃天地精华,独与吾乡矣!"

"吾父在乡时,尤喜这南溪泗水桥水芹,与往来君子交游,必奉此为佳赠也。"左萱忽然想起父亲左公,不免有些悲伤。

方维仪知道她的心思，安慰道："如今崇祯改元，新帝颇有振兴之志。乱国魏阉之流，尽数伏法。左公之难，必将昭雪。吾娣应善自珍惜，平素还应多关怀安慰太公及汝母戴夫人。"

小童鲁墨又领着大家到了西园，那里有成片的桑麻，一眼望去，郁郁葱葱。几个女工正在忙着采摘桑叶。

方维仪看着这成片的桑麻，有些欣喜："虽然近年来干旱天气多，但龙眠山林深草密，雨季储水也充足。吾乡家家种桑植麻，更是让我想起了《孟子》说的那句话——'五亩之宅，树之以桑；五十者可以衣帛矣。'生民大计，乃在衣食。衣食安，而天下稳矣。"

"十亩之间兮，桑者闲闲兮，行与子还兮。"方子耀笑道，"闻仲姑所言，忽然就想起《诗经》里的《十亩之间》。而今我们都仿佛是《诗经》中那同行的桑女了。好一派和谐光景也！"

"桑女？罗敷吗？罗敷喜蚕桑，采桑城南隅……东方千余骑，夫婿居上头。子耀的意思是什么？嘻嘻——"方子瑛听了姐姐的话，立即打趣道。

"小瑛子不亦采桑罗敷吗？"方子耀笑着回她。

"好你个子耀，净胡说！"方子瑛过来就推子耀，子耀怕被推进了南溪，吓得赶紧躲到方维仪身后。

"好了，好了，孩子们！"方维仪对嬉闹的侄女们说，"你们也闲话桑麻，然而，是否知道农桑之苦呢？我这一路走着看着，琢磨了一会儿，就有了几句诗，现在念给你们听：燕子在高梁，仲夏风日长。园中桑麻成，岁月殊未央。呴嚅教童女，纺绩盈倾筐。积寸累丈匹，可以作衣裳。"

"仲姊，我细细回味了您这首五古，情景交融，寓教于景，也写出了您的平和心态呢。"方维则听了以后，好像在沉思，过了一会儿，她才如是说。

方维仪闻言笑答："我这些日子以来也想过，世事混浊，人情寡薄，有时还真不如田事明理。这首诗就叫《训女童》吧，算是给孩子们提个醒。"

正说着话，又一个小童匆匆跑来禀报："职方老爷也来到了泽园，练习骑射的少爷们都回来了，说是有要事协商呢。"

第十六章 独卧清芬明月夜

1

泽园清风明月亭。

方维仪、方维则、方孔炤坐着,左萱、潘翟、方子耀、方子瑛等人围站在方维仪、方维则一边,而方文、方以智、孙临、吴道凝、周岐等人则围站在方孔炤一边。方其义依偎着父亲,方孔炤将他的小手握在自己的手心里,微微笑着。

但见南塘里连畴摇曳的荷叶,朵朵荷花亭亭玉立,风徐徐吹来,花香清幽扑鼻,让人怦然心动。方维则有点担心地说:"夏至有风三伏热,重阳无雨一冬晴。时令已是夏至,别看这时的风景很是宜人,就怕三伏天大旱大热呢。"

"近几年天气确实比较反常。潜夫吾弟,何以匆匆从郡城归来?是否又有什么好消息呢?"方维仪笑着问。

"禀仲姊、季姊,弟这里正有好消息来着!"方孔炤口里连忙应着,一只手却从袖里拿出一卷书信,"这是与吾同科的瞿式耜、侯恂两位年兄分别寄来的。他们当年与我同时被削籍为民,如今新皇正谋用起复天下人才,他们都已回到京都,等候补缺。最近,他们分别写信与我,让我也做好进京准备呢。"

众人听了方孔炤的话,都兴奋起来。

"还有三件值得高兴的事,郡城诸位师友也都已经得知,所以昨天的雅集一直闹了个通宵。"方孔炤又卖了个关子,众人都急着催他快说。

"这第一件呢,就是吾家桂林第又出新科进士了!"

"那必是肃之弟了!"方维则喜道。

肃之,即方拱乾(1596~1666),乃是逋庵方承乾之幼弟,肃之是他的字。

"是呀!桂林第几位同辈兄弟,都是贡生,子侄辈也都勤勉好学。如今肃之又高中戊辰科二甲第五名进士,可见吾家老祖宅桂林第,真是祖先有德、风水宝宅呢。"方孔炤又说道。

方维则立即称赞道:"看来真是名师出高徒啊!左文思先生若不是天启五年去

世了,一定会在明伦堂率弟子把酒临风!"左文思即县学里的老师左德玮,他与白瑜早年是同学。

方维仪欣然赞道:"肃之真有乃父冏卿公(方大美)之风也!他又是大学士何如宠先生的快婿,能高中二甲第五名,自是有他个人的才识与勤奋,也必然是祖先厚德、长辈栽培的结果。"

方孔炤点点头,又说:"还有呢!郡城的刘若宰,高中戊辰科一甲一名。这次有三百五十人及第,都是真才实学,他力夺状元,实在不简单啊!可见新天子选拔人才之决心。"方孔炤拱手向北方作揖。

"此诚为吾皖大喜事也!"方文惊叹,众人也都欣欣然。

方孔炤喜上眉梢:"是也。吾皖六邑,进士举人不计其数,但高中状元者稀。说起来,这刘状元父亲乃是隆庆五年进士,刘家虽然居于郡城天台里,但这状元早年读书还是在吾邑练潭族人那里呢。练潭与白鹿山近,这几天,这一带都纷传刘状元刻苦读书之事迹。状元一出,练潭当地已经沸腾矣。"

"你们可知道?他早年正是石潭白瑜老师的弟子。"方孔炤又故意问大家。

方维仪笑着说:"各位泽园学子,你们也是白瑜老师弟子,要更加努力啊,将来不说夺个状元郎,至少也要高中三甲。"

方其义认真地说:"孩儿也要努力!"

方以智捏了捏方其义的小手说:"好,咱们一起努力!"

看着众人兴奋地议论,方维仪心里既高兴,又有一丝无以言说的苦涩。每一次三年大比,她总是不由自主地想起当年苦读成疾的夫君姚孙棨。

"吾仲姑要是个男儿,说不定也能考个状元呢。"心细的方子耀见仲姑笑容里似有愁苦,就想说几句逗她乐呵的话儿。

方维则笑道:"可不是呢,你仲姑与伯姑两人都是自幼聪慧,颇具灵性,诗词、歌赋、书法,样样精妙,史论识见卓异高远。尤其是绘画上无师自通。要是个男儿,考个状元,一定不在话下。"

听了季妹的话,方维仪想起幼时,父亲和祖父商量,曾为她和姐姐请了一位塾师,可是老塾师只教了她们半年便决定辞馆,直言其造诣已居为师之上,身为老师却惭愧再也没有什么可以教授的了。索性,方大镇将家中稽古堂藏书阁的钥匙交予这姐妹俩,让她们自己按照个人兴趣爱好来选择读书。

方维仪想到这,不由得对众人摆摆手叹道:"唉,女子无仪,吾何仪哉!都说女子无才便是德,吾又何必为其所累!待将来看这些泽园士子登天衢,吾此生就再也无憾了!"

方子瑛却着急地问:"父亲,第三件高兴事呢?"

"这第三件啊,比前几件更为重要了。"方孔炤忽然神色凝重起来。

2

见方孔炤忽然神色凝重起来,众人脸上的笑意都收住了。

"新天子已经下诏,追恤故左都御史邹元标、高攀龙,左副都御史杨涟,左佥都御史左光斗,给事中吴国华、魏大中,太仆寺少卿周朝瑞,御史吴裕中、周宗建、黄尊素,陕西按察副使顾大章,扬州知府刘铎等,各有不同的抚恤标准。"

方文又惊又喜又悲地说:"吾外舅左公沉冤,终于得以昭雪矣!"

"蒙新皇圣恩,左公长公子国柱已经出狱了。这孩子刚一出狱,即伏阙泣血上疏,为父哀号鸣冤。里人也多为左公请谥公揭。"方孔炤说。

方维仪急问:"此消息何时得知?左家知道吗?"

"这事邸报已有,郡城消息传得也快。我刚回城时已禀左家。左太公这些年来终于开口说了一句话:'吾可瞑目矣!'长舒了一口气,就昏迷过去了,左府一家正哭得凄惨呢。"

方维则叹道:"可怜!可怜!那整日以泪洗面的戴妹妹、袁妹妹不知如何了。记得袁妹妹常常拊心对两个儿子哭泣:'尔林、尔材,忘奸党之杀尔父乎?'"

"朝廷也必将有加恤,据说将追赠原配周氏为夫人,加封戴氏为夫人,加封侧室袁氏为宜人。戴夫人当时又哭晕过去了,袁宜人则拉着两个儿子又泣问,'尔林、尔材,知国家之恤尔父乎?'"方孔炤答道。

周岐与方文就要先行告辞。因为方文乃左公次婿,周岐乃左公内弟。而戴氏乃左公继配,是邑人、贵州副使戴完的孙女,育有国柱、国棅二子;侧室袁氏则育有国林、国材二子。方文的妻子左萱正是戴氏之女,也随他匆匆往外走。

方孔炤也起身告辞,说是到寺巷的桂林第去祝贺新科进士,同时也要抓紧校核自己的《全边略记》。

时候已近晌午,方维仪等人就在雾泽轩里与泽园士子一起用了餐。

餐后,稍事休息,方维仪与季妹方维则带着几个侄女和幼侄方其义,走出了泽园。因为不是初一、十五,所以路过五印寺时,也就没有进去了,怕打搅里面的僧人清修。

方维仪边走边想,要是所有的日子,都像今天这样既充实又平静,那该多好啊!特别是还有这么多好消息让人兴奋。可事实上呢,总有一些如青蝇一样的声音传至耳边,令人心烦意乱。如今,左公的不白之冤都已得到洗雪,可二十八年来,罩在自己这个寡妇头上的那些无端指责与猜忌,何以总是挥之不去?

溪回路转，城东北那苍郁的鲁䥽山映入眼帘，又触动了方维仪对夫君的思念，让她不由得黯然神伤。

多年来，方维仪总是为夫君吉兆仍未卜选好而焦虑不安。以前，夫君的两个弟弟年幼，不能相帮。后来他们苦读，无暇顾及。如今他们一个远在浙江为官，一个游学南都金陵。他们虽然也多次提及，要共同为兄长卜选吉兆，怎奈他们难得一起归桐。

蒋臣《为左浮丘请谥公揭》

也曾委托夫家族人，但自己孀居娘家，既不方便出面，也对他们所卜之址不满意。近年一直觉得更中意城东北鲁䥽山边的方山，该山本为娘家陪嫁山，偏偏娘家族人对此有议论。此事越往后拖，越觉得问心有愧，对不起夫君。

"与君一别廿余年，誓比阴山石更坚。长烛亦含今古恨，照予朝夕莲台前。"想一想自己孀居二十八年，守志娘家清芬阁也已二十六年。这么多年来，对上，服侍太恭人，孝敬父母；对下，抚教几个侄子侄女，也不算蹉跎岁月。想起从前，与弟媳令仪、季妹维则等人，抚琴唱和，习书白描，增删宫闱诗稿，无畏人言，何等激扬。而现在呢，虽然空闺寂寂，朱颜已老，却越来越畏惧那些世俗偏见和无聊流言。

前次李姆姆告诉她，说是南城有位塾师，居然拿她夫妇与二弟夫妇对比，为学生作孝节范文，出言颇是不恭。这使自己心情陡然跌落到冰窖一般。

好在她的内心足够强大，在每日诵念佛经的同时，她还多次拜读祖父的《心学宗》，反复体悟"此心至当处即天理"；重新温故祖父著作《迩训》和《桐彝》，对比着其中的节妇孝女故事，自我劝慰着，不要在意那些无聊的流言。在校核父亲的《宁澹语》时，她也竭力体悟父亲关于"默识本心"的道理，从而不断调适着自己的内心。

想到这里，方维仪忍不住在心里发问：夫君，我这孀居多年的寡妇之苦，这心情的无比沉郁，泉下的你真的知晓吗？不然，你何以经常托梦于我？这时，一首诗又从她的心里默默流出："清操苦志数十年，知心衷曲谁堪诉？倏忽岁华佛日新，诵经香袅莲台馥。"

3

时光匆匆,节气很快又过了立冬。虽然早晚凉意袭人,但温差较大,午后的阳光仍然有些热烈。方维仪在远心堂外的庭院里独自散步,只见院中那棵银杏已经黄叶满枝头,仿佛满是霜华的中年人的头发,又觉得那些在风中翩翩而下的每一片叶子都是充满佛意的菩提,冥冥中昭示着岁月流年和人生真谛。

"仲姑,侄儿其义和父亲来也。"方其义的童音还是那么清脆。

方维仪回头一看,见方孔炤带着方其义也来到了院子,就笑着说:"吾弟已接朝廷诏令,即将进京,官复原职。吾正为弟高兴呢。"

"仲姑您看,我将您昨天的论诗写出来了。"方其义捧着一卷宣纸呈过来。方维仪笑着展开一看,正是前天与弟侄们论诗时口占的一首诗:

秋日与弟侄论诗

南山烟树远苍苍,雨后云开天气凉。
风起寒阶吹昨夜,蝉吟衰柳动斜阳。
池边野鸟从榛草,竹下溪流闻画堂。
高论不随秋色尽,为留明月发辉光。

"诗题乃是愚弟所加。其义这次没用平常习字的北乡楮树湾纸,而是选用宣纸抄录。也是他近来学书进步较快,多亏仲姊悉心指点啊!"方孔炤拱手称谢。

"能偿报吾父吾母心愿、不负令仪厚托,孩子们每有成长进步,足慰吾心矣。吾弟何必多礼呢?"方维仪见其义用笔遒劲,笔风渐趋老成,心下自是欣喜。

"仲姑,这一卷写的是吾父的诗《家训》。"方其义又从身上背的书袋里拿出一卷展开来,但见那上面写的是:

家训

三峰矗矗,桐水汤汤。
我祖基之,爱开讲堂。
我父绍之,荷薪在旁。
颜曰宁澹,三命循墙。
小子舞象,咏南山章。

"此乃弟舞象之年（十五岁）时所写。因为即将赴京，在收拾行李时，发现此旧作，昨日展给密之看了，其义也将其书录下来。我趁机给他们再次讲了龙眠三峰先墓、城东桐川会馆、荷薪斋、宁澹居，以及明善公和吾父廷尉公的训示。这也算家训家风的传承吧。"方孔炤解释道。

"吾弟真是有心了！此诗中提及父亲的宁澹居，欣慰的是吾父《宁澹居文集》已经整理出来，只待刻素板矣。"方维仪说。

"这还是在仲姊您的大力协助下，所以进展顺利。而诗中提及桐川会馆，我又给密之、其义讲了明善公的一首诗，也让其义书而录之记之。"

方其义又从随身书袋里抽出一卷宣纸展开，但见那上面写的是明善公方学渐的诗《龙眠精舍》，诗曰：

龙眠精舍

高林散紫烟，列岫敞青天。
水下丹崖曲，花开石涧边。
坐茵分野鹿，鸣瑟应山鹃。
谁信云深处，蛟龙长隐眠。

"明善公诗必盛唐，这首《龙眠精舍》写的是桐川会馆，气度宏阔，寄情入景，仿佛一幅静美的图画，将人心的骚乱、现实社会的浮躁一扫在外。"方孔炤深有体会地说。

方维仪也颔首道："跟随明善公专心治学的桐城才俊们，不就是那隐眠于云深之处的蛟龙吗？吾依稀看到，他们静坐于茵茵草地上，聆听明善先生悦耳的鸣瑟之音，不时心领神会地微笑呢。"

"是也。时人赞明善公'辈望尊而学术美'。这些年吾父廷尉公接武蹈之，桐川会馆又再现了名流荟萃、从者如云的兴旺景象。"方孔炤说。

"吾弟即将重新班列于朝，期盼汝不负明善公和吾父厚望也。至于密之、其义和几个侄女，吾弟尽管放心，吾必多加督促，他们当不敢懈怠也。"

"如此则有劳仲姊了！密之今年以来，浮气渐失，好穷物理，也旁及象数。其所汇《史记》《汉书》章句而成《史汉释诂》颇有可观。只是仍然好悲歌，策论也多有偏激之词，还恳请仲姊多予开导。"

"近来，密之还遵他伯姑（方孟式）之命，帮吾整理诗文集，已渐成初稿。他伯姑又写信来，给命名为《清芬阁集》，吾甚为欣喜。"

"这事吾亦嘱咐他切不可怠慢。还有子耀与克咸的婚事，弟已与孙家商议过。本应是弟在家时办好此件喜事，岂料朝廷诏书催得急，不敢怠慢呢。"

桐川会馆遗存讲学园巷

"三个侄女日夜未离开吾身边，吾岂能不费心？不过，子耀我最放心，她懂事最早，与克咸也算青梅竹马，又情投意合，是难得的天缘呢。"

"临行之前，想到这些年来，仲姊为吾家所做的奉献、所经受的折磨，弟岂能不感激尤甚？弟常嘱孩子们要母事于仲姑，孩子们也算懂事，弟亦甚为宽慰矣。"

"吾弟入京后，一心劳于国事即可，家事吾自当努力操劳，何况还有父亲母亲在呢。若政务有暇，吾弟可常写信回桐，以解太恭人和父母之牵挂。"

4

夜凉如水，整个廷尉第静悄悄的，唯有清芬阁的北窗还闪烁着灯光。方维仪正坐在灯前，翻看着侄子方以智整理出来的《清芬阁集》初编，没有丝毫的睡意。

这几夜，因为侄子整理的这本《清芬阁集》，她在校核时，无法不重新陷入自十八岁寡居以来的那些悲凉心迹，所经历人世间的种种离乱哀愁。

特别是每每重读张秉文、方孟式写的序文，就想起远在天国的夫君姚孙棨和早夭的女儿，眼眶总是不由自主地湿润。

窗外微风吹来，灯火忽闪。方维仪面对镜子里的苍颜和缕缕白发，心潮汹涌。她想到，如今，弟弟孔炤重新起复，蒙受不白之冤的左公也得到昭雪；而她作为一个寡居娘家的节妇，所受几十年来的各种世俗猜忌和宵小闲言，何时才能得到解脱、归入清静？

或许，因为重读了自己几十年来的诗作，加之受到张秉文、方孟式序文的感染，方维仪忽然觉得有一种要倾诉的强烈冲动。写诗？写词？或是写一篇长文？她思来想去，又不断自我否定，觉得那些旧有的习惯写法，都不足以承荷这种强烈的冲动。

那就干脆来写一篇《申哀赋》吧！她熟悉并擅解《楚辞》和《离骚》，而赋正是由《楚辞》和《离骚》转化而来的一种文体，包括宇宙，总揽人物，能够表达得更为细致、瑰丽而明快。《北齐书·魏收传》曰："会须作赋，始成大才士。"她想，以自己的才学，为自己申哀，唯有介于诗文之间的赋这种尊贵的文体，才能把这些年来的泪水与苦水全部倾泻出来，才能痛快淋漓地抒发心中积淀已久的沉郁。

由于心情激动，方维仪握笔的手有些颤抖。她先是一笔一画地写下"申哀赋"三个字的题目，又于其左下处写了两个小字：并序。随即，笔阵不断加快。在序文中，她开门见山地写道："余每观世何不得所托邪，何荼毒之哀此极也！"仅用这两句话，就以纵横千古的气势，感悲人世万象，俯仰人生荼毒。这是她积压了孀居二十八年郁气的喷发，如火山一样不可阻挡。

不是吗？虽然生长在富贵之家，自幼就受到极好的教养；由于家学熏染，她能文善赋，工诗擅绘，也一直憧憬着美好幸福。然而这颠倒的人世，偏偏带给她的是充满悲剧色彩的人生。

岂不闻《诗》云："哿矣富人，哀此惸独！"那些日子过得称心如意的人，哪里能体会得到类似她这样孤独无依的哀苦？所以，方维仪又接着写道："先斯无告，古也才士之章苛矣，茕独盖其鲜哉！"

所谓"先斯无告"，是指有苦都无处诉说。而"古也才士之章苛矣，茕独盖其鲜哉"，是指自古以来，才人士子的文章写各种苦楚的并不多。为什么？还不是因为类似她这样的寡妇所受的委屈和世俗偏见，是古往今来都非常少见的吗？即使才人士子，其笔墨也难以尽写啊！

方维仪写到这里，忽然想起西晋才子潘岳的《寡妇赋》。他的《寡妇赋》，方维仪曾读过无数遍。但是，她认为潘岳所作，"虽惨以伤"，将寡妇之苦写得非常悲惨，可实际上，其中"周折之苦，犹未尽其致焉"。寡妇所受的各种周折之苦，哪里是他这样的男子能够体会得到的呢？

毕竟，"世之为情也，华膴是荣，填寡何哀焉"。这世间啊，最可叹的就是为情所苦所困。作为一个寡妇，即使置身荣华富贵，又怎能化解那内心的无限悲哀！

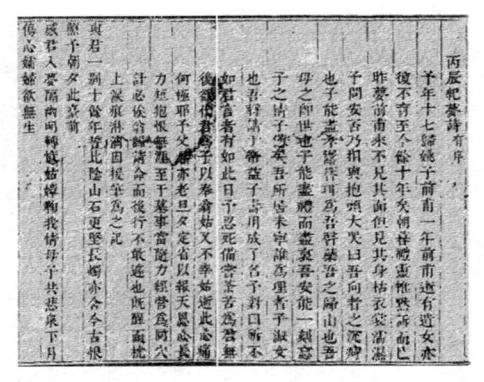

方维仪《丙辰纪梦》诗及序

方维仪在夫君去世后，依养于娘家，不可避免地受到时人各种猜忌和中伤。实际上，直到 21 世纪的今天，还时常有人写文章进行猜疑。可见作为那个时代的寡妇，当面对种种猜忌甚至中伤时，活下去要有多大的勇气！

5

　　方维仪写着写着,泪如雨下。

　　长期以来,夫死妇殉,在我国古代社会极为常见,而且殉夫者往往被视为"贞节",立牌坊,进节孝祠,受到朝廷和社会各方面的赞誉。

　　对方维仪来说,夫君去后,没有殉夫,已经面临了舆论压力。当夫君的大弟姚孙棨也与哥哥一样早逝,其妻江氏随即自尽殉夫,这给方维仪带来的压力更大。有宵小甚至公开质疑:"其娣贞,姒独不能烈乎?"

　　这让人想起了元代文学家元好问的《摸鱼儿·雁丘词》,其中有"问世间,情为何物?直教生死相许"。为什么方维仪没有殉夫?其实不就是为了一个"情"字!然而,对方维仪来说,这个"情"字,已经超出了那种单纯的情爱。毕竟,从容赴死何其易,忍辱偷生何其难。方维仪是以另一种爱的方式来达到"殉夫",她所做的一切,与其说是一种深情,不如说是一种大义:

　　先是受夫君临终所托,为夫君抚养遗腹女,希望给夫君留下血脉,可是女儿不幸九个月即殇;同时又想代替夫君尽孝公婆,毕竟夫君的两个弟弟还没有成年,然而公婆不久也丧;何况,夫君的坟墓一直没有卜址和营建好,这是她始终牵挂于心的事。可是家中还有两个正在读书的弟弟,继续待在婆家也不方便,何况还有无聊宵小的闲言碎语。

　　在她彷徨无路的时候,是父母向她伸出了温暖的手。于是,她只得先回到父母家。一方面,继续做好夫君和自己最后归宿的卜址及营建,关心支持夫君的两个弟弟读书和攻读科举;另一方面,在娘家也可以尽孝太恭人和父母。没想到弟媳吴令仪的早逝,将几个孩子托付给她,直到如今已寡居二十八年。

　　可是有谁知道,这二十八年来的每一个日子,对她来说,不是落红流水,就是秋雨凄凉,不是孤飞鸿雁,就是残灯明灭,充满了暗夜里无声的泪水。

　　"苟余心之皎洁兮,又何以干今之人。"方维仪在心里默默地念出了这一句话。她站起来,走到观音大士像前,虔诚地敬上了一炷香。在方维仪心绪凌乱的时候,只有这袅袅的佛香才能让她的内心渐渐平静下来。

　　方维仪原来以为,作为一个依养于娘家的寡妇,自己秉贞守节就行,又何干他人之事?可是最悲哀的恰恰就在这里!那些宵小往往对寡妇怀有更多的偏见。她写道:"呜呼!呜呼!循巡规矩,斤斤训之,靡所干人,然觏闵受侮,何以不少也!"多年来,方维仪严守寡妇之道,处处谨小慎微,可即使这样,受到的谣言和中伤仍然不少。

　　何也?因为那些宵小"怖其所执,市其德色",拿着根深蒂固的可怕世俗当教条,洋洋自得，自以为占据了礼义的高地，可以不分青红皂白地指责别人。"齿吾身于锦衣蚁食，形则不类。""何以礼义为我富贵矣，慆淫匪彝，乐亦无度，莫或非之。"他们指责方维仪不顾节妇礼义，贪图娘家富贵，莫须有地诽谤她为人怠慢、安逸享乐。各种飞短流长，肆意侮辱着一个孤苦的孀居者。

在这样残酷的世俗舆论环境下，方维仪即使"退而向隅，如坠于井，能不欸夫"！她甚至绝望地想到：即使让我躲到一个角落里，哪怕是坠入一口深井里，我也要发出一声哀鸣吧！我要向世人申诉我那无法诉说的哀怨愁苦！

在袅袅佛香、淡淡墨香中，方维仪轻轻揩去泪水，极力让自己冷静下来。她继续往下写道："圣贤之道，志不可夺。沟壑不忘，苦节之贞，性相近也。"

古往今来，圣贤一再强调，"三军可夺帅也，匹夫不可夺志"。孟子还说过，"志士不忘在沟壑，勇士不忘丧其元"。其实，寡妇苦节守志，其性质与古往今来的仁人志士所抱守的节操，难道不是一样的吗？那些抱着混浊俗世之见的群小，你们有什么理由指责我呢？

方维仪在序文的最后说："余依于吾家，朝夕得侍太恭人，近接嫡姻，被沾有德，安之若命，岂非天乎。于是撰申哀之赋，以自况焉。"意思是，我寡居于娘家，受先德教诲，安之若命，早晚服侍太恭人，抚教侄子侄女，做我该做的事。这难道不是天意吗？所以，我一定要写篇《申哀赋》，去对比古往今来的那些被称赞的女子，让人们看看，我究竟与她们有哪些不同，也算聊以自况吧。

方维仪自幼熟读《楚辞》《离骚》，加之多年内心积郁，一旦打开了文思的泉口，一篇《申哀赋》就喷薄而出。全文历数古今著名女性人物及其事迹，慨叹女子之愁苦多艰，抨击世道混浊、群小嫉贤，诘问"苟余心之皎洁，何干今之人"，表达自己要"踵前贤之所之，乐清静以消忧，侍高堂之年迈，折灵芝以寄佩，寓天地之大德"的不俗心志。

第十七章　寥落蓬门鬓已斑

1

虽然乍暖还寒,但古人所言"二月春风似剪刀"真个不虚。那南河边的柳条儿不知何时泛了新绿,在风中婀娜起舞;泽园里的几株红梅、绿梅和玉兰花也竞相绽放,与清风明月亭一起,在上午的阳光里掩映生趣。

当方维仪与方子耀、方子瑛向亭子走近时,听见方以智与方文、孙临三人正在热烈地论诗。

"我有万古宅,青阳玉女峰。常留一片月,挂在东溪松。李白这是写景乎,还是抒发怀抱乎?"

"泰山忽破碎,泾渭不可求。回首叫虞舜,苍梧云正愁。老杜的会心处,究竟在远呢,还是在近呢?"

"繁霜被野草,岁暮亦云已。黄鹄游四海,中路将安归。阮步兵此哭途中之休歇处乎?"

"万物各有托,孤云独无依。此陶渊明北窗之休歇处乎?"

她们静静地站在一边听着,但还是被孙临最先发现了:"密之,仲姑来了!"三人立即从亭子中走出来。孙临见方子耀虽然正在抿嘴而笑,但眼角的余光好像是正对着他呢。

方维仪见他们三人打扮完全不同,孙临是一副侠士打扮,方文、方以智是儒生打扮,但方文的衣着以米色为基调,比较素淡,方以智则是上紫下青,外加荷色长比甲,十分鲜艳,于是笑道:"眼看着这大好的春天已经来临了,这些花儿啊,也开得烂漫。就像你们年轻人一样,让人看着,充满了活力呢。"

"是呢,春天来了,真好!就说这梅吧,油黄的花瓣,香气扑鼻,真个是懂得人之心思一般,好像有许多话儿要说似的。"方子耀欣欣然地看着身边的梅花,围着几株梅树转来转去。

方维仪又笑道:"因听你们三人谈诗,看着这怒放的梅花,想着这时光飞驰,颇有些感慨。我就口占一绝,为你们谈诗助兴吧!"

看梅
春风何事到乡关,寥落蓬门鬓已斑。
唯有溪梅花意好,年年开放旧青山。

"仲姐好诗!"方文大声称赞说,"梅乃花中君子,其铮铮铁骨、浩然之气,真与吾方氏精神相映照也!崇祯改元以来,新政如春光乍现,朝野欣欣,一派焕然气象。吾等何不就以《看梅》为题,各步韵一首?"

正说着,周岐、吴道凝也到了。他二人居然也是全副侠士打扮,看来也受孙临的影响。方文向来喜欢吟诗,见众人都高兴地响应,他又是首倡,所以就表示自己要率先步韵。只听他边踱步边朗声道:

看梅
铮铮铁骨最相关,解唱千秋青史斑。
不与梨花同一梦,潇然独放满桐山。

众人听了都连声说好,称赞方文有香山居士白居易之才,诗咏梅之骨格精神,尽写狷介诞放之气。

"那么,第二首就是孙三我了。"孙临似乎已经胸有成竹。他虽然生性豪放,又喜好谈兵,却也擅长诗词歌赋,有"倚马千言立就"之才。只见他按着腰上那柄时常佩带的短剑,也朗声吟道:

看梅
高枝第一动乡关,数点临池紫锦斑。
跃马箫吹边塞月,白云飞处是家山。

"克咸总是不忘手握吴钩!"众人都打趣孙临。孙临却见方子耀也对着他笑,心想她应该明白,这诗里其实藏着她的名字"紫跃":子耀。

"子远不才,第三个接吧。"吴道凝将背上的画夹放下,咏唱之声抑扬顿挫:

看梅
碧草初齐半掩关,早梅点点鹧鸪斑。

第十七章 寥落蓬门鬟已斑

淋漓醉墨芳园里,林下幽窗对万山。

"听了子远舅氏诗,眼前就像有一幅画似的。"方子瑛伸出拇指称赞吴道凝。众人也夸吴道凝不愧是丹青妙手。

"尔止、克咸、子远好诗在上头,密之总是压轴的,那么这第四个出场忝陪者,应该就是农父我了。"周岐向方维仪躬身作揖,"农父见积雪山头,春气在望,而蜡梅仍艳,吾等短衣长铗随身,冀期来日功名。如此便有了立意,敬请清芬阁师和各位学友批评。"周岐向方维仪躬身作揖。只听他润声道:

怒放的梅花

看梅
　　咸阳百二战秦关,却指陇头梅已斑。
　　紫极朝归何所谓,将军种豆在南山。

"想不到你农父这样的文弱书生,居然也有将军立马咸阳、持戟百万、勇战秦关之气势!"孙临笑道。

方文接过话头:"农父真是壮心汹涌啊!如今我等正是男儿少壮时,只要沉潜苦读,立身报国,将来必会紫极朝归!"

"为各位同学敏捷才思感佩!密之孟浪经年,向来耽于悲歌、迂于豪言。今年已是崇祯二年(1629年)了,离后年的大比之日愈来愈近。诚如农父所言,吾等泽园诸子,明珠怀胸,岂可暗投?"方以智上前弓腰作揖,并朗声咏唱:

看梅
　　墨云起矣出辽关,万里烟波带血斑。
　　剪破东风谁第一,玲珑新发紫金山。

方维仪因众人都唱和了一首,心下很高兴。周岐不失时机地说:"还是有请清芬阁师依次点评一下,诸位同学以为如何?"

"好!"众人都鼓掌同意。

2

"宋人杨时说过,学诗者不在语言文字,当想其气味,诗之意得矣。"见大家都热切地盼着自己点评,方维仪也就不推辞,在亭内石桌边坐了下来。那石凳上早已铺上了布垫。

"尔止为诗,一向以陶冶性灵、流连物态为胜,确有白香山之况味也。"方维仪按大家步韵的顺序,首先对方文的诗进行点评,"你这一首呢,极赞梅之铮铮风骨,不与梨花同梦,潇然独放桐山,可谓新意迭出。不过呢,吾以为,结句'独放'与'满桐山',还宜再推敲为是。"

方文听了点头称是:"确实如此,弟平素沉醉香山风味,此时又是脱口而出,所思欠密。多谢仲姐指点!"

"克咸善于吹箫度曲,却又好谈兵论武。"方维仪对孙临说,"你这一首呢,风格依然,但较往日所赋,也显露出雄浑气概,'高枝第一'四个字语出不凡。尤其是数点梅花与箫声、边月相映,颇有新意呢。"

孙临听了,有点害羞,却听方维仪继续评道:"但箫声和月,勾起了守边兵士对万里之外乡关的思念。家乡在哪里?在天边的白云飞处。又不落俗套矣。"

孙临听了愈加自信地点着头,只是心中暗想:仲姑大概是没有注意到诗中藏着人名,还是故意装着不知道呢?

方维仪又对吴道凝说:"子远胚胎家学,呓毫伸纸,诗中见画,虽是写静态的景,却显得很灵动;虽没有明写人,却仿佛看见了人在其中,人醉其中,舞墨其中,与梅共醉,与梅共舞,可谓清新脱俗。"

"果真如此!"众人听了方维仪的话,都仔细回味着吴道凝的诗。

"然而,结句写林下幽窗,由动入静了。"方维仪继续评道,"这种转折虽然有些突然,但让我们仿佛看见了静立窗前、远眺群山的诗人。林下旨趣,高怀远抱,至此悠然可见矣。"

众人皆心悦诚服地转过头笑着看吴道凝。

"农父诗歌向来雄奋,此首视野开阔而纵深,有借史咏怀之意。"方维仪转头对周岐说,"前两句虽极写战争之势,却指看梅斑,颇有将军百战、指挥若定之势。后两句一反前面的慷慨之态,表达了将军淡然归来、种豆南山的平和之美。吾向来以为,诗要有起伏,要有转折,要有波澜,做到扬旨深远。农父对此是应用自如了。"

"多、多、多谢清芬阁师的勉励!"周岐听着方维仪的夸赞,连忙弓腰作揖,他一害羞又口吃起来。

第十七章 寥落蓬门鬓已斑

方以智见仲姑已经依次评完了其他人,即将轮到自己,他颇为自负。

"密之呢,有时清介,有时自狂,往往好为悲歌。"方维仪开口即点出他好悲歌,方以智知道这是批评,刚才的自负瞬间又转为消沉。

"不过,你的才笔渐趋博古。"方维仪继续评道,"就说此首吧,不离忧劳国运。而时下,内忧起自西北,外患来于辽东,形势如此残酷,让人似乎看到了血与火的拼杀。故密之此首,起句就足以引人警思也!"

众人都沉思起来,方以智感觉仲姑已不是批评,心下才稍觉放心。

"后两句,剪破东风,尤妙;玲珑新发,看见紫金山的梅花开放了,似乎看到了新生的希望。前后对比强烈。所以密之此诗虽未脱悲歌,但与往日所咏相比,旨意已渐高矣!"

众人听了都不由得鼓起掌来。

方以智也跟周岐一样,连忙弓腰作揖向仲姑致谢:"感谢仲姑点睛开化!"

"仲姑、仲姑!"方子耀忽然开口说道,"孩儿见六叔和他们写得这么好,心下是十分钦佩。受他们启发,孩儿也想步韵一首相和,以求赐教,您觉得可以吗?"

方维仪笑道:"好啊!吾长侄女七岁能诗,九岁能文,都说你有东晋女才子谢道韫再世之称。今日就趁此机会,你露一手,让大家评评吧。"

众人都纷纷说好,孙临尤其高兴,脸上是抑不住的笑意。只听方子耀以脆亮的声音咏唱道:

看梅

悠悠何事梦相关,梅影横斜细竹斑。
带月箫声无限意,东边流水西边山。

"好诗、好诗!"方文首先击掌赞赏道,"梦里相逢,犹如梅影竹斑,心心相印;带月箫声随着流水环绕着青山,让人不由得想起那句'郴江幸自绕郴山,为谁流下潇湘去',可谓深情款款,相依相恋,更有无限思念,多美的意境!"

"所谓言在意外、意在象外,嘿嘿,我好像看懂了哦。"吴道凝转头对孙临笑道,"克咸,你也看懂了是吧?"

"孙三我向来以为,诗无达诂。诗人除非说出自己的真正意图,否则每个人都可以有不同的解读。只有作者不说出意图,读者才能读出自己所能感受的意境之美呢。"孙临微笑着立即接口应道,有意岔开了吴道凝的话题。

其实,孙临心里明白,子耀这诗就是写给他的,吹箫度曲是他最爱,她的诗呼应了他的诗,都提及箫;他的结句是"白云飞处是家山",有白云与山相依相偎之意;而她的结句是"东边流水西边山",不仅有山水相依相偎,而且城东桐溪边是她的家,城西边西山脚下是他的家。这不太明显了吗?

"那么,你就从自己的角度解读一下?"吴道凝不依不饶,继续看着孙临笑。

"子远舅氏!"方子耀气鼓鼓地瞪了一眼吴道凝。

方子瑛追了一句:"我支持子远舅氏!"

3

又是一个阳春三月,草长莺飞,杨花似雪。这天一早,新婚不久的方子耀即回到娘家。对她来说,婆家在西城,娘家在东城,反正相距不远,回娘家也如寻常事儿一般。

不过,今天让方子耀觉得奇怪的是,仲姑一向是早起的呀,焚香、诵经、习书,然后依次去赵太恭人、姚老恭人那里请安。如果大父廷尉公在家的话,还要向大父请安。然后带着孩子们做早课。

但今天居然起迟了。方子耀来到清芬阁时,仲姑才开始在观音大士前上香。往日这个时候,她是在等着自己进来,然后一道出门的。

方维仪见子耀来了,就叫她过来帮忙,将书案上那一卷昨夜修改过并重抄写的《申哀赋》收拾好,并说:"你将此交付给密之,请他另誊写一份留存,此份寄给你伯姑(方孟式)以斫正。"

子耀答应着,看着这厚厚的《申哀赋》,上面似乎还有斑斑点点泪痕,才明白了仲姑迟起的原因。她边收拾,边从头到尾看了一遍,不由得心为之颤动,随即潸然泪下。

方大镇一早又出去会桐川会馆的社友了,方其义跟着哥哥方以智已经住到了泽园。方维仪带着潘翟和几个侄女给赵太恭人、姚老恭人请了安。季妹方维则这时也到了廷尉第。

方维仪与众人一起用过早膳后,又对家仆做了一些交代,就与方维则带着侄女和侄媳等人回到了清芬阁。

方维仪已经跟大家说过了,方孔炤从京都寄回一封信,廷尉公方大镇看过后转到她这里。侄媳、侄女们就拥着一起到清芬阁,要再看看父亲方孔炤的信和祖父方大镇的回信。

方孔炤这封信无非是向家人问安、报告自己入京顺利入职情况,特别是《全边略记》受到皇帝高度重视,日夜批阅,正随时接受皇帝垂询。信中顺便提及崇祯改元以来的京城新兴气象,同时还问及长女子耀的婚事、长子方以智的泽园读书等情况。

方孔炤还随信附了一首自己元旦时写的诗,充分表达了其复职后的兴奋之情,同时也期盼所著《全边略记》真正得到皇上和朝廷的重视：

崇祯己巳元旦早朝
紫阁金茎路向晨，钟声催出日重轮。
青龙匝扇迎丰岁，白兽开尊待直臣。
阊阖风生三部乐，玲珑仪转九州春。
职方将上图舆考，不羡甘泉献赋人。

方大镇已经起草好了回复信，交给方维仪，让她再补充点什么，然后一起寄回京城。

方大镇的回信，依旧是重申"勤以办职、廉以临财、谦以待友、慎以出言"。在此基础上，他又针对前朝门户之争的教训，指出"士大夫立朝争风节，相尚表里"之弊，提醒方孔炤警惕朝廷争讼过多，避免重名节、轻济用，强调"以忠孝为根柢，以忧患为师资，以经济为担荷，以学问为嗜欲"，从而做到"正色立朝，横身许国"。

方维仪其实也没有什么可补充的，要说的话在家时都说过了，但她知道方孔炤最为关心的是两个儿子的读书，尤其是长子方以智三年大比在即，却偏偏好悲歌和交游，遂在信中一再嘱为严督。信中也隐然有对长女婚事、自己却不能亲自参与经办的愧疚。

方子耀明白父亲对自己的歉意，心里就有一种非常温暖的感觉。

方维仪握着方子耀的手说："子耀，你自九岁归桐，这些年来跟随在我身侧，今已成家。孙郎少有大志，博雅多才，将来必成大器。你今后要一心相夫教子。如此，吾就可以告慰你母亲矣！前几日呢，吾一直在思考，遂有一诗赠予你，你且在大士像右边书筒里取来。"

方子耀应诺着，遂上前取诗。只见书筒里插着诸多已写好的诗文。其中有一卷上夹有纸条，仔细看，正是《赠长侄女》，随即小心取出捧至书案前，众人围上来观看，但见写的是：

赠长侄女
女子耀九岁失母，余抚之成人。谦逊有礼，居数年，今适孙氏。余不胜感焉，为是勉之。
九岁依吾居，朝夕未离侧。伤尔早无母，抚之长叹息。
天寒视尔衣，日暮问尔食。常坐清芬堂，花月照窗北。
婉转教数字，殷勤调平仄。俭朴古人意，由来重四德。

马后著大练,敬姜务勤织。班昭作七戒,万代闺中式。
承顺在贞静,言语宜简默。近俗尚繁华,遨游娇颜色。
弁髦内则规,遵礼如荆棘。新春为人妇,金玉光满饰。
兰蕙发东风,云霞飞比翼。百年为娱乐,日月未有极。
虽云已成人,蒙昧无知识。诲尔语谆谆,听之当努力。

方子耀看了,一时有所触动,不由得泪如雨下,哽咽着说:"这么多年来,仲姑您待我兄妹一如亲生之母,事必躬亲,含辛茹苦。您所受的各种周折和猜忌,不是常人所能经受得了的。您的养育之恩和谆谆教诲,侄女没齿难忘。"

潘翟、方子瑛、方子瑞也拭起了眼泪。

"让尔等介怀了,吾之过矣!"方维仪见大家都有些激动,遂笑道,"愿意明日随我到泽园去的,都去准备准备吧。我要代你们父亲去看看,问问他们,三年大比可有信心登桂榜呢。"

4

次日一早,方维仪就带领众晚辈问候了家中几位老人的安,堂妹方维则这时也到了,两人都换了农事服饰,戴上遮阳斗篷,挎上竹篮,荷上小锄。左萱、潘翟,以及子耀、子瑛、子瑞三个侄女,也是如此装扮,一行就到了泽园。

方维仪这次到泽园之目的,重点还是关于给方孔炤回信之事,顺便再带领晚辈们学耕学织。

到了泽园,却见只有方以智一人在柳荷台整理着什么。近前一看,却是一个似牛似马的怪物,推着能走,按其中一个开关还能自动加速。众人皆大为惊奇。

"难道这就是早已失传的那个,那个什么?"方维则有些吃惊,顿了顿,似乎想起什么,接着问,"就是那个诸葛亮的木牛流马?"

方子瑛、方子瑞等人就推着这"怪物"走来走去。

方维仪不由得笑道:"密之呀,你自幼爱好天文玄仪和机械制作,这个木牛流马也制作成了,未来可应用于沙场乎?"

"侄儿近来读《物理所》,深受虚舟子老师启发,摸索着制作了此物件。"方以智拜见了两位姑姑,不好意思地说。

方维仪颔首鼓励道:"你若有此精力,搜得古人妙诀,又有自己的奇思,但做无妨。"

方维仪又询问其他人何在。原来,包括方其义在内的其他人,都到郊外练习骑

第十七章 寥落蓬门鬓已斑

马和射术去了。方以智赶紧让小童鲁墨打马去通知他们回来,说是仲姑等人来了,有要紧事一起相商。

在方以智的引导下,大家进了清风明月亭,取下斗篷,面向南塘而坐。方以智又吩咐小童上茶后,就迫不及待地低头认真拜读父亲的信和祖父的回信。

"家长辈所嘱谆谆之言,侄儿已铭记于胸矣!"方以智读毕,站起来又躬身再次向两位姑姑行了礼,"侄儿知道明年是乡试之年,一直不敢松懈,正与泽园几位学友精心准备着呢。"

"吾弟尔止,秉性放达,向来无所拘束,吾亦颇为忧虑。"方维则见方维仪指点侄子方以智,也就想起自己的弟弟方文,皱着眉头说。

说话间,隐隐听得一阵马蹄声由远而近。方维仪知道在郊外练习骑射的那班孩子回来了。

管家陈砚也与他们一同来到,他这次带来的还有一封有广东字样的信函。

"莫非是伯姊寄来的?"方维仪想着,打开信函,果然是方孟式的字。父亲已经看过了,才让管家转来给她看。

张秉文去年还在福建布政使司参政任上,当年八月升任广东按察使。

如今,张秉文在广东已任职半年。方孟式在信中仔细询问了家中老人健康、弟弟孔炤情况、诸侄子侄女等事宜,又关切地询问了方维仪、方维则两个妹妹的近况。同时还嘱咐侄子方以智专心举业,早登桂榜。她在信中说:"汝祖汝父都是名臣,吾侄何故总是苦吟也?"

方维仪看罢信,立即转给方以智:"密之,你伯姑的来信,你也看看吧。"

"是,仲姑。"方以智答应着,接过信件,回到座位上拜读。

方维仪转头对方维则说:"据孟式姐姐信中所言,广东虽地处岭南,文明晚于中原,但文教开化迅速,书院比比皆是,已呈赶超中原之势,真可谓'海滨邹鲁'啊!"

方维则也感叹道:"这难道不是当地官员励精图治、注重教化、涵养学风的结果吗?还有岭南大儒陈献章、湛若水更是名闻遐迩。那陈献章,因家居白沙村,故人称陈白沙,还曾应邀来吾桐,并留有诗作,诚为可贵也。"

"嗯,大儒陈白沙的事,记得祖父明善公从前跟我们提过。吾父廷尉公巡盐两浙时,还曾为其请谥'文恭'。有一个很奇怪的巧合,我觉得有必要跟你们提一下。"方维仪微笑着说。

众人见她们二人提及陈白沙和明善公的事,又说什么奇怪的巧合之类,遂都认真聆听。

5

方维仪见大家都在倾听,就笑着继续说道:"弘治中兴,那是一个多么美好的时代啊。那时桐城训导许浩,对本邑文教振兴厥功甚伟。他还在邑侯的支持下,广为搜集资料,整理编纂了县志,又邀请了路经桐城的陈白沙来讲学。"

"是的,明善公曾说,当年陈白沙来桐时,感慨桐城风物之美,欲在吾邑浮渡选一妙处,卜筑而居,可惜未遂。"方维则也笑道。

方维仪接道:"巧合的是,五十年后,大儒王阳明经过西乡练潭,闻说浮渡之胜,亦想来浮渡卜选一个居住的妙处。"

"是也。可惜王阳明卜筑浮渡终究也只是个空谈。"方维则说。

众人听了两位老姑的言谈,愈加好奇。

"这大约就是明善公曾经所说的,'白沙之欲卜筑,阳明亦欲选奇'的由来吧。"方维仪点头道,"可是阳明与白沙之学又有所不同。明善公曾说过,阳明之学,悟性以御气者也;白沙之学,养气以契性者也。就是说阳明主动,白沙主静。白沙的'静坐'修学,与你们石塘先生的要求是一致的。白沙先生认为,静坐之目的,乃是慎思,进而自我审问,由此可以达到澄心、悟道、通变也。"

众人都若有所思。这时,方以智插嘴道:"仲姑,伯姑信中提及您的诗集整理情况呢。"

"嗯,你都看完了吗?可与我一起回个信吧。"方维仪说着,想了一会儿,又嘱咐方以智,"密之,也感谢你辛勤搜罗、整理为姑的诗集《清芬阁集》。你伯姑、姑父为吾《清芬阁集》作了序文,也随信寄回来了,我阅后深为感动,你可将序文一并收入正在整理的集子中。"

"仲姑,恳请将伯姑和姑父序文,亦与我等拜读,一睹为快,如何?"方子耀亦上前行了礼。方维仪点了点头,让孩子们看看也好,他们也许能从中更加理解仲姑多年来的苦节自守。

方子耀就从方以智手里接过序文,潘翟、子瑛、子瑞一起围过来看。但见伯姑方孟式的序文题目是《维仪妹清芬阁集序》。文中开首写道:"皇甫玄晏只语千金,名公巨卿事也。我辈嚅呢深闺,终日行不离咫尺,何足当弁简之赘。虽然,吾姊娣间子墨酬唱,可得而更仆数也。"

这一段意思是,名公巨卿们写的作品可谓"只语千金",我姐妹间的酬唱虽然不敢与之相比,但还是可以整理一些汇而集之。

方孟式接着回忆幼年时,随父亲方大镇宦游河北及京华,那时她们姐妹就喜欢吟咏,诗风清丽恬淡:"忆吾姊娣稚屪时,从家侍御游天雄及燕,侍雪而咏,辄津津向林下风。"

所谓"侍雪而咏",乃是借南朝刘义庆《世说新语·贤媛》谢安一家咏雪之典,专指女子有"咏雪之才";而"林下之风"则通常用来形容有才华、有风度的女子,巾帼不让须眉,然又具女性之柔美。

"难怪祖父常对我们说,几位姑姑都有咏雪之才呢。"方子耀看到这里,不由得抬头对大家说,"你看,伯姑在这里也提及了。"

方维则听了,笑道:"这可不是浮夸之语呢。窥你仲姑才学,真可谓不减女博士祭酒。"

"其实呢,写的不过是一些幽怨之词,以慰平生罢了。"方维仪接过话头,"我常常感叹,女子无仪,吾何仪哉?既然女子无才便是德,我何必要显示自己的才学?所以呀,写得虽多,焚弃的却也多。"

方子耀等人叹息道:"那真是太可惜了!"

"哪里有什么可惜的?"方维仪微微一笑,"我本来是无意汇编诗文成集的,只是你们孟式伯姑催促,又有密之辛苦搜罗,所以勉强有了这个集子。"

方维仪又转头问方维则:"季妹的集子可成了?"

"我的心思与你一样,无非也是一些断肠之叹。偏是尔止弟受密之的启发,也搜罗了一些,要合而为集。我就命名为《茂松阁集》了。仲姊若是有空时,还请作个序吧。"方维则答道。

6

方子耀等人继续看序。只见伯姑写到身世之叹:"余幸托副笄车尘,女娣姚则已哀清台而号柏汎矣。"这是说伯姑随夫奔波于宦途,而仲姑因遭遇不幸,而苦节自守。虽然生涯各自苦辛,但幸而相互之间"有文史问难字,差足慰藉",还好能够读史吟诗以慰生平。

序中写仲姑尽管"玉节冰壶,加慧益敏",但她从不炫其才,诗词草成后,多焚弃之。序中还提及仲姑喜欢白描,所绘精美的佛像,也从来不让人收录成集,自认为不过是"末技"罢了。

然而,伯姑却不这样认为。她在序中这样评价仲姑的才学:"窥其学,不减女博士祭酒,下上古今,娓娓成章。偶示扇头,卫楷永真,咸捧如宝,常讳之为余艺。"就是说仲姑书法绘画、吟诗作文样样精通,才学堪称"女博士祭酒",也就是才女中的领袖,时人得其作品都如获至宝。

接着,伯姑在信中又感叹道:"嗟乎!阿妹堕体黜聪之意,固已远矣。余抱病适志,小有积什,附游豫章、闽、粤,山水奇胜;复纳交名媛,印可以娱彫残。顾当吾身,而令怀瑾握瑜、唼荼啮蘖之硕人,不显于名媛方嘱哉。"

方子耀等人明白,这显然是伯姑将自己与仲姑相比,伯姑认为:妹妹虽然志不在展示才学,但是,既然我自己抱病写的那点积什,都可以印出来自娱,妹妹这样品行美德高才者大作,怎能不显于名媛?因此,编辑《清芬阁集》之目的,就在于:"半百穷愁,空悲腐草,发洪钟而挝雷鼓,何忍须臾忘之!"

伯姑还在序文中表示,"载其近编,用觊痊瘵,其有名公巨卿流揽彤管者,当必择琳琅之一枝,存湘间之斑泪云尔。"意思是,将来如果有文学大家编选古今女子诗文集,一定"慧眼识英",以此集"存湘间之斑泪"吧!这里用了"斑竹泪"的典故,以喻方维仪的诗文为可流传万世之"斑竹泪"。

方孟式此言不虚。后来的一些重要的诗歌总集,方氏姐妹常常入选。比如,清初诗坛盟主钱谦益,就将方氏姐妹诗词选入了《列朝诗集》;清初朱彝尊编《明诗综》、乾隆时沈德潜编《明诗别裁集》《国朝诗别裁集》、道光间恽珠编《闺秀正始集》,以及道咸间黄秩模辑《国朝闺秀诗柳絮集》等,都选录了她们姐妹的诗作,真可谓"择琳琅之一枝,存湘间之斑泪"了。

方子耀等人再看姑父张秉文的序文,但见他起笔就是回忆万历辛丑(1601年)那一年。

确实,无论对张秉文、方孟式来说,还是对姚孙棨、方维仪来说,那都是一段难以忘怀的流金岁月。那时方大镇尚在朝廷为都察院监察御史,邑人尊称为侍御公。张秉文与姚孙棨同时成为侍御公的乘龙快婿。

那时,他们常常扬鞭策马于京华长安大道,"并辔燕市,扬榷风雅,欢相得也"。而他们俩的妻子"内子与姚夫人",也即方孟式与方维仪在一起,也是"篪埙协叶,耳属高行邈传",她们弹琴赋诗,高行罕有其匹。方大镇经常赞赏这两个女儿的诗词文章,"若咏雪之竞秀",都有晋代女诗人谢道韫之才。

但不幸的是,命运往往捉弄人!张秉文在序文里感叹:"天厄俊人,前甫茂年奄忽。"姚孙棨因病英年早丧,给方维仪带来沉重的打击。张秉文浮沉宦海,每次回桐,经过其墓庐时,心情都十分悲痛。他每每从妻子方孟式那里,知悉姚夫人方维仪的近况,真可谓是"茹荼噉蘖,形影相吊"。张秉文用这八个字来形容方维仪苦节自守,可谓受尽了无以言说的苦难。

但张秉文写到这里,笔锋一转,称赞姚夫人"纂组酉室,尚友汉昭,以自况耳",也就是说方维仪没有自怨自艾,而是以汉代的才女班昭为榜样,不废诗书。

至于《清芬阁集》之所以编成,乃是因为"丙寅入闽,内子《纫兰阁集》成,归而索夫人近什,痛定之余,强为讴咏,辄削其幅"。

那是天启丙寅(1626年),张秉文任职福建时,方孟式的《纫兰阁集》初步编成,回家时也就找妹妹的诗作来编,但找来找去,"今清芬阁所存,仅什百之一二者"。

为什么方维仪当时的存诗这么少,仅存百分之一二?

7

其实,早在吴令仪嫁到方家以后,清芬阁诗社就雅集甚频,方维仪的诗文创作量是相当丰富的。尤其值得一提的是,她还在吴令仪的协助下,整理编辑了古今《宫闺诗史》《宫闺文史》《宫闺诗评》等,可谓是历史上第一次以女子眼光比较全面地编评女性诗文。

方维仪的选编角度与男性不同,她还进行了"区明风烈""辩证舛伪",也就是在选编的同时,还对古今女性诗文进行了"正、邪"评论,勇敢地对以前男性选编女史诗文所出现的种种问题进行了辩驳,从而形成了具有自己风格的诗学观。

可是后来,方维仪自己的存诗何以越来越少呢?这里的原因,方孟式在序文里有所提及,因为妹妹姚夫人(即方维仪)越到后来越感叹,"女子无仪,吾何仪哉",认为女子"不以才贵",才华只是被别人言说,丝毫不能改变自己的命运。这种不敢恃才以贵的奢望,不仅体现在她的诗文创作中,也体现在她选编女史诗文集中。所以,她一向视自己的诗文、书画为末技,"草成,多焚弃之"。

方文为方维仪六十寿作诗

难道真的是"末技"吗?方孟式却不这样认为,张秉文也同样为姚夫人将诗稿"多焚弃之"而惋惜。他虽然感慨当前"风雅湮微",也即晚明的诗风呈现堕落的趋势,却赞扬姚夫人方维仪的诗还保留有《诗经》三百首的遗韵,"沿源审音,不漶不靡,浸浸三百之遗"。即使她不欲示于人,可是哪里能掩盖得住那"明霞蒸鲜,洪流奋响"?

在序文的最后,张秉文遥想《诗经》中的"江汉之咏",可谓是"风教未远,琬琰之业",感人心者犹"咬指以相泣者"。而"今之视昔,亦犹后之视今也",将来人们咏诵姚夫人的诗文,可以想见姚孙棨的生平。"死者不朽,生者不愧",而姚孙棨"亦可无憾于地下矣"。

读到这里,方子耀等人的眼眶不免有些湿润,相继拭泪。

南河流水哗哗有声,田野迷茫,远山葱郁,南塘水面波光迷离,岸上杨柳轻拂,杨花飘飞。方维仪见侄女、侄媳们竞相拭泪,不由得触动了自己的心思,忽然想起苏轼的词句:"细看来不是,杨花点点,是离人泪。"觉得眼前的一切,虽然有一种蓬勃的时光气息,却又仿佛覆盖着无尽的心事和忧伤。

8

结束了一些农事,傍晚,除了周岐、吴道凝继续留在泽园外,其他人都跟随方维仪回城。孩子们听说太恭人近来身体状况一直不稳定,也很关注,都要求回城看望太恭人。

方维仪一行沿路看到,农田里有三三两两的农人,仍趁着夕阳未下山,在辛勤地耕作着。他们低头劳碌的时候,也偶尔抬头看看路过的行人。方维仪瞥见他们的眼神,似乎充满了忧虑。记得以前,农人耕作时是喜欢唱山歌的,调子拖得很长很长,似乎能把龙眠山绕一圈,让人感觉到农人辛劳中的自得其乐。

而今,似乎好久没有听到农人的歌唱了。

这样平静的日子,似乎有潜伏的暗流在汹涌。

前次桂林第阮夫人阮婶来清芬阁说,她的娘家东乡某村,去年年底有几户佃民将村里一个章大户绑了沉江。原因是年成不好,交不起粮租,章大户又逼租逼得厉害。而县衙居然直到如今都不能处理结案。因为这地方离城有一百多里远,县衙的政令在这里已经很久不畅,一些大户自行组织了民团。佃户有时被迫骚乱,但很快就被大户镇压。

离城较近的南乡某村,前不久也出了件事。逼庵三弟瞿庵(方应乾)到那里的田庄收租,结果不仅租没收到,还被多年欠租的几户佃民将他们一行捆进了牛棚。幸亏族长得悉后,紧急商议由方大镇出面谈判,鉴于廷尉公及其父明善公在全县的德行和威望,佃民才同意放人回城。

当方维仪跟众人提及上面这些不平静的事情时,方维则接过话头说:"就说邻县怀宁吧,离郡城很近了,也经常有类似的事情。上次吾家有亲戚自怀宁回桐,讲起了这些事,还心有余悸呢。"

孙临充满忧虑地说:"孙三我近来一直更加强烈地感到,当今天下已经很不太平矣!即便偏僻小邑,也是乱象丛生,岂不令人忧虑万分!"

"你之感受,我也有啊!我等专心攻读举子之业,只怕这世道一乱,前功尽弃哦。还不如躲到龙眠碾玉峡,逍遥于游云阁,关起门来勤奋著述,做一个不问世事,只求有终吉的士君子呢。"方以智也叹息。

孙临问："若是乱起,我等区区文墨者,岂能有所为?"

"是也。讲文,我们也比不了贾宜;讲武,我们又比不了孙武;讲谋术,也不一定能当得孔明;而且,我们也不擅长权术。看来,若是乱起,就只好退而著书罢了。"方以智接道。

"你等不必过于焦虑,谁说文墨无所为?越是世乱,文墨之功越不可废!孙三真是太容易躁动了。"方子耀插了一句话。

孙临不好意思地说："看来我是多言了。"

方以智笑道："立诚以修,诚之所以言也。克咸言出肺腑,岂是多言哉?"

回到廷尉第中,方大镇安慰大家说,太恭人刚喝了一点米汤,正睡着呢。

众人又跟着方大镇来到远心堂。听众人提及路上所谈的事后,方大镇的脸上也露出深深的忧虑。

方大镇告诉大家,现在这样的事在本邑四乡,乃至安庆府各邑都已经屡见不鲜。佃户们也有子弟在城里大户人家当仆人,因为水旱灾害、税负等原因,干脆田也不种,全家拥到城里,却无以立身,依靠慈善救济而活。这些人越积越多,反而因救济不公或不及时等,滋生出对大户人家的仇恨,经常做一些结伙哄抢等违法的事,各地县衙根本没有办法妥善处理。

尤为糟糕的是,西北等地由于连年大旱少雨,甚至寸草不生、赤地千里,导致米价飞升,斗米千钱,人肉相食,饥民纷纷起义。他们四处流窜,又与当地流民结合起来,相聚起义。

方维仪想到,随夫远在广东的姐姐方孟式,也写信提及流民起义已经波及他们那里。这样看来,现在这个世道乃至人心,真的都已经乱了。

第十八章　焚香日日诵弥陀

1

"这雨打梅头,无水饮牛呢。"李姆姆叹息说。

经历了去冬今春的干旱之后,梅雨季节随之而来。可李姆姆仍在忧心会不会继续发生大旱。方维仪却想到,这连绵不绝的雨啊,难道是为太恭人的连日昏迷而流下的泪吗?

而那些绽放的大朵大朵的栀子花,噙着雨珠,正散发出袭人的幽香。太恭人常说,栀子花树的种子来自天上瑶台,自有不输于牡丹的国色天香。

"雨里鸡鸣一两家,竹溪村路板桥斜。妇姑相唤浴蚕去,闲着中庭栀子花。"这是唐人的诗句吧,方维仪忽然想起童年时太恭人教的这首诗。桐城旧俗,每到这个时节,女人们无论老少,发髻或衣襟上都要插上一朵洁白的栀子花。

方维仪自记事以来,就知道太恭人特别喜欢栀子花。童年的时候,太恭人也时常摘上一朵栀子花插在她的发髻上,说栀子花圣洁宁静,小孩子戴了就不会生恶疮,大人戴了就会有好运,能长寿。后来,方维仪愈加地亲近栀子花,是觉得这花绿叶扶鲜白、妙香暗然来,称得上是"禅友"。

去年的雨季,方维仪还为太恭人发髻上插了一朵栀子花呢。她总觉得戴着栀子花的太恭人,就像她笔下的观音菩萨一样慈悲。可是,这个雨季,太恭人一直卧床不起。父亲方大镇在太恭人床前新设了一张简铺,日夜不离地侍候着。母亲姚老恭人与陈老姨、诸姨也轮流来喂汤侍药。

这个时候,方维仪就特别想念姐姐方孟式与幼妹方令德,想起她们三人从小深受太恭人宠爱的那些日子。可是,姐姐正随夫宦游在外,妹妹忙于抚教儿女,照顾高龄婆母,路遥旅艰,难得有暇归来。

2

方维仪打算摘三朵栀子花，一朵代表自己的心意，另两朵则代表姐姐方孟式和幼妹方令德。她喊来李姆姆帮自己打伞，在廷尉第的前院里，剪下了几朵又大又白的，回到远心堂，小心地将花朵上的水珠拂去，用紫布帕包好，送到了太恭人房里。

见她进来，父亲转过头，脸上的神色疲惫而又忧伤，眼睛里充满了血丝。去年他的头发还是花白，现在已经满头如雪了。他站起来走到窗边，也去看那密密的细雨，微胖的身躯走起路来竟然有些蹒跚，他从前走路都是带着风声啊！

她将包好的栀子花轻轻地放到太恭人的枕边，昏迷了多日的老人的鼻翼似乎翕动了几下。方维仪的心猛然颤动起来，她似乎感觉到太恭人要说什么话，连忙凑上前去。可是，太恭人依旧紧闭着双眼，张着无法合起来的嘴，有一阵没一阵地喘着气。或许，她能觉察到孙女正将耳朵贴着她的脸。

母亲姚老恭人与陈老姨这时也轻轻走了进来。母亲的手上还捧着一碗精心熬制的桂圆汤。父亲方大镇望着她们，无可奈何地摇着头，眼里忽然滚下了一串泪珠。母亲与陈老姨也不停地拭着眼泪。

方维仪顿时泪如雨下。寡居这些年来，在佛香袅袅、弥陀声声中，她已经将自己的心包裹了一层又一层坚硬的外壳，度过了多少漫长的日子，决不轻易让人看出她内心的深悲与寂寥。可是，她还是最看不得别人的眼泪，尤其是父母的眼泪。

更令她心如刀绞的是，寡居二十多年来，是太恭人一直与自己朝夕相处，是太恭人一直鼓励着她、支撑着她走到今天。然而，太恭人如今已半个多月没有说出一句话了。她只能任人将一点汤水滴入她的嘴中，就这样每天都昏昏沉沉地睡着，却张着已经无法合起来的嘴巴。

难道，太恭人想要诉说什么吗？

3

太恭人是方维仪祖母，明善公方学渐夫人，时年已八十六岁高龄。出身著名的文学世家桐陂赵氏。

方大镇在其外祖赵锐先生的神道碑里提及："（赵锐）先生有女三。季即吾母，少庄淑，为先生所钟爱，慎择。以字吾父，曰：是子沉颖俊劭，能世其曾王父天台令之德者，其达者乎？命之曰达卿，而馆之。"

这段话里的"季即吾母"，就是指赵太恭人，乃是赵锐先生的侧室杨姒所生。杨她虽是侧室,但《桐陂赵氏宗谱》中,主母郜太君生卒都不详,也无嗣,仅一女,嫁朱氏。而杨姚先后生有两子(夭折)、两女,一女嫁方浃,她正是后来荣登崇祯朝大学士的何如宠的岳母;幼女即赵太恭人。

话说明善公方学渐还是贫寒学子的时候,这个以文学传家的桐陂赵氏望族,就有才华横溢的赵锐、赵鉽堂兄弟名闻乡里。赵锐,学者称恒庵先生,嘉靖十九年(1540年),他与堂弟赵鉽同时得中举人。赵鉽为解元,不久高中进士;而赵锐先生则养亲不仕,亲殁后,才出任福建省建宁县知县,后升湖广均州知州。赵鉽官至右佥都御史,巡抚贵州。

赵鉽先生晚年卜居于白沙岭附近石鼓山,而赵锐晚年"选胜于鲁䜺五岭中",建鲁䜺山庄,聚徒讲阳明心学,足不履公门,门下授徒无数。

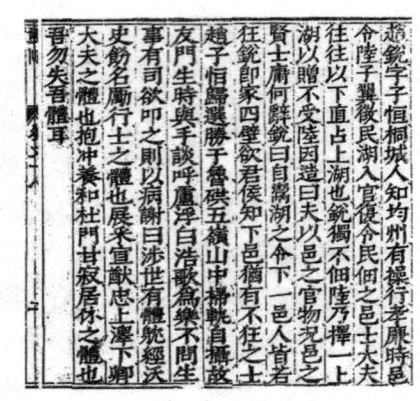

方学渐《迩训》载赵锐先生事迹

赵锐先生从心学大师、桐城教谕张绪(汉川人,字无意,别号甑山)那里,得悉少年才子方学渐少孤、好学,就索来其文章辞赋,读后大加赞赏,欣然收为门徒,并将自己最爱的掌上明珠许给了他。还以《易经》"渐卦"之意:"利士进,进得位,往有功也",为方学渐取字"达卿",预见方学渐将来一定会发达。

4

桐城是科举大邑,从耕读传家到通过科举博取功名、走向仕途,是许多家族改变自身命运的重要道路。方家也是科举世家,历来重视读书做官,自宋末迁桐以来,族众裔繁,数百年间出现了许多名臣仕宦。

方学渐自然也是勤奋读书,努力攻读举子之业。有了赵锐老先生和妻子的大力支持,他不再为生计焦虑而辗转授徒,更加潜心问学。加上赵锐老先生的指导,他更加信心十足,准备考取功名,走邑中前辈由科举而仕宦的道路。

桐城教谕张甑山很喜欢方学渐这个学生,认为是一棵值得培养的好苗子,遂向其同乡兼同学、南直隶督学耿定向作了推荐。张甑山、耿定向都是当时有名的心学大师,也是方学渐所钦佩的老师。

但对张甑山的推荐,秉性正直的方学渐并不领情。他认为,"因人诡遇,吾不为也",即不愿意凭人情关系,通过"推荐考试"而谋取功名。可惜的是,方学渐"七试南闱而不售",与他的父亲方祉一样,每次都是"出试不偶",考了七次,结果仅取得了一个贡生资格。

所以,方学渐"泊然也",遂绝意仕情,笃志于身心性命之学,也成了一代心学大师,学识受到时人景仰,跟他问学的弟子众多。

考虑到乐群无所,方学渐还在同里兼同学张淳、姚希颜、齐近等学者的支持下,于祠堂附近、东门桐溪大河畔,构建了用于讲学和研讨学问的桐川会馆,坚持"崇实"思想,究"良知"之旨,倡"性善"之学。桐川会馆建成之时,方学渐得悉原桐城教谕张甄山去世的消息,遂将其牌位与首倡桐川之学的乡先正何唐的牌位供奉在会馆之中。

这个会馆前院有一方"泮池",学者均须登越泮桥才能入馆。馆之中堂名为"崇实堂"。该堂计三楹,堂之前,有孔夫子塑像。此外还有先正堂、尽心斋,有左右室,有更衣所,有养正所,凡是祭祀往哲以及从学者起居的备具都很齐全。会馆周围所栽之树皆为桐柏树,群花翠筱,丛杂错出。

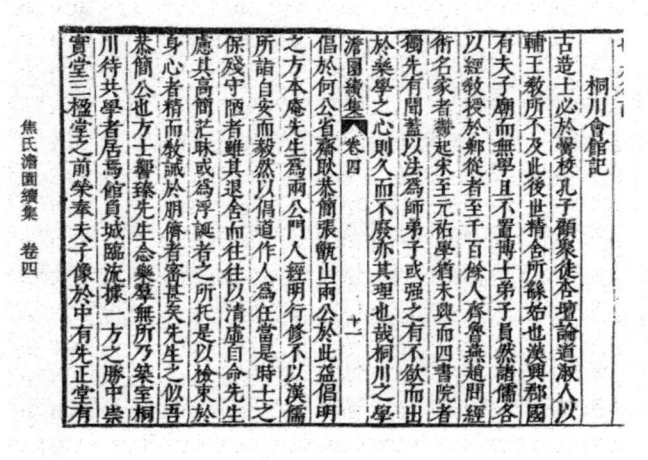

方学渐还在会馆边的河滩上植柳数百株,筑高坛名曰"柳坛",并制定了《会约》,规定每年一大会,每月两小会,由方学渐作为主讲定期会讲。小会聚于会馆,大会则集于柳坛。"乡荐绅、孝廉、文学、父老子弟,以及邻邑之贤豪,皆以时至。"(焦竑《桐川会馆记》)

从此,县人有了专供讲习、研讨学问的地方,一时从学者众多,邑中集会讲学之风也随之盛行。诚如焦竑所说,"兴起者益彬彬矣"。这是方学渐对桑梓文化教育事业的开拓和贡献。

作为一介布衣,方学渐却主讲桐城坛席长达二十余年,还经常应邀讲学于皖江两岸、江右及东吴,这在重功名的科举时代,是极为罕见的。方学渐逝世后,学者私谥他为"明善先生"。

金陵状元焦竑《桐川会馆记》

5

方维仪忽然明白了,祖母赵太恭人一直未合拢的嘴,究竟要说的是什么。

如果说，明善公方学渐是桐城文化的蹈火者，其子方大镇、其孙方孔炤等相继接续薪火，孙女方孟式、方维仪、方维则等也是彤管流芳，曾孙方以智更是集千古之智、会通中外，成为桐城文化的一座高峰，方氏学派因此璀璨夺目。那么，赵锐先生及其女儿赵太恭人，对成就这样的文化高峰，可谓功不可没。尤其是赵太恭人，没有她与丈夫举案齐眉，很难有明善公方学渐后来的卓然成就；没有她成功的相夫教子，也就很难培育出方大镇、方大铉这样的国之名臣，很难培育出方大钦这样的读书种子，甚至也可能没有从明末一直延续到清末，数百年的方氏人才之盛。

　　正如康熙十二年《桐城县志》所述："理学方学渐妻赵氏，均州守赵锐女，恭勤贞静。学渐贫，不以父贵骄其夫。佐夫为大儒。凡学渐所为建祠堂、立会馆诸大事，皆力助之。足不踰房阈（即门限）。惟亲纺织，至老不以子贵稍倦勤也。"

　　从这一角度来理解，赵太恭人临终前，究竟要向后人嘱咐什么，我们就自然而然地清楚了：那就是她要求子孙们莫忘传承先德，莫忘诗书继世，莫忘"连理"家风家学啊！

　　方维仪从小在太恭人身边长大，孀居娘家后又与太恭人日夜相伴，当然明白赵太恭人究竟要说什么。但她只能流着泪，伏在祖母耳边，轻轻地说："奶奶，您的心思我们都懂的！"

　　这个雨季里的端午节，莲花已经初绽，桐溪下游大河与松湖里的龙舟赛事不断，家家挂艾叶、熏苍术、白芷，吃水芹，喝雄黄酒，泡龙眠山兰花茶，满城都飘逸着醉人的清香。可是，廷尉第里一点节日的气氛都没有，每个人的脸上都笼罩着厚厚的阴云，唯有女子发髻上的栀子花依旧洁白无瑕，散发着幽幽的清香。

　　五月十五日凌晨，八十六岁高龄的赵太恭人终于走完了生命的最后一程，依依不舍地闭上了双眼，她那张着一个多月的嘴也合上了。被疾病折磨了那么久，而此刻，她的面容却是那么恬静，还是生前那样慈祥。六十九岁的方大镇，跪拜在太恭人床前，哀哭如孺子一般。

　　方维仪只能默默地流泪。迄今已寡居二十八年了，也在暗夜里流了二十八年的泪，泪眼早已枯干，谁知此时泪水仍然控制不住地喷涌而出。

　　奇怪的是，那连绵不绝的雨，天亮后居然停了，阳光难得地冲破云层，照耀着龙眠山下的这座小城，房舍、河流、树木、花草，都在阳光下变得明亮起来，好像抹上了一层耀眼的金色。是老天也连续多日哭干了眼泪，还是以雨停的形式，以雨后更加明亮的色彩来照亮人们愈加悲伤的心情？

　　方家一本堂总祠堂，高大、庄严、肃穆，历朝历代祖先的厚重气息，笼罩在这里。外戚、本族子孙，按辈分排着队，依次到太恭人灵前行哀礼。方大镇、姚老恭人并陈、诸两位老姨，带着自家晚辈，向前来悼念的人鞠躬回礼。

祭奠仪式进行到第七日,以白沙岭起来的水进行了"沐浴"之礼,随即封灵柩。由桂林方氏户长宣读祭文:

"……(太恭人)虽生自素封,而能甘俭约。舅姑已前卒,每以不得侍奉羹汤,岁时临奠辄怀思呜悒。公与兄白居公同财。太恭人和于先后,让逸竞劳,闺庭之内,雍雍穆穆。公力学为大儒,实资太恭人为内助。平居篝灯佐读,相敬如宾,教子若孙,勉以义方。凡门律家规,一秉明善公之彝训。故子孙不独清官崇阶显宁梓里,而亮节忠贞咸为朝野所钦……"

这祭词乃是致仕在家的南京礼部尚书叶灿撰写的。由于明善公去世时,祭文是叶尚书撰写的,所以方大镇仍恳请他为其母写了祭文。

方维仪带着孩子们跪拜在灵前。她回想着太恭人的一生,也回想着自己差不多已走过大半辈子的那些漫长的日日夜夜,心里无数个感叹,仍然汇集为那一句:"女子无仪,吾何仪哉!"但是,方维仪又想到,太恭人与一般平凡的女性不同,她并非"无仪",只是默默地站在明善公的背后。

6

这时候,方家与族人之间,却产生了一场激烈的争议。

根据赵太恭人生前意愿,她虽然与明善公一生恩爱,但她自幼在白沙岭一带长大,一生钟爱那里的山水。白沙岭又是太恭人与夫君方学渐第一次见面,并在那里成家并生儿育女的地方。所以,她还是想在百年之后,能够回归故土。

尤其是白沙岭附近的天马山,原是鲁𬭚五岭中的一座。赵锐先生致仕归来,耕耘其中,优游泉石,对其倾情最多,并在生前就将这一带赵家山水田产送给了自己最爱的女儿赵太恭人。他将此山命名为天马山,又叫骢马岭、乾马山,乃取《易经》乾卦之意。

《易·说卦》曰:"乾为马,坤为牛。"天为健,健者,健行之意。健行者莫过于马。乾卦九三爻辞还具体指出:"君子终日乾乾,夕惕若厉,无咎。"这里的乾乾,也是健行不息的意思。整句爻辞是讲君子要充分考虑到前进路上的曲折,勤奋不息,甚至夜间也时时警惕,那么即使面临危险也无祸害。总之,所谓天马山或者乾马山、骢马岭,其得名大约都缘于此意。

方学渐受岳父赵锐的影响较深,他以易学理论阐述圣人之道时,就强调"易道莫大于乾,乾者圣人之道也",认为"乾"代表的是圣人刚健中正之道。而太恭人生前就反复强调过归葬天马山的意愿,并通报了赵氏族人,也得到赵氏族人的理解和支持。

可是,方家族人在祠堂会商时,有人却提出了不同的意见。他们认为,太恭人应该与明善公方学渐合葬。

首先,合葬乃本邑习俗,也是方家旧例。虽然从前也有分葬的,但基本都是特例,主流还是合葬,有夫妻团圆之美,而且也便于后代祭祀。

其次,明善公所卜选的南乡江滨松门岭佳城,乃是当年方家花巨资所购得,不仅包括整座莲花山,还包括山下的莲花湖,水陆交通方便,风水绝佳,祖宗葬于此,当然就更有利于荫护子孙后代兴旺发达。

提及明善公方学渐现在这个风水绝佳的墓葬地,又不能不提及明善公五十岁那年的一件事。据方大镇《宁澹居集》及《方氏家谱》记载:当时明善公看到,西龙眠祖坟山多年来被族人乱葬,破坏严重,为了保护祖坟风水,他召集族人议定了祖坟山"禁葬"之约,规定:月山、东西二龙眠、三峰、道观山等祖坟山,从此以后,"宜封禁不可再葬":

> 依祖而葬,世固有之,然多葬者反为祖累。鹰窠树界虽定,而地犹窄,其封禁不再葬久矣。月山地稍宽,然山后为龙脉所自来,万无多葬之理。山前计有十八冢亦已累累矣,此后宜封禁不可再葬,违者听户长议处。其先葬而无碑者,各宜补之。而议者又言东西二龙眠及三峰、道观山,并宜申禁不再葬。

此"禁葬"之约,不仅公之于祠堂,而且记入家谱。为了起带头示范作用,年仅五十岁的明善公就开始另卜百年归宿之地。最先卜选的地方是松湖中的松山。那里有二世祖坟在,明善公的母亲吴太夫人也依祖而葬于那里,且地宽葬少,风水绝佳。同时,方家有多房宗亲居家于那里,墓地亦安全无虞。与此同时,明善公还将祖父方敬迁出了因姻戚而有争议的西龙眠祖茔地。

长房的同辈兄长,石门公方之皋,是一个远近闻名的善卜者。他的长子方大玮曾是童子试冠军,后来又是诸生冠军,由于"才名籍甚",却"负才使酒,傲睨流辈",得罪了不少人,受陷害入狱,被明善公救出。所以,石门公为了表达感激之情,受明善公委托后,非常热心地帮助卜选佳城。他经过多次考察,也为明善公自卜的松山之地"涣然称赞"。明善公又委托石门公多考察几处,以供选择。石门公就在全县范围内反复比选,最后他还独驰百余里,帮助卜选了江边的松门岭莲花山,并与明善公一同长途跋涉去实地勘查。一见此地,石门公即"跃然大叫",曰:"山川有别目,信哉!"他这一大叫,就让明善公下了决心,买下了这座小小的莲花山(见《方氏家谱·石门公列传》)。

莲花山峭居松门岭,山下有数十亩水面的莲花池环绕,视野开阔,山光水色,风景淳和。而且,方维仪的幼妹方令德,就嫁在这附近的大青山何祖庄,距此地较近。

因此，方学渐对这块墓地极为满意，在买此山的同时，还将山脚下的莲花池也全部买下，并改称莲湖，派给佃户对这里的山水进行管理。

二十五年后，也即万历四十三年（1615年），七十六岁的方学渐"捐馆舍"（即去世），远葬到他五十岁时就卜兆好的江边莲花山吉壤。

太恭人究竟合葬莲花山，还是归葬故土天马山？

7

方维仪私下反复斟酌，也认为族人所言有理。何况，明善公与太恭人是那么恩爱和谐，为了让他们泉下相依，也应该合葬。而她自己不也是一直期盼将来能与姚孙棨合墓吗？

但争议到最后，众人还是听从了方大镇的意见。方大镇天性极孝，他只能以母亲生前的意见为准，不敢妄作主张，只有满足母亲的生前心愿。而且他认为，太恭人之所以决定归葬天马山，还有嘱咐子孙不忘"乾马"之训，不失自强、勤奋、警惕、刚健、中正之道。

方大镇嘶哑着嗓子哽咽着说："吾父当年即世，吾兄弟遵从其心愿，葬父于百里之遥的莲花山。不意吾两弟亦先后即世，有一弟已附葬吾父，先君子已有随侍者矣！今吾母仙游，吾且代吾两弟，遵从吾母归附天马山之心愿。"方大镇申述归葬白沙岭天马山之理由。

"吾岂敢不遂吾母心愿也？母亲啊！难将寸草心，报答三春晖！"方大镇跪拜在灵前哀哀泪下。

转眼就到了岁末。方大镇已经在天马山庐墓了半年。这半年，由于哀伤过度，加上年岁已高，原本健硕的身体已日渐消瘦，面容显得更加苍老了。

方维仪悲叹自己不是男儿，不能陪同父亲随侍于太恭人墓侧。她担心父亲如此下去，会遭病有不测，实际上父亲也确实到了弱不禁风的地步。她只能无奈地心疼，无奈地流泪，无奈地于观音大士像前日日焚香祷告。

而一向放浪山水的方以智，在祖父庐墓期间，还多次离家远出，到处交游，以"龙眠山下一狂生"的姿态，追求"道路风尘阻且长，相逢气结不能说"的结客义气。正怀着大肚子的潘翟，多次泪劝过他，还告到了方维仪这里。

但他只是在仲姑批评的当时，稍稍收敛了浮躁的心态，仍然处于不想结客却又无法拒绝客人相约的矛盾之中。他总是认为，要想在事业上有所成就，就必须走出书斋，放弃安逸居家的念头，走"男儿贵结交"的道路，广结天下名士，以便将来鹏程万里。因此，只要有人相约，他就以"安居哪能成豪杰"为由，依旧与友人结伴远行，频繁远行。

方维仪这段时间正处于极度哀伤中,又十分担心父亲方大镇的安全,所以对方以智频频结客远游,并无精力过多干涉。何况,侄子所言也并非没道理。因此,她只是提醒侄子要有所收束。

每次前往天马山探望,方维仪见父亲在冰天雪地中庐墓,日日临哭,同时还撑着病体写文章,并时常与来看望他的当地学人论辩学术。而家中母亲姚老恭人与两个老姨的身体都不好,自己又止劝不了侄子方以智,她感到如此下去,实在是不能拖延了。

于是,方维仪将家中情况写成一封长信,寄给远在京城的弟弟方孔炤,并随信附上一首诗,以表达她的极度忧虑:

慕 亭

慕亭寒苦岁将过,手植松楸亦已多。
盛夏炎蒸骢马岭,严冬冰雪木榍河。
庐中七十征连理,门下三千废蓼莪。
女子不能随墓侧,焚香日日诵弥陀。

方维仪再一次在诗中提及"连理"二字,是感叹于父亲重视传承连理家风家学的一贯态度。由于《全边略记》受到崇祯帝的重视,方孔炤又十分勤政精干,日日忙于政事,随时接受皇帝、内阁和本部咨询。因此,太恭人即世,朝廷也未予准假。也就在这年十月,他被擢升为尚宝司卿,正待候补。

当方孔炤接到仲姐的信后,心急如焚,随即再上《乞假疏》,再度告假。然而,此时崇祯正在用人之时,对朝臣乞假、告休等大多不予理睬。

8

正当方维仪日夜忧虑,担心弟弟能不能赶回桐城时,方孔炤回来了。

原来,崇祯帝尽管舍不得方孔炤离开,但见他孝心耿耿,而朝廷最推重的就是"忠孝"二字,好在他目前的新职还只是候任,并无多少公务需要处理,因此权衡了一番,还是准了方孔炤的假。

方孔炤随即由京城马不停蹄地赶回。方维仪紧绷的心弦才稍稍有些松懈。

方以智这一次目睹祖父确实衰老病瘦,仲姑又整日愁容满面,父亲还向朝廷乞假,紧急回桐,才真正感受到笼罩在廷尉第上空的紧张气氛,就将时时想远游的心稍

第十八章 焚香日日诵弥陀

稍收拢了一些,加之又受到父亲的严厉批评,他也觉得该给自己当头猛泼一盆冷水了。

尤其是父亲回桐,还带来了各地形势危急的多种消息,特别是辽东局势日趋紧张,更让人忧心忡忡。于是,在父亲陪祖父庐墓时,方以智也安心居家读了一段时间的书,与泽园学友在举业方面狠下了一番功夫。

"智仲姑母,适姚公前甫氏,再期不天,乃请大归,守清芬阁中,此清芬阁之所以有集也。"方以智在这段时间,遵照伯估方孟式的要求,将其汇编的仲姑《清芬阁集》进行了认真的校核整理,并在此基础上认真写了一篇跋文。

方维仪看了这个跋文的开头,开门见山,很好。自己的这些诗文确实多是写于孀居时。而此前的诗作,多是烂漫天真,不堪对比,所以大多弃之不存矣。

"姑少好诗书,善白缋古先生,不事诸娣侯笑,有丈夫志,常自恨不为男子,得树事业于世,又不幸遭此穷苦,膺心居秭,又安敢以女子著书名哉。"

方维仪想,此段真乃吾心所实照也。吾虽然幼有大志,却遗憾非男儿,不能树事业于世,只能孀居于娘家,依靠父母和弟弟,如此苦度光阴,岂敢凭诗书求名?毕竟"女子无才便是德"呀!

"自丙午岁,与余母朝夕织纴以下俱共事,殷勤之余,时或倡咏,伯姑间归和之,闺门之中,雍雍也。尔智未束发,梦梦不知所奉,既稍长,离经小学,克共侍命。"是的,他的母亲令仪,自丙午(1606年)归依孔炤以来,与方孟式、方维仪等人,一门姊妹共事殷勤,唱和不断,那是多么难忘的一段时光!

"而吾母即世,嬛嬛馆由,莫适与归,间我诸姑,仲氏任之,盖抚余若子者,八历年所,无间色矣。"可惜令仪年仅三十岁即去世,留下一群孤独无依的子女。

那时,方维仪就暗自发誓,要倾心倾力抚教这些侄子侄女成人,直至各自成家。如今八年时光匆匆而过,长侄方以智、长侄女方子耀都已成人成家了。

当方维仪读到下面这一段时,不免又潸然泪下:"姑尝曰:吾不幸,不获从地下,长累父母,父母故罔极,吾姊妹皆安荣备福,月朔归宁,屡辱顾问,我何言哉。宜人知吾心,亦复早逝。嗟夫,家事大小,一莫敢问。礼曰:内言不逾阃。诗曰:无非无仪,况寡妇乎。"

是啊,寡妇的不幸,岂止是不能跟随丈夫同归泉下,而是长年连累父母啊!虽然父母对自己格外照顾,备享荣福的姐妹们也时常归来关心顾问。然而,只有令仪懂得我的心思,偏偏又早逝。我作为一个寡妇,在家中言不逾规、行不逾矩,从不招惹是非,把微笑留给亲人,把泪水留给暗夜,何其小心谨慎!

至于自己是如何抚教几个孩子,侄子写得极其动情:"(姑)自感宜人意,诸子女饮食当治,衣裳当干,俱身先操作,间命婢,必慰论遣之,其淑慎如此!于是乎,自智不得逮事吾母,以不得不子于姑,敢不母事吾姑,以不敢死其亲乎?"

这些年,方维仪像母亲一样,无微不至地照顾孩子们的起居生活,诸般事宜都亲自操劳,偶尔让婢女帮忙,都还要反复嘱咐,以防差池。

关于《清芬阁集》诗文,方以智写道:"其所著述,每从帏下,纪诸箧,至今以帙,积录存之。偶执吾母《馟佩居遗稿》示余曰:仰无若,弗与言也已。所与言惟淑人,淑人又伤无子,女子慷慨而有所发愤,独非然耶。然所为辙弃,存者十半。以为女子不以才贵,故其删宫闺诗史也,断断乎必以邪正别之。"

确实,这些诗文都是孀居以来所写,写得虽多,而"辙弃"亦多,积录存之仅半,毕竟,女子岂能以才为贵?侄子却说:"嗟乎!女子能著书若吾姑者,岂非大丈夫哉!"他认为,女子能著书即大丈夫,并认真遵照伯姑方孟式意见,"选其生平篇什,寿诸木以不朽"。

侄子写的《清芬阁集跋》,虽然又一次勾起了伤心的回忆,但方维仪也从字里行间看到了侄子能够深深感受自己的一片苦心。他是把此书的整理与付梓,视同尽孝母亲一样的大事,努力而细心地去做。这让方维仪甚觉欣慰。

方维仪白描《松石罗汉图》(安徽省博物院藏)

第十九章　留春莫遣余花落

1

方维仪最担心的事情还是发生了。这已经是崇祯三年（1630年，庚午年）新春正月尾了。不久前的一场雪，大多已经融化，但屋檐、枝头、桐溪两岸还有斑斑点点的残雪。

她踉踉跄跄地随李姆姆穿过远心堂，只见家人来往匆匆，神色慌张。她也来不及与在座的吴应宾、浮渡清隐禅师以及族中长辈们打招呼，就径直穿过长长的廊檐，到了春晖楼，李姆姆退避一边，方维仪急趋入父亲的卧室。

只见须发全白的父亲方大镇半倚半卧在床上，闭目无言。他那从前微胖的双颊，如今颧骨高耸；从前炯炯有神的双眼，已深陷在眼眶里。姚老恭人正为他轻拭前额，陈氏、诸氏两位老姨掩面而泣。

方以智等晚辈跪在床边，神色凝重。

本邑白须飘飘的老医者张大夫已坐在案前书写药方。

看见方维仪进来，众人似乎遇见救星似的，全都将目光转向她。

自去年五月，太恭人归葬山天马山以来，父亲方大镇苍老了许多。虽然他已经如此高龄，却仍然庐墓其侧，哀若孺子，并将守墓的茅舍名之曰"慕亭"。由于哀伤过度，又历经暑寒交替侵扰，多次患病。此番病情更是危急，在白沙岭宗亲的协助下，老仆方魁和管家陈砚带领家仆，连夜将父亲送回廷尉第，并寻医治疗。

姚老恭人俯下身子，对着老先生的耳边轻声说："仲氏来了！"

方大镇的眼睛微微睁开："仲氏，你过来吧。"他的声音，再也不像从前那样洪亮而有力。

听到父亲的轻唤，方维仪大为悲伤，泪如雨下。但她还是连忙拭去眼泪，俯身倾听。

"潜夫……"父亲轻轻地吐出两个字。潜夫是弟弟孔炤的字。他与叔父玉成公（即方大任）等邑中前朝官员大多已于崇祯初官复原职，其《全边略记》在家乡泽园修改定稿后,已呈皇上御览,深受重视。

"父亲,您的意思我懂!"方维仪连忙说。她知道父亲的心思,必是嘱咐孔炤正色于朝、不可旷职之类。这是孔炤在家时,父亲多次叮嘱的。去年年底他告假归桐后,随着父亲身体渐趋恢复,又被父亲以"国势危急,正需用人"为由,催促着返回了京城。

"父亲请放心,仲氏我一定会时常提醒吾弟的。"方维仪说。

方大镇微微闭了闭眼,表示知道了,却又随即睁开眼睛,寻找着什么。方维仪连忙让方以智、方其义等几个侄子过来。

"东林呀!"方大镇吐了口气,轻轻咳嗽起来。

东林是方以智的乳名,还是方学渐当年为刚出生的曾孙方以智取的。每次方大镇念及"东林"这个名字时,方维仪总想起方孔炤的那首诗:"锡山建书院,桐溪大称善。小子既抱子,我祖相其面。名之曰东林,将夹磨铁砚。弥月见家庙,冬至长一线。占易得硕果,珍重七日见。"

但见时光流似箭,岂知岁月催白头。侄子方以智出生时的喜庆犹在眼前,转瞬就要迎接三年大比了。想起家族和老一辈所寄予的厚望,方维仪感觉自己肩上的担子比侄子方以智还要重。

方以智在仲姑暗示下,急趋上前,为祖父轻轻揉背:"祖父,孙儿一直铭记着您的教诲,宁静以致远,淡泊以致深,潜心向学,六艺齐修。孙儿不会辜负您的期望。"

方大镇还是微微闭了闭眼,但随即又虚弱地摇了摇头。

<h2 style="text-align:center">2</h2>

方维仪最懂父亲。

"今年是大比之年,仲氏会督促孩子们的。"方维仪赶紧补充道。她明白,父亲最不放心的就是这个孟浪的长孙方以智。这孩子常常表示要担书于野,却对即将到来的乡试并不热心。

因为方以智近来常激愤地说,当今那些班列于朝的大臣,不过是应试科举而上的废物,他们多不读书,却热衷争讼,大搞门户之争,所以他认为"不如掩重扃,黾勉事著述",还不如关起门来,潜心做自己的学问,勤奋著述,做一个不问世事,只求"有终吉"的士君子。

事实上,他也是这样做的。他在饱读先辈诗书的基础上,坚持"三问",即"问宰理,曰仁义;问物理,曰阴阳刚柔;问至理,曰所以为宰,所以为物者"。所谓宰理,就是指仁义礼智、继善安心之理,也即儒家所强调的人伦道德名教之理;所谓物理,就

第十九章 留春莫遣余花落

是指阴阳刚柔、动颐屈伸之理,也即宇宙间所有客观外在的相反相成之理;所谓至理,则是指统贯所以为宰,所以为物之理,也即统贯人之所以为人、物之所以为物之理。简单来说,方以智探索的"三问"也就是人文学之理、自然学之理,以及会通人文学与自然学之理。

对此,方维仪多次与侄子谈心,既鼓励他探究学问,又希望他看问题不要偏颇,继续走父亲和祖父的道路,也即通过入仕来做国家栋梁。

"父亲放心,仲氏待东林几个子侄一向视为己出。东林成婚后,每日都是攻书作文,手不释卷,击剑、引弓、驯马也是毫不松懈。其义亦以兄长为师,小小年纪,已能辨四声,随指一物嘱对,都能迅答如流;所书大字已颇见风骨,作诗也与古人神似,未来前程必是可期也。"

方维仪又叫过方以智的妻子潘翟,以及子瑛、子瑞两个侄女,让她们一并向祖父请安。孙临与方子耀不久也匆匆赶过来请安。

方大镇的神色渐趋缓和下来,闭着眼睛,似乎已经睡着了。这时正在一边开药方的老医者张大夫,轻轻咳嗽了一声,站了起来,方维仪连忙轻声询问:"张大夫,药方已经开好了吗?"

张大夫一边往外走,一边说:"开好了。二姐呀,方老先生这病因,我也给你说说。你跟我出来吧。"方维仪跟着走了出去。

张大夫站在通向远心堂的廊檐,继续说:"方老先生主要还是年纪大,体质弱了,又哀伤过度。先是天天受山中暑气侵袭,又淋了急雨,后来又受了寒气。那时得过一回热疾,扎了针好了,但还虚着呢。现在这一入冬,冷雨霜雪,一时不能抵抗,又有寒疾了。"

"请问大夫,那……"方维仪着急地问。

"危险期已过了!现在这针也扎过了,二姐先放心吧。"张大夫长舒了一口气,拿出手中的一张纸,又仔细看了一下。

"二姐啊,你可派人按这药方子去施药局抓些药来……要让方老先生好生疗养着,近期应该不会出大问题。这几天呢,我会按时来扎针的。"

张大夫说完就走出去了,方维仪指示老仆方魁将张大夫恭送到客房,好好招待。

姚老恭人和陈、诸两位老姨听了方维仪转述张大夫的话,就觉得紧绷着的心稍稍有些放松。毕竟这张大夫有"张神针"之称,是本邑乃至皖江一带最为有名的针灸大师。

但是,方维仪的一颗心依旧悬着。她叹恨的是,自己一介女流,一个未亡人,寡居在娘家,又不能随父亲侍守于墓侧,现在父亲又病倒了,自己除了天天于佛前焚香祷告,究竟还能有何作为。

清芬阁里,方维仪瑟瑟发抖,似乎整个人就要垮下来一样。但是,她不能垮,她必须坚强,因为她现在是这个家的主心骨!

刚才喂了汤药后,见父亲已经睡着,脸色看上去平静了不少,方维仪就跟母亲姚老恭人和陈、诸两位老姨告退,走了出来,又将有关事务向方魁、陈砚等人一一地细心吩咐。

此刻,方维仪一边向观音大士奉香祷告,一边想着父亲如此高龄,仍然庐墓天马山,寒暑交替,染上重疾;母亲与两位老姨身体也不好,而弟弟告假归来不久又被催上京师,姐姐方孟式还随夫张秉文远在广东。她这心里真是无比焦虑,又无比茫然!

3

或许是始终有一种信念在支撑着方大镇,他没有被疾病打倒。

经过持续扎针,精心疗养,随着新柳初绿,方大镇的身体渐趋恢复,已经能步出廷尉第,到东门大河边散步了。他还与在家著述的吴应宾、归家休养的东阁大学士何如宠、南京礼部尚书叶灿、南京光禄寺卿盛世承、贵池学人王达夫等人到桐川会馆举办了一期社讲。

这天上午,方大镇对方维仪说:"仲氏呀,再过几天,我还是要回到天马山去庐墓,目前仅有几位后生在那里,我实在不放心。家中还需要你好生安排着。"

"父亲,您身体还比较虚弱,现在虽然气候开始转暖,但野外仍然苦寒,何况白沙岭天马山风急路滑,女儿又不能随侍身边,实在是不放心啊!"

"庐墓守孝,乃古之丧礼,人之常情。太恭人去年五月既葬,现未及十个月,尚未出'小祥'(即未出一周年),吾丧服在身,岂可安居于家中,而忍心吾母孤寒于外?何况,你两位叔父都早已仙游。庐墓尽孝,吾又何敢辞耶?你休要再劝矣。"

"可是父亲,您千万不要再哀伤过度。庐墓时,您千万要保重身体呀!这也是吾弟孔炤年初临行前,一再让我多提醒父亲的。"

"你们的心思我都明白。草药医理我自是懂得一些,我会注意的。你可安排陈砚,将我需要的书籍整理好,派人送到天马山。"

方大镇似乎又想起来什么,将老仆方魁叫了过来:"你提前招呼一下,让白沙岭的宗家亲戚,继续协助多移栽些苍松翠柏于天马山。"白沙岭的亲戚,主要是指方学恒后裔及赵太恭人的娘家人。

方大镇辞官归里时已是高龄,一直在子女和门人的协助下整理旧作。自崇祯二年(1629年,己巳年)五月天马山庐墓以来,不顾年高体弱,每日哀若孺子,更显得垂垂老矣。他还不忘嘱咐子女及门人加快《连理集》《荷薪义》等文集的校核进度。自

方维仪白描《蕉石罗汉图》(故宫博物院藏)

《宁澹居文集》刊刻后,他一直在安排整理致仕归来于桐川会馆讲学的一系列文稿。他又于庐墓同时有所体悟,指示门人按其所述要旨录为《易意》。

天马山林壑尤美,曾是赵锐先生退休后的讲学之地。而其附近的白沙岭则是过往北硖关的重要交通孔道。自明代隆庆年间方学渐讲学以来,白沙岭已经成为桐城宋明理学的氤氲之地。

这次病后再赴天马山,临辞家时,方大镇不免对寡居多年的方维仪倍生怜悯之心:"你素秉忠孝,敏而好学,通上下古今,才不减女博士祭酒,只可惜非男子,不能树事业于当世。"方大镇边说边摇头做慨然状,"你且把心思多用在你这几个子侄身上。这些年也辛苦你了!我还要看见他们中举呢!只是你也不要太过劳碌,衣饭之事不要过多地亲自操劳,仔细安排家人做活即可。"

方大镇再次来到天马山后,气温正逐渐回升,冰雪不断融化,山下木樨河的水流得更加恣肆。由于方大镇一直是主持桐川会馆的社长,而白沙岭"连理亭"又是当地学人举行社讲的重要阵地。所以,随着方大镇庐墓于天马山,桐社成员和白沙岭当地学人又常聚于附近的白沙岭"连理亭"论辩,使得白沙岭的学术气氛更加浓厚。

方大镇为何如此重视桐川会馆,即使庐墓也不忘会馆社事?这恰恰是始终支撑着他三十多年官场沉浮,甚至支撑着他将近七十年人生不倒的信念,那就是传承家学,继述荷薪。

而这又不能不提及明善先生方学渐当年的重托,因为这与庐墓的分量是一样重的。

4

布衣大儒方学渐自创立桐川会馆以来,到万历癸丑年(1613年)时,已经在其中讲学近二十年。

二十年来,在方学渐的精心经营下,无数学人进出会馆,成为播洒在桐邑大地乃至大江南北的读书种子,使这座小城因为人才彬彬兴起,巍然崛起为南直隶文化重镇。而桐川会馆经历这二十年的风雨,也显得越来越陈旧狭小。由于人气一直较旺,不仅有本邑学者,还有周边县甚至外省的学者都慕名而来,门槛早已被踏破不知多少回了。总之,会馆亟须及时整修。

这时的明善公已经年老体衰,不再轻易外出讲学,对如何规划整修会馆也感到力不从心,于是就将桐川会馆事业托付给了他最为看重的儿子方大镇。

方大镇这年正以御史身份巡按河南。据他在《续置会馆颠末纪》里记载:癸丑秋,他自河南大梁(今开封)归桐城,"先君(方学渐)执手语曰,'美必久而后成,道必守而兼创。吾意欲与汝共图会事'"。

老先生殷切希望儿子方大镇,能够继承他所开创的桐川会馆事业。

所谓"美成在久",语出《庄子·人间世》,意为:要做一番事业,必须长久地坚持下去,也即久久为功,才能达到"道必守而兼创",守得住先辈的基业,并能够在此基础上有所创新。

方大镇也不负厚望,按照社中诸友议定的"不毁旧馆,以明繇旧,而特创新馆,以表维新"的原则,斥巨资对桐川会馆旧馆进行了修缮,同时还续建了新馆。

整个工程"肇于仲秋之初旬,落成于仲冬之下旬",总共用了四个月时间。所花的费用,"木石诸费计二百七十金有奇,钟鼓炉瓶器具之数,可二十金有奇。基地价值及修理旧馆可百金有奇"。

除了支出会租十七金外,其余资金全部由方大镇独自承担。馆北相邻的赵氏姻戚还将所属地基捐献出来,以供扩大馆容面积。而方学渐早年置下的会田小朱庄,原打算以三十金卖出以筹修缮资金,现在也保留未卖,继续作为会田。

"桐川会馆不仅是汝祖父期冀'美成在久'的事业,更凝聚众多同道者的厚望。"方大镇曾经对方维仪如此说过。

方维仪明白,毕竟经过这么多年的经营,桐川会馆已经不仅仅是属于方家了,它已经是合邑学人的共同事业。

5

方维仪想起东门大河城坊堤绣衣堤,想起捐资助修者龙遇奇先生。他是父亲最好的挚友,是一位热心教育的学者,也曾热心捐资助修桐川会馆。

当时,正任两淮巡盐御史的龙遇奇先生,感慨方大镇如此热心公益办学,也就"慨然檄郡捐帑八十金为会田",以资助方大镇。方大镇又另外"再捐金为供资馆前河堤"。由于河堤"屡出锱铢修筑而无成",龙遇奇及县令王廷式等人慷慨捐金,吏民和士绅合力,终于将河堤筑成。此即东门大河绣衣堤之来历。

与此同时,方大镇利用御史身份积极上疏,请求朝廷褒崇理学。他认为:"世道之升降本于人心,人心之邪正系乎学术。"请求将理学名臣以及对理学做出贡献的布衣由"郡邑立祠祀之于乡"。

为此,他在《桐川会馆至善堂记》中表示:"先侍御(即方学渐)之学是谓正学,先侍御之教是谓正教。独立而无所惑也。《巳书》曰:厥父基,厥子乃弗肯堂,矧肯构。小子不敏,窃鳃鳃然堂构之。"意思是,他决心要在父亲所构建的思想屋基之上继承和发扬,以形成自己的学术殿堂。

方学渐去世后,方大镇征得全邑学人同意,在续建的桐川会馆里"以祠先侍御",而旧馆规制"悉如先侍御之旧"。在《至善堂记》一文中,方大镇还提及"先侍御往矣,同社诸贤共笃斯盟,爰新讲堂。颜曰:至善"。其旨在于"学而求诸善,善而求其至"。这一理念,他也带到了白沙岭连理亭讲学中。

自春秋孔子首开私人讲学之风,到汉代"精舍""讲堂",再到唐代书院、五代学馆,以至宋代书院,中国传统的教育模式越来越严密。方大镇也将桐川会馆按书院模式进行管理和发展,当时的兵备道张九德还专程来祝贺,并题写馆名为"鸣鹤书院",期望能培育更多人才。

所以,方大镇对传承明善公方学渐的"连理堂"之学,光大桐川会馆事业,始终抱有一种非常强烈的使命感。为官三十余年来念念不忘,致仕归来随即接手了主持任务。即使处于庐墓伤悲之中,也仍经常关照社中士子,"不惩不忘,学求其至"。他还将追述父训及与同社诸人问答之语,编辑成帙,名曰《荷薪义》,不忘继述之意,其大旨在阐发良知之说,尤其是对儒释的分辨,论述极详。

随着气温的不断回升,春天很快就来了,山野的各类野花仿佛一夜之间苏醒了,疯了似的比赛着开。方维仪也常去天马山看望父亲。太恭人的墓园里,松柏成荫,父亲的茅草墓庐倚于墓侧,里面堆满了书籍。有一次陪着父亲在墓园散步时,见父亲又提及方以智等孙子孙女,她知道父亲最不放心的还是这些孙辈,念念不忘的是他们的科举功名和学问。

受父亲情绪的影响,方维仪也越来越焦虑。她日夜担心着这些处于自我觉醒期却又极不稳定的年轻人。

6

这个时候,面对纷乱的时局,方以智等泽园诸学友也正处于困惑之中。他们有时因慕虚名,而将精力殚于吟诗作赋,到处结客交游,甚至奔赴金陵,沉湎于秦淮歌月;有时也有强烈的仕途荣禄念头,畅想着将来有一天能够班列于朝,做辅佐皇帝的大臣,所以又兴致勃勃地专攻科举。

但一想到这些年来朝野的剧烈纷争,他们又悲观地认为人生究竟是干不了什么大事的,还不如闭关著书,将来好藏之名山。一转身又冒出新的念头,觉得当前内地民乱兵变纷起,前方战事又不断吃紧,读书做学问究竟能有何用?男儿何不带吴钩,去冲锋敌阵,去立功沙场。

方维仪对如何做好泽园这批学子的引导,也颇费心思。父亲和弟弟居家时,她还能稍稍松懈一些。一旦他们都不在家,她就不免辗转反侧,焦虑难安。

尽管方维仪以为,还是以弘扬先德、传承家学为本,以攻读举业、博取功名为要,严肃地引导侄儿等人潜心向学。但年轻人近来多以"龙眠山下狂生"自诩,认为"天下将乱",已坐不住书斋,热衷于豪言时事、纵酒悲歌、交游结客。

方维仪感到,虽然方以智、方文、孙临、吴道凝、周岐等人都已经相继成婚,但家室并没有让他们增加多少牵挂。方以智反而更加自愧事业无成,一方面不愿从于流俗,宁肯担书于野;另一方面,却又不愿局促于里巷。方维仪经常告诫他,要秉承父祖之训,坚持"以孝立家、以儒立业",切勿总是放逸,不然一辈子蹉跎无成,何以面对明善公"长大磨铁砚"的厚望?方孟式也经常写信归来,一再关照其侄:"汝祖汝父都为名臣,你何故总是苦吟痛饮?"

当然,方维仪也有觉得欣慰的地方,毕竟这些年轻人"倜傥有大志",自幼就胸怀远大抱负。特别是方以智听了仲姑的多次提醒,也进行了认真反省,为自己的放浪无为而愁楚忧心。

方维仪了解到,在虚舟子王宣和石塘先生白瑜两位老师的指导下,泽社的日课内容不断丰富。如开展以"十体会"为载体的诗歌研习和创作,进行以应试举业为目标的研学切磋,同时兼以研究古学、钻研经史。两位老师也经常参与社事活动,课读之余,还常与弟子们觞咏社集,或出游分韵作诗。

方维仪对他们的"十体会"创作甚为推重。所谓"十体",就是指泽社的诗歌创作,主要研习古歌辞,风雅体(四言),五言、七言古诗,长、短歌行,近体五、七言律诗,绝句、排律等十种体裁。

方维仪越来越感到,这些年轻人的诗作开始进入新的境界,尤其是方以智在这方面取得的成果最为丰硕,他的诗情更加慷慨激昂、超迈豪爽。

"他的诗作也有上千首了,有必要鼓励他遴选汇编成册了。"方维仪想。

7

方维仪的《清芬阁集》刻印出来不久,方以智的第一部诗歌集《博依集》也付梓了。所谓"博依",取意于"不学操缦,不能安弦;不学博依,不能安诗"(《礼记·学记》）。这本诗歌集的刻印，得到了仲姑方维仪的大力支持，方以智深受激励。

与此同时，方以智等泽社诸子更重视"文从古法"，在作诗之外，努力研究古学、钻研经史。诸子中又以方以智的成就最为突出。他在追"正始"、求"古法"中，努力求"厚"求"远"。

在白瑜老师的启发下，方以智逐渐认识到，治学首推《十三经》，经学之外，就应该多多钻研《史记》和《汉书》。实际上，他确实对此用力颇勤，经常取"义近古者释之"。

方维仪又鼓励侄子，可以结合泽社课业，汇辑《史记》《汉书》章句。方以智得以著成《史汉释诂》一书，在此基础上，进一步爬梳剔抉，完成了《尔雅》注稿。需要指出的是，他这部小小的注稿，就是后来《通雅》这部巨著的雏形，而《通雅》对清代的学术发展产生了较大的影响。清人纪昀编《四库全书提要》时就十分推崇方以智的《通雅》，认为其一扫悬揣之空谈，而穷源溯委，词必有证，在明代考证家中，可谓卓然独立。当今学术界评价，《通雅》博大精深，不仅记录总结了当时的科学文化知识，而且反映了作者唯物主义世界观，其考据精核的学风和研究方法还影响了清代的许多学人，开创了一代学术新风。

可是，这些年轻人的心总是不安分的。方以智、方文等人刚刚立誓要潜心向学，很快又到处结客交游，甚至一出走就是几个月不归家。

方以智有首诗，写他在祖父建"慕亭"庐墓期间出游时的心情："长安道路北风掠，王父庐前荒草平。不向慕亭供宿膳，偏来池口听江声。"祖父在慕亭中日日临哭，孙子连供宿膳的事都不做，居然还到江南池口去听江声。写这诗时，他当然也有一定的自责心理，但是他离家出走时仍然是毅然决然的。

特别是南都金陵更是文人士子集社的滥觞之地，各类诗社、文社林立，这对向以狂生自诩的方以智、方文等人诱惑很大。当他们凭水临风，兴致勃勃地来此作游时，感叹于"玄圃芳林夜色多，秦淮桥上唱吴歌"，觉得不仅秦淮景色给了他们深刻的印象，金陵的东南才子佳人云聚，还让他们更加渴望尽快融入其中。

"留春莫遣余花落。"方维仪时常告诫这些躁动不安的年轻人，要珍惜大好青春年华，力戒"好虚名、鲜实学"，真正潜下心来，在泽园里养气读书、考事类情，做到力学如力耕，相互鼓舞，精进举业。

可是，随着清兵大举攻入大安口，京师戒严，这帮年轻人哪里能安静下来，又天天热血沸腾地谈兵论战了。

第二十章　高论无穷如锯屑

1

"袁崇焕究竟该不该杀？"

刚进入柳荷台园门，方维仪就看见这几个年轻人正在清风明月亭那里高声激烈地争论着什么。十岁的方其义也在一边全神贯注地听讲。

正是新柳含烟、桃花零落时节。眼看着慕亭中的父亲方大镇日渐身形消瘦，方维仪在焦虑中熬到三月。这一天，方维仪遵照父亲要求，在方子耀和李姆姆的陪同下，再一次去泽园探望。

"孙三我以为，袁崇焕曾夸下'五年平辽'海口，可是呢，"孙临的穿扮完全是一副武将行头，言语显得非常激愤，"建奴（指后金）却越来越猖獗！去年甚至攻入大安口，再分入龙井口、马兰谷，甚至直逼京师，简直是如入无人之境！诸位，你们岂不觉得蹊跷？"

"不、不、不能这么简单地看'己巳之变'。"周岐仍然是儒生打扮，与人辩论时一着急就口吃，"以前朝的教训来看，其中，既、既、既有可能是建奴分离挑拨得计，也有可能是阁臣纷争，相互倾轧。"

所谓"己巳之变"，是指去年也即崇祯二年（1629年）十月至今年（1630年）正月，在明朝与后金的战争中，后金皇太极率军突袭北京以及明军阻击后金军的历史事件。

"建奴壮大如此迅速，实在是与袁崇焕矫旨枉杀毛文龙关系极大。"方以智显然也有些激动，"若毛文龙部仍控东江重镇，形势岂能如此急转？"

方文首先发现了方维仪一行已经在园门之外，众人随即迎将过去。方维仪与大家一起，又重新聚到了清风明月亭，众人于亭内外或坐或站，在暖暖的阳光的照耀下，南塘水面上泛起一层淡淡的光晕，给人明亮又朦胧的感觉。

提及"己巳之变"，本来只以诗书自娱的方维仪，也不免常常耳闻议论，家中又有抄来的邸报，各类消息不断。所以她与泽园学子一样，感到十分揪心。但对于牵涉

"己巳之变"的袁崇焕、毛文龙等关键人物,泽园士子所持观点并不统一。

袁崇焕是万历四十七年(1619年)进士,天启朝时因不得魏忠贤欢心而辞官回乡。

朱由检即位改元崇祯后,袁崇焕得以重新启用。崇祯二年(1629年)十月,皇太极亲自率领10万大军,绕过袁崇焕控制的宁锦一线,进入遵化。袁部虽星夜驰援,但皇太极再一次从蓟县防线绕过,浩浩荡荡直逼北京,杀到了崇祯皇帝的眼皮底下。

袁崇焕连忙调集兵力,拼命击退了皇太极,解了京师之围。但此时,朝野议论纷纷,诸多朝臣以"擅杀岛帅(毛文龙)""与清廷议和""市米资敌"等罪名纷纷弹劾袁崇焕。崇祯帝也不得不对袁崇焕产生不信任的感觉。十二月初,朝廷通知袁崇焕来京开会,袁一进场就被直接拿下,剥了官服,身受刑具,押送到锦衣卫大狱。

如今,袁宗焕已被关押狱中有四个多月了。就在这四个多月里,无论是朝廷,还是民间,都在纷纷议论:究竟要不要杀了袁崇焕?

泽园这些年轻而又激愤的士子,都认为袁崇焕作为节制辽东的军事主官,没有尽到应有的职责,导致后金突破山海关,直逼京师,使得国运系于千钧一发,其罪不可恕。他们争议的两大焦点问题是:毛文龙究竟该不该被杀?袁崇焕究竟是军事失误还是罪有应得?

实际上,方维仪对泽园士子的这种争论,也颇为关注。

2

"毛文龙,不该杀!袁崇焕,罪有应得!"方以智、孙临两人都坚持这样认为。方维仪静静地听着他们辩论。

孙临依然愤愤不平:"毛文龙战功赫赫,长期驻扎皮岛要地,几度攻破建奴老家赫图阿拉萨尔浒,建奴对其是极为忌惮的,不敢轻举妄动。"

"是也。毛文龙简直让建奴如鲠在喉,从不敢越过山海关。"方以智点头道。

孙临更加愤怒:"正是如此!袁崇焕杀了毛文龙,难道不等于帮助后金铲除了心头大患,洞开了进军吾大明的关口吗?"

"这么说,袁崇焕是该杀的坏人!"方其义也握紧了拳头说。

方文、吴道凝却都摇头不同意。吴道凝认为:"袁崇焕非为一己私心,而是军事战略失误。误国,当然也该杀。但是,毛文龙也该杀!"

"毛文龙的存在,虽然使建奴顾忌老巢被端,而不敢远征。"方文接过吴道凝的话头,"但毛文龙拥兵孤悬海外,日渐骄纵,有养寇自保的嫌疑。"

吴道凝接道:"他召集辽民以充队伍,有逃亡则杀以冒功。尤其是索饷过多,国库不堪其重啊！"

"不过呢！不过呢！"周岐在众人争论不休时，突然提高声调，打断了他们。见众人都吃惊地停了下来，他似乎又不着急了，慢条斯理地说道："以我打听来的消息，可能会动摇你们的看法。"

方维仪听到这里，已经感到惊心动魄，遂急问："农父啊，你打探来的消息，究竟是怎样的？"

周岐见大家都急着问，就喝了几口水，仍然不紧不慢地答道："主要有两类。一类消息认为，袁崇焕醉心权欲，浮躁好夸，甚至以'五年复辽'计划，博得朝廷信任；又以私刑，斩杀一品大员毛文龙，摧毁了辽东抗金堡垒。尤其是，竟然让建奴从他眼皮底下走过，一路畅通无阻地进犯到了皇城根。足见，袁崇焕罪不可恕也。"

"正是如此！"孙临马上接口道，"如果不是袁崇焕，建奴岂能如此猖狂、胆敢进犯京师？"

"另一类则认为，袁督师，他是一个杰出的军事统帅。"周岐看了一眼孙临，继续慢条斯理地说。

"这个，我孙三坚决不相信！我孙三倒是想听听这袁督师究竟有何杰出才能。"孙临见周岐说袁是杰出将领，遂生气地提高了声音。

"且、且、且听我把话说完。"周岐见孙临似乎要吵架的样子，也着急起来。

方维仪对孙临摆摆手："克咸莫要着急，且让农父把话说完，如何？"

"这另一类消息，是这样的。"周岐喝了几口水，语气又不急不慢起来，"袁崇焕作为辽督，尽职尽责，利用各种方法，阻止清军进入关内，起到了极其重要的作用，对朝廷是有功的。至少，他是一个抵抗外族的重要的边关将领。尤其是选拔将才，整顿队伍，军纪严明，士气振奋。至于他的失败，其实，就在于两个字。"

见他如此慢吞吞地说话，孙临在一边急得直跺脚。

吴道凝也憋不住地插话："是不是'离间'两个字？吾也听传言说，那建奴皇太极有意让朝廷知道袁崇焕通敌呢！"

"子远舅氏所言'离间'，吾以为不可轻信，决不可轻信啊！吾大明崇祯皇上何其英明，岂是小小建奴可以离间的？"方以智摇头不予认可。

"不过呢，我以为是这两个字。"周岐停顿了一会儿，话锋一转。

方维仪眼见孙临吞吞吐吐想说什么，又忍住了。她心想，这周农父究竟要说的是哪两个字？

3

"如果我没有猜错的话,农父想说的,不过是'朝争'二字而已!"方以智忽然站了起来,可能看到仲姑在这里,觉得不妥,所以又坐了下去。方维仪感觉他似乎有些激动。

周岐依然是平缓的语气:"密之所言,也不虚也。正是'朝争'这两个字,是当前不容回避的,也是最现实的问题!"

方以智立即接道:"我常发问,'朝士谁当树大勋'?观今之大臣,多不读书,或读死书,多少无能之辈!却热衷于朝争,这是吾大明之患啊!"

"依我孙三说呢,这个袁崇焕,是不是一个纸上谈兵的赵括再世?"孙临又忍不住接上话,"不然,何以误国非浅也!以其喜耍手腕的个性,涉足于'朝争',并非没有可能!"

周岐点了点头:"说是朝争,其实呢,还是有阉党在其中祸乱啊!"

"你这样一说,我就明白了。"方文接道,"传言那首辅温体仁其实是阉党魏忠贤、崔呈秀余孽,他参劾内阁大员钱龙锡和袁崇焕同谋,意图谋反,阉党残余伺机而起围而攻之,钱龙锡只得托病辞官归乡了。"

听他们提及朝争,方维仪自然又联想到已经遇难的左公,以及邑中诸多为官者受到阉党冲击的往事。

众人也不免对阉党和朝争进行了激烈批判,担心前朝的沉渣重新泛起,给国家命运前途带来不可预测的重大险患。

孙临这时候突然站起来,手按腰间短剑,长歌一曲,颇为激昂:"对酒歌且忧,倾觞不能酬,太平安可求?守吏股肱无良谋,使蟊贼东奔西犯我中州,蛮夷戎狄直屯蓟幽!大将究何在?安得巧运筹?愿直捣黄龙府,万年固金瓯!"

方维仪先是一惊,直到听完,又不由得在心里暗叹:"这孩子真是意气纵横!"众人这时也是击掌喝彩。

"我昨天恰好作了这一首,就随口念了出来。"孙临连忙解释道。他还表示:"与其坐而论道,不如尽快奔赴沙场杀敌才好,现在西北农民军扰乱,辽东蛮夷进犯,吾人如何能安居书斋?"

方以智见之,也慷慨咏唱道:"何事相依仍汗漫,狼狐又见两河东。安得虎符当一阵,单于早避五千军。"他责备自己从前的逍遥山水、结客孟浪,而今他幻想自己是一名手握虎符的猛将,一人能当五千军。

方维仪见这帮年轻人热血沸腾、气势高昂,也不便批评他们过于冲动,但往日那种"女子不能树立男儿事业"的慨叹,如今又一次涌上心头,于是朗声道:"受你们情绪感染,我也即兴口占一首,如何?"

"好!"众人击掌而呼。

只见方维仪站了起来,面向南塘,随口吟道:

从军行
玉门关外雪霜寒,万里辞家马上看。
那得沙场还醉卧,前军已报破楼兰。

"好诗!"众人又击掌而呼。方维仪这首诗极大地鼓舞了泽园学子的士气,群情更加振奋。

但方维仪觉得,还是有必要让这些年轻人更冷静理智一些。可是,究竟该怎么说呢?趁年轻人议论风发时,方维仪沉思了一会儿,终于还是开了口:"天下士子,想来都有你们这样的热血,吾大明并不惧怕外敌侵扰。"

众人听了方维仪的表扬,都兴奋着,却听她话锋一转:"只是呢,这战场上的事,岂是你们眼里冲冲杀杀那样简单?"

众人刚才还摩拳擦掌、跃跃欲试,闻此话语,顿时愣住了。方维仪接着说道:"你们看,'己巳之变'何其错综复杂,就像这南塘的水面一样,阳光下飘着一层薄雾,朦胧不清,我等偏僻乡居者,谁能看得透?"

几缕白发在风中飘扬的方维仪,这时表情显得有些严肃,语气颇含责备,众人听到这里,都感觉头上仿佛被浇了盆冷水一般。

4

方维仪见众人终于冷静下来,就将语气变得和缓了一些:"至于袁崇焕究竟该不该杀,朝廷自然会有定论。"

孙临显然还是有些不太服气的样子,似乎有话要说。方维仪微微一笑:"我就问问大家,眼下,南都的乡试即将开始,你们准备得如何了?"

"禀仲姑,我等每天都在攻读举子之业,没有一日放松的。"方以智答道。

"我要报告仲姑一个秘密!"一直安静地听大家说话的方其义,忽然神秘地对仲姑轻声耳语起来,"哥哥的麻布帐中,悬贴有多种纸条,却秘不示人,甚是奇怪。"

方以智看见仲姑银白的头发在风中飘扬,感觉她比以前又显得苍老了一些,心里不由得一阵难过。

"哦？密之你拿几张过来,让我看看?"方维仪也好奇起来。

方以智不好意思地说:"其实只是平时的备忘录而已。因为思考不成熟,所以就不敢示人。"他随即站起来,匆匆走进雾泽轩,取了一沓字条,送到方维仪这里来。

方维仪一张张地翻看,见都是各种各样的手抄件,有写一字之疑的,有写一音之讹的,有写一画之差的,都是详加博考,以求至是。于是笑着说:"你也不要隐而不示了,都说了吧,以便人家也学这个。"

"其实也没有什么。"方以智脸红了,有点害羞的样子。

方子耀随即接过仲姑手里的字条,一张一张地念了起来。

这一张是"时"字辨条:

《诗经·宾之初》云"以奏尔时"。时者,诗也,盖古字"诗"本为"口"旁,隶变时误为"时"。此句意指射箭比赛时,射中后都要奏乐击钟。

这一张是"抵"字辨条:

司马迁传"或有抵牾",注,师古曰:"抵,触也;牾,相支柱不安也。"方言,"支柱,谓以言语支柱也。"史记序"今屋梁上斜柱"是也。斜触谓之语,下触谓之抵,抵牾言其参差也,枝言枝语也,说文"嬉"字训"好枝格人语也"。凡夫因玉篇"媞,伎也",疑为伎格,非矣。

这一张是"个"字辨条:

个乃介字,左传"一个行李",古划相近,"个"或为"介",音亦相转。如今有"件"字,亦介、个之转也。凡曰介者,间也,介在二者间也,声亦通。

众人边听边叹道,怪不得方以智手指握笔管用力处都有了肿块,真是用功至极!而这些纸条,更见其独具慧心。

方以智的脸上也微微有自得之色。

"密之,你可知道你有错?"方维仪听着大家的热烈议论,收起了脸上露出的笑容,突然严肃地责问方以智。

众人原以为方维仪会表扬方以智,不料却当场责备起他来,不由得都吃了一惊。方以智脸上的得意之色也立即消失了,显得不安而又不解的样子。

5

"仲姑,孩儿固然有错,可是,孩儿究竟还是不知道错在哪里。"方以智惶恐地站了起来。

方文也惴惴不安地问:"仲姐,密之向来留心为学、随手札记,这不是很值得肯定的吗?"

"这正是他的错误所在。密之,你忘了泽园'丽泽'之旨吗?"

"孩儿岂敢忘记?吾父与仲姑取《周易》兑卦'丽泽'之旨,正是希望孩儿力学如力耕,会友以辅仁。"

"如今你只做到了力学如力耕,会友辅仁则很不足。"

见众人都现出迷惑不解的神色,方维仪继续看着方以智,说道:"兑卦辞曰'君子以朋友讲习',《程传》曰'两泽相丽,交相浸润,互有滋益'也。而你只顾自己用功,不劝学友共同努力,此为一错也;学友耽于时事,荒于学业,你自诩为泽园主人,却不加劝阻,有纵容之嫌,此为二错也;你帐中悬纸,秘不示人,不以自己的行为去激励他人,此为三错也。你说,你还不知道错在哪里吗?"

方维仪扳着手指,一条一条地批评。方以智听了,惭愧地低下了头:"如此,则是孩儿有错了。孩儿自幼有感于先祖'长大磨铁砚'之厚望,所以要努力效先人榜样,想在今后以著述为生,就有随手札记的习惯。"

众人也都不好意思起来,因为从方维仪的话中也听出了批评自己的意思。

方维仪感觉方以智虽然认错了,但实际上还是在辩解,心中不由得更加焦虑。她忧心庐墓的父亲日渐消瘦,更忧心今年的乡试在即,可是这帮年轻人似乎根本就没有把乡试当一回事。

于是,她就想趁此机会,借批评方以智来及时提醒大家。见大家都面有愧色,就趁热打铁:"你们啊!整天豪言时事、结客纵游。这样下去,将来或恐辜负先辈所望啊!"

"密之总归还是没有忘记用功,还能于这时事纷扰中做一点学问,这是值得嘉许的。"方维仪又不失时机地肯定了方以智。

"今天看了密之这些用心的札记,子远我实在心中有愧啊!"吴道凝这时也开始自责起来。

方以智明白了仲姑的心思,连忙谦虚道:"其实也没有什么。这些手抄,皆为平常时候,父师所诂,目所涉猎,凡是觉得有可记的地方,我都用心做了记录,以便将来详加推敲比对。"

孙临自我解嘲地说:"与密之相比,我孙三平素读书,多是观其大义罢了。"

"你、你、你孙三也不必过谦。"周岐脸上显出愧色,一着急,又有些口吃,"其实呢,研阴阳之理,究天人之故,考政事之得失,辨学术之异同,以及古今制度之异宜,中外风土之殊俗,我们也算是尽了一点心思。但、但、但与密之相比,还是用功不够。"

方文不解地问:"是啊!至于器数之末,诂学之烦,点画之细,世上自有那窜句博物之徒,密之又何必专注于这样无趣的事啊?"

"这好疑求惑嘛,也是家长辈教我从小必备之习惯。"方以智答道,"我和戏伎一起出游时,就想学会他们吹拉弹唱的技艺;我遇到不认识的东西,就千方百计地想知道它的名字;人家都无可疑的,我偏偏产生了怀疑,而且一定要搞懂为什么,以至于看到颓墙败壁之上的字,凡是我曾见过的,都要详考其音义,考其原本,以求释然于吾心。而父师所诂,我也是倍加留心,随手札记。这些字条多悬于帐中,睁眼能见,以求烂熟于心、强记于脑,以为今后著不朽之书所用也。"

方文这时也"揭露"说:"密之常讲要作不朽之文、著不朽之书,不顾邑中那些诸生士子讥笑你之狂妄呢。"

"你不也是时常以白居易、杜甫、陶渊明自诩嘛!因为你们生日都是同一天,皆为壬子日,你还请吴道凝画《四壬子图》呢。"方以智回道。众人都笑了起来。

这时,阳光突然暗淡下去,一阵狂风吹过,乌云由西北龙眠山那边飘来,不一会儿就下起了细细的小雨,众人遂即回到雾泽轩中避雨。

6

"大家其实还是有心向学的。"见大家都坐定了,方维仪微笑着说,"就应该如此。你等年纪尚小,首要的问题是读书提高辨析能力,攻读科举求得功名,那时候才有为国效力的舞台。"

"感谢清芬阁师提醒!农父我在泽园同学中,算是虚长了几岁,所以,很有必要自我批评一下。"周岐这时站了起来,"近些时日,吾等持书每望祖陵,忧心时局,颇有日暮穷途之感;又常常酒酣,夜入龙眠而长啸;还喜好结客,东奔西走,就是难以安心泽园。清芬阁师所言极是,吾等还是要宁静读书,专心制策,做好应对科举的准备。"

方维仪听周岐说得很诚恳,就点头道:"吾邑诸多前辈立身于朝,希望你们将来也能够列于公门,奋其大力,真正为国做贡献!"

"仲姑所言是也!"方以智连忙表态,"去年年底,吾邑老学士何如宠,已与周延儒、钱象坤一道,擢升为礼部尚书兼东阁大学士,当值文渊阁。他是吾肃之叔父的外舅,真乃吾等榜样也!"

方以智所说的叔父肃之,正是桂林第才子方拱乾,乃是东阁大学士何如宠快婿。方拱乾本人是进士,他的四位兄长都是恩贡生,其中与白瑜尤为交好的逈庵,正是他的仲兄。这五个兄弟的儿子辈都是读书好种子,一门人才之盛,为郡邑称羡。

方其义这时突然说了一句:"肃之叔家的姐哥,也是我的慧业堂好朋友呢。"

"你说的姐哥是肃之先生的次子亨咸吧?"方维仪听了其义的话,终于难得地露出笑容。

见方维仪开心地笑了,提及亨咸的名字,众人也都舒了一口气,都争着说起亨咸几个兄弟的名字,都是"文头武脚"的趣事,如玄成、育盛等。又见方其义那稚气未脱却显得如大人一样一本正经的样子,大家不由得都去逗他。

"你们别看在慧业堂,有我们泽园一班同学是个圈子;其义呢,其实也有一班学友圈子呢。"方文打趣道,"我就经常看见其义与方绍村、陈焯、潘江、赵襄国、刘鸿都、左国治等小伙伴在一起。"

方维仪继续拉着其义的手说:"你肃之叔可特别宠爱姐哥,给他取了个女孩的乳名。你们俩啊,年龄相仿,都很聪慧。你的书法,姐哥的绘画,也各有所长。而潘江擅长诗、文,陈焯工于草、隶,你都要与他们相互学习、共同进步啊!"

"孩儿正以密之哥哥为榜样呢。"方其义却指着方以智,认真地说。

方维仪点点头:"这探求学问,也实在需要一点密之这样的钻劲。"

孙临不好意思地轻声嘀咕道:"我孙三就成天想着,哪一天能决战于沙场,所以将更多的时间用在练武上了。"

"强身健体没有什么不好!但是,要想决战沙场,更赖真才实学呢。"方维仪看着孙临,"克咸,你仲兄鲁山先生,前不久还来信,他非常关心你备试的情况。你啊,可不要辜负了你的家兄和长辈的厚望!"

方子耀这时走到孙临身边,给他整理了一下衣装:"你看你!整天都如游侠一般,舞刀弄剑引弓的。仲姑的批评,可要认真记牢哦。"

孙临不好意思地抓抓头发,憨憨一笑。

7

"这次泽社遇雨,我倒是得了一首诗。本想回去记下,还是在这里写给大家看看吧!"方维仪突然若有所思地说。方子耀听了,连忙吩咐小童拿来纸笔,她则帮助磨墨,李姆姆帮助压纸。方维仪执笔,以钟繇体小楷在宣纸上认真地书写着。众人就围过来看,但见写的是:

泽社遇雨

兰皋被长绿,春风吹旦旦。
桃花槛外红,鸳鸯戏池畔。
惆怅登高台,俯视林木半。
湿雾从西飞,天远碧峰断。
狂风起沙洲,密雨洒溪岸。
苍翠生余寒,新柳烟吹乱。

第二十章　高论无穷如锯屑

方其义每见仲姑写完一句,就用他稚嫩的声音诵读一句,直至读到"新柳烟吹乱",方文欣然赞道:"清芬阁师这首《泽社遇雨》,颇有孟浩然夫子之山水韵味,虽写遇雨,但春风、杨柳、桃花,满眼的春光,目不暇接。"

方以智也说:"押仄声韵,有苍古之气。首句即以'兰皋'二字起,让人似乎看到屈大夫'步余马于兰皋兮,驰椒丘且焉止息'的况味。"

"同意你二人嘉评。只是当时阳光正好,我孙三见狂风忽起,乌云从龙眠碧峰那边飘过来,想到最近的'己巳之变',忽然有不祥之感。"孙临说。

"克咸何出此言?"吴道凝扯了扯孙临衣袖,轻声暗示他,"清芬阁师已俨然绘出一幅画图矣。"他的背囊里随时带着画笔,表示读了方维仪的诗后,又有绘画的冲动,实际上是岔开了孙临的话题。孙临转头向身边的方子耀吐了一下舌头。

"尔等所言虽然不谬。"方维仪让众人回到座位上坐好,又说道,"但是,吾写这首诗,写景只是表面。你们其实不知,其中也是别有忧虑和惆怅。"

听方维仪如此说,众人又都安静下来。

"这次特地来探望大家乡试准备情况,觉得还不容乐观也。"方维仪对众人说道,"当初成立泽社的宗旨,我问尔等可都忘了吗?"

方文答道:"没有忘呢。宗旨就是让大家在一起,认真研究制义、做举子文,为功名而努力读书。"

方维仪翻着手中方以智的那些字条:"没有忘就好。你们看密之,越是用心的人,越是能把别人眼里微不足道的小事、无趣的事,做细做透,如此日积月累、长期坚持,收获也必定是丰硕的。"

见众人听了,都纷纷点头称是,方维仪又说:"不过呢,密之既然是泽园主人,也就负有提醒学友的责任啊!"

方以智立即表示今后将会及时提醒。

方维仪又转头问吴道凝:"子远呢,你整日里这样背着画囊逍遥,还记得汝父宫谕(吴应宾)常说的'努力盛开,清风自来'吗?"

吴道凝听了她的询问,不好意思地低着头。孙临又悄悄踢了吴道凝一脚,表示感谢他刚才的提醒,帮助岔开了话题,却代他挨批。

"苏东坡有这样一句诗,'高论无穷如锯屑,小诗有味似连珠'。我这里想借过来说说,希望大家珍惜大好春光,不要耽于空泛的议论了。同时呢,我刚才写的这首小诗,以乌云细雨,喻当前纷乱倏来的时事,就是期冀大家在纷乱之中,还能够潜心攻读科举文章,争取在即将到来的乡试中取得佳绩!至于密之那样不废窜句博物,吾以为当前仍然要以科举为重。"

众人纷纷表示，已经明白了清芬阁师反复叮嘱的良苦用心。

8

转眼又到了初冬。

这一日的上午，虽然阳光依旧明亮，但南塘已经完全没有了夏日的绚丽，满塘枯褐色的断枝残叶，或许还有夏荷的记忆，却让人真切地感到时光流逝得太快。风带着些微的寒意轻拂着，将岸边垂柳枝头的黄叶萧萧吹下，飘落于水面，犹如一只只不知方向的小船。

方维仪带着子瑛、子瑞两个侄女，陪同方大镇来到了泽园清风明月亭。众人面对着南塘，方维仪却静静地看着日渐衰老的父亲，不由得心里暗生疼痛感。

而此前方以智与吴道凝等人一起远游了天台、雁荡、括苍、石门等诸胜，刚回来不久，此时正在祝贺方文芹室落成。芹室坐落在泽园另一端、南河对岸的南宙，与南塘不远，乃是方文父亲方大铉的遗田。参与祝贺并分韵赋诗的有虚舟子王宣老先生，还有周岐、方以智，以及石塘先生的次子白笴（字子皮）。

众人见方大镇等人站在亭前南塘边，就纷纷跨过南溪木桥，拜见他们。

"桐川老朋友，你看上去脸色可不如以前啊！"虚舟子王宣先生握着方大镇的手，关切地问。方大镇被当时的学者尊称为"方桐川"。

"感谢虚舟子关心啦！岁月不饶人，人只能饶岁月啊！可惜还有许多事情，不知能否来得及做了。不过呢，看到您老的身体和精神都不错，吾足欣慰也！"方大镇感慨道。

"来日方长！来日方长！吾兄不要过多忧虑。"王宣的脸色依然红润，众人都暗里惊叹老先生越活越年轻，简直是返老还童。

"这几个孩子今年乡试，没有一个考得满意啊！"方大镇有点发愁地说，"我还在庐墓中，未出大祥，又对这些孩子实在不放心，今天抽点时间来看看。虚舟子你可要加强对他们的督促呢。"大祥是指古时父母丧后两周年的祭礼。

听了方大镇的话，几个年轻人都面有愧色。

"这科举呢，自然是不能松懈！依我看呢，这些孩子都是顶尖的人才，只不过遇不着那识才的天眼。老朋友你尽管放心，他们一定不会辜负你的厚望的。"王宣依然那么乐呵呵的。

众人说着，又走进了雾泽轩，依序坐定，小童鲁墨为大家上了龙眠雨前茶。

"虚舟子啊！当今天下多事，财殚民愁，寇乱四起，令人日益不安啊！你知道那个镇守辽东的袁督师，已经被刑处了吗？"方大镇刚吃了一口茶，就问王宣。

王宣收敛了刚才的笑容,也感慨道:"这件事情,国人尽知呀!这袁崇焕,豪言壮语,五年平辽;为国守边,边防不保;引兵犯都,其罪难饶;枉杀毛帅,其罪不小啊!吾大明被这些居心不轨者所侵蚀,长城岌岌可危矣!"

"不过,这么大的罪责,拖延到九个月才行刑,可见朝廷对此案判决还是十分慎重的,罪行应该是确凿无疑。吾皇帝对袁氏家族还是比较格外开恩的,并没有按律株连呢。"方大镇摇头叹息。

众人见两位老人也谈起时事,都不由得倾听起来。

9

"可叹哪!可叹哪!"方大镇连连摇头,"但是,这里面的情况还是复杂了点。"

王宣瞪大眼睛问:"怎么个复杂呢?"

"袁氏的上峰,你知道那个兵部尚书王洽吧?与吾邑戴耆显先生是同科进士,天启朝也同样深受阉党迫害,被革职归里。"戴耆显,即戴完的孙子,万历三十二年(1604年)进士,曾官礼部主事。

"嗯,我知道王洽这个人。"

"王洽在崇祯新朝起复,擢升兵部尚书,吾儿孔炤正在他手下任职方郎。由于袁崇焕用兵失措,导致那皇太极绕道蓟门一带,长驱直入关内。"

"这是袁崇焕的错误啊!"

"但是,皇帝恼怒的是王洽反应迟钝、侦探不明,而将其以渎职罪名逮狱。袁崇焕被杀后,朝廷又将大学士钱龙锡逮进诏狱,最近也被流放了。"

"又牵连了一大批人啊!"

"这些事件联系起来,你们会联想到什么呢?"

"桐川老朋友,如你所言,就让人怀疑天启时代的朝争,今日似乎还在上演,只是比以前更隐蔽罢了!岂不让人极其忧心国运耶?"王宣皱着眉头说。

"所以啊,你和石塘先生指导孩子们做策论时,对时事也应适当予以提示。当然,孩子们忧心时局、结客交游,过度也不好,但也不是说要埋头死读书。"

听了父亲的话,方维仪心想,还是父亲站得高、看得更远一点。自己只是要求孩子们多作科举文章,总是担心这纷乱时事影响他们应举。其实,哪里有与世隔绝的世外桃源?究竟是寺庙里的法师,也常免不了说一些论及时事的偈语。

"吾这次就不陪您用餐了,稍后就要回归白沙岭那边的天马山。您若是有空,能去北乡白沙岭看望我否?"方大镇临走时握着王宣的手问。

"一定会去的。"王宣爽朗地笑答,"这些日子,老朽我除了泽园和稽古堂外,就是常在郡城消磨时间了。"

　　王宣想了想，又说道："明天吧，明天西乡斗冈的老朱要来，老朽与他已经相约，明天就一起去北乡走走。你看呢，这冬天已经来了，老朋友你在白沙岭一定要多保重啊！"

　　王宣所说的西乡斗冈老朱，是指西乡栲栳山下的讲学会所，其倡创者为朱志学，方大镇辞职归里后，常应邀前往讲学。

　　方维仪眼看着老仆方魁和几个小童，与白沙岭来的宗亲一起，陪父亲方大镇坐上马车走了。她又回头吩咐了方以智等泽园士子一些事情，也带着子瑛、子瑞和李姆姆离开了泽园。

　　因为今天是十月十五，本地习俗，居士信众都要到寺庙诵经礼佛。她们一行也就专程前往附近的五印寺诵经。

　　那五印寺住持乃是松然法师，传与明末四大高僧之一的憨山德清大师是同门，却不知其年若何，有说年逾古稀，也有说九十高龄，所谓知老却不知年者。吴应宾创建五印寺刚刚落成时，他正好云游路过，随即不邀而入，成为住持。那时他就须发皆白，飘飘若仙，而今依然清癯矍铄，毫无衰病迹象，不免令人称奇。

　　此番诵经会规模不小，四方居士信众聚于大雄宝殿，在松然法师等带领下，齐诵《楞严经》。诵经之后，松然法师又送了信众一偈，只听他声若洪钟："十卷楞严一柄刀，全牛不见眼中毛。试将智刃游心马，积劫无明当下消。"告诫众人多诵《楞严经》，有《楞严》在，正法就在，《楞严》乃是末法时代修行必读。

　　方维仪等人临别时，松然法师却嘱小徒赠予方维仪一偈。方维仪出寺后展开，却是一首七言诗，知道此乃松然法师的偈语，本意大约是要世人留意青山绿水，莫恋世尘名利。但她悟着松然法师在诵经结束后说的那四句话，又联系着他送的此偈，心头不由得凛然：难道其中有什么特别的警示意义吗？

第二十一章　一线真机世不知

1

　　这个夜晚，虽然窗外细雨霏霏，但廷尉第远心堂依旧灯火通明。一场为方文即将远行而举办的送别宴集，正在这里进行。

　　已是崇祯四年（1631年）四月。方维仪感觉这段时间，廷尉第来往的人日趋频繁，侄子方以智牵头的宴集也越来越多。随着方文、方以智、孙临等青年人交游面的不断扩大，方豫立、左国柱、钱幼光（后改名钱澄之）、王彭年、白筠（白瑜次子）、马之瑛（潘翟姐夫）等人也成了他们的挚友，经常来泽园、廷尉第宴集，甚至有外地学者名流也来桐溪拜访他们。

　　其中，方豫立，字子建，号竹西、启一、墨吟等，是方以智季祖父方大钦之长孙。人称"笔如风中龙，诗中妙无比"，而且尤擅绘画，曾经创作《白沙岭连理图》，至今还为族人称道，争相收藏。

　　左国柱，字子正，是左光斗长子，与方豫立同年生。他是方文的姐夫，方文又是他的妹婿，两家可谓亲上加亲。而钱幼光，即钱澄之，与方文同年出生，乃是今年过白鹿山庄时，才结识方以智、方文等人，一见如故。

　　一张较大的圆形桌案放在中央，桌案上整齐摆放有果盘、酒樽。座中主客为方文，他的左右依序而坐的有周岐、马之瑛、吴道凝、方以智、方豫立、孙临、钱澄之、白筠以及方文的三姐夫左国柱共九人。每个人的前方设有小桌和茶床，小桌上有酒樽和丰盛的菜肴，茶床上有茶盏、茶托、茶瓯等。

　　由于方维仪被泽园士子尊为"清芬阁师"，方文又是她的堂弟，此次宴集是方以智专为方文举办的饯行宴，故而众人也邀请了方维仪，同时还邀请了方文的姐姐方维则。她们由左萱、潘翟、方子耀、方子瑛以及吴道凝的妻子姚芬陪同，围坐在另一张中型圆桌边。潘翟的怀里还抱着不会走路的女儿方御。这一桌的桌案布置与前桌差不多，只是旁边有一张石制的几桌，上面放有一张瑶琴和几本琴谱。一名琴童正坐在石桌前，偶尔轻试一下琴弦，发出悦耳的声音。

众人都在与身边的人轻声地交谈着。两名仆人端杯捧盘，来往于其间。一名童子手提茶壶，穿梭着为众人点茶、补汤。

方以智这时站起来，清了清嗓子，致开宴词："如何寄怀抱，细雨夜萧萧。各位学友，吾等朝夕过从、寒暑靡间，向来以为'安居哪能成豪杰'。这次吾家尔止六叔拟游学天下，吾等饯行于龙眠山下、桐溪之畔。此刻，岂能没诗酒助兴？"

方以智一挥手，两名仆人随即依次为众人斟酒。方以智还向众人介绍，这酒来自涡水之畔的减地，乃是一位路过桐城的凤阳朋友所赠。

"涡水鳜鱼黄河鲤，胡芹减酒宴嘉宾。"白筠笑道，"这减酒产自淮河岸边的亳县古井，大家都知道，当年可是晋献给万历爷喝的呢。其实早在三国时代，曹操也曾晋献给汉献帝。此酒向有'酒中牡丹'之谓也，吾等口福不浅啊！"

"感谢密之，感谢诸位学友！尔止以为，我等正当少壮之年，不应局促于井里，而应遨游天下，以增广识见。"方文站起来分别向众人弓腰作揖。

"所以呀，经多方筹备，明日我即将远行。有感于诸位学友多年相携相帮，尔止这厢有礼了！"方文一手高擎酒杯，一手托杯底，在空中画了一个圈，仰头一饮而尽，以示先敬众人、先干为敬。

众人待他空杯示意后，也纷纷站起来，如他一样，高擎酒杯，手托杯底，仰头一饮而尽。琴童随即将琴弦轻拨了三声，气氛开始活跃起来。

见他们那一桌已开始，方维仪这桌因都是女子，上的又是桐城米酒（俗称桐城老酒），众人纷纷起立向两位老姑敬了酒后，也就比较随意地边饮边交谈起来。

"尔止呀！姊姊并不反对你游学他乡，只是现在天下并不太平，你的嫡母萧安人、母亲王太太都不放心呢。期望你不要留恋他乡，早日归来，平安归来。"方维则对这个比她小了二十余岁的弟弟，极为关爱，说话时有些哽咽。

方维仪心想：仲父大铉过早离世，幸亏有季姊维则的周旋，萧安人与王太太两位婶母，也算相安无事，尔止六弟才得以如此恣意放达。她又想起父亲说过的不能死读书的话，就劝慰道："季妹不必过多挂心。他们既然

方以智为仲姑方维仪诗集《清芬阁集》作跋文

志在四方，吾等不亦欣慰乎？尔止这番出游，其实踌躇已久，相信必会增闻广识，不负汝父汝母和汝的厚望的。"

"谢谢两位老姐的关心。"方文连忙走到两席中间,躬身向方维仪、方维则作揖,并举杯敬了酒。接下来,他又依次敬了本桌的学友们,学友们也一一回敬了他。众人之间也相互敬酒。

这边左萱、潘翟、方子耀、方子瑛四人则依次到琴台,为众人弹琴助兴。

2

酒过三巡,伴着琴音,依照惯例分韵赋诗也开始了,气氛不断推向高潮。

按钱澄之的提议,以方以智开席时所说的"如何寄怀抱,细雨夜萧萧"为韵,分别赋诗,以七言和五言为主,赋毕赏酒一杯,延迟或有错则罚酒三杯。

方以智因为分得"如"字,所以率先赋诗:"乌石托竹林,尽读连理书。君今事远游,挟剑横五湖。家学在千古,所重非轩车。顾颜天下士,慎勿夸子虚。海岳得奇观,笔记还吾庐。"吟毕,即把酒自斟了一杯。

众人遂击节叫好。周岐也连声称赞说:"密之这一首五古好!好就好在,写他与尔止在乌石冈慧业堂,共读'连理'书,其情深矣,其意远矣!"

"密之一贯崇尚竹林风度。正谊不才,且以'何'字为大家助兴。"正谊是马之瑛的自号,他分得"何"字,随即接道,"吟诗且祝歌,春色兴如何。阮籍醒时少,陶潜醉日多。欢娱未终极,纵棹莫蹉跎。仰首吸朝露,俯身戏中波。筌篌风动竹,不借鲁阳戈。"诗中的鲁阳,即鲁阳公,乃是《淮南子》中神仙人物,传说为商周时期周武王的部下,挥长戈助武王讨伐殷纣王。马之瑛吟毕也自斟了一杯。

"相对却无言,倾樽且一醉。交游阅古情,谈笑闻高义。世路安能期,人生贵适志。潇潇雨意催,欲折不堪寄。"轮到分得"寄"字的吴道凝,他似乎有些醉意,站起来也吟了一首,却与前两人的五古不同。钱澄之立即说不予通过,何况大家正热闹着,哪里是"相对却无言"?与情景不合,一定要罚酒。吴道凝一听,也不分辩,随即自斟了三杯。

钱澄之分得"怀"字,遂接着朗声吟道:"迢迢东去远,细雨滴前阶。驿路凉风至,箫声客旅怀。彷徨桐水畔,寂寞道人斋。捉笔乘佳兴,横眉遣运乖。殷勤杯酒劝,何日与君偕。"因为方以智曾自称"龙眠愚者",所以钱澄之也自称"西顽道人",他在诗中以桐水之畔一名寂寞道人的心情,表达了想与方文一起出游的心愿。在众人的喝彩声中,钱澄之也仰首倾尽一杯。

方豫立、左国柱、周岐、白笴等人稍年长,不似前面几个人闹腾,都合规合矩地依所分之韵吟了一首七绝。

轮到孙临时,他兴致十分高涨,喋喋不休地诉说要向方尔止学习,今后也要挂帆远行,拜访四方豪杰之士。接着,他慨然咏诗一首:"古道如今久不闻,吾党愿作中流砥。结交何用无别离,故人千里心相知。黄鹄一举游天外,安得燕雀同藩篱?"

孙临这首诗一出,众人随即纷纷表达不同意见。钱澄之说他的诗不合本次宴集规矩,必须要罚酒。马之瑛则说,这诗情深义重,本来众人依依惜别的情绪,因这首诗而变得激越了。方豫立故意生气地说,我等看来都一定要远游,如不然,那不就是诗中所说的藩篱燕雀了吗?

正当众人闹得不可开交时,只见周岐猛挥着手,似乎有意抛出一个话题,给这场热闹的宴集浇了一盆凉水:"诸位学友,我等读书为求大义,今天下纷乱不已,大义何在?"

一时间,众人被他问得莫名其妙。

3

这时,孙临突然做出了一个异常的举动。

"大义何在?首要的不就是要灭了那建奴,还有西北那群农民军?"孙临接过周岐的话,突然伸出一个手指放到面前茶桌那支燃烧的蜡烛上,慷慨激昂起来,"我孙三要是不能杀敌平乱,就如这个手指。从今天开始,我改字克咸为字武公,号'飞将军',就是要以汉代大将军李广为榜样!"

众人见他这异乎寻常的举动,都吃了一惊。

此前,孙临就常以春秋时期的军事家孙武自诩,这次又自比汉代名将李广,并自号"飞将军"。

"真是酒壮英雄胆!"马之瑛边说边急忙将他的手推离烛火,"人们常说,'能醉音声入管弦''骑马弯弓射大雕',克咸当值得这一评呢!"

方子耀看着孙临那一本正经的样子,有点哭笑不得。她又转头看方维仪,见仲姑正与季姑方维则在说着什么,这时也转过头来,吃惊地看着孙临。

"克咸怕是酒已多矣。"方维仪一边说着,一边摆手止住众人,"你们不要再竭力劝他喝了!我关注的是,农父你刚才似乎言犹未尽?"

周岐点了点头,缓缓而道:"克咸燃指改字,大义所在也。而今,崇祯改元已经四年矣,不仅边患和内乱不止,更有内妖反复作祟啊!"周岐所说的崇祯改元已经四年,是指如今已是1631年,也即农历辛未年。

"如此说来,莫非是应验了吾邑民谚'家要败,出妖怪'的说法,该如何是好呢?"方维则转头不无焦虑地对方维仪说。

"谁说不是呢?国之将乱,必出妖孽。"方维仪脸色凝重地点点头,又摇摇头,她似乎不愿意相信有这样的事情出现,"吾想起去年十月半,五印寺松然大师说的一个偈语。"

众人都安静了下来,想听听究竟是什么偈语。

4

次日,南城外,南溪边。

"连朝新雨过,溪上不曾行。细草娇闲幔,时花绣堑城。学飞舞燕出,逐浪小鱼生。指看东篱外,荒田人已耕。"十岁的方其义背着手面对南溪吟哦的样子挺像个大人,但童声还未脱,让方维仪听了为之动容。

"仲姊,只怕咱们凤仪坊廷尉第将来能得个头甲进士,或者能考个状元郎也不成问题呢。"方维则笑着对方维仪说。

方维仪点头称许:"嗯,这孩子天资颇高,诗词歌赋已能成咏。这一首乃是他即景而作,清新脱俗,神似古人。也不枉我这些年来的苦心,不怕他将来没成就了!"

方维仪一行几个女子从方文的南庙芊室归来,又走过南溪木桥,进了泽园。

左萱的眼圈还有些红。她对方文三番五次的出行甚感不满,尤其这次居然表示要半年以后再回来。作为妻子,左萱除了依依不舍,也没有办法劝止他毅然远行的决心,与丈夫闹了个不愉快。方维则牵着她的手,也不知如何安慰是好。

方维仪看着气鼓鼓低头不语的左萱,又想起童年的方文。这个堂弟,生性狂傲,颇有高风脱俗之志。按行辈算起来,他是方以智的六叔,却比方以智小一岁,比方维则整整小了二十七岁。

"久艰于嗣"的方大铉,虽然晚年得子,但对方文并不溺爱,而是及早予以破蒙。这方文也是自幼聪颖过人,还不到六岁,就诗词过目成诵。万历四十五年(1617年)的一天,这个双目流转、浑身灵秀的六岁小男孩,随父到访左公府第唉椒堂,就敢于面对堂堂御史大人左光斗,背诵杜甫的《秋兴八首》,每诵一首,左公即抚髯饮酒一杯。方左两家还因此定下了婚约。

方文后来也在《唉椒堂诗》中回忆道:"我昔登兹堂,总角六龄耳。先君(方大铉)官司农,少保(左光斗)尚御史。老友结重姻,拜谒携小子。小子幼诵诗,《秋兴》如流水。抗声吟席上,少保惊且喜。一首饮一杯,八杯竟醉矣。"

"其义这孩子,颇有尔止孩童时代的秉性呢!"这时,方维则拉着方其义的手笑着说。众人又继续往雾泽轩走去。

如今方文不愿局促于乡里,热心载籍远游,预计游历半年到一年时间。这让泽园那帮年轻人既钦佩又羡慕,尤其是方以智最为振奋,却又有点自怨自艾,叹息"危坐望西山,草舍在城东。双鹤四海志,岂愿居里中"。他恨自己"日食百钟粟,羽毛也不丰",把自己与方文比作双鹤,可是方文竟然率先远游,自己只能落单孤寂了。

5

今天一大早,这帮学子就骑马送方文到松湖乘舟去了,泽园只有几个仆人在处理杂事,显得异常安静。

连续几天的霏霏细雨刚刚停歇,天空却仍然流动着一层乌云。乌云下面,极目而望,满眼都是新绿、时花,整个山城好像是被水洗过的一样,十分明丽。

"季妹,你看这龙眠起伏之势,连山涌翠,云雾缭绕,若蟠龙在焉。山城四郭,城楼巍峨,内外居民千家万户,植柳栽杨,大溪日夜奔流于郭外田野,这泽园和南亩,又有武陵桃源之美。如此平和气象,却令吾想起昨夜农父所言,心中一直不安着呢。"方维仪对若有所思的方维则说。

方维则回过神来,淡然一笑:"是呢。昨晚的宴集,众人闹到夜深,本来他们还兴致勃勃地要闹个通宵,结果被农父的一番话提前收了场。"

周岐提及上次致仕的南京兵部尚书熊明遇先生,携子熊伯甘过桐,在稽古堂与在桐友人相聚,谈到现在妖事不断。如去年三月,开封、归德之间,近河诸州县,与山东、直隶接壤,有邪妖借白莲、金禅之教,煽惑村民,勾结亡命,分布号召,在在有之。而近日官府所获大盗,皆挟妖书,自称王号,纵横闾左,跨州连邑,布满三四百里之内,声称紫微星失道,谋举大事。

昨夜,方文的酒已经喝了不少,所以说话的腔调明显比往日高,加之他平素又极好争论,听了周岐的话后,以为是劝他还是不要出游为好,像与人争吵似的大声争辩起来。

"吾看桐邑亦暗流汹涌!"平素白面书生形象的吴道凝,可能是喝了酒的原因,满面潮红。

"近年来,吾常见佃农抗租。"吴道凝说,"去年年底朝廷为了对付农民军及建奴的威胁,再增田赋,佃户抗租更厉害了。即便如此,西城的吾家廷尉公仍派遣家仆强行收租,经常发生与佃户斗殴的事件,说不定哪一天就惹出大事来。"

吴道凝所说的廷尉公,乃是其堂叔吴应琦,曾任大理寺少卿。吴应琦这支吴氏,与吴道凝同属麻溪吴氏,却分属东、西两股,明代中叶都由乡入城,繁衍渐盛。

方豫立也接过话头:"这么说呢,吾家桂林第瞿庵公,也就是肃之叔的四兄,人称方四老爷。他家奴仆呢,平素那么威风凛凛的,也常为乡人所忌,上次还差点出事了呢。"

"啊？究竟什么事，子建？"方维则惊问。

方豫立答道："上次呢，四老爷带着仆人去南乡杨树湾收租，不是被佃户捆绑起来了吗？幸好请了吾家廷尉公（指方大镇）去帮助谈判，才和平解决了争吵。要不然，怕会出大事呢。"

方豫立当时说的话，方维仪最有同感，也是她最为担心的。父亲方大镇后来也因此事而多次提醒桂林第族人。但是以她平时的观察，方四老爷一家好像对此不以为然。

"孩子们，你们的担心不无道理。"方维仪见众人议论纷纷，遂提高声音，"这让我想起去年十月半，于城南五印寺诵经会上的事。当时松然大师暗示，现在乃末法时代，警告信众要多诵《楞严经》，说是'有楞严在，正法就在'，并赐吾一偈，吾且念来。"

现场一时安静下来，都想听听究竟是什么法偈。只听方维仪说道："此偈语是一首诗，'流水青山笑我痴，涉川绝岭惯忘疲。南来北往缘何事，一线真机世不知。'吾当时蒙眬不解，现在来看，松然大师法偈当真是大有玄机！"

"真乃世外高人，一偈所揭，乍看起来，似写自己超尘忘疲，其实是劝谓世道人心也。"周岐沉吟着感慨道。

左国柱接过话头："以此偈观这世乱，其实不就是世道已坏、人心不古吗？"他又愤然批判了天启以来混乱的朝野世情，并对如今形势表示悲观。

"如此说来，吾娘家的奴仆其实也颇为骄横。"潘翟小声地对方子耀说，"是不是把这五印寺法偈也抄送一份给吾娘家呢？"

昨夜言犹在耳，今朝依旧如常。方维仪想道，此起彼伏的民乱兵变传闻，白山黑水间的建奴马蹄，似乎远在天边，又像近在眼前。这小城暂时风平浪静，说不定哪一天就恶浪翻腾。

但是，谁才能具有真眼力，看破这千古是非？诚如五印寺松然大师所言，众生皆病矣。

6

午后的清芬阁。方维仪向观音大士上了一炷香后，就坐在袅绕的佛香里，捻着佛珠沉思。她发髻上洁白的栀子花表明，这已经是四月下旬了。桐城习俗，这个季节，女性不论年龄长幼，都喜好在发髻或衣襟上插一两朵栀子花。

这些日子，方维仪一直在思索松然大师的法偈。

是呀！谁才能具有真眼力，看破这千古是非？更不能看透的是那人生的无常和人心的叵测。她又想到了自己，真是"十七丧其夫，十八孤女殇，人世何不济，天命何不常"！谁能知晓,她寡居近三十年来,所受身世不祥的世俗偏见？谁能理解她的郁郁寡欢？谁能察觉到她对人情冷暖的敏感和伤痛？

她不由得又一次忆起夫君姚孙棨。如果他不是因病早逝,那么他现在应该与姐夫张秉文一样,要么班列于朝,要么任职一方。那年,他与张秉文并驾齐驱于京华,可谓春风得意、踏花马蹄。当时,他还写诗寄给她:"花开篱菊正霜天,游子都门倍自然。听彻漏声金阙外,相思夜月到龙眠。"既表达了对未来的憧憬,又有一种时刻不愿与她分离的惦记。

当然,她并不在乎夫君是否高官厚禄,也不在乎所谓的夫贵妻荣。她在乎的只是,两个人的朝夕相守、相濡以沫、相爱到老,就像那堂上一对双飞的燕子,而如今只能梦中相逢,抱头痛哭。

"禅心寂寂竟萧然,去此于今廿八年。独卧清芬明月夜,可缘笔札赋甘泉。"这漫长的孀居岁月,幸好还有诗书为伴,幸好还有佛香为伴,幸好还有绘笔为伴。

可是,自从太恭人离世,父亲庐墓已经快两年了。就在这两年里,父亲正迅速地衰老,最近更是消瘦得可怕。母亲姚老恭人与两位老姨身体都不太好。这个时候,她这个回娘家的寡妇实际上成了廷尉第的主心骨。她一再告诉自己,要坚强,要勇敢,要努力地支撑这个大家庭,以便弟弟孔炤能够安心地供职于朝廷。

好在,令她这愁苦岁月得以欣慰和满足的,是自己抚教多年的这些侄子侄女。眼看着他们一天天地长大、成人成家,自己才感到:或许,这就是对父母最好的尽孝,也不负吴令仪与自己那十年厮守的时光。

然而,眼下令她焦虑的也正是这些侄子侄女。

尤其是长侄方以智,正处在桀骜不驯的年纪,既思想活跃,对时局格外关注,常与人指点江山,也多愁善感,纵酒悲歌；既豪放孟浪,以龙眠狂生自称,想要结客天下,又沉潜于学问,但过于博杂不专。而幼侄方其义也深受其兄影响。

侄女们也都不省心。由于长婿孙临狂放不羁,每每舞刀引弓,跃跃欲试于驰骋沙场,无心于家事,方子耀为此常对仲姑诉苦。仲侄女方子瑛也到了谈婚论嫁的年纪,最近看上去似乎心事重重,对自己欲言又止。

方维仪觉得,现在最紧急的事,就是必须抓紧时间、抓住机遇,与长侄方以智好好地谈谈心。

因祖父身体不好,方以智这些日子正按仲姑要求,陪同祖父庐墓。廷尉第和泽园,这几日因方以智走后,少了来往的客人,比往日沉寂了许多。今晚,方以智要送祖父已经校核的书稿回来,并禀报祖父在天马山的近况。

7

五月,端午刚过。廷尉第里充满了艾草香味。由于本地又称五月为五毒月,认为这是一年中体内热毒、寒湿淤积之时,此时最需驱邪、除湿、散热毒。所以本地习俗,家家户户都在门庭插艾叶、堂中挂香包,以驱瘴避邪。

夜晚的远心堂,方子瑛、方子瑞、方其义在各自忙碌。方以智刚刚用过晚餐,仲姑正询问其祖父情况。

"祖父身形消瘦,哀伤不减,每日诵《孝经》无数遍。"

"甚矣哉!孝道之大也,乃五常之首、百行之原。吾侄是怎么劝慰你祖父的?"

"我嘛,也只能跟着祖父哀伤,跟着祖父忧虑啊!"

"子曰:吾志在《春秋》,行在《孝经》。可见《孝经》与五经应是并垂不朽的。你祖父是在告诉你节孝之大也,这不正是吾家明善公著《桐彝》的旨意吗?"

"仲姑所言极是。祖父每日诵《孝经》的同时,还叨念着连理之学,抓紧整理他的那些书稿。对已经刻好的书册素板,嘱咐送龙眠碾玉峡藏放。他还要求我必须尽快返回泽园,嘱咐我以读书为要,安心攻读制义文章,莫忘明善公'长大磨铁砚'的厚望呢。"

"你祖父所嘱,正是吾所忧也。你不能总是结客呀,交游呀,醉饮呀,悲歌呀。你看马太仆的孙子、潘翟的姐夫马之瑛读书多勤奋,他们家怡园读书氛围多好!你们泽园可要学着点呢,仲姑巴望着你两年后的秋试捷报啊!"

"可是仲姑,眼下时局日趋纷乱,人心如此躁动,孩儿怎么能安心泽园?以前孩儿也是想着'小隐南河学灌园',近来孩儿却常常有'读书无所用,何必空闭关'的感觉。我想即使马之瑛他们,也不一定能安心在书桌边吧?"

"傻孩子!小隐非隐,乃是为读书而隐;学灌非灌,乃是为知识而灌。"方维仪用手指点了一下侄子的头,又批评道,"何况时局纷乱,人心躁动,而你还是个学子,究竟有什么能力去改变?"

"那士子除了读书,就没有别的报国途径了吗?时局纷乱如麻,却如此空坐读书,不知要到等何时才能起舞,孩儿实在有些不甘心啊!"

"你难道不闻,天下之乱不自下始,必是上之人有以风之吗?"

"谢谢仲姑提示。"方以智说,"可是,孩儿也明白,以当今朝廷纷争来看,大臣柄国而乱政,又安望其能做到以上风下?"

"嗯,吾侄所问颇是有理。汝祖父常言:风之以礼者,纪纲肃然,虽利在而不敢顾;风之以利者,虽纪纲在亦不暇顾,此乱微也。可见,现在时乱纷纷,其弊就在仁孝教化不见躬行,也就是现在认真奉读孝经和五经并真正躬行的人太少了啊!"

"仲姑意思是说,上不能风下,乃是上层仁孝教化不能躬行,而仁孝教化不能躬化,乃是上层真正的读书人太少?"

"嗯,那么吾侄对此如何理解?"

"吾皇帝求治而乱不止,除弊而弊日深,每天面对的不过是臣下以尧舜诵祝罢了。思其反复利害,都是那些朝臣以盗名沽誉和一己私利为急,如此岂能以上风下?"

"如今皇帝天资聪慧,勤政爱民,没有哪一天不是起早歇晚地听侍讲、召对群臣,何以说不能以上风下呢?"

"孩儿以为,前代乱国,多出于勋旧、贵戚、后妃、公主、宦官,还有宰相乱权的。崇祯改元以来,汲取前朝教训,魏阉及其余孽多已伏法或被驱逐。然而朝争未泯,厂事依旧,内臣奸功,告密之风未尝息也。"

"那么,如何改进呢?"

"孩儿思考,以汉、唐、宋之事察之,前鉴不远,勋旧、贵戚、后妃、公主之乱,可以通过完善制度弥之。而宰相与宦官的贤与不肖,可以从前代何以治、何以乱来省察。"

"吾侄悟性极高。如此说来,不是更需要督促天下人多读书吗?"

"孩儿明白了。如今皇帝召对之大臣,常常一问而无以自对,盖多浮浅不学也。如此岂能通达国体、观古今、究得失?当职如何能尽其忠、责其效?"

"然则,岂仅朝臣?天下读书人亦须潜心向学也。否则,如何能以实学济时,如何能以上风下?吾侄素有大志,又愿意习劳苦,将来一定能树勋于朝啊!"

"听了仲姑之言,孩儿有醍醐灌顶之感。此前孩儿也想过,要以五年的时间,毕辞赋之坛坫;以十年建功于朝;以十年穷经论史、考究古今;年五十则专心学易,因为易学是吾方的家传之学。"

"当前国家正需人才之时。吾侄所学可谓淹博矣。可是,若不明一经、不登一第,虽博又有何用?所以,你应真正地理解你父你祖的一番苦心。你祖你父都是名臣,仲姑还是盼你将来通过科举及第,也好做一个治国名臣啊!"

这个不省心的侄子!方维仪回到清芬阁时,还在叹气。如今侄子还是这样固执己见,她竟不知如何开导是好。

方维仪静思了一会儿,想想还是写信给姐姐方孟式吧,让她也时常写信劝劝这个孟浪不羁的侄子。

8

方维仪原以为,经过一番深入谈心后,侄子方以智浮躁的心绪会有所收敛,但事实上并非如此。

经过半个月的观察,也的确发现闭关泽园的方以智,开始潜心向学、不屑于人情世事。为了自励其志,他每月初一都要到距泽园不远的五印寺,拜祭母亲吴令仪灵柩,先是敬上一杯酒,然后向母亲报告自己所读所想所为,仿佛母亲还如生前一样,在听他读书,在看他练剑。

正如他在《慕歌》这首诗的序中说:"余母以壬戌(1622年)即世,殡城南未及卜兆(未葬),迄今九历年所矣。余读书其侧,则朔伏临,非敢曰孝思,亦以识慕云尔。"

对方以智的苦心向学、拳拳孝思,方维仪倍觉欣慰。在泽园,方维仪作为这些年轻人所尊敬的"清芬阁师",还应邀请为这些学子讲授了《离骚》《九歌》《天问》《九章》以及一些汉代诗赋。

但是,方以智重新回到泽园,泽园不久又逐渐热闹起来,来访的邑内外客人不断。而这些客人多是士子名流,他们游走四方,带来了各种信息,又重新燃起了方以智结客远游的热烈期盼。他还趁着望祖父的机会,驱马游历霍山、舒城等地,归来写了首诗《从舒还宿白沙》,表达自己僻居乡里的不甘。

方维仪看在眼里,急在心里。方以智已届弱冠之年,已是一个成年人,他有自己的思想和独见,他要坚持"男儿贵结交"的道路,一边读书,一边结客,一边交游,也不能说没有他自己的道理,作为长辈也不好过多地干涉。

由于去年(崇祯三年,1630年)乡试,泽园士子的成绩都不佳,方文、方以智尤为耿耿于怀。恰好同邑已高中进士的汪国士,也是从学于白瑜的学子,他的高中金榜,又为石塘先生加了一道光环。在即将赴任福建闽县知县时,汪国士来桐城拜访了方以智。方以智留汪国士饮于桐溪之畔,并赋咏《将进酒》以赠,诗中更加流露出不愿蹉跎里居的心情。他甚至羡慕桐溪桥下的落叶,可以逐潺潺溪水东流而一去不复返。

这不,正是夏日荫浓时节,方以智与东郊慧业堂几个学友,再次前往金陵、宣城、芜湖等地游学,又结识了不少新的挚友,如陈名夏、梅郎三、阎尔梅等,都是南直隶各郡的。他与陈名夏在金陵相识后,一见如故,从此往来密切,被人誉为"陈方"。方以智很兴奋,为此还写了一封信《寄仲姑》,禀报他一路结客游学情况,并附诗说:"不忘达士心,乡里自局促。有志在四方,不问成与失。"

方维仪前次看了他的《将进酒》,这次又看了这首诗,知道他颇有那种志在四方的"达士"心。但这首诗以仄韵来收尾,明显掩盖着一种郁郁不得志的落寞。

于是,她也以仄音韵收尾,回了一首诗《咏柳》:"翠色映江楼,垂枝依碧浦。朝朝系去舟,不管离情苦。"她想以此诗告诫侄儿:要早点归来,家中妻子潘翟正怀着孕呢,你怎能只顾流连于江宁柳色,不管一家老小?

而侄婿孙临也不让人安心。长侄女方子耀因孙临每每结客出游,与他闹得不欢快,已经多日没回廷尉第。方维仪正忧心着怎么劝慰,左思右想,遂让李姆姆去西城探望,催促方子耀尽快回廷尉第小住几日。

9

观音大士像前的香炉里,那炷纤细的长香已经燃了约三分之二,未燃的部分托举着已经燃过的部分,看起来摇摇欲坠。袅袅香烟在清芬阁里游走,悠悠的香气,让人变得宁静。

方维仪站起来,走上前去,又分拣出一炷香,方子耀帮忙点着了。方维仪合掌擎香,闭目诵了几句经,又将香插入香炉,继续合掌诵经。方子耀与方子瑛站在她身后,也合掌闭目。

见仲姑诵经已毕,方子耀遂禀道:"仲姑,这几日孩儿回来,又能与仲姑一起读书,心境舒缓了不少。只是家中婆婆安排人来唤我回去,有些事情需要我料理呢。"

"嗯,克咸还没有回来吗?"

"没有呢。不过呢,侄女我这几天与仲姑一起读《汉书》,却突然觉得,还是汉代女子爽直,比如苏武妻吧,对自己的人生也挺能自作主张的。"

方维仪知道子耀心里其实还是没有解开疙瘩,就问:"克咸最近究竟在忙什么呢?"

方子耀告诉仲姑,孙临最近又在研究《孙子兵法》,所以又自号"孙武公",听上去倒像传说中的"孙悟空",惹得大家经常开玩笑,他也不介意。最近他又与人谈兵论剑去了,不知何日归来。

正说着,潘翟抱着女儿方御也走了进来,方子瑛遂上前接过方御,逗孩子玩。

方维仪对方子耀颔首道:"克咸毕竟正年轻,面对这样的时局,他又是热血男儿,很想有一番作为,是可以理解的。"

方子耀听仲如此说,就默默地点了点头。

方维仪又问:"你们知道吗?为什么这几日让你们来陪我读《汉书》,给你们讲苏武的故事?"

潘翟、方子耀、方子瑛都摇了摇头。

"苏武那个时代,毕竟距离我们已经太遥远了。但是,我们读古人的故事,还是为他们的精神气节所深深感染。"

潘翟与方子耀、方子瑛又都点了点头。

"前天啊,还让你们重读了我写苏武的旧诗,那是我十多年前写的。那时我读《汉书》读到苏武的故事,叹服于古人的精神气节。可是今天呢,我的思考又不止于此了。"

三个年轻女子不解地看着仲姑。

方维仪拉住子耀的手,眼神里满是慈爱地看着她。

"你呀,与克咸青梅竹马,人人称羡呢!可是,重读苏武故事,重读仲姑旧诗,对比苏武妻当时的孤独无助、凄苦悲凉,也对比仲姑这些年来的清节自守,你难道不觉得,你们应当更加相互珍惜吗?"

方子耀似乎听明白了仲姑的意思,眼里闪着泪花。潘翟也做若有所思状。

"今天啊,我要把《诗经》的开篇那首《关雎》送给你们。'关关雎鸠,在河之洲;琴瑟友之,钟鼓乐之',强调的不正是夫妇和谐之道吗?"

方维仪走到书案边,拿起毛笔,认真抄写了诗经《关雎》中的句子,然后对子耀说道:"你看,君子好逑,寤寐求之,这里的逑、求,究竟是什么意思呢?"

"都是追求的意思吧?"方子瑛答道。

"不仅仅是追求。"方维仪说,"这里的逑、求,按照《毛诗序》的解释,应该都是匹配、适应之意。也就是讲作为君子和淑女,作为夫妻双方,不仅要相互体谅、相互尊重,还要相互适应、相互提高啊!"

"谢谢仲姑开解,孩儿终于明白了。"方子耀终于露出了笑容。

潘翟在一边听着,也频频点头。

"子耀、子瑛吾侄!"方维仪一手拉着方子耀,一手拉着方子瑛,"你们自幼跟我熟读《女诫》《内训》《女论语》《列女传》等女书,吾也时常与尔等讲述闺范,讲述千百年来的女德,还多次给你们手抄过班大家(班昭)的《女诫》。"

大家都频频点头。

"今天我再送首诗给你们吧!"只见方维仪照例用钟繇

方维仪的书法

小楷写了一首诗，诗题是《与侄女子耀、子瑛览闺范》：

> 霏霏寒雨集，幽窗鸣凤条。苔草不复荣，桃李溪上凋。孤灯累长夜，渴旦响山椒。人生寄一世，在德不在骄。穷达各有时，利名非所要。缇萦奏天子，慷慨从亲轺。鲁母教家信，诸妇善和调。歌舞怜西施，书史尚班昭。女子多空怀，但知夕与朝。与尔谈古今，强记毋逍遥。

"诗中所说的缇萦、鲁母、西施、班昭的故事，你们都非常熟悉了。我想请你们记住的是，人生在世，在德不在骄。作为女子一定要强记，切勿有逍遥之念啊！"方维仪又叮嘱道。

10

又过了些时日，方孔炤从京城寄信归来，其中提及他的同榜进士、现光禄寺少卿曹履吉，乃是太平府当涂县人，为当地名门，科举世家，其子曹台岳随父在京，年方十九，是一个英俊才子，尚未婚聘。目前虽是个府学生，却勤治经史，力攻章句，兼涉易理，诗书字画都承袭了乃父之风范。

"吾与曹光禄在京过从甚密，曹光禄听说吾家有女未许字，特提出联姻。吾对台岳这孩子也甚为满意，仲姊您意下如何？"方孔炤在信中问。

方维仪自然很是高兴，觉得这真是天作之合。当下便让李姆姆找来子瑛谈话，将她父亲的信给她看了，见子瑛也默许了。方维仪又与姚老恭人商量后，再将此事禀报了在白沙岭天马山庐墓的父亲方大镇。

不久，当涂曹家专程派人逆江而上，送来了聘礼，两家商定明年适时成亲。

定下了方子瑛的终身大事，方维仪觉得压在心间的一块石头终于落了地。现在还有一块石头，就是担心正在庐墓的父亲的身体。她一直遗憾的是，作为女子又不能随侍墓侧，只能在家配合母亲姚老恭人勉力支撑着。

想到子瑛不久要远嫁江南，自然有些舍不得，所以，方维仪又写了一首诗给子瑛，以述所感，以示祝愿：

> 多才买石为金銮，矜佩锵环首着弁。
> 绮槛读书临皓月，幽窗刺绣对芳兰。
> 十年膝下如吾出，明岁江南作妇看。
> 遥忆彩鸾如意舞，桐溪梅影一枝寒。

第二十二章　月照愁人欲断肠

1

六月以来,出现了近年来比较少有的高温天气,灼热的阳光好似烤焦了大地,连尘土都被晒得虚浮发白。

姚老恭人和陈、诸两位老姨都相继中暑得了"热病",正在小心调理中。地窖中的存冰都不够用了,紧急安排人到邑中亲友家里借了一批。

虽然家中忙乱,方维仪好在还能忙中取静,以静侍佛,以佛经安心,所以并不惧怕这烧烤式的高温。只是担心在天马山庐墓的父亲身体状况,要求鲁墨每隔一日即派人送"安"字信回来,报告廷尉公近况。她一有空就测算,这样的高温至少还要持续到七月初。

如此高温之下,由西北而来的起义军,依然裹挟着一路蜂拥而起的破产农民,势头越来越猛。

在泽园攻读又不忘苦吟的方以智、孙临、周岐、吴道凝等人,近日获悉西北"流寇"气焰日盛,都极为忧虑。当听闻竟然还出现了李自成、张献忠带领的起义军,不免忧愤无比。

尽管这个时候的李自成、张献忠等,还势力单薄,但他们的队伍正滚雪球似的越滚越大。

还有一件更令人忧虑的事是,今年也即崇祯四年(1631年)初,原无火器的后金也能铸造红衣大炮了,他们还在炮身上镌刻有"天佑助威大将军"等字样。

所谓红衣大炮,实是红夷大炮,是欧洲在1500年至1520年制造的一种火炮(原名小佛朗机),明代后期传入中国,改进后称红夷大炮。因为明朝官员往往在这些巨炮上盖以红布,所以讹为红衣大炮。

后金努尔哈赤就是在天启六年(1626年)"宁远之战"中被明军红衣大炮击中,含恨丧命的。

凭借西洋红衣大炮的巨大威力,明朝先后在宁远、宁锦、关内滦州四城等战役中重创建奴后金,使之被迫败退。

自从后金有了红衣大炮,形势似乎发生了新的转化。

大明气势就在这种内忧外患双重猛烈地夹击之下,越来越喘息难安。

在天马山庐墓的方大镇,每日在哀伤不减中拜墓,同时又不忘著书改稿,还将自己与邑内外学者在这里辩学的观点整理成《白沙聐语》。

作为一名致仕官员,他还与从前一样,高度关切时事,近期更增添了对国家前途命运的深深忧虑。

2

这一段时间,方维仪不明白的是,为什么时常梦见父亲随着赵太恭人一起,头也不回地走了,一点也不理她在后面费力地呼喊。这样的梦境,每次都让她惊得大汗淋漓。

上次鲁墨带回了父亲新写的《白沙岭赋》,其中有句曰:

白沙有杞,连理于枫。枫俯而围,杞昂而中。如兄如弟,或友或恭。于昭显考,淑气是钟。草木何情,犹此感通。

白沙有枫,连理于杞。嗟彼殊质,胡然一体。谁其召之,和德之以。于昭显考,休嘉是喜。中心怀之,曷维其已。

鸿山其崇,爰峙其东。爰开我亭,双树之丛。以坟以麓,挹彼和风。贻谋则远,以燕厥宗。

骢岭其巅,爰峙其北。爰饬我亭,双树之侧,悼焉作赋,使我心恻。事亡如存,永言不忒。

由《白沙岭赋》可知,庐墓的父亲显然是不忘赵太恭人临终前的嘱托,怀念明善公的先德,希望子孙能传承连理家风家学,做到"永言不忒"。鲁墨禀报说,当地族人已商议将此赋镌刻石上,立孝子碑于连理亭侧。方维仪将此赋抄了两份,一份寄往京城方孔炤,一份让人送往泽园方以智。

近日鲁墨又带回来一卷书稿。方维仪从书稿内容看出,父亲不顾如此高温天气,仍在思考如何使天下大治、民生得安的大计,不免有些担心,她知道父亲的身体越来越虚弱。但她又始终坚信,父亲是强大的,他的身体绝不会轻易垮下去。

最近方大镇思考的问题,让方维仪觉得可以作为泽园学子们的策论试题。

鉴于近来各地民乱不断,方大镇撰写文章认为主要原因就在于地方政府"纵奸宄而抑善良",本来就少数几个人不法,结果许多人跟着犯乱,导致祸患扩大而不可收拾。

方大镇因此认为,天下之安,责任在于地方特别是州县一级政府,更在于为民父母官。而古之善为政者,士民之间是和睦相处的,今天则开启了士民不和谐的兆头。原因是,为政者把放任奸宄作为怀保(安抚)百姓之道,将戕害善良作为治理之术。

所以,要怀保小民,这里的小民必须是良民,绝不是奸猾之徒。如果借不畏之名以侮辱贤良百姓,借怀保小民让奸猾之徒受惠,岂不是蒙蔽上司?又岂非姑息之爱?

方大镇还认为,朝廷和省府院道离基层老百姓太远,郡以下州县则最近。所以州县号称父母,基层治理的责任最为重大。

现在各地普遍的问题是,上司所欲行,而州县不肯行,就"仰屋挂壁";上司所不行,而州县欲行,就"疾风骤雨",而且不管欲行、欲不行,都必借上司的指示和批文来达到自己的私意,出了问题就把责任推给上司。

方大镇因此总结,"其弊在罔上,以行其私",以至于"声名不达,政令不通"。

方维仪思考着父亲的这篇文章,再联系上次自己与侄子方以智讨论过的"以上风下"之论,深有感触。

于是,她将此篇作为科举策论题交给了泽园士子。她还向他们提问:州县如何做到"仁义并行,恩威不悖,念念在民,人人得所"?如何才能不负守令之职责,造福一方、平安一方,防止出现由于小乱而导致不可收拾的大患?

3

方大镇终于支撑不下去了。

当方大镇被从天马山送回廷尉第宁澹居的时候,已是七月初二,高温天气有所缓和。由桐溪堨引过来的溪水,流过廷尉第庭院,已不再发烫,甚至早晚还有些许清凉。

姚老恭人与陈、诸两位老姨又焦急起来,没想到自己的热病刚好,方大镇又得了热病,而这次的病情感觉比上次更为严重。

方维仪见老医者张大夫神色凝重,久久沉默不语,只顾仔细斟酌着开药方,心头掠过一丝不祥之感。又见父亲虽然两眼睁着,尚处于清醒状态,却一连几日没有吃什么了,只能不定时地喂点汤水。她的心头,仿佛有一把刀子在不停地刮擦一样。

潘翟、方子瑛、方子瑞等人轮流陪同方维仪在方大镇屋内服侍。姚老恭人与陈、诸两位老姨,围坐在大镇床前,轻声地说着安慰的话。方维则也时常过来探望。

方以智、方其义每次由泽园过来,还没有陪侍一个时辰,方大镇总是用眼神督促他们回去攻读。

　　方维仪嘱咐方以智赶紧再写加急快信到京城,向其父方孔炤报告情况,请他预防不测,做好告假回桐城的准备。

　　一时之间,来廷尉第探望方大镇病情的客人不断。除了族中亲戚、郡邑士绅、桐川会馆社友门生外,邑中平民百姓也纷纷前来为方大镇祈福。

　　方令德与夫君何应璲也匆匆从百里之外赶了回来。

　　方大镇只能虚弱地用眼神与他们交流,向他们表示谢意。

　　就这样坚持到了七月十四日。这天早晨,方大镇突然开口说话,说是要喝点米汤。喝过几口以后,他轻轻喘息了一会儿,示意家人扶他半倚于靠背上,原先苍白的脸色,似乎红润了一些。

　　家人见了都暗自高兴,以为他病状减轻。方维仪的焦虑也平缓了一些。

　　这次方以智、方其义回府探望时,方大镇也没有用眼神督促他们离开,而是柔声让他们坐在床前。

　　"潜夫何在?"方大镇忽然问方维仪。

　　"禀父亲,信函已寄走半月矣。"方维仪急忙回答。她本来想说"加急信函",话到口边,却将"加急"两个字吞了下去。

　　"眼下时局忧心,恐朝廷事务繁忙,不宜添扰矣!"此刻,方大镇显然非常想念远在京城的儿子方孔炤。

　　方孔炤起复以来,方大镇一再去信叮嘱其正色立朝、勿惰于政。兵部推荐职方司职方(即兵部考核部的官员),崇祯皇帝亲自擢升了方孔炤。有人瞅孔炤独自办公时趁机行贿请托,孔炤心想国家如此危急,你竟然如此!随即予以揭发。崇祯很高兴,称赞孔炤"洁己、发奸、优叙、示劝"。此事为朝野震动,自此以后,朝廷行贿请托积习为之一洗。前不久孔炤还来信说,已由职方事竣优擢升为尚宝司卿。

　　"密之、直之吾孙。"方大镇破天荒没有称呼乳名,而是直接叫他们的字。

　　"孙儿在。"方以智、方其义连忙答道。

　　"有些话,说与你们听记。"方大镇的声音虽然依旧微弱,但口气显得既亲近又有点严肃。

　　"吾这一生,为士、为官、为学、为人,俱力行汝祖明善公意旨。所信而不须臾离者,明善公'性善'之宗也。先德恬愉,荷薪不殆,夙夜敬止。你二人接续我方氏薪火,以明忠孝,以继先德,不可有毫厘委顿之心。"

　　"是!孙儿谨遵大父之命!"方以智、方其义频频顿首。方维仪见父亲又轻轻喘息了,就过来为其揉背。

　　窗外太阳渐渐升高,方子耀又端来了米汤,方大镇却摇了摇头。他在闭目沉思,似乎还有许多要对家人说的话。

4

窗外的骄阳忽然有些暗淡。那些花草树木都恹恹的,似乎与室内人们的心情一样,悲伤而又沉重。看着衰老而又病弱的父亲,方维仪表面平静如水,内心其实一片慌乱。

"吾致仕归来,已是迟暮之年。"方大镇睁开眼睛,继续说道,"但吾一直孜孜以学,老而不休,还勤力修缮桐川会馆旧馆,并续置了新馆。吾所志就在于赓续明善公的桐川社业也。"

方大镇一边说着,一边轻轻咳嗽。众人围立在他的床头,方以智、方其义则俯在他的床边,认真倾听他说话。

"吾这一生,以连理之学为正学,以连理之教为正教,学而求诸善,善而求其至。桐川社事,吾何敢逡巡?吾孙密之、直之,切莫忘先人遗泽也!"

方大镇忽然喘息咳嗽不止,姚老恭人和方维仪等或轻捶背或揉前胸。终于,老先生又安静了下来。他微闭着眼睛,休息了一会儿,又接着说道:

"明善公创建一本堂祠堂、续修家谱、修复先墓,以睦宗友族。吾乙卯(1615年)秋以来,佐族长为政,立祠堂宗法,续置祠田,制定了先墓'二祭''丘木''禁葬'等条约,不敢有丝毫委顿之心。目的就是,以'一本'之深心,为家政百年之永计也。"

"父亲,您歇息一会儿吧。"方维仪见父亲说话越来越吃力,又不停地喘息咳嗽,就一边轻轻地为他捶背,一边劝道。

但方大镇仅停顿了一会儿,又接着说:"生死之计大矣,生曰寄,死曰归,盖圣人之达也。"意思是,圣人早就说过"生寄死归"的道理,活着是寄居旅馆,死才是回家,人生需要圣人这种旷达。

"明善公年刚五十时,就卜选寿穴于莲花山,廿有六年后告诉我:异日必葬我于斯。乙卯(1615年)冬,余兄弟三人,遵遗命,襄其事。此吾明善公之达也。"方大镇认为其父也对生死极为旷达。

"吾邑盛司徒自卜投子山,赵中丞自卜石鼓山,吴太史自卜鲲池,而更伐石立表结墓,三君者皆所称达者也。"盛司徒即南京操江御史盛汝谦,生前自卜寿穴于城北投子山;赵中丞即贵州巡抚赵钅尔,生前自卜寿穴于北乡白沙岭附近的石鼓山;吴太史即吴应宾老居士,生前自卜寿穴于鲲池。这三人也都有圣人之旷达。

说到这里,方大镇微闭的眼睛忽然睁开,气息也比之前足了些。

众人正奇异时,但见他继续说道:"癸丑(1613年),丰城黄山人为余指浮渡;戊午(1618年),贵池王山人指白鹿。余并爱其山水,退致后并赎其旧室,葺治之为考槃之居。"赎其旧室,指购买当地土人旧室进行修葺。考槃之居也即避世隐居之所。

"然而,百年衣冠,吾则愿意藏于白鹿,以其局势宏广,法度颇合,且距莲花山近,可随时应明善公招呼也。吾子若孙,异日必葬我白鹿,以吾配姚孺人,附于山右焉。"这显然是方大镇遗言要归葬白鹿山了。

"吾九世祖惟恭公、十世祖月山公、吾父明善公、吾母太恭人等,丧事皆遵家礼,不作浮屠。吾去后,望汝等亦遵家礼,勿坏连理家风。"

方以智、方其义含泪点头。方大镇这时又喘息咳嗽不止,姚老恭人及方维仪等连忙将其身后倚靠抽掉几层,让其稍稍平躺。

方大镇一定是说累了,他轻轻闭上眼睛,仿佛睡着了。

七月十五日上午,老医者张大夫来看了依旧昏睡不醒的方大镇,几番探诊,沉默着走了出来,告知方家准备后事。

方大镇一连沉睡或者说昏迷了四天,至十九日凌晨永远地停止了呼吸。

5

一场剧烈的雷电暴雨刚刚停止,天空密布的阴云正在风中流散,松湖方向还传来隐隐雷声,偶尔有一道微弱的闪电,一闪而过。

方家一本堂祠堂,黑纱白幔素花,布置得庄严肃穆。

方大镇灵前,身着麻衣的方维仪与妹妹方令德搀扶着欲哭无泪的姚老恭人,陈、诸两位老姨及潘翟、方子耀、方子瑛、方子瑞等女眷日夜哭灵。

郡邑士绅,各界名流,方氏族人,城内外百姓,都纷纷前来祭拜,每日里人流不断。许多里巷居民前来祭拜时,还屡屡提及廷尉老爷生前对他们的各种好处,忍不住失声号啕。

方孔炤从家信中判断父亲将不久于世,已委托内臣曹化淳,事先向崇祯禀报了父亲病况。

曹化淳十几岁时入宫,因天资聪慧,勤奋好学,在宫中受到良好的教育,诗文书画,样样精通,深受司礼太监王安赏识,倚为亲信。后入信王府陪伴侍奉五皇孙朱由检,天启朝受到阉党迫害被逐出京城。崇祯即位以后,重新入宫,成为新天子最为信任和倚重的内臣,曾配合崇祯处理阉党,平反冤案,至崇祯四年,他在宫中的地位已相当显赫。他与东林党人的关系也比较密切,对方孔炤所托之事非常关心,常常询问其父情况。

方孔炤此后连日焦躁不安,每每不是失眠就是惊梦,人也变得极为憔悴。接到

第二十二章　月照愁人欲断肠

第二封七月十五日发自家乡的加急信时，已是七月三十日下午，当时就哭倒在地。他忍痛急拟"上丁忧守制乞假疏"。因不是上朝时间，只得换了孝服，匆匆寻到曹化淳，再次委托他帮助通融禀报。

崇祯帝即位以来，面对先朝丢下的烂摊子，颇有励精图治的决心，总是鸡鸣即起，深夜才入睡，频频召见廷臣，探求治国方策。这个下午，他正在听讲官讲经史，并与其投入地探讨。中间休息时，见曹化淳匆匆递上方孔炤的"上丁忧守制乞假疏"，看了后却沉吟不语。

眼下朝廷正是用人之时，方孔炤刚刚擢升为尚宝司卿，尽管只是一个正五品的寄禄虚职，但在朝司掌宝玺、符牌、印章，也是皇帝身边人。崇祯帝舍不得方孔炤离朝，但仔细一想，毕竟与夺情之例不合，又知道方孔炤是独子，他父子二人向来以忠孝节义立身立朝，而忠孝节义正是本朝始终推重的。

崇祯帝反复斟酌，又征询了侍讲臣的意见，终于下了谕旨："方孔炤准给假候补，该部知道。"该部，即主管部门。崇祯还对先朝老臣离世深表哀悼。

方孔炤接旨连夜快马加鞭，水陆兼行，于八月二十七日赶回桐城。

此时，方家正在祠堂开吊唁。南直隶、安庆府、桐城县有关官绅都送来了吊纸和挽联。全县城乡士绅百姓，百十里路外的人，男男女女，每天都蜂拥进城，排队在方家一本堂祠堂前吊唁。

方孔炤回家后，带着方以智、方其义等，披麻戴孝，每日跪拜于灵前哀哭，并向前来祭拜的各地士绅名流、亲戚友人回礼。

至九月上旬，以白沙岭与桐溪所取各半之水，进行了"沐浴"之礼，随即封灵柩，暂殡于城东大宁寺。

方孟式接信后，也向请不了假的夫君辞别，长途跋涉回到了桐城，在行"沐浴"之际见了父亲最后一面。

此后，方孔炤几次赴白鹿山亲自卜兆。据管家陈砚的禀报，南乡白鹿山寿藏址，去年就按廷尉公方大镇自己的要求，着手规划营建，但穴位并没有最后确定。廷尉公的意思是，将来穴位由儿子孔炤卜定。廷尉公还提前找丰城胡匠人雕刻了自己的碑像，认为"甚肖"。方孔炤最后确定穴位为壬山丙向，并安排建设享堂。

同时，方孔炤请求廷尉公的门人协助，加紧其著作的整理校核。其时，《田居乙记》《宁澹语》《桐川讲义》《连理集》等已经雕刻了素板，《宁澹居诗文集》正在雕刻中，《荷薪韵》《荷薪义》等一系列文稿仍在校核。

6

十月上旬,应方孔炤邀请,以盛世承、马孟祯、吴应宾、方大任、叶灿牵头,郡守、邑侯以及阮自华、王宣、白瑜、潘映娄、吴叔度等部分士绅名流集合于桐川会馆内,商定方大镇谥号、行状、祭文以及神道碑、墓志铭等碑志问题。

根据方大镇门人耿献甫、吴公良及女婿何应瑽等提议,议定私谥方大镇为"文孝先生"。行状、祭文、碑志等延请各相关名流撰写。

十一月下旬,各项葬仪筹备基本到位,确定于冬至后、立春前发葬。经过族中反复商讨,确定发葬日为十二月四日。

十二月四日早晨,天色微茫,寒风萧萧。在哀乐声中,灵柩由大宁寺徐徐运出。由司仪前导,一路拜告先祖及各方神灵:亡者途中,请予保护和方便。方孔炤头扎灰白色麻布绳缨,身着灰白色麻布孝服,手执白色招魂帛走在灵柩之前;方以智和方其义则是红色麻布孝冠,腰系红色孝带,手执裹着红色麻布的竹杖紧跟其后。

方孟式、方维仪、方维则、方令德等均是素白麻布束发,扎素色麻布腰带;潘翟、方子耀等也是红色麻布束髻,腰扎红色麻布孝带。

方维仪陪母亲姚老恭人共坐一辆蒙有素色孝布的大轿子,方孟式及其他各女眷分别乘中小轿子,行进在中间。

族中子弟及相关亲友门生等,擎着林立的白幡,缓缓随行。

一路上哀乐声声,哭声阵阵,纸钱漫天飞舞。

郡、县士绅、各界名流和乡邦里巷纷纷出动,为方大镇灵柩送行。

出了东门,缓缓前进的队伍稍稍加快了步伐,到了东郭乌石冈方氏三世祖坟墓园前又停了下来。那里的祭坛早已布设好。方孔炤奉方大镇魂幡,率两儿拜别三世祖墓,并告祭列祖列宗后,邑中乡亲依次向方大镇灵柩洒泪祭别。

众人祭别毕,由陈砚安排仆人引领入几筵,共有六十八桌丧宴。

方孔炤带方以智、方其义,在族长的率领下,向众人鞠躬表示致礼。

礼毕,由在家休假的南京礼部尚书叶灿,全文宣读了《乌石冈合祭方大理鲁岳公文》:方大理鲁岳公,字君静,号桐川,万历己丑科进士,以大名府推官入为御史,疏陈五事,具言章奏,皆切中时弊;天启初进大理寺少卿,与邹元标冯从吾讲学首善书院。生平以学术气节重,恬于势利,事亲以孝闻。云云。

祭文主要内容是方大镇生平事迹,以及对其评价,子孙情况等。后面附上长长的一串在城邑绅姓名。

辰时(上午九时),灵柩继续发引,至傍晚时路经南乡杨湾,再乘船到达松山方氏二世祖墓园前,就地休息一夜。次日一早,方孔炤又奉方大镇魂幡,率两儿前往二世祖的墓园拜别。

紧接着,发丧队伍经松湖乘船出发,到达枞阳镇辅仁会馆时,太阳已经偏西。明善公方学渐墓寝距此不远,方孔炤又奉方大镇魂幡,率两儿前往明善公的墓园拜别,返回辅仁会馆时,枞江当地士绅与各界名流及里巷百姓已恭候在那里。当下就由辅仁会馆主持钱立志先生代表枞江士绅百姓,宣读《枞江合祭方大理鲁岳公文》,内容与前述祭文差不多,只是后面所附的一长串姓名为枞江一带的士绅。

十二月六日辰时,发丧队伍由连城湖继续乘舟,过长河渡达对岸梅岭后,继续陆行一个时辰,就到了白鹿山享堂。享堂早已设帏布坛,供当地士绅百姓前来吊唁。

经方孔炤亲自占卜,选定开山日子。

壬午日(十四日)吉日吉时,实行开山祭祀。方孔炤在两个儿子的陪同下,双膝跪地,烧香点烛行开山礼。礼毕,由抬灵柩的"八仙"过来做穴。穴做好后,再由方孔炤带两个儿子于穴中烧纸钱和稻草,谓之"种火"。"种火"之目的,一是为逝者暖身,二是表达生者传承薪火之意。

整个葬仪结束后,一轮惨白的明月正挂在白鹿山的上空。

7

当方维仪长跪于享堂灵前,听着白鹿山阵阵松涛,仿佛听到了呦呦鹿鸣。她已经不再伤心欲绝,只是忽然明白了父亲所说的"生寄死归"的道理,觉得这里的山川是何等丰饶,白鹿湖又是何等富丽静美,父亲长眠于这里,将是何等安宁,也是最好的归宿。

此时萦绕在方维仪心头上的,就是父亲临终前对两个孙儿的厚望:"接续薪火,以明忠孝,以继先德,勿忘连理家风。"父亲的殷切期望,其实不就是对她的郑重嘱托吗?不知道为何,一幕情景又闪现在她眼前。

那是大明万历二十一年(1593年),梧桐叶落秋将暮时。北直隶大名府的卫河,舟船相接竞发,两岸商贾云集。时任大名府推官(掌管案件审理和刑狱事)的父亲,携家于渡口依依送别她的祖父祖母。

祖父是这年春天赴京参加廷试,结束后顺道来看望他们的。自从父亲中了进士、授大名府推官以来,他们离开家乡桐城已有五年。

祖父和祖母在大名府逗留了半年之久。那年,姐姐十一岁,她八岁,弟弟还不到三周岁。这半年,一家何其乐融融啊,是她与姐姐离开故乡以来最愉快也是最难忘的时光。父亲陪伴祖父祖母游历了大名胜迹,而祖母也常给姐妹俩传讲诗文、教授女工。

她还清晰地记得,有一天父亲的好友、大名知府涂时相来访,与祖父在一起辩论学问。父亲曾告诉她,涂时相颇有宋代名臣范仲淹"先忧后乐,以天下为己任"情怀,著作也甚丰,其中《仕学肤言》主要针对在职官员,讲如何做官的,父亲经常批阅此书。这次令姐妹俩高兴的是,涂时相还带来了新著《养蒙图说》。虽然姐妹俩读了很多书,但对这本儿童启蒙书还是非常喜欢,因为其中多是通俗易懂的图画,图后的注文也都轻松活泼。

有一次,父亲与祖父讨论《仕学肤言》,提及宋代名臣范仲淹,她忽然想起《养蒙图说》中的"先忧后乐"一图,立即将其图后的注文朗声背了出来:"此公卓识高才,迥出寻常万里,但其一点操存却自幼年便先立,是以中有主而不迁。即陟清华登显要,皆是这个心肠流出。夫是以随在而卓有建明也……"父亲与祖父听了,不由得大为赞赏。

或许,祖父因此更重视著述和讲学,他提出不再参加京试,而要回桐城专事传道授学解惑的愿望。当他与祖母离开大名时,留下了一首诗《天雄别儿大镇》:

　　五载驱驰千里外,一官迎养二亲来。
　　异乡难得庭帏聚,秋水俄惊别稚催。
　　直北风沙高皖岳,江南米价贱燕台。
　　我行自足桑榆计,不必看云首重回。

祖父临行前反复叮嘱父亲:江南的物价比大名府便宜多了,我虽然年将花甲,但回去还能自给自足,你应以名节为重,以涂时相为师,力求"仕学相济",为官要勤政清廉,"先忧后乐,以天下为己任",不必过于惦念我们。

应该说,父亲这辈子没有辜负祖父的殷切期望,他恪守祖父的"崇实"和"性善"之说,确实做到了"仕学相济""先忧后乐",坚持"无我而因物则,薪火而养诚明"。而弟弟孔炤也薪火相承,集成了祖父与父亲的学问,不断发扬光大。

现在,接力棒已经传到了两个侄子手中,她怎能不深切地感到,父亲临终前嘱托之殷殷!

方孔炤携方以智开始了三年庐墓守制,全家就地住进白鹿山庄。其他亲属朋友则各自拜别返回。

方孟式、方维仪带着侄子侄女陪姚老恭人与两位老姨,每日前往享堂哭灵。每当风来的时候,方维仪耳畔似乎拂过父亲那有力的声音,好像告诉她,人生其实都是匆匆的过客,所有的都会被时光遗忘,只有山川和人的精神才永远不朽。

一直到腊月二十七,除方孔炤继续庐墓外,由方以智捧"文孝先生"方大镇木主,方孟式、方维仪等陪同姚老恭人与两位老姨,带领全家启程,由长河乘舟经松湖返回县城。

当舟行于松湖之上,方维仪眺望着连绵不尽的龙眠山,那并峙的三峰,如同横亘在城后的笔架,也是方家的祖茔所在,又被人称为"方家龙窝"。她想:其实,三峰山难道不是祖辈们期盼着子孙后代要始终握紧的乾坤巨笔吗?

第二十三章　人生聚会光阴薄

1

"奇怪的是,今年的梅花怎么到现在还没开呢?"方维仪看着窗外的那株老梅树,树干上长着许多粗大的结包,枝条上却一点也没有看出开花的意思。

"如果还不开,不如就先画一幅吧。"她这样想着。

"一幅红梅一树花,四时开放似丹霞。不愁风雨吹零落,常在高楼对月华。"此刻,方维仪一幅《梅花图》已经绘就,画面构图简约,一枝老干斜伸,几朵梅花点缀,一个罗汉执杖寂立,都是几笔勾勒而成,却是简中见风骨神韵,简中见旷寂清逸。只是在右上方空白处题了一行诗,还没有款记和钤印。她又想起了弟媳吴令仪。当年吴令仪随夫宦游在外,她们常常互相寄赠诗画。

今天之所以要画这一幅《梅花图》,是因为要让侄子方以智携至白鹿山,送给其父方孔炤。此时正是崇祯六年(1633年,癸酉年)正月新春,梅花闹雪之际,她希望以此图与弟弟共勉。如今,方孔炤庐墓已出小祥(古代亲丧一周年的祭礼),他每日诵咏《孝经》,同时还在读书研易,并在儿子方以智的协助下,认真思考撰写《周易时论》。

所谓"时论",是方孔炤发扬家学《易学》,依托方大镇所授"三陈九卦",由历仕以来时事孔棘,有所忧患而发于言,其中多以证据史事来讲象数,力求穷极幽渺。其实,早在多年以前,面对朝野乱象,方大镇就曾问他:"你可知道'三陈九卦'之生于忧患乎?以世道言,后更有甚于此。灭理以言天,讳善以夸道,人心之几如此。邪风大行,能毋乱乎?"

方维仪喜欢梅花,也喜欢绘梅、咏梅。她的清芬阁"清芬"二字,与其说与兰花有关,不如说与梅花关系更加密切。窗外的那株老梅已经不知陪伴了她多少年,而梅花的孤高、纯洁、凌寒,也常常给予她坚强的力量。而梅花发于天寒地冻之时,正是生于忧患的象征,此不亦"三陈九卦"之要旨吗?

昨天,方以智刚从白鹿山归来,他已陪侍其父方孔炤庐墓了一个月。

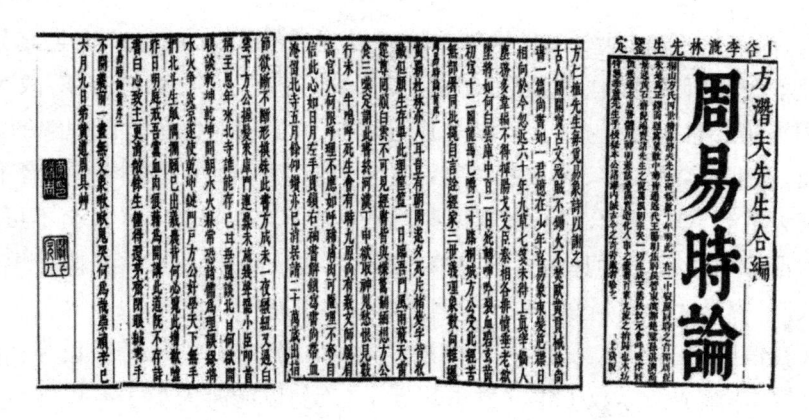

方孔炤、方以智合编《周易时论》书影（黄道周序）

在此之前，他于去年五月载籍出游，直至去年冬天才归来。出游之前的四月二十八日，潘翟刚刚生下长子方中德（字田伯，号依岩），但他依然以"今天下脊脊多事，海内之人不可不识，四方之势不可不识，山川谣俗、纷乱变故，亦不可不详也"为由，坚持要载籍远游，结客天下。他甚至专门写了一篇汪洋恣肆的《结客赋》，热情赞扬"古之结客者"，认为他们"跂阅九域，浮宅五湖"，是能够"乘会立功"的游侠之士。所以他也要纵马佩剑、结交四方，做一个类似古代的结客任侠者。

2

去年五月，方以智一走，方维仪顿时感到，泽园特别是廷尉第冷清了不少。那段时间，方孔炤庐墓，潘翟坐月子，方以智远游江浙，方子瑛远嫁江南太平府，家中一切大小事宜，都是方维仪在勉力支撑着。

而小侄女方子瑞也嫁给了同里左光先之子左国鼎。方、左两家是世戚，这次结亲，也是桐城传统上的亲上加亲。左家还将其祖父左出颖的城东旧居分给左国鼎，左国鼎后来名之为"怀西楼"，因其父左光先居城西，可以登楼西望。

好在方孔炤自崇祯朝起复后，新娶了侧室徽州金氏，白鹿山庄那边一切事宜由金氏撑持，免了方维仪两边操心。这金氏不喜城里喧嚣，倒是钟爱白鹿山的清幽、白鹿湖的明净，说是有其徽州故乡风味。孩子们都还尊重她，称她为金妈妈。

去年眼看着秋天将尽，薄寒渐起，侄子还没有归来时，方维仪不免有些着急。恰好收到他发自金陵的一封家信，向自己禀报这段时间游历情况。方维仪读后，仔细想了想，觉得有必要写封信过去，与其推心置腹一番。

"作客江湖，以阴以雨，薄寒中人，念汝殊甚。"方维仪在信中写道，"幸自慰，度汝少年成人,尚节俭不事封靡,出见纷华美丽而悦,吾知汝未必然也。"这是充分肯定侄子不为浮华表面所诱惑。"值独念汝居平薄乡里,夜光之璧,见之而怪,故为四方之游。"你因为担心自己寡见少闻,所以要游历四方,仲姑我对此是可以理解的。

然而,"四方名贤虽多,然实能渊塞好古者,岂可数数,吾正恐怪夜光者不少耳"。你有结交天下名贤的心情,但天下真正渊博好古者其实并不多。"且交不可太广,太广则务为浮名而相競,学何以益,鼎有实,慎所之也。可不慎乎?"应该谨慎的是,如果结交太广,容易为浮名所累,对自己学业精进并没有什么益处。

她又在信中列举了司马迁、郑玄等汉代学者游学之事:"司马子长浮江淮汶泗,窥禹穴九嶷;郑康成游学数十年。"她告诫侄子"汝勿以能游为免于乡里之行也"。尤其要注意的是,"世风下矣,势位富厚,诚不可失"。现在世风日下,仅凭真才实学是不行的。须知,没有功名学历,就会寸步难行。而且,"汝父祖皆簪缨,汝何苦以布衣称学者"。你祖你父都是科举达人,贵为朝廷大臣,你何苦甘做布衣学者?

"齐王好竽,而子鼓瑟,瑟虽工,其如王之不好何!"这一句批评已经较为严厉了,希望侄子在攻读科举上要下真功夫。假如齐王好竽,而你却把功夫用在吹瑟上,那么你肯定不能为齐王(科举)所录用。这是用"抱瑟不吹竽"的典故,提醒他"慎勿博学好古,薄学子业而不为也。举子业,夫奚渊博学好古耶"。毕竟科举就是科举,不是考博学好古的。

针对侄子将自己的《清芬阁集》在吴越赠予有关名贤,方维仪也颇为忧虑,她在信中提醒:"余《清芬阁集》,汝勿漫赠人,余甚不欲人之知也。"她向来以妇德为重,虽然遗憾不能树男子之业,那就遵从"女子无才便是德"吧,她并不需要依靠著书来扬名。

"汝父尚茹素庐墓,家无督,汝亦当早归,吾念汝殊甚。"最后她写道。

方以智接到仲姑的信后,非常惭愧。于是,赶紧收拾行装,于十一月底回到了桐城。归来不久,即被父亲招去陪侍庐墓,与其探讨他正在撰写的《周易时论》。

一个月后的一天傍晚,方以智回到城东廷尉第。方维仪终于有机会听他谈去年五月下旬开始载籍出游的事。

3

"密之,你前段时间远游,出门时那毅然决然的样子,一走就将近一年!走时繁花盛开,归来时已是雪花飘飘。想必又有新的收获吧?"方维仪笑着问。

远心堂里,那幅《龙眠山庄图》在烛光的映射下,愈加幽邃。

自从父亲方大镇即世后,方维仪已经很久没有这样与孩子们闲聊了。这时,潘

第二十三章 人生聚会光阴薄

翟已抱着孩子回房去了,方其义倒是很有兴致地陪在一边。方孔炤去年已经聘请周岐为方其义的塾师。

"禀仲姑,孩儿这次出游前,先是拜辞了石塘先生,然后到郡城拜见澹宇先生和石巢先生。"方以智也正打算向仲姑报告自己出游所得,见仲姑笑问,就细细地说了。石塘先生即他的业师白瑜;澹宇先生,即前面介绍过的风流太守阮自华,也是石塘先生的老师;石巢先生即阮大铖。

"郡城新成立了中江社,是石巢先生在其叔祖澹宇先生海门诗社的基础上扩张的,皖郡六邑士子名流,包括我泽园士子几乎都参与其中。当时,澹宇先生还在中江社为我们讲授了《离骚》呢。"

"石巢先生与你父是同科进士,咱们方、阮两家也算世戚关系了。不过,这石巢先生,崇祯朝以来似乎一直闲居在家吧?"方维仪讲方、阮两家为世戚,是基于桂林第的逋庵方承乾夫人阮氏来说的,她正是阮大铖的堂姐,而阮大铖有祖姑与方家祖姑分别嫁与戴完长子与次子,是妯娌关系。

"是也。石巢先生很是热情,颇多勉励。在我临出发前,专门召集部分士子宴集,为我饯行。他这几年乡居在家,很留心著述,以吟诗填词为乐。而且,他还养了一个大戏班,花许多力气为戏班写剧本。"

"阮家自迁入郡城后,也算显赫门第、文学世家了,一门几代多进士名宦。这石巢先生倒是颇好文艺。"

"不过呢,孩儿远游归来,并没有去回拜他。"

"这岂不是失礼吗?难道坊间隐秘传说,他与左公有间隙,你在远游时听说为真?"

"正是如此。我想,这也正是他闲居在家的原因。"

坊间一直传闻阮大铖与左光斗有隙。甚至有人直接说,左光斗遇难与阮大铖有关联。方维仪对此也是将信将疑,或者是从来就不予相信。但是,这次侄子回来一说,她心里有些暗暗吃惊。

"孩儿这次就在郡城下长江,放舟顺流而东,先取道南都金陵,拜谒前几次出游时的故交,然后畅游东吴,再至东越,荡舟西湖。"

方以智告诉仲姑,他这次结交了诸多天下奇士,与他们切磋文章诗赋;遍访了一些奇书、奇画、奇人,广博物理、历史、医药等知识,还将自己泽园闭关以来的著述、所做的"木牛流马"机械也一同装运,以便与江南才子们一起推敲。方以智讲起途中见闻,眉飞色舞。而陪侍他远游的正是小童鲁墨。

"很幸运的是,在南都首先就遇到了十分好客的金坛士子周镳。此时他正是南京礼部主事,可谓一见如故。由于他和左公家的二公子左子直是至交,所以关于左公遇难与石巢先生的关联,孩儿也是听他提起的。"左子直即左国棅,字子直,号眠樵,左光斗次子。

"吾听闻这个周镳结交东林党人,矫矫树名节,然而他好臧否人物是非,所以也是谤议滋起呢。关于石巢先生与左公的过隙,你可是听真确了? 切切不要误传。尤其是现在这个时局,谣言太多,真假难辨,你可要慎重!"

"是呢,孩儿一向非常较真,从不信谣传谣。不过,这次不仅周镳言之确凿,而且左子直也是十分肯定,六叔尔止也确信不疑。后来遇到了陈子龙、李雯等多位复社士子,大家几乎众口一词。这就不由得不相信了。"

所谓复社,是指崇祯二年,随着各地文学社团如雨后春笋(今人考证,其数盈百),影响较大的有云间几社、浙西闻社、江北南社、江西则社、历亭席社、昆阳云簪社,而吴门别有羽朋社、匡社,武林有读书社,山左有大社。太仓的张溥、张采(时称"娄东二张")将其统合为复社(朱彝尊《静居志诗话》)。先后计2000余人,声势遍及海内。由于复社成员有曾被阉党迫害的东林党人士的子弟(东林遗孤)形成的骨干集团,所以复社又有"小东林"之称。

"孩儿这次东游归来,就将吾友钱饮光劝出了中江社。"方以智说。钱饮光即钱澄之,是方以智前年在白鹿山庄时结识的,自此成为终生挚友。

方维仪闻言,颇为吃惊:"你这样做,不是有意激怒石巢先生吗?"

4

方维仪一向认为,年轻人初出茅庐,应该学会沉潜和隐忍。尤其是作为一个正在读书的年轻士子,目光应该高远,不该卷入是非争执中。

"吾侄还年轻,可不能太偏激啊。"方维仪提醒侄子,"何况石巢先生与汝父还是同科进士,这关系非比寻常。而且汝父、汝外舅(指其岳父潘映娄)以及泽园士子,包括吾邑许多士绅,都是石巢先生中江社成员吧?"

"仲姑不必担忧。我父辈及泽园士子参加中江社,主要还是看在澹宇先生的面子上,而且该社表面上看来是倡导诗文唱和,但许多人都没有意识到,该社显然并非单纯文学活动也。"方以智皱着眉头,似乎有些气愤。他又将了解到的阮大铖与左公的过隙,对方维仪诉说了一遍。

方以智所说,在钱澄之《皖髯事实》一文里记述甚详。原来,天启四年(1624年)冬,朝廷将行考察官员时,适逢"都给事中"一职空缺,依序应补的本是江西刘弘化,却因为他丁忧而回家去了,于是正好轮到阮大铖。

在金院任职的东林党人左光斗,就将此消息告知休假在家的阮大铖,嘱他早日回京候补。惜此时东林党与阉党斗争趋于激烈，阮大铖虽然是东林魁首高攀龙弟子，但他为谋取生存，游走两端，双方讨好。因此，当事的东林赵南星、杨涟诸公觉得阮大铖不够稳重，意属魏大中，认为"以察典重大，大铖浅躁，语易泄"，不足与其共事。

对此，左光斗作为老乡，很是为阮大铖感到惋惜。安慰他说，有一个人也将回家丁忧，其工科都给事中一职即将空出，"且宜暂补，俟其疏至，再行改题，可乎"？

阮大铖心里很不高兴，却也只好答应下来，于是"具疏题补工科都给事中"。然而，好事多磨，疏上了很久，朝廷的任命一直没下来。

阮大铖又改请题补吏科，"疏朝上而命夕下"，很快补得新职：吏科右给事中。

东林人士都觉得很奇怪，以为阮大铖一定走了权奸魏忠贤的捷径。阮大铖害怕东林党人攻击自己，到任不足一个月，又急请辞归。

初入仕途就遭受如此大波折，无疑给了阮大铖沉重的打击；而朝廷残酷的门户之争，也给他上了生动的一课。特别是同邑左光斗，不但不能在政治上给自己照顾，甚至还认同东林党人抛弃自己的做法，阮大铖因此怀恨在心。

难怪阮大铖回家后就对其父亲说："我便善归，看左某如何归耳！"或许是隔墙有耳，或许是他有意声张，反正他这句又恨又狠的话，很快就传开了。不久，魏忠贤果然发难，先将东林干将汪文言逮入狱中杖毙，再连杀杨涟、左光斗等六名东林党人，后又逮高攀龙等七人。

阮大铖虽然僻居乡里，也不与人谈朝廷发生的这些大事，"然眉间栩栩，有伯仁由我之意"，很是幸灾乐祸的样子。

不论钱澄之的《皖髯事实》真实性如何，在东林党人连遭迫害之际，阮大铖表现出幸灾乐祸的样子，必然引起东林人士的愤慨。而坊间传言也由此而起。

天启六年（1626年）冬，阮大铖召起太常寺少卿，由于心知魏忠贤不可久持，就花钱将其曾经谒见魏忠贤的名片赎回。等到崇祯帝扫除魏忠贤及其党羽时，居然找不到阮大铖通魏的任何证据。

崇祯元年（1628年），阮大铖起升光禄寺卿，但东林党人指责阮大铖通阉党，御史毛羽健率先上疏弹劾。阮大铖感到有口难辩，遂罢官再度归里。次年，在东林党人的运作下，阮大铖被朝廷钦定为逆案，论赎为民。阮大铖只好回到他的故乡皖城蛰伏，表面上游山玩水、作诗填词写戏，实际上是在等待东山再起的时机。

5

"他最近似乎又嗅到了什么新动向。"方以智谈起坊间有关阮大铖的传言，眉宇间仍然有激愤之意，"他成立中江社，是隐然有其所图也。"

方维仪不由得摇头叹息："想起左公惨死，想起东林六君子惨案，真是心惊胆寒！当时朝廷门户争斗何其激烈，真是不可想象。不过，这石巢先生好像真的没有做什么亏心事一样，中江社办得风生水起嘛。"

"他还给我写了两首诗呢！我倒是从中看出了他的心眼儿。"方以智边说边从书袋里拿出一页诗稿。

方维仪以为，阮大铖与方孔炤都是少年得志，且为同科进士，两人又是同里，相交甚厚，来往频繁。否则，方孔炤不会积极参加阮氏中江社的宴集，也不会延请阮自华的门人白瑜为方以智业师。在世戚关系和父辈的影响下，侄子方以智与阮大铖有所交往也很正常，至于诗酒酬唱更不奇怪了。

但是让方维仪颇为疑惑的是，这个传说中才气纵横的石巢先生究竟给侄子方以智写了什么诗，让他从诗中读出了不同的意味？她接过方以智递呈的诗稿，但见满页舒展的是圆熟的苏体草书：

其一

南浮敦悦地，君复振华音。尘下概千古，霞端翔寸心。
固穷榛草在，安土稻花深。何事元方御，来参抱膝吟。

其二

击汰复何适，白云吴会长。江枫搴秀色，海月弄秋光。
古市箫声断，高丘剑影荒。烦穷练马义，一发步兵狂。

"这诗写得极好啊，颇有那竹林贤人阮籍之流韵呢！"方维仪看了诗后，指着诗稿说，"他赞美了吾侄超绝的才情，预祝你在东游中彰显才华。而且呢，用典也很独到。你看第一首诗，不仅以东汉'元方'这个兄弟相好的典故来比喻你们这些来参加中江社的士子彼此之间融洽的关系，而且还以三国隆中隐士'卧龙'来比喻他和你们都是卧龙呢。"

方以智摇了摇头："可是，孩儿看没这么简单。"他给方维仪分析，阮大铖引用此典，表面上是希望那些参加中江社的士子，共同切磋策问应举。实际上，阮大铖颇有进一步相与深结之义。因为阮大铖坚信自己终究是要出山的，而且一定要担当大任的，他现在虽然"固穷"于荒山野岭，"安土"于稻花深处，但很显然，他是自比那躬耕于南阳的卧龙。

"他哪里是让我们'来参抱膝吟'，同唱诸葛亮《梁甫吟》？"方以智继续说，"他是以诸葛亮自喻，图谋将来复起！难怪周镳、陈子龙等才子，还有左公家的左子正、左子直,以及我六叔尔止,大家都认为,这个阮石巢结中江社之目的,就是要壮其未来门户呢。可见,他并不甘于隐居乡野,也并不甘于赋闲写诗填词。"

方维仪听侄子这么一分析,先是有些吃惊,继而感觉有些道理,不由得心情愈加沉重,也默然沉思起来。

6

"这第二首诗,也看不出其他意图,不就是以他自己的远祖阮籍阮步兵自况吗?"方维仪拿着阮大铖的诗稿,继续问侄子。确实,阮大铖的第二首诗,既表达了对当前乱世的无奈,又展示了自己胸襟的旷达高雅。

阮籍与其孙阮咸均名列魏晋"竹林七贤"之中,阮大铖与他的叔祖阮自华一样,常效阮籍、阮咸遗风。阮大铖因居皖城,又有大胡子,故人称"皖髯";又因其远祖阮籍有《咏怀诗》,遂以"咏怀堂"为自己诗集名。其乡居时表现出的洒脱个性、隐士情怀、竹林风度,似乎都与方以智崇尚的晋人之风相通。

从后来发现的阮大铖四卷《咏怀堂诗集》,及相关外集、续集等也可以看出,阮氏与方文、周岐、吴道凝、方拱乾、姚孙棐等龙眠士子往来甚多,宴集不断,唱和频繁,其中也包括方以智。

"可是,周镳、左子直还有我六叔尔止,甚至云间才子陈子龙都认为,这第二首显然是表达对当前朝政的不满,认为朝廷用人不当,他成了阮籍那样一个有才而无处施展的草野人士。这不是替已经服罪的阉党鸣冤吗?"云间,是旧时松江府的别称,松江府约为今上海市吴淞江以南直至海边的整个区域。府治在华亭县,即今上海市松江区。

听方以智这么一说,方维仪颇觉不妥。她立即提醒道:"吾侄可能顾虑过多了。"

"比如汝父、汝外舅,乃至六皖名流,对与石巢先生交往并没有多少忌讳。"方维仪举例说,"我看这中江社就是个平常的雅集吧,阮家大院里的旧友新朋往来不绝,有何怪哉?"

"仲姑您有所不知,许多人因为不熟悉朝廷政事,不知道朝争内幕,故而不以为嫌,于是散漫而从之入社,但我和钱饮光才醒悟过来。"

原来,方以智东游吴门,与陈子龙、魏学濂(东林六君子之一魏大中之子)等结识,得知了他们大肆渲染的阮大铖朝中所为,又接受了陈、魏等人关于"倡辨气类"(气类也即门派)的政治观点,回来后便力劝钱澄之兄弟和方文等人退出中江社,告诉他们"吴下社事,与朝局表里,先辨气类,凡阉党皆在所摈。吾辈奈何奉为盟主,曷早自异诸"。

钱澄之本来在中江社里十分活跃，与其兄共享"二钱"之称，听了方以智的劝告后，随即退出了中江社。他还同时劝出了另外几个人，又重新结成一个小社，此后凡中江社的期会，他们均辞谢不到。

这无疑让阮大铖心有戚戚焉，陡然生起无名怨恨，并将此恨归结于方以智、钱澄之，种下了后来在弘光小朝廷迫害方、钱等人的祸由。

7

初夏的清芬阁，始终飘逸着兰香、墨香、佛香。方维仪一早就于观音大士前蒲团上端坐，捻佛珠，为母亲姚太恭人和两个老姨各诵一遍经，为弟弟方孔炤和侄子侄女们各诵一遍经，为自己和夫君姚孙棨诵一遍经。由于方以智已经有了孩子，所以姚老恭人就被尊称为姚太恭人了。

诵经后，方维仪感觉有一道不同于以往的清香悠悠地漫过来，仔细辨别，觉得是院中的槐花开了，随即有了诗意，于是起身到案前，信笔写下一首诗《独坐》："僻境无人至，清芬阁独居。梁间新燕去，墙外老槐疏。风韵笛声远，花残月影余。编摩情未厌，坐卧一床书。"

方维仪写毕，到远心堂安排了一日事宜，又与李姆姆一起浣洗了一家老小衣裳，正要回清芬阁翻看两个侄子近来所写的策论、诗文，这时几个女子一同走了进来，原来是族弟方若珏妻盛氏，夫君姚孙棨的弟媳、姚孙柴妻倪夫人及其女儿姚凤仪。

"吾正想着，清芬阁这几日僻境无人至，却是什么风把你们吹来了？"方维仪笑着问。

"好不容易回到桐城，就想着来看看方姑呢。"盛氏一贯快言快语，她随夫君方若珏一直游学于金陵，这次一归桐，遂即来看方维仪，显然她是跟着她的孩子称呼方维仪为方姑。

倪夫人也笑道："从这个月开始，纯甫与我从浙江归来，他要专心在家攻读举子之业，以待三年大比，我非常高兴与嫂子您又有时间相聚了。"纯甫即姚孙柴，是倪夫人的丈夫。

"是怕我孤单了吗？你们看，子耀、子瑛、子瑞都一个一个地出嫁了，只有副华在家陪我，但她又带着孩子的，还要人服侍呢。倒是吴夫人和阮夫人时不时地来探望一下。"方维仪看见她们来了，非常高兴。她所说的副华，即方以智妻潘翟。吴夫人即方维则，阮夫人即桂林第方逋庵夫人。

倪夫人诚恳地说："她二人很少出游嘛，常来探望嫂子您是应该的。您看，这才是初夏呢，已渐显闷热，我们就想邀请嫂子到吾家亦园走一走。现在那里树林荫翳，溪水潺潺,正是赏景消闲的好去处呢。"桐城老城东南滨河,西北负山,姚家亦园正值郭西,小有楼阁亭榭之胜。

方维仪想着,姚孙棐构建的亦园就在西城,也不远,早就听说是个赏景引兴之处。只是以前觉得到那里要经过自己婆家,去一回就勾起一回伤心往事,所以总不愿往西城去。近些年,心态总归平静一些。且自己惦记的丈夫前甫(姚孙棨)墓址卜兆,去年在丈夫的两个弟弟协助下,已经确定选址于城东边的鲁谼山鲁王墩,一件纠结多年的心事初步得到解决,只是墓还不知何时才得修。现在呢,手头上的事也都安排已毕,不如就去看看,也与好久未见的她们聊聊。

众人说着,就安排了坐轿,由东大街往西大街而去,再转到了西郭三里冈,有一块矗立的巨石,上书"亦园"二字,也无围墙栅栏,行人三三两两地穿越其中。倪夫人介绍说,这巨石来源于邑后的披雪洞。方维仪心想,莫非是当年邑中前辈赵鸿赐老先生拜过的那座巨石？老先生还将自己的诗集名之为《跪石集》呢。

众人继续往里走,但见绿树垂阴间有疏密花枝、竹篱山鸟,风含水汽中见溪鱼畅游,绿荷摇曳,尤其是那两丛牡丹,繁艳芬馥,绝少伦比,花气袭人。又有长亭一座,小亭数点,假山盆景几处。远望群山逶迤而去,白云悠然而来,田畴绿野无边,真个是心旷神怡的引兴佳处。

方维仪不由得感叹道:"如此胜境,可惜岁月劳劳,以前总归无暇来作一观,真是愧对此园矣。"

"是呢。流年忽忽,吾亦久未归矣。"倪夫人应道。

"今个我等终于可以扫径成欢,烹泉煮茗,一畅胸怀了。"方维仪让倪夫人安排侍婢去请方维则也过来坐坐。

8

"这些年在外,看了太多的纷乱,感叹时事的变迁太过迅速,所以吾与纯甫每忆及故乡,必常思亦园。纯甫还将他的诗集名之为《亦园集》。今见苍苔封径,碧荷错落,芙蓉数面,溪绕亭楼,又与嫂子及盛夫人等,幸得于此一聚,心里真个是说不出的高兴。"倪夫人一边走,一边向大家说着这些年来的思念。

盛夫人也笑道:"谁说不是呢？且看你家小凤仪,她正乐得在西塘中摇舟呢"。

"那孩子!"倪夫人摇头嗔怪道,又转头对方维仪说,"我与我家纯甫前日商议,正拟禀报她们伯母您呢,让凤仪、凤翔也到您清芬阁接受教泽。"

"你们兴致好高!"正当她们在亦园里流连时,只见方维则远远地走过来。她边走边笑着说,"这绿杨桥畔,清溪遇见美人贵人,都歌儿唱得欢呢! 我看哪,今儿个算是难得的一次清芬阁雅集了！"

"吴夫人快这边请！"倪夫人高兴地迎上前，"既然要雅集，我等且到牡丹台这边来。"方维则的婆家姓吴，所以人们习惯称她吴夫人。

当下，在倪夫人的引导下，大家就在长亭里的石几边依序坐下。众人往亭子右边一看，发现这里的牡丹花也是姹紫嫣红一片。这时，果点一样样地摆上来，侍婢随即汲溪烹茗。众人对景畅叙别情，姚凤仪一时兴起，抚琴载歌载舞。

"两位方姑、倪姐姐，我凑个兴吟一首五言，你们若是有兴趣唱和的话，就不必限韵了啊！"盛夫人放下茶杯，即兴吟道：

　　　　密叶覆亭阁，称觞暑不妨。
　　　　云天挥雪意，碧水照颜霜。
　　　　始觉飞尘倦，寻思忧患长。
　　　　何如亦园美，吾辈发疏狂。

"盛妹妹这一首，虽有自嘲岁月之意，但亦颇为旷达，想必近来心情不错吧？"方维仪笑道。

倪夫人随即道："这即兴而吟，吾嫂子是圣手，是要压轴的。故而，唱和的话，我就先献丑了。当然，盛夫人虽说不限韵，但吾以为，还是用韵更有趣。且请诸位批评。"

　　　　久别欣重聚，惊林鸟不妨。
　　　　市朝喧自远，岁月傲凝霜。
　　　　百卉春风度，繁花夏景长。
　　　　泛舟歌一曲，莫笑楚人狂。

"这么说来，就轮到我了。"方维则接过话头，"我这些年也就吃斋念佛，有空就到清芬阁里去说些话儿。好在姚夫人清芬姐姐与我也极为投契，让我觉得这日子还有些熬头，所以我就借此景抒发一点感怀吧。"

　　　　坐对清芬阁，闲吟亦不妨。
　　　　弹琴吹暖律，把酒解飞霜。
　　　　有德天偕寿，无为日更长。
　　　　劳劳何所事，尘世孰清狂。

"倪夫人那一首颇有竹林之趣,吴夫人这一首有些禅意了。我呢,已年近天命,每想着'天无寒暑无时令,人不炎凉无世情',真是人生反复,世道无常,只好天天祈佛诵经而已。今儿个有你们赋诗为兴,我也就慨然有怀矣。"方维仪说着就站起来。

她眺望着鲁谼群山,夫君姚孙棨的墓址,去年才卜兆于那里的鲁王墩,今年说是要进行修墓,却还没有最后敲定。她的想法是修成双墓门,其中一个门预留给自己。此外,还要建个享堂,她要为夫君起个谥号"良隐子","岂因孤苦恒湮没,卜地修碑谥我夫"。

这样想着,方维仪也就有了诗意,随即咏诵道:

　　寂寂暗香渡,低回却未妨。
　　从来襟上泪,尽作鬓边霜。
　　梦里逢无咎,生涯别恨长。
　　人情欢会薄,花落岂风狂?

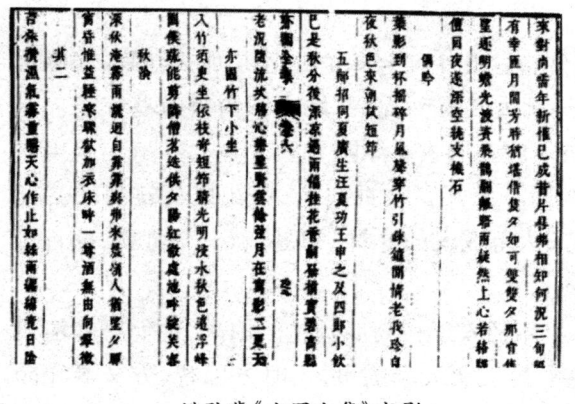

姚孙棨《亦园全集》书影

倪夫人向来暗自怜惜方维仪的寄人篱下之心苦,又从这诗里听出了方维仪的言外之意,连忙说道:"嫂子您请放心,纯甫、心甫两兄弟已经商议好,今年冬至之前一定要为伯兄前甫修墓,这次就让我先请示您的意见呢。"

"哎呀,不意间又拂了大家的雅兴了。抿茶、抿茶!继续、继续!"方维仪笑道,心里却想着,你们两个弟弟如再拖延,这墓要是再修不成,吾将来还有何颜面与泉下的夫君相见?

也许,今天来亦园的这几个才媛不会想到,这一场诗会,是她们清芬阁诗社在家乡桐城的最后一次雅集了。

第二十四章　当时文苑擅才华

1

这几日,方子耀回到娘家,陪方维仪在姚太恭人那里闲聊。

今年以来,在儿孙辈特别是女儿方维仪的经常劝慰下,姚太恭人的精神和身体逐渐比往年好转。但她反复念叨的是,今年又是大比之年,秋试之期越来越近了,叮嘱方维仪抽空多去泽园,督促孙子好好准备,不要耽误了举子之业。而这也是方大镇生前一直重视的。

方维仪也正想着去那里看看。她知道这几个年轻人心态还是那么浮躁,悲歌优游、结客天下的心情始终没有改变。经姚太恭人一提醒,她也不由得有些焦急。于是这一日就让李姆姆安排马车,携了方子耀一同去了泽园。

"清晨出郭更登台,不见余春只么回。桑叶露枝蚕向老,菜花成荚蝶犹来。"此刻,出了南薰门的方维仪,忽然想起了宋人范成大的这首《初夏》诗。她觉得,这首诗用来写眼前的景色正好。

果然,还未进泽园,就远远听见几个年轻人正在高谈阔论。原来,他们正在清风明月亭里议论苏州虎丘前不久兴办复社第三次大会的事,当时方以智、方文等泽园士子也参与了大会。

话说这复社,自崇祯二年(1629 年),由太仓张溥等人发起合并数个文人社团成立以来,逐渐成为当时继东林集团后,影响最大的学术社团,社员遍及各省,有姓名可考的就有三千余人,声势震动朝野。

方以智正在跟众人回忆复社虎丘大会盛况时,见方维仪等人走了过来,连忙起立迎了上去。

方维仪见大家谈兴正浓,想听听他们究竟在议些什么,就说:"你们继续说吧,让我也听听呗。"

"仲姐姐来了!其实我们并没有什么预设的话题。"方文笑道,"正风起云行、忽东忽西时,密之忽然提及了复社的第三次大会,这才开着头呢。"

"是也。"吴道凝接口道,"且说那第二次大会是前年(1630年)在南都举办的,那时我和尔止及密之等人都参加了。当时多位复社社员在秋试斩获佳绩,如太仓的张溥、吴伟业,云间的陈子龙等。"

方以智点头:"与上次大会相比,虎丘大会更是盛况空前。刚才我们还谈到了复社社长张溥的事。从他前年不寻常的考举入仕路,看到了朝廷门户之斗,至今不息,我们正十分痛心呢。"

提起张溥,不能不提崇祯四年(1631年)辛未科会试的事。当年二月,复社名士张溥、吴伟业师徒二人参加会试。本来按惯例,主会试者应该是次辅,首辅以阁务为重。然而,首辅周延儒闻听会试举子多天下名士,遂决定亲自出马任主考官,收罗人才至自己门下。果然,这次会试中,由于周延儒的有意经营,吴伟业得中头名会元,张溥也高中会魁,一批名士尽入周氏门下。

这让次辅温体仁十分不满,遂指使心腹将此事泄露出去,朝野顿时议论纷纷,很快惊动了崇祯皇帝。周延儒无奈,只好将会元试卷进呈御览。不料,崇祯帝阅卷后也大为赞赏,朱批"正大博雅,足式诡靡"八字。此事于是不了了之。但温体仁哪里肯罢休,他寻机报复。

随后的三月十五日殿试,吴伟业又高中榜眼,授翰林院编修。而张溥也以进士及第授翰林院庶吉士。

复社领袖张溥故居及其塑像

作为复社领袖,张溥早已名满天下,所以入翰林院以来,他可不甘心安静守拙,而是搅了不少是非出来。

2

"这、这、这温体仁太嚣张,也太会伪装了。"一向淡定的周岐,此刻却语带不满,不免又口吃起来,"他、他、他一边排除异己,收罗心腹,一边有预谋地将周延儒扳倒。"

这里不能不提一下温体仁此人。他是万历二十六年(1598年)进士。由于深谙为官钻营之道,善于揣测上意,在激烈党争中明哲保身,他一路升迁,天启二年任礼部侍郎,崇祯元年升任礼部尚书。他自我包装的这种"无党派"假象,受到崇祯皇帝的宠信。

张溥一肚子不合时宜，以致日渐孤立，连带着周延儒也跟着倒霉。到了崇祯五年（1632年）冬，张溥因为父亲去世，便上疏请假回家葬亲守制，崇祯帝当即准奏。堂堂一代名士、复社领袖，自乡试会试一路过关斩将，可惜，最后却落了个黯然返乡。

"周延儒有错在先，才被温体仁抓了把柄的。"吴道凝不同意周岐的看法，"周老先生原是深得皇上信赖的！但他为扩其门户，所作所为实在不智，首辅被罢免是迟早的事。可惜又便宜了温体仁。"

方文反驳道："温体仁能坐上首辅之位，还不是搞门户之争才上来的？只是他的手段更为隐蔽罢了。可笑的是，他居然大肆攻击别人是朋党。"方文还提及他的岳父左公遇难的事，引得众人都忧心忡忡起来。

方以智点头道："一些廷臣因厌恶温体仁掌控内阁，就想召回吾邑老学士何如宠。何老学士曾经是和周延儒一起入东阁的。但是，何老学士可不愿与温体仁这样的人共职，所以一直推辞不就。"

孙临习惯地按着腰中的短剑，颇有指挥沙场的派头："我孙三最瞧不起如今朝堂上的那些臣僚！按理说，文官不爱钱，武官不惜死。可是你们看看，那些人都是能力平庸之辈，为了名为了利，竭尽心思明争暗斗！"

一直在听大家说话的钱澄之，这时也开口说道："知子莫若父，知臣莫若君。可朝廷这些善于伪装的人，皇上也不一定能识透啊！"钱澄之因为与方以智、方文等人一见如故，所以也时常来泽园，每一次来都逗留多日，舍不得离开。

"哪里是皇上识不透？"方文习惯于辩驳，听了钱澄之的话，摇头道，"只怪会当官的大小爬虫特别多！他们见风使舵、投机取巧，揣摩圣意，蒙蔽圣目。"

"你们都言之有理。"方以智说，"天下之乱，弊在朝臣不以国家为重，而是沉溺于结党营私，以致一朝之上，各树私人，各怀私怨，彼此倾轧、相互打击，此急报之，彼又报之。可见，朝廷之事，之所以日坏不支，大率如此吧。"

方维仪听了他们的议论后，提醒道："不是说'汉家自有制度'吗？无论朝争如何，尔等还是要做好应举的准备。即使张溥黯然返乡，他至少也还有曾经入选翰林院庶吉士的辉煌呢。"

"清芬阁师提醒得对！"周岐的语气开始冷静了些，说话就顺畅多了，"张溥回乡，还有复社为依托，而复社呢，就是主张宗经复古，主张切实尚用的。"

方以智似乎还沉浸在虎丘大会的盛况里："仲姑，今年三月三日的虎丘大会，可谓盛况空前，诚为三百年来从未有此也！"

方维仪笑而不语。她看着南塘里的鱼儿时不时地跳出水面，斟酌着怎样引导这些热血沸腾的年轻人，让他们能够寸阴自惜、沉潜于学，以便能够积极应对即将到来的秋试。

3

雾泽轩内,方维仪在翻看着泽园士子的课业。她忽然问:"密之,你说今年三月参加虎丘大会的,都有哪些人啊?"

"回仲姑,主要有张溥、张采、黄宗羲、文震孟、顾炎武、王夫之、杨廷枢、陈子龙、夏完淳、侯方域、冒辟疆、陈贞慧、钱谦益、吴伟业、吴昌时、归庄、陆世仪、顾杲和吴应箕等,有数千人呢。"

方维仪笑道:"真可谓群英荟萃了!我就想,这些复社士子,个个也都是追求功名的。你说的这些人,有许多人本来就有功名。有些人参加大会,是因为在乡试中大获全胜,所以兴高采烈。眼下离三年大比的秋试期已不远矣,希望你们也能于万马中争先,只是不知尔等课业进展如何了。"

"禀清芬阁师,我等呢,正在认真准备着呢。之所以谈及复社,是因为复社也是兴复古学,钻研八股举业的。复社士子呢,都如比赛,诗词歌赋,样样都强,写的文章,也一个比一个好!"周岐答道。

"择日不如撞日,撞日不如今日。你们何不今天就来一场赛文?"方子耀听了周岐的话,趁机打趣道。她想趁此机会激一激夫君孙临。她一直为孙临着急,明明秋试在即,可他天天还是在研究时事、演习兵法,每天都是一身侠士装扮,挽强弓、骑快马,来来去去都风风火火的。

"我看子耀这个提议不错呢。"方维仪的话刚说出口,吴道凝、方文、方以智、周岐、钱澄之都一致说"好",周岐又提出请清芬阁师出题。

方维仪想起,父亲方大镇去世前,曾十分关注纷乱的时局,专门写有《审治》一文。又联系上次自己与方以智讨论过"以上风下"论,想到刚才众人忧愤朝争,关注时局,颇有感触,就说道:"你们不是非常关心时局吗?我就出一个题目《拟上求治疏》,如何?"

方以智等人立即答应了。于是,方子耀拿出一炷香来,悬系于一根拉直的线绳上,笑道:"若是这绳子断了,时辰就到了,大家就要立即停止答卷。"

众人遂各自归位作文,待香燃起,立即开始答卷。大约不到半个时辰,就开始有人交卷了。

吴道凝果然是倚马之才,他稍作思考,即一气呵成,率先完稿;孙临见之,直嚷:"我孙三的也写好了!"方文、周岐、钱澄之紧接着相继结笔。方以智先是锁眉凝神,继而挥毫如行水流水,像涌泉喷发,又像有高瀑倾泻,不一会儿,已是洋洋数千言。

"时间到!"方子耀叫道。试卷收上来后,众人互相捧读,各自赞叹不已,指出彼此的优劣之处。众人尤对方以智的文笔,连称"字字妙绝、段段妙绝,文高意远"。

"如果不论辈分,农父正是尔等的兄长。他一向沉静,论述问题很有见地。且请为大家评述,尔等以为如何?"方维仪建议道。

众人纷纷响应道:"我等都同意清芬阁师的意见。"

"既、既、既然这样,农父我、我、我就说了。"周岐见方维仪要他评述,不免有些紧张。但他谦让一番后,就接受了下来。

周岐喝了几口水,语气尽量平缓地说:"古人云,'日出而作,日入而息,凿井而饮,耕田而食',就是强调呢,文章要起于无作,兴于自然,感激而成,正如李太白所言,'清水出芙蓉,天然去雕饰'是也。"

"那么就依照你这个标准,怎么看大家的这次策论?"方维仪问。众人的目光一下子全部聚焦到了周岐身上。

4

此刻,方维仪从窗口向外眺望,阳光格外明亮,西北的龙眠,群山拥翠。

"就刚才呢,所提为文标准观之,农父我,有以下评述,不到、不对之处,还请诸位同学呢,多加谅解啊。"周岐站了起来,从堆在自己前面的文卷里抽出一卷,一本正经地开始进行点评。

"文辞最为典雅的,当是子远。就像他的绘画,山高水长。他论及治平之策呢,开篇明义,倚题破承,警切生新,条理清晰,如山水脉络,分明悦目,让人深受启迪,感觉天下求治,必若如此啊!"

"如此高评,子远受之惭愧!"白面书生吴道凝的脸色似乎有点微红,好像很害羞似的。其实他心里挺得意,自以为写得不错。

"意境最为开阔的,当是尔止。"周岐接着说,"他的立意呢,不落俗套,但铺论由此及彼,极为汪洋纵横,气势浩大,动人心魄;可贵的是,注重刻画,反复转承,一波三折,点触渲染之处,最启人深思啊!"

方文一向很自负,却故作谦虚道:"不学诗,无以言嘛。我一向是以诗为文的,不擅长也不喜欢这个策论,觉得论述起来束缚较多,不能自由舒展。此篇勉强做成,虽看上去有些气势,但逻辑性还是有欠推敲的。"

"文气最为激昂的,当是克咸。"周岐喝了口水,又道,"他不发空论,感乎兴起,发乎性情,在纵论古今的同时,高谈时局,批驳朝弊,可谓高屋建瓴,视界宏阔,而言辞咄咄逼人,毫无顾忌啊!"

"文如其人,这倒与他那容易冲动的个性一致呢。"方子耀笑着说。孙临虽然不好意思地随着众人一起笑,其实内心对自己所写的这篇拟疏还是满意的。

"语言雅洁婉转,而破题即弘展其义的,当是饮光。论中周旋,极是细致,可谓测圭于地,考极于天,风雨所交,气象慷慨,所谓语出惊人、行间生色是也。"周岐又一边翻着策论卷,一边看着钱澄之,缓缓而道。

钱澄之连忙站起来双手作揖:"感谢农父勖勉!其实,所谓慷慨,就是激烈怨诽之言过多,此为吾应注意的。"钱澄之认真听了周岐对其他人的评论,心里做着比较,知道自己尚有很大不足。

"而立意呢,最为高古博约的,当是密之了。"周岐见众人都看着他,都想知道他怎么评论方以智的策论,"密之立论呢,真是别开生面!既驰骋古人,又发古人之所未发,可谓启人思辨。更为难得的是,用词遣句呢,也多有别裁,佳句俯拾,可谓着手成春、如逢花开也!"

方维仪听了周岐对每个人总评之后,又逐个地细评。对方以智这个评论,她也颔首赞许。她让方子耀拿过方以智的《拟上求治疏》,又翻看了一遍,见其主要还是针对朝堂之上门户之争的激烈,以草野之士,纵论治理天下之策,批判了朝堂结党排异、借交报仇的时局,不免心中隐忧更甚。

5

但见方以智坐在那里,似乎正陷入思考,听了周岐的提醒,连忙站起来说:"高评了,高评了!不过,吾对作文,尤其是策论,还是有一点体会的。"

"嗯,那你就具体说说。"方维仪含笑道。

方以智向众人作揖:"密之在此献丑了!我自幼受仲姑和父亲的教导,认识到作文的关键,须从文章与道德、事业是一个整体的角度来看问题。这就好比一棵大树一样,它的根必然植于土,它的干必然生发枝条,它的枝条必然有叶有花。这样写出来的文章才有生机,不知各位学友以为如何?"

"密之此言不谬。"方维仪见众人都频频点头,也颔首道。

方以智受到鼓励,接着说道:"今人作文,如果见花而恶之,见枝而削之,见干而砍之,那根能不死吗?大树能存活以至壮大吗?而古代的贤哲,为文必考信于'六艺',力求通天人、观古今,即使不能全通,也要力求专注于一经于之通,然后才能著作成一家之言。"

周岐听了,连连点头说:"密之所言,极是也!这也正是呢,石塘老师一直强调的,要笃本于经,练要于史,修辞于汉,析理于宋,文从古法,诗从正始。尤其要打好

'六经'、'十三经'、《左》《国》《史》《汉》的基础,并以之为准则,去裁量杂注、章句、训诂等,众流百家之得失,为文才能做到文辞典雅、叙事达义也。"

众人听后,纷纷说深受启发。

"比较而言,我自己的文章呢,究竟还是拘束了点。但求不落俗套,做到发言以当而已。"周岐最后说。

"农父真是谦谦君子之态!你的评述很精彩,而你自己的这篇拟疏,没有浮言躁语,直切时弊,最为简洁有力,值得大家学习呢。"方维仪笑着挥手示意周岐坐下,"文无难易,唯其是尔。大家注意了没有,农父虽然对大家极为肯定,但其实肯定里面暗含着批评,点明了努力的方向。"

钱澄之立即诚恳地答道:"禀清芬阁师,小子明白了!农父肯定我雅洁婉转、周旋细致,其实是提醒我过于繁杂,不够精练。"

"我孙三也听得明白。只是我孙三为文,向来是注重气势,可能有些咄咄逼人吧。"孙临也挠着头说。

方维仪又听了众人的自我批评,感觉除了钱澄之、周岐找出了自己为文存在的关键问题外,吴道凝、方文、孙临的自我批评如蜻蜓点水,知道他们三人颇为自负,而方以智依然有些愤世嫉俗。她先是微笑着肯定了泽园士子的策论文章,也同意周岐的精彩评述,要求他们相互启发借鉴。然后,她收敛了笑容。

"不过,还是有一点要提醒大家啊。"方维仪声音有些严肃,"你们虽然都有着超迈的才情,但在作八股策论时,尤其是言及当世之务,不必过于慷慨激烈、锋芒毕露,还是平和一些为好,否则容易为试师所忌惮。"

"世事惊涛骇浪,心是定海神针。"她反复提醒他们,秋试在即,一定要把心安定下来,千万不要松懈。"总之是希望你们在大比之年,万马中敢于争先,不负韶华,春风得意,都能登上龙虎榜。"方维仪最后勉励道。

6

"翩翩俊异,笔阵纵横。"看到这几个字,方维仪觉得很是欣慰。这是东吴大儒文震孟为方以智诗集作的序。文震孟可不是普通人,乃是天启二年殿试状元,更有古大臣之风。

眼看着离今年秋试之期越来越近,这几日,方维仪都抽空认真看方以智的诗文,及时给予指点,盼望侄子今年能高登金榜。父亲方大镇、祖父方学渐的文集已基本刻印完毕,其素板已按方大镇生前要求,为避兵避火,珍藏于龙眠碾玉峡游云阁。方以智也趁机将他自己近期的诗文整理成集,在秋试之前去了一趟东吴,以求正于名士大家。

对于侄子方以智的诗,方维仪总觉得他诗风多变,但大多是慷慨激昂、超迈豪爽。比如,他整理出来的《博依集》,都是近年来在泽园里所作的,自谓"所赋必汉魏之诗",坚持"诗从正始",围绕"十体"进行诗歌创作。

依照"不学操缦,不能安弦;不学博依,不能安诗"(《礼记·学记》)之意,他为自己的第一部诗歌集取名为《博依集》,共十卷、六百余首,包括了十五岁至二十二岁的诗作,恰好是泽园和永社时期的作品。对这些诗作,方以智颇为自诩。而这次东游,他因为这个诗集,竟一时"名噪吴门"。

文震孟为这个诗集作的序,写得实在是好。他在序中这样写道:

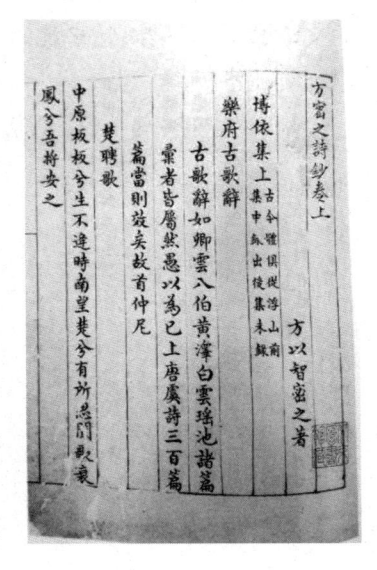

方以智《博依集》书影

> 方氏为桐城世族,余所交最厚善者仁植先生,今又幸见其凤毛,盖年甫弱冠,已著书数十万言。乐府古歌行,直追汉魏;笔阵纵横,亦在唐晋间。其人复翩翩俊异,洵一时之轶才也。以友乡国为未足,来游吴会。吴会诸名人咸颈愿交,长老先生亦皆折行辈称小友,唯恐不得当也,名噪吴会间籍甚。

看了文震孟的序文,方维仪感到,自己这么多年来对侄子的抚教,毕竟心血没有白费。对于即将到来的秋试,她还是怀着满满希望的。这希望,不仅在于侄子的诗写得好,更在于他的文也是"笔阵纵横"。读他的文章,能感觉其颇为重视"文从古法",由经史求"厚"求"远",看来科举制义必不成问题。

当与侄子谈为文之道时,他也是颇有自己的一番见解。他看不惯那些轻视古诗文辞的人,认为,那些所谓的"特达之士",大多急功近利,视写文章为"壮夫不为",这必然是舍本逐木、异想天开;而那些"流俗之士"更是"持诡辩以逢世",善于夸夸其谈,看上去似乎博学多闻,其实是徒有其表、不学无术。这些人反诬"美其文辞"的真学之士为"章句小儒,破碎大道",岂不可笑至极!

侄子这一见解,让方维仪颇有"英雄所见略同"之感。她也曾多次向侄子强调过,为文之要,需要统乎"六经",扩而"十三经",在此基础上还要进一步精研《左》《国》《史》《汉》等经典,长期坚持下去,一定会有所成就。毕竟自"六经"而下,先秦诸子,两汉儒林,多少佼佼人物如孔、孟、屈、吕,司马、班氏父子,贾、晁、董之流,他们的文章,"导扬讽咏,达乎比兴",都是"贤哲之文",洋洋乎,何其雄厚!后世之鄙薄者岂可类比?

第二十五章　空坐长歌叹沆瀣

1

"吾侄何不趁此机会,将你新汇编的集子呈何如宠老学士求教?"这天上午,方维仪绕道城西,叫上方子耀陪同再到泽园,当穿过西大街何如宠的"四世揆辅"牌坊时,她忽然心中一动,所以,当她翻着方以智新汇编的文集时,就有意提醒他。何如宠少年得志,与其兄何如申早年同中进士,其才学识见为一邑称誉。所以,方维仪鼓励侄子去求正老学士。

原来,为了更好地总结所学,认真准备秋试,方维仪催促和鼓励方以智,将其泽园永社里所作的策论汇编成集,并让方其义协助。方以智遵嘱,将《拟求贤诏》《拟上求治疏》《文论》《结客赋》《九将》诸篇汇成《稽古堂初集》。之所以让方其义协助,是要让他从中学习文章之道特别是制义之法。

这时,大学士何如宠正在龙眠山泻园山庄归隐,每日闲看飞瀑流泉,怡然自乐。他还自号"西畴老人"。所谓"西畴",取意于陶渊明《归园田居》"农人告余以春及,将有事于西畴",表达其走出纷繁朝政、走向田园生活的心情。

何如宠尤喜与年轻的龙眠士子谈诗论文,见方以智来访,十分高兴,遂欣然为之作序:"密之年甫弱冠也,倜傥雅俊,负大才,著书好古,志在千秋。"赞赏他"诚廊庙之重器乎!岂积德累仁之致欤?吾不为其一家而庆,更为天下庆也"。

在方维仪的督促和邑中长辈的勉励下,泽园诸子围绕四书八股、策论,认真进行应对科举考试的训练,每天练习拟写一些科举必考的"论""表""疏"之类的。每隔几天,她就要求他们将所作诗文分呈白瑜、方孔炤、王宣等人批阅,并定期送廷尉第这边让她看看。

但是,方维仪担忧的是,泽园士子依然比较狂放,最不喜欢的是死记硬背,最恼恨的是那些条条框框的束缚,更反对空发一些看似堂皇实则无端的议论。尤其是侄子方以智和侄女婿孙临,他们常常别出心裁,结合当前纷乱的时局,乃至混乱的朝政,将个人见解大胆融入,有时观点相当尖锐。这必然不利于应举。他们能在这次秋试中蟾宫折桂吗？

方维仪十分清楚，没有哪一个试官会喜欢持尖锐时论、讽政骂弊的读书人，录取这样的考生肯定会给自己惹麻烦。据《春明梦余录》说："两京各省乡试录，及中式墨卷，背圣言则参，背王制则参，不背则否。官司评骘，送科复阅，各以虚心平心，从公从实，互相参校。"如此复杂的程序，必然将参试士子钳制在死板的框子里，让他们绝不敢越雷池一步。

当方维仪将自己的担心，致信正在白鹿山庐墓的方孔炤时，方孔炤并没有重视。他一直认为泽园这班士子才识颖异，诗文也有所独发，举子之业的训练也比较扎实，乡试应该没有什么大问题。

2

金秋的南都，长空澄碧，秦淮流金；层台耸翠，烟光凝紫。十四郡参加科举的士子及诸藩省隶诸生从四面八方会集于此，以迎接崇祯六年（1633年）的"秋试"。方文、方以智、吴道凝、周岐、孙临、钱秉镫、钱澄之等同里好友，也意气风发地赶来参加这次乡试。

然而不出方维仪所料，三场考下来，这些豪言时事、傲视天下的龙眠士子，谁都没有一点乐观情绪，最后全都铩羽而归。

在白鹿山庐墓的方孔炤，本来还对方以智今年的乡试持乐观态度，得知这一结果后，特地将泽园士子（包括钱澄之等在内）都召到白鹿山庄的环中堂，询问他们对这次秋试的得失看法，不免对他们此前的轻敌和孟浪予以批评。

方孔炤了解到，不仅泽园士子们秋试失意，即使那些复社中的名流也有不少名落孙山的。他对方维仪叹息道："偶然耶？必然耶？"

这次秋试之后，方维仪明显感到，泽园的士气似乎比以前有些低落。以前不论考得好坏，他们都认为自己还年轻，有的是机会。因此，每日里要么是对酒当歌，街市狂言，醉则纵马疾驰几十里；要么就是结伴深入龙眠，于深谷幽峡中畅怀抒志，甚至寒夜举火进山，一连几日不归。而这一场秋试之后，他们似乎都有些抑郁起来。

尤其是侄子方以智，他本是带着满肚子的治国安邦之策，很是自负地走进了考场，没想到面对的仍然是严格而又死板的八股文。虽然他的经、史、百家知识基础扎实，"凡天人、礼乐、律数、声音、文字、书画、医药，下逮琴剑技勇，无不析其旨趣"，但他从内心，还是对这种八股取士不由自主地产生抵触情绪，为文又不自觉地犯了试官大忌。

如今国家正处于危难之时，朝廷依然凭八股取士，使得当世庸俗无知的士子通过死记硬背就可以取得富贵,而博学有志之士则被人蔑视,并目之为怪物,不能为朝廷所用。所以,方以智这次秋试的失败就是必然的了。

3

"今国家育人才为急,而士不多读书。素不通国体,不观古今,不究得失。唯进士科是举,岂能为国造士?"面对父亲与仲姑要求自己分析得失,方以智觉得几句话难以表达自己的心情,就写了一篇《士习论》。

现在,这篇《士习论》就摆在方维仪的面前:"……国家造士,整前代录公诗赋,习法令,数更无益,何啻万一?洪武中制科举,诸明经宏词等科并革,存进士一科,与荐举岁恭为三,以用三年,比而实兴之。然进士科特重一本于制义,盖令深于义理之文,论观博约之致。诏诰表判,观王体国法,策时务,观经世之略,可不谓造士慎善哉?然业经求仕,鲜以祗身,不俟大成,考学记之,故守曲礼之序,相沿至今,无论有通才宏览者矣。博约之致,王体国法,经世之略,已置弗事。即所事制义,亦非有以闻也。当职而责其忠,又责其效者乎?"

方维仪本来对侄子这次应试不利满心焦虑,满怀责备,但看了他的这篇文章后,又不得不对侄子的观点表示赞同。方以智在文中猛烈地抨击了八股取士,认为其弊就在于,不能为国录取通才宏览、博约有志的急需人才,而士子也因为这种八股取士制度,变成了不通国体、不观古今、不究得失的庸才,更莫谈王体国法、经世之略了。

作为女子,虽然不能参加科举,但对饱读史书的方维仪来说,其实也十分清楚这一体制的弊端。中国的科举选才制,本是自汉代察举制进化而来,其弊端是伴随着它兴起不久就显现出来的。正是考试本身造成了应试主义盛行,考试不在于显示才干和什么真才实学,最重要的是考中。

方维仪发现,方以智、孙临等人在这次秋试之后,都有了不愿意里居的想法,因为他们不想听乡邻的指指点点,讥笑他们不过是龙眠山下的狂生。方以智还常常皱眉叹道:"愁见世间人,相逢口如蜜。"于是,他们频繁前往南都金陵和东南吴越等地,与复社士子结客交游,流连于秦淮河上的潋滟波光。方以智、孙临甚至一去就是整月不归。

对这些孩子此时的落寞,方维仪其实也感同身受。从侄子方以智寄回泽园的诗可以看出,他仍然愤愤不平,还是不服输的。他在诗中说:"吾党相看尚落落,当今天下将何如?"他还劝自己的泽园同学:"君入山中结茅屋,我犹市上驱柴车。"一种难掩的悲哀之情在方以智诗中弥漫开来,让方维仪看了,心中隐隐作痛。

这次秋试后,方以智流连金陵的时间较长。这一方面,当然是由于南都金陵有接连不断的诗酒宴集,有街谈巷议的政治热情,以及波光潋滟的秦淮风月,这样的特殊氛围吸引了江南各郡士子。另一方面,更由于秋试之后的复社大会,让方以智又与黄宗羲、吴应箕、刘城、杨维斗、陈子龙、蒋楚珍、吴骏公等诸多复社名流结识或重新相聚。

这段时间,对于方以智、孙临等人流连于金陵,沉醉于交游结客,方维仪一时也没有什么好办法劝阻,加上潘翟、方子耀又常来"告状",她心里就更加焦虑。正好姐姐方孟式此时来了两封信,分别是给她和方以智的。方孟式在给妹妹的信中询问了侄子方以智的近况,又写了许多安慰她的话,还告诉她,即将随张秉文一道回桐城休假省亲。

在热切盼望方孟式归桐的等待中,方维仪作诗以记。这首诗的标题较长,题为《思长姊恭人有作,时张使君督粤兵,将过里中》。长姊即方孟式,因其夫君官职而受封恭人。方维仪在诗中写道:"高纛随车和凤箫,云从大庾转迢遥。雁飞荻楚羁寒月,叶落秋江带晚潮。朔漠征人轻李广,汉宫书记佐班昭。孤情纡轸将何托,空坐长歌叹沉寥。"

所谓"高纛",是指古代军队里的大旗;"凤箫",即排箫,以竹为之,参差如凤翼,故名,其声悠扬悦耳。"大庾",代指粤地,张秉文的兵车经过此地,将取道江西回桐城。方维仪在诗中还将方孟式比作汉宫书记班昭,而自己与姐姐相比,可谓孤情无托,只能空坐长歌叹寂寥。

4

不过,与方维仪的焦虑和担忧相反,方孔炤并不反对方以智等人融入复社。在他的眼里,有"小东林"盛誉的复社,其气势与前东林相比,甚至后来居上。而且复社人士相互砥砺,风气高蹈,与朝局相表里。复社还助力社内成员应岁、科两试,推荐形式有公荐、转荐、独荐等名目,待到榜发十不失一。天下儒子争相加入复社,以为进身之阶。方孔炤也希望泽园士子能够从复社那里磨炼政治识见,也能为将来进入仕途积累资源。

值得一提的是,就在复社声名鹊起,方以智等人频繁来往于金陵相与交游时,为复社人士所不齿的阮大铖,也在皖城将他的中江社办得风生水起。

近人朱倓《明季桐城中江社考》认为:"中江社之设,殆与东林党暗争之后,又与小东林党之复社暗争也。网罗六皖名士,以为己羽翼,一以标榜声名,思为复职之地;一以树立党援,冀为政争之具。中江社成立之原因,盖不出乎此。"

但由于阮大铖潜隐于皖城,复社人士暂时还没有顾及他,甚至六皖的复社人士因为诗文之雅集,也常参与中江社。这为阮大铖了解复社动态提供了方便。

泽园士子受方以智和复社人士的影响,全都退出了中江社,并有意疏远阮大铖。这让已入中江社的邑内其他士人不解,且泽园士子还被乡亲父老、左邻右舍视为狂生而讥笑。这正是方以智等人更加不喜里居的原因。

但令人忧心的是,时局正在向着新的危险趋势发展。

一方面,大明诸多将领倒戈。崇祯六年四月,孔有德、耿仲明等明将叛于登州,不仅率叛军及家眷10000多人倒向后金,还带去了后金急需的舰队、红衣大炮及匠人。皇太极亲率诸贝勒出盛京十里迎接孔有德,并使用女真人最隆重的"抱见礼"相待,仍以孔有德为都元帅,安置东京(辽阳),自成一军,称"天佑兵",给予特殊待遇,成为后金进攻大明的一支重要力量。

另一方面,陕北的农民军越闹越凶。崇祯六年二月十一日,农民军进入河北,参将杨遇春率兵追之,中了埋伏战死。农民军连陷赵州、西山、顺德、真定等地。又于邢台摩天岭西下,至武安,击败左良玉军;守备曹鸣、主簿吴应科等皆战死。农民军在河北势力大振。农民军还由陕北进入中原,直逼楚皖。

这种日趋混乱的时局,让方维仪总是想起天启初那个烽火围城的不祥之梦,她有一种强烈的预感:桐城这个七省交通要塞的小城,与其他地方一样,也要面临一场山雨欲来的风暴。

第二十六章　朱门竟毁攻城后

1

"不得了啦！不得了啦！东门外的大河床,突然有血泉喷涌而出啦！"

廷尉第外不时有人叫嚷着,街坊里巷的脚步声一阵阵地传过来,家中几个仆人也跑出门外,随着人群纷纷前往东门外围观去了。

此时正是午后时分。方维仪让李姆姆也去看看究竟发生了什么事。

姚太恭人和陈、诸两位老姨前几天被方孔炤接到白鹿山庄去了。潘翟带着孩子用过午餐后,也回她的宜阁休息去了。

现在只有方孟式、方维则和方维仪三人在远心堂里坐着,偌大的远心堂显得空荡荡的。

方孟式这段时间正好在桐城。张秉文去年由广东按察使司副使升任福建右布政使,偶染风寒,调理未愈,不能问事,遂请了病假。加之方孟式又一直牵挂着也在家生病的长女张德茂,夫妇俩于是决定回桐城休养。

姐妹三人本来焚着香,一边品着龙眠雨前茶,一边捻着佛珠,听方孟式叙说些宦游见闻,却被刚才门外的叫嚷声和嘈杂脚步声吵乱了心绪。

崇祯七年(1634年,甲戌年)的春天来得早,走得也早,气温有点儿高,降水有点儿少。也不知道是不是由于这个原因,人们的脾气都有点儿焦躁,街坊里巷经常听到争吵的声音,真是"相骂无好言,相打无好拳"。

还经常有各种令人毛骨悚然的传言。如老年人经常夜里听到四野鬼哭,嘱咐那些喜欢热闹的年轻人,夜里不要没事就点着火把进龙眠山嬉闹。

李姆姆终于急急地回来了,样子有点慌张。方维仪让她先喝些水,再慢慢说。

"禀三位姐姐,也不知道出了啥事。"李姆姆终于平静下来,"今年以来一直比较干旱,东门大河河床都露出来了,只有河床两边的河沟还没有断流。奇怪的是,这几天,河床中间的沙滩上,总是时不时地喷涌出血一样红的水柱。"

"啊？血一样红的水柱？"方维仪等人吃惊地问。

"是呢。街坊邻居站在绣衣堤上远远看去,都指指点点的,人心惶惶。老奴以为,这可不是好兆头啊!"李姆姆又显得慌张起来。

方维仪心想,应该不是血泉,可能是地底下的红沙被喷出来了。虽说东门大河河床因为干旱而敞露出来,但地下水还是很充沛的。

上次侄子方以智就说过,桐城城区并不怕干旱,因为城区是依山而建,龙眠山林深草茂,植被丰富,绕城而过的大溪,与穿城而过的两条小河,滋润着小城千百年,除了梅雨季节易发山洪外,大多时候是平静温和的。

"城郊此段时间,还聚集了大量的怪鸟呢。"李姆姆依然神色慌张,"那怪鸟形如乌鸦,色如赤血,叫声听着更是恐怖!"

"不就是那平常的乌鸦吗?有什么好恐怖的?"方孟式见她越说越慌张,就让她坐下,安慰她不要害怕。

李姆姆点点头,继续说道:"听讲西城有一个姓史的孝廉,本是辽东人士,因那边的兵乱和后金侵犯,遂辗转于内地,数年前终于定居于咱们桐城。这次看到这些火鸟,大呼'兵火将作矣'!前几天带着全家匆匆忙忙地迁走了。"

方维则在一旁听着,脸上现出越来越吃惊的神情。直到李姆姆停下不说了,她才转过头来问方孟式、方维仪:"恭人姐姐、仲姐,怎么这年头净出此类怪事!你们怎么看呢?"

2

要是侄子方以智在家的话,一定会探个究竟,用他跟王宣老师学过的物理知识给人们解释个明白。方维仪这样想着。

方孟式安慰李姆姆说:"本来嘛,见怪不怪,其怪自败。但这怪事一多,未免人心惶惶。你也不要多虑了,我想不久之后,这一切都会平静如往常一样的。"

"只是我也感觉,这年头真是兆应不好呢,也由不得人们心慌意乱。"方维仪眉头紧锁着,"你们看,这连续的干旱,到处闹哄哄地出事。最可怕的是,现在的人心,也已经不如从前了。季准,你还记得五印寺松然大师的那个法偈吗?"

"记得的。可惜的是,这松然大师去年年底就不知云游何方去了,也不知今年十月半可还回来主持五印寺的诵经大会。"方维则答道。

方维仪摇了摇头:"我也不知道呢。我们每年十月半都要到他那里,与四方居士信众齐诵《楞严经》。他常告诫信众要多诵此经,有《楞严》在,正法就在。"

"他那年在诵经后还特别说了一偈:'十卷《楞严》一柄刀,全牛不见眼中毛。试将智刃游心马,积劫无明当下消。'当时,我听了就感觉,这可能是松然大师的警诫之言啊!"方维则说。

方维仪叹息道:"他是说了这个法偈,还不是为了劝导居士信众,要从纷繁乱象中看透牛毛细节,增添智慧,切莫误入迷途?"

"只可惜的是,现今迷途之人,知其迷而不愿回头者,又何其多也!"方维则也跟着叹息道。

"他还有一偈呢,似乎更有某种警示。"方维仪接着说,"'流水青山笑我痴,涉川绝岭惯忘疲。南来北往缘何事,一线真机世不知。'你们看此偈,岂非奉劝世人多留意青山绿水,莫迷恋世尘名利?我常常默念此偈,深深感叹的是,如今世道人心都被尘灰所蒙,怕是这青山绿水也洗不净了。"

"这松然大师啊,怕不是避乱去了吧?不然他何以反复警示?恭人姐姐,你说我们这桐城,也会有兵火之灾吗?"方维则又担心地问方孟式。

方孟式正在沉思,听了方维则的问话,随即答道:"季准,你我自幼都喜欢读史书。依我之见,这历史上的各种兵火之灾都根源于世道人心之乱,人心一乱,灾害也就随之而来。"

"所以,吾家明善公和文孝公,都大力究论'心体至善''性定是善',其意义大约就在于,让陷落的人心再回到正途吧?"方维则又问道。

方孟式应道:"吾与你所见略同。这些年,我跟随含之(张秉文)在外,也经历了多次平叛,对人心之乱这一点深以为然,而且是自上而下的乱啊。"

"我记得,松然大师有一次说偈时,曾说道:'灯初未有光,我点光始生;光若在灯者,无光灯不明;有人知此意,无火夜能行;弗信问观音,观音笑不停。'现在的问题是,很多人已经看不见那照亮人心的灯光矣!"方维仪说。

方孟式听了,点头道:"仲妹所言是也。这人心一旦陷落,敦厚、人道、温良、忏悔就没有了,有的只是欺诈,甚至是相互残杀啊!"

方孟式《纫兰阁诗集》书影

"所以呢,现在就是起义兵变纷起呀!陕北农民军都打到中原和荆楚了,随时有可能南下。虽然吾邑有坚固城池,号称'江淮第一城',只怕这次真的难逃兵火之灾矣。"方维仪忧心忡忡。

"是呢,何况桐城这种区位要塞。"方孟式也皱眉道。

3

桐城处于江淮腹地,枕大别山而滨长江,与湖北蕲黄之州、河南光固之地,以及江淮间诸州县,均壤地相接,尤其是县城所在地,历来被称为"七省通衢",是沟通南北的繁忙交通孔道。但是,桐城这种地理区位,有利也有弊。利在交通便捷,弊在"天下一旦变乱,桐城必受兵灾"(戴名世《孑遗录》)。

对桐城这种地理形势,方氏三姐妹也有清醒认识。

"要说兵火之忧,主要还是来自西北的农民军。"方孟式分析道,"我听含之(张秉文)说过,农民军主要有四:一者乱民,一者驿卒,一者饥黎,一者难氓。目前朝廷正派兵部右侍郎、总督陈奇瑜全力阻截。"

正如方孟式所言,此时明廷与农民军的格逐正处于缠斗之际。

这一年春天,兵部右侍郎、总督陈奇瑜调集各路官军改打李自成、张献忠各部,使他们被困于山谷中,衣粮匮乏,陷入绝境。李自成、张献忠的队伍只得向明军投降,不料他们获得喘息后,再度起兵攻城略地。

崇祯帝一怒之下,将陈奇瑜下狱问罪,提拔洪承畴为兵部尚书,接任总督;并新设总理一职,由湖广巡抚卢象升担任,负责直隶、河南、山东、四川、湖广等五省军务。两人稍作分工,洪承畴专负西北,卢象升督责东南。

明廷此次动作很大,还立下六个月"完局"的期限。而李自成的队伍不断壮大,已经不是当初的流民队伍了;高迎祥、张献忠还被推举为"闯王",所部再度由陕入豫,直指江淮。张献忠所部甚至到了桐城周边的光州、黄州等地。

方维仪不由得又想起那年兵火围城的噩梦,不无担心地说:"除了来自西北的农民军,还有各地的民乱兵变,烽火燃炽,加上频起的天灾和层层加码的重赋,怕只怕有朝一日,桐城兵火之灾亦不可避免也!"

"可是呢,还有那么一些人,正流连于金陵,每日弹琴吹箫,开筵聚宴,传呼乐伎,歌喉扇影,好不逍遥呢!"正当她们议论时,有一个人走了进来,愤愤地说道。

说这话的,却是孙临的妻子方子耀。这话表面上是批评夫君孙临、哥哥方以智,实际上呢,显然是来向两位姑姑倾诉一肚子牢骚。

其实,何止是方子耀牢骚满腹?方维仪近日也感觉有些焦躁不安。一方面,潘翟时常带着不到四岁的女儿小御和不到两岁的儿子小岩来清芬阁诉苦。另一方面,长侄女方子耀这些日子回来也比较勤。因为其夫君孙临也经常与方以智一起,留滞于金陵,偶尔才回桐城。但只要一回桐城,这小夫妻俩就会时不时地拌个嘴,闹得不愉快。

对于她们俩的烦恼,方维仪也只能如从前一样,以"女范"来好心相劝,劝她们重读《列女传》、明善公的《桐彝》《迩训》等;或陪她们逗逗可爱的小御、小岩,转移她们的注意力;或带着她们一起沉入诗词书画之中;或让她们陪自己诵读佛经,以宁心静气。

可是,她们每次说的话,总不免提及对夫君的怨气。

方维仪似乎也没有别的更好的劝慰办法。方维则也一样,时常面临左萱的诉苦,她想批评弟弟方文,却很难见到他。

这也不能怪左萱、潘翟和方子耀。自从去年秋试落第之后,方文、方以智心中的苦闷难以释解,又想到自己在家乡一向自负狂放,遭里人特别是中江社一些士子的讥笑,于是索性留居金陵,迟滞不归。他们徘徊于秦淮声色,与各地士子咏歌遣兴,行酒纠觞,真可谓醉中能度日,一饮解千愁。孙临最近还迷上了一个秦淮名姬王月。

4

廷尉第这些日子,倒也相较以往更加清静。

因为姚太恭人和陈、诸两位老姨都被方孔炤接到了南乡白鹿山庄,侄子方以智又留滞金陵未归,而方其义正在东郊慧业堂读书。

好在这几天,方孟式、方维则常来清芬阁,三人把杯龙眠雨前茶,有一种甘茗似酒、清谈如乐的闲适悠然。方孟式由于长年随夫在外,回桐城的机会较少,这次难得相聚,竟然感觉与大家有说不完的话。

不过,八月二十一日这天,家里气氛似乎不同寻常。

一些细节,让方维仪敏感起来。比如,李姆姆等家仆常常在一起低声议论着什么,见到她走来就散了。也有的人见她过来,看着她欲言又止,却还是走开了。方维仪不由得起了疑心,就叫了李姆姆过来仔细询问。这一问,她顿时惊得不轻。

"禀仲姐,老奴听说倪宫谕显灵了,说桐城将有灾乱,要变成战场了。他还要大家都逃到深山里去避难。外面都在疯传他的这个话呢。只是吾方家向来不信这些没根的谣传,故老奴不敢向您禀报也。"李姆姆显得有些慌乱地说。

"姆姆啊,你可不能胡说,这种话乱传不得的,容易扰乱人心!"方维仪制止了她的话。

方孟式闻言,挥手道:"且让李姆姆把话说完吧。我担心这个谣传不是无缘无故,必有其来历。"她毕竟随夫多年宦游在外,这几年又见惯了各种民乱兵变,心中比别人自是镇定不少。

这李姆姆虽是个老仆,自童年时代就在方家为奴,却因为跟着方维仪,也能识文断字。这么多年来,她似乎颇有些见识,方维仪拿不定主意的事,也常常与她商量。

据李姆姆解释,原来,这谣传来源于城南一个善于扶乩问仙的老秀才。这老秀才前不久扶得一判词:"悲歌满眼遍胡笳,投子山横一带沙。巧燕犹知寻旧舍,春来何处是王家?"

判词中的投子山在桐城城北。这判词后面还有一首五言诗:"哨聚自秦晋,长驱入楚襄。嗟哉吾故土,将来作战场。"诗后面又作提示:"知己之士入山唯恐不深,诸君勉焉。"扶乩人遂问那留诗的仙家姓字,仙家回答说"姓倪,乃本乡人士,名嘉善,太仆倪应眷第四子也"。

"啊!这仙家不就是倪宫谕吗?他是天启二年进士,官至翰林检讨,后典试北闱,文风大振,升经筵日讲官,又升中允右谕德。可惜因积劳成疾,卒于京师。他们父子曾同朝为官,真是一邑之荣呢!难道真的显灵了吗?"方维则不由得大惊失色。

"只怕显灵是假,借机传谣是真。这种兴妖作怪的事情,我在外见得多了!"方孟式依然十分平静,"岂不闻这几年妖事不断?有邪妖借白莲、金禅之教,煽惑流民,勾结亡命的;有大盗挟妖书、自称王号,声称紫微星失道,以谋举大事的;还有流民挟妖书,自封为'夺天王',劫库放囚,放火烧室,无恶不作的。"

李姆姆听了方孟式这番话,也大惊道:"可怕!可怕!现在桐城也出现了这种谣言,只怕真的要出妖事!"

"可怕什么?姆姆休要慌张。"方维仪故作镇定,却也忧虑道,"吾孟姐所言极是。你听他那后面一首五言,说得那么真切,竟然提到'哨聚自秦晋',这岂不是明显地指出,有来自陕北的农民军吗?'长驱入楚襄'这句,甚至也表明,他看清了农民军已经快接近吾桐城矣。"

方维则似乎恍然:"啊!这不都是当前现实吗?难怪大家都相信这样的传言。"

"我担心呀,真的要发生什么事。"方维仪皱着眉头,"这些日子,我总觉得城里气氛不同寻常。街坊里巷总有三三两两的人聚在一起说着什么。"

"天命有常,还是静观其变吧。"方孟式安慰大家。

"幸亏老母亲随他们去了白鹿山庄,暂时还是不要回来的好。"方维仪沉默了一会儿,又问她们二人,"我呢,习惯了龙眠的山、龙眠的水,习惯了这里的一草一木,哪里也不去了,就待在我的廷尉第我的清芬阁了。孟姐、季淮,你们怎么办?"

方孟式答道:"我自然是随着含之了。他是朝廷命官,虽然休假在家,平时也不便与地方联系。但是,如果地方出了大事,还是需要与地方接触的。"

"唉!我又想起松然大师的法偈了。只可惜世道人心不古,这些年世禄之家鲜由礼法,子弟童仆倚势凌民,积不能堪,以致如此,以致如此啊!"方维仪叹息着摇头。

5

这一日上午,方氏三姐妹又继续聚在清芬阁里谈经念佛,听方孟式讲外地见闻,各自叙说着这些年来走过的日子,计划着什么时候一起到投子寺问禅,再来一次曲水流觞、分韵赋诗。

吴令则带着侄女吴坤元来廷尉第拜访。这吴坤元,字璞玉,乃是吴令则从兄吴道谦之女,又是潘翟的娘家嫂子。而吴道谦乃吴应宾三哥吴应寰长子,自幼跟随吴应宾求学。就像吴应宾喜欢吴道谦并曾亲自送他赴南京应试一样,吴令则也极喜欢侄女吴坤元。而吴坤元自幼承诗礼之训,聪颖过人,十岁便能赋诗撰文,又极为孝悌,与吴令则、吴令仪两位姑姑相处极为融洽,诗文深受叔父吴应宾的赏识。

因为前不久,吴令则邀请方维仪、方维则,赴其母家东门胡氏的西环山石门别业一游。那里景致极佳,人称"桃源",有胡瓒先生因景制宜辟建的寻鄤处、洗耳亭、白云隈、石门飞瀑等十处景观,还有鹿游山房、荷薪草堂等别业。方维仪感觉这里颇得佛家清静,心下极为喜欢,就新绘了一幅观音大士,附了这里的背景,带回来后拟进一步修改。

所以今天,吴令则就携侄女吴坤元一起来,一是拜望休假归来的方孟式,二是观瞻方维仪新绘的观音大士画像,也正好可以趁此机会雅集一番。

方孟式早年出嫁后,常随夫宦游,居桐的日子并不多。所以对吴坤元这位比自己小了近二十岁的侄辈,也只是偶闻其诗名,故而见她二人来访,颇为欣喜。方孟式又听说吴坤元的儿子潘江,与侄子方其义年龄相仿,也在东郊慧堂读书,就关心地询问了潘江及方其义的学业情况。

众人面对方维仪新绘的观音大士像,说着"金书蜡纸""妙笔生花""松烟入座""慈悲十方"等赞词,吴令则又让吴坤元率先赋诗一首,以便求教。吴坤元也不推辞,就顺从着,依众人的那些赞词口占了一律:"金书蜡纸白毫光,仰视慈悲照十方。我欲临风聊髣髴,君还戴月细思量。悬知彩笔生花处,定有松烟入座香。珍重后尘如可步,晴窗未许独登堂。"

"禀几位姐姐,果然出事了!出事了!"正当方孟式招呼大家依韵赋诗的时候,李姆姆突然慌慌张张地闯了进来。

众人顿时吃惊不小。

6

知道有不好的事情发生,众人不免有些惊慌,只有方孟式依然镇定自若地坐在那里,她对李姆姆说:"休要慌张,你且慢慢说来。"

"只因南城的吴廷尉(吴应琦),家有恶仆郑朝,打死了夫役岳季,引起很多人的不平。还有那乡民汪实甫、黄尔成,正聚集了四乡的一大批人马,结寨张帜于北郊的王庄,说是要代皇执法,要替那岳季报仇呢!"

"这下可不得了,都起事了!"方维则惊得手中的茶杯掉到桌上,茶水也溅了出来。李姆姆赶紧拿了抹布过来擦。

吴令则颇为疑惑:"这郑朝呢,本来是吾家廷尉公的随侍,据说今年才不做随侍,当了管家,平素遇见他时,也还是挺温顺和蔼的一个老仆,怎么竟然如此震怒,还打死了人?"

"望雨看天光,望云看天黄。这种事情呢,迟早都是要来的!"方孟式依旧平静如常。

方维仪长长地叹了一口气:"城里这些世家子弟,忘了祖宗先德,纵使恶仆苛租磊债,侵渔结怨小民。吾父文孝公早年就担心要出事,如今果然积怨爆发。吾等只怕是白头逢世乱矣!"

"看来呀,这些起事的极有心机,早有预谋。"方孟式沉默了一会儿,分析道,"眼下,桐城原县令辜朝荐调任太湖县令,宿松县令杨尔铭刚调来任桐城县令,才交接没几天,前次还来吾家与含之见面聊过,说这几日将与县典史徐士良等人去郡城,参见安庆府的上官,县中庶事将由县儒学教官王国唯暂摄。估计这些人就趁着这个机会聚众起事了。"

"那么,他们是怎么得知邑令行踪的?现在县里只有区区一个教官王国唯,又怎能抵挡得了如此大事?"吴令则听了方孟式的分析,更加紧张不安。

"只恐县衙里也有内奸吧!这个新来的桐城县令杨尔铭,虽然听说也是年轻有为,却是刚刚来桐城交接,还不了解本地民情。只恐他太年轻了,对时下来自秦地的农民军,也没有什么好对策。"

方孟式说着,站了起来,走到窗子边,朝外望了望,只见天空如往日没有什么两样,云就像仙女的薄纱,悠闲地浮游于龙眠山的上空。松涛随着风声传来,也像往日一样哼着无调的歌。

"请姆姆立即安排人,将东郊慧业堂的其义接回来。"方孟式突然回头道。

吴坤元急忙站起来道:"我也要去接吾儿潘江!"吴坤元说着就要和李姆姆一起

往外走。

"璞玉先别紧张,请姆姆一并安排。"方孟式拉住吴坤元,又吩咐道,"同时,立即遣人去告知子耀,这几日就不要回娘家了;潘翟呢,也不要外出去娘家走动了,现在外面很危险!"

待李姆姆答应着匆匆出去后,方孟式又道:"季准啊,你多年来与仲贤相伴,这几日就不要回你的城西'父子进士第'了,继续陪着仲贤在这里吧。这个时候,大家都不要出城了,城外必不安全。至于下一步,潜夫估计已有安排,你们等他回来再做打算。"

"令则,你和璞玉现在就回去,报告吴观我老居士。我也先赶回东皋,听听含之怎么说。"方孟式一边说着,一边就与吴令则、吴坤元一起走了出去。

7

方维仪通知童仆关紧门院,嘱他们加强预警。众人在焦躁不安中熬过了一天一夜。老管家陈砚也从泽园赶了过来,家中一切预防事务都交由他统办。

到了二十三日晚子时(半夜),东门外突然一声巨响,全城百姓都被惊醒。随之,"代皇执法!代皇执法"的声音四起,铳炮也从四面八方一阵又一阵轰隆隆响。

方维仪、方维则连忙到了远心堂,这时潘翟等人也带着孩子来到这里,全家童仆都惊惶不安地聚集于此。

外面火光冲天,只听得又有多人连续大喊:"只烧有仇之家,只烧有仇之家!其他皆不相扰,其他皆不相扰!""除却盛何张,余皆一烧光!""除却盛何张,余皆一烧光!"

潘翟那边,两个孩子在放声大哭。方维则也帮着潘翟哄孩子,却怎么也止不了孩子们的哭声。

众人都是坐立不安,提心吊胆地关注着外面的动静。

方维仪安慰众人说:"吾家这些年来,从来不亏待仆人,也没有结怨什么仇人,应该不会烧到吾家廷尉第的。大家先都不要惊慌,守在这里,等你们潜夫老爷回来再做应计。"

全家主仆在远心堂或坐或站,或走来走去,又熬过了一个惶惶不安的不眠之夜。

方维则怀抱里的小御终于睡着了。李姆姆帮助潘翟安抚啼哭不止的小岩,直到天亮这娃娃才哭累了睡着了。

知道廷尉第终究是没有人来侵扰,一夜过来平安无事,方维仪一直提到嗓子眼的心才稍稍放了下来,总算松了口气。

第二十六章　朱门竟毁攻城后

二十四日一早,有仆人从外面进来,向老管家陈砚说了些什么,又匆匆走了。

待那仆人走后,老管家陈砚随即向方维仪禀报:"老奴已打听清楚,那乡民汪实甫、黄尔成,昨天白天已在城里散发匿名檄文,内有'代皇执法'等语,只是人们看了不以为意。深夜却真的在城外放铳一声,起火为号。先是在城外焚烧百姓的草房,城内便有内应打开城门,从昨晚上开始就烧大户人家的门院,一直烧到现在,殃及了许多人家的房子。"

"都烧了哪些人家的房子?"方维仪急忙问。

"主要烧的是叶尚书(叶灿)、吴廷尉(应琦)、潘贡士(潘映娄),他皆方副使(方象乾)、方监生(方若睿)、吴秀才(吴石岭)的房子。说只烧有仇之家,其他皆不相扰,可是其他人家的房子与被烧房子紧挨着的,未能幸免。但他们没有动县里仓库,也没有劫狱囚。如今大火还没有熄,城里瓦砾遍地。"

"啊!吾父吾母呢?他们现在怎么样了?"潘翟带着哭腔问。

"知道你会问,这事我也记着帮打听了。出事那天,潘贡士正参加盛光禄(指南京光禄寺卿盛世承)寿宴,晚上回去较迟,可能预先得知城外有动静,就赶紧带着全家,提前奔回西乡练潭那座祖传的老宅去了。"

陈砚又说道:"现在包括何如宠老宰相、吴应琦廷尉公、方象乾副使公等半数绅民都已出城躲避,从前热闹的街道,今天看起来倒像是个空城。就连吴观我老居士也携全家迅速出城,避居于城郊南湾别墅。"

"他仲姐呀,您看咱们方家怎么办呢?"李姆姆慌张地问方维仪。

"尔等且别紧张。"方维仪安慰道,"这一夜平安无事,也就不会有什么大事了。待你们潜夫老爷从白鹿山庄回来再说吧。"

第二十七章　徙薪自恨亦焦头

1

八月三十日下午，廷尉第远心堂内挤满了人。

一张长形条桌摆在当中，中间正座上，是两位白发满头、白须飘飘的老者，乃是致仕在家的南京光禄寺卿盛世承、南京太仆寺卿倪应眷。他们两边则分别坐了因疾告假在家的福建右布政使张秉文、兵部观政光时亨等人。

余下的都是乡绅耆老和举人、贡生、诸生等，主要是姚孙森、姚孙棐、方仲嘉、吴德操、吴道凝、左光灿、左国柱、张秉成、蒋臣、周岐、方文、方豫立、孙临、方兆及、齐登元、齐程、方承乾、钱巨明等人。

知县杨尔铭、县典史徐士良，也在座中。典史是知县的佐杂官，主要掌管缉捕、监狱等。知县杨尔铭看上去非常年轻，甚至稚气未脱，但那镇定的样子与其年纪着实不相符。他戴着的那顶乌纱帽似乎比他脑袋还要宽大，虽然正紧锁眉头听众人议论，却不时地用手指将滑下来遮住眼睛的帽子托上去。

站着说话的是一个四十余岁的中年人，他身材魁梧、气宇轩昂，正是告假在家守制的尚宝司卿方孔炤。他得悉城中遇变乱，于二十四日急速赶回廷尉第，让老仆陈砚妥为安排；二十四日下午，送方维仪、潘翟、方其义等人及若干童仆，由松湖乘船前往白鹿山庄。二十五日晚上，由方维仪率领，扶着姚太恭人，携潘翟、方其义等，与诸多逃难的桐城乡绅一道，乘舟顺江东下，前往金陵。留滞金陵已久的方以智早得了消息，已妥当安排。陈、诸两位老姨不愿走，说是要留守白鹿山庄。方孔炤也由着她们，让他的继室金氏陪着两位老姨，并负责管理山庄。

"盛光禄、倪太仆！众位乡贤、众位乡贤！"方孔炤先是向身边的盛世承、倪应眷作揖，接着又向四面拱手，他的声音洪亮有力，正议论纷纷的众人立即都静了下来，将眼光聚向了方孔炤。

"那汪实甫、黄尔成带着数百民众，斩关焚掠，结寨扬旗。"方孔炤说，"他们趁城内守备空虚，攻进城里，连续烧了两天三夜，追杀了殷登、吴丙、吴保三个侍仆，并将

第二十七章　徙薪自恨亦焦头

吴丙首级悬挂于东作门。"

"汪、黄乱贼,穷凶极恶,理应斩首!"方孔炤话还未说完,底下已是一片气愤的斥责声。

方孔炤挥着手让众人安静:"确实,他们手段之凶残,令人发指。受盛光禄、倪太仆之委托,又应杨县尊之请,今日我等聚于远心堂,就是要集体商议对策。大家先静一静,听杨知县说话。"

杨尔铭也站起来,向四面拱手,一字一顿地说:"众位乡贤、众位乡贤!如今呢,桐城县啊!正遭遇史所未有之劫难!在府里的派兵到来之前,吾等需要积极自保,绝不能坐视他们任意胡为啊!"虽然他故意显得粗声大声,但他的声音听起来仍未脱童音。

这杨尔铭也是传奇。据计六奇《明季北略》记载,杨尔铭出生于天启元年(1621年)。那么,此时还是个年方十四岁的少年,居然是崇祯癸酉(1633年)举人,甲戌(1634年)进士三甲第一百名。可谓少年得志的神童,真是有些不可思议。

《明季北略》为强调杨尔铭真的还是个少年,特别记载了一件事:

> （杨尔铭）年十四,即令桐城,冠大以绢塞后,座高翘足而升,胥吏甚易之,久之侧冠而出。隶笑曰:老爷纱帽歪矣。尔铭大怒曰:汝谓吾歪,即从今日歪始,投签于地悉笞之,遂畏惮焉!

杨氏家乡《叙州府志》卷三五《人士·筠连》也有记载:杨尔铭登第后,"初任桐城,有善政。流贼三劫其邑,效死守之,邑赖以存,且捍御有方,有《三保桐城纪》"。明亡后,杨尔铭流寓浙江,披发佯狂,每语及旧事,必泪血交流。

2

"现在,就请大家畅所欲言!"待杨尔铭坐下,方孔炤接着说道。

"眼下女真气势汹汹,偏偏内乱又不止。"一位身材中等、面色颇威严的半百老者朗声而道,"吾桐城一向宁静安详,却也遭此大劫!盖因浇漓怨毒风俗久变,奴仆多叛其主。吾闻举火之夜,大姓多奔走避逃,就连隐居在龙眠的老学士何如宠也离城远避,听说已经到了南京。可见这事儿,影响何其恶劣!"

原来这是去年因平海寇有功,由广东按察使司副使升任福建右布政使的张秉文,这次回桐城休病假,对家乡突遭民变劫难,深感痛心。他停顿了一会儿,又转头对杨尔铭说:"现在尤需提防汪、黄与秦地农民军联合,坐等其势壮大。吾以为,杨县尊应当机立断，立即请兵，果断扑灭其火焰。"

坐在张秉文对面的光时亨立即站起来。他本来就对杨尔铭这个少年知县有些不屑，眼下如此紧张危急关头，这么一个玩童，居然是桐城县的老父母？他能领导全县人民抗击贼乱？

光时亨言辞激烈、慷慨激昂地说："张方伯所忧极是。现在汪、黄等，聚众起义，结寨扎营，狂妄宣称代皇执法，全城骚然，城中大户多远遁乡野甚至金陵以避祸。试问杨县尊，你是否应该迅即请兵，全力击之？"

光时亨也是今年新科进士，与杨尔铭同榜，刚到兵部观政，算是方孔炤的前部下，但还没有具体事务，因母亲生病，恰好告假在家。

"生蒋臣赞同光观政意见，应立即请兵全力击之。"一个年龄与光时亨差不多的人站了起来，言辞同样激烈，"汪、黄逆贼，僭代皇之伪号，敢行称乱，揭竿连营。蒋臣熟察地形，愿赴郡城请兵，以张国法，以伸宪威，以救维桑！"

方孔炤示意光时亨、蒋臣坐下。知县杨尔铭不慌不忙地站起来，用手指将那顶宽大的乌纱帽子往上顶了一下，说道："光观政少安毋躁！各位大人、各位乡贤，本县呢，现在将有关情况予以通报。"

杨尔铭介绍，二十三日，他与县典史徐士良正好在府城向皮应举知府汇报交接情况。二十六日，安庆府接报"桐城民乱"，他与徐士良都大吃一惊，当时就向安池兵备道报备。安池兵备道总兵王公弼大人，已经派人向桐城发招安告示。二十七日，安庆府知府皮应举率领他与徐士良等人，回到桐城，向城内外各个方向发出招安黄旗，并要求城内居民恢复各业经营。三十日也就是今天上午，安池兵备道安民告示已经抵桐，兵道宪牌差官也已经到了县衙，正在做安抚事宜。

"据我观察，目前，两级官府安民告示一出，县内街道和市场商户确实有陆续开张生理的，不过，也只是恢复了几分往日的秩序。"待杨尔铭将情况通报完，方仲嘉站起来发言。方仲嘉是方大钦的次子，方孔炤从兄，现在是游兵营获港都司加衔至参将，掌管河工、漕运、守汛防险事宜。因其父方大钦依方学渐而葬，为守墓计，他已将家远迁至父祖之茔墓附近。前几日正好携子兆及回城看望继母殷太宜人，没想到遇到桐城民变。

"但是，当前最大的危机是什么？"举人姚孙棐接着自问自答，"汪、黄二头领聚集起来的几百人，仍然建营扎寨于北门之外，乱形犹在。这就是最大的危机。"姚孙棐乃是方维仪夫君孙荣之四弟，字纯甫，去年秋试得捷成举人。同年中举的还有合肥龚鼎孳，两人因此有交往。

姚孙棐话刚说完，诸生周岐即站起来说道："方都司、姚举人所言极是！而张方伯担心其与秦地农民军联合，农父以为，这正是最为吾桐祸患之所在。"

"何也?"杨尔铭将帽子往上一顶,侧着头问。

周岐见杨尔铭这个少年知县有些傲慢,心里不免气愤:"禀杨县尊,这是因为:一来呢,农民军已经侵扰到潜山太湖霍山等地,极有可能与汪、黄接上头;二来呢,汪、黄最熟悉吾桐城地形,若是引农民军入城,怕又是一番更大的劫难!"

"吾也以为张方伯、方都司、姚举人所言极是。"左国柱接过周岐话头,"现在形势已是危急存亡之秋,迟疑不得。国柱愿效愚忠,参与请兵,捉拿汪、黄奸贼是问。"

方孔炤示意大家坐下:"可惜的是,众位有所不知,现在最大的问题乃是兵力不济啊!"

3

"怎么会兵力不济呢?"光时亨惊讶地问。远心堂此刻已是灯火通明。

"是呀,这正是当前最大的问题。"方孔炤望了一眼光时亨,又扫了一眼众人,见大家都满脸疑惑,就接着说道,"吾桐城县北接庐江舒城,北硖关最称险要,国初时,府城兵额5700余名。"

"这么多兵,何言兵力不济耶?"光时亨又着急地插话,蒋臣、左国柱、周岐等人也立即提问。

杨尔铭终于忍不住了,气得猛地一拍桌子:"光时亨,你能不能把话听完?"

众人立即安静了下来。光时亨脸一红,他知道自己太性急,有些失礼。他似乎还想说什么,却没有说出来。

方孔炤止住杨尔铭,继续说道:"但是,宣德年间,因承平无事,改调2000余名于河间、琢鹿、怀来等卫,原额十去其五矣。今自漕粮民运改为军运,以2000名运粮,又以200名充南京班操军,又有屯差、局差等项若干,又十去其八。"

"故言桐城实际无兵,而安庆府呢,其实也兵力大缺。"杨尔铭补充道。

"既然如此,那安池兵备道不是有兵吗?县衙如何还不紧急请兵来桐?"光时亨还是忍不住发问,他觉得称呼这么一个玩童为老父母,真是太搞笑了。

光时亨说完,又紧盯着知县杨尔铭,好像正是这个少年知县请兵不力,才导致如今抗贼被动。众人受他这一鼓动,也议论纷纷起来,一时间堂上大哗。

"光观政啦!各位乡贤啦!你们有所不知,桐城、安庆虽然无兵,但安池道作为兵备道自是有兵。"少年知县杨尔铭见此阵势,只好站起来大声地解释,"然从其驻地来桐城尚需时日,且若惊悚汪、黄之众,恐其有踞山为寇、勾结秦地农民军之虞。这正是张方伯刚才所担忧的。"

方孔炤不停地挥手,要求大家安静:"众位乡贤、众位乡贤,我与杨县尊商量后,已提请郡城的阮大铖先生帮助向安池兵备道请兵。据阮先生传递过来的消息,目前兵备道正在考虑作如下运筹。"

见众人终于都安静下来,方孔炤就接着透露兵备道的初步安排:"主要是两面出击。一面设招安之局,示之以宽,以平稳其情绪,免得其孤注一掷,再度乱来;另一面呢,由安池兵备道王公弼总兵,率其把总崔美瞻、孙启光,假借换班之名,各督兵百名,赶赴桐城练潭镇。"

"练潭距桐仅六十里而已,兵发一夜即可至桐城。那为何直到现在,兵马还没有丝毫消息呢?"光时亨又紧盯着杨尔铭。他一向憎恨阮大铖,曾大骂阮氏害死左光斗,这次又怀疑阮氏拖延时间。

"这也正是吾与方老先生疑惑的地方。"杨尔铭见他总是盯着自己,有点恼怒,将滑下来的帽子往上一顶,"要不,您光观政打马去问一下?"

"去就去!"见杨尔铭有些火气,光时亨也立马要爆炸,就要往外走。众人又喧哗起来,蒋臣、左国柱等人也跟着往外走。

"你给我站住!"杨尔铭大喊,"现在坐在这里的人,谁也不许挪开一步,否则就有通敌的嫌疑!"

光时亨一下子愣在了那里,众人也都被镇住了。

4

"一切都是定数啊!定数啊!"突然角落里响起一个苍老的声音,待这人站起来,大家才知道是老恩贡方承乾。

只听方承乾继续说道:"吾早年就相信太守阮坚之所言,不出十年,桐必烬。如今果然应验了、果然应验了!"

阮坚之即风流太守阮自华。方承乾之所以说是定数颇有来历。早年阮自华赴任西北庆阳知府时,告诉过石塘湖畔的弟子白瑜:桐城这地方"方在日中",正是兴旺繁荣的时候,"城内丰屋蔀家,争翔天际",也就是说,城内豪富者华堂大屋鳞次栉比。

但是,由于城内"居民绣错,门唇鸥尾,象皆为火。不十年桐必烬",阮自华认为,从卦象上来看,桐城十年之内必有大乱。这也是白瑜多年来一直不愿入城、到慧业堂教书也只住东郊五里山庄的原因。

当时邑人都不信,只有白瑜与他的好友方承乾相信。没想到如今真的应验了。

"只是吾以为还是靖降为好。"方承乾又说道,"区区数百人,不过是趁桐守备空虚而起。届时若请府兵至,岂不迅即溃败投降?但是,与其等府兵到来,不如先期招降。"

"逋庵兄向来有佛家慈悲之心,汝意与吾不谋而合。况这数百人中以邑中子弟为多,吾亦不忍府兵来斩杀也。"另一位里老钱巨明,对方承乾之"靖降"说持赞同态度。

"有钱老支持,看来吾是想对了。杨县尊,您看呢?虽然这几百乡民胆大妄为,触犯了天条,但只要愿意投降,还是可以有商量余地的。毕竟都还是桐城子弟啊!"方承乾接着叙说他的理由。

钱巨明也跟着附和道:"是呢是呢。再说,那请来的千百兵员,也是一群虎狼,真的到了桐城,只怕也会骚扰小民。"

杨尔铭听了这二老的话,帽子又耷拉下来盖住了眼睛。

"你们俩真老糊涂了啊!"左光灿这时站了起来,"好在吾算是看明白了!"

"各位里老,各位老先生,各位老长辈,请恕晚生孙三我无礼了!"诸生孙临这时激动地站起来,一手按着腰中的短刀,一手挥舞着,"逋庵伯父招降之言,我孙三极是不赞成。绝不可纵容他们,如果兵延不至,就请组织乡勇、家丁,趁其势尚弱,城内外合力扑灭之,我孙三愿意驱驰在前!"

诸生方文、方豫立、吴德操、吴道凝、马之瑛、方兆及等座中多位年轻人,听了孙临的话后,都摩拳擦掌,纷纷站起来表示,要求立即参加乡勇,参与决战。

"吾以为要两手出击!一边立即请兵,要快马加鞭,不可再作迟疑!至于组织乡勇,当然也要同时进行,越快越好。"刚才瞪着眼睛在一边不说话的光时亨,这时又激动起来。蒋臣、方仲嘉、左国柱等也立即表示愿去请兵。

方承乾、钱巨明则与他们争辩道:"何必要将事情闹到不可收拾的地步?"

"难不成你们家里有参加闹事的?"光时亨诘问。

"好你个光时亨!你瞎喷什么!"两位老者怒目直视光时亨。

这时,众人显然分成了两派,围绕请兵平息与招安纳降争论不休,各说各理。

"你们吵够了没有?"杨尔铭将桌子猛地一拍,把头上的乌纱帽往桌上一摔,又似乎觉得没帽子,显得自己更稚气,只得又将帽子戴上。

"请兵之事,已有安排。"方孔炤这时挥了挥手,又对孙临等年轻人严厉地哼了几声,众人才逐渐安静下来。

5

时间已是闰八月初一凌晨,廷尉第远心堂依旧灯火通明。

方孔炤眉头紧锁,孙临与方豫立等人交头接耳,杨尔铭对着县地形图看来看去,偶有人从外面进来同他耳语。

这时堂外有一人匆匆进来,分别呈上一纸书信给方孔炤和吴道凝。吴道凝看了书信后,脸色大变。

方孔炤看完信站起来,招呼吴道凝出了远心堂。二人在外廊说了一会儿话,吴道凝即告辞而去。方孔炤将书信叠放入身上口袋中,返回远心堂。

只见张秉成正站着慢悠悠地说话:"佛祖虽然慈悲,也必惩罚罪恶呢!虽然他们没有烧我家的房子,但下一步谁敢肯定不烧?"

张秉成是张秉文之弟,早年过继给叔叔了。不少人听了张秉成的话,都击掌表示同意。

"大家可能都知道,吾家有一个下人张愚也参与其中,我知道他早年就与汪、黄有往来,但是实在没想到的是,这次居然勾结成党,汪为首领,黄为副,张愚俨然为其军师。"张秉成继续说,"吾已设计将那张愚抓获,扭送去县囚狱了。对付这些人,我就不信拿不出办法!"

"可见,办法不是没有!"杨尔铭这时将帽子往上顶了顶,对张秉成的话表示肯定,"但要想个周全之策。目前,副总兵潘可大正在侦探敌穴,待问明路径、访召乡导,以便分道齐进。按计划,一路兵马直抵县城,以防内乱再起;另一路直捣巢穴,以图擒敌。"

杨尔铭说到这里,忽然停了下来,他将目光扫过全场,问方孔炤:"这里的人都可靠吗?没有第二个张愚吧?"

他这一问,整个远心堂突然沉寂得可怕。人们神情紧张,既而东张西望,仿佛身边人、眼前人都是乱民奸细似的。

光时亨这时才感到,这个少年知县千万不可轻视!

方孔炤见气氛不对,连忙答道:"进了我远心堂者,都是极为可靠之人,杨县尊尽管放心。"

"方老先生,不是我不放心!虽说张家本来有世德,这次并没有被相扰。但是,"杨尔铭一字一顿地说着,却话锋一转,"他家居然有内奸,这与没受相扰是不是有因果关系?"

杨尔铭说话间犹豫了一下,瞟了一眼神情肃然的张秉文,又将目光转到张秉成脸上:"现在形势变化莫测,不能不严加预防啊。"

"这个张愚,可能是一个意外,但也在意料之中。"方孔炤说,"大家不必因此自乱阵脚,在座的都是致仕的朝廷命官,饱读诗书的举人、贡生、府县学生,德高望重的里老,都是自己人,不会有事的。"

"鲁墨,快继续添汤!都是龙眠山上茶、桐溪桥下水呢。大家且请喝茶、喝茶!"见方孔炤如此镇静,众人脸色都稍稍缓和下来。

"不过,有一事需向众乡贤禀报一下。"见众人都安静下来,方孔炤忽然有些沉痛。

"刚才吾内弟吴道凝先行告辞,是因为吾外舅吴太史(即岳父吴应宾)因忧时伤乱,已不幸于今日凌晨在城郊南湾即世。"方孔炤显得十分悲痛。

众人几乎都啊了一声,一时间交头接耳不断,有人站起来向方孔炤表示慰问,有人表示要准备前去吊丧,有人痛斥贼乱让老居士过早地辞世。

杨尔铭急忙说:"方老先生,您请节哀!当前危急存亡之际,吾等不能前去吊丧,只能在这里深表哀悼了!既然吴道凝已回家办事,这里还需要您留下来主持。请您理解呀!"

方孔炤沉吟了一会儿,随即对大家说道:"既如此,咱们接着议。目前,潘可大副总兵已发过来密约,先让我等组织保甲、乡兵合力预防,并与潜太舒城接壤诸县共为堵截。待潘总率兵出其不意,直捣其穴,一举平变!"

光时亨瞪了一眼杨尔铭,舒了一口气:"正应如此,早该如此!"

杨尔铭也不理他,只顾与身边的方孔炤低声说着什么。

众人又恢复了热烈讨论。这时又有一个人匆匆走到杨尔铭身边,与他耳语了一阵。众人又紧张起来,眼光几乎全部聚焦到杨尔铭身上。

杨尔铭立即站起来,将帽子往上一顶,又看了一眼张秉成,张秉成似乎预感到要发生什么,浑身不自在起来。

"众位乡贤,众位老先生、老长辈!"杨尔铭挥手示意大家安静,"据探子来报,由于府郡援兵久延不至,起事之民气焰更为嚣张。他们听说张秉成家抓了张愚,正鸣锣聚众,又怂恿了一批远近平民加入,叫嚣着要再杀进城内,代皇执法,杀掉张秉成,救出张愚。"

张秉成听了,脸色顿时变得苍白,人也瘫倒在地。孙临与周岐连忙过去扶起他。没想到他忽然惨声叫道:"杨县尊,你可要给小老儿我做主啊!"

众人又哗然起来。此时可谓到了千钧一发、利剑悬顶的危急关头,老者焦躁不安,中青年人或茫然或激愤。

这时,德高望重的南京光禄寺卿盛世承连续咳嗽了几声,眼睛扫过全场,颇有威严之势,方孔炤也挥手示意众人安静。

老先生见大家静了下来,遂颤着声音道:"罪孽呀,罪孽呀!吾桐自国朝以来,祥和宁静,士民和睦。县基以其二水三峰,环绕拱峙,永为善地,可谓钟灵毓秀,人才荟萃。岂料遭逢世乱,桐亦不免!幸亏杨县尊和众位在家士绅冷静应对,局面稍有缓和。"

"盛光禄过誉了,我杨尔铭才识浅陋,还仰仗各位大人、各位乡贤,团结一心,共度时艰。"杨尔铭连忙弓腰作揖。

"潜夫呀,你受杨县尊专请,皆因为你乃文武全才,又是兵部旧职方,最了解史乱,也最有用兵经验。请你综合众人所议,尽快拍板决策吧。"盛世承向方孔炤拱手。

众人全都附和着,一起望着方孔炤。

"岂敢!岂敢!潜夫唯恐有负盛光禄、倪太仆、张方伯、杨县尊和众位乡贤重托也!"方孔炤连忙拱手致礼。

但是,他又坚定地一挥手,接着说道:"可是,吾人何忍乡邦遭此劫难?现在道、府兵员奇缺,请兵迟延不至,情有其故,但吾人也绝不能坐以待毙!"

"潜夫说得好!杨县尊,老朽愿意立即联系东乡习武弟子,组织一批少壮乡勇,紧急支援城邑。"左光灿这时主动请缨。

6

"报!那汪实甫、萧来、陈甲等大小头领30余人已斩,生擒了张应、李伴等60余人,其首黄尔成顽固抵抗,被我等诸生追至东门外杀死,其他人等鸟兽散了!"孙临急匆匆地从外面进来,边走边向里喊道。

闰八月初九上午,远心堂百余人正在聚议如何安抚起义民众时,众人听了孙临的话,都发一声喊:"咦?"

唯有方孔炤不动声色,但他心里也有些暗暗吃惊:何以斩杀这么多人?

原来,闰八月初三,安庆皮知府、桐城杨知县,休致在家的官员方孔炤、光时亨等,以及其他诸乡绅、举人、诸生、里老代表,于五印寺设宴谈判,痛加抚慰汪、黄一众人马,请他们开怀畅饮,不要辜负桐城父老美意。汪、黄则表示愿意带领众人服从招安,并答应先退去三十余里,静听圣旨发落。

"他们不是情愿招安,候听圣旨发落吗?怎么又杀了汪、黄等大小头领?"待孙临坐下喝了几口水,众人都疑惑地问他。

"他们虽然情愿招安,但潘总兵以为是他们的权宜之计,担心他们与农民军有联系,所以潘总兵在五印寺外埋伏了重兵,演出了'鸿门宴'和'请君入瓮'的连环好戏,将汪、黄及相关大小头领尽杀之,以绝祸患。"

7

因在这次平乱中立了头功,方孔炤被"抚巡表荐之,起南玺卿"。潘可大升任安庆大营守备,而光时亨也赴任四川某县知县。但立了头功的方孔炤,却因此受到乡里百姓怨恨,毕竟"尽杀"的那些大小头领,不少人都是乡里乡亲哪!

桐城民变虽平,但朝廷没有放弃调查问责。

尤其是在这个兵变民乱纷起的特殊时期,江南地区已是明朝廷最后依存的屏障和财粮基础,这个地区的一举一动都牵扯着朝廷的神经。据应天巡抚张国维《抚吴疏草》,由朝廷组织的"桐变"调查也立即开始了。

然而,围绕"桐变"调查及定案,朝野各方又进行了新的激烈角逐,首辅温体仁更是抓住机遇不放,他想趁机打击东林复社和江南望族的威望,以图巩固自身的统治地位。

"桐城民乱事几匝月(快一个月),该抚按方行具疏,中间豪仆奸党酿祸根由尚未确查,且一与马鸣世所奏多有不同,明属隐徇,岂得以道远为词?张国维侯回奏议,议夺李右谠著于回道口严加考核,即勒限擒拏乱首,并将各宦纵奸倚势不法事迹详明查奏……"

接到崇祯皇帝这个圣旨,右金都御史、巡抚应天和安庆等江南十府(或称应天巡抚、苏松巡抚)的张国维,"不胜战栗"。

桐城民变平定后,直至闰八月十四、十六日,他才相继接到安庆府和桐城县的详文,于是立即千里迢迢从苏州府治赶赴桐城,并将初步了解到的情况,于闰八月二十写成了第一封奏疏《桐变疏》,时任巡按应天等府的监察御史李右谠也联合具了名。九月十一日,该疏奉至崇祯皇帝御前。

由于还未搞清桐变祸端所起,故张国维所递奏疏只有民变经过,而没有涉及变乱缘由,即为害地方的官宦子弟及恶仆姓名家世等具体情况。

但是,张国维不知道的是,南京提督操江马鸣世,也给朝廷上了一份内容更为翔实的奏疏,并提前于九月初四报至崇祯御前。

所以,崇祯对张国维的《桐变疏》十分不满,圣旨朱批曰:"乱民、恶仆各有本等,情罪原不相掩,抚按官平时宜预为禁戢,有事一面奏报,一面详查,处治何得延缓?本内黄文鼎、方应乾、康进等俱着尽法,究拟吴应琦何故纵恶害民,叶灿何故致仆焚抢,有无庇隐宦仆、凶徒,俱着严查,究拟速奏。"

崇祯朱批中的这一系列人名,在张国维的《桐事疏》中均没有提及。崇祯之所以如此震怒,是因为前几日崇祯已经读到

应天巡抚张国维向朝廷上《桐变疏》

了马鸣世的疏稿。可见,马氏奏折已将民变乱首及为恶子弟皆具名在册了。

张国维得到崇祯圣旨,吓得赶紧在重新调查的基础上,迅即再上《回奏桐事疏》,详述"桐事"前后因果,以辩清自身罪责。

崇祯为什么认定桐城民变是"豪仆奸党酿祸根",且张国维"明属隐狗",有"庇隐宦仆、凶徒"的可能?因为他汲取了前朝的深刻教训,最担心的就是朝野结党。

而张国维与桐城当地官宦乡绅,其背后都隐隐约约有东林复社的影子,东林复社又一直为时相温体仁所忌惮。

可惜的是,崇祯帝已完全被老温蒙蔽了双眼。大学士何如宠本来就担心自己不是老温的对手,一直犹豫不决,逡巡于路,看到皇上袒护老温,更加心灰意冷,不愿赴任了。

于是,桐城民变由朝廷认定"豪仆奸党酿祸根",也就不奇怪了。所以,张国维在第二、第三份有关"桐变"的报告中,遵循了崇祯帝关于劣绅的"妄行"造成桐城民变的旨意。善揣上意、搬弄是非的温体仁,又一次借机打击了复社人士和江南望族。

第二十八章　乡梦正劳新战地

1

"我要练剑杀贼,我要跟父亲练剑杀贼嘛!"
"妈妈陪你练,好吧?"
当早市的叫卖声又起的时候,七岁的侄孙女小御(方御),五岁的侄孙小岩(方中德)的稚嫩声音也同时传过来。

这已是崇祯九年(1636年,丙子年)春天的早晨,似乎天亮得特别早。方维仪向窗外望去,熹微的晨光中,草木葳蕤,花香袭人。只是感叹驹光冉冉,仿佛才转眼之间,"桐变"后,她已经在金陵度过了近两年的时光。

侄子方以智已经回桐城去了。平时都是方以智起早陪小岩练剑,这次却是其母潘翟陪女儿和儿子在小院里练剑,她怀里还抱着不到三岁的小易(方中通)。这几个孩子自从来到金陵,不知何时也有了早起的习惯。

看到小岩那认真练剑的样子,口中还念念有词:"舞衣动白日,人见皆股栗。"方维仪心想,这不是活脱脱的二十多年前的那个小东林吗?

方维仪一直秉承父亲方大镇的教育理念,坚持"三才之故,身建天地",从小就向孩子们灌输强身健体的道理,强调无论天道、地道,还是人道,都必须立身为本,而要立身,就必须以强身健体为前提,切实打下良好的身体基础。

小岩虽然才五岁,却也开始练习剑术了。何况,受当前民乱兵燹的影响,再小的孩子,也过早地懂得了家国的不幸和流离的艰难,于是,练剑杀敌也成了小岩的目标之一。

方以智是二月下旬回桐城的。那时已经绿叶新裁、春草萋萋了。与他一同回去的还有方文、孙临、吴道凝、周岐、钱澄之等人,他们都曾是泽园士子。

自从"桐变"之后,泽园的学习生活就基本结束了。但又因"桐变",泽园士子都流寓到了金陵,所以平素还是在一起,切磋举子之业、研习诗文的活动并没有中止,也一同参与复社慷慨世事、激扬时局的各类集会。

在钱澄之的倡议下,泽园士子还在金陵结云龙社,以联复社、几社,希望接武东林。所谓"云龙",就是龙眠与云间(今上海)的合称,又因活动地点主要在白门(南京旧称),所以又称"白门云龙社",简称"白社"。云龙社或者说白社文会的主要参与者为龙眠士子和云间士子,宗旨是重气类之辨,关心时局,忧思国事。文会不限龙眠一地,流寓金陵的复社其他士子也常受邀与会。

方以智等人回桐城的时候,顺道由芜阴(即芜湖)携弟弟方其义同行。

2

去年初,方其义入赘芜阴,成了伯姑方孟式的快婿。方以智有首诗曾写道,"啼儿因饭少,赘婿为家贫",指的就是方其义入赘之事。

方孟式何以又居家芜阴呢?其实也是因"桐变"而被迫迁居于此。考虑金陵一时间各地流寓人数暴涨,张秉文移家时并未选择金陵,而是选择了附近的芜阴,正好与此前早就迁来的长女张德茂一家为邻。况且,芜阴曾是他任徽州教谕时,来往必经之地,而长江与发源于徽州的青弋江在这里交汇,漕运发达,商贾云集,又是南都金陵要冲,所以他对这里情有独钟。

由于方家流寓到了金陵,日子不再像以前那样宽裕,方孔炤虽然官至尚宝司卿(正五品),但自崇祯三年(1630年)致仕在家,已经多年未起复,等于失业官员,家中因此缺少稳定的收入来源。

而随着民变兵乱和灾害频繁,桐城田地收入也大幅减少。连过惯了贵公子生活的方以智,也在方维仪的指导下,整日劳碌于柴米油盐等家计。姚太恭人也不顾年高,亲自操剪,给孙辈们裁制衣服,还用一些边角布巧妙地连缀起来,为方以智缝制了一件大布褂子。

所以,方其义入赘伯姑张家,既符合桐城本地"亲上加亲"的传统,也可以在一定程度上减轻方家的经济压力。方其义的妻子张德薇是张秉文的次女,乃是侧室陈夫人所生,但方孟式如疼爱亲生女儿张德茂一样,十分疼爱张德薇。

值得一提的是,去年初,张秉文趁着难得的病休机会,与方孟式商定后,亲自操办了方其义与次女张德薇的婚事。方孟式原以为,这次在芜阴能享受一段平静安闲的时光,与孩子们共享天伦之乐。哪知没过多久,朝廷调令又到,张秉文由福建右布政使起复为江西右布政使,休假提前结束,她只得随夫君去了江西,女儿张德茂、张德薇及其家室仍留在芜阴。

不料,张秉文、方孟式走后,又发生了一件令他们肝肠寸断的事。

方孟式长女张德茂,字子玉。"德茂"也是源于《诗经》里的句子"乐只君子,德音是茂"。她是方孟式唯一的亲生女儿,十四岁时嫁与太仆公倪应眷之孙倪天彌。可叹的是,德茂所生二子四女都先后夭折,她因此郁结成病,久而未愈。去年秋天旧病复发,很快卒于正寝,年仅二十八岁。

方孟式闻知消息,饱受打击,痛不欲生,泪作《豫章秋日哭女十二首》,在诗序中称德茂"性和柔善,承顺居恒,琴书棋画自娱,克相夫子,相对如宾。病中为夫子纳媵妾,而夫子守誓不忍再娶"。

方孟式此时刚好迎来五十五岁寿诞。年近花甲,命运却如此弄人!她悲叹自己"嗟余薄命,一女不留,何以永日?清秋初度,感赋匪止。悼亡亦以自悼云尔!"其苦其悲,谁人能理解?可能只有孀居几十年的仲妹方维仪,能知晓她黄连一样的苦心了。

方维仪今年三月收到方孟式的信,读来字字凄楚。思来想去,写了长长的回信,却又撕掉,只写了数行字,并寄诗《暮春得张夫人书》:"长干尘起更愁予,避乱荒居数载余。乡梦正劳新战地,春风吹到故人书。庭梧寂寞清琴冷,江柳迢遥白发疏。唯冀凤箫来白下,旧家同里候檀车。"

在给方孟式的回信中,方维仪安慰姐姐:现在其义就是你的亲儿子,德薇就是你的亲女儿。我们都已白发萧疏,期盼战争早点结束,我们重逢的日子不会遥远。我们姐妹俩还要待在一起,很久很久!

3

方其义在芜阴与方以智等人相聚,随即一同出发回桐城。他们今年春日回桐城的一个主要任务,就是准备营母墓于浮渡山。

"吾母自天启壬戌年(1622年)秋殡故乡城南以来,迄今已十四年矣。如今故乡烽火连天,愚侄实在是忧虑不已、寝食难安。想趁早回桐城,与家大人(方孔炤)商量,以营母墓。"临行之前,方以智曾向仲姑方维仪禀报说。

"密之,你的心情,仲姑能理解、能理解!汝母殡城南,井邑兵烟四起,室家虽近,忧顾甚矣!"方维仪听了他的话,也是百感交集,无语凝咽。

因担心不安全,此前她并不赞成侄子贸然回桐城。虽然他一再要求与孙临等人回故乡,参加父亲方孔炤领导的守城防御,可方维仪总是劝止。

侄子为此非常苦闷。眼看着方文、孙临、周岐、吴道凝等人先后回桐城参加过守城,自己却只能被困在金陵无所作为。他也曾担心他们的安全而劝他们勿归桐城,可是他们听说桐城将破,仍义无反顾地负剑出发了。

但从去年冬天开始,方维仪不得不同意侄子的回桐请求了。

仿佛只是朝暮之间,十四年的时光就已经倏忽而过。弟媳吴令仪与自己相伴的那十年,清芬阁里诗文相酬的温馨岁月,依旧历历在目。而自己抚教其五个子女的漫长日子,也宛在眼前,如书卷一样,一页页地翻过,真是不胜唏嘘。人生易老、世情沧桑不说,大概谁也不会料到,已经到了白发苍苍的年纪了,偏偏遭逢史所未有的乱世,不得不凄凄于途,流离他乡!

以前,方维仪一直以为,吴令仪厝于城南五印寺观音殿后,旁有泽园,离城很近,家人可以随时照顾。后来孩子们在泽园读书,吴令仪正好也可以相伴他们读书。如今,民乱不已,兵燹不断,尤其张献忠部频袭,城虽难破,城郊却为其反复焚劫,确实不得不考虑要迁葬了!好在,前不久,浮渡有乡人来南京,向流寓士绅募捐,用来结堡修寨,以对抗张献忠部。她与身边亲友都毫不犹豫地捐金相助。她相信,吴令仪如果迁葬浮渡,那将比城南更加安全。

方以智这次相约一同返桐的有七人。其中,孙临作为吴令仪长女婿,吴道凝作为吴令仪幼弟,两人都是去协助营墓,吴道凝同时也是去浮渡拜祭父亲吴应宾。而方文、周岐、钱澄之则是准备参加守桐防御战。

4

吴道凝的父亲吴应宾,那个曾与方大镇辩学二十多年的老居士,生前曾历尽艰难修复了浮渡华严道场后,回到城里世宅方伯府叠翠楼,著书讲学,安度晚年。岂料"桐变"突发,不得不仓促间,带领全家逃于城郊南湾别墅,于"桐变"次月即闰八月初一溘然长逝。门人以其一生所倡导的"缘圣以为一,缘一以为宗",私谥其为"宗一先生"。周岐还应吴道凝之邀,撰写了《吴宗一先生谥议》,方以智也为外祖父撰写了《吴观我先生行略》。

吴应宾老居士本来殡于城郊南湾,但考虑到世乱,已于去年迁葬于离城九十里外的浮渡山。抚教吴应宾成人、八十六岁高龄的继母程老宜人,还由吴应宾弟吴应宠陪侍留守在城郊南湾老宅。后来直到程老宜人逝世葬于南湾,吴应宠为安全计,才合家迁往浮渡,并从此隐居于那里。而吴应宠夫人正是方维仪的姑母。当年吴令仪嫁方孔炤,还是吴姑母做的保媒。

所以,方以智与父亲和仲姑商量并征得同意,也拟尽快将城南的母亲迁葬浮渡。这里是千年的华严道场,既能让母亲依于外祖,又满足了母亲早年就立下的事佛佑子的心愿。

但去年冬天,方以智往返桐城营墓时,雨雪纷纷,泥泞难行,又遇寇警,虽然有吴道新等当地亲戚帮助,还是未能如期营建好,只得留下封碑,以待来日。

当时浮渡山岩洞多,只有北麓为土面,于是选址北麓曲尺峰下,以暗迎湖水。这里不仅山水相依、视野开阔,而且含有上善若水、源远流长的寓意,可谓风水宝地。

今年春天,雨水不多,清明之前正是择吉日营墓的好时机。何况现在战事如此危急,烽烟不断,如果再不抓紧时机营墓,只怕又要开始新的流离,营墓也必将遥遥无期。

这正是方以智十分焦虑的。

所以,方维仪从去年冬天开始,就已经同意他往返桐城,只是千叮万嘱,要求他一定要注意途中安全。

5

"这白门啊,真是容易白人头呢!"尽管头上的白发比以前更多了,但此时此刻,方维仪似乎显得比往常平静,已不像当年刚来金陵时那么焦虑不安。

不过,看着镜中那逐渐衰老的自己,听着街市上此起彼伏的叫卖声,方维仪仍然不能忘记的是,甲戌年那个秋八月二十六,初来金陵时的情景。

那时的她岂止是坐卧不宁,简直是度日如年。

两个侄子当时也极其焦躁不安。她却要强作镇定,时时安慰他们,让他们继续如从前一样,以学业为重,以举业为重。既然"桐变"已经被平息,那么一切都会恢复,一切都会好起来的。

方以智每日里吃得也不多,才二十余岁的年轻人,居然生出几缕白发。他一直说要回桐城,与父亲一起,与孙临、周岐一起,参加平变,参加守城。他说自己从小就习武,如今正好派上用场。

但是,她不准侄子走。尤其是一家人刚来金陵,面对这个繁华而又陌生的地方,他们几乎两眼一抹黑。

方以智虽然没有走,每日里安排家仆整修这座新购的小院,带领他们熟悉这一带的市巷,采购必要的生活用品。他要承担起一个男子汉的责任,一家之主的责任。但是,他一直心神不宁,往常频繁的宴集几乎全部推辞掉,每天一早就起来,默默地在前院里舞剑打拳,始终是跃跃欲试着准备回桐城的样子。

在母亲姚太恭人和晚辈们面前,方维仪也是强打精神保持镇定,以掩饰自己内心的焦虑,甚至还平静地写写诗,表面上看好像是在打发闲适的时光,实际上是让家人能从她这里获得一点安慰和坚强。

"人世何不济,天命何不常。鹪鹩栖一枝,鲲鹏搏风翔。焉能忘故地,终朝泣断肠。孤身当自慰,乌用叹存亡。"她还记得初来金陵那年写下了这首《伤怀》诗,如今,自己已不知道在焦虑中度过了多少个日子。

只知道夜里的露水更重了，早晚的温差更大了，夜里要盖上薄被御寒了。她在寂寥的晨曦到来时，遥望着故乡的方向，叹息着人世与天命；在孤清的落日余晖里，忍受着对故乡和亲人的断肠思念，感慨着兴衰与存亡。

还记得甲戌年（1634年）闰八月三十，桐城终于传来"桐变"平定的消息，汪实甫、黄尔成等一干大小头领，全部伏法，她心里说不出来是高兴，还是悲哀。

当年九月初一，收到孙临由故乡发来的书信，方以智看了，又送给方维仪看。信中写了桐城民变平息的经过，以及目前桐城周边已经有了更大的动静。全家立即由"桐变"平定带来的喜悦，转变成提心吊胆。姚太恭人那几夜刚刚睡了几个好觉，结果又开始失眠了。

大家最为担心的还是被桐城士绅强留下来的方孔炤。姚太恭人那些日子，总是絮絮叨叨地念着儿子，数说着廷尉第里的一草一木，嘱咐家人打听有关桐城的一切信息。

其实，方维仪又何尝不是日复一日地眺望着家乡？只不过，她只能压抑着这浓烈的思乡情绪。她在《东楼夏眺》诗里这样写道："四月桐始华，碧色在高楼。青萝挂石壁，兀坐如凉秋。长风度回涧，密叶藏鸣鸠。悠悠水东逝，往往云西浮。苍山连广陌，野渡荡空舟。落日远无色，飞鸿江上愁。"桐华、碧色、青萝、鸣鸠、苍山、野渡、落日、飞鸿，这些故乡的元素，无不勾起一阵阵的浓愁，她却只能以淡淡的笔触去轻轻地点染。

所以，当"桐变"平定，方以智再一次向仲姑请求回桐城看望父亲时，方维仪终于同意了。

6

方维仪向观音大士前的香炉里再添了一炷香。

如果说从前殷勤上香是为了事佛，是为了避开世俗的纷扰，那么如今她每上一炷香，都是在祈祷世间平安，祈祷这世乱快一点结束，以便早点回到日夜思念的故乡。

此时刚刚过了端午时节，天气已渐渐显得潮湿而沉闷。

侄子方以智等人已经回桐两个多月了。他委托来金陵的人带了一封书信，告诉仲姑方维仪：其母已于清明节前迁葬，目前他正带着弟弟在庐墓。方维仪看后，虽稍觉安慰，但仍为他们的安全担心。

这是一栋有二层楼阁并带小院的房子。

尽管轩堂洒落，复道逶迤，旁有曲径，叠石为陇，有花树扶疏其间。但相对于廷

第二十八章　乡梦正劳新战地

尉第的宽敞和层台楼阁、水榭园林，这里就显得太促狭了，所以侄子方以智将它命名为"膝寓"，既取"仅能容膝"本意，也有陶渊明"倚南窗以寄傲，审容膝之易安"的超尘脱俗味道。

方维仪的这个房间在二楼东边，她按照老家廷尉第清芬堂格局进行了布置。

房间正墙的壁上，依然悬挂着自己白描的观音大士像，却不是多年前在家乡时手绘的那幅手持杨枝的站立像，而是来到白门以后新绘的，全身披裹白色衣袍趺坐像，构图更加清雅、简略、瘦劲，没有远近景，也没有任何法器衬托，更不施粉设色，犹如枯坐进入无边的禅定。

让她倍感痛心的是，离桐时携带的家藏《过海揭钵图》，不慎遗失。这是北宋大画家李龙眠（李公麟）的宗教人物画，她几十年来临习此画本，不意间被时人称誉其技法"几突过龙眠"。

确实，她绘的观音图，观音的面部以细匀的淡墨线条勾勒，衣纹则用浓墨一笔画出，简明的构图使观音显露出超凡脱俗之美。

而她画的罗汉形象，很多都是衣袂飘飘、斜倚于林间树下，不但表现了僧人的慈悲大度，更有东晋逸士的放达超然之意味。这也难怪当时的文人士子，都争相收藏她的观音和罗汉图。

其实，所谓技法"几突过龙眠"的美誉，对她来说都不过是流水浮云、苔生无意。这些年的孀居，这些年所经历的生生死死，让她早就参透了一切，这人生不过是向死的存在罢了。而她画宗教人物，其实是将自己的身心沉潜于宗教人物图中，沉寂于佛香袅绕中，熬着她那孤独的、漫长的日子，熬着那一个人的西风落日，一个人的黄叶秋霜，一个人的孤灯更漏，一个人的夜雨冬寒。

观音大士像两边，依然有两盆兰花。兰花却不是从前旧友，尽管经常想起老家清芬阁日夜相伴的那几盆老朋友。

这是侄子方以智临时从街市上新买来的。当时的兰花，叶匹瘦弱，叶色泛黄，有几片叶子已折断并且腐烂。她依旧像侍服从前那几位老朋友一样，定期给她们浇水，默默地与她们对话。如今她们已出落得典雅、端庄，有几株已经悄然绽放，吐露着清香，让人看到了自然的力量与美好。

观音大士画像前，也不是那只曾与自己朝夕相伴的兽狻小香炉。临离开桐城时，她想叮嘱李姆姆，让家仆带上那只小香炉。但匆匆之间，仍然放下了。如今，香炉里依旧有佛香袅绕，也不是龙眠投子寺特制的那种熟悉的、细腻的香气，而是侄子方以智从金陵高座寺带回来的粗香，香味比投子寺的厚重，有点刺鼻。

观音大士像对面，也有一扇宽大的北窗，只不过与北窗相对的不是葱葱郁郁的龙眠山，而是叫卖声由陌生到渐渐熟悉的市巷。

夜深人静时,也能隐约听到潺潺流水声,只不过那已经不是故乡桐溪的日夜欢唱,而是这里一条护城河的日夜呜咽。

第二十九章　他乡岁暮悲风多

1

方维仪在焦虑中度日如年。

侄子终于回到了金陵,带来了故乡的消息。姚太恭人拉着孙子,急切地向他问长问短,尤其是方孔炤的情况。家人全部围在方以智周围,询问着关心的一切。方以智讲述了回桐城的见闻,还写了一组《桐变》诗,记下了回桐城时的所见所闻。

方维仪读着《桐变》组诗,侄子那善感而忧伤的笔触,仿佛将自己带回了故乡山城的东门大河边,似乎自己还慢慢地行走在廷尉第里,还能听见父亲方大镇那熟悉的脚步声。

"吾父这次参与平变,不仅受到某些乡宦的嫉妒,还遭到了乱民亲戚的怨恨。孩儿请教仲姑,您认为吾父这样做,究竟值得吗?"方以智时常问仲姑方维仪。虽然"桐变"已经被平复近两年了,但这个问题还一直困扰着孩子们。

对此,方维仪也曾困惑过。但是,她必须引导孩子们换个角度思考。

她在与孩子们交流时说,他们的父亲,作为致仕在家的朝廷命官,在那样的关键时期,受到府县官员及乡绅的力邀,参与桐城平变,岂敢推卸责任?即使有人怨愤甚至诽谤,也无暇顾及啊!正所谓"无事不敢自佚,有事不敢自逃"。何况,有行者必有守者。如果知善而不敢为,那一定不善。相信只要是道德君子,也必然会反省他们自身。时间长了,就不怕这怨恨不能释解。

近一段时间,故乡桐城又传来战报。前几日,方以智跟仲姑方维仪禀报,请求再回桐城看父亲,同时参与斗争。方维仪也没有以前那种犹豫不决,很快同意了。她知道,方文、方以智、孙临、周岐这些热血年轻人,一直都在跃跃欲试,要协助方孔炤守城。他们去了桐城,方孔炤就不会孤单,力量就更加壮大,而这些年轻人也必将得到锻炼。

"旧居在东郭,新柳暗河梁。"这是方维仪早上起来新写的诗句。是的,她何尝不与侄子方以智一样,无时无刻不盼望能立即回到桐城,回到龙眠山下,回到那生养自己几十年的熟悉的地方？

可是，时光无法倒流，故乡已经回不去了。

尽管东郭的廷尉第，侥幸没有被这次"桐变"焚毁；尽管桐溪两岸的新柳，依旧在春风里柔丝轻拂；尽管投子山依旧如凤凰展翅，投子寺钟声依旧随风飘扬。但是，故乡再也没有了往日那样的平静祥和。

特别是遭遇"桐变"之后，又连续被来自西北的农民军侵扰，那座千年古城笼罩着恐怖而又浓烈的烽烟气息。

这种气息，在侄子方以智的《桐变》组诗里最能体味到。他的组诗第一首就这样写道："夹道高门钟鼓闻，不闻行路啸成群。揭竿半夜空城走，纵火连朝大宅焚。县舍可能称健令，家奴今已负将军。讵知草寇匈匈起，翻恨平时拟檄文。"

她同意侄子在诗序里的判断："桐固鼎盛，而浇漓怨毒风俗久变"，可以说桐城在变乱之前几乎达到了极端的繁荣。但是，侄子不明白这么繁荣的小城，何以突然受到兵火之灾？他为此忧心如焚，又自恨自悲。

其实，正如松然大师所警告的那样，世道人心已经殊变，古风良俗已经凋衰，于是突发兵火之灾，又有什么可奇怪的呢！

2

方维仪始终记得仓皇逃离故乡的那一夜。

甲戌年（1634年）八月二十三日夜里子时，东作门外的一声巨响，打破了小城的宁静，也将她和家人与故乡就此阻隔开来。

二十四日下午，在弟弟方孔炤的安排下，她携全家由松湖乘船到了南乡白鹿山庄；二十五日晚上，她扶着母亲姚太恭人，携潘翟、方其义等人乘舟东下，栖栖惶惶地前往金陵。陈、诸两位老姨舍不得离开老家，就与几位老仆等留守在白鹿山庄。

正如侄子方以智在《桐变》组诗里所写的那样："流离始信堂难处，侍养还悲饭更粗。赖有仲姑随大母，乍看幼弟似征夫。远心独坐伤心久，亦束江东行李无？"

侄子其实早在当年盛夏之际就到了金陵。因为他不愿意里居，却喜爱金陵这儿"四方杂处，人情平易，又不相问"的环境。直到"桐变"突发，方维仪陪着姚太恭人到来，方其义的整个装束就像是一个被抓的征夫一样，每日徘徊在歌管楼台里的方以智才猛然惊醒，只得带着家人在街市租居谋食，过起了从未有过的流离生活。

刚到金陵的那些日子，方以智和方维仪一样，感到特别忧心如焚的是，他的父亲大人方孔炤尚留守在桐城。所以，他在诗里写道："远心独坐伤心久，亦束江东行李无？"他想象着方孔炤，一定独坐在空寂的远心堂，也一定格外伤心，思念着远离家乡的亲人们。而亲人们也整日里提心吊胆，怕乡里再次卒起事变，唯恐他来不及准备行李出逃啊！

方维仪当初离开桐城时，除了最纠心方孔炤的安全，还担心未能及时离开桐城的方维则、倪夫人，以及桂林第的阮夫人等，特别是侄女方子耀。

直到"桐变"终于被平，孙临、周岐、方文等也携全家来到金陵，方维仪和家人才得知平变的详细经过，都感到何其惊心动魄、何其毛骨悚然！

而今，方维仪每想到那变乱突起之夜，想到士绅与乱民之间那种刀锋相对、胶着缠斗的危急日子，还时常从梦中惊醒。

《南都繁会景物图卷》局部

3

近日，因侄女方子耀携出生不久的儿子也来到了金陵，方维仪倍觉欣喜。

子耀与潘翟都是八月生产，潘翟生了个女儿方徽，乳名小徽。子耀产后三个月，被孙临送来了金陵方维仪这里，他又回桐守城去了。孩子乳名"破奴"，意为"大破匈奴"，显然是孙临取的。值得一提的是，方文的长子名字叫御寇，与破奴这个名字意义一样。御寇与小易（中通）同年，已经三岁了。

更令方维仪高兴的是，近段时间以来，方维则、倪夫人、阮夫人、吴令则等人也随家人陆续来到了金陵。

"老姐姐，没想到我们还能在这里重逢，怕是前世修来的缘呢！"

"好妹子！这真是：白头逢世乱，相见泪潸潸！有生之年我们还能相聚，应该感谢观音大士！"

这已是丙子年（1636年）快入冬的时节了，正是朔风疏柳与枫叶红霞交错之季。她们这些在桐城时，经常一起雅集的老朋友、老姐妹，又重聚于金陵城西"铁狮子巷"这处旧宅，这里仿佛又有了从前廷尉第清芬阁的气息。

"各位老姐妹，以前哪，总是一个人伤时落泪，特别想念故乡，想念你们，想念从前经常雅集的那些日子。而今侥幸重逢，白发苍颜，白云苍狗，真是无限感慨啊！"方维仪看着众人，眼眶有些湿润。

"他仲姑呢！你也不要过于忧伤。"阮夫人一直跟着孩子们称呼方维仪为仲姑，"依照吾家逋庵的说法，这南北烽烟不断，岂不是定数？"她说的逋庵，正是其丈夫方承乾，乃是方大美仲子，居桂林第，与方孔炤是堂兄弟。

吴令则也合掌道："阿弥陀佛！谁说不是如此！不仅桐城遭变乱，我们来时一路看到的都差不多，到处都是田地荒芜，一眼望去皆是黄茅白草，那些村庄城郭都是废墟一片。"

"仔细想来，还不是差役一年重似一年？种田人承受不了，只好逃亡去也。所以有些村庄的人都跑光了。但是如今这样的乱世，即使流亡，又岂能逃脱死丧道途！"方维则满脸悲伤地摇着头。

"差役赋税沉重，只是一个方面。"倪夫人也叹息着，"天可怜见，这些年竟然还灾害频发。"

"自国朝以来二百七十年，吾邑何曾遭此大劫难？"听了大家的感慨，方维仪站了起来，"各位老姐妹，吾前几日里写了首《桐邑叹》，有请你们斫正。"

方维仪正说着，李姆姆就从那边书橱里拿了一筒书卷过来。方维仪接过，在香案前面的长几上展开。

众人围过来，见是一首长诗，依旧是那熟悉的小楷，只是写得不似从前那样从容，而是多有顿挫、修改。可见，方维仪在写的时候，内心一定有复杂的情绪在交织，那是愁苦、悲哀甚至哭泣，更是激愤、控诉和呐喊，还有无可奈何花落去的深深失望。

4

"他仲姑，你写出了我们的心里话啊！"阮夫人匆匆看完，就迫不及待地说。

吴令则说："还是依从前清芬阁惯例，大家一起吟诵吧！"只听她一字一顿地低声读着："桐邑叹。桐城昔日盛繁华，第宅高明巨贵家。紫阁丹台垂照耀，兰房绣柱映流霞。鸾歌凤吹承朝日，宝盖雕鞍轻骑出。春风妙舞花下欢，陌上遨游控瑶瑟。膏腴田宅带江湖，彩艦云山霭碧梧。"她念到这里，又习惯性地合掌道，"阿弥陀佛！吾桐繁华盛景，犹在清芬阁这幅绚丽图画之中也！"众人也都跟着点头称是，又纷纷诉说着从前的桐城。

"亭苑名花倾上国，骄奢驰骋霍家奴。"方维则接过来念，念完这一句，她停了一会，众人皆若有所思起来。她接着念道，"挟势杀人身不死，暗中罗织取锱铢。堉坞宝货方堆积，农父倾家遂遭厄。典衣鬻女债难偿，送入官司加拷责。不惜苍生母子离，更言鸡犬犹堪索。"念着念着，方维则就沉重地叹息道，"这是风气变了，风气变了啊！"

倪夫人见她念不下去，就接着念道："蓬庐寒岁草木凋，荒村卧雪没渔樵。宁甘冻馁填沟壑，敢向朱门告寂寥。征动民间大怨叛，秋风剑戟开国乱。奸民借此启隙端，椎里亡命十之半。杀气胜天蔽野红，寇来焚入自城东。一炬烟消成焦土，须臾华屋琼山空。"倪夫人念到这里，不由自主地愤然道："那些可恶的奸民！"众人都附和着痛斥起来。

阮夫人见她气得发抖，也接过来念了下一段："长途戮血溅溪水，幸得奸民尽杀死。守城任劳复任怨，散财定难心枯矣。可怜冒死全一城，功已不言加罪名。谗言三至成市虎，亲戚骨肉遭兵戈。流离他乡为谁告，人心至此堪痛哭。始信贤者不可为，食肉饮酒当碌碌！"

这时，空气仿佛凝固了一般。阮夫人念着念着，声音越来越沉郁："吁嗟乎！他乡岁暮悲风多，故乡不归将奈何。苍天苍天独不见，生此谗人致相变！"

待她念完，众人依旧沉默着，都压抑着悲愤之情。过了一会儿，还是阮夫人首先打破了沉默："要不是吾家潜夫弟弟竭力而为，桐邑只怕会更加悲惨！最为可气的，倒是那些说三道四者。"

"阿弥陀佛！不堪回首也！"吴令则听了阮夫人的话，连声说着"阿弥陀佛"，又指着窗外，仿佛指着千里之外的桐城，"吾桐城尤多高门大宅，素多游宴园林，紫阁丹台，如今已是薪毁半尽！"

倪夫人气愤道："是也！昔日鼎盛繁华的古城，今日已成焦土残垣矣。"

"这桐变每每想来，怎不令人泪下！"方维则长叹一声，"不过呢，山河破碎，百姓不幸，却都化入了诗家笔墨。就说咱清芬姐姐这笔风，岂输于杜工部耶？"

见这首诗引起大家的共鸣，也勾起诸多伤心回忆，方维仪颇觉过意不去："承蒙老姐妹们抬爱！小诗不过是写实耳，并无甚渲染。惶恐触痛了大家的心神！"

阮夫人立即道："他仲姑，你过谦了！这首诗的好处，就在于让人们铭记。虽然吾家潜夫弟受到某些嫉妒和怨恨，但人们定会记得他的大恩大德。"

方维仪忽然感觉眼睛有些湿润，她用手帕擦了擦眼睛："桐变以来，又连遭寇扰，吾弟潜夫拼死守城，却是谗言不断。吾等流寓金陵，也是一日数惊。吾时常想，还是五印寺松然大师有先见。这也许就是在劫难逃吧！"

方维仪又道："尔止（方文）、克咸（孙临）等人最近又回桐去了，如今又过去了半个多月，也不知能坚守到何时。吾每日里只顾上香祈祷平安而已！"

5

"张献忠的气焰太嚣张了！"近日，十七岁的方其义由芜湖归来，回到了金陵滕寓,也带回了方维仪一直牵挂的桐城相关信息。

由于"桐变"突起,桐城巨族纷纷外迁,大多把居家金陵作为第一选择。不仅桐城如此,南都各郡甚至其他地方的人也络绎不绝地奔往金陵。

正如贵池吴应箕《留都见闻录》所说:"甲戌,桐城民变。乙亥,流寇猖獗。江以北之巨富十来其九,而山东、河南、湖广之人,几于望衡对宇矣。"

吴伟业《梅村家藏稿》也提及:"当是时,江左全盛。舒、桐、淮、楚衣冠之士,避寇南渡,乔寓大航者且万家。"

方维仪感觉,这金陵街市上熟悉的乡音似乎越来越多。他们有些人是"桐变"时相继逃来这里的;有的则是在"流寇"频繁侵扰桐城时,不得已逃离故乡,而金陵成为他们大多数人寓居的第一选择。

为便于相互照顾,孙临一家所居与滕寓为邻。相继迁来的桐城吴、叶、左、何等其他大姓,也散居于金陵城里各处。其中,周岐所居与城西"铁狮子巷"仅隔两条小巷。

从故乡逃来金陵的人,与方家或多或少有亲戚关系。而方以智家本是邑中巨户,家有世德,为人敦厚,交往者甚多。那些流离金陵的桐邑、邻县乃至江淮人士,无论亲故还是非亲非故,打听到方家地址后,纷纷前来。既然都是乡里乡亲,又都落难他乡,招待是难免的。但条件所限,也只能"粗饭但草具"。

考虑到金陵一段时间以来流寓之人暴涨,张秉文因"桐变"移家时并未选择金陵,而是选择了附近的芜湖。方其义去年入赘芜湖时,张秉文不久起复,由福建右布政使迁任江西右布政使。今年年底,又擢升山东左布政使。

因挂念奶奶和仲姑,方其义征得了岳母兼伯姑方孟式的同意,与妻子张德薇回到了金陵,与家人又团聚在一起。同时,方孟式考虑让他回到金陵,也有利于攻读举子之业。

方其义在芜湖时,曾与经过此地的姐夫孙临、老师周岐等人一道,回桐城参与了父亲方孔炤领导的守城之战。由于他跟孙临一样,力大无比,善骑射,在守城之战中,发挥了重要作用。

6

自从方维则、倪夫人、阮夫人等几位老姐妹到了金陵,她们总要抽空来滕寓与方维仪相聚。方文的妻子左萱知道她们也关注着时局,就不时地带来家中抄得的邸报。

方维仪与众姐妹从邸报上看到,今年各地饥荒不断。饥民无粮,只得食草叶、嚼树皮。树皮、草叶被吃尽了,甚至异子相食。山西、河南南阳饥荒尤为厉害。唐王朱聿键奏河南南阳饥,有母烹其儿以食者,边食边痛哭说:"与其让别人食吾儿,不如自己食吾儿。"

方维仪等人看了这些消息,不由得顿足泪叹:其惨如此!其惨如此!

而此时的后金,已将蒙古的武装收编,并建立国号大清,皇太极还正式称帝改元,改族名为满族,定都沈阳,并改名为盛京。

皇太极的八旗兵加紧发动向大明的攻势,甚至长驱直入京畿,攻陷昌平后,又相继攻下良乡(今北京房山)、顺义(今属北京)、宝坻(今属天津)、定兴、安肃(今河北徐水)等近畿州县,同时收服了朝鲜,势力不断壮大。

与此同时,农民军也越来越强大。仅以围攻桐城的张献忠为例,据戴名世《孑遗录》载:"众且百万,蔓延往往千余里不绝,或曰三营,或曰五营,或曰十三营,名号甚多,不可得而详书也。"

方维仪叹息的是,内地混乱已如边疆,朝廷也天天喊"剿贼",可是为什么"贼越剿越强",乃至于明祖陵都被焚,大江南北都成了战场?

在朝廷诏书连发、督抚画地临境的情况下,那些将帅却列营议兵,争吵不休,往往是争吵了十天半月,才发出兵符,要求各地自己征募兵马、应对寇贼。

如此乱局,百姓流离失所,地方哪里有适合的兵员可征?于是招来的都是一些无赖流氓之辈,他们充斥在兵营,趁乱扰民,简直是兵贼不分。

怪不得流民都在揭竿,老百姓都担惊受怕,唯恐贼去兵来呢!

而故乡安庆府属于南直隶,所辖的桐城、潜山、太湖及邻县英山、霍山诸县,都是农民军进退鄂、豫的战略要地。桐城在当时已是江淮名城,巨室大户富甲一方,当然为各种势力所垂涎。

但是,张献忠部属在桐城吃了个大亏。

十一月初,张献忠的队伍又一次发动了"冬季攻势",铺天盖地的人马连续围攻桐城,方孔炤及知县杨尔铭临阵不乱,衣不解甲,指挥若定。张部用屠夫的肉案等厚板捆成大木牛,人藏其中,潜入城下,自东往向阳门,以大利斧奋凿城砖,企图挖破城墙,但城墙石砖实在坚固,一时难以挖通,又被守城军民以大石滚油击退。

他们又造长达数丈的云梯几十架,纷拥至城下,被城上密集的炮石再次击退;再烧城下居民屋舍,风烈火旺,守城军民不能逼视,趁机击鼓登城,却被军民以埋伏的药箭毒弩纷纷射杀。

张献忠连攻三日不得遂,于是只围不攻。

几天后,农民军见桐城实在无懈可击,只得拔营去了潜山、霍山一带。

农民军对桐城的攻势尽管愈加猛烈,却连遭失败,这说明方孔炤、史可法、杨尔铭以及众士绅制定的守桐决策,至少在当时还是十分有力有效的。

然而，张献忠可不甘心失败。

7

"眼看又要过年了，也不知今年汝弟可能来金陵一起过个年。"姚太恭人望着窗外飞扬的雪花，总是愁眉不展，每每问女儿方维仪这样的话。入冬以来，这已是第二场大雪了。

"母亲放心吧。潜夫乃是吉人自有天相。那农民军多是北方的，不习惯南方寒冬里的湿冷天气，必然要退走。"方维仪不知所云地回答着，其实她心里的焦虑一点不比母亲少。

"祖母、仲姑，孩儿在想着此刻的远心堂呢。"方以智望着窗外的雪花，"吾父与杨知县以及邑绅百姓，必在彻夜筹划。农父、克咸等诸生和乡勇也必坚守城头，日夜登陴，劳苦所不辞也。"

方以智没有告诉仲姑的是，他刚接到周岐的信。信中描述桐城已经成了孤城，"绝援者月有三"，战斗之激烈，可谓是"无寸山尺水不作赫色"。他在信中慨叹："向读古战场文，谓文人作意若是，今知未尽其一二也。"监军史可法"率老弱数千人日追逐十数万贼中，顾皖则桐危，顾桐则皖危"（周岐《告方密之书》）。

方维仪对侄子点头道："只要知汝父在桐，桐必无事！汝父也必无事也！"她这话既是安慰侄子，也是安慰姚太恭人等家人的。

十二月初，张献忠的队伍再次扑向桐城。他们这次不再围城强攻，而是在四乡肆虐，以激守城兵士出城。监军史可法果然中计，率兵在离城三十里的鹿儿城差点被围歼，参将程龙、守备潘可大在分兵突围时遇难。

幸好方孔炤率守城士兵、乡勇冲出，与及时赶到的郡城守兵王公弼队伍会合，击退了几股潮涌一般的农民军，将史可法救了回来。

眼见着守城官兵激不出来，又久攻不下，张献忠手下大将张天琳似乎改变了战术，只是围而不攻，每日里亲自驾着马车绕

方以智《思远心》

城而行,来来回回地向着城中叫骂呼降。正当他猖狂叫嚣的时候,一不留神,被孙临的毒弩射中了腰,顿时一命呜呼。众人见头领死了,随即一哄而散。城里守兵和乡勇乘机杀出,农民军仓皇奔逃。

接到来自桐城的报捷书信,一直引颈西望故乡的方维仪及众姐妹们,既高兴,又焦虑。方维仪特别理解倪夫人的心情,因为其丈夫姚孙棐、儿子姚文然也都留在桐城守城。而方维则常念叨的是弟弟方文,信中说他与姚文然、马之瑛(方以智的连襟)共守在一个窝棚,日夜警戒。

离除夕越来越近了。这场雪也已经停了多日,天虽然放晴了,却寒风刺骨。

这天上午,方以智因思念父亲而写了首诗,方子耀正好抱着儿子要上楼,方以智就请她将诗带给楼上的仲姑。诗中写道:"思我大人守城久,西望涕泣能来否?岂为百姓相遮留,平生好义不肯走。远心堂中日百人,中有孙子同苦辛。日日议事夜上城,五更作书分请兵。请兵久戍危城下,贼入霍山兵报罢。"

方子耀看到"远心堂中日百人,中有孙子同苦辛",不由得想起那个曾经与自己青梅竹马,后来却在金陵风花雪月,如今又在故乡奋力抗贼的人。不论他是否还记得他们一起走过的那些迷离的春夏秋冬,她仍然为他的安全提心吊胆。她也跟着仲姑写诗填词,把自己的情绪掩藏在长长短短的句子里。她希望有一天,他还能从中读到,那些仿佛不曾流走的时光。

侄子的诗又提及了远心堂,再一次牵起了方维仪浓烈的思乡情绪。

想必真的是"天不夺人愿",在除夕将至的时候,趁农民军退解,方孔炤终于乘舟来到了金陵,周岐、孙临、方文、吴道凝等人随行。"桐变"之后,一家人直至如今才终于团圆,众人多是喜极而泣。

次日傍晚,又一场比前些日子更大的飞雪降临。但这场雪却让全家感到了一丝欣喜,都说是瑞雪。

8

方维仪精心安排了一场晚宴,以示庆贺方孔炤等人平安归来。

她举起酒杯说:"桐邑变乱以来,四野皆空,生灵涂炭。在周边县城纷纷沦陷之际,唯吾邑一座孤城竭力支撑,也算得上奇迹矣。吾弟快三年没有与家人团聚,然劳而不矜其功。今借瑞雪吉兆,吾为弟贺一杯!"

"仲姊言重矣!吾何劳何功之有?只是郡、县官绅力请,百姓遮道挽留,吾唯保城之使命尔!最令人痛心的是,许多乡亲不幸战死;带领东乡少壮武勇守城的左光灿老先生,也不幸壮烈遭难!吾且为这些乡亲和壮士敬一杯!"方孔炤沉痛地站起来,端着酒杯,走到门外,倾酒于地。

方孔炤回到桌边,对方以智说:"密之,且满上我的酒杯。"

只见方孔炤端着杯子,又对方维仪说:"吾应恭恭敬敬地敬仲姊您一杯,这些年全家流离在金陵,经济困顿,若无您苦苦维持,哪有今天合家团聚?"

"我曾有诗曰'始信龙眠人,一可以当百'。"方以智也站起来,向父亲敬酒,"那'流寇'即使再猖獗,有吾父和汝孙武公等人在,何足惧尔!只是我很遗憾没有与你们一起回桐共同御敌!"

方维仪看他神情激动,却再倾一杯转向自己,方以智弓腰敬道:"孩儿秉性疏懒散漫,常常有处事不周、言语过失之处,幸有仲姑不时地提醒和教导!"他感激仲姑以慈母之心,身先操劳,于乱世流离之际凝聚了全家。

"嗯,你有此认识,吾亦欣慰。"方孔炤听了方以智的话,颔首道,"密之啊,你年已二十有六,应时刻以功名为念,以待三年大比,不负明善公、文孝公之厚望。吾明年若不起复回朝廷,则仍将固守桐城。你在金陵要好生照顾全家,替吾好生服侍你祖母,不要让你仲姑太劳累。"

"我这两个孙子,你可要替我养育好啊!适时引导蒙学固然重要,但也应让他们自小就有一个好身体。"方孔炤说着,拉过小岩的手,让他坐到自己的身边,充满怜爱地抚着他的头。

"还有,你要与农父(周岐)好好指导你直之(方其义)弟弟。"方孔炤又指着方其义说,"其义颇是慷慨负大志。记得你五岁即能辨四声,而今骑射、兵略与克咸(孙临)不相上下。将来啊,我还是希望你也能博得好功名。"

见方以智、方其义都频频点头应诺,方维仪微微一笑,说道:"密之已经比从前成熟多了,这一大家口包括童仆流寓金陵,若不是他从中周旋,吾真是力不从心呢。"

方子耀放下喂破奴饭的勺子,看了一眼和她坐在一起的夫君孙临,却对父亲说道:"好一场瑞雪,父亲得以归来团聚!正所谓'人言人有愿,愿至天必成'。这天下百姓,哪有不盼望安定过日子?哪个不希望夫妻团聚、儿女团圆?"

孙临以为方子耀又要说他,心里直怨不应在这个场合说。

9

方子耀并不在意孙临的眼光,继续说道:"再说,即使这农民军,他们也是父母生的,也并不希望长年在刀尖上活命。女儿以为,这乱世总会有尽头的。"

"子耀说得没错。这正是吾致仕以来一直思考的问题。"方孔炤颔首赞许。

孙临见妻子并没有话中有话地指责自己,这才放下心来。

"子耀所谓'尽头',也就是'时'也。"方孔炤继续感慨道,"吾阐发明善公《易蠡》、文孝公《易意》之旨,集纳历代易家观点,作《周易时论》,其实也是想解析一个道理:今天下之乱,皆因那些为乱者不观天地之道,不懂时变之理,一言以蔽之,是不知时也。"

孙临这时也站起来,向岳父方孔炤敬酒:"有外舅尚宝公(方孔炤官名)在,有邑令杨尔铭与守城军队及乡绅、生员勠力同心,誓死守城,桐邑百姓就感觉有镇守的希望。"

"但愿邑中百姓安好!"方维仪听了孙临的话,不由得闭目捻起佛珠,心里默默地为桐邑百姓祈祷。

孙临又道:"只是眼下那张献忠和马守应又联合起来,今后桐邑防御必将更加艰难。我孙三还是想着,时刻准备杀回去。"

"这些日子,也多亏你和农父、尔止(方文)、子远(吴道凝)、龙怀(姚文然)等年轻诸生,一直在我身边谋划,你也算是有勇有谋!我要提醒你的是,今后不要废了举子之业啊!"方孔炤端杯浅抿了一口酒,叮嘱着孙临。

方维仪绘《西池大罗汉》局部

方孔炤想了想,又对方以智说:"吾家流寓金陵已久,不比从前在桐邑时宽裕。现在物价几日一涨,你要计筹好,善用度,不可挥霍豪顿。"

"说到举子之业,他伯姑也非常关心。"方维仪也道,"他伯姑每次从山左(山东)写信回来,必问孩子们举子之业进展如何。密之也颇有'闭门即是深山'的苦学之志。只是这乱世,年轻人难免忧时伤国。尤其是克咸、直之,你们俩不可耽于时事而荒废举业也。"

"仲姑、父亲,孩儿一定铭记训示,不敢稍有松懈。"方其义站起来弓腰行礼说。他身边坐着的正是妻子张德薇,脸上仍不脱稚气。

方孔炤看着这一对小儿女,心中充满了欢喜。他又接着叮嘱:"总之是望你们不要浮躁、虚度,要学会沉潜、致远。你们须时时牢记。"

　　毕竟是繁华的南都金陵,除夕未至,节日气氛已经比较浓厚了。雪花纷飞的通衢曲巷却飘扬着笙箫鼓乐,到处是此起彼伏的鞭炮声和璀璨的烟花,烟花映着洁白的雪,更显出这乱世里难得的喜庆。

　　宴席散后,方维仪回到了自己的房间。此时,她正站在二楼,看天空中升起的焰火而沉思着,却见方子耀领了一个妇人进来,定睛一看,不由得惊喜万分。

第三十章　寄寓秦淮已作家

1

"仲姑，没想到春节刚过几天，前院里的梅花就绽放了。"方子耀抱着两岁多的孩子破奴上楼来，欣喜地向方维仪禀报。

方维仪正在扶着小岩的手腕教他练大字，回头道："怪不得这几天感觉有些幽香呢。我想应该不是春节后开的，可能之前就有开的了。你可否做个准备？待元宵节前后，这小院里的梅花都开放了，就请大家来赏梅。尤其要把你何姑母请到。"

方维仪说的"何姑母"，正是去年年底雪夜里来访的妇人。原来她就是几乎十年未见的幼妹方令德，十四岁时远嫁百余里外东乡青山，其夫何应璿乃是浙江右布政使何如申次子。而何如申与其弟何如宠是万历戊戌科同榜进士。

方维仪与幼妹最后一次见面，还是父亲方大镇去世那年，如今一晃快十年了。去年年底因何应璿也携全家寓居金陵，让她们有了难得的岁尾雪夜相会，而且是在这流离的乱世，岂不喜极而泣？二人当即拥炉把酒，彻夜相谈。

方维仪近来心情不错。特别是去年冬天，弟弟方孔炤终于结束了多年的在野生涯，起复为南京尚宝司卿，不再留守桐城。他向在皖监军的史可法以及桐城官绅百姓告辞后，来到金陵上任，兼摄南京太常寺。

孙临、吴道凝、方其义也跟着回到了金陵，方家迎来了"桐变"乱离之后的第二次团聚。此后，原来在桐参与守城防御的姚孙棐、方文、周岐、钱澄之以及左国柱、左国棅兄弟等人，不久也都陆续回到了金陵。这些龙眠士子还一起约定将为明年的秋试做准备。

而从前在桐城诗文相酬的老姐妹们，也纷纷来到了金陵寓居，有机会时常小集，也稍稍淡化了方维仪心中那种流离的感觉。

这一日已是元宵节过后的第三天，气温回暖很快，外面街市仍有断断续续的鞭炮声。方维仪刚在膝寓二楼东阁写完一首诗，写的是与幼妹方令德雪夜相会的那份欣喜："佳会在寒夜，白雪下庭帷。拥炉一樽酒，叙我十年思。寂寞谁相问，赏心唯故知。霜鸿哀野渚,北风响枯枝。今岁复云暮,相欢能几时。驱车出郭外,烟水杳弥弥。"

"仲姊,令德特地来拜望您了!"说话间,方令德已经走了进来,身后跟着方子耀,方子耀还怀抱着儿子破奴。

"令德,我正念叨着你呢! 这不,刚刚写了首诗,你来批正一下如何?"方维仪转过身来,对方令德微微笑道。

"岂敢呢! 仲姊写的诗,那就一定好。我这些年啊,全部的身心都耽于儿女身上了,写诗填词抛弃久矣,只怕欣赏水平早就不行了。"方令德走到案桌前,朗声吟了一遍方维仪的诗,又不住口地称赞着。

方维仪拉着妹妹的手:"你也不必过谦。你有四个好女儿,伯姊常夸你抚教得好,要与你再结儿女亲家呢。尤其吾家幼侄允绍,虽然与其义年纪相仿,却更是才气纵横,将来定能博得好功名,也不枉了何方伯的殷殷期望。"何方伯即何如申,因曾官至浙江右布政使,所以里人尊称何方伯。

"仲姊好夸人呢! 其实,你把几个侄子侄女抚教得更出色。"方令德说着,就把小岩从椅子上抱下来。几个人一起下了楼,来到小院中。

2

小院中。只见明丽的阳光下,几树梅花正竞相绽放,幽香阵阵。梅树下已布置了案几、茶炉、琴台等,方维则、吴令则、倪夫人、阮夫人、吴坤元已经在座,正闲聊中,见方维仪等人出来了,都站起来迎上去。

"他仲姑,我们也是刚到,知道你那楼上促狭,也就没上去了。"阮夫人说着,又去逗方子耀怀里的破奴,并问,"太恭人呢? 还有副华和德薇呢?"

方子耀连忙答道:"太恭人由德薇和李姆姆陪着,去寺里上香了;副华抱着小徽,带着小易,到她父亲家去了。吾家密之哥哥、直之弟弟,又和克咸等人参加复社雅集,他们忙得很呢。"副华是方以智妻潘翟的字,其父潘映娄也于当年"桐变"时携全家流寓到了金陵。

"老姐妹们,难得这元宵气氛还未淡,我让子耀安排了一场梅花宴,请你们小集一场,凑个早春的兴。我们先来看看这梅花究竟开得怎样。它们都是原来的屋子主人留下的。"方维仪笑着,就领大家在院中依次看梅。

"阿弥陀佛! 这一树有深红也有浅红,倚墙而开,吾等远远走来,就看见小院一派祥光。"吴令则围着那株红梅走来走去,充满喜爱地说。

吴坤元笑道:"吾姑如此深爱红梅,或因其艳若桃李,灿如云霞,令人有寒冬里佛意的温暖吧。"

方维则却指着假山边的一株乌梅说:"你们瞧这一树梅色,看上去好像淡些冷些,香味却别具一格,吐露着不俗之韵呢。"

吴坤元又道:"吾婶婶却是喜爱这乌梅,或因其清雅寂冷,有物外超然之美吧。侄女见之,也是油然而生喜爱呢。"

"看来看去,我还是喜欢那一树蜡梅,瞧着金灿灿的,去年冬雪里就见其绽蕾了,现在依然明亮照眼、香气芳馥。"倪夫人说着,也围着那株蜡梅走了一圈。

"这香味阵阵,就是感觉眼睛和鼻子都不够用呢。我是看了这朵又想看那朵,看了那树又想看这树,就像看我的那些孩子,看着都喜欢不尽。"方令德笑着说,众人也跟着笑。

小院梅花竞相绽放

方维仪也因大家的笑声而开怀:"就这几树梅花了,品种也不多,但一入寒冬,就开始吐蕊,这几日更令人赏心悦目,尤其是深夜里香味袭来,常让我恍然以为是吾故乡清芬阁窗前那株老梅。"

"如此说来,也合着是这几株梅树有意,在这小院里等待多年,让我们老姐妹能相聚于此,畅叙幽怀呢。"方维则说着,又陶醉般地将鼻子凑近那乌梅。

"这小院里的阳光还较暖和,大家都过来坐下吧,子耀快上茶。"方维仪将破奴抱过来,众人都到案几那边依序坐了。

但见方维仪、阮夫人在正面一桌分左右坐了,方维则与吴令则在左边一桌也分左右坐下,倪夫人与方令德在右边一桌分左右而坐。子耀分别为这些长辈上了茶,到琴台那边坐下。吴坤元虽然年长子耀十多岁,但由于与她是平辈,所以也就坐到子耀那里。

在众人的背后,尚有一个案几,上面摆放有笔墨纸砚等,一个年轻的女仆正端坐在那里。

"这是未精拣的粗茶呢,大家将就着抿吧。可惜这些年乱世,喝不到吾乡龙眠小兰花茶了。"方维仪歉意地说着。

倪夫人抿了一小口茶,又放下杯子感慨道:"转眼啊,今个已是戊寅年的春天了,桐变至今已四年矣。姐妹们寄寓秦淮,家山一水牵愁万里,何时还能回到清芬阁再雅集呢?"她所说的戊寅年,正是崇祯十一年(1638年),距甲戌(1634年)年桐变,正好过去了四年。

"阿弥陀佛!与其思念故乡,徒生伤感,不如借此机会,大家都口占一首如何?也不枉了仲贤姐姐的一番雅意。"吴令则提议道,"我先来献拙吧,算是抛砖引玉。"

众人都齐声响应,议定题为《口占膝寓庭梅》。

3

阳光温暖,梅花明艳,清茶袅袅,幽香满院。看着分明都有了缕缕白发的众姐妹,方维仪却恍然觉得又回到了龙眠山下,回到了廷尉第,回到了清芬阁。

吴令则这时站了起来,她合着掌念念有词地在那里缓步而行,眼睛却望向那一树灿烂的红梅,不一会儿,抑扬顿挫地吟道:

口占膝寓庭梅
幽香几树意无穷,或是深红或浅红。
一幅白描新素影,何须名苑借春风?

在众人齐声说"好诗"声中,那位端坐的女仆已经停下了抄写的笔。方子耀随即将琴弦轻拨了几下,琴声悦耳,众人听了,都知道她弹的是《雁过衡阳》,似乎流水淙淙而过,表示该有人接龙了。

倪夫人笑着说:"吴夫人与何夫人那一桌先起兴了,博了个头彩,我和令德这一桌自然不能落伍。依从前在家乡的旧例,是要步韵首倡者的。我也口占一绝,敢请众姐妹赐教。"她说完,即兴吟道:

口占膝寓庭梅
最是金黄阅未穷,桂堂岁岁喜花红。
梅梢闹处天心见,烂漫春光待好风。

众人也喝彩,齐声说好。吴令则站起来点评道:"倪夫人这一首,应是写那一树蜡梅的,气韵颇为不俗,充满了富贵之象呢。"

"哪里有富贵之象?权当憧憬罢了!"倪夫人笑着回道。

待方子耀将琴弦又拨了几下后,众人听了知道是《鹤鸣九皋》中的"志在九霄"段,颇是激昂向上。

阮夫人这时站了起来："各位老姐妹，这吟诗作赋，我向来不敢轻易为之，毕竟觉得自己才情不足。但今日呢，我也不能拂了他仲姑和众姐妹的雅意，又想着这桐邑之乱、流离之苦，权将心情赋予这满院的梅花，如此也就献个拙了。"只见她沉吟了一会儿，也随即朗声道：

口占膝寓庭梅
梅边叙旧忆无穷，故国山川烽火红。
记得那年花未发，恨随江水逐凄风。

"阮夫人这是借景悲时啊！你平素达观，没想到诗有别裁呢。说来也是奇怪，'桐变'的前一年，吾家清芬阁窗前那枝老梅，的确没有开花。"方维仪说着，又让子耀给众人添茶。

众人不免又谈起从前在桐邑时的事来。方子耀轮番上完茶后，又轻拨了几声琴弦，琴声由此前的欢快转换为低沉，众人听了，知道弹的是《清夜吟》，仿佛有"此般清愁味，料得少人知"之韵。

这时方维则也站了起来，她一边往那株乌梅边走，一边说道："吾对乌梅，情有独钟矣。"她将一枝梅梢轻轻拿在手中，将鼻子凑上前做陶醉状。然后轻轻放开了梅梢，面向众人，朗声而吟：

口占膝寓庭梅
梅香细细兴何穷，不斗秾华不占红。
我亦清癯君莫笑，一般孤傲一般风。

"吴夫人这首啊，必然是自我写照，最难得的是把自己融进去了，细腻生动着呢。"阮夫人赞道，众人也都称好，与前几首在一起，议论比较了一番。

方子耀又将琴弦轻拨了几声，显然是《良宵引》，节短韵长，委婉清新。

待琴声一停，只见方令德也站了起来。她将怀里的破奴递给了身边的方维仪，然后摆摆手道："众位姐姐，吟诗实在不是我之强项，不如让我弹一曲如何？"

"你要是弹得好，就顺利通过；要是弹得不好呢，还是必须作诗，不然就坏了规矩了。"吴令则笑着说。阮夫人立即附和。

"阮姐姐不该附和，她这是给妹妹我出难题啊！亏她和我还是妯娌呢！"见方令德故意着急的样子，众人都笑了起来。

4

　　方令德随即走到方子耀那里,飘然而坐,两手往上轻扬,双袖下滑,露出一双修长的手指,轻抚着琴身,仿佛与琴进行了一番心灵对话。

　　然后,她深吸了一口气,手指开始在琴弦上拨动,顿时,似清风袅袅,似流溪潺潺,似悠云荡荡,似飞瀑雷霆,似奔马疾驰,都从其手指间汩汩流出。

　　刚才还在来回奔跑的小岩,开始安静地坐着不动听琴,破奴更是目不转睛地看着方令德手中的琴弦在跳跃。

　　一曲终了,众人还沉醉在美妙的琴声中,回味无穷。

　　方令德已经站起来,走向自己的座位,边走边说道:"妹妹我献丑了,这一支是《潇湘水云》,还是幼时在廷尉第跟吾仲姊学的。后来随夫子远游,因思念家乡,在其中也做了些增减,就当那水是桐溪之水,那云是龙眠之云,那瀑是碾玉峡的飞瀑了。"

　　众人都说:"极好!极好!音韵大雅,婉转流旸,余音绕梁。"

　　"令德妹妹操缦精妙绝伦。"吴令则叹道,"我不由得就想起苏东坡的诗:若言琴上有琴声,放在匣中何不鸣?若言声在指头上,何不于君指上听?"

　　"也罢,她虽不作诗,也算是顺利过关了!"阮夫人对吴令则笑着说。

　　方维仪感慨道:"没想到吾妹这么多年来,琴艺大为精进!怪不得上次听说吾侄允绍能弹一手好琴,原来是家有良师啊!"

　　方维仪将怀里的破奴递给方令德,也站了起来,继续说道:"以前,老姐妹们多在故乡,吾一人落寞于白门。去年适逢梅花纷落之际,吾曾有诗赋梅曰:烟含堤柳水潆沙,寄寓秦淮已作家。一度空庭人寂寞,不知溪上落梅花。"

　　"阿弥陀佛!这真是大家之作。寄寓秦淮,空庭梅落,只恨白云飞急,千里桐山,远道绵绵,岂不涨起浓愁无限!"吴令则合掌而叹。

　　"江天风云,萍踪难定,真是惹动着何大夫人乡愁了!阿弥陀佛!"方维仪也连忙合掌道,"今天,吾妹令德一曲悠琴,也让吾忆起从前姊妹相伴廷尉第那些美好的日子。今日赏梅,自是与往年不同,众姊妹琴瑟相和,又有所感焉。余且再步韵赋之。"

　　只听方维仪也朗声吟道:

口占膝寓庭梅

　　桐溪梅影忆何穷,枝上春光带晚红。
　　四十年前曾一曲,忽闻吹调入帘风。

"昔日空庭人寂寞,今日吹调入帘风。有故人久别重逢,如沐春风之感,妙哉!"方维仪刚一收声,倪夫人随即赞道。众姐妹不由得又品评一番,并叙说起从前的事来,说到高兴处,众人都笑;说到流离的悲伤时,又不免深为感慨,甚至有人忍不住啜泣。

那啜泣者居然是性情一向平和的阮夫人。她为桐邑从前的繁盛变成如今的断壁残垣而伤感,为四乡百姓逃难、到处一片荒凉破败而痛心。

"各位长辈,别家常归梦,山塞多离忧。太伤感易伤身也!"方子耀劝慰着长辈们。见大家情绪有所好转,又说道,"下面有请璞玉姐姐献玉吧。"只听她将琴声轻抚而过,却是《渔樵问答》,一种超凡脱俗之幽远,顿时让众人宁静下来。

"晚辈献拙了!"一直安静坐着的吴坤元,这时站了起来,躬身向方维仪等人分别作了一揖,即朗声吟道:

口占膝寓庭梅

白门诗思岂能穷,肯放千苞结碎红。
松阁寒梅争似昨,不随杨柳乱春风。

方子耀听她诵完,遂打趣道:"璞玉姐姐,怕是赏着南都的梅花,却又怀想着桐城老家松声阁吹来的松风了吧?"松声阁是吴坤元的桐城书斋。

"璞玉这首,确是别有意趣!"方维则说,"起句不凡,以白门之'白',反说诗思'岂能穷';落笔有旨,以寒梅的高洁,喻其不随杨柳乱春风。这梅与柳,岂不是那有着高行的人也?"白门是金陵的别称。

众人也都纷纷称赞吴坤元的诗好,方维则的评点精到。

"各位长辈,愚侄女也斗胆以诗相和,求赐教了啊!"方子耀这时将琴弦轻抚了几下,恰似鸣鸟欢快地歌唱。众人知道她弹的是《凤求凰》。

众人都说,子耀是凤仪坊才女,诗风画格无不近似其仲姑方维仪,这次小集怎能没有子耀的咏梅诗?

"众长辈如此勉励,愚侄女敢不请教?"方子耀笑着将琴放下,站了起来,男子似的拱手作揖,然后朗声吟道:

口占膝寓庭梅

琴痴端复觅诗穷,竹影扶疏梅萼红。
却恼微酣谁拂面,一庭袅袅漾东风。

吴令则听后立即合掌笑道:"阿弥陀佛!子耀自谓琴痴,这琴痴抚琴于竹影梅红之间,好一番雅意!咏的是梅开时节的香风,那香风让人微醺,还以为是谁偷偷地拂面呢,睁眼正要嗔怪时,却原来是一庭袅袅的春风!真才女也!"

方维仪点着头,也笑道:"天下爱梅者众矣。即便如吾等,也是各有偏爱,各有倚重,而所咏皆有乾坤真气也。"

"故园春色将近,花发应是归期。"倪夫人说着站了起来,"此番雅集,何其畅哉!不过,天色也不早矣,我等该告辞了。"这时,天上的太阳已开始偏西,一阵风来,寒意渐起。众人都知道时候差不多了,遂起身告辞。后面抄录的女仆也在收拾案几。

方维仪将方令德怀中的破奴抱过来,递给方子耀,忙说:"老姐妹们,别急、别急!"

5

且说元宵节后的第三天,几位相聚在金陵的老姐妹,于城西滕寓办了一场梅花小集,重温了从前龙眠山下清芬阁里的诗文相酬往事。小集结束后,方维仪又留众人吃了汤圆,寓意今后能年年团聚。

然而,这汤圆却不同寻常!

原来,这汤圆是姚太恭人在李姆姆和女仆的协助下,亲自下厨做的。姚太恭人从小女儿方令德那里得知,方维仪要在今天办这场梅花小集,于是一早就让李姆姆准备了水磨糯米粉和芝麻、蔗糖等。

为不惊动众人,姚太恭人从寺里上香归来,由后院进门,并让小孙媳妇张德薇悄悄关注前院雅集进展,适时告知方维仪。

众人没想到在金陵能吃到故乡桐城风味的汤圆,都觉得是意外惊喜。

汤圆乃是桐城传统风味小吃,与金陵本地做法既有相同点,又有不同处。其最大特色是馅料为桐城产黑芝麻,吃起来口感软滑而不腻,满嘴清香。

"汤圆就是'团圆'嘛!很高兴你们来看我,很高兴清芬阁诗社今天又团圆了!"姚太恭人非常高兴地上了主座,与众人一起吃汤圆,边吃边聊。

可能这些日子家人团聚,儿孙满堂,儿子方孔炤又起复,让姚太恭人心里有说不出的高兴,特别是有生之年还能看到十年未见的小女儿和小外孙,有喜出望外之感。所以,她对方维仪办的这场梅花小集也是非常支持。于是,与李姆姆一起悄悄地做了汤圆,就想给众人一个意外惊喜。

方维仪笑道:"合着吾母今个特别高兴,又是老人家亲手做的,大家一定要多吃点。遗憾的是,由于寇乱,这用料都不是桐城地产的。但是,做工是桐城传统手法,所以这口感不亚于从前在家乡吃的呢。"

众人都称赞说,太恭人的手艺好,所以味道才这么纯正,不逊于从前。

"你们也别都只顾着夸呢。就说这做馅的辅料吧,也不是龙眼泗水桥水芹,你们岂不觉得缺了什么吗?"姚太恭人笑着摇头。

"小岩吃慢点,小心烫嘴。"方子耀对小岩说,"光吹气还不行,因为糯米很黏,外面虽然吹凉了,里面可还烫着呢。你看啊,要这样先将其撕开,待里面热气也散发了,才能吃出美味来。"

众人高兴地吃着汤圆,吴令则、倪夫人、方维则、吴坤元吃了一些后,先后起身告辞走了,潘翟这时带着小易也回到了滕寓。

这时,但听院外马蹄声渐行渐近。

6

却是方孔炤夜班归来。他此番新任南京尚宝司卿兼摄太常寺,与从前在朝廷工作相比,倒是清闲了不少。

方孔炤将手中的一样东西交给了李姆姆,说道:"这是适才路过晚市时,有商家在吆喝叫卖河豚,也就顺便买了些。你且吩咐下去,先做一些今晚的菜,余下的留着明日大家吃吧。"

方孔炤见母亲与姐姐方维仪、妹妹方令德,媳妇潘翟、张德薇,女儿方子耀今晚都在,孙子、外孙机灵可爱,心下十分高兴。对李姆姆端来的汤圆,更感到细腻可口,不由得就胃口大开。

"近来啊,朝廷有大动作。"方孔炤边吃边说,"裁了近百名南京各部冗官冗员,这一裁减,正当其时。现在朝廷财力这么紧张,却养了一批只会空谈的政客!但是,这一裁减,也导致留下来的官员兼职过多,担子更重了。所以这几天我回来都比较迟。虽如此,也表明吾皇上是真的有中兴之志,吾等安可片刻疏懒?"

"你自幼就喜欢吃这汤圆,却因多年在外,又逢世乱,也很久没有吃过我亲手做的汤圆了。想吃就多吃一些吧。"姚太恭人看着方孔炤馋嘴的样子,不由得笑意融融。

这时方以智、孙临、方其义也从秦淮板桥雅集归来。三人也陪着方孔炤吃汤圆。虽然他们都在外面用过餐了。

眼见夜渐深,姚太恭人知道方孔炤又要桌边训子,于是催方子耀和潘翟分别带着孩子回房间,她自己则由方维仪、方令德陪着也先去休息了。张德薇朝方其义望了一眼,其义说:"你先回房吧。"

"河豚也好了呢。"李姆姆这时与一位女仆端了一盆热腾腾、香气浓郁的河豚放上了桌。

　　方孔炤见了,笑着说:"这河豚呢,还是以前在京师的时候吃过的。都说河豚有毒,但人们还是'拼死吃河豚'。为什么?因为河豚肉质细糯,入口即化,加之混合有姜、葱、蒜、笋的香气,那真是口舌生香,缠绵舌根,挥之不去啊!"

　　"孩儿听说,凡煮河豚,用荆芥同煮四五沸,每沸则换水,如此方可无毒。"方以智也笑道,"据说感觉嘴里发麻,那就是中毒了。我先替父亲一试,究竟毒不毒也。"

　　听方以智这么一说,孙临、方其义及那些家仆顿时紧张起来。只见方以智夹了一块河豚肉,放进嘴里品了片刻,装着愁眉苦脸的样子。

　　孙临连忙问:"密之大兄,你嘴里发麻了吗?"

　　"去你的!"方以智笑道,"味道不错,不发麻,父亲放心吃吧!"

　　李姆姆也笑着说:"正是按你讲的那个方法煮的呢,以前在桐城不是也煮过吗?都说好吃。"

　　"既然味道不错,大家就一起吃吧。"方孔炤招呼着众人一起吃。

　　"呕——"突然,方孔炤发出沉闷的干呕声,方以智、孙临、方其义都大吃一惊。只见方孔炤手捂腹部,额上汗珠瞬间滚落而下。三人连忙上前搀住,并将他扶到坐榻上,帮助他侧身而卧。

　　"吾忽然感觉到腹闷得很,怀疑还是这河豚的原因,你们快拿香油来!"没想到,方孔炤喝了一些香油后,腹痛更厉害了,"遂痛而呕",甚至"迷急几死"。

　　方以智与孙临、方其义哪里见过方孔炤这阵势,一时吓得不知所措。李姆姆急道:"我去把你仲姑喊来。"方以智这才清醒过来,嘱咐不要惊动姚太恭人。

　　方维仪听说后,急匆匆地赶过来,见状连忙对方以智说:"还不赶紧去请医!"

7

　　"如此深夜,去哪里请医呢?"方以智、方其义着急地直跺脚、团团转,一时想不到去哪里可以请医。

　　"快去请金申子啊!"没想到一向大大咧咧的孙临居然提醒道。

　　方以智立即想起也流寓在金陵的吴门名医金申子,乃是几个月前由云间(今上海)好友李舒章介绍认识的。此人在金陵开了个吴门申雅大药坊,很有口碑,他又精通字学,尤善篆刻,所以与文人名士来往也很密切,前不久还来方家滕寓拜访过自己。

　　方以智立即出门,打马直奔而去。孙临向方维仪简要介绍着金申子情况。

　　也是凑巧,那金申子刚好为人看病归来,见复社公子方以智急匆匆地来找自己,

第三十章 寄寓秦淮巳作家

听了他结结巴巴的简单叙说后,随即背上药箱与方以智赶赴方家。

"诸位请勿担心,方大人体质较好,尚无大恙。这煮熟的河豚,我测了一下也并无毒性。"经过一番察言观色、望闻问切之后,金申子对焦虑不安的方维仪等人说。

方以智疑惑道:"我也先试吃过这河豚,确实感觉没毒。那是什么原因呢?"

"之所以急发此症,乃是之前过食黏性较高且不易消化的糯米粉汤圆,再吃河豚就导致了腹闷,然后又误服了香油。如此三面夹攻,肠胃不堪重负,遂有了严重反应。"金申子答道。

金申子从随身带来的药箱里取出几味药,对李姆姆说:"此药需要连夜煎服,服了稍后即可入睡。"

"凌晨可能起解,你们需要注意服侍。"金申子又对方以智等人说道,"明日午时左右,方大人便能安好如初。不过,此药需连服三日,不可遗漏。"

他当即又匆匆疾草了一页药方,递给方以智:"这是我的特制之药,赶紧随我一道去药房抓药吧。"两人随即匆匆出门,飞身跃马,直奔惠民施药局而去。

方维仪已经紧张得说不出话来,见金申子如此一说,吊在嗓子口的心猛然放松,一时站立不住,瘫坐在椅子上。李姆姆又连忙过来扶她。

果然,方孔炤服药后,一夜安睡,次日早上醒来,上了大号,就感觉已基本恢复,全家人都道神奇。

而方孔炤用餐遇险,姚太恭人根本不知道。这几日还用心制作汤圆,劝儿子多吃。方孔炤每日也只得勉强吃一点。与老母亲相伴了几夜的方令德,竟也丝毫不知情,被儿子何允绍接走了。

但方维仪又突然病倒,每日不是发热,就是发冷,茶饭不思,只能稍稍食用一点米汤。姚太恭人着急不已,老泪纵横,催着儿子方孔炤、孙子方以智寻医问药,为方维仪细加调理。

还是那名医金申子,果然名不虚传,几服药即妙手回春。他将诊断的情况告诉方孔炤,说是忧急过度,身体机理失衡,按他的药方小心调理即可。

吃了半个月有余的药,方维仪终于渐渐恢复过来。她感到,这一场病比从前生过的所有病都厉害,幸好有吴门名医的良方,有老母亲与李姆姆的细心照顾。加上妹妹方令德、侄女方子耀、侄媳妇潘翟也常来侍候,陪着说话,尤其是几个天真活泼的小孙子,每一日都来床前问安,她敏感多愁的心,也如那渐渐暖和起来的天气一样,变得舒朗起来。

第三十一章　长夜钟声清露冷

1

　　滕寓小院里,梅花不知不觉间快落尽了。
　　一场连绵的细雨过后,阳光下的小院里,原先干瘦的树木都忽然间爆出了青翠,草地也渐渐鲜亮起来。与妹妹方令德、侄女方子耀在院中散步时,方维仪还想着那场梅花小集:"当时还是缤纷异彩、幽香袭人,转瞬间却已落梅无数矣!"
　　也就是这段时间,她和弟弟方孔炤不觉间都经历了一场出生入死的考验。方维仪不免心生感慨,遂口占一绝:"空庭寂寞暗香残,叶上春光畏晓寒。传语东风莫吹尽,还留一片与人看。"
　　后院那几株桃树、杏树,此时花开得正烂漫。院门外,护城河对岸,踏青的人明显比往日多,还有清脆的鸟鸣声不时传来,三人不由得走出了院子。
　　散步归来,方维仪回到东楼,为观音大士添了一炷香,想着一路上的感思,遂到案前提笔写了一首诗:

病中作
生来薄命老无依,风雨潇潇独掩扉。
病里流年将发变,堂前设席见人稀。
老亲拭泪怜孤女,贤弟携医问素帏。
长夜钟声清露冷,子规枝上起嘘唏。

　　写完后想了想,她又添了落款"姚门未亡人方氏维仪"才搁下笔。"姚门未亡人"五个字,又一次在她的内心深处引起波澜。尽管上有老母亲、下有弟侄等的细心抚慰,却不知为何,生病时那种孤苦伶仃之感愈加沉郁。
　　这次病中,突然特别怀念从前青春年少时,随父宦游京华、漫兴东吴的那段快乐时光;怀念与夫君姚孙棨策马并行过长安街时,那种"长虹霹雳"般的气概;怀念曾被东吴名士誉为"龙驹凤雏"时,姚孙棨那种大鹏即将临风而起的豪迈。

可是后来,随着姚孙棨过早地离世,遗腹女又不幸夭折,她的心境似乎由云天之上顿时掉到了冰冷的地窖里,那枯草霜月、孤灯寒炉的感觉,一天天催白了青丝,催老了容颜。

当然,方维仪并不总是纠缠于这样的人生失意,那只是早年的花寒月冷,也只是这次病中的长夜钟声。她毕竟是饱读诗书的女子,深知千古以来,多少英雄也空遗恨呢。何况,她以自己的才德,赢得了娘家几代人的尊重,也从中找到了为人师、为人母的慰藉,以及备受亲人关爱的温馨,因此,也就愈发增强了"无论生与死,吾独身当之"的坦然与坚韧。

2

"弟近来悟得:医理与易理,其实相通也。"方孔炤有天晚班归来,与家人一起用餐时,若有所思地说道。他针对这段时间自己突发疾病、仲姐方维仪又忧急病倒的情况,思考是不是要学医。

方维仪颔首赞许:"不为良相,便为良医。吾桐老古话说,荒年饿不死手艺人。吾弟言之有理也。"

"孙思邈曰:不知《易》不足以言太医。易学为吾家传之学,吾多年来,学易、注易、用易,却为何不去学医呢?"

"是也!吾弟精通易理,无论为学还是为政,都竭力弘扬之、会通之,如果再以易理来释解医理,或许也能别开生面。"

"阴阳调和、万物平衡,此亦生理之道也。吾祖明善公曾以易理释而解之。吾父文孝公秉明善公旨,又提出'人心''道心'论,阐释'唯止至善',由此又阐发'体康强而后任重道远'。"

听着父亲与仲姑的谈话,在一边喂破奴吃饭的方子耀,也赞同父亲学医:"那吴门名医金申子,医术何其高明,凡他出医,必能妙手回春,当是精通易学吧。"

"父亲欲学医,家兄密之若得知,肯定也要从学呢。"方其义说。

方孔炤问:"密之今晚为何不在家?"

"今儿个晚上,他又与克咸姐夫去秦淮参加复社的宴集了。"方其义答道。

方维仪不由得摇头:"这两个年轻人啊,几乎每日都忙于复社的活动,我最担心他们的举子业务呢。"

"仲姊不必太过忧虑。以吾观之,复社士子关心时政,也研讨时文和举子之业。每逢大比之年,复社士子上榜者众矣。"方孔炤微微一笑。

"虽说如此,你也应时常提醒他们,不要过于疏狂。现在世道乱,人心也乱,尤其那秦淮声色犬马之地,对士子们的影响不可小觑。"方维仪说着,却又深深地叹了一口气,"吾常想起明善公,揭性善而明宗,究良知而归实。可是,这人身之病能治,而人心之病,欲治之何其难哉?"

方孔炤也感慨道:"仲姊所忧是也。今人多不讲实学,又不达时变。无论朝堂之上,还是草野民间,人心早已不古,世道也早已衰微了。近期,前南京户部尚书郑三俊大人之遭遇,就让弟颇有感触呢。"

方孔炤所说的南京户部尚书郑三俊,池州建德(今安徽东至)人,与何如申、何如宠都是明万历二十六年(1598年)的进士。他为人端严清亮。崇祯元年任南京户部尚书兼掌吏部事时,清除积弊,纠察有关部门中玩忽职守者,还多次与兵部为士兵虚数冒领的事争执。他又发现南京众官多是魏忠贤遗党,趁"京察"考核把他们淘汰一空。

后来,因魏阉余党进谗言,崇祯帝大怒,夺了郑三俊的官职,交司法官员处置。

在郑三俊冤狱候审时,宣大总督卢象升积极营救,大学士孔贞运等人也极力为他说话,崇祯帝才允许将郑三俊发配赎罪。

听父亲和仲姑提及郑三俊冤狱,方其义在一边愤然道:"朝中类似郑大人如此端庄严谨、纯正清明之人,竟遭受到种种诽谤,令人颇为不解!"

"岂止如此,"方孔炤慨然而叹,"吾明大好河山,却内乱四起,大江南北皆烽火连天、处处焦土;外有清兵气焰日益嚣张。国家已势如累卵,却仍有沉沦门户之争而迷不自拔者。何也?皆因世道已乱、人心已病矣!"

3

方维仪劝慰道:"好在天地间还有正气。比如你刚才提到的那徐石麒、黄景防、黄道周、卢象升、孔贞运等人,不都是铮铮铁骨的君子吗?"

"是也。尤其是当今的宣大总督卢象升,虽然比我年轻,看上去就是个清瘦的白面书生,但他所作所为,吾深为折服。"方孔炤点头道。

"孩儿也听说过卢大人,真乃榜样也!"方其义赞叹道。

方孔炤看着其义:"此人乃是常州府宜兴县人。少有大志,读书勤奋,二十二岁即中进士,上马能骑射,下马能治国。如果这样的文武全才多起来,那才是吾大明之福!"

方维仪听了孔炤的话,脸上微笑着。她心想,你难道是要培育卢象升第二吗?

"你们还记得'己巳之变'吗?"方孔炤知道仲姐笑容的意思,就问大家。

方维仪自然记得。毕竟方以智、方文等人都喜欢抄邸报,且常豪言时事,所以她对天下事也常有所闻,何况"己巳之变"这样震惊天下的大事。

那是崇祯二年(1629年),正是卢象升在战场初露锋芒之时。这年十月,皇太极率军十万余众,避开宁远、锦州,分兵三路,从龙井关、洪山口、大安口突入关内,攻占遵化(今属河北),直逼京师(今北京)。朝廷急令各地兵马驰援。这时,不到三十岁的大名知府卢象升起兵勤王,竟然招募当地民兵一万余人,千里驰奔京城。

尽管这是一支从未参加过战场拼杀的民团,但他们在白面书生卢象升的带领下,面对凶悍的满洲八旗,非但毫无惧色,反而群情激昂,表现出誓与敌寇决一死战的气概。这给崇祯皇帝留下了深刻印象。

在后来的防范中,卢象升对大名兵备加以整饬,严明军纪,加强练兵,军容大振,人称"天雄军"。这支军队参与攻打李自成、张献忠等,多立奇功。

特别是崇祯六年(1633年),卢象升领军血战郧阳,夹击农民军四十万,九战九捷,一举成名,始升任右副都御史,总理河北、河南、山东、湖广、四川五省军务,兼湖广巡抚。此后又因功再升任兵部侍郎,迁兵部左侍郎,总督宣大、山西等处军务,兼理粮饷。

"卢象升饱读诗书,却不是文弱书生。"方孔炤赞叹道,"他既悍勇能战,也足智多谋,农民军称其为'卢阎王'。他提出的御寇三法,颇有独到之处。"

方其义立即问道:"请问父亲,卢大人提出的御寇三法,具体是哪三法?"

"也就是阻寇、疑寇、乱寇三法。"方孔炤的神情忽然严肃起来。

4

这一天,方以智破例没有去参加复社活动,而是闭门温书。实际上,他即使在频繁的复社雅集中,也始终没有忘记"出门常携一卷书"。

因为早上欲出门前,听仲姑方维仪说,父亲方孔炤要学医,方以智立即来了兴趣,遂打消了外出的念头,只待父亲回来问个究竟。

下了晚班,正在用餐的方孔炤,听了儿子的提问后,微微一笑:"不知《易》,何以言太医?《内经》即基于易也。我自幼习《周易》、衍《河洛》,今觉医理与易理其实颇为相通。所谓'运气、经络、脉理、病能、药性、医方',皆通常其变,历症而验之,可千可万,是其变化;一言而终,是其要归也。"

方以智听父亲这么一说,心头忽然一亮,觉得自己惯于穷究物理,再应用家世易学汇而通之,学医应该也不是问题,于是急忙说道:"唐代王勃、王焘,宋代高若讷,皆因亲病而通医书,作为人子理应知之、不可不勉。吾父若是学医,小子定当随父从学也。"

自此以后,父子二人就开始一起研学医理,还时常向金申子请教。金申子为人十分热诚,遂将自己所著医书《申雅》赠予方以智。方以智如获至宝,精心研读,又找来《黄帝内经》等其他各类医书,与父亲一起反复推敲、验证。

这段时间,方维仪又开始忧虑那个自号"孙武公"的孙临。听方子耀说,因为身边少了方以智的劝诫,孙临更加热衷于秦淮雅集,最近更是深陷秦淮风月场中,闹出不少动静。

仿佛是电光火石之间,风流士子孙临与色艺俱美的葛嫩,目光相及的那一刻,就有了强烈的心灵感应。其实,孙临作为秦淮河畔的风流才子,早就受到葛嫩的仰慕,只是此前孙临与王月纠缠,葛嫩一直无缘得见。

这葛嫩是谁呢?据余怀《板桥杂记》里的描述,葛嫩是一位"长发委地,双腕如藕,眉如远山,瞳入点漆"的美娇娘,在秦淮享有"色艺俱佳,内外兼修"盛誉。但她不以才貌自负,"卖艺不卖身",且怀有一身武功。她向来睥睨那些自以为卓尔不群的秦淮才子。

不过,葛嫩对孙临倒是高看一眼。究其原因,且看余怀在《板桥杂记》中是怎样描写他的好友孙临:"余与桐城孙克咸交最善,克咸名临,负文武才略,倚马千言立就,能开五石弓,善左右射,短小精悍,自号'飞将军'。欲投笔磨盾,封狼居胥,又别字曰武公。然好狎邪游,纵酒高歌,其天性也。"孙临本来字克咸,又另外给自己取号"飞将军",别字"武公",目的就是"欲投笔磨盾,封狼居胥",立下不世战功。

当时,孙临给秦淮金粉们留下了极为深刻的印象。正如时人张自烈所称赞的那样,孙临"年甚富,学甚博,负不世之才"。由于他资质聪慧,对于经史典籍,稍稍涉及就能理解大义,并能细细讲来,或者据以写成文章,"千言立就",被秦淮名妓赞为"倚马之才"。孙临还善于吹箫度曲,尤其擅长作诗词歌赋,著作盈尺,流传大江南北。这都是秦淮名妓们津津乐道的事。

最为关键的是,他还是一个文武全才,"能开五石弓,善左右射"。他还一身军士打扮,经常练习骑马、射箭、技击、刺杀等军事技能。

所以,在秦淮熙熙攘攘的士子中,孙临是一道独特的风景,秦淮诸妓都以能得其一顾为荣。

5

且说孙临在遇见葛嫩之前,其实也曾经历了心上人王月被夺的失恋之痛。他一度为此消沉过。适遇故乡寇乱,常回桐守城,苦闷被杀贼的激情代替。

然而，重新回到金陵后，他又在秦淮的花间游走，每每醉卧于花丛，却时常忘不了妖冶中杂着清冷、别有一番楚楚动人韵味的王月。但这一回，与明眸皓齿、高挑纤柔、长发委地的葛嫩的相遇，让他又有了一见钟情的感觉。

余怀写他们初次相见时的情景：先昵珠市妓王月，月为势家夺去，抑郁不自聊，与余闲坐李十娘家。十娘盛称葛嫩才艺无双，即往访之。阑入卧室，值嫩梳头，长发委地，双腕如藕，面色微黄，眉如远山，瞳仁点漆。叫声"请坐"，克咸曰："此温柔乡也，吾老是乡矣！"是夕定情，一月不出，后竟纳之闲房。

两人当天相见，当晚就定下终生。接下来相拥一个月，居然耳鬓厮磨、足不出户。向来睥睨秦淮的葛嫩，就这样心甘情愿地被孙临纳为侧室。

孙临所在的家族本是书香门第、官宦世家，以礼教修身，行事端方。但是，孙临如此佻美秦淮，纳名妓为妾，可谓其家族中的一个异数。虽然古人纳妾也是寻常事，有时妻子还主动为丈夫纳妾。尤其是晚明的社会还比较开放，文人士子狎妓成为风尚。但对于孙临纳风尘女子为妾，出身名门、大家闺秀的方子耀是怎么接受的？

显然，能诗善画、颇有才名的大家闺秀方子耀，自幼接受的是儒家正统教育，尤其"女德""女范"是其必修的教材，家训中"毋纳娼妇"等戒条的严厉，对其不可能没有心理上的影响。

然则，方子耀之所以容忍了孙临的荒唐之举，接受了葛嫩，至少还有以下两个原因。

一方面，可能葛嫩与一般的艺妓不同。她出身将门，父亲葛廷显曾是一名镇守边关的武将。而葛嫩是家中独生女，自幼备受父母宠爱。葛父不仅为她请高师，教她读书写字、习诗作画，还教她习武。后来葛父为国战死，葛嫩辗转流亡到金陵，因家丁出卖，被迫沦入秦淮风月池中。因此，葛嫩属于烈士遗孤，她的不幸境遇受到方子耀的同情。既然孙临决意要纳葛嫩为侧室，作为妻子的方子耀也就不再说什么。

而另一方面，葛嫩谦逊低调的为人，也逐渐博得方子耀的好感。如果说，孙临此前出入青楼，与包括王月在内的秦淮名妓纠缠，还是"轻薄弦歌""沉溺湘娥"，让方子耀不胜其烦，那么新纳能文能武的葛嫩为侧室，则是他比较理智的选择，他也因此而收回了从前那颗放浪秦淮的心。实际上，在他后来的抗清斗争中，也证明他选择葛嫩并没有错。

6

最近在复社士子的运作下，秦淮河畔的媚香楼等画舫河房里，又掀起了一场又一场声讨阉党余孽的热潮，其主要对象就是阮大铖。

那阮大铖，正是方维仪的老姐妹阮夫人（桂林第方承乾妻）的堂弟。

说起来，阮氏与方氏两家不仅是世戚，而且阮大铖还是方孔炤的同科进士。崇祯朝以来，阮大铖因牵涉阉党逆案，不为崇祯皇帝看重，故一直闲居林下。由于阮氏在郡城安庆也算显赫门第、官宦世家，颇有影响，所以阮大铖吟诗结社搞雅集，编剧创作唱大戏，六皖名流都积极参与。

就在方维仪率全家流寓金陵，侄辈方以智、孙临等龙眠诸子，与复社诸君经常在金陵游宴、雅集的时候，下野在乡的阮大铖，也于"桐城民变"之后，率家来到金陵，并且也开始活跃于秦淮的各种集会上。

但是，对阮大铖来说，秦淮河畔并没有家乡皖河岸边那么怡人，凄风冷雨多于和煦阳光。尽管他在这里时时处处觍着脸逢迎着每一个人，可这里的人特别是那些复社士子，甚至包括秦淮金粉们，都对他嗤之以鼻，或予以嬉笑怒骂，或予以慨然抨击。

阮大铖十分郁闷。他常在内心自诩为江南第一才子，一向不把复社人士放在眼里，所以对他们看低自己根本无所谓。但是，他又隐隐地感觉到，总有几个熟悉的影子在这些人身后，正是因为他们，使得自己在秦淮河畔的境遇十分尴尬。

其实，要说造成他今天的尴尬，也怨不得别人，谁让他和阉党有瓜葛呢？而阉党与东林党是死对头，复社中坚人物又多是东林遗孤。

当然，他也曾是一个热血青年，颇以才情自诩。那年科举，尽管同乡方孔炤高居二甲，他屈居三甲，有点不服气。但他也与侯方域的父亲侯恂，魏学洢的父亲魏大中，方孔炤的伯父方大任等，这些著名的东林干将同居三甲，并作为高攀龙弟子，列籍东林，也算是一时风流人物。

但是，他又是一个工于权术的人，在东林与阉党之间来回摇摆、钻营，甚至为了投机而投靠过阉党，向魏忠贤上《百官图》，锋芒直指东林。后来东林多人被迫害，与此图不无关系。

崇祯改元后，魏忠贤等阉党核心人物被诛被逐，东林党人也不被忌讳结党的崇祯帝看好。阮大铖随即准备了两本不同的奏章，其一，专门弹劾阉党之流。其二，则以七年合算为言，谓"天启四年以后，乱政者大太监魏忠贤，而翼以首辅崔呈秀；四年以前，乱政者大太监王安，而翼以东林"。把天启一朝分为前后两个阶段，指责东林与魏阉实际上同为邪党，搞门户之争。

他本来以为这一招是妙计。既然阉党倒台了，那么弹劾阉党之流正适其时，可以为自己积累政治资本。而崇祯帝不喜欢结党人士，那么东林人士也不一定被看好，所以他要踩上东林一脚。他把这两本不同的奏章放到京师友人处，让友人瞅准风向，选择上哪一本奏疏。

岂料，他的妙计很快被人识破，遂两边不讨好。东林人士更是集中火力罗织阮大铖的通阉证据,"天启六君子"之一的魏大中的儿子魏学濂,还上血疏,痛陈阮大铖实为陷害其父的大仇人。阮氏因此被罢官,次年更是被崇祯列入"钦定逆案",驱逐为民,永不录用。

阮大铖是否从此郁郁沉沦?非也。他可不甘寂寞,不知要出多少心机出来。

7

方孔炤晚班归来,满脸忧虑。方维仪正要问他,只听他叹息道:"近来,京师、山东、河南等地大旱,蝗灾凶猛。尤其是河南灾害不断,从水灾到旱灾,如今又是蝗灾,人皆黄腮肿颊,眼如猪胆。甚至发生了亲属相食的惨事,真是可怕之至!"

此时已是五月中旬。江南地区三月以来,已持续两个半月无雨,金陵城区的河流水位也下降了不少。滕寓小院里的各类花草,看上去也是蔫蔫的,虽然还顽强地散发着香气。

"河南、山东与江南也是唇齿相依,只怕这蝗灾大肆蔓延。尤其是河南又接陕地,流寇已如蝗虫一样遍布了。"方以智听了父亲的话,也忧心忡忡。

"还记得甲戌年(1634年)七月桐变的事吗?"方孔炤紧锁着眉头,"当时,桐邑及周边也是大旱,多地大饥,整个江北野鼠遍野,此后就发生了'桐变',随之而来是流寇频仍。现在看来,南都旱情亦较为严重了。天灾必伴人祸啊!"

方维仪心想,这蝗灾、鼠灾,都是不祥的天象之兆啊!记得甲戌年"桐变"之前的腊月,吾家清芬阁窗前老梅居然没有如期开放。

见他父子二人脸色沉郁,方维仪就劝道:"天灾如此,只怕正是逋庵(方承乾)先生从前说的定数吧。其奈何也?无非尽人事、听天命罢了!大灾荒面前,你父子还能勤奋学医,这是仁者之术,说不定将来可以治病救人呢。"

方维仪知道,他们父子二人近来学医都颇有所得。尤其是侄子方以智,围绕《黄帝内经》《灵枢》《素问》及其相关注释等,进行条分缕析,并就《证治》进一步穷究详解,约而记之,最近已经整理后合成《医学》一编。于是将话题转移到这方面来。

方以智听仲姑提及学医之事,遂向两位长辈禀告:"孩儿虽然未曾行医,但喜穷其理,目前已记成《医学》一编,以备遗忘。而对于诊治也颇有点心得。"

方孔炤颔首赞许:"济人以财,只能解得一时之急;济人以艺,却可养活数口之家。你若能更进一步,学得仁者之术,今后当然也能悬壶济世!"

正是方维仪的鼓励,方孔炤的身体力行,方以智钻研医学才颇为用功。他广收各家,归纳分析,在博取中西的基础上融会贯通,后来还撰有《脉考》《古方解》《医丹》《人身》《医要》等。而他的医学著作因为有方氏易学的逻辑基础,故而论述比其他人更为透彻。他又注重识药性,辨证用药,所以常能以普通药材达到治病奇效。方以智后来被迫流亡逃难时,就依靠卖药市井、治病救人为生。钱澄之称其"卖药山城术已神"。只是他的遗老名僧的声誉太高,掩盖了他在医学上的出类拔萃的名声。

如今这乱世流离之中,偏安一隅的南都,却仍是好一派秦淮歌月,多少风雅名士、轻狂举子,乐此不疲地沉浸其中,夜夜笙箫。

然而,这对父子却潜心于学问,潜心于医理,专注于仁者之术。而那阮大铖也借这歌月秦淮,全身心投入戏曲创作中,同时费尽心机地巴结各路人士,图谋东山再起。

方维仪与流寓金陵的老姐妹们在一起时,大家每每这样议论着、对比着、感叹着。

但方维仪明白,对方孔炤而言,他并不在意那个同年兼同乡的阮大铖,究竟在忙什么、玩什么权谋和心机。他近来关注的无非两件大事。

8

"直之最近举业训练也颇有进步。"这一日晚餐时,方孔炤忽然谈到了方其义的举子之业,肯定其"五经"、"四书"、礼乐已渐入佳境;骑,驰骋便捷不误;射术,也不足忧;书、律,皆不为大碍。

"唯经史时务策论这一关,论述既有密之的纵深、慷慨,也有你业师农父的沉稳、守正。但吾感觉,你受密之影响还是大一些。"方孔炤望着次子方其义说。

方维仪见方以智不好意思地低头吃饭,就笑道:"他毕竟自幼是以兄为师,受密之影响大一些也是必然的。"

"不过,我看他与克咸(孙临)倒是在一起有说不完的话。"方孔炤也笑道。

"直之受克咸影响确实不小。他们二人在一起必然是谈兵论剑。克咸短小精悍,直之魁梧挺拔,都能举千斤力,能开五石弓,能左右射,骑术也都不赖呢。他们岂不是未来的两个飞将军?"方维仪看着这两个侄子,心中是十分欣慰的。

方孔炤颔首道:"吾家始祖以军户籍桐邑凤仪里,文孝公和我都是军籍,吾亦在兵部盘桓多年。将来,直之也要承袭军籍,所以谈兵论剑,吾当然不反对。何况这兵荒马乱的年代?"

"但是,你为文好古。"方孔炤话锋一转,又对其义说道,"今后,切不可忽视经史时务策论训练。毕竟,此乃科举之门径,须进之以猛,持之以恒。要害在于不能艰险奇诡,而要醇正典雅、明白通畅。"

方维仪也道:"是的呢。克咸今晚不在,子耀可适时提醒他。如今国家正是用人之时啊!"

方以智、方其义听了仲姑和父亲的教导,连连应允。

"文章自古无凭据,唯愿朱衣暗点头。"方维仪说,"虽然古人云'文无定法',但科举时文的训练还是有一定规律可循的。为入门径计,确实不能忽视。"

"你仲姑说得对。所谓下笔若有神来,还不是平时工夫用足了?"方孔炤说,"吾观你们易受金陵浮气影响,近来流连于秦淮河畔,宴集频繁,甚是忧虑。"

方以智见父亲言语中颇有责备之意,不由得面露愧色,心中也自责不已。

方孔炤又嘱咐儿子方以智:"为学贵在随时拾薪。你心中要有紧迫感。吾当年二十五岁登科二甲。你如今年纪也不小了,明年又是大比之年。试问,人生有几个三年可蹉跎?"

方维仪微微一笑,安慰侄子:"其实呢,吾观密之近来文论,义法与神理气韵,均较之前成熟多矣,吾家又有世德,只要密之用心用功,将来必登天衢也。"

听了仲姑与父亲的话,方以智的内心既惭愧,又有些振奋。他何尝不希望与父亲一样,也能早日荣登金榜,早日班列于朝?

9

转眼已到六月,天气更加炎热,整个南京城就像是一个大火炉。

方维仪精心安排照顾好姚太恭人和年幼的孩子们。眼见着那旱情仍未好转,有关农民军的各种消息却不断传来,街坊里巷都在议论,方维仪与几位老姐妹相聚时,也免不了谈及时局。

晚班归来,方孔炤与一家人在一起用餐时,孙临笑骂道:"那些无视当下国家安危,大搞权谋党争者,就如蝗虫一样可恨!那'裤子裆'(库司坊)的阮大铖不亦如此?"

方孔炤见他们提及阮大铖,沉默良久,又开言道:"尔等休得无礼!石巢先生(阮大铖)是我同榜,从前也有高蹈之志,如今落得个郁郁在野的下场,其教训也是深刻的。"

"是也。上次阮夫人还与我谈及其堂弟呢。"方维仪说,"不过,她也认为石巢机心甚重。这些日子常听你们生发议论,我就想,这治国、用人乃至问学、试举等,其实都如治病一般,关键在于怎样找准病根、怎样对症下药。"

方孔炤点头道:"仲姊每有不凡见识,不让天下无数须眉。"

"吾弟岂不闻女子无才便是德?女子无仪,吾何仪哉?"方维仪笑道。

方孔炤也笑了笑,又说道:"石巢先生前次也来找过我,直言不讳地提及他在秦淮的困境,并邀我去他家看戏。我因公务繁忙,暂时没有应允,石巢先生似乎很不高兴地走了。我亦听人言及其戏本确实精妙,说其阮家班所搬演,虽然不落'才子佳人''花好月圆'之俗套,但情节之曲折离奇,故事之波澜起伏,唱腔台词之臻妙入胜,本本出色,脚脚出色,句句出色,字字出色。"

"虽如此,其实他花那么大的气力写戏本,都别有用意的。"孙临不服气地说,"比如《春灯谜》,写的是一系列离奇的错认之事,父子、兄弟、朋友、翁婿、婆媳等竟然无一不错认,世上哪有这么多奇巧的错?无非是想借剧情来表白自己当初投靠魏忠贤不过是'错上贼船'而已。"

方维仪听了孙临的话,感慨阮大铖心机之重,真是匪夷所思。

10

"上次阮夫人还邀请我们几个老姐妹,一道去阮家班看戏。这是去看呢,还是不去看呢?"方维仪问方孔炤父子。

"仲姑,孩儿以为,戏但看无妨。吾等复社中人也接受过他阮家班送演的戏呢。但看戏归看戏,吾等始终对其有强烈的戒心。"方以智答道。

"他的戏确实好看,曲折多变,引人入胜着呢。"方子耀等女眷也纷纷说,"我们也去看过的,看了还想再看。"

方以智微笑着问:"你们难道没有发现,他借戏中人之口作辩白?比如,那戏中人宇文彦就说:年少书生,乘醉误入官舫。笺诗是客路良辰,偶遇新知,逢场消遣,总是风流罪过,何曾犯法?"

"这不就是辩解他当初结交阉党,仅仅是书信往来而已,并无什么大罪吗?"孙临抢着答道,"嘿嘿!我孙三早就明白,尤其是他借《春灯谜》这出戏的题目,很明显是要告诉世人:当时朝局人情都如猜谜一般,谁能看得清呢?"

方以智有点愤然:"可见他是多么想借自己呕心沥血的传奇戏曲,以求得各界名流特别是复社诸子的谅解和宽恕,幻想有朝一日,能借机除掉自己头上那顶'依附逆党'紧箍咒呢。"

"我正在思考,你们仲姑刚才提及治国、用人诸事。"方孔炤从沉思中抬起头来,"近来朝廷人事更迭频频、波澜迭起,前次刚接到阁部杨嗣昌信。"

众人见方孔炤提及朝廷人事以及阁部杨嗣昌,一时都安静下来,每个人心里都觉得可能要发生什么大事。

方孔炤继续说道:"杨阁部在信中谈及我曾在兵部履历,也谈及我在职方司任职时所上的各类旧疏,包括崇祯朝以来所撰的《全边略记》《出师中表》等一系列著作,特别是在皖几年抗击农民军之事,极是褒扬。"

"如此看来,杨阁部必然对吾弟很熟悉了?"方维仪笑道。

"岂止熟悉!"方孔炤说,"弟天启初调任兵部职方司郎中时,杨阁部正是户部郎中,他当时就曾主动贺过我。他在信中云,朝中多位大臣因我知兵而力荐之,于是来函征询我的意见。而我对他拟订的宏伟的剿贼计划,也颇有兴趣。"

"难道你还想回兵部吗?"方维仪问。

"如此真是太好了!我孙三有望到沙场上一展身手!"孙临不待方孔炤回答,高兴得手按腰上短剑,唰的一声迅即站了起来。

方其义也激动得满脸红光,与孙临不约而同地站起来。

见众人都看着他们,才发觉比较失礼,两人又赶紧都坐了下去。孙临左边的方子耀在桌下狠掐了他一把,右边的葛嫩也扭头对他微微一笑。

"父亲,可能大家都在想,这是否意味着您将有机会再度出山上战场呢?"方以智心里也很高兴,但他显然比孙临、方其义要沉稳得多。

方孔炤沉思着,继而说道:"我当然亦有此心,只是目前上面如何用人,情况尚不明朗。况吾皇用人与前朝不同,常常不拘一格。且待朝廷和杨阁部定夺吧。"

方维仪心想,但愿弟弟方孔炤面前,从此拉开的是他人生和仕宦征途最为精彩的序幕。

第三十二章　故人分散水潆洄

1

窗外,簌簌的雪落之声渐渐由舒缓变得急骤;室内,虽是深夜子时,却因雪光的映照,比平时显得更加亮堂。

方维仪端坐在观音大士像前,闭目手捻佛珠,一遍又一遍地默诵着《金刚经》,却依旧静不下心来。

今天是崇祯十一年(1638年)戊寅除夕。方维仪感觉,这武昌城的除夕之夜,相比以前在金陵,不仅格外寒冷,而且也格外清寂。好在偶尔稀稀拉拉地响起几阵鞭炮声,还能显出一点过年的气氛。

方维仪又想起从前故乡的"过年"。无论是高门巨族,还是寻常小户人家,从城到乡都是一派欢乐祥和、喜气洋洋,家家飘出浓郁的腊货香味直到阳春三月还未散去。

可惜的是,自从甲戌年(1634年)"桐变"以来,方维仪就再也感觉不到"过年"的气氛了。

武昌抚署后院也有几株老梅。方维仪前几日探望时,发现那些花蕾均已经悄然绽放了,香气幽幽地飘来,裹携着浓浓的乡愁,不由得陡生对龙眠山下清芬阁窗前那株老梅的思念,不能不想起金陵滕寓里的那一次梅花小集,也不能不更加想念留在金陵的诸位老姐妹。

今天这样一场大雪,从午后就开始毫无征兆地来了,且越下越大,天地之间白晃晃一片,分不清东南西北,白昼与夜晚的界限似乎迷失了,无数的雪花就像那万千的思绪在飞舞。

方维仪放下佛珠,站了起来,又向观音大士上了一炷香,望着窗外,白茫茫一片,感慨时光如白驹过隙,不知不觉间,自己陪着母亲姚太恭人,带着一班女眷,在武昌抚署已经度过了四个月,今夜是戊寅年的最后一夜,明日即明年了!

但是,那个秋日离开金陵时的情景,在这除夕飞雪之夜,又愈加清晰地闪现于眼前。

2

那还是今年六月上旬。自从方孔炤提及阁部杨嗣昌来信后，侄子方以智、方其义及侄女婿孙临，每日里都是止不住的兴奋劲儿，开口闭口就是"剿贼"、兵法之类。他们常常在方以智的书房里，对着地形图比画、讨论半天，而用餐时每每向方孔炤谈他们的各种奇谋妙计。

他们还在一起商议了一个计划，就是每日早起，一道前往贡院附近的射箭场，驰马、舞剑、引弓、技击。后来，周岐、吴道凝、方文、钱澄之等人也加入进来。复社其他士子听说后，又跟进了一些。射箭场因此形成了每日早晨聚集大批人士习武的壮观场面。

而在膝寓小院里，方家女眷习武的热情也高涨。葛嫩因为自幼习武，保持了早起舞剑的习惯。在她的带动下，方子耀、潘翟、张德薇以及几位女仆也都早起跟她比画着打拳、舞剑。随着当涂曹家也迁居金陵，方子瑛与仲姑再度相聚，她也参与进来。一时间，膝寓小院里众女眷舞剑习拳，让方维仪又有了当年读《汉书》时，高咏《陇头水》"君恩无可报，誓取郅支头"的慷慨。郅支是指匈奴的郅支单于，被汉朝远征军击灭。

还记得那天晚上的膝寓小院，依旧灯火通明。

待母亲去休息后，方孔炤将家人都召集到前厅。方孔炤、方维仪坐在上首，方以智、孙临、曹台岳、方其义列坐于左，方子耀、方子瑛、葛嫩、张德薇等人列坐于右，两边及厅堂之下还有众仆从围立。潘翟因方中履（乳名小素）才出生一个多月，没出现在这里。

"今晚和大家郑重地商量个事。"方孔炤扫了大家一眼，表情有些严肃。

"如今，天下动荡不安，山河几乎破碎，国家面临严重的内忧外患。"待大家安静下来，方孔炤接着说道，"我自复官以来，日夜都在思考如何为国效力。最近我和杨阁部通了几次书信，他提及程我旋、郑潜庵、徐蓼莪、褚嵩华等人在廷推时对我力荐，朝廷对我在皖这几年的所为，特别是协助府县平乱之事，也甚为赞赏。而我对他的战略也颇有兴趣。"

不待方孔炤说完，底下早已一片叫好声。

3

其实,方维仪早就明显感到,弟弟对他自己这么久的蛰伏,越来越不安。

作为出仕以来,历任兵部和地方,又对边地与腹地的军情了如指掌的前兵部要员,方孔炤庐墓三年,又被乡绅留下平定地方民变,参与守城并击退张献忠部多次进攻,直至因功起复南都,他都时刻不忘研究兵事军情。

然而,令他遗憾的是,没想到离开兵部这么多年,空有一身抱负而无所作为。所以每与人谈兵论剑,总不免长吁短叹。这次能够得到杨阁部推荐,不仅他本人,全家都十分高兴。

方以智、孙临、方其义以及厅下的众男仆都兴奋得摩拳擦掌。尤其是孙临和方其义,激动得满脸红光,仿佛喝多了酒似的。几位女眷也都交头接耳地说着什么。她们知道,一旦丈夫出征,自己肯定也要随行。

见大家都很兴奋,方孔炤的脸上露出了笑容:"这个事情,有杨阁部的支持,我又有在兵部任职和地方护城的经历,入围的希望似乎很大。近一个时期,我们要做好充分的准备,随时听从朝廷调令。"

"你终于有拔剑起舞的机会了!"方维仪知道,弟弟看起来虽然平静,其实他的内心也是非常激动的。

方以智听到"拔剑起舞"这四个字,似乎一下子点燃了自己的激情。他立即站起来向方孔炤拱手作揖道:"父亲大人,孩儿常与一班友人慷慨谈兵,激昂论剑。虽然大家多为书生,但都是有铮铮骨气的人。如今国难当头,岂甘空守书斋?只惆怅报国无门!"

"是啊、是啊!"孙临、方其义也跟着站了起来,"现在我们感觉报效朝廷的机会来了!"孙临还豪情满怀地吟了几句诗,"我孙三从前是'佩刀闲挂壁,风雨欲悲鸣',而今必将'驱驰陇亩读孙吴,勇能破敌不用马'。"所谓"陇亩"是借指诸葛亮出道之前躬耕陇亩,而"孙吴"则是指代《孙子兵法》。

方以智见他俩急不可待的样子,又好气,又好笑,继续说道:"唯盼父亲的愿望早日实现!届时,我们也好联合一批有志同人招募一批精壮之卒跟随父亲奔赴前线。"

"你等心情,为父岂不知晓?"方孔炤的语气依旧严肃,"可是,仅有一腔热血是不够的。你等都还是正在攻读制义的诸生,而驱驰沙场的哪一个将帅没有功名?比如你们极为钦慕的卢象升大人,还有大家都熟悉的桐城知县杨尔铭。"

方孔炤挥手让他们三人坐下,又转头对方维仪说:"母亲那里,今后还有劳仲姊多加安抚劝慰呢。"

方维仪微笑道："吾母通情达理且重大义，老人家常与我言及今之世乱，每每祈祷天下太平。这方面就请吾弟放心吧。只可惜老姐我非男儿身，又已年老，只能预祝吾弟如愿以偿、大展雄才了！"

方孔炤谦逊了一番，又嘱咐了众人几句，就叫大家都散了。

众人企盼的这一天果然很快来到。

六月二十九日，方孔炤获悉朝廷推举通过了新的人事任命：自己将以右佥都御史之职巡抚湖广。他终于得偿多年的心愿，只等调令一到，他就要以封疆大吏的身份，亲赴湖广杀敌前线了。滕寓里自然是一片欢腾，当日就举行了一次宴集，"云沙万骑迎强敌，露布千章怀好音。定有神姿开帝梦，还移汉水作商霖"。参与宴集的亲戚朋友纷纷赋诗以贺。

4

雪依旧在下。方维仪将火炉拨了几下，熊熊火苗从炉口蹿出来，让她一惊，仿佛从那通红的火苗里看到了沙场拼杀的壮烈场面。

方维仪曾听方孔炤提及，今年（1638年）九月，多尔衮以"奉命大将军"的名义与豪格、阿巴泰、岳托等率兵南下。宣大督师卢象升与来犯之敌多尔衮在巨鹿进行了一场恶仗。因近在咫尺的兵部尚书杨嗣昌与"总监"高起潜没有及时相救，卢象升中了四箭三刀阵亡，全军仅有的五千人全部壮烈牺牲。这个消息曾让全家人心情沉重，方以智、孙临、方其义等人尤为激愤不已。

从此后抄来的邸报上，方维仪又得知：到了十一月，清兵第四次入塞，犯保定，攻高阳。曾任兵部尚书兼东阁大学士的孙承宗，时年已七十六岁，正赋闲在家，随即率领全家子孙据守城池，直到城内弹药耗尽，孙承宗与家人几十口被逮。孙承宗子五人、孙六人、从子孙八人皆被杀死，妇女、童稚就义者三十余人，孙氏一族近乎灭门，何其惨烈！

方维仪又想起前不久姐姐方孟式的来信。她在信中说，山东那边，不仅要面对内地的农民军，而且还要抵御极其嚣张的辽东边寇。目前几股清兵纷纷出动，一趋沧灞，一趋济南，一趋临清，一趋彰德、卫辉。而济南已经成为清兵的进攻重点。这让方维仪的心情愈加地紧张，她为济南的安危担心，更为方孟式、张秉文的安全担心。

现在，山东已成了抗击边寇的前线，形势到了十分危急的关头。

这火炉里蹿出的熊熊火苗，总是让方维仪联想起那些壮烈场面。她向观音大士又上了一炷香，心里默默祈祷：愿这纷飞的大雪，把凶残冻结住吧！愿姐姐孟式一家平安！

此时此刻,她无法不回忆与姐姐孟式在一起的那些日子,同时又想起去年离开金陵时,与老姐妹们辞别的情景。

　　记得方孔炤接到调令筹备出发之前,全家一下子都忙碌起来。方以智与孙临、曹台岳、方其义等人,每日里都在协助整装治械,散金招募精壮之士,分头联系早有约定一道出征的同人。

　　方维仪也在临别之前,常约几位老姐妹到护城河边散步。由于连续干旱,地面高处的野草已经过早地枯萎,泥土裸露了出来。低凹处则被过早枯黄的落叶厚厚铺陈,被她们高一脚低一脚地踩得吱吱啦啦作响的碎叶,仿佛也在依依不舍地诉说着挽留的话。

　　记得阮夫人当时提议说:"择日不如撞日,撞日不如今日。她仲姑将要远赴湖广,我这些日子一直在想,是不是请您来敝庐小聚。今夜,就请大家一起,为她仲姑饯行,如何?"阮夫人竭力邀请众人去她家桂寓小聚。所谓"桂寓",是方承乾为思念家乡龙眠世屋桂林第,而将其流寓金陵时所购的小院命名的。

　　阮夫人的提议一出,老姐妹们都立即表示赞同。考虑到即将随弟弟去湖广,就要与诸位老姐妹辞别,方维仪心中颇觉难舍难分,就很快答应了。

5

　　阮夫人的桂寓也在城西,距滕寓六七百步路程。

　　还未进门,一阵芳香扑鼻而来,方维仪抬头寻觅,却原来是一排银桂、一排丹桂,开着一朵朵挤挤挨挨的花束,吐露着袭人的芬芳。

　　方令德当时就惊道:"啊!这香甜的气息,丝丝缕缕直往人的鼻孔里钻,似乎要一直沁入五脏六腑,感觉我这一呼一吸,都变得香喷喷的呢!"

　　众人听了她的话,皆笑,又都称赞桂花的主人善于料理,说这样的干旱之年,如果没有特别精心的照料,桂花哪能如期开放,且这么芬芳扑鼻。

　　"桂花开了,才猛然想起,中秋佳节就要到了!"方维仪也叹道,"今年中秋终于有令德妹子相聚,可惜吾孟式姐姐却不在。我们姐妹仨已经很多年未聚了,可谓'遍插茱萸少一人'啊!"

　　阮夫人拉着方维仪的手说:"是呀是呀,她仲姑,我等就抓住机会,今天晚上开个桂花宴!待孟式姐姐下次归来,我等再宴集相聚吧。我家逋庵与孩子们今晚都去阮家班看戏了。所以这次的桂花宴呢,就是我们老姐妹独享了。"

　　吴令则问阮夫人:"阿弥陀佛!这满院的桂花香,倒是让人忆起从前你家桂林第来了,那两株已经生长了几百年的大桂花树,这个时节想来也已经花香满院了吧？"

方维则接过话头答道："我问过吾弟尔止（方文），他多次回桐，说是桂林第的两株大桂花树尚在，幸好没有毁于乱贼斧火。它们可是与门前那座'桂林坊'一样，都是吾桐城方氏老祖宅桂林第的象征呢。"

不知不觉间，桂花树下已经摆好了案几，挂上了灯笼。待阮夫人在上首坐下后，众人依次坐定，女仆随即上茶。

"这桂花树呢，正当着风口，所以你们一进门就能闻到花香。"见菜都摆上了，阮夫人笑道，"在这里摆上案几，习习凉风，如眉新月，老姐妹们可以尽情畅怀了。"

方令德十分欢喜地说："阮姐姐说新月如眉，真是大有诗意！虽说是新月，但眼见着它一天天圆起来，也代表着我们的心愿。祝愿吾仲贤姐姐、潜夫哥哥，旗开得胜，捷报频传！"

"你们呀你们！"方维仪故作不满，"难道还要我这个弱女子也驱驰沙场？"

倪夫人笑道："我清芬嫂子本来就有男儿志，又饱读史书，说不定还能为方巡抚出谋划策，成为难得的女诸葛呢。"

"那当然！我仲贤姐姐一定是：快马轻刀夜斫营，健儿疾走夜无声。归来金镫齐敲响，不让须眉是此行！"方维则也笑道。但她又拉着方维仪的手，不忍放下。她们在一起相依相伴的时间太长了，如今方维仪要远赴湖广，她心里十分不舍，欲言又止，终于又开口道，"你到了武昌，要多提醒潜夫，凡事需要冷静思考。这次吾家尔止弟本来也想随征，但他母亲身体欠恙，不能成行，他很是遗憾呢。"

吴令则这时站了起来："阿弥陀佛！虽说今晚是新月，但随着月亮越来越圆，桂花就越来越香。"她举起杯子，"我提议啊，大家一起祝愿方巡抚连战连捷、得胜归来！愿不久的将来，花好月圆时，孟式姐姐、仲贤姐姐得胜归来，与我们一起再办一场庆功的桂花宴！"

"谢谢！谢谢老姐妹们！"方维仪举杯连声称谢，"此时我不由得想起李义山的诗句：'榆荚散来星斗转，桂花寻去月轮移。人间桑海朝朝变，莫遣佳期更后期。'虽然人生总有聚散，但今夜的花香酒香，定会相伴着我异乡的行旅、萦绕在客地的梦里。"李义山，即晚唐著名诗人李商隐。

老姐妹们宴集岂能没有诗？方维仪记得自己当时写的一首诗是《别金陵诸夫人》："日落桥边车马催，故人分散水潆洄。江关闻道多貔虎，且尽斯须肠断杯。"是貔虎横行，是硝烟弥漫，老姐妹们才不得不断肠惜别啊！

6

尽管弟弟孔炤在湖广战果还不错,基本上是连战连捷,但每一仗都是硬仗恶仗甚至是残酷的白刃仗,每一仗都异常艰苦卓绝。而山东那边面临的是更强大的清兵。一想到这,方维仪的心就拧得更紧了。

这漫长而又寂静的雪夜!方维仪隐约听到了几声鸡鸣,看来已经是丑时了。也不知何故,方孔炤等人探访兵营似乎仍未归来,因为前院一直没有响起犬吠。

她又再次想到方以智,这个让她无比牵挂的侄子!也不知他在金陵,是否安心准备着举子之业。他就要第四次参加三年大比了。她是多么渴望这个才气纵横的侄子,将来与父祖一样班列于朝,做一个于国有功的忠臣和能臣,也不枉了她一腔心血,不负吴令仪对她的重托。

方以智来武昌不足两月,由于莫名地生病,于九月底不得不回到金陵。

但在此前的那个七月里,全家散金买卒、治装待发时,方以智、孙临、方其义三人每天都是风风火火地忙这忙那,他一定不会想到会因为生病而提前离开武昌。而复社人士那时正在秦淮河畔频繁集会,热烈地商讨着"驱阮"之事。

全家出发前的八月初二,还收到了方以智的业师白瑜的信,信中附的一首《送方仁植抚楚》诗写道:"于今元老推方叔,杖钺来威及壮年。云梦已知吞八九,鲲鹏何啻击三千。雄风坐啸挥长剑,明月中流敞别筵。早晚即传歼贼报,大龙野老抱书眠。"

正好方孔炤调令也到了。方孔炤就将调令和白瑜的诗,都读给家里人听了。方维仪觉得白瑜的诗写得很好,既有赞誉方孔炤犹如汉代那周宣王时的贤臣方叔,有击水三千里的鲲鹏之志,于壮年挥剑云梦(湖广),更有期望,那是家乡父老的殷殷之情、切切之盼,期望他"早晚即传歼贼报"。白瑜的这首诗仿佛是动员令,滕寓里群情振奋,人人摩拳擦掌。

全家是八月初五正式乘舟前往武昌的。在男人们整装待发时,方维仪也细致安排女眷们,特别是督促潘翟、方子耀、张德薇、葛嫩等人抓紧收拾行装。临行前,她看到方孔炤与子侄们是何等的意气风发,又想起石塘先生的那首诗,觉得自己胸中也颇有一股豪气充溢,于是抄了一首自己从前写的《从军行》赠给方孔炤:"玉门关外雪霜寒,万里辞家马上看。那得沙场还醉卧,前军已报破楼兰。"方孔炤与子侄们看了,都备受鼓舞,信心大增。

至于如何与金陵诸亲友告别且不提。单说八月初五那天上午全家出发时,方文、钱澄之、吴道凝以及复社士子、金陵各界名流和市民都前来送行。方孔炤前头骑马率队,中间方维仪带着女眷幼小等坐轿紧跟,方以智、周岐、孙临、方其义等与一班同人率所招精壮之士(人称"方家军"),在后面压阵。周岐将家里老老小小托付给了在金陵的亲戚,方文、钱澄之等人都请周岐放心,表示会给予照顾。

队伍到了江边,两艘七月中旬就已备好的大船早就停靠在那里。待方孔炤一家及相关仆从上了头船,其他人士都上了尾船后,随即起锚鼓帆出发,大家与岸上之人相互招手告别。

这个时候,方子瑛居然气喘吁吁地狂奔过来,挥手向船上的人大喊大叫地致意。自从六年前出嫁江南,子瑛与娘家人就很少见面了。要么是随夫游学京华或南都,要么是遇到"桐变"和世乱,根本无法聚首。好不容易今年六月才相聚,如今却又要分开,子瑛的心里是多么难舍难分。其实方维仪何尝不是如此?这次离开金陵,她最舍不得的也是这个从小带大而性格又有些泼辣的侄女。

乘舟逆水而上的情景,犹历历在眼前。方以智与几位青年才俊挺立于船头,纵目苍茫水天,看上去甚是踌躇满志。方维仪与一班女眷坐在船舱里。她依窗而坐,看着窗外船板上那些豪情满怀的年轻人,以及迎面而来的滔滔江水和逐渐退去的两岸青山,随即口占了一首《楚江吟》:"迟舟羁逆水,不见武昌城。野雾迷山色,萧萧风浪声。"逆水,显然是由金陵上行前往武昌途中。

与那些挺立于船头的年轻人一样,方维仪心中也巴望着早日到达武昌。但是,那时她的心情还是复杂的,尽管年轻人的豪情如辽阔江天一样感染了她,但她明白,仅有挥剑沙场的豪情是不够的。未来形势,更感觉像"野雾迷山色"一样,看不清。

在船队日夜兼程的日子里,方维仪又不由得思念子瑛,想起子瑛与丈夫曹台岳在滕寓庭院里为大家共同弹琴的情景。他们举案同声,那美妙的琴弦,或疾如风雨,或微若太息。人们常讲,琴能养人,不谬也。每次听他们合弹,她总欣慰子瑛能与其夫琴瑟和鸣,只是心疼将其嫁得太远。为此,她写了首《舟中酬子瑛侄女》:"夜静行舟息,芦花起浪声。篷窗明月照,多少别离情。"

7

初到武昌的那些日子,方孔炤满怀激情,日夜筹划;周岐、方以智、孙临、方其义等年轻人,或在府中参谋,或奔赴前线率队冲杀。与他们不同,方维仪的内心总有一种莫名的忧虑。比如,他们对杨嗣昌的"四正六隅""十面之网"战略颇有信心,而方维仪颇是怀疑。

该战略简单来说,就是以陕西、河南、湖广、凤阳为"四正",以延绥、山西、山东、江南、江西、四川为六隅,各巡抚分兵而专防,与其他巡抚形成合围之势,加起来就是

"十张网"。

方孔炤作为湖广巡抚,自然是严格地执行了此"张网剿贼"战略。围绕这一战略的实施,方以智等年轻人全力地协助方孔炤。

但是,"当局者迷,旁观者清"。到武昌以来,常读邸报战报的方维仪,对这个"攘外必先安内"的张网计划颇是怀疑。她提醒弟弟和侄辈们:农民军为什么总是打不完?为什么越打越多?此外,大规模地开战,需要大笔的军饷,可国库早就空虚了,杨嗣昌所实施的汉武帝时代那种"均输法",将大笔的军饷平摊到平民百姓身上,这是不是等于火上浇油?

然而,奋勇拼杀、连战连捷的战果,让方孔炤及方以智等人始终信心满怀。或许是太过激动,或许是连日费心帮父亲筹划,九月初,方以智染上小恙,食睡不安,身形消瘦无力。

方孔炤与方维仪商量后,遂令方以智先回金陵,一为养病,二为迎接即将到来的三年大比。方以智只好携妻子潘翟和幼女小徽、幼子小素(方中履),于九月底启程,乘舟回金陵。

方以智走后,周岐不再直接上前线,而是代替方以智留在了武昌府,专事谋划运筹。周岐在此前已与方以智收集了楚地各种方志,对山川险易之形多有笔记备注,又对战情详加侦察研判,为方孔炤拟订制敌之策提供了极大方便。所以,方孔炤称赞周岐"每算必中,有王佐之才"。所谓"王佐之才",是借周岐的名字说事,赞誉他有周公旦辅佐周成王之才。

千里之外的金陵,今夜下雪了没有?如果也下了,有没有这么大、这么寒冷?潘翟和不到半岁的小素,还有三岁的侄孙女小徽,都还好吗?方以智是否又在频繁参加秦淮士子宴集?子瑛与台岳留在金陵还是回到太平府了?

方维仪就这样翻来覆去地思索着,不知不觉间,窗外纷纷扬扬的大雪也渐渐停歇,这个戊寅年的除夕之夜就这样过去了!

第三十三章　但恨操戈因白杜

1

"仲贤,你起来没有?大年初一啦!我来你这里,要给观音大士上炷香!"外面传来姚太淑人的声音。老人家因为儿子方孔炤职务升迁,已受封为淑人。

方维仪连忙起来开门,方子耀与李姆姆扶着姚太淑人走了进来,方维仪正要帮母亲除去斗篷,一阵冷风吹到身上,不由得猛打了几个喷嚏。姚太淑人连忙将自己身上那件已经褪色的狐裘大衣披到方维仪身上。又指挥着几个女婢抬进两个火炉子,让她们将原来的火炉新添了木炭。李姆姆盼将窗子换上厚帘子,屋子里顿时显得更加暖融融的,方维仪又将身上的狐裘大衣脱下。

"母亲一向只在自己屋子里诵经,今天何以想起来要给观音大士上香呢?"待姚太淑人上香诵经之后,方维仪一边扶着老人家坐下,一边笑着问。老太太已经七十五岁高龄,依然这么精神劲儿,这让方维仪心里颇觉安慰。

老太太的脸上绽开笑容:"今天是大年初一呢,仲贤你忘记了吗?我们又是在武昌这个陌生之地头一次过年。我来上香啊,就是想与你一起许几个愿望的!"

"您有哪几个愿望呢,母亲大人?"母亲的心思,方维仪其实都能猜得着,但她仍然一本正经地问。

老太太收敛了笑容:"这第一个愿望,就是两个字:平乱。"

方维仪称赞道:"母亲这个愿望一定能实现,但愿尽快平乱,我们也能早点回桐城去,已经多年没在老家过大年了。到那时,一定是国土清平、风调雨顺、民安物丰。"

"嗯嗯,你说得好!我这第二个愿望,也是两个字:平安。就是祝愿天下平安,愿咱们一家老老小小都平平安安,你济南的伯姊一家也平平安安,你妹妹一家也平平安安。"姚太淑人继续对方维仪说道。

方维仪故意打趣:"妹妹一家在金陵,天天与夫君弹琴为乐呢。她的女儿又嫁得好,我那个侄女婿张克倬,将来只怕也是要封疆的呢。"原来,方令德的三女已经许配给了张秉文的长子张克倬。

"还是你会许愿！"姚太淑人听得直乐。

"至于伯姊，您七月还寄了件亲手缝的罗衣给她，那是您给她的护身符啊！伯姊写信说，'黄鹤楼头千树花，鹦鹉洲前百万家'，这是以和平盛世之景，祝福吾弟治楚有方，祝福您和全家安泰祥和呢。总之，大家都会平平安安的。"方维仪继续笑着说。

"嗯哪！这'平安'两个字啊，也是我请观音大士送给你们的护身符！"老太太满面笑容，"吾还有第三个愿望呢，这是四个字了。大家猜猜？"

老太太还故意卖了个关子。

但不待大家回答，老太太自己一本正经地说道："就是'金榜题名'！愿我那个大孙子（方以智），还有我那个大孙女婿（孙临）、二孙女婿（曹台岳）、三孙女婿（左国鼎），都能在今年大比之年金榜题名！"

"老太太，托您的福，您的愿望都能实现！"李姆姆也笑道，"不是说'瑞雪兆丰年'吗？您看这场大雪下得多好！这一开年，旱情也必然缓解。老老小小们一定都能平平安安，读书郎都一定能荣登金榜啰！"

老太太听着李姆姆的话，脸上的笑容都成花了。

方维仪又问侄女方子耀："你父亲他们昨夜回来没有？"

"都回来了！天亮才回来的，他们轻手轻脚，连狗都没有惊动！我这就走，到后院厅子里去，孩子们马上要来拜年了。你也收拾收拾吧，大家一起吃个热闹的午饭。"不待方子耀回答，老太太一边笑着抢着答了，一边已经站了起来。方维仪赶紧将那件狐裘大衣重新披到母亲身上。李姆姆与方子耀为老太太戴上斗篷，扶着老人，三人又走出去了。

2

当方维仪出现在抚署后院宴会厅门前的时候，只见大门上不仅贴有充满喜气的巨幅顶天立地的春联，门上方的两边，还各悬挂着一盏写有"福"字的大红灯笼。

进了门，厅中间也悬吊着一盏比外面略小一些的红灯笼，姚太淑人正坐在中间的席位上，她身后的照壁上，是一个倒悬的烫金"福"字，挂在蜡梅点点的红色屏风上。这春联和那些"福"字，显然都出自方其义的手笔。

姚太淑人旁边坐着方孔炤，金夫人坐在他的右边。小辈们分别依次坐在各自的席位上。

见方维仪到来，方孔炤忙站起来，躬请她入席坐到了姚太淑人的左边。

"快向姑奶奶拜年！"见方维仪入座，方子耀遂带着小御侄女及小岩、小易两个小侄子,自己的儿子破奴,排着队依序向方维仪躬身拜年。

姚太淑人乐呵呵地说:"我已替你给他们赏钱了!大家就等着你入座了。来吧,都举起杯子,尝尝这武昌的'黄鹤楼酒'如何?"

"这酒啊,还是上次合肥才子龚鼎孳带来的。不过请大家放心,我是付了钱的。"方孔炤微笑着,又补充说道,"别看龚才子只是个蕲水县令,他曾在农民军端掉了周围所有县城的极端条件下,死守蕲水城池长达七天,保得一方平安。"

众人不由得都称赞了一番那龚县令。方孔炤更是将其与桐城知县杨尔铭相比:"他们两人都是少年得志。这龚才子,与我们家密之可是一见如故呢!吾亦欣然见其英才大力,颇有古之侠者之风!"

方维仪听说龚知县与侄子方以智相友好,又是个抗拒农民军颇有功绩的县令,也就对其更加有了敬意,于是浅浅地抿了一口酒,咂了一会儿,道:"这酒果然不错,只是味道有些刚烈,适合你们男子。我还是习惯那糯米酿制的桐城老酒,甜而绵柔,可惜已经多年未尝矣!"

"这酒与当年在廷尉第时,为尔止东游的饯行酒'酒中牡丹'减酒相比,你以为孰胜?"孙临举着杯子,眯着眼问方其义。

他们二人又分别敬了姚太淑人、方维仪、方孔炤及金夫人后,孙临又与方其义二人开始划拳拼酒。因是过年,只要能博得姚太淑人高兴,方孔炤也并不责怪他们。何况前一段时间他们也确实够辛苦。

"哎呀,我们在这里品着美酒,却不知道密之他们在金陵是怎样过年的。"姚太淑人忽然问。

方孔炤连忙答道:"禀母亲,前不久收到密之的平安信,他们在金陵一切都还顺意,密之正与复社那些士子一起积极准备着秋试呢。"

"今年是兔年,更是大比之年,农父已于腊月里回金陵过年去了,明年也是要参加试举的。克咸、直之,你们也不要放松了准备,待河流解冻、菜花黄时,你们也回金陵应试去吧。"方维仪提醒道。

"我也正有此意。"方孔炤也对孙临、方其义说,"你们俩啊,颇有那卢象升的智谋和勇猛,有人说你们现在已经威震敌胆了。目前看来,农民军基本被杨阁部的那张大网困住了,你们可以趁春时回金陵应试了。"

孙临站起来,分别向方维仪、方孔炤躬身作揖行了个深礼:"孙三感谢仲姑记念着孩儿的秋试,感谢外舅谬以卢帅相属。只是匈奴不灭,何以家为?孙三自农民军围桐城以来,已无心三年大比矣!即使参加,怕是陪考呢。"

"确实,我等现在全部心思都在与农民军作战上。"方其义也行了个深礼,"不过,目前父亲还不宜乐观。虽然杨阁部的网张得很大、很密,但孩儿感觉这张网并不是很有力。"

见方其义如此一说,方维仪也点点头,就讲出了自己的困惑:"为什么每次农民军几乎被打败,不久又卷土重来,而且还更加凶猛?"

"我近期也在思考这个问题。"方孔炤沉吟道。

3

"当孩儿听说父亲连战连捷的消息时,十分兴奋。"方维仪回到自己的房间时,方孔炤将方以智的一封信转给了她,现在她在炉火前读着侄子的信,感觉金陵的形势也颇为复杂,尽管那里并不是残酷的前线。

"孩儿以诗《闻楚中大捷,怀家大人》为庆:一月闻多捷,单骑未决旬。矢心呼壮士,加额见乡人。披甲安能卧,因粮不思贫。严冬因四战,风雪上纶巾。"

女婢将炉子拨了几下,又新加了木炭。方维仪又到观音大士前添了一炷香,遂端坐下来,继续看方以智的书信。

"孩儿没有在'驱阮'布揭上签名。"方维仪心想,复社士子何以一心要"驱阮"呢？记得周岐、孙临也提及"驱阮"一事,他们即使远在武昌,仍接到了来自金陵要求联名布揭的信。既然他俩都毫不犹豫地去信联名了,想那留在金陵的龙眠士子钱澄之、方文、左氏兄弟等人,也必然联名了。

所谓"驱阮",按照孙临的说法,就是将逆党阮大铖驱逐出南都金陵。据方以智信中所述,"驱阮"早在去年七月就开始酝酿了。

那时,方家正在着手筹备远赴武昌。而复社士子也在商讨"驱阮"重大决定——揭露阮大铖"钦定逆案"事实和依附"逆党"真相,让被阮大铖迷惑而不明真相的士子与其决裂,将这个逆党驱逐出南都!

据孙临说,消息灵通的阮大铖,其实也事先得知消息,立即开始四处活动,以阻止复社士子"驱阮"。

阮大铖暗中找到了侯方域,想着其父侯恂与他是同榜进士,有同年之谊,又同朝为官,应该会念及旧交,到复社士子那里帮助讲点好话吧？侯方域在复社中也算呼风唤雨者之一,又是方以智的挚友。

于是,阮大铖暗中出大价钱,找人天天陪侯方域游玩,花钱如流水也在所不惜,又撮合正处于恋爱之中的侯方域、李香君结婚,并出大笔银子为其置办婚礼。

不料这李香君是个有心人,很快识破了阮大铖的诡计,侯阮随即绝交。

阮大铖一计不成,再生一计。他多次主动送戏上门,为陈贞慧、侯方域、冒襄、吴应箕等复社诸君子上演《春灯谜》《燕子笺》等戏,以痛陈自己错认之意。

但这些复社君子看戏归看戏,不仅毫不领情,还边看边骂,骂阮大铖是阉党魏忠贤的儿、客氏的子,竟想以戏词自赎,白日做梦吧!经常是看了一夜也骂了一夜。这边骂得很是痛快,那边阮大铖暗中得报,也是气得七窍生烟。

不容阮大铖再做细谋,由秀才领袖吴应箕动议并执笔,公子班头陈贞慧谋划,东林遗孤顾杲首倡的《留都防乱公揭》(以下简称《公揭》)很快出笼:

"为捐躯捋虎,为国投豺,留都可立清乱萌,逆党庶不遗作孽,撞钟伐鼓,以答升平事。……如逆党阮大铖者可骇也。大铖之献策魏党,倾残善类,此义士同悲,忠臣共愤,所不必更述矣。"

4

"吴应箕这个秀才头子笔锋了得!"

方维仪继续看方以智信中所附的《公揭》:"乃自逆案既定之后,愈肆凶恶,增设爪牙……又假借意气,多散金钱,以致四方有才无识之士,贪其馈赠,倚其荐扬,不出门下者盖寡矣。大铖所以怵人者曰:'翻案也。''起用也。'……至其所作传奇,无不诽谤圣明,讥刺当世……"

方维仪恍然:"如此说来,阮大铖果是心机太重矣。"

再往下看时,又不禁大为骇然:"如乙亥庐江之变,知县吴光龙纵饮宛监生家,贼遂乘隙破城,杀数十万生灵,光龙奉旨处分。大铖得其银六千两,致书淮抚,巧为脱卸,只拟杖罪,庐江人心至今抱恨。"

"又如建德何知县两袖清风,乡绅士民戴之如父母,大铖使徐监生索银二千两于当事开荐……至于挟骗居民,万金之家,不尽不止,其赃私数十万,通国共能道之,此不可枚举也。"

方维仪慨叹:"如此行径,真是闻所未闻也!又难怪这阮大铖如此有钱,在南都挥金如土。"

且看吴应箕等人是如何号召天下士子联名的:"……迹大铖之阴险叵测,猖狂无忌,罄竹莫穷……其为国患必矣。夫孔子大圣人也,闻人必诛,恐其乱治,况阮逆之行事,具作乱之志,负坚诡之才,惑世诬民,有甚焉者!而陪京之名公巨卿,岂无怀忠报国,志在防乱以折中于春秋之义者乎!"

《公揭》上升到如此高度,复社士子谁敢不响应?

方以智在信中说,复社士子为扩大影响,《公揭》稿以东林创始人顾宪成之孙顾杲,"天启六君子"遗孤魏学濂、黄遵羲等人为首倡。

所以,《公揭》最后的号召语是以顾杲等的口气发出的:"杲等读圣人之书,附讨贼之义,志动义慨言与愤俱,但知为国除奸,不惜以身贾祸,若使大铖罪状得以上闻,必将重膏斧锧,轻投魑魅。即不然,而大铖果有力障天,威能杀士,杲亦请以一身当之,以存此一段公论,以寒天下乱臣贼子之胆!而况乱贼之必不容于圣世哉!谨以公揭布闻,伏维勠力同心是幸。"

正可谓慷慨激昂、义正词严之至!

孙临也说过,当时《公揭》既出,复社士子立即进行广泛串联,顾杲更公开扬言:"大铖者,吾祖之罪人也,吾当为揭首。"陈贞慧、冒襄、吴应箕、周镳等复社名流率先签名,一百四十余人先后参与联署。孙临等人即使远在武昌,也接到了由吴应箕寄自金陵的函,于是都积极参与了联署。

留都《公揭》驱阮,不仅在金陵,而且在全国引起了轰动。由于一时声势浩大,吓得阮大铖"咋舌欲死"。

陈贞慧用八个字来形容当时士子看了《公揭》后的情形:"语虽鹊起,中实狼惊。"那些被阮大铖蒙蔽的南都士子看了后,更是惊恐得只说"逆某!逆某",随即断绝了与阮胡子的来往。即使士大夫中"素鲜廉耻者,亦裹足与绝"。

而阮大铖呢,"气沮,心愈恨",老泪纵横地问:"贞慧何人,何状?必欲杀某,何怨?语絮且泣……"从此潜迹于南门之牛首山,不敢入城,以前是"裘马驰突,庐儿崽子,焜耀通衢",公揭之后,则"至此奄奄气尽矣"!

"驱阮"声势如此浩大,可谓振臂一呼,天下齐应。

但作为复社中坚的侄子方以智,却并没有参与联名。方维仪觉得有些奇怪,仔细一想,又觉得理所当然。

5

"一鸡二犬,初一是鸡过生日,初二是狗过生日;三猪四羊,初三是猪过生日,初四是羊过生日;紧接着五牛六马,初五是牛,初六是马;然后七人八谷,初七才是人的生日,初八呢就要给稻谷过生日了;往后呢,就是九瓜果、十菜蔬。"

已经正月初三了,方子耀午饭后正在给小岩、小易、破奴几个孩子讲着这些民谚,这让方维仪想起自己从前给年少时的侄子侄女们讲民谚的情景。

小御则在向葛嫩学习击剑,一招一式,颇是有板有眼。

"为什么鸡排在第一?可我最喜欢狗啊!"方以智的次子小易问。方维仪喜欢这孩子打破砂锅问到底的劲头,倒有些乃父当年的样子。

"因为鸡是五德之禽。你们看啊,它们头上有冠,叫文德;足后有距能斗,是武德;敌前敢拼,是勇德;有食物招呼同类,是仁德;守夜不失时,天明报晓,是信德。"方子耀耐心地解释。

雪后的阳光分外明亮。方维仪倚窗向外看去,真可谓千里江山,积素凝华。但见院子里那几株老梅在雪中怒放,难怪宋人陆游赞曰"青帝宫中第一妃,宝香熏彻素绡衣"。又想到陆游还有一首写梅花的诗:"雪里芬芳亦偶然,世人便谓占春前。饱知桃李俗到骨,何至与渠争著鞭。"陆游以梅自喻,可谓精神的高蹈者。

联系去年复社士子轰轰烈烈的"驱阮"事件来看,方维仪忽然觉得,她那个侄子比以前成熟多了,再也不是刚到自己身边时的稚气未脱的少年,也不是那个在泽园里纵酒悲歌,狷狂自任的狂生。

所以,尽管驱阮《公揭》张贴散发前,吴应箕、顾杲等人"飞驰数函:毗陵为张二无……上江则左氏兄弟、方密之、尔止",以求联名签署,其中就有发给方以智的信函。方文、周岐、左氏兄弟、钱澄之、孙临等龙眠诸子多联名呼应,唯独方以智冷静未参与联署。

方维仪心想,这并不是他对"逆党"之流没有痛恨。天启之祸他可是亲身经历过,那时长辈们纷纷受冤削职,左光斗等人惨遭杀害。后来他东游时,还亲见魏大中之子魏学濂所示血书,不禁泣下。凡此,让他过早地看到了逆党的罪恶。

当然,也不是时间赶不上而来不及联署。《公揭》酝酿时间不短,动议之初的七月,他正在金陵,并未远行。其间虽然与家人一起散金募勇,然后又随父征战武昌,但九月又因生病,很快回到了金陵。因此,不存在赶不上签名的问题,何况许多不在金陵的复社士子都签名在列。

6

尽管方以智在信中没有提不联署的原因,但方维仪很清楚,他可能是碍于方、阮两家既是同里又是世戚这一层关系,仲姑与阮大铖的堂姐阮夫人,还是亲密的老姐妹;其父方孔炤与阮大铖又是同榜进士,有同年之谊,二人还曾联手扑灭骤起的"桐变"。

因此,方以智不参与联名,以免进一步恶化两家关系,甚至让父辈们脸面上过不去。何况阮大铖的叔祖阮自华还是他业师的业师,对他又一向关心激励,还促成了方潘两家联姻。

但更深层的原因应该是鉴于当前形势。方以智在信中附的另一首诗,似乎为他不联署作了不是解释的解释。诗中写道:"平原有相还钩党,风角先知可杀人。但恨操戈因白杜,岂居屠邑着黄巾。"

方维仪因此认为,这足以说明,侄子已经意识到,当前的农民军、清军,其实并不是真正可怕的,最可怕的就是在社稷悬于一发之际,那些昏庸无能的权臣内宦不以国事为重,还在同室操戈。

在如此严重的内忧外患之际,朝堂内外斗来斗去,人心必然不稳,一大批经验丰富的文臣、能征善战的武将,就在这样的内耗中丢官弃职,甚至在内耗中丧失了身家性命。

如今寓居南都的复社诸君,在整日呼歌唤酒中搞出这么个《公揭》,要"为捐躯捋虎,为国投豺",不顾身家性命,全力以赴把忙着唱戏的阮大铖赶出秦淮河,为民除大害,实际上不也有同室操戈之疑吗?门户之争如此没完没了,难道没看见前方将士正在浴血奋战吗?

因此,方维仪觉得,这首诗在一定程度上,可以说是很好地解释了侄子不参与联署签名的原因。

方维仪想起从前给侄子讲《离骚》,讲到屈原"举世皆浊我独清,众人皆醉我独醒",他今天不就是有了这样的清醒吗?特别是在他所置身的复社核心阵地秦淮,他能不苟合于闹哄哄的党争流俗,这是何其不易!

但是,方维仪又有隐隐的不安。因为方以智在信中说,阮大铖尽管已经躲到了牛首山寺庙里,但从他放出的怨愤之语仍然可以听出,他对复社士子既怕又恨,甚至认为复社里的方以智、钱澄之等同乡就是"驱阮"行动的背后指使者和实际操纵者。

后来的事实表明,方维仪的担心并不是没有道理。

引起一时轰动的《公揭》,让阮大铖没齿不忘,在心底深深埋下了疯狂报复的祸根。没有参与"驱阮"联署的方以智,还是被阮大铖伺机报复、残酷打击。在南明时期翻身再起的阮大铖,对《公揭》的几名发起人抓的抓、杀的杀,方以智、钱澄之等人也被通缉,更是有家难归,逃的逃、躲的躲。这是后话,此处暂且不提。

方维仪再三思索着侄子的信,感觉尤为可叹的是,党争之戏似乎无所不在、无时不上演。就说目前前线吧,原来比较一致的主战,现在则是主抚、主和、主战等各种声音不断。

每每听方孔炤、孙临和方其义谈及这些激烈的争论,方维仪总感到,与方孔炤这样的来自一线声音不同的是,某些争论其实并非观点不同,根本上还是门户之见。而门户之见有时甚至比沙场恶战还要激烈。

第三十四章　江关闻道多豺虎

1

转眼已过了元宵节。抚署大院的雪化得很快，除了屋顶上还有一些残雪外，地上已基本找不到雪迹。

晚饭后，金夫人与李姆姆陪姚太淑人到院后休息去了，葛嫩、张德薇陪着方维仪坐在宴会厅屏风后面，看方子耀带几个孩子讲与过年有关的民谚。小御抱着一张琴，对着琴谱练习，一会儿跑去请教她的伯姑方子耀，一会儿又跑过来请教祖姑方维仪。

方维仪见德薇依然那么纤弱，想起她嫡母方孟式非常疼爱这个女儿，每从山东来信，必嘱她多提醒德薇注意饮食和调理。方维仪将德薇拉到自己身边，握着她的手，感觉很冰凉，更加心疼不已，想着她要是如葛嫩那样习剑强身就好了。

"前几天不是讲过稻谷的生日吗？"方子耀给孩子们讲稻谷的民谚，"听说过'苏湖熟，天下足'吗？那是说我们江南是鱼米之乡，盛产稻谷。而湖广这地方呢，其实与我们江南差不多，也盛产稻谷，所以啊，又有'湖广熟，天下足'的说法。而且，这里春秋时有谷国，现在还有谷城县，而谷城县古时叫宜禾县呢。"

"可是伯姑，稻谷是怎么长成的，又是怎么变成白米的呢？"小易问方子耀。

方子耀于是耐心地画了稻谷从育种到成禾再到长成稻谷的样子，以及农人在田地里劳动的情景，又画了舂米的机械，详细地讲给孩子们听，并说："有了稻谷，人们才不会饥饿。所以我们要敬谷神。"

听了方子耀的话，方维仪在心中暗叹："现在这样的乱世，不说天气灾害、蝗虫肆虐了，单是这农民军来往奔突、劫掠，农民哪里能安心种稻谷？"

而屏风那边，似乎也有一场激烈的争论。方维仪仔细听了，却原来也在谈谷城。方孔炤今晚破例没有巡营，必定又是与几个年轻人在聊战事。

"农父以为，主要的问题，可能出在这个字上。"这显然是周岐在发言。周岐在金陵与家人过完了年，就心心念地想着他的参谋大计，所以又匆匆忙忙地回到了武昌。

周岐自年少时到方家城南泽园与方以智、孙临等人共读,多年来也算是方家的常客了,所以他在方府里言谈并无拘束。

方维仪想着,这周岐近几年说话似乎不那么口吃了,语气显得比以前更冷静平缓。只听周岐说道:"这个字呢,就是'抚'字。杨阁部的张网计划,前期以战为主,确实颇有成效;后来,熊文灿却以抚为主,无疑给了农民军喘息的机会。"

"确实如此!"孙临的语气有些激烈,"依我孙三之见,只要发现农民军,各正各隅必须齐心协力予以痛击。而张献忠自去年四月被击溃后,退于谷城,形势有利于我而不利于他们,应重兵予以包围,绝不令其有卷土重来的机会!"

"关键是,谷城乃四战之地,山多谷险,而农民军与百姓杂居在一起。"只听周岐继续说道,"各隅各正所属的官兵,兵饷不足,军心不齐,也不都是骁勇善战。后面的战事,必将越来越艰难矣!"

"那么,大家怎么看熊文灿大人的'招抚'策略?"方孔炤抛出了这个令他周围人一直感觉困惑的问题。

2

方孔炤所说的熊文灿,乃是贵州永宁卫人。万历三十五年(1607年)中进士。自前年四月任职兵部尚书兼右副都御史以来,一直在总理南畿、河南、山西、陕西、湖广、四川等省的军务。

孙临立即气愤地说:"为什么这个熊文灿总是要对农民军和颜悦色?依我孙三之见,如此招而不安,并非执行朝廷的'攘外必先安内'方略!"

"熊大人招抚张献忠,实在是冒着极大的风险,不知其对张献忠甘受招安的信心何来?"方其义也颇为不平。

只听周岐沉吟道:"中丞公抚楚战事连捷,而督师重臣呢,乃以招抚自诩,可谓草茅之见,朗若列眉。不过,依农父看来,朝廷编织这面罗网,当然要严格执行。至于熊大人的'招抚'策略,可灵活应对也。"

"农父所言有理。"又听方孔炤说道,"军情瞬息万变,而各地情况大异。就我湖广来说,既要执行朝廷的罗网计划,调兵遣将,做好积极应对之策,也要防止农民军诈降后又卷土重来,做好另一手应对。"

方孔炤所说的"诈降",确实是有深刻教训的。不说历史上的那些诈降了,就说崇祯七年发生在陕西汉中的诈降,许多人谈起来都痛心疾首。

众人又回忆起崇祯七年发生在陕西汉中的事,陈奇瑜如何在车厢峡围住农民军,最终却失败了。

3

武昌抚署宴会厅内,依旧灯火辉煌。

方子耀、葛嫩、张德薇等已带着孩子们休息去了。方维仪准备回去休息时,见方孔炤等人仍在眉头紧锁,也就坐下来关切地听他们争论。一女婢随即过来,给火炉增添了木炭。

"这是天赐良机啊!"当众人忆及车厢峡教训,孙临手按腰上短剑说,"如果此时我孙三是陈奇瑜,一定合兵进击农民军。"

车厢峡,顾名思义,是类似车厢那样的峡谷,长40里,四面绝壁。崇祯七年六月,近十万农民军被官兵和地方武装围堵在里面,两个月无法脱身,或遭垒石断路,或遭投石飞击,或被纵火烧林,偏偏还有连续四十多天的阴雨,农民军伤亡惨重。

方其义痛心疾首:"真是太可惜了!在如此关键时刻,陈奇瑜不听从陕西巡抚练国事良言相劝,居然将三万六千多农民军放虎归山,陈奇瑜的抚局能不彻底破产吗?"

"从车厢峡教训来看,关键是陈奇瑜手下被收买了。结果,农民军得以逃离死亡之地,立即降而复反。"周岐的语气缓慢而沉重。

黄鹤楼旧影

方孔炤点点头,也慨然长叹:"陈奇瑜善于统筹,可惜拙于决断,以致铸成大错,让张献忠等借机冲出合围,局势因此失控。但陈奇瑜却报告朝廷说是其他地方官杀降激变、持异激变。"

"由此可见,如今官场之复杂,尤甚于沙场也!"周岐说,"依当今形势,即使消灭了张献忠,也还可能出现王献忠、李献忠。"

方维仪听周岐如此说,心中一凛。她想到天启六君子,想到温体仁等秉政弄权,想到姐姐方孟式所在的山东面临的严峻局面,想到金陵复社"驱阮",再联系陈奇瑜受降而败,何其纷繁芜杂!即使五印寺松然大师来了,怕也难以参破吧。

方维仪听着大家的议论,也沉思着说:"或许,朝廷亦有难处吧。毕竟,吾大明走到今天这一步,已经如此孱弱,何况与清兵和农民军的两线作战!若招降成功,或可争得一点喘息时间和休整机会。"

众人正待散去时,方维仪又忽然叹道:"其实,我现在最为不安的是济南。"

原来,方维仪早从邸报和相关战报得知,去年十一月清兵已是第四次入塞,老将孙承宗战死,一家殉国;连特别能打的"卢阎王"卢象升也战死沙场。山东已成了抵御边患的最前线,形势到了十分危急的关头。

"仲姊,依我算来,山东应该与那清兵激战了两个月矣!"方孔炤答道。

方维仪听了他的话,不由得更为紧张。

第三十五章　滔滔丹血欲沉沙

1

"伯姊,伯姊,你们怎么都站在荷叶上啊?"方维仪惊异地问。

"仲妹,近来好吗?你要代我照顾好吾母,代我协理好吾弟家事,代我督促密之和直之两侄举子之业,还有小薇……"一个熟悉而又温柔的声音飘过来。

只见姐姐方孟式与陈氏等妾婢,脚踏田田的青荷,在雪花飘飘中向方维仪挥着手,微笑着娉婷而去。在她们的身后,青荷突然绽放出一朵朵红艳艳的荷花,映衬着天地间皑皑的白雪,让方维仪觉得眩目陆离。

"伯姊,你们别走啊,等等我!"方维仪大喊着,却发现大片的荷花已经不见,而是无边无际的绚烂桃花!

这不是故乡桐城乌石冈吗?这不是姐姐的东皋园林吗?是什么时候又回到故乡了?耳边似乎又响起姐姐喜欢弹的那支《浣溪沙》琴曲:

乌石东风习习回,溪成桃李映楼台,阁中遥望倚云隈。
摇步长堤乘逸兴,浑疑绚烂到天台,柔条风雨莫相催。
阵阵飞花香鹿台,柳腰袅袅问寒梅,纫兰阁上待谁陪……

方维仪想起从前姐姐在家乡时,不喜欢居城中府第,更多的日子是在乌石冈这个园林中度过。她还安排人员于纫兰阁水堤周围,种桃千株,以柳间之。每到桃花绚开的三月,她与姐姐在堤畔,面对一溪水,一天云,一堤桃柳,一边抚琴一边轻唱。

方维仪正疑惑着,那灿烂的桃花忽然又变成了熊熊大火,将她灼得惊醒过来。她睁开眼睛四处张望,却又一片漆黑。

她忽然觉得浑身发冷,不停地颤抖,尽管室内的炉火熊熊;想喊女婢过来,却忽然感觉嗓子痉挛,无法吐出声音,只得不断地拍打床沿。

一女婢匆匆推门进来,点亮了桌灯,看见方维仪正半倚在床上,瑟瑟发抖,却又说不出话来,连忙奔过去扶住她,为她轻抚后背,连声问:"您怎么啦?是不是昨夜冻了?"

方维仪摇了摇头。她喘息了一会儿,眼睛无神地望着炉火,渐渐地平静下来。炉火依旧熊熊,模糊中又出现了那艳丽的荷花,以及飘飘远去的人影。

她揉了揉眼睛,却依然只是熊熊的炉火,心中陡然像塞了一块巨石,又开始喘息起来。她指了指水壶,女婢立即倒了一杯水端过来。方维仪轻呷了几口水,终于开了口:"扶我起床吧。"

此刻,天光已渐亮。方维仪披上那件还是从前待嫁时,父亲方大镇从天雄买回来的弹花暗纹披风。这款披风她与姐姐方孟式一人一件。崇祯九年(1636年)秋天,姐姐随夫赴任山东,舟过金陵时,与自己不约而同,披着同样的披风。

当时,母亲各牵着姐妹俩一只手,三人相拥而泣,就此挥手别离。迄今,已快三年没有见面了。

不知为什么,方维仪忽然就想起,姐姐以前从济南寄来的那组《九别》诗,一共写了"生别""死别""老别""少别""弃别""义别""鬼别""锋别""无家别""无人别"九种别离,更有类似"唯问泉台秋夜月,不堪万事总成灰"这样的句子。想到如今山东的战况,总有一种不祥之感萦绕在方维仪心头。

已快到晌午,天空却依然阴沉。方维仪站在呼啸的北风里,不知是寒冷还是心绪激动,又开始瑟瑟发抖起来。

方孟式《东皋即事》诗

2

"他仲姑啊,你站在这冷风里干什么?快回屋里来吧,等会儿巡抚老爷要回来吃午饭了。"李姆姆匆匆过来,方维仪被她推着进了屋。

一女婢又过来加了些木炭。方维仪木木地坐在那里发呆,李姆姆泡了杯热茶递与她,她才从恍惚里醒过来,让女婢帮她整理头发和衣巾。

这时方子耀牵着破奴走了进来。破奴奶声奶气地喊:"姑奶奶,太婆喊你吃午饭了。"

第三十五章 滔滔丹血欲沉沙

抚署宴会厅，姚太淑人坐在席位上首，其他人依然按自己的固定位置坐好，人人都捧着热茶杯，却都显得心事重重的样子。只有姚太淑人与几个重孙子有一句没一句地问答着。大家都在等着方孔炤归来吃午饭。

"巡抚老爷捎话：今天中午不回来吃饭了。"有仆人进来禀报。

"怕是又有战事了！"姚太淑人摇着头说，"我们先吃吧，李姆姆你也过来坐，还有你们几个都来坐吧，一起吃，今天席位空得多呢。"

方维仪看着桌子上的饭菜，虽不似从前在金陵那样丰盛，但鱼是前院方塘里放养的，鱼头豆腐一向为大家钟爱。白菜是方维仪带着几个女眷和童仆在前院边的空地上种的。仅仅白菜就做了几样菜：炒白菜、菜心蛋汤、腌白菜。尤其是腌白菜，乃老家桐城冬季常吃的储藏食材，吃起来咸辣适中，是下饭的好菜。

但今天中午，方维仪感觉一点胃口也没有，只是舀了一小碗菜心蛋汤，还没有喝几口就放在那里了。她呆呆地看着众人吃饭，呆呆地看着张德薇。

姚太淑人见她心事重重的样子，伸过手来摸她的额头，关切地问道："仲氏，你怎么了？"

"母亲，我没有怎么，只是觉得还不饿。"方维仪连忙强作欢笑。

"那好，等饿了你再吃。你现在是我们家的主心骨呢。"姚太淑人微笑着，又转头问方子耀，"这几天你父亲和克咸、直之，好像都不怎么谈邸报，以前可是谈得热呢！"

方子耀正在喂破奴吃饭，心不在焉地答道："回老太太，可能，也许，大概，是朝廷没有什么可抄发的新东西吧？"

方维仪忽然觉得母亲问得有道理。她联想到弟弟和侄辈们这些天，要么回来迟，吃饭时也是匆匆的，话也不多，不像以前那样激烈地讨论；要么就捎话说不回来吃饭。方维仪感觉，这似乎不太正常。

"不行！待到晚上，一定要问问直之侄儿。"方维仪在心里说。

这个下午，方维仪在自己的屋子里坐不住。在女婢的陪同下，她心神不宁地在抚署后院里走了几圈，回到屋子里，没坐一会儿，又走到院中。葛嫩发现了院子里焦虑不安的方维仪，就过来陪着她默默地走。

方维仪知道葛嫩这孩子个性很倔强，心气也高，却因为经历过秦淮，所以又比较低调而敏感。但她很懂事，敬重老人，态度谦和，即使对有些态度不好的家仆也是一味忍让。所以，方维仪总是呵护着她，怕她受委屈。好在这孩子自幼习武，与孙临一样，喜欢一身行武打扮，两人都喜欢谈兵论剑，在一起总是有说有笑。

方维仪看着葛嫩，依旧持一把折扇，颇有儒侠风度。别小看了这把收起来仅一尺长的折扇，可是她独门护身兵械！这折扇由扇面和扇骨组成。扇面以优质丝绸制成，扇骨为精铁所制。平时斜插于腰间，天热的时候可扇风祛暑，危急关头就是防身御敌的厉害武器了。她也给家里人表演过，扇子展开后瞬间变成三尺多长，真可谓攻守兼备，变化多端，惹得小御总想跟她学舞扇。

"你没有听克咸回来说什么吗？"方维仪想从葛嫩这里探问一下孙临。毕竟葛嫩与孙临无话不谈，而孙临一向大大咧咧，是藏不住话的。

葛嫩摇摇头说："克咸没说什么呢。只是近来非常气愤熊文灿，每每置疑这个熊总理为何将湖广谷城一带作为张献忠的招安区域。"

"那怎么可能？巡抚老爷和湖广士绅百姓岂会答应？张献忠岂肯真心被招安？"这时，李姆姆恰好来寻方维仪，听到葛嫩如此所说，立即对道。

方维仪听了她们的话，心中不免对时局又增了一分忧虑，但她感觉这似乎还不是令她心烦意乱的事。毕竟她有充分的理由相信，弟弟方孔炤届时会有应对办法。只是看来，从葛嫩这里也探不到什么消息，只有找侄子方其义了。

3

一连几天，武昌抚署大院显得异乎寻常地安静。

方孔炤等人很少回来，即使回来了，也只是向姚太淑人请安后，随即在前院与众人商议军政大事。偶尔与家人在一起匆匆地吃个便饭，但同以前饭桌上轻松闲谈相比，现在更加沉默寡言，甚至有意避免与姚太淑人和方维仪的目光撞上。

而方维仪要么整夜地失眠，要么总是被奇怪的梦惊醒。

"薇儿，听李姆姆说你在仲姑这里？"方其义这天晚上破天荒地早早回来了，寻到了仲姑方维仪这里。

方维仪好不容易盼到方其义归来，立即说："直之侄儿，今晚何以回来较早？你过来坐下，与薇儿陪我说几句话。"

"今天没有什么动静呢，所以就提前回来了。"方其义听话地坐了下来。他从小就非常听仲姑的话，不像哥哥方以智有时比较倔强。方维仪吩咐女婢加木炭将炉火拨旺。

"你跟仲姑说实话，最近可发生什么事了？"方维仪紧盯着方其义，见他不像从前那样精神抖擞的样子，而是有些憔悴萎靡，眼圈似乎还有些红肿，她愈加地疑惑不安起来。

"仲姑、仲姑啊！孩儿这些日子心里憋得好苦啊！"方其义沉默了一会儿，终于忍不住伏身低泣起来，旁边的张德薇也立即泪如雨注。只听方其义一边哭一边断断续续地告诉方维仪："吾伯祜她们一家……"

方维仪霎时就明白了。她感到整个屋子都在旋转，感到头突然膨胀得要裂开来,感到那熊熊的炉火变成了漫天的烈焰,像可怕的恶魔,正张牙舞爪地向她猛扑过来。她顿时眩晕过去了。

这漫天恶魔般的烈焰,自崇祯十一年(1638年,戊寅年)冬开始,由塞外直扑向河北、山东。此时,清兵在皇太极的率领下,绕道蒙古,突破长城,连克北京附近四十八座城池,并分几路南下,其中多尔衮率领的十二万清兵最为强悍,沿着运河一路往南,剑锋直逼济南。

一场兵力极为悬殊的惨烈的"济南保卫战"就这样打响了。

据《山东通史》《齐鲁文化通史》《济南府志》《历城县志》等记载,明末"济南保卫战",是济南有史以来最惨烈的一次守城之战。此次战役发生在戊寅与己卯之间,岁末年初之际,所以史称"戊寅之变"或"己卯之变"。

济南是闻名天下的泉城。方维仪曾经在姐姐寄来的诗文中,读到过许多她写济南风景名胜的诗,其中几乎将济南城里几十种名泉都写遍了。可见,方孟式是如何深爱着济南,深爱着夫君张秉文为政的这座山东首府城市。

而张秉文先后历任福建、荆襄、广东、江西等地要职,有着丰富的地方工作经验和执政一方的能力,自崇祯九年(1636年)秋迁任山东左布政使以来,尽管适逢乱世,但治理山东也颇有政绩,深得民心,与驻济南的德王(藩王)朱由枢家族相处也很和谐。

当十二万清兵将济南这座美丽的城市包围得密不透风时,已经是崇祯戊寅年(1638年)临近年关的腊月二十三了。

此前,山东巡抚颜继祖却奉总监军高起潜之命,带领守在济南的重兵北上勤王。可是,令颜继祖晕头转向的是,他的人马在50天内居然被调防3次,直到兵疲马乏,最后才令其专防与河北相邻的德州府。之所以如此,是因为高起潜根据得到的消息,判断清兵即将围攻德州。颜继祖的原防地济南由此空虚。

实际上,清兵仅在德州虚晃一枪,将颜继祖骗开后,就迅速直插到了济南城。

4

"关外来犯之清兵,已猖獗逼至,而朝廷援兵迟迟不到,岂不忧心如焚!"张秉文忧心忡忡地对妻子方孟式说。他趁天亮时,清兵攻城暂息,回到府中看望家小,似乎有提前做安排的打算。

方孟式见他的头发一夜之间全白,心想济南大势已去矣。这几天,虽然以张秉文、宋学朱等为首的一班官员带领军民坚持竭力守城,然而,部分官吏和小兵已经开始军心动摇。毕竟,面对十数万如狼似虎的清兵,城内区区千余名残兵,即使死力抵抗，又能坚持多久？

面对衣不解甲的丈夫，看着他已经几昼夜未合眼、充满血丝的眼睛，方孟式虽然心疼不已，却仍然激励丈夫说："大丈夫为臣尽忠，为子尽孝，此乃纲常大道。妾妇以为，在此生死存亡关头，夫子当执忠孝而行，不可违逆。"

"是也！含之我身为朝廷大臣，蒙皇恩浩荡，值此国难当头，含之理应效张巡、许远，为国战死在沙场！"张秉文拔剑而起，决心以身殉国。

方孟式也慨然道："君既然能效张巡、许远之忠，妾妇自当从独吉、雍氏之烈，忠魂皎日，死何恨耶！所幸克倬、克仔两子为应童子试，已提前回故乡，吾夫子得以留后矣！"

张巡、许远都是文天祥《正气歌》中所颂的英雄人物，他们在"安史之乱"时为保卫睢阳英勇献身，新旧《唐书》皆有传。雍氏乃是南宋池州通判赵昂之妻，在元兵攻破城池时，她与丈夫双双自缢。独吉氏，是金国平章政事千家奴之女，在元军攻城时，她猜度城将不守，遂浓妆盛服自缢而死。

张秉文听了妻子的话，知道她决心与自己共赴国难，油然而生出敬意，遂握住她的双手，眼中带泪，悲壮地说道："吾妻既不负于吾，而吾又岂能有负朝廷？"

"夫子之死生唯官守，妾之死生唯夫子！"方孟式也热泪盈眶，意思是妻子应该与丈夫同死生，你若身殉国家，我也必将身殉丈夫。

山阴王端淑《名媛诗纬初编》方孟式诗评

张秉文当即命女婢取来纸笔，他要修书一封给老家弟弟们："吾身为大臣，自当身报朝廷，死于封疆。老母八十高龄，吾不能服侍于老人家身侧了，众位弟弟好好代吾服侍老母，代吾以尽孝道吧！"

第三十五章 滔滔丹血欲沉沙

在张秉文修书时,方孟式也匆匆草写了一封遗嘱,与张秉文的家书包在一起。她又将家人全部召集来,对大家说:"清兵十数万围困了我济南,其势定在破城,我夫妇二人必将与城共存亡。你们速速回故乡,将此家书送给两个孩子以及各位伯叔。我们的孩子就拜托给他们了,希望他们将来能到济南收我二人遗体。"

张秉文见后事安排已毕,遂与方孟式泣别,又提剑出门,继续登城指挥作战。方孟式则换上了那件弹花暗纹披风,以及母亲寄来的那件罗裙。

家人听了他二人的话,都哭请方孟式立即起身回桐城。方孟式凛然道:"汝等是何言也?吾若离去,人且谓公无固志!"意思是,你们这是说什么话呢?我这个时候能走吗?如果我走了,城中军民就会认为你们的主公没有坚守济南城之志,这岂不是引起整个济南人心动摇?

在战斗最为激烈的这一天,各种真真假假的消息不断飞来,一家人焦虑不安,唯方孟式沉静而坐。这时有人来报:"主公可能已经脱围而去!"方孟式听了立即怒斥:"你这是听信谣言了!你们的主公岂是贪生怕死之徒?怎么可能弃城而走!"

但她想了想,又嘱咐侍婢:"我已做好了必死的准备。若是万一有什么不测,请你们立即将我推入大明湖!"

史载:己卯年(1639年)正月初二,济南"城遂陷"。已经与清兵激战了九昼夜的张秉文,带着几个贴身侍卫,继续与攻进城内的清兵进行巷战,不幸在城西门楼中箭,却仍然奋力杀敌数人,终因寡不敌众、力不能支,被刺身亡。

与此同时,巡按御史宋学朱也因受伤被俘,被清兵绑在城门楼上纵火烧死。山东按察副使、盐运使、兵备道、济南知府、同知、通判、都指挥使、儒学教授、历城知县,以及全城官员和守兵,先后全部遇难。末代德王家族中多位成员最后也遇难,践行了"天子守国门,君王死社稷"的明代帝王贵族誓言。

当有人匆匆裹着一身血衣闯进来时,方孟式猛地站起来。她似乎明白了什么。只听那人跪伏在地上,向方孟式哭诉道:"报告夫人,我们主公已不幸战死!"

方孟式听了,顿时泪如雨下:"这回的消息,果然是真的了!"遂转身对张秉文的两位如夫人大小陈氏说,"我曾与夫子说过,我要和夫子同生死!你们俩保护好孤幼回故乡吧。"说着就急急地向官署后面的大明湖走去。

"您既然要慷慨赴死,我等又岂能偷生苟活呢!"大小陈氏也都泪如雨下,声音悲怆,她们也紧跟着方孟式来到湖边。

方孟式回头看大陈夫人,说:"咱们的孩子克偫及幼女皆在襁褓中,而你又身怀六甲,哪里能都去赴死!你要争取活下去,好好照顾我们的孤儿吧!"

"我愿与主母将衣服打结到一起!"小陈夫人擦去眼泪说。方孟式见她意志决绝,就点了点头,两人遂将衣带打结在一起,又各抱起路边一块石头。方孟式对身后的侍婢大喊:"事不宜迟,赶快推我!赶快推我吧!"二人随即被推入湖中,顷刻间就不见了。侍婢十多人也都学着她俩的样子,紧跟着扑通扑通跳入湖中。

大陈夫人见状,惨呼:"主母!主母啊!"踌躇着也想投水而去,但想起刚才主母之言,腹中又有五个月的身孕,膝下还有一双婴儿,不忍一家都付于鱼腹,只得面向湖水再三泣拜后,将两个婴儿各绑在一个老婢身上,三人潜入湖边尼姑庵里的草堆中,心想要是被搜出来,也就任其刀刃了。

清兵进城后,一路搜寻过来,只见大明湖的水面漂浮着的全都是男男女女的尸体,也就不再搜索,径往兖州而去。

清兵走后,崇祯帝命云南道御史郭景昌,巡按山东兼核查城陷之故。郭景昌至济南时,城中仍是狼藉一片。

济南城的上空,似乎正回荡着方孟式那带着血泪的《采桑子》琴曲:

生前世路何迢递,遥对桐乡,热血倾腔,风雨青萝已断肠;
驱驰胡马遮云日,南北天长,一片茫茫,谁借红尘魂返乡?
杜鹃声冷悲齐鲁,遍地胡笳,白骨如麻,丹血滔滔沉碧沙;
芙蓉霜刃旌旗焕,寒树啼鸦,四海惊嗟,矢簇空怜不识家……

5

"挽救济南的战机,就是这样被官员贻误的!"武昌抚署后院宴会厅,方孔炤一拳砸在桌上,低声吼道。

高起潜为什么会轻易相信清兵会进击德州?这可能与朝廷此时有"和清"之意有关。而力主"和清"者正是总监太监高起潜,以及辽东巡抚方一藻等人。

"和清"之议遭到了部分朝臣的强烈反对,侍读学士黄道周等人上疏痛陈其中利害。虽然杨嗣昌为确保其"十面张网"计划的实施,仍极力劝说崇祯把主要精力放在"安内"上。但边寇皇太极威胁说若不予"议和",必有大举动。

崇祯皇帝面对朝臣两种意见,一时无法权衡,不能痛下决心,只好由杨嗣昌"细酌"。因此,避免与清兵正面冲击,以免影响"和清"大局,可能是高起潜频频调防颜继祖的根本原因。

此时,济南城内留守的兵力只剩乡兵五百人,另有莱州援兵七百人。而清军方面,是超过十万的八旗精英,个个都是身经百战的亡命之徒。他们配有全套的攻城装备,还包括大量的火炮,其统帅多尔衮也是颇有能耐,以善战著称。

第三十五章　滔滔丹血欲沉沙

济南是山东的首府,历来是山东的军事政治经济中心。清军的意图很明显,尽快以微小的代价攻陷济南,大捞一笔,然后回辽东。

尽管双方兵力悬殊,清兵没料到的是,济南城池高大,地形也相对险固易守。加上以山东布政使张秉文、巡按御史宋学朱为首的文官,面对强敌毫无惧色,在济南知府苟好善和历城知县韩承宣等的密切协助下,全城官员与士兵、百姓同仇敌忾。

最难能可贵的是,德王家族中多位成员也参与了保城战,与济南官兵、百姓并肩浴血抵抗清军侵略。这让十几万欲速战欲决的清兵焦躁不安,他们攻城许久,竟不能攻克一座仅千余人守御的孤城。

但是,当时作为守城总指挥的张秉文很清楚:仅凭城内屈指可数的军民,与阵容强大的清军交战,无异于委羊与虎,济南城的陷落,只是时间问题。他留下来势必性命不保,何况撤退还来得及。但他毫无退却之意,一面衣不解甲,拼死守城,一面流星快马,连续六次急报朝廷,请求援兵。

然而,这些请求朝廷增援的急信,崇祯皇帝实际上并没有收到,而是都落到了总监军高起潜的手里。一直主张"和清"的高起潜压住了求援书,手握重兵却对济南的危局置若罔闻;而关宁军大将祖宽等人为保存实力,见状也徘徊不前。济南在被清兵包围强攻之下,终因寡不敌众而城破,遭受惨烈屠城。

"只怕吾大明江山,将来也要被这些权柄葬送啊!"方孔炤这天晚上归来,终于忍不住击桌低声怒吼。孙临、方其义、葛嫩都带着极其悲伤的表情,听着周岐向众人细述济南激战的情况。原来前段时间周岐受方孔炤之托,曾千里赴济南,与张秉文有一面之晤,在与清兵激战中趁乱奔回湖广。

此时,李姆姆已服侍姚太淑人回房休息,方子耀也带着孩子们早早地退下了。

"现在家中只有母亲不知情了,也不知能隐瞒到何时。"终于得知消息的方维仪,强忍着泪水,抚慰着正在哽咽的张德薇。她知道,她不能因此而病倒下去。因为母亲说过,她是这个家的主心骨啊!

对方维仪来说,经历过早年丧夫和失子的巨大悲痛,又在寡居中隐忍了世情冷暖几十年,她已经习惯了花寒月冷的日日夜夜。可是如今,她又失去了最为知心的姐姐方孟式,还必须强打精神,要在母亲面前表现得若无其事,要支撑着去做全家的主心骨。

这让方维仪感到是何等煎熬!她感觉随时就要崩溃,但她不能崩溃,只能任由千万只蚂蚁在心里不停地叮咬。她觉得自己就像一枚千疮百孔的残叶,在凄风苦雨中摇曳着,可是她还要勉为其难地坚持挂在枝头,绝不能就此飘落而下。

6

"济南城破时的一幕幕惨相,总是在我眼前晃动。每天夜里,都能听到你们伯姑和姑父那让人心碎的对话,更有克俩等孩儿的啼哭声啊!这哪里是你们伯姑诗中所写的美丽泉城!"

这天晚上,待李姆姆陪姚太淑人离开,方维仪终于忍不住提及济南失陷之事。她的泪水再也忍不住,不断地喷涌而出。她想大放悲声,可是喉咙似乎被什么东西哽住。

已是二月上旬了,严寒正在逐渐退去。全家自得悉济南噩耗以来,除了尚不知情况的姚太淑人和李姆姆,以及几个不懂事的幼小孩童,所有的人都强忍着悲痛,小心翼翼地遮掩着、暗示着。

此刻,众人包括家仆都低声呜咽起来,尤其方其义与张德薇二人哭得最为伤心,整个武昌抚署后院笼罩在巨悲巨痛的气氛里。

"我们还要振作,不能松懈。"过了很久,方孔炤用手抹去满脸的泪水,终于开口说话,"如果不是内乱,那清兵怎么可能有入侵我大明的机会!"

"我孙三誓与清兵决一死战!"孙临手按腰中短剑,愤然起立。

"孙承宗、卢象升和张方伯等先后壮烈殉国,其教训是极其深刻的。"周岐虽然也泪眼蒙眬,但他说出的话依然是那么冷静而平缓,"卢象升在巨鹿与清兵激战时,高起潜统帅的关宁铁骑数万,距离不到五十里,却见死不救,何也?张方伯在济南与清兵胶着时,高起潜拥重兵坐镇于临清,距离并不遥远,却视而不见,又是何也?"

孙临似乎受到了提醒,也置疑道:"造成今天这种几乎不可收拾的局面,确实令我孙三感到疑惑不解。本来,洪承畴控制西北,卢象升坐镇东南,农民军大势已去。但是,这种'安内'的有利局面被打破。而'攘外'的局面更是不堪,清兵入关竟然如入无人之境!"

"这难道不是总监军高起潜的重大责任吗?比如济南的颜继祖,短时间内被调防三次,导致济南这样的重镇成为一座几乎没有守军的空城。"方其义的眼睛红肿着,声音也哽咽着。

"一个高起潜哪里有这样大的能耐呢?"方维仪本来想把这句话说出来,可是话到嘴边,她又吞下去了。她想起天启一朝酷烈的党争,想起崇祯朝周延儒、温体仁的缠斗,想起秦淮河畔热闹的"驱阮",想起侄子方以智揭露党争的诗句"平原有相还勾党,风角先知可杀人",胸中似乎有熊熊的怒火在燃烧。但是,她努力地控制着自己,她并不想影响方孔炤、孙临、周岐、方其义等人志在杀敌的士气,她甚至幻想着自己什么时候也成为前线冲锋陷阵的士卒,为牺牲的亲人报仇雪恨。

方孔炤却对周岐等人的话表示认可,他紧锁着眉头,沉吟道:"是也!大敌当前,众臣子不能同仇敌忾,为皇上分忧,而是各存心计,此为当前大患啊!以身经百战的卢象升论,其虽有尚方宝剑,一度总督天下兵马,但实际领兵不到两万,还受到各方掣肘。巨鹿作战时只是五千天雄孤军,他自己也明白焉有不败之理,只能战死沙场、以报朝廷了!"

"自古未有权臣在内,大将能立功于外者。"周岐接着说道,"宋人岳武穆早就有此认识。以此来看,熊文灿一心招安张献忠、李自成,不能不令人警惕也。"岳武穆是指南宋抗金名将岳飞。

"相信杨阁部吧!毕竟这张罗网是他主持编织起来的,而且得到吾大明皇上的支持,也曾取得相当的成效。以他为首的兵部,绝对不可能自'破'罗网。"方孔炤紧咬着嘴唇,目光愈加坚毅。

"仲姊,我这里还有一封信,本当早一点呈您的。"方孔炤思索着,又掏出一封信,递给方维仪。他的手明显在颤抖。

"呜呼哀哉!吾心何其伤、何其痛也!"方维仪颤抖着抽出信,读罢终于禁不住大放悲声,顿时晕厥了过去。

7

这封信正是大陈夫人写来的,并附有方孟式给方维仪的遗书。

原来,待清兵退走后,城中尸积如山,乡民次第来城中哀号呼唤骨肉。已经连续六日躲在尼舍角落的草堆中、大气也不敢喘的大陈夫人与两个老婢,怀抱两个婴儿,见状也大声呼喊道:"我是张老姑,我是张秉文大人家的张老姑,求救啊!"由于张秉文在山东多有惠政,百姓听闻呼救声,争相前来帮助。

连带孩子被从草堆中扶出来,她们在百姓的帮助下,终于在城西门楼下寻得了张秉文的遗体。百姓又拥着她们来到大明湖边,根据她们的指点,纷纷下水搜出方孟式和小陈夫人等人的遗体。百姓见张秉文与大小夫人陈尸路边,惨不忍睹,遂又助钱买来薄板将三人草草收殓。她们就守着这三口薄皮棺材,一面写信托人向老家桐城报告消息。

其实桐城张家早就从邸报中得知了济南城陷落的消息,只是还怀着一线希望。他们认为张秉文少年得志,仕途练达,相信他吉人自有天相。等接到大陈夫人的信,一家人顿时乱了阵脚,张秉文的老母亲齐太恭人接连哭晕。张秉文的三弟张秉彝随即带了几个仆从,由皖地赶到山东,找到了幸存的大陈夫人,大家又痛哭一番,千恩万谢了那些热心帮助的百姓,即匆匆扶柩南下。

且说张秉彝一行辗转到达金陵时,已是二月初一。在金陵的桐城乡亲的协助下,为张秉文、方孟式、小陈夫人重新更换了新的寿衣和棺材。

八十高龄的齐太恭人带着几个孙子亲自去迎接。老人家抚棺大恸:"含之吾儿,娘生你时梦见血染征袍,这么多年来,一直未与人说。今吾儿果然为国捐躯,娘知道这是天命。吾儿既无负朝廷,娘亦何憾也!"由于悲伤过度,当场驾鹤仙去。其时,张秉文、方孟式、小陈氏、齐太恭人四口棺材停在金陵江岸,闻者无不伤心,见者无不落泪。

方孟式究竟在给其仲妹方维仪的遗书里写了什么?原来,她在安排了一切之后,还有一件不放心的事,就是她的《纫兰阁》诗集。"苦姊所作《纫兰阁》三集,皆已编成,却至今未刻。今不幸我逝,妹念同胞,当举言之,慎勿弃耳。"方孟式在遗书里这样写道。她嘱咐仲妹方维仪不要忘了把她的遗作刻印出来。

姚太淑人至今还是像被蒙在鼓里一样,每天早晚诵诵《楞严经》,为家人上平安香,看着天真烂漫的孩子们读书练字,用餐时与家人闲聊,她就感觉心满意足了。

方维仪还是要强撑着起来。她是这个家的主心骨啊!她绝不能倒下,更不能让七十五岁高龄的母亲知道这巨悲巨痛的噩耗!

8

度过了一个又一个恍恍惚惚的日子,梅花早已落尽,杨柳的枝条渐渐在阴雨连绵中绿了起来,仔细看那桃树、杏树也渐渐有了鼓鼓的花苞,有的花苞已经悄然绽放。但方维仪仍然感觉寒意袭人,人也变得憔悴不堪。

当女婢又为她披上那件弹花暗纹披风时,她猛然想起姐姐《纫兰阁集》中的一句诗:"红泪已辞机上锦,白头尚着嫁时衣。"

从前初读此诗时,方维仪的心中就感到无限的酸楚。虽然姐姐只是感叹岁月沧桑、人生易老,但其中还隐含"有子则荣,无子则辱"的苦涩世味,也许只有她这个妹妹能读出来。

姐姐默默地把一腔凄苦倾泻在自己的诗歌中,一个字一个字凝成了漫漫长夜里的无声叹息。她临终托付给仲妹的著作《纫兰阁集》,只有薄薄的三集十二卷,那是她反复删节后最终编成的。这部诗集,表面上看来,无非是吟咏清风明月,其实是消解心中那难以与人诉说的无限酸楚,正如她对妹妹自称"苦姊"那样。

姐姐那活泼可爱的长子才不到两岁,就不幸夭折;富有才情的长女张德茂虽已为人妇,却不幸因所生子女尽夭而郁郁早逝。由于自己再也不能生育,姐姐只得为丈夫广纳妾媵。她不能享受亲生儿孙绕膝的天伦之乐,却要上敬公婆,中奉丈夫,下还要抚训妾媵,视她们所生的孩子为自己所出,关爱着这些孩子的成长。她终生躬行着"德言容功"四个字(传统礼仪中要求妇女具备的妇德、妇言、妇容、妇功等四种德行),认真当好贤内助,使丈夫不为家庭琐事分心,能够全力以赴地处理政事。

"红泪已辞机上锦,白头尚着嫁时衣。"这次再想起这句诗,一种白头与嫁衣的强烈反衬,其落差感、苍凉感,顿时让方维仪伤怀刻骨。而今,姐姐又与夫君相携,以一腔热血溅洒于济南城头。方维仪仿佛看到姐姐踩着大明湖碧荷远去时,依依不舍地回头嘱咐她:"苦姊所作《纫兰阁》三集,今不幸我逝,妹念同胞,当举言之,慎勿弃耳!"

"呜呼哀哉!丈夫竭忠,妻妾刚烈!一门赴死,抛洒热血!惨状何堪,忠贞大节!可谓平日所习之坚操,临难不惑于刚义,为妻者不辱其夫,为臣者不辱其国也。"当得知朝廷已追赠张秉文为太常寺正卿,追赠方孟式为一品夫人,小陈夫人亦有追赠,旌之曰"一忠二烈",赐国祭。方维仪洒泪挥毫为张秉文、方孟式写诔文。

第三十六章　须臾骸骨空断肠

1

"吾一向以为,杨阁部对湖广抚署严密执行十张网战略是支持的,但实际情况变化如此,真是没想到啊!没想到啊!"方孔炤这天晚上回来用餐时,心情颇为沉重。

姚太淑人一直以为如今战事严峻,故全家人表现得紧张而寡言。她用完餐,逗了一会重孙辈,就让李姆姆陪她回房间休息。临走时,她不忘安慰儿子方孔炤:"记住汝父教导,要正色立官,勤以办职,廉以临财,谦以待友,慎以出言,便可无惧也。"

"谢谢母亲点化!儿岂敢忘记吾父教导。如今,儿蒙杨阁部推举,以名藩授之大任,又敢不夙夜朝夕勤勉?"方孔炤连忙躬送母亲。

方维仪待母亲走后,就问方孔炤:"吾弟刚才欲言又止,似乎满腹心事?"

"禀仲姊,是也。"方孔炤答道,"现在湖广的威胁,主要来自陕地农民军。因此,治楚、全楚、安楚,是我们楚地职官应尽之责。目前,只要沿着既定方略,楚地战事本来是可以定夺的。"

方维仪问:"如此说来,难道是既有方略面临搁置,或者说是遭遇掣肘?"

方孔炤悚然道:"仲姊何以亦知晓也?"

"家里不是有抄来的邸报吗?"方维仪答道。

方孔炤眉头紧锁:"弟以为,在执行既有方略的基础上,须坚持以楚治楚。可惜,今抚局却似已定。熊文灿确定了襄阳谷城作为招抚张献忠受降之城,而杨阁部也给予大力支持,岂不令吾忧心如焚?"

"我孙三始终认为,兵部盲目决断,其结果是极其危险的。"孙临这时插话。

"克咸具体谈谈?"方孔炤鼓励他说下去。

"比如当张献忠还在河南,准备进攻凤阳时,我仲兄鲁山曾上书朝廷,提及明祖陵凤泗将危,桐皖将不免。而桐皖扼江楚之咽喉,司金陵之门户,诚为东南第一要害,不可不设重兵防守。"

"嗯,是这么回事。"

第三十六章 须臾骸骨空断肠

"但兵部尚书张凤翼竟然嘲笑我鲁山兄说,张献忠兵不食江南米,马不饲江南草,他们不会侵犯江南之地。等到凤阳被攻破,皇祖陵被焚,朝廷和兵部才措手不及,悔之已晚!"

"克咸所言,让农父想起熊文灿受弹劾之事。兵科给事中张绪彦上疏朝廷,指出张献忠包藏祸心,愚智皆知。揭露熊文灿:'受贼给弄,日为之请颁阶开赏,而于杀人越货之迹,巧词匿饰,有发觉其谋者屏弗使闻。'而郧襄兵备佥事王瑞楠,亦曾公开质问过熊文灿:贼以抚愚我,我岂可以抚自愚?"

"张给事、王兵备所质询,皆中要害。农父、克咸,吾近来多番思考,总觉得去岁以来,边寇肆虐,与兵部昏着迭出不无联系。"

"中丞公所忧甚是。农父以为,最令人怀疑的是,卢象升大人的牺牲。他英勇善战,并持有总督天下兵马之尚方宝剑,却并不能调动兵马,徒有五千残兵,被迫孤军面对数十倍清兵包围。吾大明因此失去一员骁勇战将!"

"农父所言不无道理。以我孙三之见,观山东败局,济南城陷,此背后岂仅是高起潜不支援?兵部调兵决策失误是最大责任。"

"父亲大人,孩儿觉得,这熊文灿一向是大言不惭,他的所谓招抚之局,背后若无杨阁部支持,岂能堂而皇之地推行?而对外,主持与清兵和谈,妄图与清兵结城下之盟者,不正是杨阁部吗?"

"直之所疑,本为事实矣。农父曾闻,杨阁部向天子献'和清'之计,总监军高起潜、辽抚方一藻等助之。然黄道周、卢象升等一批忠直之士力阻,怒斥方一藻将是袁崇焕第二,而杨阁部必将是王洽第二。言辞可谓激烈!"

2

方维仪听着他们的议论,心里极是焦虑。她感觉湖广形势日趋复杂,弟弟方孔炤一向崇敬的杨嗣昌,所编织的那"十张网",如今似乎正在变成一张无形的大网,撒向了湖广官兵。

想到这里,方维仪不由得瑟瑟发抖。但她又必须镇定,不能因为自己的情绪而影响他们的斗志。

"以我孙三之见,必须让张献忠杀贼自效,以取信于大明抚署。否则,我们就有理由怀疑其是诈降。"

"尔等所言,正是吾意。现在张献忠被布下的天罗地网困在襄阳谷城,他以诈降为名,营盘却不解散,仍然一如既往地打造兵器,置办舟船,还占据田亩进行分租。更狮子大张口向朝廷索饷。这是养痈待溃呀!"

方孔炤展开一幅宽大的地形图,方维仪顺着他的手指看去,但见谷城位于汉水中游西南岸,汉水绕城而过;其西、南、北是绵延起伏的巍巍群山,而东面却是鄂豫的江汉平原和一马平川的中原大地。

周岐观察了一会地形图,用笔边指边说:"农父以为,谷城地理位置奇特,乃山道要冲,控川陕,扼襄荆,瞰中原,可谓四战之地,各路草莽出没。张献忠虽暂时被困于此,却不接受改编和调遣,并将其四万人马分设四营,各由一员首领统率,集草屯粮,招兵买马,训练士卒,必是等待时机东山再起。"

《明诗别裁集》中方维仪的诗

"那就尽快解散张献忠营阵,将他遣散到别地,使其失去凭依,此乃上策啊!"方其义急道。

孙临笑道:"遣散什么?区区残兵败将,让我孙三带队直接杀过去得了!"

"如此岂非坏了熊总理的'抚局'?"周岐摇头,"还是直之所言不无道理。或者,即使不能遣散,也必须勒一劲旅,成犄角而阻制之,则'抚局'可保不败。"

方孔炤正在对着地图沉吟,听了周岐的话,点头道:"嗯,如此则需东边以陈帅拥重兵入豫控制,而西北以左帅移驻常德、黄州,遥临南汝一线。那么谷城一有动静,则朝发而夕控之。况且还有他省总兵拱卫。此诚万全之策也。如不然,吾楚则须臾不能安枕。"

"禀中丞公,农父且依您之意,起草一函呈朝廷和杨阁部,您意下如何?"

"甚好!"方孔炤答应着,又沉吟道,"对处置张献忠,宜条上如下八策:一令散归各籍,二不许在均州荆襄等地,三有杀头目献功者授官,四先缴枪刀弓箭,五尽缴骠马,六不许分民田租,七不许杀良民,八不许安官射利煽惑。但愿杨阁部早作明断。另,吾闻抚标骆麟不佳,也请代我上疏乞选一等廉勇之将更换之。"

"是!农父这就去办。"周岐答应着,遂匆匆退出。

方孔炤长长地舒了一口气。

方维仪见他们忙碌去了,乃独自走进了院子,却隐隐听到有人在哼唱,仔细一听,那声音应该是李姆姆的,而且是自己熟悉的儿歌。只听李姆姆一遍又一遍,缓缓地略带伤感地唱道:"正月梅花香又香,二月兰花盆里装,三月桃花红十里,四月蔷薇依短墙……"

方维仪呆呆地站在那里。李姆姆一定也是在怀想故乡。方维仪听着她的歌声,仿佛看到了她思乡的泪水。这歌声,又让方维仪想起从前姐妹随父宦游在外,常在一起唱故乡儿歌时的情景。有时候,她们一支接一支地唱,好似比赛,每次总要把会唱的儿歌都唱完才停止。那时姐姐方孟式会唱的儿歌最多,而且还会编词配曲,而她跟着姐姐学唱,一学就会。

可如今,姐姐已与自己阴阳相隔!方维仪吞泪望天,也在心中质问着苍天:观吾姐妹这一生,生而富贵之家,却为何要经受如此极端愁苦?这命运是何来的道理?这定数究竟是怎样捉弄人?

3

近一段时间,周岐执笔的以湖广巡抚方孔炤名义的文书,连番递呈到熊文灿、杨嗣昌的案头。文书分析了当前形势,认为张献忠根本不会有诚意投降,力陈"招抚"策略不妥,尤其是以谷城这样的四战之地为受降之城,太冒险了。

但熊文灿基本置之不理,他咬定"招安"不放松,继续策划他的下一步招安大计。熊文灿一面千方百计"安抚"张献忠、刘国能、张天琳,另一面则与在房县的罗汝才暗通款曲。

与熊文灿不同的是,杨嗣昌倒是客客气气地给方孔炤回了信。

"杨阁部信中说,'招抚'之策,亦是时节因缘恰逢其会。他这不就是为熊文灿当说客吗?"周岐这天晚饭后,提及杨嗣昌的回信。

"这有什么奇怪的?我孙三就一直认为他是招安的后台。他曾经向皇上夸下海口,以崇祯十年(1637年)十二月至崇祯十二年(1639年)正月为师期,一举消灭农民军。如今农民军一直在,夸下的海口收不回来。也就不奇怪他为什么急于联合熊文灿招安张献忠、罗汝才。"孙临立即回答。

众人正议论时,方维仪在一边听着,感觉朝廷现在似乎已经没有"剿局",只有"抚局"了。特别是听到周岐谈及的杨嗣昌来信内容,她的这种感觉愈加强烈。

"那杨嗣昌居然以围棋作譬,说什么奕局中皆劫,初得谷城一角,正可相持。可见他就是将谷城作为与农民军相持之城了。如此昏着,竟然密网困之而不战,只是相持。在我孙三看来,这真是天大的笑话!"孙临简直气坏了。

方孔炤摆了摆手:"各位要冷静!杨阁部当前也确实面临诸多困难,比如仅军饷一事就够他烦的了。目前贼势正炽,兵员奇缺,而军饷业已告罄,地方绝流而渔,其背后又有朝臣争议加饷之弊。然而,免贫弱容易,收富贵亦难。以湖广某县为例,由八万增至十五万,就立即引起了宗室鼓噪。"

"可是,那张献忠虎踞谷城,霸占了襄阳一郡,方圆三四百里都是他的地盘。而朝廷对他的狮子大张口要钱要物还每求必应。这样的招安岂不是胡闹吗?"孙临手按着腰上的剑,仍然愤愤不平地嘟囔着。葛嫩在一边牵了牵他的衣角。

方维仪越听越心绪烦躁,却瞥见张德薇静静地坐在一边,眼睛依然红肿着,似乎一个人躲着哭过,就不由得走过去:"薇儿,来陪我一会儿吧。"说着就牵起了德薇的手,二人走出了宴会厅。

二人来到方维仪的房间,方维仪让张德薇坐在身边,令女婢端上一杯红糖水。

"已经多长时间了?"方维仪爱怜地问。

"禀仲姑,已经有四十余天了。"张德薇低垂着睫毛。

"为了腹中的孩子,且把心放宽一点吧。"方维仪将张德薇揽进怀里,轻轻抚着她的背。张德薇立即抽泣起来,身子颤抖着。

方维仪也没有劝止她,心想:她在家眷中是最早得知嫡母与父亲殉国,却一直忍着痛苦不敢透露。而今怀了孩子,因思念亲人,情绪起起伏伏,却又担心让太恭人知道。这样长时间的压抑,必然对身体很不好。让她在这里哭一会儿吧,让她那无边的痛苦随泪水一起宣泄吧!

"好了,现在仲姑就是你的姆妈了,凡事直接咱母女俩说啊,不要一个人闷着呢。"方维仪也擦去泪水,轻轻拍着张德薇的背。

4

送走了张德薇,方维仪向观音大士上了一炷香,然后坐下来读金陵老姐妹们的来信。自从到武昌后,老姐妹们彼此之间信函不断。近段时间以来,因战事所阻,来往信函虽少了一些,但还能间或收到她们的问安之信。

方维仪心绪不宁地读着信函,又不能不想起姐姐方孟式,想起她的临终嘱托。姐姐一生愁苦多病,却发愤于诗歌,借清风明月以自解,留下了诸多遗作,她最为看重的《纫兰阁》三集十二卷,皆已编成,可惜至今未刻。适逢世道更乱,只怕刻成要待将来了。

姐姐的发愤著诗,当然也感染着方维仪。当她在寡居中煎熬着时,是姐姐不断地与自己诗文唱和,劝慰自己,鼓励自己。她忽然觉得,姐姐之所以将这部诗集托付给自己,不就是希望这部诗集陪伴着她,还像生前一样与她唱和吗?

这样想着,抬眼却见天边一轮下弦月悬挂在枝头。方维仪就让女婢磨了墨,铺开纸,还是用她最喜欢的钟繇体小楷字,写了一首《忆金陵诸姊》:"昨岁长干里,今宵寓楚城。汉宫弹一曲,幕府护千兵。花发留春意,人伤远别情。可怜枝上月,长在子规声。"

长干是地名,在今江苏南京。乐府旧题有《长干曲》,李白写过许多反映妇女生活的作品,《长干行》就是其中杰出的诗篇。方维仪这首诗,首联以长干与楚城相对,开笔就有回忆和思念。颔联以《汉宫曲》借古讽今,吟咏自己和姐姐的不幸;幕府,指武昌抚署。颈联点明了写诗的时令是春花烂漫的时节,但这样的时节,往往最有别愁离恨,所谓"落花有意,流水无情"。

尾联很容易让人想起唐人崔涂的诗《春夕》,其中有写得极为精粹、传诵千古的名句:"蝴蝶梦中家万里,子规枝上月三更。"子规鸟即杜鹃。诗人在睡梦中梦见了万里之外的家乡,醒来时正值夜里三更时分,子规在树枝上凄厉地啼叫。

方维仪这个尾联与崔涂这一联异曲同工。崔涂写了蝴蝶梦,其中有着获得片刻的梦里回乡之乐。但方维仪写的是,多少个无眠的夜晚,有一个伶仃的女子,寂寂地站在窗前,那枝上的悬月也必然照着远方的家乡和亲人,而子规鸟在月下哀哀啼唤:"子归!子归!……"

忆的是金陵诸姊,实际上包括姐姐方孟式在内。方维仪想,姐姐虽然已经踏荷而去,但仿佛始终还在陪伴着自己。如若不然,那子规的声声啼血里,何以如李白诗句所写的那样:"一叫一回肠一断"!

5

细雨霏霏中,轻寒袭来。这样的日子最能勾起思乡的情绪。

方维仪登上抚署后院的小阁楼,遥望城南黄鹤楼,但见长堤杨柳已经泛出绒绒的绿意,而远近的桃花、杏花、梨花也竞相开放。尤其是后院倚墙的那几株老杏树,花开得别样繁盛。

想着桐邑传统的时令节"三月三"也不远了,以前在故乡时,是要与几位老姐妹们,于桐溪边"修禊"雅集的。而今流离异地,哪里还敢想这样的雅事?

最怕的是渐行渐近的清明,那是最令人断肠的时节,落下的每一滴雨都是血泪,吹来的每一缕风都是刀刃。

就这样思来想去,方维仪在心中默默地咏出一首《清明旅思》:"花落东风春不留,花飞莫向故山邱。岭云散处为榆火,江雨横来满竹楼。短札数行休叙苦,孤身半百亦何愁。清明祭扫无归日,自断遗簪学楚囚。"想着自己孤身半百了,还跟随弟弟一家漂泊在湖广,回不了故乡祭扫亲人的墓,岂不似楚囚一般?"楚囚"本指被俘的楚国人,方维仪借以指自己目前的窘迫。

好在还有一件事最值得方维仪期冀,那就是离今年的秋试日期已经越来越近了。方文、方以智、孙临,以及周岐等人都要参加这一次的三年大比,而夫君的弟弟姚孙棐崇祯六年荣登桂榜,得中举人,也将于明年冲刺春闱。

此时,除了周岐、孙临尚在武昌,桐邑多数学子都已经在金陵。而秋试也渐渐成了全家最为关注的话题。与姚孙棐交谊甚厚的蕲水知县龚鼎孳,亦偶来抚署与方孔炤、周岐、孙临等人宴集,每每提及他当年的秋试同榜姚孙棐。

想到这里,方维仪很自然地思念起倪夫人来。最近,倪夫人寄信到武昌,方维仪还没来得及回复呢。于是就在阁楼里来回踱步,酝酿着随回信写首诗给她。

方维仪《黄鹤楼诗》书影

晚饭后,方维仪与方子耀、葛嫩、张德薇等轮流陪同姚太淑人打了一会儿牌。因老人家要早早地休息,葛嫩要协助方子耀服侍几个孩子,方维仪就让张德薇陪同,带着长孙女方御回自己房间。又想着酝酿了一天的诗,今晚可以写了。

方维仪带着张德薇、方御二人,分别给观音大士上了香,又让她们陪着念了一会儿《楞严经》,就吩咐女婢磨墨,张德薇铺纸。

自从潘翟与方以智回金陵,九岁的方御一直跟着方子耀,现在身高快及方维仪的肩膀了,这时她也主动过来协助婶母张德薇压纸。

与从前为侄女们讲授功课一样,方维仪这段时间也给方御讲了一些《诗经》《离骚》《汉书》内容,当然也结合明善公的《桐彝》《迩训》讲了女范、女戒、女德之类。见这孩子出落得越来越清秀,作诗、绘图也颇有灵气,方维仪心里很是欣慰。

6

"清芬吾嫂,您在武昌还好吗?去秋一别,忽忽而春。金陵诸位老姐妹念您尤甚。"方维仪想着倪夫人的信,心里又对早已打好腹稿的那首诗做着修改。见大家都准备好了,于是提笔写起了她最喜写的钟繇小楷:

戊寅随母楚养,得娣倪太夫人书,赋以寄赠

二月杏花春雨寒,天涯愁思望江干。千里故人入我梦,远遗书札慰平安。
去秋别却故人面,不知何日重相见。老大残躯瞬息徂,光阴岂肯与人恋?
自从年少至于今,顾复恩情岁月深。忆昔亦园常欢聚,牡丹台畔听幽禽。

第三十六章 须臾骸骨空断肠

瞻仰和睦长叹息，贫贱周全衣与食。族党姻戚借余晖，恭顺全无富贵色。
姚门赖尔起家声，教子皆成孝友名。七业俱与称独立，昆仲吟诗花萼集。
庭前碧树映清觞，欢娱偕老六珈煋。彩衣明月翠罗香，绕槛芳菲喷海棠。
钟山鸣凤巢华阁，河汉星稀清露凉。回首德门人争羡，我苦唯看列女传。
秋风雁塔题诸郎，明年夫子琼林宴。

方维仪刚搁下笔，方御就拍手道："仲姑奶奶一气呵成啊！"方维仪轻舒了一口气。这样的长诗，已经多年未写了。近来读姐姐的《纫兰阁集》，感动于姐姐发愤著诗的才情和遇难前的重托，因此不敢再有懈怠，每日里都想着如何才能尽快刻印《纫兰阁集》。而这又同时激起了她写诗的冲动。在她看来，这不仅可以抒发无尽的伤愁，以寄远方的亲友，其实也是冥冥中与姐姐唱和。

方维仪之所以在诗题中称倪夫人为"倪太夫人"，是因为倪氏育有六子一女，都已成家立业，如今又孙子孙女绕膝。她的第三个儿子姚文然与方其义同年。方维仪感觉这样称呼她还不习惯呢。似乎才一转身，自年少相识相知，倪妹妹成了倪夫人，倪夫人又成了倪太夫人。而自己也已头发斑白，被孙辈称为老姑、姑奶奶、太夫人了。所以她在诗中感叹"老大残躯瞬息徂，光阴岂肯与人恋"。但是，与倪太夫人对比，方维仪只有悲嗟"我苦唯看列女传"。

但方维仪这样写，并不是表达自己的极度悲观，而是借以称誉倪太夫人持家有度，所谓"姚门赖尔起家声"，毕竟方维仪也是姚门中人，姚门兴盛发达自然也是方维仪所期盼的。但愿"明年夫子琼林宴"，姚孙棐能高中金榜，与天下才子一起参加皇上的"琼林宴"吧！而孙棐的四兄孙槃早于天启二年（1622年）春闱进士及第，目前正在朝任尚宝卿。想到自己九泉之下的夫君孙荣，也一定会为两个弟弟的功成名就而高兴吧。

"但愿你的父亲啊，明年也与你姚五爷爷、孙三姑爷一起，都参加京都的琼林宴！"方御读罢长诗后，方维仪微笑着对她说。对于侄子方以智、长侄婿孙临、次侄方其义，方维仪一直坚信他们能够班列于朝，担当治国安邦的大任。

次日晚，一连多日未回抚署的方孔炤，从前线归来，与家人共餐时，忧虑之色愈加浓重。方维仪关切地询问，嘱其保重身体，切勿过劳过忧而伤身。

方孔炤愀然答道："那张献忠虽然困于谷城并受抚，但他拒绝解除武装，不听朝廷调遣，并利用休战划地屯兵，气势仍炽。而在房县受招安的罗汝才，其实与张献忠构成掎角之势，遥相呼应。吾这些日子整顿兵马，不敢丝毫松懈。"

方维仪安慰道："吾弟切勿过于忧虑，只需保持警惕。况你已八战八捷，气势正雄健也。"

"目前弟极为忧虑的是,熊文灿直接插手楚地兵力调动,只怕届时楚地朝廷兵力空虚,张、罗二部可能趁机起事。而杨阁部已基本不提他从前的十张网矣!"

"吾有一诗赋赠吾弟。"方维仪遂让女婢取来诗作,将其展开,但见秀丽的钟繇体小楷写的是《老将行》:"绝漠烽烟起戍楼,暮笳吹彻海风秋。关西老将披图看,尚是燕云十六州。"

燕云十六州,又称幽云十六州,属于战略要地,历史上曾被后晋割让给契丹。此后四百年间,对于每一个中原王朝来说,收复燕云十六州始终是最重要的一个梦想。北宋王朝曾有收复计划,但多次北伐均失败。直到明朝建立时才又重新回到中原国家的版图。

方孔炤知道,仲姊方维仪借此典故,以譬今日边寇内乱,激励自己秣马厉兵、枕戈待旦,于是也口占了《报捷》一绝:"吴坫茅山鼓再挝,青龙露布晓鸣笳。横刀裤褶西风冷,特送轻裘叱九花。"表示要鸣笳击鼓,带领部将奋勇作战,并重奖冲锋陷阵的勇士。

"但愿早日荡平内乱,说不定将来你还要在扫平边寇中发挥更重要的作用呢。"方维仪微笑着说。

7

"张献忠果然复反!"周岐一入抚署,就匆匆向方孔炤禀报。方孔炤立即扔下碗筷,孙临、方其义等人紧紧跟随,一阵风似的,匆匆出门跃马而去。

方维仪听周岐又紧张得口吃,方孔炤等人旋风般地出去了,顿时感觉有一场残酷的血战即爆发。此日正是五月初八的早餐时间。刚才一家人还高高兴兴地吃着端午粽子,谈着从前家乡桐溪下游大河与松湖里赛龙舟的事,而现在众人在方孔炤他们走后,一时都高度紧张起来。姚太淑人闭上眼睛,合掌诵起了《楞严经》。

"记得前几日看邸报,那清兵曾入塞犯我河北丰润城,被大明副总兵杨德政、虎大威击退,京营各镇兵战于太平,塞北报捷,甚是鼓舞人气。这张献忠再嚣张,也不可能凶过清兵吧?奶奶您早点去休息,不要过度担心。"方子耀安慰着姚太淑人,其实也安慰着其他人。

听了方子耀如此一说,方维仪并不觉宽慰了多少。张秉文、方孟式夫妇的不幸遇难如在眼前。

她用手强按在胸口,暗暗地对自己说,还是子耀这孩子镇定!越是情况紧张的时候,自己越是不能慌乱、不能慌乱!须知,吾可是这个家的"主心骨"啊!否则,高龄老母怎么办?这些孩子怎么办?更重要的是,弟弟孔炤怎么能安心指挥决战?

第三十六章 须臾骸骨空断肠

方维仪猛喝了几口水,力求让自己平静下来:"母亲,孩子们!湖广抚署已经做好了充分准备,朝廷也必将尽快策应,大家都不要过度担心。"遂盼咐李姆姆服侍姚太淑人去休息,又嘱咐方子耀、葛嫩将孩子们带好,近段时间不宜外出贪玩。

劝慰了众人,方维仪又觉得还应再做些什么。想起刚才方孔炤等人急匆匆外出的一幕,一首《出塞》腹稿已成。她让女婢磨墨,让方御展纸,握笔书写起来。她尽量写得很慢,她想让家人沉浸到她的书写中,不再慌乱,又仿佛姐姐方孟式正在身边,在静静地看着她书写。

众人围在方维仪的身边,只见她依旧写的是钟繇小楷,尽管看起来在一笔一画地书写,其实她的手还是有点微微颤抖:"辞家万里戍,关路隔风烟。赋重无余饷,边荒不种田。小兵知有死,贪吏尚求钱。全赖君王福,何时唱凯旋。"

尽管她写完后,重点给大家讲的是结句"全赖君王福,何时唱凯旋",让家人对未来多一些美好的希望。然而在她的心中,诗中所谓"小兵知有死,贪吏尚求钱",才是她最想表达的不满和愤怒。

此时,官兵数量少,战斗力很差。熊文灿虽然号称五省总督,但实际归他管辖的不过一万五千兵,亲隶于他的标兵仅两千八百名。这些官兵由于朝廷给养困难,军心涣散,毫无斗志,动不动就哗变。左良玉的六千兵稍微有些战斗力,却根本不听熊文灿的指挥。

张献忠、罗汝才的农民军被左良玉追赶,由郧阳渡黄河而来,方孔炤所部包括乡兵仅有万人,因多面部署,兵力分散,其中快速部队——骑兵不到总数的十分之一。

在寡不敌众的情况下,方孔炤仍然激励将士英勇作战,以孙临、方其义等为首的"方家军"青年勇士,更是冲锋在前,英勇杀敌。

张献忠不敢对湖广轻举妄动,遂引兵西窜。

方孔炤则在荆门、当阳一线阻击,在来家河、神通堡等处将身负重伤的张献忠逼入了谷城。

尽管张献忠因为受伤而诈降被"招安"了,但他尚有几万人马,都是精壮之卒。他拒绝接受明军的改编,所部"人不散队,械不去身",每日里仍不断操练士马,打造军器,并积极屯田养兵。后来复叛时与罗汝才合起来有十万之众。

当张献忠、罗汝才终于在崇祯十二年(1639年)五月再举义旗,李自成也卷土重来时,杨嗣昌所支持的熊文灿"招安"大局已基本破产,其精心构筑的"张网"计划也成为一张名副其实的破网。大明王朝的内地,再度陷入干戈纷乱之中。

第三十七章　唯有空林带落晖

1

一切都和梦一样。

假如一切都只是梦,那就好了!

但那些急速旋转的巨大云团,还常常在睡梦中惊心动魄地砸来,每每让方维仪惊得翻身而起,大汗淋漓。

究竟是哪一个云团,将她从流离的千里之外,突然间裹挟着回到了已阔别十多年的故乡?眼前,依旧是绵延不尽的苍苍龙眠,只是那曾经蜂起的硝烟已经不见;脚下,依旧是横跨在宽阔大河上的桐溪桥,流水依旧哗哗不息,只是那桥面深深的车辙里,不知又碾过了多少兵车、踏过了多少战马的铁蹄。

街上三两行人匆匆,没人注意这个满头白发、粗布衣裳的老妪,以及用肩膀充当她拐杖的那个小女孩方徽。

此时已是崇祯十七年(1644年,甲申年)秋日。一个享祚近三百年的大明王朝,随着崇祯帝在煤山自尽,只留下了远去的苍凉背影,一如带血的残阳,迅速坠下了地平线。

一回到廷尉第,方维仪首先就来到清芬阁,嘱咐女婢将她新绘的观音大士立像重新挂上。已近花甲之年的方维仪,满头银白的头发。她依旧与当年一样,虔诚地上了一炷香,然后端坐在观音大士像前,闭目默诵《金刚经》。陪同她的正是侄孙女方徽,已经出落得亭亭玉立。由于明末战乱,方徽的父母逃难东南,她与姐姐方御多年跟随祖姑方维仪,深受祖姑影响,不仅擅诗文,琴棋书画也样样精通。

这是自甲戌(1634年)"桐变"之后十年来,方维仪第一次这样端坐在清芬阁诵经。

一切都是那么熟悉,连所有的动作都像从前那样驾轻就熟,但一切又都是那么陌生;目触之处,所有的都让她看起来感到亲切,却又让她感觉无比沉重和伤感。尽管经过了精心修缮,但那因多次遭受世乱和兵燹的颓墙败瓦,已深深印在了脑海中,仿佛那颗伤痕累累的心,不知上面已经刻画了多少刀痕。

第三十七章　唯有空林带落晖

走出清芬阁,转身就进了远心堂。尽管墙上那幅《龙眠山庄图》已经不见了,但从前父亲、弟弟的声音,似乎还在这里回响,孩子们的笑脸也似乎还在眼前不断迭现。

可是,那个既爽朗而又严肃的父亲,究竟去了哪里?方维仪在李姆姆的陪同下,驾着马车去寻找。

由北门跳吕台(传说吕洞宾在这里跳河成仙)蜿蜒而东,又南向而去的绣衣堤,曾是父亲方大镇率先捐金,并获得巡盐御史龙遇奇和知县王廷式支持而筑成的,依旧宛如黑色的巨蟒,一眼望不到尽头。那黑铁一样稳稳地立在河边的堤石,如牙齿一样紧紧地咬住河堤,保护着小城不被山洪冲刷侵蚀。

《龙眠风雅》方维仪诗作书影

城东大河那片沙洲,依旧在阳光下泛着耀眼的白光。曾经,方维仪与侄子侄女们陪着父亲方大镇,不知多少次漫步到这里。晚年的父亲喜欢给孙子孙女们讲唐诗,每每由唐诗中的"沙洲趣"讲到"沧州趣",再讲到"隐逸情",让她和孩子们听得兴致盎然。

与童年的方以智、方文、吴道凝、孙临等人不同,他们无数次在东门沙洲踏河石、放风筝、做游戏,而方维仪与姐姐方孟式等老姊妹们则喜欢漫步于绣衣堤上,临水观鱼、解禅悟佛、抚琴弄曲、吟诗唱和。

尤其是与沙洲相对的桐川会馆,那是倾尽了明善公与文孝公心血的桐邑学问圣地。父亲晚年在那里逗留的时光最长。方维仪的眼前总是浮现桐川会馆里来来往往的学子,那位头发花白的七十老翁,正与伯父方大任、太史吴应宾等人谈笑风生、激扬辩学。而今,人已去、楼已空、荒草萋萋。

以前流离在千里之外,方维仪总觉得父亲还在故乡召唤着她。这次回到了故乡,却又根本不愿意相信,父亲其实早已离去。

泪眼蒙眬中,方维仪口占了一首《过先翁故居》:"忆昔东村傍翠微,春来花发满黄扉。门迎朱紫三千客,堂舞斑斓七十衣。对月金樽歌璧树,弹琴玉柳拂罗帷。只今故阁生荒草,唯有空林带落晖。"

方维仪在诗中回忆了廷尉第当年的繁华,可谓是"对月金樽歌璧树,弹琴玉柳拂罗帷"。当时廷尉第人来人往,热闹非凡,正所谓"门迎朱紫三千客"。"朱紫"是指古代高级官员的服色或服饰。白居易《偶吟》有句"久寄形于朱紫内,渐抽身入蕙荷中"。而"堂舞斑斓七十衣",是指方大镇孝养他的老母亲赵太恭人。"斑斓"意为身穿彩衣,做婴儿状戏耍以娱父母。《北堂书钞》卷一二九引《孝子传》言,老莱子年七十,父母尚在,因常服斑斓衣,为婴儿戏以娱父母。

2

方维仪觉得还是要写诗。对,只有写诗,只有像姐姐那样发愤于诗,才能舒解她心头的累累伤痛,也才能感觉姐姐似乎还在与她诗文唱和。

回到廷尉第,登上父亲每对龙眠寄傲的春晖楼,眺望郁郁苍苍的龙眠群山,倾听潺潺的桐溪流水,有一切都突然静止了的感觉。她的眼泪又止不住喷涌而出。

"野岸危桥水不流,秋山枫树对高楼。心伤满目无同调,年老看花忆旧游。返照入林催宿鸟,长空淡月隐沧州。庭前古树云烟积,户外三星天汉浮。"这是方维仪回到廷尉第后,在春晖楼写下的第一首诗《登故第高楼》。

是连年的烽烟,让保护繁华城市的城防绣衣堤,成了荒芜的野岸;是频来的兵火,让曾经人流如梭的桐溪桥,成了倾颓的危桥。而沙洲如昔,流水如昔,廷尉第门前古树如昔,天上河汉如昔,只是歌诗"同调"的姐姐方孟式早已踏荷而去,而老姊妹们也多是身在他乡,侄子方以智与他那一班少年同学仍然流离天涯。而泽园早已荒废,它旁边的五印寺更是残破不堪。目之所触,无限心伤!

"吾而今最为日夜挂念的,正是汝父啊!"方维仪对孙女方徽说。

长侄方以智,如今有家难归。虽然他没有辜负明善公"长大磨铁砚"的厚望,没有辜负仲姑多年的抚教,并时常以"坐集千古,会通中外"为信念,不断磨砺学问,见识也随着年龄的增长而日渐扎实厚博。但是,正当他开始与祖父、父亲一样走科举之路、决心正色于朝堂时,大明江山却突然间天崩地坼了!

方维仪最不能忘怀的是崇祯十二年(1639年),那也是决定侄子方以智政治命运的关键一年!年初,经历了失去姐姐一家亲人的泣血锉骨之痛。五月,弟弟方孔炤又投入了艰难战斗中。

那是个槐花飘香的季节。方维仪登上武昌城南的黄鹤楼,眺望茫茫大江,眺望千里之外的金陵。她既渴望又焦虑的,是侄子方以智即将迎接又一次三年大比。

尽管那个时候,战火频仍,战事艰险,但弟弟厉兵秣马、衣不解甲,每战必捷;而她对自己抚教成长并视为亲生之子的长侄,始终满怀着热切的希望。

方维仪曾想象着大比之季的金陵,应该是满城披翠,莺歌燕舞,花团锦簇,怀揣着抱负和梦想的南直隶十四郡士子,从四面八方赶来,云集于此。

与方孔炤几番协商后,方维仪催促周岐、孙临也赶回金陵参加秋试,并让方子耀带破奴随行。考虑到方孔炤政务军务较为繁忙,武昌这边老老小小不能没有男主支撑,加之张德薇又即将生产,所以没有让方其义回金陵参加这次乡试。

方维仪不仅在孙临、周岐临行前反复叮嘱,还着重将"切莫信笔犯忌"等提醒,写到信里,由他们带到金陵,亲手交给方以智。她知道这个侄子不愿意中规中矩地作科举八股,为文喜欢直言无忌,策论常常狂放不羁,很容易引起试官的忌讳,这也是他前几次应试失利的主要原因。

方维仪想着,又不放心,附上一首诗给侄媳妇潘翟,其中有句曰:"笃嗟别棹暮江天,洒泪流连爱汝贤。""冀得峥嵘他日贵,好将衰骨托残年。"赞扬潘翟的贤惠和多才,要求她督促丈夫专注学业。仿佛潘翟就站在自己面前,方维仪充满期待地对她说:"我这把老骨头以后还要依靠你们呢。"

当孙临等人出门时,方维仪却又叫住他们。她又匆匆题了一首《送密之侄应试》诗交给孙临:"槐花满眼望江涛,努力南征意气豪。月夜咿唔云树静,星河灿烂晓帆高。鲸飞万里乘波浪,豹隐三秋泽羽毛。我老零丁唯望尔,秦淮马上莫辞劳。"

"鲸飞万里",典出《庄子·逍遥游》,讲的是一种能展翅云霄、腾越九万里的鲲鹏。在诗中,方维仪殷殷叮嘱意气豪放的侄子,应考时要学会"豹隐三秋",以便将来能够"鲸飞万里"。

而所谓"豹隐",是她从前对削职归来的方孔炤的告诫。对侄子方以智,她一向是以"豹变"来反复叮嘱的。何以这一回,她又改为"豹隐"来告诫侄子呢?

恰恰如方维仪所料,如果不学会"豹隐",方以智不知道能否顺利躲过面临的一场又一场惊涛骇浪,能否不负厚望、如愿以偿地闯过那场秋试?

3

"他仲姑奶奶回来了吗?我可是太想您啦!"阮太夫人得悉方维仪回到廷尉第,急急忙忙地拉着小孙女一起来廷尉第看望。

方维仪也跟着她的小孙女尊称其为阮太夫人:"我也是日夜思念您呢!"她们那枯瘦的手紧握在一起,激动得久久不愿松开。

她们这些老姊妹如今依然天各一方,很难有机会与从前一样相聚甚至雅集了。倒是阮太夫人在其夫方承乾(逋庵先生)逝世后,一家人自金陵扶柩归龙眠安葬,就再也没有外出。

阮太夫人含泪道:"山河风景原无异,城郭人民半已非。这十多年变化太大了,许多老邻居、老姊妹不见了。你看你看,你我如今都已白发苍苍,岂不令人感慨万千啊!"

"是也。可恨的是干戈仍未歇,硝烟仍弥漫,有家还是不能归啊!"方维仪又拉着阮太夫人小孙女的手,想起仍流离在外的侄子侄女及其孩子们。

"俗话说,'离家一里,不如屋里'。你们这十余年来,又是金陵,又是武昌,奔波千里之外,历经战事,实在不容易!"阮太夫人也拉着方御的手,又向方维仪问起了方家近况。

方维仪告诉她:"如今虽回到桐城,但国变朝改,风霜吹老,旧月成梦。而农民军仍时由北来,清兵营阵也正接近桐城,所以暂时回不了远心堂,全家暂留在南乡白鹿山庄了!"

"哎呀!白鹿山庄好,依郡城,近大江,是个做学问的好地方。吾家堂弟潜夫先生,一生什么大风大浪、惊涛骇浪都经历过了,现在终于可以安心地做他的学问了。"

"是哟,说是九死一生也不为过呢!现在他几乎每天都埋首在环中堂书斋里,潜心于著述。而实际上呢,吾知道他仍然忧心如焚、寝食不安。"

大风大浪!惊涛骇浪!阮太夫人的话,又勾起了方维仪对武昌那段惊心动魄的日子的回忆。

获知张献忠、罗汝才于崇祯十二年五月复反后,熊文灿惊慌失措。崇祯帝一气之下,"尽削文灿所领官冠带"。但他还是不死心,仍然寄希望于熊文灿能雪谷城之耻,所以暂时不打算处治他,而让他戴罪视事。

戴罪襄阳的熊文灿,为了赶紧挽回不利局面,保住自己的项上头颅,竟然不顾军情实际,下令总兵官张士学,立即遣中官罗岱偕左良玉出兵追击。

左良玉知道这一仗凶多吉少,却不敢抗令不从,遂令罗岱为先锋,自己殿后。而张献忠、罗汝才早有准备,正埋伏以待。结果导致左良玉几乎全军覆灭,"军符印信尽失,弃军资千万余,士卒死者万人",中军罗岱亦战死。

崇祯帝至此对熊文灿完全失去了信心,怒气冲冲地遣使速逮熊文灿,下狱论死。同时,夺张士学官职,诏逮郧阳巡抚戴东旻、郧襄兵备佥事王瑞楠等,并将左良玉降三级戴罪。八月,还下旨诛文武失事诸臣三十二人,其中有巡抚张其平、陈祖苞,总兵倪宠、内监邓希诏等。

杨嗣昌这时才知道自己罪过实在不小。见崇祯帝如此雷霆震怒、大动肝火,他终于害怕了,摸着项上头颅,吓得浑身如筛糠一样发抖。

方孔炤一连几日未回抚署,一家人连续几天都在忐忑不安中度过。方维仪等从邸报中得悉这些情况,忧心忡忡,她不知道方家即将面临的,究竟是祸还是福。当时写的这首《塞上曲》,正是她既焦虑又抱着一丝期盼的心情:"马上干戈常苦饥,边城秋月照寒衣。风吹草木连山动,霜落旌旗带雪飞。永夜厉兵传五鼓,平明挥剑解重围。功成虽有封侯日,老将沙场安得归?"

第三十七章　唯有空林带落晖

4

"可惜吾弟潜夫,空有一身抱负啊!"方维仪想到此,不由得长叹。

阮太夫人问道:"他仲姑奶奶,何以有如此慨叹?"

"一言难尽、一言难尽呢!"方维仪答道。

且说杨嗣昌赶紧上疏崇祯,自劾夺秩,并推荐四川巡抚傅宗龙代替自己任兵部尚书。奇怪的是,崇祯帝这个时候仍然没有对杨嗣昌发作,同意任命傅宗龙为兵部尚书。但朝野也感到,崇祯帝对杨嗣昌的失责是明显不满的,为了平息众怒,下旨将其夺秩。

巡按山东御史郭景昌以为杨嗣昌此时已失上意,再也不能一手遮天,就趁机上疏朝廷,就"济南失事"愤然弹劾杨嗣昌:"济南之变,谁司中枢而祸至此?岂非嗣昌拱手送耶?"

郭景昌认为济南失陷惨遭屠城,德王受难,与当时执掌中枢的杨嗣昌有很大关系。他在上疏中质问朝廷:"如果不先正其辜,混辱朝班,仍议人之功罪,功罪愈为不明,何以惩前毖后乎?"

由于崇祯帝此前一直对杨嗣昌有所袒护,没有人敢弹劾他。所以,这次郭景昌终于站出来弹劾杨嗣昌,其他朝臣也就纷纷附议。

方维仪等人看了邸报后,感到出了一口恶气。

郭景昌所言不虚,其实济南之失,责在杨嗣昌和高起潜,这是朝野皆知的事。方其义曾写过一首诗《哀济南》,就愤怒地声讨了杨嗣昌、高起潜拥重兵而不救济南,也代表了当时的社会舆论。诗云:"崇祯庚辰济南陷,张方伯公身殉难。方伯夫人我伯姑,携妾投入大明湖。夫为忠臣妻烈妇,名垂天壤真不朽。方伯实为我妇翁,招魂不得来山东。可恨中贵师八万,不援孤城城遂空。谁与守,谁与战?哀哉新正成此变,使我两袖泪如霰!"

然而,崇祯帝明白,杨嗣昌的背后其实是他自己。但年轻气盛的崇祯帝又是一个极爱面子的人,担心臣子洞悉自己的心理,所以,他震怒郭景昌"党同伐异,借事攻诋",诏令将其逮系狱中。

从此,朝臣再也没有谁敢继续弹劾杨嗣昌。

此时,潜伏在商洛山中的李自成,受张献忠、罗汝才的浩大声势所鼓舞,也重整旗鼓,又拉起了一支人马,经湖北郧阳、均州进入河南。

很快,张献忠、李自成的部队遍布潼关内外、大江南北、淮河之畔,幅员数千里,往来飘忽。疲于奔命的官兵被不断合围聚歼。

鉴于这一严峻形势,兵部尚书傅宗龙立即上疏崇祯帝,推荐湖广巡抚方孔炤代熊文灿,总理南畿、河南、山西、陕西、湖广、四川军务。

可悲的是,傅氏的上疏如石沉大海。方孔炤空有一身抱负,未入崇祯法眼。这与其说是方孔炤等廉干之臣的个人悲哀,不如说是崇祯乃至大明王朝的宿命吧。

5

新任兵部尚书傅宗龙为人耿直,从不愿阿谀奉承。他刚上任时见到崇祯帝,即直言国家"民穷财尽"。崇祯帝很不高兴,告诉傅宗龙:"卿当整理兵事耳。"此后,凡是傅宗龙所奏请之事,多不为崇祯帝采纳。

因而,此时傅宗龙向崇祯帝推荐包括方孔炤在内的一班人选,崇祯帝也就根本听不进去。

崇祯帝其实还是进行了一番权衡。然而权衡结果,却是仍令他心目中的"诸葛亮"杨嗣昌视事,以兵部尚书职代熊文灿总理南畿和五省军务,亲临湖广襄阳督师"剿贼"。

这是崇祯帝对"招安"大计完全失望后,转而希望杨嗣昌重新拾起从前的"四隅六正十张网",尽快将重新燃炽的战火扑灭。崇祯帝的心中,梦想着重现当年"十张网"刚刚编成时的赫赫威风。

崇祯帝咬牙从国库中支取帑金四万、赏功牌千五百、蟒纻绯绢各五百,对杨嗣昌慰劳备至。并谕令吏部在用人方面、户部在措饷方面、兵部在调度方面,均需内外协应,全力配合杨嗣昌。

似乎担心杨嗣昌的威信已经大不如前,崇祯帝决定再赐杨嗣昌尚方宝剑一把。崇祯帝自登基以来,也不知赐出了多少尚方宝剑,然而又究竟起了多大作用?一个帝王如此迷信尚方宝剑,正是王朝末世政令不畅、人心涣散的悲剧。

为了表示对重新张网"捕贼"的重视和对杨嗣昌的信任,崇祯帝又亲自在后殿宴请杨嗣昌。杨嗣昌受到如此礼遇,不由得感激涕零,热血沸腾,随即向崇祯帝辞行,表示将尽快赶赴第一线。然而,杨嗣昌其实也知道,此行必然是凶多吉少,内心顿时就有了"风萧萧兮易水寒,壮士一去兮不复返"的悲壮。

这杨嗣昌,字"文弱",真乃人如其字:善于"文谈",弱于"实战"。到了第一线,他很快发现自己只是个"光杆司令",基本没有可调之兵,只有被处分的左良玉,还重新整编了一些人马。

于是,杨嗣昌只得再度起用左良玉,拜他为总兵官平贼大将。但左良玉自从上次惨败差点丢了老命后,对杨嗣昌手中的尚方宝剑总是"阳奉阴违",企图保存自己的实力,并不想与张献忠拼个你死我活。

此时已经"势成滔天"的张献忠、李自成,将杨嗣昌拖得团团转,败绩连连,兵力不断折损。张献忠将只善夸夸其谈并力主"招抚"的熊文灿送进了监狱,又大大嘲弄了总是纸上谈兵、豪言壮语的杨嗣昌,所谓的"十张网",已经成了名副其实的一张破网。

杨嗣昌越来越害怕承担"剿贼"失职的责任,遂上疏弹劾中枢失职。傅宗龙是兵部尚书,"中枢"这个矛头自然主要是指向他的。在杨嗣昌的心里,傅宗龙不过是他提拔上来的临时挡箭牌而已。傅宗龙知道杨嗣昌的阴险毒辣,于是也毫不犹豫地弹劾杨嗣昌徒耗粮饷,消耗国家而不能有所报效。

恰好崇祯帝一直对这个耿直的傅宗龙不快活,既然他心中的"诸葛亮"杨嗣昌弹劾傅宗龙,那就干脆找个莫须有的罪名,将傅宗龙一脚踢到监狱里蹲着去吧。傅宗龙壮志难酬,在兵部尚书任上才三个多月。

有人为此特地调查了一下傅宗龙在崇祯朝以来所上的奏折,结果发现,尽管他所提都是切中时弊的,却"所奏多不准",居然没有一条被崇祯帝采纳过。

这就难怪方孔炤会倒霉不被崇祯看中。因为他是被那个直性子的兵部尚书傅宗龙推荐的,崇祯帝焉能搭理?但换句话来说,这其实也是崇祯帝必然失败和大明王朝必然崩溃的定数吧。

6

方维仪有时候静下来就想,假如崇祯帝没有任命大言无实的熊文灿总理南畿并五省军务,假如熊文灿没有这完全不切实际的"招安";假如傅宗龙所奏,崇祯帝能听进去一半;假如崇祯帝对其他朝臣弹劾杨嗣昌,能认真进行反思,那么,大明王朝或许不会乱到如此不可收拾的糟糕地步。

然而,饱读史书的方维仪其实也非常明白,历史是从来没有如果的。有时候,历史就像一个跌跌撞撞往前奔跑的莽汉,遭遇突然的断崖绝壁时,根本来不及收住脚步,就稀里糊涂地摔了下去。

随着傅宗龙的入狱,杨嗣昌面对自己的节节败退,也开始恐惧嗜杀大臣的崇祯。而曾经多次指出杨嗣昌战略失策又曾得到傅宗龙推荐的方孔炤,这时又面临着怎样的命运呢?

自从张献忠、罗汝才复反,李自成再度起兵以来,方维仪感觉在武昌抚署的那些日子,每一天都心急如焚。

唯一让她宽慰的,是焦急等待中的秋季发榜消息终于传来,方以智得以高中第二十三名举人,为今后考取进士、报效朝廷创造了更加有利的条件。

得知消息这一天，武昌抚署大院一改往日的沉闷，方维仪亲自主持了庆贺家宴。已经多日未与家人共餐的方孔炤，也难得回家与大家一起吃了顿饭。姚太淑人居然也喝了半杯"黄鹤楼"。

此次龙眠士子参加乡试的除方以智、孙临、周岐、方文外，还有王彭年、钱澄之、吴道凝以及左国柱等人。左国柱、王彭年也得以中榜，周岐因经学、试义、时务策论写得不错，虽然排名孙山之外，却得以被推举明经而贡入京师，余皆名落榜外。一直在秦淮领袖群雄的陈贞慧、侯方域、梅郎三、刘诚、吴应箕、黄宗羲等复社诸君，虽满怀治国之策，却都不幸下第。

方维仪心中大感慰藉，觉得至少可以初步告慰故去的亲人了。她写信至金陵，一面嘱咐方以智再接再厉，一面安慰方文、孙临等人。方文与孙临、周岐都分别写了回信致谢。

方文在回信中叹息："我命何坎坷，铩羽归山陂。所恨岁月逝，怀抱不得施。"他在信中还透露了方以智在过江时不慎将诸多著述失落江中，这些大多是他自幼时到现今所写的，不下数百万言，目前只搜寻辑得其中一部分。方维仪为此十分痛惜。

孙临倒是大大咧咧地表示，他并不在意这次的落榜。他一方面庆贺内兄方以智得中高第；另一方面分析农民军势已燎原，指出需要招募更多能参加实战的将士。

孙临还在信中举例说："马服之子多读书，长平一战为丘墟。"马服之子，即赵括，其父为赵国名将马服君赵奢。意思是赵奢的儿子赵括读的兵书是很多，但那又有什么用？还不是在长平之战中被秦将白起杀光了其所率的四十万大军？我孙三看来已经习惯了横刀立马沙场，提笔作那八股倒是显得很生疏了。

方维仪与方孔炤看了孙临的信，都有些哭笑不得。但她也理解其渴盼朝廷尽快平乱的心情，正如他一直自比春秋时期的军事家孙武之后一样，在信中依然慨叹自己报国无门："春秋孙子于今在，孤剑难将答国恩。"

"克咸武功、骑马、射箭，亦何其雄哉！但愿生逢其时！"方孔炤也欣赏孙临曾在抚楚部队里的积极作用，总是与方其义一起冲锋在前，跃马深入敌方阵营，并常常在马上赋诗为乐。他们的豪放勇猛感染了更多的人，也极大地鼓舞了军心。方孔炤还曾欣然为孙临的军中诗文集《楚水吟》作序。

其实，方孔炤那些日子里，心情十分压抑。从某种程度上来说，他比方维仪经受了更为痛苦的煎熬。

一方面，中枢自傅宗龙去任后，兵部尚书一职始终悬而未决，也没人敢在这个时候去当这个冤大头。所以明显感觉朝廷指挥不畅，尤其是一些地方大吏往往"纵贼不备"，地方将领也"养贼自重"。这对抱有平乱之志却有志难抒的方孔炤来说，是非常难以忍受的，每次回到抚署都嗟叹不已。方维仪知道他的心境憋屈，却一时不知如何安慰。

另一方面，杨嗣昌或因情报不灵，或被农民军愚弄，每每指挥失误。张献忠还编成顺口溜嘲笑他："前有邵巡抚，常来团转舞；后有廖参军，不战随我行；好个杨阁部，离我三天路。"杨嗣昌气急败坏，为了激励士气，贴出告示："有能擒斩张献忠者，赏银万两。"谁知还没过半日，他的中军大帐附近就惊现张献忠的传单："有斩阁部者，赏银三钱。"

7

这时候的大明王朝腹地，不仅农民军四起，而且天灾频频，饥民遍野，尤其是北方一些地方又爆发了瘟疫，时称黑死病。而明祖陵所在地凤阳因为发生地震、山鸣，更引起举国不安、人心惶惶。

崇祯帝赶紧下诏罪己，以安抚人心；又想到中枢再也不能空缺下去了，却又碍于面子不愿起用被惩罚的旧臣，只好催促杨嗣昌赶紧推荐新的兵部尚书人选。

杨嗣昌当然也不愿那些被关在诏狱里的旧臣重新起用，他想起了自己的老同事陈新甲，此时正在宣大总督任上，过去与自己配合得倒是默契，而且曾经也同样洞悉崇祯帝有意与清兵议和的心理，曾与清兵暗通款曲。他想，与其"攘外必先安内"不成，倒不如先"和外"再"安内"，于是积极举荐陈新甲为兵部尚书。

尽管不断有朝臣弹劾陈新甲，指其"大敌当前，逗留不进，干扰作战""部下兵士多次发生哗变"等，崇祯帝不仅一概不予追究，反而以"随意评论重臣"的名义，对弹劾陈新甲的人处以罚俸。

就这样，陈新甲竟然以一个举人身份，破例走上了大明王朝兵部尚书这一中枢要职，可谓前无古人，后无来者。这既表明崇祯帝此时实在无人可用，也表明他太倚重杨嗣昌了。

陈新甲倒还真的捋了一下思路，甫一上任，就递交了"保邦卫国十条办法"。崇祯帝急急忙忙打开一看：咦！怎么每一条都似曾相识？原来，这"十条办法"的内容，大多是从前廷臣上疏时提到过的。崇祯帝不免有些失望，但还是全部应允，既然你郑重其事地重新整理出来，那就令你酌情实施吧！

然而，此时军情政情瞬息万变。陈新甲整理的这些过时办法如今很多都难以实行了。焦头烂额的崇祯帝，还不忘要求陈新甲对时下的兵部事务进行全面整顿，对军事失误进行调查并做出处理。所谓整顿就是两个字：处罚，大小臣工战战兢兢，唯恐一不小心就被逮进诏狱。陈新甲口头应允着崇祯，暗地里却将工作重心放到与清兵议和上。

利用陈新甲搞定了年轻而又急躁的崇祯，杨嗣昌也准备放手大干一场。十月，督师湖广的杨嗣昌，召集湖广巡抚方孔炤、总兵左良玉、陈洪范等军政要员与会，大誓三军。十一月,杨嗣昌传檄方孔炤守襄阳,并下令楚、川、沅三路会师夹攻张献忠,企图以四支部队将张献忠合围于兴山。

杨嗣昌对自己从前织就的那张大网,对自己从前取得的辉煌战果,总是很自得。虽然那张大网早已被张献忠、罗汝才、李自成撕得粉碎。然而,今天他还要在这里再结起一张大网。他全然不顾兵力空虚的实际,也不顾战线太长的困顿。这样的一张大网,看起来像彩虹一样绚美,却破绽百出。尤其是各地驻军彼此相距甚远,根本难以互相照应。张献忠趁着夜色,轻松地就拔营逃走了。

方孔炤早就料到张献忠"有诈",多次提醒杨嗣昌不成,只好下令楚师进驻洋坪驻防,以备荆州,兼护献王陵寝,切不可妄自移动。可惜的是,杨世恩、罗安邦两位部将迫于杨嗣昌的命令,已先行率兵出发追赶张献忠,一直追至香油坪后,又孤军深入四百余里,遭到张献忠、罗汝才所属的七股农民军的合力伏击。

香油坪,在湖北省荆门市西部的远定县,兴山县在它的前面。襄阳距香油坪八百里,当听到军队被围消息时,方孔炤立即联合沅、川两军紧急赴援,可杨嗣昌又来新的调令,将这两军调往他处。方孔炤所率一千余人孤军日夜兼程疾驰往救香油坪,但赶至竹山时,被围的官军已在六天前溃败,杨世恩、罗安邦两位部将也已不幸阵亡。

十一月二十九日,由于孤军深入,方孔炤所部被张献忠围攻重创。这是方孔炤抚楚以来第一次打了败仗。从此,杨嗣昌就再也不能拿张献忠怎么样了。

第三十八章　浮云竟蔽古幽州

1

当方其义护卫父亲方孔炤，率残部艰难突出重围时，正是雨雪纷纷之际。

前线消息传来，武昌抚署内的家人惊魂失魄，几乎乱作一团。

此时，身体一向虚弱的张德薇产子才满月，慌慌张张地抱着孩子绳武（方中发乳名）冲到方维仪这里。方维仪安慰了她一会儿，待她好不容易平静下来，又急忙与她一起去看望母亲姚太淑人。

每日里为全家上香诵经祈祷的姚太淑人，已经多日彻夜失眠，见她们来了，就招呼："赶紧过来上香、诵经！"

尽管方维仪内心非常焦灼，却仍然保持沉着镇定的样子。她十分清楚，自己的一举一动、一言一行，都影响着全家人的心态。特别是母亲姚太淑人，至今还不清楚遥远的济南那里的消息，也不清楚她望眼欲穿的长女方孟式的情况。此时，母亲只是一心一意地密切关注着儿子方孔炤和孙子方其义的动静。

依照以往的惯例，必然有官员要为此次战事失利负责。而此战之败，实由杨嗣昌不切实际地调度失宜所致。

"烈哉！哀哉！"方孔炤仍为损兵折将而哭祭，他上疏朝廷痛陈战况并自劾，又疏请抚恤伤亡将士。这本来是一场不该失败的战斗，所以他在《香油坪行》一诗里愤然写道："二龙久淬荆江水，八捷一败败即死。死尚杀贼嚼牙齿，恨无救兵发一矢。香油坪，鬼夜鸣。令箭击电如风行。可怜不用平谷城。"诗中首联的"二龙"是指他牺牲的两位部下杨世恩、罗安邦，"八捷"是指自崇祯十一年八月莅任武昌，至崇祯十二年底，方孔炤在湖广巡抚任上不足一年半时间。就是这短暂的一年半，他雄心勃勃地推进过杨嗣昌的张网计划，曾取得过八战八捷的辉煌战果。

岂料先是洪承畴、卢象升等悍将被朝廷调防边地，造成腹地兵力空虚；接着熊文灿力推"招安"酿成大叛，又遇杨嗣昌督师前线盲目指挥，使得战势逆转，农民军逐渐燎原。这次杨嗣昌的指挥失度，终于酿成了方孔炤的香油坪之败。

在朝廷饱受大臣们攻击的杨嗣昌,曾目睹过崇祯帝一再翻脸不认人的凶残样子,实在害怕担当指挥失误之重责,又刻忌方孔炤的先见之明,于是干脆一不做、二不休,反戈一击,倒打一耙,指责方孔炤贻误了军机。

崇祯十三年(1640年)一月,据《崇祯实录》记载,先是东方黑气弥空,连续三日不散。这黑气依今天来看,也许是沙尘暴。但在当时,朝野都认为天象不吉。武昌抚署内,众人也都郁郁不欢,预感不祥。果然,到了十三日,崇祯批转了杨嗣昌的弹劾,方孔炤随即被京城来的缇骑逮入囚车。

方维仪感觉这时的天仿佛已经塌了下来,将她压迫得几乎无法喘气,但她仍以坚强的意志支撑着这个家。"片刻也不能倒下!"她在心中反复跟自己说。否则,现在已经失魂落魄的全家老老小小怎么办?

方维仪强忍着巨大的悲哀,嘱咐侄子方其义易装跟随囚车服侍。方其义有诗《家大人北征泣别》记述了父亲被逮,与一家老小泣别的事:"白发萧萧拥槛车,呼天抢地欲何如?伤心含泪无他语,焚尽诗书再读书!"

随后,方维仪又安排家人,收拾整理行装。方孔炤被逮走后,方家已不能继续留居武昌抚署。所以,她毅然决定,带领全家乘舟返回金陵。

正是北风萧瑟、寒霜满天的清晨。方维仪坐在船上,回望那巍然屹立的黄鹤楼,以及依然悬挂在楼边的皓月,不由得感叹在武昌抚署里,所度过的那几百个惊心动魄的日子,喃喃咏出一首《黄鹤楼》:"云

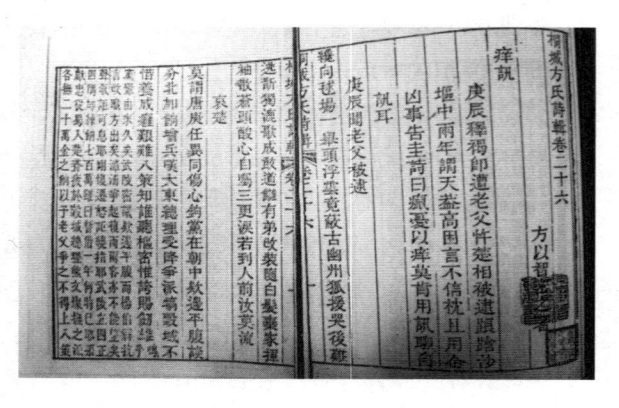

方以智《痒讯》载父被逮事

汉泽,梨花白。光风吹,碧草陌。遥望城南黄鹤楼,骊歌尝吊洞庭秋。渡头杨柳深春绿,犹似当年太白游。长江远岫烟霞织,月照苍苔万古色。今临皓月嗟渺茫,须臾骸骨空断肠。"从梨花白、碧草陌时,方维仪曾登楼凭调千古洞庭,颇有当年太白壮游之感,到如今仓皇离开,仿佛只剩下一副空断肠的骸骨了。

再看身边,围坐在一起的老老小小,或沉默或凄苦或愤懑的表情,方维仪的泪水都只能暗暗地流在心里。她想起方孔炤那次受命带兵出征时,她担惊受怕,当夜写了首诗:"阴云蔽白日,残雪明阶前。饿鸟鸣无栖,北风满霜天。多少苦心人,虚帏坐渺然。"是呀,谁能知晓她虚帏独坐、焦灼忧愁之苦?也许只有泉下的夫君姚孙棨能知道吧,所以还时常入她的梦、抚慰她的心。

2

"他仲姑奶奶,您母亲她老人家现在身体还好吗?"阮太夫人的问话打断了方维仪的回忆。

"托您的福,老人家身体状况还不错!"方维仪有些欣慰地说,但随即又露出愁容,"可惜了吾大明江山已断送他族之手。"

"想起来真是让人泣血!胡马不过三千,居然占我河山万里。但有时候想一想,这同胞甚至比他们更凶狠呢。"

"他仲姑奶奶,我知道您说的是那人人都痛恨的党争。就说我阮家那堂弟阮大铖吧,我看他这一辈子,基本都是陷在党争里了,令人遗憾啦!"

"可别这样说。现在神宗之孙、福王朱由崧在南京监国,你这个堂弟,正当红着呢。"

阮太夫人听方维仪如此说,不由得摇头:"但愿吾阮家老祖宗显个灵,引导他走到正道上来吧。"

阮大铖怎么可能走正道?方维仪心里暗想。她可没有忘记,当年(崇祯十三年一月)方孔炤被逮之后,阮大铖在金陵上蹦下跳的样子,甚至将他的阮家班戏班到处免费送演,明眼人都知道他是幸灾乐祸。

阮大铖在金陵还多方活动,企图落井下石。通过联络他曾经的阉党同仁、群社社员、官场旧识等,设计以文场来陷害方孔炤、方以智父子。

阮大铖一方面通过免费送演阮家班的戏,在戏中暗讽方孔炤怠慢督师、贻误军机。另一方面,还积极举办各类宴集,频繁接触这些年来在金陵交游的各界人士,大造不利于方孔炤、方以智父子的舆论,企图以此来影响朝廷加重对方孔炤的处罚。

值得一提的是,阮大铖这时候得到了一位铁杆支持者,他就是马士英。

马士英是阮大铖、方孔炤万历四十四年的会试同年,崇祯五年被罢官后一直未起用,马士英也蛰伏于金陵,与后来流寓金陵的阮大铖一拍即合。

阮大铖与马士英这两个官场失意者,一直惺惺相惜,经常在一起秘密谈兵论剑,为将来复起做准备。阮大铖见方以智等复社士子即将参加会试,随即决定花钱秘密打通关节,贿赂有关试官来陷害方以智等人,马士英也暗中支持阮大铖。

方维仪已经明显感觉到,阮大铖那双阴险、毒辣和残忍的黑手,正在向侄子方以智等复社士子伸过去。

3

方维仪与阮太夫人一起登上了廷尉第春晖楼。这里从前是方大镇的读书楼,也是他经常与儿子方孔炤讨论理学的地方。

方维仪打开各个窗户,来回逡巡着,口占了一首《居慈亲故楼有感》:"孤幼归宁养,慈亲丧老年。衰容如断柳,薄命似浮烟。诗调凄霜鬓,琴声咽暮天。萧萧居旧阁,还似未归前。"诗中回忆凄楚的一生,写自己年老已如断柳、薄命好似浮烟,此刻站在这里,再也找不到依于慈亲膝下的从前。

阮太夫人叹息道:"此第此堂,此居此楼,虽然历经劫难,但仍感觉到那充盈的书香。"

"时势太弄人!"方维仪摇摇头,银丝一样的白发在风中飘扬。她想起方大镇与方孔炤父子二人在这里,还热烈讨论过《全边略记》。方孔炤那个时候一定不会想到,自己会在后来开疆湖广;也一定不会想到的是,他会被其所尊重的阁部杨嗣昌弹劾而下狱。

当方孔炤被下狱时,正赶考在京的方以智得知,愤而为诗《闻老父被逮》:"才向毬场一举头,浮云竟蔽古幽州。狐援哭后难逃斵,独漉歌成敢道仇。有弟改装随白发,弃军挥袖散苍头。酸心自嘱三更泪,若到人前汝莫流。"怒斥朝中钩党之祸,充满了心酸吞泪之悲愤。诗中悲叹其父正在湖广大展身手时,却不幸身陷诏狱。

方以智认为,其父在楚疆常德黄州一带,八战八捷,并早已预料被困在谷城的张献忠必将再起,严以防之;同时向朝廷"条上八策",却未得到阁部杨嗣昌支持,导致溃败。可见,其罪显然在中枢阁臣。自己一家累世受国恩,岂能受此不白之冤?何况,如此功罪不分,朝廷将来如何面对驱驰疆场、万死不辞的劳臣?因此,必须积极向朝廷申冤。

但他又一直铭记着秋试时,仲姑寄他的那首《送密之侄应试》,牢记着仲姑要求他学会"龙潜豹隐"的殷殷叮嘱。因为他似乎看到,阮大铖正恶狠狠地在暗中偷觑着他的一举一动,随时可能陷他于不利。

越是在这样的关头,越是要忍气吞声。于是,方以智伴装不参加会试,表面上看来,似乎还沉湎于南都的纸醉金迷和秦淮声色之中。实际上,他一方面暗地里往来于京华、南都与桐城三地,千方百计营救正在诏狱中的父亲;一方面积极做好准备,迎接会试的到来。

因为他想借会试通过成为"贡士",可以直接向皇帝上疏的契机,做一件亘古以来考生都没有做过的事。

直到会试考试那天,方以智才突然出现在试场,那些被阮大铖疏通的所谓"关节"

人物顿时目瞪口呆、束手无策。方以智紧咬嘴唇,沉着应试。最后得以中会试第八十二名,顺利被录取为"贡士",等待皇帝亲自主持的殿试。

这期间,方以智决定向崇祯帝上《请代父罪疏》。他在奏疏中说:"会试中式举人臣方以智,谨奏为楚疆一败有因,圣朝直告无隐,小臣昧死上控,欲以身代父刑。伏乞天恩,俯察情罪,以申国是,以鼓舞后忠事。……求代父死。为父白冤,是以不避铁钺,乞以身代。……臣家累世受国恩荣,而亲遇父冤苦如此!乌有安然图荣殿陛者,尚可顾颜圣世乎?"

由于还不能直接上朝,方以智已经等不及了,就每天手举《请代父罪疏》,到大小臣工上朝必经之路,跪请代为上达。这时的朝野上下,纷纷议论这个即将参加殿试的举人的孝心和坚持不懈的控冤行为。有人认为他的孝心可鉴,但控冤希望渺茫;也有人好心地提醒他,此行为必将影响自己的前程;有人甚至摇头说:"如今士大夫都讳言兵,岂不信然?"劝他不要再做无效的举动了。

终于有一个人,见方以智天天如此过度悲伤,于心不忍,壮着胆子将他的上疏呈给一位正直且富有同情心的中官。这个中官也早就听说了方家父子的事迹,一接到方以智的上疏,没有丝毫犹豫,就将其奏疏快速呈递司礼监。

而司礼监正是兼任东厂总管的方正化执掌。方正化是山东人,曾是前司礼太监曹化淳的手下,与曹化淳一样颇亲近东林人士,早年与方孔炤也有交往,知道其为官为人一向正直。他匆匆面见了方以智,见其悲恸太过,形容十分憔悴,顿生怜悯。

4

那几日,东部沿海及京都地区风霾大作,崇祯帝在内廷正坐卧不安。

"今冬以来,亢旱持续。前次探看土田麦苗,行将枯槁。而这几日,又是风霾大作,甚至伤折大批树木。朕为此寝食难安。尔等如何看?"

崇祯帝脸色阴沉,紧锁眉头。

方正化趋前对曰:"禀皇上,臣下以为,天心何其仁爱? 如今灾害如此频仍,岂非警示耶?"

方正化年纪与崇祯相若,十七岁时入内廷。崇祯即位后,归司礼监秉笔太监曹化淳手下,后担任保定总监,有镇守保定之功。曹化淳因病告假回乡后,方正化回到崇祯身边,深受崇祯信任。

"卿言之有理。朕思之,非政事之多失,即奸贪之纵肆;或刑狱之失平,抑豪右之侵虐。诸如此类,皆干天和也。"崇祯帝脸上的阴云更重。

"禀皇上,关于刑狱,臣下刚接到会试中式举人方以智上疏一件,控其父抚楚疆之冤。呈请皇上御览。"方正化听崇祯揣度得失时提及刑狱可能失平,就趁机将方以智的《请代父罪疏》呈上。

闷闷不乐的崇祯帝,接过方以智的奏疏看了,见其言辞恳切凄苦,满幅呜咽哽噎,也不由得为之动容。看完后又看了一遍才放下来,叹道:"此子孝心,诚可鉴也!"方正化暗喜,以为方孔炤有救。不料,崇祯依然下旨:"殿试在即,方以智不得以私情陈请。"

但方以智以诗"冀开罗网怜穷鸟,忍听银铛泣夜猿"自喻,仍然没有放弃营救,继续日夜为老父奔走呼号。"穷鸟"是指无处可栖的鸟被迫投入怀抱,比喻处境困穷而投靠别人。而猿的叫声凄厉、哀婉,如泣如诉,催人泪下,在古诗中被表述为一种"凄凉"意象。方以智自比"穷鸟",白天到处磕头求人网开一面;又自比"泣夜猿",晚上到父亲的诏狱外哭泣。

二月十六日,方以智先以贡士廷对,受到崇祯赞许。再于校场试射,又获佳绩。三月十五日,试于建极殿。二十日,发榜高中二甲第五十四名进士,授工部观政。马之瑛、姚孙棐也高中第三甲。

这些日子,崇祯与臣下议事必提及"灾害频仍,乃为天警",并举例说,新科进士方以智并不安然图荣,而冒死上疏,以控父冤,难道刑狱真的没有失平?他还决定于三月三日斋祷上天,又下旨:要求大小臣工,痛加修省;并遣成国公朱纯臣、镇远侯顾肇迹,祭告于南北郊;礼部尚书林欲楫祭告社稷,侍郎王铎祭告风雷等坛。

方维仪当时得知这些消息,心中甚慰,似乎看到了方孔炤出狱的希望。

此时身系诏狱的方孔炤,倒是既来之,则安之,一心演习起《周易》来。他又与狱中相识的刘若愚经常探讨内外交通之事,与同样精通易学的黄道周朝夕讲《易》、衍《河洛》图。

这黄道周也是个性格耿直之臣,曾毫无顾忌地指斥大臣杨嗣昌等私下妄自议和,还曾在崇祯帝召开的御前会议上,与杨嗣昌激烈地争辩于皇帝面前,"犯颜谏争,不少退,观者莫不战栗"。崇祯帝却极其袒护杨嗣昌,他斥责黄道周:"一生学问只办得一张佞口!"将黄道周连贬六级,调任江西按察司照磨。方孔炤被逮系狱中时,江西巡抚解学龙正在以"忠孝"为由向朝廷举荐黄道周,称赞黄是"我明道学宗主,可任辅导(相)"。崇祯帝一听大怒,下令将二人各廷杖一百,逮系狱中,以"伪学欺世"之罪重治。

方孔炤得知儿子高中金榜后,遂与黄道周执手而庆。

此时也在重刑狱中的熊文灿,每一日里仍拜佛念经,求菩萨保佑他平安出狱。他是多么后悔从前初上任过庐山时,没有听从一位高僧的劝导。那大和尚曾劝他说:"不要把农民军等同于海贼,不可对农民军轻言招抚。否则,性命不保。"

果然,大和尚所言不虚。熊文灿痛悔未听大和尚的话,知道自己必死,不停地捶胸顿足,却又于狱中墙壁上题诗一首:"义士捐躯日,忠臣报国时。无生真法忍,料得少人知。"

方孔炤与黄道周看到他所题的诗，不由得怒斥曰："你这个熊督师，平时不习兵事，每日里闭门诵经。所谓招抚之策，全看银子行事而已。不仅自己收张献忠为干儿子，受张献忠贿赂，还纵容部下大肆受贿，以致终于酿成大叛！佞佛何为？佛且恶汝矣！"

5

"他仲姑奶奶，您还记得石塘先生吗？最近他也从山东回来了。"阮太夫人突然提及方以智的业师白瑜。

方维仪回过神来，想起这位曾经远近闻名的老塾师，个性独特，多年不愿入城，教授东郊慧业堂时，总是租居于东郭五里山庄。方维仪随即说道："怎能不记得石塘先生？那年他以岁贡生举贡入都，崇祯十五年（1642年）赐特用进士，在赴任云南府推官时，曾专程到金陵向吾弟辞行。"

"他后来补登州知州了。最近也因世乱，不得不辞官归里。他依旧隐居在石塘湖畔，前不久还差人打听吾家逋庵先生呢。"

"大小龙山、白鹿石塘，风景最为宜人，殊为桃源也。吾弟要是得知石塘先生回来，必然要去拜访的。故居犹可念，故人安可忘？"

方维仪想起侄子方以智中进士那年，其业师石塘先生千里寄诗《喜密之成进士》以贺："总角城东稽古堂，高冠长剑自称狂。凌云当日唯司马，流涕今时又洛阳。海内读书知有种，山中函文亦生光。夔龙宝篆曾占梦，伫听赓歌尔拜扬。"

诗中回顾了方以智自扎羊角辫少年时代起，读书桐城的东城稽古堂，到束发高冠、长剑称狂的青年时代，恭贺他凌云之志终于得酬。夔龙，引申为辅弼良臣；宝篆，象征天命的图篆；赓歌，指与皇帝唱和。稽古堂，位于城东河畔，乃是方家的藏书楼。方以智曾有长诗赋之，其中有句曰："国右崇文院，家尊稽古堂。两间为字海，一画始羲皇。四库抄篇目，千年敕典章。"极写其藏书之富。

那时，方维仪虽然也为侄子得中进士而高兴，感到这么多年来的心血没有白费，但她其实又十分清醒。因为方孔炤还被逮在狱中，方家随时可能面临各种不测。所以，她也理解，方以智虽获得了禄位，却并无丝毫喜悦之感。

由于上疏申诉父冤迟迟不获皇帝恩示，方以智心里总如刀绞一般，逢人即呜咽哽咽，话还未说，泪水已经喷涌而出。

为了申诉父冤，新科进士方以智继续怀揣血疏，凌晨即"素手颠蹶，膝行宫前"，双手蒙额伏地，膝行于早朝百官必经的宫门前，不住地叩首呼号，涕泗横流，期盼有人萌发恻隐之心，将血疏代为上达。午夜则焚香祷告上苍，希望父亲能早脱牢狱。

如此日复一日、月复一月地坚持不懈。

崇祯十三年(1640年)腊月二十四日。这一天是江南人家的小年。

桐城向来十分重视小年,因为这是迎接已经过世的先祖回家过年的重要日子。若在平日,方家一定要全面洒扫庭除,送灶祈祷平安,派子弟奔走县里各地先垄上坟,再以隆重仪式迎接祖先灵魂回家。

但这个腊月二十四,方家仍是一片悲戚。方维仪吩咐方以智、孙临、方其义三人前往监狱探监并送饭。三人在狱中陪了方孔炤一夜。

方孔炤见孩子们悲悲戚戚,就安慰他们说:"不必太伤心!为父其实并无过错,只待吾皇圣裁。年关过后,春明时节,为父即可返乡也。"

次日三人归家时,方文、周岐、钱澄之以及左国柱、马之瑛等龙眠亲戚故旧,也一同前来方家看望,并拜见了姚太淑人和方维仪。

方以智慨然作《书晋贤传后》,以示众亲友及其弟:"二十四夜,故乡最重,当此不能无凄然伤怀!"

方维仪看了此文,知道他意在警醒他的那些龙眠同学:面对这恶劣的现实,不如从老庄的学说里,汲取淡泊旷达的做人智慧;不如从佛家的学说里,参透贫富贵贱和死生的道理。

从方以智的文章里,方维仪读到了他对功名利禄的心灰意冷。想起以前,自己总是以先辈的"名臣"事迹教导侄子要奋发有为,而今一时竟然不知道如何安慰他,心里因此特别难过。

6

"密之成进士那年,石塘先生特别高兴,千里寄诗以贺。但众位亲友可能不知道,那年腊月,吾家之凄惨!"方维仪想到这里,对阮太夫人说道。

阮太夫人握着方维仪的手,眼圈不免湿润了:"你们所受的大苦大难,真是常人不可想象也。"

那年除夕夜,方以智携弟方其义烧香祭祖时诉说父冤抱头痛哭不已,二人哭罢又拭泪理衣上堂去见祖母和仲姑,一家人悲悲切切。姚太淑人更是茶饭不思、憔悴不堪,方维仪强打精神,一边劝慰,一边让方以智赶紧去狱中陪侍父亲。

方其义后来有首诗《忆兄三十侍家大人难中》:"少壮成名独坎坷,南山何计避张罗。上疏泣血邀天听,得罪陈诗敢怨歌。使酒樽前豪客少,低头床下拜人多。僧房雨雪忘年岁,知是无心问玉珂。"

大年初一,方以智辞别家人,一早又到朝门外,呈血疏呼号泣拜。时时仰天捶胸、伤怀涕泣的方以智,就像他在《激楚》里所说的那样,"伤飘风之泪起兮,渤衰木以晨号"。其孝行"哀动长安",传遍了整个京城,闻者无不唏嘘泪落。

凄苦辩冤,终于感动了上苍。

崇祯帝有次听御前经筵讲席结束后,回来叹息说:"求忠臣必于孝子之门。"并反复说了几次。身边内臣忙跪问其故。

崇祯帝答曰:"有位巡抚河南陈某,因误了军机大事而被逮狱中候决,而他的儿子展书官陈某在经筵讲席时,依然身着鲜衣,面对朕一点悲戚之心都没有,为人子如此不孝,岂能忠贞于朝廷?"

"朕知道新进士中有一方以智,其父方孔炤曾巡抚湖广,与陈某同罪下狱。而方以智怀血疏天天在朝门外百官经过的地方,叩头呼号旷久,求为上达,为救父出狱。尔等请看,这同样也是为人之子!"说完,崇祯帝又反复叹息说,"求忠臣必于孝子之门、求忠臣必于孝子之门啊!"

适逢崇祯十四年(1641年,辛巳年)二月,朝廷大赦天下;五月二十七日,方孔炤终得平反,免死减刑,七月出狱。至此,方以智已在宫前"膝行"控疏鸣冤一年零八个月。

方孔炤出狱后,先前诸多因方以智孝心而感动的朝野人士纷纷来贺。有几位方孔炤的挚友曾在其系狱期间,对方以智多有慰勉,此时也载酒登门以慰。"痛饮故人酒,方知天子恩。"方以智赋诗以谢。

不久,方孔炤谪戍宁波。在赴戍前后,他仍连上三疏,继续为自己的冤狱陈情,力求能在时局困危之际,对国家有更大作为。加之其他臣僚也竞相为他说话,崇祯权衡后,又谕旨让他官复原职,并以都察院右副都御史兼总理河北山东等处屯务。方以智也随即升任翰林院检讨,并担任太子侍读。父子二人报效朝廷的雄心复起。方孔炤酝酿再上《刍荛小言》,以尽"愚忠"。

让方维仪甚为欣慰的是,方以智还于其母吴令仪祭日这天,设坛祷告,表示自己要不忘母亲和仲姑的教导,继续深研学问,继续修改完善自幼就立志为之的《通雅》《物理小识》等著作。

然而,时局正在迅速发展变化。在西安称王的李自成大顺军,一路向北京进发,势如破竹,摧枯拉朽一般;北方的大清也改元"顺治",横扫明军如落叶。

大明王朝的京城北京,已经危在旦夕。

左中允李明睿趁机劝崇祯放弃北京,尽快迁都南京。崇祯犹豫中也有此意,与李明睿倾谈甚合。然崇祯自己不便直说,即升李明睿为"右春坊右庶子,管左春坊印"。李明睿官升一级,更加积极运作。消息被首辅陈演有意泄露,群臣自然又是争议不休。兵科给事中光时亨听闻后,怒斥李明睿动摇军心,"不杀李明睿,不足以安定民心。不杀李明睿,何以治天下"!那些有意南迁的大臣都被光时亨等人质问得面红耳赤、无地自容。崇祯帝也为光时亨的大义凛然所动,转而痛骂了李明睿等动议南迁的大臣,当场表明决心:"夫国君死社稷,乃古今义之正也。朕志已决矣,无须多言!"

崇祯十七年(1644年,甲申年)三月十九日,李自成攻破了北京。一向自视甚高的崇祯帝,只能眼睁睁地看着大明江山无可奈何花落去,只得将三个儿子换了平民布衣遣送民间,紧急关头又砍杀了皇后和公主,遂自缢于煤山。死前他在衣襟上留下绝笔:朕凉德藐躬,上干天咎,然皆诸臣误朕。朕死后无面目见祖宗,自去冠冕,以发覆面,任贼分裂,无伤百姓一人。

平心而论,崇祯皇帝似乎不该成为亡国之君。他自登基以来,确实想有一番抱负。可惜的是,大厦将倾已经不可逆转。无论他怎样努力,都已经无力回天了。

第三十九章　死别离兼生别离

1

当方子耀于兵火连天中穿越刀锋剑刃，跋涉万余里，历尽艰辛回到桐城时，方维仪与弟弟方孔炤、侄子方其义等人顿时觉得肝肠寸断。

"你究竟是怎么活着回来的啊？"方维仪抓住方子耀的手，含泪问她。方其义站在一边，嘴唇咬出了血，默默地听姐姐方子耀向仲姑哭诉。

那是隆武二年（1646年）七月，一个阴云密布、烽火连天的日子。清军十万大军大举进攻福建，杨龙友率三千义军守仙霞关，终因寡不敌众，兵败退至仙霞关南翼的浦城（此处据今人考证为建阳县水东镇三桂里）。

此时杨、孙二人都身负重伤。他们的家属，包括方子耀、葛嫩也携不足八岁的次子中岳随丈夫在军中。孙临的幼子中华因兵乱遗失不知所向，幸好长子中礧随祖母汪太夫人仍在浙江仙居县，此时孙临的大哥孙颐正在那里任县令。

"子耀吾妻，我孙三自从与杨君一起御寇以来，就立下不破匈奴誓不还的必死决心。今日情势十分不好，看来已是以身许国之时矣！你与嫩娘要早做准备！"孙临预感到形势不妙，立即吩咐妻妾。

方子耀与葛嫩也是一身戎装打扮，听了孙临的话，都断然拒绝："我等与夫子理应同生死，愿随夫君死战，岂能弃夫子而另做打算？"

"可是，吾家还有白发苍苍的老母亲啊！"孙临泣对，"自古忠孝不能两全，我孙三看来是不能回桐了，埋骨何须桑梓地！你们可要替我抚孤子、尽孝道啊！"

"夫君——"方子耀、葛嫩顿时泪如雨下。

孙临毅然挥手道："你们不要犹豫了！快先行隐蔽，等待时机逃离，再寻路回桐，报告太夫人，三儿已不能尽孝于太夫人膝下矣！"

"不，克咸！我坚决不离开你！我虽为女子，却也是自幼习武之人，又无儿女牵念。何况我还有杀父之仇要报！子耀姐姐，你赶紧离开此地！"葛嫩肩披斗篷，手执长剑，立即站到孙临身边，将方子耀向外一推。

清兵马蹄声越来越近。孙临拔下头上的玉簪,递与方子耀:"这是吾束发成童时,太夫人亲自赐予的。你且留着,见簪如见我。快走!快走!快走吧!"

"姐姐,来生再见!"葛嫩又使劲推了一下方子耀。

"克咸!强弩!"方子耀还没来得及喊完孙临与次子中岳(乳名强弩),一个趔趄,往山下一滚,跌落到山脚下的水塘中……

2

"谁是杨龙友、孙克咸?"快马而至的清将博洛,对被团团包围住的杨龙友、孙克咸等厉声喝问。

孙临虽然身负重伤,但仍跨立马上,凛然而答:"大明忠义之师、监军副使孙三在此!不怕死的放马过来!"

杨龙友也扶住肩头的箭,任鲜血流淌:"贼寇!大明右佥都御史、兵部右侍郎杨文骢在此!"

"还不速速下马投降!"清将博洛大声呵斥着,指挥士兵一拥而上,二人终因寡不敌众而被缚。葛嫩也同时被逮在一边。

博洛一见葛嫩的美貌,心生邪念,欲行冒犯。葛嫩先是大骂不已,然后猛地嚼碎舌头,"含血喷其面",贝勒大怒,挥刀直刺过去,葛嫩顿时倒地。

孙临见葛嫩"抗节死",惨然大笑道:"嫩娘、嫩娘,你等着!我孙三今天与你一起登仙吧!"他回头对博洛大骂不绝口,被激怒的博洛下令将其乱刀砍死。孙临时年才三十六岁。杨龙友也同时被砍杀而壮烈牺牲。

清兵又杀了部分反抗的义军,捆绑了随军家属后,继续在周边搜寻。

方子耀在水塘中浮沉,奇怪自己却没有淹死。她夜间爬上岸,逃伏山中。三天后,清兵退走。饥累交加、行走无力的方子耀,爬出树丛,见当地百姓正在就地掩埋牺牲的义军将士,又听他们议论两位不降清兵而俱被砍杀的将军,知道是孙临与杨龙友,遂向空拜祭,哭得死去活来。

当地百姓见方子耀坐在地上号哭不已,又急趋投水,就赶紧将她救起,帮助她找到掩埋孙临、杨龙友的地方。因二人血肉模糊,仅凭衣着,已无法辨认,只好将二人埋在一起,并将他们的姓名、官职刻在旁边的树上。

这时有一孙家的老婢寻找过来,二人抱头痛哭。老婢告诉方子耀,其他家仆非死即失,次子中岳与其乳母姜氏也被清兵捆绑在家属队伍里带走了。她劝慰方子耀:孙临尚有七旬老母,次子中岳虽然不知所往,当抚长子中礁(即破奴)以成父志,安在必死乎?

第三十九章 死别离兼生别离

方子耀后来得到孙临的好友、古田县令周璋资助,养于何节妇家中,数月后给舟,派奴婢护送其回到桐城。数千里辛苦万状,方子耀卧病舟中。舟到芜湖时,孙临的两位兄长孙颐、孙晋正好亦奉太夫人归,两舟相遇,相询知是方子耀,真是恍若再世。

听了姐姐的哭诉,方其义悲伤得几乎不能站立。他与孙临向来最为投契。与其说孙临是他的姐夫,不如说是他的挚友。

方维仪见他深受打击、极其痛苦的样子,心下十分怜惜,却又不知如何安慰。

方其义向仲姑和姐姐表示,要亲自去福建寻找孙临骸骨,让姐夫魂归故园。但是,他的这个承诺,因为路途遥远、自身病况日渐加重,并没有实现。

两年后,还是孙临的侄儿孙中韦冒着风险前往福建,辗转寻访到埋骨处,已无法清楚分辨杨、孙二人的尸首,只得在僧舍将两具尸体焚化,把骨灰藏在被褥枕头中,带回了桐城老家,安葬在城北枫香岭。

安葬时,正是寒风凛冽的严冬,荒草萋萋的山冈上却开遍了杜鹃花。合邑士绅祭祀时,有感于天地灵应,遂将此地称为"鲜花地",又将二人墓葬称为"双忠墓"。此后,行人每路经此地,必凭吊祭奠,邑人还私谥孙临为"忠节公"。

孙临下葬后,方其义从此一病不起。

3

方其义突然重病不起,而方孔炤正在为姚太淑人守丧。家中顿时少了支撑,这让方维仪六神无主、不知所措。

"直之吾侄,惜乎你生逢乱世,胸中时有荷戈之慨,却未能舒济世之怀、未得一展所长!"方维仪恨自己不能将其义从郁郁不振中拉回来。可是,其义的病,病在报国无成、家难复剧,她又如何能挽救其义呢?

记得当清军占领南京时,方其义显得如失魂落魄一样。他与舅氏吴道凝、姐夫孙临等人,"衣着缟素",跌跌撞撞地捧着先祖断事公的牌位,前往夫子庙祭拜,哭不辍声:"痛哉万岁山忽崩,四海九州皆哭声。"

孙临哭罢,携妻子与友人匆匆赶赴松江府华亭(今上海)投奔陈子龙,发誓集结天下豪杰义士,以图恢复中原。方其义踌躇着,却不能随他而去,毕竟此时父亲方孔炤还远戍山东,家中高龄祖母、白发仲姑以及众多幼小子侄,这一大家口都需要他极力支撑,让他不能如孙临那样意气行事、决战沙场。

但是,后来的日子,方其义依旧每天抱着五世祖断事公的牌位,泪水不断。

方维仪极为担心的是,他会不会效断事公当年自沉殉建文帝的义举?她急忙去找方维则，询问其弟方文归来没有，让他快过来劝慰直之。方维则泣诉，方文流离江东，卖卜为生，十六岁的侄子御寇（方文独子，字挺之）也不幸染上重疾，而方文目前还没有回桐。方维仪又慌忙派人去找钱澄之、吴道凝等人，不料他们滞留在吴越。

正当方维仪不知所措时，有一个人远游而归，似乎让她看到了一线希望。

这个人正是刚刚返回故乡的周岐，他是方其义的业师。

周岐当年因明经贡入京师，方孔炤谪戍绍兴时，他又跟着为幕。崇祯十五年冬，方孔炤复官，北上屯田山东、河北时遇险于徐淮之间，周岐一身戎装，鞭马羽檄，冒险而至。崇祯十六年底，眼见天下形势突变，他借口占得"返吟课"，要离开北京。兵部尚书冯元飚与方孔炤是旧交，颇为看重周岐的文事武备，慰留不得，又恰逢宣大总督孙晋以书相招，即推荐其去了宣督府为幕。孙晋乃孙临的仲兄，周岐在其幕中筹划颇为得力。崇祯十七年因有功被孙晋疏荐为开封府推官，直至"甲申"明亡。弘光元年，史可法督师江北，周岐又进入史幕，因见难有作为，随即返回故乡。

周岐这些年幕游在外，听说方孔炤归隐桐城后，还曾寄诗《方仁植中丞归里》以慰："欲返离骚问汨罗，至今声老洞庭波。云中旧牧坚言战，丞相神机只讲和。狂客悲来三策废，仙人舟去五湖多。归思岂为鲈鱼鲙，满耳秋潭渔父歌。"显然，周岐为方孔炤悲愤不平，将他类比于屈原；批判熊文灿、杨嗣昌误国。

这次刚归来就听说了方其义的事，周岐连忙赶到白鹿山庄。路上遇到方其义的少年同学陈焯，两人遂结伴而至。因为周岐是方其义的业师，所以方维仪期盼他能有办法劝慰其义。

"直之，吾深知你心也。面对山河飘零、国运颓败，吾与你一样，常常悲不自禁，曾经亦有九死之心也。"周岐平静地看着方其义，给他的茶杯添了水。

方维仪在一边，听了周岐慢吞吞地说话，更加心急如焚。

"吾也深知，你家五世祖断事公事迹。"周岐继续慢条斯理地说着，"当年，断事公因靖难而自沉于江，方氏裔孙数百年来，一直受其激励，不堕先祖家声。"

白鹿山与白鹿湖

"可是恩师，其义既不能成名臣，也不能成学者了！"方其义哽咽着。方维仪见他如此悲切，也只得默然泪下。

周岐继续说道："我知道，你正是因为家族世受国恩，耻事异姓，所以也想效法断事公。我为你抗志不屈、秉持大义而击节也。"

"您别说了,弟子正愧疚未能效法断事公!"方其义突然号啕痛哭。陈焯默默无语地扶住方其义抖动的双肩。

正当方维仪不知如何劝止时,周岐忽然话锋一转,语速加快:"可是,还有几件事我要问问你,不知你究竟想过没有?"

方其义泪眼望着周岐,等着周岐问他。

"这个时候,你的兄嫂正逃亡不知所踪。你上有白发老父,正麻衣草履,为姚太淑人守丧;你的白发仲姑,以高龄和多病之身助你持家。你若是效法了断事公,那么以后谁来照顾高堂白发呢?你这样做,能说是忠,能说是孝吗?"

方其义听了周岐这番话,脸上陡然显出惊恐不安的神色。

"你再看看,你下有小岩、小易、小御、小徽等侄子侄女跟着你,你自己还有一双幼小儿女,还有呢,你岳母兼伯姑家克偶等几个幼侄都嗷嗷待哺。你如果甩手而去,他们以后依靠谁来抚教成人?你这样做,能说是仁,能说是义吗?"

"弟子岂是不忠不孝、不仁不义之徒?可是,死也不行,活也艰难,请教恩师,弟子该如何是好!"面对周岐的一连串诘问,方其义不知如何回答,泪水仍然止不住簌簌地滚落下来。

方维仪这时终于松了一口气,她佩服周岐,这一番话就让方其义最终打消了自尽殉国的念头。

可是方维仪仍然忧心,因为此后的日子,方其义还是悲愤难抑、日渐消瘦。

4

方维仪眼见着侄子其义,每日里在繁忙之余仍然写诗,写的都是血泪一般的句子,诸如"痛哉万岁山忽崩,四海九州皆哭声""庙堂无人真可耻,空使书生泪如水""弃捐妻子为君亲,剩得胸中一斗血""独怜一片在弘血,万劫长燃未成灰"等。

尤其是他的《七悲诗》,从"呜呼一悲"写起,一直写到"呜呼七悲",每一首都啼血一般,甚至比方孟式的"悼女十二首"写得更加凄婉断肠。方孟式悼的是女儿,实际上也是自悼。而其义写的则是于国于家的大恨大悲,真可谓一字一泪,双瞳泣血,令人不忍卒读!

方维仪无法劝慰侄子。他虽没有自尽,然而那颗心差不多已死矣!

尽管人情至此,真堪痛哭,但方维仪还是追切期盼方其义能走出痛苦,坚强地活下去。她以自己的风范来激励方其义:若要论死,她不知死过多少回了,但她始终觉得一个人的生命并不属于这个人自己。

当初姚孙棨去世后，世俗偏见的苛压，让她在夫君家度日如年。所幸回到了娘家，并接受吴令仪的重托，抚教失去母亲的侄子侄女，直到他们成人成家。一辈子就这样艰难地熬过来了。

其实，她之苟活忍死，在婆家而言，是为夫君守贞尽孝而活；在娘家而言，既是为孝养老父老母而活，也是为抚教侄子侄女而活。她常常面对宵小的闲言碎语，忍辱自励："坚冰操以重义兮，岂贪生而畏死？"

正如她在《赠定远徐贞女》诗里所写：徐贞女没有出嫁，父母双亡，但"孤心泣血兮忧思煎，躬抚两弟兮授遗编"，抚教两个弟弟，并教他们读书问学。徐贞女的两个弟弟也"母事厥姊"，就是把姐姐当母亲。而徐贞女为了把两个弟弟培养成人，可谓是"白发萧萧兮悲断弦，操作勤劳兮鲜安眠"。

这其实不正是方维仪自己的写照吗？她也是千辛万苦躬抚侄儿侄女，侄儿侄女们也是母事于她。所以方维仪又在《贞节行》一诗里写自己"清操苦志数十年"。

而今，国破朝改，江山易姓，她仍然坚强地活着，又何尝没有遗民情结，何尝不是为故国抱璞守贞？

可是，无论方维仪怎样千方百计劝慰，方其义最终还是"悲愤卒不能解，眠食渐减，日益屡削，竟以早死"！方孔炤赋诗哭曰："汝真愁乱世，痛饮不求痊。仅得过三十，空教写五千。匣存投剑气，衣恨弃缥年。不作黄门死，庞公亦谢天！"

那一年，正是顺治六年（1649年），清廷在各地强行推进剃发易服，并强令读书人应试出仕，孙中麟兄弟以及陈焯、潘江、左国治、何永绍等方其义的少年同学都在攻读科举。

次年二月，方文独子御寇又不幸病逝，时年才十七岁。在外流离多年的方文终于匆匆回到桐城，将御寇安葬在龙眠山方家祖坟后，处理了家中琐屑事宜，再度远行。离桐前，他前往白鹿山庄拜见方孔炤一家。

如槁木死灰一般的方孔炤，见到这个与方以智一起长大的从弟，想到方以智还流浪在外，方其义又不幸早死，再也控制不住地大放悲声。方文也对着方其义的遗像，哭而为诗："吾儿死不见其死，不见吾儿见犹子。尔年三十儿十七，奈何俱婴不起疾。吾兄昨日为我悲，我今为兄涕交颐。明朝江口又相送，死别离兼生别离！"

正是凄风冷雨、料峭春寒时节，一家人悲悲切切，相互安慰。方维仪见方文形容枯瘦，精神十分萎靡，回到自己房里的时候，含泪写了首诗《六弟尔之归舍有赠》，让人送了过去。诗中写道：

第三十九章 死别离兼生别离

当时文苑擅才华,谁信东门学种瓜?
只为乾坤变桑海,遂令木石老烟霞。
萧条生计尝为客,放浪形骸不顾家。
最是骑鲸人去后,永怀兰玉涕交加。

5

"博望楼,百尺凭高犹可眺。"方维仪忽然喃喃道。

方维则听了,随即接道:"澄清阁,千嶂抚曲不堪闻。"

"真乃妙对也!"阮太夫人拍了一下荷屋亭的栏杆,"这博望楼、澄清阁、玩月台、荷屋亭,还有一直泊在那里的太乙舟,历经烽火,都已残破不堪,但在这霏霏细雨中,还是勾起人无数的回忆。"

"是也。最奇的是吾伯姊这个纫兰阁吧。每一次世乱侵扰,周边都遭火,独它安好无恙。"方令德感慨道。

又一次回到廷尉第,得以与方维则、阮太夫人及妹妹方令德重聚,方维仪的心情还是有些激动。因为听说方维则、方令德也刚从金陵回到了桐城,方维仪就带了一个女婢,从白鹿湖乘舟,经松湖到孔城白兔河荻埠古渡上岸,然后坐马车回到了城里。

此时已是顺治七年(1650年,庚寅年)的六月,天空连续几天都阴沉着,雨忽大忽小地飘洒,似乎是伤心人时断时续的眼泪。

这几个白发老妪,眼睛搜寻着这里曾经熟悉,而今似乎又觉得陌生的一切。方维仪也悄悄打量着身边的另两位老妪,看着岁月在她们脸上刻下的风霜,心里想着,这一生见惯了多少生、多少死!尤其是这几年,不说烽火连天中常见百姓死伤道路,单是亲戚故旧也陆续凋零。先是姐姐、姐夫殉国济南,接着亲如姊妹的吴令则,与其夫先后去世;而母亲姚太淑人也忧思成疾,于弘光元年(1645年,乙酉年)九月去世,就葬在白鹿山方大镇墓边。老人家最终还是没能回到她无数次念叨的故园凤仪里廷尉第。

最剜心锉骨的是,侄子方其义也于去年(1649年,己丑年)不幸早逝,时年不足三十岁。这个爱侄的早逝,令方维仪悲痛得昏厥几回,醒来后,又呕血多次,身体状况因此急下,直到弟弟方孔炤寻找名医熬药调理,才渐渐恢复过来。

其实,经历了多少回死别生离,特别是经历了那天崩地坼的亡国之恨,方维仪早已视死如归了。正如她在《申哀赋》里所说的:"坚冰操以重义兮,岂贪生而畏死?"她已经坚守冰操几十年了,之所以还苟活着,不就是为了对夫子姚孙棨的承诺,不就是为了对弟媳吴令仪的承诺,不就是为了对姐姐方孟式的承诺?对她来说,人生除了向死的存在,还有更重要的"义"啊!

方维仪手扶栏杆,面对太乙舟,又喃喃道:"吾居纫兰阁,乃在乌石冈……"

"您这几句,不是吾孟式姐姐《东皋即事》诗吗?"方维则问道。

"是也。"方维仪回答,"乌石冈这一片园林,是孟式姐姐多年来最倾心经营的,她最爱这里的雅静。姐姐每次归桐,在城中居住很少,大量的时间都是带几个女婢独居乌石冈纫兰阁。"

阮太夫人也道:"所幸的是,《纫兰阁集》终于得到刻印,让我等能从孟式姐姐的诗集里,知其苦,怜其才,伤其烈。"

"是崇祯辛巳年(1641年)刻印的吧?转眼又过去十多年了。"方维则说。

方维仪点头道:"你记性真好。那年密之侄曾寄我《龙眠后游记》,写他此前回桐重游龙眠的事。他察看了碾玉峡,寻找到幼时随父读书的游云阁,明善公与文孝公的著述素板,依然完好地藏在那里。我遂命他安排刻印已经整理好的《纫兰阁集》,当年年底前终于刻成,并将素板也藏于游云阁。"

"这十里长堤、千株桃树如旧,田田碧荷、依依垂柳宛在,竟不知其主人何往矣!"一直红着眼圈的方令德,此刻终于忍不住泪如雨下。她的第三女嫁的正是方孟式的嫡长子张克倬,可惜不幸于"甲申之变"那年早逝;紧接着,嫁给孙晋长子孙中麟的幼女,也于次年正月病逝。因儿子何永绍不久前流离归来,重新赎回了城西原属何如宠的一座旧第,所以她与丈夫何应璸也随永绍城居了。那座"四世揆辅"坊依然雄峙在何府门前。

方令德的泣诉,竟让方维仪想起崇祯七年(1634年,甲戌)的那个六月。也是这样细雨霏霏的日子,也是在这荷屋亭,与方维则、潘翟、方子耀喜迎方孟式随夫归来而宴集的情景。此后金陵的那场匆匆一别,孰料竟成了永别!

"此情此景,犹回当年,真乃剜心之痛,泣血交流!左思右想,总感觉我对不起孟式姐姐的托付。"方维仪哽咽着说。

崇祯七年"桐变"时,张秉文、方孟式举家迁居芜湖,与女婿倪天粥、女儿张德茂一家为邻。张秉文在操办了次女张德薇与次侄方其义的婚礼后,前往江西任职右布政使。

不久,长女张德茂旧病复发去世。方孟式伤心至极,叹自己薄命,先有一儿夭折,可怜仅此一女。却不料此女先后生养二子四女都夭亡,她自己也蕴结成疾,如今又英年故去!方孟式曾不停地泪问自己:"一女不留,何以永日?"

适逢五十三岁生日,方孟式写了十二首悼亡诗,"清秋初度,感赋匪止,悼亡亦以自悼",叹息自己"五十三年事半休,儿殇女继不胜愁"。活到五十三岁,亲生的儿子死了,亲生的女儿又死了。这一生真可谓是"三冬攻苦空皮骨,永夜凄哀失性情"。

这是何等的绝望！

好在还有个聪慧懂事的次女张德薇，可以告慰姐姐的孤苦余生。这个次女虽然是张秉文妾陈夫人所生，但方孟式视如己出，亲自抚养教育成人，并许给了爱侄方其义，还让方其义入赘到张家。

方孟式随夫赴任山东左布政使之前，考虑到山东寇焰较炽，乃令方其义、张德薇小夫妻归金陵，将他们托付给了妹妹方维仪。从此，这对小夫妻就一直跟随着方维仪。他们经历了济南城陷，方孟式合家殉国的无比悲壮；也经历了方孔炤巡抚湖广时战事的艰险，以及方孔炤被冤入狱的无比悲愤；更经历了国破朝改、天崩地坼的无限悲痛！

6

"直之吾侄，小薇吾儿！吾孟式姐姐将你们托付给我，你们却早早地追随汝母汝父而去，就不顾我这白发仲姑了吗？"

雨又渐渐大了起来，一如方维仪脸上不停滚落的泪珠。她的心里流着血，却只能对着这里的桃林、梅园、荷塘，无声地呐喊——天乎！天乎！

蒙眬泪眼中，方维仪仿佛看见了姐姐方孟式、姐夫张秉文带着长女张德茂，以及方其义、张德薇夫妇，还有长婿孙临，一起微笑着向她走来。可是，那微笑饱含着多少大苦大悲的无奈与凄楚！而蒙眬泪眼中，次侄方其义的凄苦笑容不断闪现，最让方维仪心如刀绞。

这个不到三岁即失去母亲的侄子，归养于祖母，受教于仲姑，是何等聪颖，长大后更是风流儒雅，为诗文不假思索，即席数十韵援笔立就。尤其擅长书法，人称其书"冠于江左"。却又勇力过人，与他姐夫孙临一样素好谈兵，以"骚人任侠"闻名于当时。在方维仪的印象里，他总是如生龙活虎一般。全家都对他抱以厚望。

可叹可悲的是，自其父方孔炤被逮系狱中之后，他就一天天地憔悴下去。随着国变朝改，他协助仲姑奉全家归隐白鹿山庄以来，痛感国事无成，家难不断，只能日夜流涕，愈加瘦骨嶙峋，怎不让人怜悯万分！

"吾侄直之！你经历了多少常人难以忍受的血泪之痛！"那些日子，方维仪非常清楚，无论自己怎样劝说，都无法抚慰侄子那颗凄苦的心。毕竟那些劝慰的理由，连她自己都信服不了。现在想来，他的血泪之痛，痛在亲人壮烈殉国。他的岳父张秉文、岳母方孟式，同时也是他的姑父和伯姑，在济南与清兵激战中以身殉国，而严重渎职的高起潜等人却并没有受到追责。

他的血泪之痛，痛在亲人遭受陷害。他的父亲方孔炤，蒙受时相杨嗣昌的诬陷，差点被斩于诏狱。虽然后来经过多方营救终于平反了,但并没有官复原职,而是贬戍于绍兴。他为父亲鸣不平,写了《抚楚叹》和《越征六首》等多首诗,慨叹朝廷泾渭不分、黑白颠倒,父亲有功反而蒙冤入狱。

他的血泪之痛,痛在爱妻不幸早逝。一向体质不好的张德薇,在其父母殉难济南之后,身体更是不如以前,不幸于崇祯十五年(1642年)十二月十八日离世,留下了一双嗷嗷待哺的幼小儿女。为了让一双幼小子女能有人照顾,在方维仪的安排下,他续娶了比他小三岁的何氏女(吏部郎中、同乡何应奎女)。岂料何氏女因他郁郁寡欢而心忧成疾,又不胜劳累,也于三年后的南明隆武二年(1646年)七月病故。

他的血泪之痛,痛在兄长连遭党祸。哥哥方以智是他的偶像,他一直以兄为师,然而国破朝改后,哥哥被把持弘光小朝廷的马士英、阮大铖列入黑名单,到处追杀,只得易姓更名逃命天涯。同样四处逃亡的还有他曾经的师友周岐、吴应箕、孙临、侯方域、钱澄之等。

他的血泪之痛,痛在国事无为。他是一名力挽强弓连发皆中的悍将,在随父抚楚时为部队前锋,身先士卒,为其父取得八战八捷立下大功,以致"群贼骇服"。弘光朝时,靖南侯黄得功想奏请其为监纪监军,终因阮大铖秉政干扰,他只能奉家人隐于乡下白鹿山庄。

他的血泪之痛,更痛在天崩地坼。山河破碎风飘絮,身世浮沉雨打萍。国变朝改,他只能先哭拜于金陵太祖陵前,后无可奈何地郁郁隐于乡野。那些日子,其义的心是怎样刀绞般地疼痛,是怎样滴着殷红的鲜血,却要面对一家老小,露出凄然的微笑。而他的嫂子潘翟,受祖母姚太淑人和父亲方孔炤之命,携幼子方中履万里寻夫,也不知行踪。

第四十章　万劫长燃未成灰

1

"仲姑,仲姑啊!"一个女人的声音颤抖着喊。

方维仪与方维则正站在绣衣堤上,出神地眺望着流水奔向的远方,听到了身后的这声叫喊,才吃惊地回过头来,猛然间却不知身后的中年女子为何人。只见她衣衫破旧,头发凌乱,泪流满面。

方维仪擦了擦眼睛,定了定神,又看她身边站着一个十多岁的男孩,虽然同样的破旧衣衫,也是面有悲愁,却依稀还能看出侄子方以智少年时代的样子。

方维仪失声叫道:"副华,你终于回来了啊!"

原来这女子正是侄媳潘翟,那十多岁的男孩是她的幼子方中履,乳名小素。

姑媳两人紧紧地拥在一起,大放悲声,方维则见如此悲惨之状,忍不住拭泪。方维仪又拉过那男孩,左右端详着他:"小素,你离开我时,还不足五岁啊。"

"姑奶奶,孩儿……"方中履似乎有些拘谨。今年已是顺治十年(1653年)初春时节,他刚过十三岁生日。而离开仲姑那年,正是"甲申"之变(1644年),母亲潘翟带着他,跟着父亲方以智,为逃避阮大铖的陷害和清军追捕,万里奔走于刀山火海之间。

这次潘翟带着幼子方中履,从南粤经江西归来,一路历尽千险万苦,直奔老家桐城,却发现城墙虽然修缮甚新,然而城郭外的村庄和寺庙,几乎都被烧得如一座座土丘一般。城中仍然颓垣荒棘,到处都是烽烟旧迹。廷尉第似乎仅仅简单地清理过,冷寂无人。只有清芬阁里的香炉还有袅袅轻烟,知道仲姑方维仪一定在城中,她就带着方中履找到绣衣堤。

"小素,走!赶紧回白鹿山庄,你大父天天念叨着你们呢!"方维仪紧紧拉着方中履的手,三人就匆匆与方维则告别,坐马车直奔西乡天林庄古渡口,改坐帆船,往白鹿山庄而去。

2

"老姑、母亲,你们可回来了!"一位年轻的妇人,一位妙龄少女,与白发苍苍的李姆姆,三人正站在白鹿山庄门口眺望,一看见方维仪,那年轻妇人立即欣喜地喊道。那少女与李姆姆也一惊,紧跟着走上前。

原来这年轻妇人正是方御,"甲申"国变前夕,出嫁明廷大兴武清侯吏部李皋之子李极臣。那少女乃是方御的妹妹方徽。方维仪也喜极地问方御:"你何时回来的?快接你母亲回府。"方御、方徽急趋上前,与潘翟抱头痛哭,一直拘谨着不说话的方中履,这时也突然放声号啕起来。

几个人簇拥着,擦着眼泪,走进了白鹿山庄。

正在环中堂默然寂坐,满头白发的方孔炤见到她们,不由得一愣,随即老泪纵横。

潘翟也泪流满面,让方中履上前拜见祖父。方孔炤将这孩子拉入怀中,双手颤抖着抚摸着他,却说不出话来。站在方孔炤身边,与方中履年纪相仿的那个男孩子,正是方其义之子方中发。

"老姑、母亲,孩儿有礼了!"这时,又有两位比方御更年轻的女子走上前来,分别向方维仪、潘翟躬身道了个万福。

方维仪向潘翟介绍:"这是你大媳妇孙氏,这是你二媳妇陈氏。"

孙氏正是潘翟长子方中德之妻,是孙临的哥哥孙晋之女孙惠。方御出嫁不久,中德也娶亲成婚。

"八年未归,物是人非。骨肉分离,痛彻心扉!"潘翟得知姚太淑人和方其义夫妻已经先后去世,丈夫方以智与她在广西苍梧泣别后,没想到他不久前已经奔赴金陵高座寺正式受戒出家,儿子方中德、方中通也流寓在金陵,不由得掩面吞声、抽泣不已。

3

方维仪也不知道,究竟该如何安慰这泪水涟涟的侄媳妇。

去年冬天"三九"极寒时节,正当方维仪又一次感叹"北雁过高楼,南湖起夕愁。云山千里断,此去又经秋"时,流亡在外八年之久的方以智终于出现在白鹿山庄。

方维仪、方孔炤泣不成声,一家老小个个泪流满面,白鹿山庄笼罩着悲悲戚戚的气氛。尽管此时,方其义已经离世三年,孙临也六年前遇难。但毕竟这是"甲申"国变后,方以智与家人的第一次团聚。方孔炤泪叹:"白头余独子,万里一瓢回。历

第四十章 万劫长燃未成灰

尽刀头路,亲翻池底灰。普天皆北塞,抱膝即西来。哭笑咽喉并,连吞瓠叶杯。"

方维仪听侄子讲述了这八年流亡史,可谓惊心动魄。

李自成攻破北京时,那些平时慷慨激昂的文武百官,大多是跪拜迎接,自尽殉国者区区可数。方以智闻变,欲投井一死以报君,正遇上几个担水的人到来,只好避开,转身往金水河奔去。

他立于金水桥上,仰天长叹:"我侪图一死,所以报先帝!"欲再次投水自尽时,适逢他的复社好友陈名夏一路找来,赶紧劝住:"死,那实在太容易了!其实,如果我们好好地活着,说不尽能力挽狂澜。你可不能让有用之身就这样轻易一掷啊!"

这提醒了方以智,他潜伏了下来。

趁着暗夜,方以智独自一人前往煤山吊孝时,忍不住痛哭失声,被农民军捕获,受到严刑拷打,直至脚胫见骨。乘看守不备,方以智设法得脱后又去投奔南京弘光政权。

但此时的南京,已经物是人非。弘光帝昏庸无能,史可法受排挤督师扬州,马士英、阮大铖把持着小朝廷,正在疯狂实施他们的复仇计划,全力搜捕包括复社人士在内的旧仇。

方以智刚到南京,就遭到阮大铖的追捕,情急之下接受了父亲方孔炤的指示,继续向东南方向变服易姓逃亡。

阮大铖崇祯朝失势后十六年来,始终念念不忘复出,弘光朝一得势,立即以报仇雪恨、杀气腾腾的姿态,重新在政治舞台上亮相。他将天启朝的东林党人、崇祯朝的复社士子,以及附和东林复社的人士,一一开列名单登录,四出抓捕,迫使东林、复社人士纷纷逃亡。

不久,清军大举南下,扬州顷刻城破,尽杀史可法等守城将士,并大肆屠城,随即又渡江直扑金陵。

而金陵这个弘光小朝廷的皇都,竟无一人登埤守城!皇帝和马、阮都分头逃之夭夭,钱谦益等人则率臣工大开城门向清军投降。

老百姓愤怒之余,只得放火焚毁马士英和阮大铖的府邸出气。

4

方维仪后来从方以智的同学钱澄之那里,听说了阮大铖死有余辜。

尽管阮大铖已经可耻地死了,方维仪却仍然焦虑不安。

因为方以智依旧流亡在外,潘翟携幼子方中履(小素)万里寻夫依旧不知所踪。方中德、方中通还在逃避清兵追捕,隐居于扬州冒辟疆的水绘园。

但是，方维仪知道，她这个侄子不会甘心举火荒村、避世江湖。面对国仇家恨，死也不易，生亦艰难，而活着却比死需要更大的勇气。

方维仪感到不幸中的万幸是，因同乡吴鉴在的帮忙，潘翟携幼子方中履，终于在桂林找到了方以智。吴鉴在当时的身份是永历朝巡按广西的御史。而钱澄之正亡命粤中，听说了方以智在桂林，也奔走相聚。

在艰苦的流亡岁月里，方以智依靠卖药为生。

但方以智图谋相机复明的心并没有死。他逃难东南，奔走于刀山剑水间，仍在暗中联络各种抗清力量。

方维仪万万没有想到的是，侄子方以智自幼就肩负着祖辈"长大磨铁砚"做学问、"班列于朝"做名臣的厚望，却在流亡途中，披缁出家，成了一名僧人。

5

当时，清朝刚刚建国，人心不稳，倒向清廷的明军也有摇摆之势；而在广大的中国南方，仍有众多忠于明朝的军队、士绅以及百姓，不甘心于清统治者的高压政策，"竞起兵为恢复计"，组织义军，轰轰烈烈地掀起抗清运动；原先起义反明的农民军首领如李定国等也开始率部联明抗清。

其中，既有方孔炤巡抚湖广时的旧部，也有方以智的挚友兼抗清中坚人物如瞿式耜、陈子龙、夏允彝、王夫之、钱谦益、归庄、胡印选、施闰章、魏禧、姚之朔父子等人，还有龙眠故旧钱澄之、周岐、妹婿孙临等，甚至还有曾为明朝旧吏而任职清廷的官方人物，以及联明抗清的农民军首领，连明清正邪僧俗各派人士所不容的金堡也都和他交往不绝。方以智与这些人经常聚集、联络，并"俨然首座"。这些人尊他为"方相国""方学士""方阁学"，写诗赞他"旷代才名流下界，半天人卧在高窗"。

为团结和鼓励人们"努力向前，自有天授"，方以智与旧友新交诗书往来不断，并怂恿自己的门人弟子积极参加抗清。方以智的同门法弟大汕，法界密友曾灿，均到过安南（今越南），试图搬救兵；大汕行事豪迈、夸张，被安南国王封为国师，他一次就使一千四百余人受戒。

方以智甚至还纳了一个懂得南方土语的小妾，有论者说这小妾是他方便联络南方僮瑶等少数民族抗清力量的帮手。

方以智在南方的活动，显然引起了清廷的关注。永历四年（1650年）严冬时节，清兵马不停蹄地攻陷广西桂林、平乐，全力搜捕方以智不得，于是严刑拷打被邻人告发的严玮，说他曾藏匿过方以智。

为避免友人被害，方以智毅然剃发着僧服出来，被清帅马蛟麟捕获，押至平乐法场。马氏爱其才华,迫他降清,方以智誓死不屈。于是设官服在左,白刃在右,任其选择,方以智昂首面向白刃,"一声狮子吼,刀锯总忘机"。

马蛟麟诱降不成,感于其"将头临白刃,犹如斩春风"的豪气,于是听任其披缁出家做了僧人。

然而,侄子方以智真的从此心如死灰,甘愿竹杖芒鞋、避世逃禅,毫无怨言地湮没于青灯黄卷吗?方维仪一直认为:这完全不可能!

"以祇支(袈裟)为退路即为归路。"这是方以智后来在《象环寤记》里的话。这说明,他披缁为僧只是以退为进,明道救世、图存复辟的志向始终未灭。

且说永历六年(1652)秋,方以智得到清廷的苍梧兵宪彭广(方以智同乡)出文具保,才得以脱离梧州冰舍。此前方中德已赶到了梧州,陪伴父亲过了月余。方以智得释后,遣子中德先回桐城报平安。

白鹿山庄环中堂内,方孔炤与全家人围着方中德,悲喜交加地问长问短。又遣仆通知正在金陵的方中通与陈舜英,这夫妇二人也立即赶回桐城。大家商议后,决定由中德、中通带几个仆人前往苍梧迎接方以智。临行前,陈舜英收拾了一些衣物,让中通带给其父;又脱下头上的首饰递给方中通,嘱途中可以变卖作为盘缠。方孔炤欣慰道:"仲媳不以汝父贵为宰相而骄矜,通诗书,尽妇道,诚吾门之幸也。"

方以智历尽艰难,终于在次年元旦悄悄地回到了白鹿山庄。他随父亲拜祭了祖父祖母。悲愤万分的莫过于得知弟弟方其义不幸于三年前逝世了,竟然未能见上最后一面,远心堂双雁从此成了孤雁!

方维仪75岁时作《观音大士像》
(安徽省博物院藏)

6

当时,方维仪含泪告诉侄子方以智,国变后,其义即忧愤成疾,临绝,嚼齿椎床,死不瞑目。

"苍天,苍天!"方以智泪祭其义,"余漂流七八年,冀比幼安火岛,得归白鹿之堂。讵意深山一瓢,竟攫维絷,乃闻吾弟之丧,且三年矣。……胡为乎一病不可复救,毋乃退居巢之背疽……举声一号,谓之何哉?痛定作诗四章以哭之,已乃为位,祭之以文。呜呼,此何时,人何能不死?死何时,若何为死?苍天,苍天!"

所谓"幼安火岛",幼安即三国时代的管宁,他在天下大乱、英雄蜂起之际,不谋功业,逃到辽东火岛,以立德安民为天下苍生谋幸福。方以智原想以管宁为榜样,遵仲姑方维仪"豹隐"之嘱,哪知道此愿难成,竟被清兵逮囚。归来时弟弟已去世三年。所谓"居巢之背疽",是说其义忧国而死。秦汉相争时,项羽的谋士、居巢人范增,即疽发背而死。方其义究竟是何种病因致死? 史料不详。只有方以智言及"居巢之背疽"。从他为文向来追求"旨远意深"来看,应该是强调弟弟方其义忧愤国破家难而导致"疽发于背"。

听闻大名鼎鼎的方以智回归故里,皖地官员们纷纷出动,将他强请到安庆府衙,又是赠以袍帽,又是威逼利诱,迫他出仕清朝。本来因惦念白发高堂,只断发除须而未断尘缘的方以智,面对地方官的逼迫,想到弟弟的忧愤早死,想到父亲《训孙》诗句有"努力作贫士,勿为公卿儿"(不仕新朝、甘为遗民)的暗示,遂誓不出仕,直接投奔南京天界寺,正式受戒为和尚。

这天界寺住持不是别人,正是曾禅游浮渡的觉浪道盛禅师。那年方大镇隐居浮渡读书,方以智去陪读,与觉浪道盛相识,道盛赞方以智"小施主颇有法缘"。没想到,一语成谶。

方维仪与方孔炤听闻此讯,相对无言,老泪纵横。过了很久,方孔炤才长叹一声:"噫! 大报恩者,是出家儿!"

潘翟听了丈夫再次出家的经过,面对方维仪,泪水夺眶而出,嘴唇却嚅动着长久没有说一句话。她在梧州与夫君泣别后,一个人带着幼子历尽艰险奔波在回故乡的路上,"回忆分离出世外,吾携幼子返家园。全君名节甘贫苦,无限伤心不敢言"。途中传闻夫君被放归桐城,怀着抑制不住的喜悦,原以为能在家乡团聚,岂料归来连面也没见到,丈夫已经闭关于金陵高座寺看竹轩,表心"看破金泥""作化青莲"。

方维仪想到,当年吴令仪是博山无异的俗家弟子,而博山无异又曾是觉浪道盛的老师,如今侄子方以智又受戒于觉浪道盛。难道这是一段注定的法缘吗?

面对刚刚不惑却几乎霜华满头的侄媳妇,面对她的无法抑制的啜泣,方维仪微微地摇着头,心中不住地痛叹。

而中德、中通两侄孙传回来的消息却是,方以智仍著述不辍,"濡笔乘朝阳,须臾挥千行",还常与旧友新朋诗文来往不绝,也不回避与仕清旧友的交往。这期间,李定国奉永历帝逃奔昆明,方以智的不少旧友入仕后也被清廷擢升。

次年,方维仪七十寿诞将临。因方孔炤病重,方维仪阻止了晚辈们要为她祝寿的想法。但南京各界友人还是聚集到方以智的看竹轩,为他视为慈母的仲姑方维仪称觞祝寿,盛赞方维仪为"礼宗","连理树上开千古花"。

方以智也传回两首祝寿诗,称赞仲姑"世号清芬作礼宗,明星婺女照吾桐"。感慨仲姑"当时爱我忧天分,此日全家载铁舟","自书七十年中事,霜雪人间写一通"。

7

与儿子方以智被迫逃禅世外不一样,方孔炤就成了一名隐于林下的遗民,并自号"野人"。

方孔炤向来以果毅刚直著称。虽然生逢纷乱的大明末世,但他为官近三十年,始终遵记父亲方大镇"正色立官"的教导。他的生涯,前期是顺风顺水的,为官以后却一直与忧患相始终,历尽艰难曲折,可谓九死一生。方维仪有时想,如果要用一个字来概括弟弟的坎坷宦途,那么这个字一定是"忤":

初任嘉州知州时"忤贵"。他在嘉定虽然只任职一年,却不畏豪贵范侍郎对地方行政的强行干预,竭力将高孝廉从冤狱救出,活一人以不死十数人,为当时朝野所脍炙。时人称赞他"以一年立一任之基,以一任立终生之基"。

天启朝擢升兵部职方后"忤党"。他因上疏揭露权官以贿赂选将晋帅,弹劾总兵官等将弁十五人,并力阻阉党魏忠贤徇私舞弊,被削职为民,南归桐城。

崇祯朝复官职方后"忤奸"。当时有个叫林之荫的人,趁他单车就道入火房时贿赂他、托他帮忙,他愤然揭发。自此朝廷积习一洗,再也没人敢请托。崇祯赞扬他"洁己发奸",谕旨书其名于殿柱,加尚宝卿,时称"实近年来之旷典"。

崇祯十一年任湖广巡抚时"忤相"。他在率兵抗击贼中,八战八捷。因看透了形势,条上八议,在策略上"主剿",却与"主抚"的熊文灿及其支持者内阁杨嗣昌的意见相左,遭其陷害入狱。

钦差总理山东河北等地屯务时"忤君"。他向崇祯上《刍荛小言》,痛陈时弊,提出十二条救时务之急的策略,崇祯虽然"优答之",却只是朱批"该部知道",仍让他继续屯田。而屯田只徒有虚名,战时的河北、山东等地,水利破坏殆尽,人民流离失所,即使召民种田,也需要三年才有收成。他多么迫切盼望能重新议兵带兵。可是,"兵既不许议,田亦何由耕"?

甲申鼎革之际"忤时"。甲申三月十九日崇祯煤山自尽,方孔炤正在济南,听闻后,号绝不已。而混乱无状的南明小朝廷也让他心灰意冷,直到江山终于易色。他虽然没能以死报国,但归隐白鹿,宁做遗民,不愿为时乱所用。正如周岐所言,方孔炤返里隐居,是"狂客归来三策废,仙人舟去五湖多"。

但是,方孔炤的晚年隐居生活是十分凄凉的。每每兀坐,"攒眉忽忽,若有所失。起行廊庑间,呜咽嗫嚅,如梦如呓。抈膺切齿之余,时或哑然一笑"。他这样的情绪或对身边人,尤其是次子方其义,有着不小的影响。

"人生倚伏唯嚅叹,千古英雄多不全。"随着孙临牺牲、方其义去世,方孔炤的身体就一天不如一天。每有亲戚故旧来访,他总是握着来访者的手,似乎有无数的话,却不能倾诉,只是涕泣不能已。周岐称此时的方孔炤犹如徘徊在汨罗江畔的屈子,其悲其痛,谁人能解?

方维仪每见弟弟如此,觉得心都被撕碎了一般。其实,方维仪何尝不是经历了更多的大悲大痛?每一次亲人的离去,都让她觉得,死也不易,生亦艰难。而有时,活着却比死需要更大的勇气,这就是所谓的"向死而生"吧。

这对弟弟方孔炤来说,更是如此。

尤其是归隐南乡白鹿山庄这十年,是他人生最后的十年,也是他最愁苦悲壮的十年。

这十年,河山变色易姓,儿孙亡命天涯,女婿孙临抗清壮烈牺牲,特别是次子方其义的天不假年、不幸早逝,对方孔炤打击太大。孙子方中通的岳父陈名夏又陷入了结党案,被清廷绞杀,其子杖戍穷边。而逃难东南的长子方以智更让他日夜难安,每每泣吟陆游《示儿》诗痛哭失声。

白鹿山庄犹如风雨飘摇中的一叶破舟,随时有倾覆的危险。

然而此时的他,仍然克服巨大的悲痛,带病埋首著述,继续阐扬家学,企图以文救天下。他在晚年完成"孤臣一缕心血所濡"的《周易时论》二十二卷,可以说是他一生学问的结晶。这部大书的价值,今天学界的基本看法是,在宇宙论、认识论上提出了许多创造性的命题,被认为与黄宗羲《明夷待访录》、顾炎武的《日知录》具有相同的时代意义。

就在顺治十二年(1655年,乙未年)的九月二十一日,方孔炤因悲愤成疾,抱恨去世了。方以智由金陵高座寺破关奔丧,遵父遗命葬于距白鹿不远的东乡合明山,颜其栾庐曰"不择地"。所谓"不择地",《庄子内篇》云:"夫事其亲者,不择地而安之,孝之至也;夫事其君者,不择事而安之,忠之盛也。"

这时的方以智,冰霜骨立。方孔炤在去世前,留给他四句诗:"公因藏反因,引触知其故。生死无生死,关尹天地寓。"前两句为方孔炤的哲学观,意思是,相因者相反,是为反因;相反者之统一体即为公因。要求方以智将家学引申、发扬光大。后两句则表明儒家旷达的生死观,安慰子孙和亲友不必过于悲伤。

然而,这首似乎是遗言的诗,其实还有更深的寓意,也许只有方维仪和方以智才能真正读懂。

8

"仲姊,吾近来颇为不安,只怕东林要出大事啊!"

"令仪,你留下来别走,吾有话与你细说呢!"

方维仪忽然惊醒了。梦中的吴令仪依然是万历四十五年(1617年)离开桐城,前往天府之国嘉定(今四川乐山)时的样子,她是那么年轻,那么娴静,却又那么欣喜的样子。

是的,她没有理由不对未来满怀着向往。此时,她的丈夫方孔炤正朝气蓬勃、意气风发,在嘉定知州任上做得风生水起,朝廷与地方都寄予厚望。当她带着七岁的儿子东林(方以智)、五岁的女儿方子耀,与家人告别时,方维仪看着她风姿绰约的背影,感叹着、祝福着。

然而,"自然有成理,生死道无常"。万历四十五年那个夏天,与吴令仪的握别似乎犹在眼前,如今她已离开人世将近四十年了。

在方维仪看来,这近四十年的时光,虽是那么漫长,却又如驹光一瞬。转眼之间,吴令仪那么疼爱的儿子东林(方以智)已年将半百。那时,她为了儿子的一辈子平平安安而吃斋念佛,不时谒庙进香,还殷勤前往百里外的东乡浮渡山,捐资襄助修复华严寺。在知道自己或将不久于人世之前,又写了给方维仪的托付信,请求代她为东林念佛进香,字字句句是那么无奈悲伤而又充满期冀。

此时已是顺治十七年(1660年,庚子年)的暮春时节。

现在想来,方维仪也算对得起令仪这个弟媳兼好妹妹的重托。她的儿子方以智,已经不是当年那个"十岁好击剑,舞衣动白日。醉后乱伤人,左右皆股栗"的少年东林,而是有着自己独特思想的学界领袖、佛界高僧,人称无可大师。

令仪的几个女儿,以及孙子中德、中通,孙女方御等,都得到方维仪的抚教,并由她协助姚太淑人操办了婚事,两个孙媳妇和两个孙女诗书琴画也颇得老姑方维仪真传,方徽后来嫁给了马之瑛四子马教思。令方维仪欣慰的是,她对令仪可谓问心无愧了。

"奇怪也,令仪怎么这个时候托梦提醒?"方维仪想到,这个一直与自己以母子相待的侄子,如今自号愚者、愚道人,今年十月即将五十初度。或许这正是吴令仪托梦的原因。

已经很久没有作画了。方维仪在梦中居然答应吴令仪,要作一幅画为愚者老侄庆寿,兼祝平安。等到她这幅《罗汉戏狮图》初稿完成,已经是仲夏了。

正在此时,陪侍父亲的方中履,受父命从江西新城回桐省亲。他卖了自己名下的几份田地,以刻印祖父方孔炤的《周易时论》遗书,和父亲的哲学新作《易余》《东西均》等。而《易余》《东西均》有强烈的思辨色彩,在今天更被称为中国古代哲学思想上的两朵奇葩。

方维仪遂让中履带去了为其父祝寿的《罗汉戏狮图》。与方孔炤写那首遗诗一样,方维仪也将自己的一些心愿隐含在这幅祝寿图里。她想,她的愚者老侄一定能看懂。

考虑到现在时局已基本稳定,流离在外的人们陆续回到故里,方家姻戚和邑中士子,也有陆续出仕清廷的。方维仪也与潘翟多次商量,方家应早日回归城里的祖居廷尉第。而在此前,方维仪已多次回城中旧宅查看。今年春天去的时候,她留诗《古别离》作记:"溪树远含烟,寒光侵野潦。一别三十春,何分鸾镜早。迁次玉阶前,忧心摇碧草。林中孤鸟鸣,衰颜复何道。梨花带雨飞,暮云山已老。"

潘翟看了方维仪的诗,知道老姑近年来忧心年老,叶落归根的心思较强烈,就留心做着回城的准备。经过多方筹备,这年十月,潘翟奉仲姑方维仪,携一家老小,终于重新回到了城里的廷尉第。

在决定回城之前,随着孩子们相继成家育子,家口逐渐增多,乡下多处田产的继承也成为现实问题。

潘翟召集阖家老小,通过商议决定:城中廷尉第不析分,为大家公有同萃一堂。南乡白鹿山庄本来留与季子方中履,因方其义夫妇墓葬于白鹿山,遂决定方中发留守继承白鹿山庄,同时孝养曾抚育他的继祖母金太夫人。原决定由方中发继承的北乡白沙岭产业,方维仪和潘夫人还曾被方中发接到那里生活过一段时间,现在方中发愿意转让给方中履。赵锐先生遗赠给赵太恭人的北乡鲁𬭤山庄,由方中通继承。而城郊南园为大家共同所有,只是已经荒芜,将来可再辟为后生晚辈们的读书小园。

至于东乡浮渡山的在陆山庄,原已根据方以智的意思授给长子方中德。这些年由于战乱无人过问,在陆山庄倾颓已久,仅留的此藏轩也破败不堪。方维仪听中德说了在陆山庄的情况,曾有诗慨叹:"苍苍远岫障烟深,战后孤村没树林。农户流亡无处问,十年消铄不堪吟。"但方中德还是主动表示,自己作为长子要守墓浮渡,愿意遵父嘱继承山庄,待将来适时修复。

第四十一章　黄花休笑未亡人

1

尽管已是傍晚，斜入清芬阁窗户的几缕夕阳，依旧明媚温馨，也令人沉静。

桌上有一幅字，在夕阳余晖里泛着斑驳的亮色，落款为"古桐潘门吴坤元熏沐敬写"，乃是吴坤元写的《寿清芬阁姚太夫人八秩》，诗曰："厥志闻君已遂初，令名久矣重璠玙。吟成谢氏因风句，学并班姑续汉书。每仰孤高唯折节，只缘衰病觉情疏。五年前赠维摩像，写遍三千尚乞余。"

年与时驰，岁与日去。今天正是康熙三年（1664 年，甲辰年）的重阳佳节。方维仪感慨，倏忽之间已年届八十高龄了。这些天，诸多亲友送来了祝寿诗。吴坤元的诗是其中之一，称誉她守志如初、美名如玉，才比晋代谢道韫，学并东汉班昭。她在意的当然不是吴诗的赞誉，却欣慰吴诗似乎是一幅写意的白描，简笔勾勒了她八十年的漫长岁月。而她在此时仿佛成了自己生命的一个旁观者。

返回城中廷尉第以来，方维仪重新入住到从前的清芬阁。尽管年事已高，她依然保持了每日礼佛奉香、打坐诵经的习惯。因为不愿笔墨枯落，她还坚持写诗，只是不如从前那样写得勤了。也偶尔应亲友之请作画。吴坤元诗中有"五年前赠维摩像，写遍三千尚乞余"，说的就是方维仪的书画作品仍为时人追捧。

"岂料烽烟骤起，故乡一别多年。"自从崇祯十七年（1644 年）秋天由金陵返桐，二十年来，方维仪几乎每年都要在清明、冬至时节前往鲁谼山下的鲁王墩拜祭。再顺路去白沙岭天马山拜谒赵太恭人墓，然后入连理亭旧居留宿一夜，次日返城。今年是自己八十初度，她却选择在重阳节这天又去了一趟鲁王墩。陪同方维仪的正是年已半百的侄女方子耀，还有孙媳陈舜英。

鲁王墩是夫君姚孙棨和自己的宝地所在，还是三十二年前卜址所修的。当年修墓时，她曾与夫君的两个弟弟姚孙榘、姚孙枈商量过，要为夫君姚孙棨请一个"良隐子"的谥号。

为此，当年方维仪还专门写了一篇《撰谥述》，提及之所以要为夫君请谥号"良隐

方维仪《西池大阿罗汉图》局部(旅顺博物馆藏)

子",是因为夫君"温谦和恭,才思泉涌,若天假以年,岂不恢恢乎伟人文士哉"。

而妻子为夫君请谥号,此事古已有之。"纲纪相续,伦常交振。或父兄贤圣,而子弟述之;夫子贤圣,而妻述之。"也就是说,丈夫去世后,妻子是可以为他请一个谥号的,以记述丈夫的生平志向。

比如,古时候的"黔娄、柳下惠之妻是也"。黔娄妻,据汉代刘向《列女传·鲁黔娄妻》载,黔娄夫人是战国时齐国贤士的妻子,在丈夫死后,以"康"为夫谥号。又比如,鲁国大夫柳下惠的妻子姜氏,为丈夫请谥为"惠"。

所以,方维仪也想按照古时候已有的陈规,为夫君姚孙棨请一个谥号"良隐子",以述夫君的生平志向:"陋规浅见,窃踵陈迹,以述其志。"

夫君的两个弟弟显然都赞同嫂子的意见。他们认为,嫂子以谥号来称赞伯兄孙棨的生平志向和美德,也是表明她自己守节如初的心志。其实,与古之黔娄妻、柳下惠妻相比,嫂子的节烈贤明毫不逊色。为此,他们在商议后,还专门在墓前修建了一个"良隐祠"(享堂)。这令方维仪十分欣慰。

这次重阳节专程赴鲁王墩拜祭,方维仪看到,去年冬至重修的墓,三十多年前为自己留的那道墓门仍在。但令她痛心的是,毁于兵火的良隐祠至今还没有修复,好在墓碑上"良隐子"三个字仍完好清晰。

2

当方维仪回到廷尉第清芬阁时,就看到了吴坤元的这首祝寿诗。她想了想,就让陈舜英帮助磨墨,让方子耀帮助铺纸,仍以钟繇体小楷写了一首《九日》诗:

> 自少艰辛至八旬,黄花休笑未亡人。
> 虽无旨酒能酬尔,也对幽芳晚节新。

写完后,她坐到窗下的夕阳余晖里。眼前,似乎还是鲁王墩那一丛丛的野菊,黄得夺目,黄得耀眼,那阵阵幽香似乎还萦绕着自己。方子耀与陈舜英站在她身后,也往窗外望去。

本来,古人一般非重阳节这天不赏菊,因为菊花在重阳节这天开放极盛。但重阳之后,仅仅过了一天,菊花就萎谢残败了。宋人范成大有诗句曰:"世情儿女无高韵,只看重阳一日花。"可见,重阳节这天的菊花在人们心理上还有着负面情绪的影响。

此外,苏轼也有诗句曰:"相逢不用忙归去,明日黄花蝶也愁。"他把重阳之后的黄花都称为"明日黄花",意为相逢不易,好景不长。苏轼还有词句曰"万事到头都是梦,休休,明日黄花蝶也愁",更是写人生飘忽,晚景凋残,抒发他对自己人生曲折际遇的感慨。

尽管重阳之菊,极大地影响着人们的情绪,但方维仪还是在自己八十周岁寿诞时,专门选择重阳节去了鲁王墩,并摘了一束菊花,放到夫君姚孙棨的坟头上。

方维仪要以此来向夫君寄托一种特殊的哀思:时光飞驶,她人生的晚景已经是"明日黄花"了,然而,且请黄花,休笑未亡人,因为吾与黄花不过彼此彼此。夫君,不久吾就要与你相聚了!

城东北的鲁谼山

她写下"黄花休笑未亡人",用了一个"笑"字,可谓意味深长。这个"笑"字,是历尽沧桑后的旷达,也有将来面对夫君时,那种保持了柏舟之节而无愧无怍的坦然。

现在,她将自己的这种旷达坦然,也传递给侄女方子耀:既然人世不济、天命不常,与其悲伤难禁、忧愤无休,不如超然物我,平静度日。这才是真正的守志,也是对故去亲人的最好安慰。

3

论才气,方子耀的诗歌绘画都酷肖方维仪。更为难得的是,方子耀在教育子女方面,也全面继承了仲姑的风格,还著有《寒香阁训子说》等。

方维仪写有《赠方恭人从征历难序》,从序文中可以看出,她虽然同情与自己一样历经苦难的方子耀,但对自己的成功抚教还是欣慰的。序文一开头就写道,长侄女方子耀"生而颖秀,九岁失恃,依余闺中,训以闺范。年十七,归孙门"。虽然寥寥数字,却透露了抚教侄女将近九年的时光。

其实,何止是方子耀婚前的九年?方维仪的三个侄女,以方子耀与她相陪在一起的时间最长。"甲申"国变后,虽有几年的分离,但此后她们相继归桐,就此相伴相守。

而那分离的几年,正是方子耀随孙临"从征历难"的几年,方维仪在序文中作了回顾。

先是崇祯七年"甲戌"桐变,方子耀随夫君流寓金陵的时候,孙临喜交游,不问家计,甚至流连秦淮歌月,以致家里"旅寓荒凉,中馈周折",生计遇到困难,但方子耀治理家事,孝养婆婆,一切都井井有条,可谓吃苦耐劳,毫无怨言。

崇祯九年(1636年,丙子年)秋日,长男中磁(乳名破奴)出生;崇祯十二年(1639年,己卯年)秋日,次子中岳(乳名强弩)出生。尽管孙临几次秋闱都未及第,郁郁不得志,但方子耀对他没有丝毫怨色,依旧如平昔一样。还时常安慰夫君,帮他排解心头郁闷。

崇祯十七年(1644年)"甲申"之变,身在金陵的孙临,与一班士人"衣缟素,北望号呼",誓言召集天下豪杰义士,以举兵勤王。方子耀尽管怀着身孕,却仍然带着中磁、中岳跟随他去了松江府华亭县。不久,幼子仲华出生,却不幸于兵乱中散失。

这时,原兵部的陈子龙,与孙临等人密议恢复大明,召集兵马,驻扎在华亭。七月,清兵强攻三吴之地,全力围剿抗清义士。孙临率领一支兵旅,与清军周旋,大败清军十余次,可惜援兵不至,孙临孤身带着葛嫩溃围,向南撤入徽州山区。

方子耀因为陪侍婆婆汪太夫人,没有随军。但方子耀仍然携两个孩子,从小道进入徽州,寻找到孙临。这给了落魄中的孙临极大的鼓舞。

方维仪的序文写到这里,曾顿笔感慨:"嗟呼!家破人亡,一子失焉,危难之际,剑戟之中,侄涕泣而以忠义勉婿,岂不伟然一丈夫哉!"称赞长侄女方子耀也是一个巾帼中的伟丈夫。

后来,孙临由徽州山区转入邻近的浙江衢州,由杨龙友特荐为兵备副使。方子耀继续随军,也与孙临一起投入抗清作战,"名振东越,夫妇同志,贤益彰矣"。

孙临不幸遇难后,方子耀"以一女子,从刀山剑树中,涉数千里以归,岂不奇哉"?归桐后,方子耀又派人收移孙临骸骨归葬,督长子中磁"躄踊哭泣,以行三年之丧"。方子耀尽管悲不自胜,却唯恐触动了汪太夫人思子之心,朝夕依于老夫人膝下,问安视膳,一如孙临在世之时。

在经营家业的同时,方子耀还多次遣仆探找次子中岳的消息,花了不少钱,却没有找到人。庆幸的是,中岳随乳母姜氏流落闽峤,被一小卒郭少楚收留。乳母察郭少楚为可托之人,遂向其吐露实情。郭少楚有感于孙临的忠孝大义,不忍其子流落,遂出钱抚养他们,不久又护送二人归桐,让方子耀终得母子团聚。

这些年来,方子耀不仅辛苦抚教两个儿子诗书,"教以孝悌勤学之道",还为他们延请塾师,并为两子娶亲,又教两媳"以勤俭治丝麻也"。同时又搜集仲姑方维仪未刻印的诗文,相继编成《楚江吟》《尼说七惑》《归来叹》等。里人无不叹服,"以称女君子云"。

方维仪常对子耀说:"回想你自甲申国变以来,这么多年,所受崎岖险阻,真是言之流泪。你能代夫为子以事其亲,代夫教子以成其学,又能兴其家,守其业,尽其孝慈,若不是贤且孝之女子,孰能如此哉?"

"三位老姑乃侄女典范也。"每当黯然时,听到仲姑方维仪这样安慰和鼓励自己,方子耀总是如此回答。

4

"今读老姑诗,更感佩老姑一生含辛茹苦,而晚节幽芳,又如此坦荡平和。侄女忽然就想起二十多年前,吾父所上的臣门三节疏。"看了仲姑的《九日》诗后,方子耀说道。

原来,方孔炤在以都察院右副都御史兼总理河北山东等处屯务时,曾于崇祯十七年正月,向朝廷上过《请旌表臣门三节疏》。所谓"三节",正是指方孟式、方维仪、方维则三人。那时,天下混乱不堪,明王朝大厦将倾。面临如此危局,方孔炤还专门上疏朝廷,请求旌表方氏"三节",其意义究竟何在呢?

方维仪显然明白,方孔炤为方氏"三节"专门上疏朝廷,当然不是为了一家之荣,她们姐妹也并不在乎这种"哀荣"。而是弟弟企图从另一种角度来挽救大明末世混乱的人心,并寄希望于以人心的扶正来恢复国家元气,挽救国家前途命运于危亡。因此,他上这个疏,在一定程度上,堪比父亲方大镇当年所上的《请谥从祀名臣》和《襃崇理学》二疏。

方大镇当年上二疏,其旨之一,在于"一代之旷典聿昭儒臣表扬,而百世之观瞻在是",希望通过表扬理学名臣,以树立百世楷模。其旨之二,在于"以维风教",也就是《诗大序》所言"风以动之,教以化之",简单来说就是风俗教化。

而方孔炤上《请旌表臣门三节疏》,其旨亦在于"以彰风化事",与父亲方大镇的理念是一致的。在一个礼崩乐坏、天崩地坼的末世,如何坚持儒家理念,让思想混乱、不知所措的民众,从大乱中抽身而回,不失儒家信仰,这正是当年众多学人都深入思考的大问题。中国千百年来,之所以能够始终保持文明传承不断,每次跌落深渊都能跃然而起,也正是儒家薪火始终不灭。

方孔炤在《请旌表臣门三节疏》中简单介绍了其理学世家情况:"臣祖封御史方学渐,潜心理学,教授生徒;垂训臣父大理寺左少卿方大镇、臣叔户部主事方大铉,世修家学,罔敢失坠。"理学可以说是明代治国齐家的正统法理和准则,它包括程朱理学和后来崛起的阳明心学。方孔炤的祖父方学渐、父亲方大镇,都是当时著名的理学传人、心学大师,可谓理念坚定的硕学通儒。而方孔炤及其子女,坚持薪火相传,都是方氏家学的坚定追随者、传承者。

因此,方孔炤紧接着表白,在家学的熏陶下:"闺帏遗则,爰及三女。"家中有三个女性深受理学影响,她们分别是"其二为臣胞姊,长适山东左布政使臣张秉文,以殉难殁于济南",也即方孟式;"次适儒童姚孙棨",也即方维仪;"其一为臣同堂姊,适儒童吴绍忠",也即方维则。后两人"皆幼年孀居,忽六十年矣"。

然后,他分别简要介绍了"三节"事迹。伯姊方孟式"励怀樛木,随宦冰清,兼通文艺,手著《纫兰》之编,相夫子于道。济南陷,臣姊曰:臣当尽忠,妻当尽节。遂分嘱遗事,同妾縢齐赴后院池中死"。

仲姊方维仪"年十八而孀,归宁反舍,读书研性,不出户庭,女成士行,著有《清芬集》《闺选》《尼惑》《微生》等编。私谥其夫为良隐子,自撰墓文,治圹待尽。侍养臣母太恭人,与人子之服劳无异也"。

第三姊方维则"年十六而孀,臣叔父母已即世,遂依吴门老姑,朝夕纴纺,以资孝养。暇则言笑无刓,唯奉搴兰馆家集而咏言之"。所谓"搴兰馆家集",也就是其父方大铉以龙眠山碾玉峡所筑"搴兰馆"为名的诗文集。

在此基础上,方孔炤借乡人之赞叹来表扬"三节"之志概:"臣邑连年兵火,流离寒素,两姊饘粥不赡,发斑白而不渝其志,乡人士莫不赞叹之,以为有丈夫之概焉。在臣伯姊,生沐冠帔,从容就义,秉文已蒙赐恤,烈妻应荷同褒。在臣仲姊、叔姊,为士人妻,不幸而失所天,甘茹藜藿,终身荆布,割绝纷华,中遭离乱,诵读不废,迹其后凋,实为难事。"

并且,"三节"事迹,业经旧抚臣黄希宪、旧按臣迟大成、徐之垣等先后采风,叩请旌表。而女子因贞仪节义受表彰都是有先例的。如"臣僚中,有子孙为其母祖,弟侄为其姑姊,循例入告,咸奉恩俞"。方孔炤认为,如果不及时向朝廷报告请予表彰,那不仅是臣下罪过,还对不起先祖、先朝老臣,就是不忠不孝。

5

"父亲曾说:'今臣一门,有此三节,不及此时,乞哀圣世,俯鉴贞仪,建坊鼓励,是臣之负罪,不唯无以阐潜德之幽光,亦且无以答先臣于九原矣。'可惜的是,朝廷虽已旌表,但时事变乱,坊表未及建成。"方子耀不无遗憾地说。

方维仪听了微微一笑:"对你老姑而言,哪里有什么可惜的?况吾不出户庭、终生荆布,又岂能与你伯姑的忠节大义相比?"

"我仲姑虽不出户庭,然不渝其志,有丈夫之概。人皆赞为'今之大家'一代女宗,高于李易安多矣!"方子耀说。

第四十一章　黄花休笑未亡人

应该说,方氏"三节"事迹名扬当时,不唯才学文名,更因张秉文夫妇殉国于济南,方维仪、方维则姐妹不失其志,而天下尽知。朝廷予以公开表彰,前有成例,理所当然,不仅能垂范和砥砺天下,而且对挽救混乱的世道人心,乃至拯救国家命运,无疑都是大有裨益的。

因此,当年方孔炤上此疏,方维仪并没有阻止,尽管她一向认为"女子无仪,吾何仪哉",不愿以才名自矜。

"不过,你兄妹出自吾方门,其实亦是执节之殊,感念天下啊!"方子耀今番重提二十年前的旧事,方维仪听了,不免慨然长叹。"吾婿克咸与密之侄同笔砚,为金兰友。克咸舍生取义于闽海,密之夫妇亦俱涉患难,密之矢志披缁,以全甄济之节。"甄济是唐代定州无极县人,受安禄山胁迫,始终不受伪命,保持了大节。在方维仪眼里,侄子方以智之所以披缁逃禅,为的就是以全"甄济之节"。

"甲申"国变以后,方以智逃难东南,于平乐县遭囚,被迫为僧。好不容易归桐,又因清廷及地方官吏力劝其入仕,不得不再次受戒于金陵高座寺。顺治十五年(1658年,戊戌年),方以智在桐城庐墓结束后,遂即禅游江西。

在方维仪看来,侄子之所以禅游江西,其实正是受到方孔炤临终前留下的那首诗的暗示。她明白,世间万事万物都是相反相成,而相害相悖亦如刀兵水火不可避免。既然无可逃遁,那就是必须经受的锤炼,所谓"公因藏反因"是也。关键是要在此基础上,积极地"引触知其故"会通三世家学。这是方孔炤对儿子方以智的最后嘱托。

差不多与方学渐同时代的王塘南,其在七十岁时,"掩关""习静"于江西"吉水仰慈庵"而悟生死观,在三教之辩的基础上,确立了由佛归儒的理论。而方以智就是要在"藏身别路"中,坚持"直继缁帷",也就

方以智画像

是企图通过隐于浮屠、救正佛门来由佛归儒,承继儒门、光大儒学。正如方中通诗曰:"木叶家山脱,芒鞋别路行。"

方维仪当年在给侄子作《罗汉戏狮图》时,曾想象着,他所逃禅的新城县廪山,屹然耸立,白云出没,万山在下。尽管环境艰苦,居草屋、吃粗糠,着破布衲衣,枯淡而多病,但从侄子方以智而游者依然不少。她本来想将这样的想象作为她的《罗汉戏狮图》背景,但绘图时,却又舍去了这个背景。

第四十二章　松筠差不愧平生

1

"也不知他们在江西究竟如何了。"

潘翟望着满桌的菜肴，却一脸愁容，似乎一点食欲也没有，轻声地叹息道。她也已满头花白了。她说的"他们"，是指其夫君方以智和长子方中德、侄子孙中碟等人，此时正在江西青原山净居寺。

这一天，时候还不到隅中，廷尉第文阁小院连枝亭内，一场宴集就开始了。

方维仪不动声色地看着身边这个侄媳妇，似乎转瞬之间，潘翟就从一个青春少女变成了衰年老妇。这些年，方以智禅游江西，一直未归，她上事老姑、公婆，下抚儿女，死伤婚嫁之累，一身任之，却仍然不废诗书，给孩子们以坚强的信念。

已是暮春时节，天气晴和，轻风习习。方维仪满头鹤发在风中丝毫没有凌乱，让人想起严冬里的皑皑白雪。她的脸颊两边都有了几许老人斑，仿佛八十多年艰辛岁月的雕琢。

方维仪的身边，依次坐着潘翟、方中德的妻子孙氏，方中通夫妇、方中履夫妇、方中发夫妇，以及方御和夫君李极臣、方徽和夫君马教思。

"禀母亲，孩儿与四弟在青原山陪侍这些日子，父亲讲法与著书不辍。伯兄与中碟弟一切都还好，母亲就放心吧。"方中履忙着安慰母亲。四弟是指方中发。

潘翟又似乎无意中叹息着："一别天南，光阴不返。寒帷寂寂，却又风波不定啊！"

众人听了她的话，一时间都沉默无语。方维仪明白，潘翟所谓"风波不定"，当是清廷对江南士族采取的高压态势，不免又为老侄方以智担忧起来，眉头也紧锁着。

文阁的主人是方中通陈舜英夫妇，陈舜英后来付梓的诗集就是《文阁诗选》。而提出举办这次宴集的，正是陈舜英。由于中履受父命，先自青原归桐探望老姑与母亲，接着中通由北京探望岳母与内弟及堂妹（方其义的女儿已嫁于陈名夏次子）归来，而方御夫妇也正好自金陵来桐，所以这是一次多年来不曾有的团聚小集。陈舜英要借机让老姑方维仪和婆母潘翟开心。

同时,这次小集当然也是一次饯行宴。一来,中通和中履还要继续南下江西,再赴青原山随侍其父,以改换中德归桐探望;二来,方中发携妻子余氏带孩子在廷尉第已经住了一个多月,今天也要回白鹿去,那里还有他的继祖母金太夫人。

陈舜英提前做好了准备,并通知了城西的方徽与马教思夫妇。这天一早,就与方中通带着几个家仆忙碌,终于备齐了一桌丰盛的酒菜,没想到潘翟的接连叹息让大家顿时都茫然而又失落起来。

2

"我的曾孙辈呢?"方维仪见大家都是心情郁郁的样子,就有意转移话题。

方御连忙答道:"禀老姑,他们都在隔壁友阁拂觞理琴,有几个都是才学琴不久,都说想请老姑给指导指导呢。"

友阁是方中履夫妇的宅第,是阖家归城后,方中履在廷尉第院内新起的宅子。阁名乃"琴瑟相友"之意。

"好啊!好啊!怪不得有琴声传过来呢,不过,指法听来还是不够娴熟。要说这指法,看似寻常,但要弹得好,却是别有曲折的。"方维仪微笑着颔首道。

众人这才发觉隔壁友阁有隐隐的琴声,时断时续地传来。方中通遂笑道:"那就要有劳老姑多指教了!"众人也随声附和。

潘翟忽然道:"位白啊,今年你即将三十初度了。"位白是方中通的字。

"母亲若是不提,孩儿几乎忘记了。"方中通回道。他想了想,又接着说道,"不过,现在离十一月还早呢。只怕那时,孩儿还在青原山陪侍父亲大人。伯兄前次与我闲谈,提出拟将浮渡那已倾颓的旧轩改建成报亲庵,以迎吾父早日归来。"

众人听了都连声说好。方中发这时举杯站了起来:"老姑、太夫人,小子有个建议,趁此机会为吾仲兄三十初度贺寿吧。"见方维仪、潘翟都颔首同意,他就向方中通敬酒。众人也都一一向方中通敬了酒,以示贺寿。

方中发又借着酒意,赋诗一首《寿仲兄三十初度》:"君生石头城,我生武昌府。虽为桐城人,生长非故土。取酒为君歌,取瑟为君鼓。天意本不薄,生君名门户。当感贫贱恩,莫作凄凉语。俯仰百岁间,努力慰期许。"

"谢谢四弟赋诗为吾寿!吾亦倾酒一杯,赋诗一首以谢,权为三十自况吧。"方中通也站了起来,倾杯一饮而尽,遂即朗声吟道:"欲作远游人,举步将何之。海上有神仙,神仙不可期。南国有山川,山川惹我思。四顾风声多,飕飕日夜吹。一腔天下乐,变作伤与悲。巧者笑吾拙,达者怜其痴。客问为何故,我亦不自知。"

陈舜英见夫君中通酒喝了不少,诗又有悲愤之意,怕影响老姑及太夫人的心情,赶紧站起来,举起酒杯对方中发和他的妻子余氏说:"谢谢四弟诗酒为中通贺寿,我亦为吾余娣赋诗一首以谢吧!你今日要回白鹿,白鹿离城有一百多里远,我真是舍不得呢。"说着举杯浅饮了一口,就面对余氏吟道,"遥思君住处,不与世间同。山色湖光里,渔歌牧笛中。消尘何待雨,绝俗岂因风。百里犹非远,身如没路通。"

　　这时,众人纷纷留诗互勉。方维仪微笑地看着他们,又看着仿佛在沉思的潘翟,心里却想着远在青原山的老侄方以智。他自从为方孔炤庐墓结束后,就南下江西,如今已经多年未归家了。方维仪不由得在心中又是万般慨叹,因潘翟在身边,知道她更为愁苦,所以就压抑着不动声色。

3

　　方维仪一直非常欣慰的是,她视为亲生之子的侄子方以智,也秉承了她的坚强。尽管他自言"久淬冰雪,激乎风霆",感叹"万死一生,封刃淬海",却依然志如石坚。此际,他已不是变姓更名、逃难东南的流离野人,也不是庐墓其父时的冰霜骨立,更不是禅隐新城县廪山庵时的普通苦行僧,而是驻锡青原山净居寺,被称为"真佛祖"的名闻天下的高僧。

　　江西是阳明心学的中心,学脉源远流长。且不说桐城方家原籍就是江西广信,单就家学梳理,也可以发现方家与江西的关系太密切了。方维仪觉得,如果说侄子禅隐江西,是受方孔炤临终遗诗的暗示;那么他此际驻锡青原,则是受自己所绘《罗汉戏狮图》的启发。

　　就从家学梳理来看,从北乡白沙岭连理亭发微,方学渐坚持阳明心学正统,而王阳明一生事业与学问的奠基就在江西。方学渐又直接师从江西大儒邹守益弟子张甑山,并从游于江西学人祝世禄,开始崭露头角,举火桐川。

　　到了方大镇,他立足桐川,以父亲连理之学为正学正教,荷薪续火,曾为江西布衣大儒胡居仁上疏请谥为"文敬",天启时讲学于江西学人邹元标等所创办的京城"首善书院",坚持"以良知表至善"。

　　再到方孔炤"井瓢灶火传灯光",继承连理家风,传承连理家学,博采众流,无不与江西学人互动密切,并在此基础上变得更加广博,更具思辨性。

　　从方以智自身来看,他幼时随父亲宦游福宁,因母亲生病,祖父方大镇将他接回桐城,途中曾行游江西,为他讲解白鹿洞、讲解鹅湖之会,从那时开始就对江西氤氲的学术气象十分崇敬。而他的师傅觉浪道盛禅师,正是江西新城曹洞宗寿昌系法嗣。

　　因此,方孔炤的临终遗诗,实质上就是以江右学人王塘南"掩关""习静"于"吉水仰慈庵"之事,暗示已经出世方外的儿子禅隐江西,把刀兵水火当作对自己的锤炼,积极探索由佛归儒之路,继续弘扬光大方氏家学。诚如后来方中通在《哀述》诗中所言:"莫怪缁帷人不识,相看别路总茫然。""缁帷"代指孔子和儒家,也就是指方以智"别路藏身,直继缁帷"。

而五年前,方维仪绘《罗汉戏狮图》为方以智祝寿,其寓意之深,无疑对方以智同样有深刻的启发。这幅立轴《罗汉戏狮图》(今藏于安徽省博物院),绢本,墨笔,纵两尺有余,横一尺有余。

据佛教典籍,罗汉的观念起始于印度,但罗汉的信仰则形成于中国。自东晋戴逵为中国首作罗汉画像,此后罗汉画像一直广为盛行。宋时王齐翰、李公麟、梁楷等人开始取中国人形象来画罗汉,至北宋神宗时,罗汉像已成为当时所供奉佛教图画的代表样式之一,风靡一时。而方维仪直接师法乡前辈龙眠居士李公麟,尤擅白描,她所绘的罗汉图为时人所宝。

在这幅《罗汉戏狮图》的左上角,方维仪用小楷题写"七十有六仲姑维仪为愚者老侄五十寿"。方以智五十岁,正是顺治十七年(1660年,庚子年)。依然与从前作画一样,方维仪在画上钤有两方印章,一为"清芬阁",一为"名予曰仲氏兮字余曰维仪"。

从构图来看,方维仪似乎一如既往地遵循了白描画技简淡幽远、意到笔随笔法,无非是苍松虬节、奇石苍苔、罗汉戏狮、莲花禅杖等。表面上看,好像是鼓励她的"愚者老侄"要自我超越,既要有出世之精神,亦要有入世之历境炼心、安稳平和。

然而那只是"皮相"。实际上,她精心绘就的这幅《罗汉戏狮图》,还有更为深刻的寓意。

4

在方维仪所绘的《罗汉戏狮图》中,有一古松,枝叶繁茂,苍翠欲滴。松,历来象征延年益寿,方维仪画松表面看来是祝寿,但是,古松枝干虬曲苍劲,其实也寓意着挺拔、屹立、不屈的精神,无疑是勉励她的老侄要坚强,不为时艰所困扰所屈服,这与方孔炤"公因藏反因"的寓意其实是一样的。

方维仪画松前的奇石,皆是棱角分明,寄寓了志如石坚、不失斗志之意。奇石上又用墨点染出寄生其上的苔藓,生机无限,分明是方维仪期盼愚者老侄,在复杂艰难的环境中,继续将家学(奇石)进一步弘扬光大。这又何尝不是对方孔炤"引触知其故"的阐释?

实际上,逃禅江西的方以智,始终不忘的还有一个神圣的使命,那就是他作为高僧觉浪道盛的法嗣，又受江西学人邀驻青原山之请，也承担了熔曹洞宗法与方氏家学为一炉、传承和重振青原学风的重任。这些年来，他以其顽强的意志和坐集千古、融通中外的学术功底，先后完成了《东西均》《易余》《药地炮庄》等一系列哲学著作。而《药地炮庄》之"炮庄"也并非单纯"解庄"。尽管方以智貌似以儒解庄、以易解庄、以禅解庄、以西学解庄，却设置了重重迷局，将庄子视为孔门别传之孤，寄予了他对故国的忠贞不渝，以及疗救天下之志。

当代学者庞朴认为，《东西均》《易余》是两朵哲学姊妹花，其深邃博辩，让人惊信方以智是近代启蒙时期的伟大哲学家。更有学者认为，方以智在明末不仅是明代遗民的精神领袖，而且在明末黄宗羲、顾炎武、王夫之、方以智四大儒中，是思想最为深邃的、第一流的哲学家，是中国哲学亟待发掘的金矿。

由此可见，方以智这些年来，没有辜负他的仲姑方维仪寄予的厚望。

方维仪贺方以智五十寿辰《罗汉戏狮图》（安徽省博物院藏）

方维仪所画的古松之下，有一挽袖挥带的中年罗汉，正在与一狮对舞，另有五名罗汉分列两旁，正聚精会神地观赏人狮之舞。狮子躬身，神态凶猛又不失温和。它代表着修行者坚强无畏、功力精进，而又不为邪见侵扰。而这种毅力和精神，无疑已经融入了方以智的血脉。

再说舞狮罗汉，佛家赋予其无痛无病的寓意，有不死的法力。在这五名罗汉中，有一以背影示人者，左手持一禅杖，杖头生起袅袅莲花。禅杖象征着警醒，莲花象征着圣洁。这分明是提醒方以智，甘做清初遗民，保持高蹈洁行，不为浊世所污。

这几年来，方维仪从了解到的情况来看，这个愚者老侄基本都是遵循了她和方孔炤的旨意，他更改佛号为"药地"，颇有于"天崩地裂"之际疗救天下之志。他俨然就是大明遗老、旷世大儒，岂仅仅是一个隐于浮屠的禅师？

这个时候，方以智及其所驻锡的青原山，已卓然成为清初遗民的精神领袖和圣地，成为南明与清廷争夺的关键地带。方以智在这里，更被天下士子尊为"犹龙""独立视天地"的大丈夫。方以智还广收弟子、聚众讲学，各地士儒官绅纷纷慕名前来，"为官者、作客者、出家者相聚一堂"，其势之盛大，时人称之为"名与东林堪亚旅"。

福建学人李世熊曾慕名拜访青原山,并与方以智相谈半月。他感叹:"世所称方桐城者,方密之先生也。先生合忠臣、孝子、才人而一人矣。性命之学,三才物理之学,声音文字之学,与夫一技一艺,莫不穷其源,造其极,诚古今第一奇男子,名甲天下!"

方以智告诉大家:"今天下脊脊多事,海内之人不可不识四方之势,不可不知山川谣俗,纷乱变故亦不可不详也。""一旦天下有事,吾当其任。"

当是时,康熙尚年幼,鳌拜专权,吴三桂等三藩不稳,郑氏武力在彰、泉一带仍有据点。隐于草野的明遗民以为有隙可乘。方以智为复国暗里策划,三个儿子都东奔西走、仆仆道途,充为联络。而东南各地,方以智故交和同乡甚多,如同学钱澄之活动于福建、两广,表弟姚文燮任职清廷福建推官,堂弟方孝标游幕吴三桂门下。此后,果然三藩乱起,郑氏武力攻陷莆田等地;屈大均、顾炎武相会于塞北,联结反清力量。而张煌言与郑成功配合,联络十三家农民军,率兵进攻芜湖、铜陵等地,连续收复二十四县。

江西青原山净居寺

一时间,东南百姓似乎感觉,大明隐然有卷土重来之势。然而,此时的江西青原,在清廷警惕的视线里,也变得更加敏感起来。

不久,郑成功兵围由崇明入江,兵进金陵时,"不幸遭风失败"。而后,清兵攻陷了云南省城。永历帝败走缅甸。一批先期投降清廷的明臣也多被挖出,以各种罪名处置。方中通的岳父陈名夏就被论以结党而绞杀。

现在想来,这绞杀的罪名"结党"只是表面原因,陈名夏等人很有可能还在暗中参与了方以智组织的复明活动。清廷之所以进行遮蔽,应该是担心若以"反清"论罪,则牵涉面太广,势必打击更多的降清明臣,不利于争取江南乃至全国知识分子,进而动摇清廷的统治。

5

又到了重阳时节。这几天,方维仪总是在思考人生的最后归宿。

前天秋高气爽,还是在侄女方子耀和孙媳陈舜英的陪同下,方维仪又去了鲁𧮾山下的鲁王墩。站在墩上,西指连绵群山,东瞰吕亭古驿,从群山中蜿蜒而出的流水即鲁王河,冲击成一片沃野平畴,不由得想起明善公当年写的《鲁王墩》诗,其中有句"鲁谷空千古,临风一惘然",颇有所感。她察看近期已经重新修复的墓地,那六十多年前立的碑,字迹依然清晰,又深觉欣慰。只是那倾颓的享堂,构件多散失,也不知何时能修复。

好在三十多年前,卜址修夫君墓时,就修了双墓门,其中一个墓门留给了她自己。方维仪流离在外时,曾担心不能与夫合墓。如今平安回到桐城,已是人生暮年,不能不考虑最后的归宿。所以就酝酿着写了《求合墓诗》二首,旨在以"未亡人之腔血,倾洒泉台"。

求合墓诗二首
姚门未亡人方氏维仪

其一

自君别后苦伤情,六十余年独守贞。
兰蕙由来多损折,松筠差不愧平生。
当初显梦常寻忆,今日修坟敢背盟?
薄命若成同穴愿,挽歌无复断肠声。

其二

壬申卜地鲁王墩,癸酉修成双墓门。
只待年时求北首,焉知兵火逼南奔?
享堂既毁难重建,碑石曾镌幸尚存。
泉路莫悲无后苦,未亡人即是儿孙。

所谓"壬申卜地鲁王墩,癸酉修成双墓门",是指崇祯五年(1632年,壬申年)卜选墓址,崇祯六年(1633年,癸酉年)修成了双墓门。那时,距夫君姚孙棨万历三十年(1602年,壬寅年)逝世已三十年。

动议修墓还是在天启四年(1624年,甲子年)孟春,夫君的父亲姚之兰逝世,姚孙榘、姚孙棐在一起商议:"长嫂甘节清苦几十年,我兄弟应有以养之。"于是拨田租供养方维仪。当时方维仪本想不要这供养,毕竟自己在娘家并不愁吃穿。但是,她又想到十多年前,曾在梦中受夫君的嘱托,遂提出:"余受此租,岂忍自奉,而负夫子梦中之属邪?"所以,这修墓的资费多来自十多年来的田租。

"当初显梦常寻忆,今日修坟敢背盟?"当初墓成以后,方维仪曾写悼亡文:"夫子感梦十余年之前,卜址十余年之后。神其来乎?骸骨其安乎?飕飕之清风,皓皓之明月,固无时不在兹山也!"

而今转瞬又过去了三十余年,正是诗中所写的"自君别后苦伤情,六十余年独守贞"。仿佛清晰地听到了岁月划过的声音,这六十余年的时光,今天又历历闪现于眼前。

当初,夫君姚孙棨年仅二十二岁即去世,方维仪没有学古人去刚烈地殉夫。因为他们还有个遗腹女,她要为夫君抚养这一缕血脉;当这唯一的女儿也不幸夭折时,她呼天喊地了很久,仍没有以身殉节,因为夫君还有三个弟弟,其中姚孙槃也病情危重,姚孙槃、姚孙棐都还幼小,她要代替夫君尽孝道。

及至孙棨弟弟孙槃也不幸于二十二岁病逝,他的妻子江氏立即自尽殉夫,谁能知晓方维仪为此承受的巨大的世俗压力?但她并没有跟着也付以一死,而是依旧坚强地活着,代替夫君为其父母养老送终、抚教其幼弟成人,正所谓"泉路莫悲无后苦,未亡人即是儿孙"。

其实,死有何难?活着只不过一口气而已。这次在方子耀的陪同下去鲁王墩拜谒姚孙棨后,方维仪对"生死"二字的感受比以前更加深刻了。

方维仪想到自己这一生,早年丧夫失女,真是"哀哀呼苍天";中年战乱流离,可谓"衰年逢时乱";晚年亲人一个个离去,自己也是"残喘将颓伴衰草"。特别是这些年来,母亲姚太淑人,次侄方其义,乃至弟弟方孔炤,夫君的两个弟弟姚孙槃、姚孙棐,还有自己视如亲姊妹的倪太夫人及她的女儿姚凤仪等,都先后离世。真是不知经历了多少血泪之悲、剐心之痛。

方维仪历来认为"死生由命,圣贤莫度"。而今,她对生死已经看得更加通透了,正如父亲方大镇所言"生寄死归",弟弟孔炤所言"生死无生死"。但是,作为一个孤苦的寡妇,能够坚持活到今天,又谈何容易?这六十余年来,她对夫君是问心无愧的,基本做到了《诗经》所说的"无非无仪",没有留下世人能够指责的任何是非,可谓"重义天壤间,寸心皎日月"。

所以,方维仪写下了"兰蕙由来多损折,松筠差不愧平生"这样的诗句,与其说是哀怨生前与夫君在一起耳鬓厮磨的日子太短,还不如说是对自己抱璞守贞六十余年来的无悔总结。"兰蕙"喻贤者,方维仪借指夫君。"松筠"即松树和竹子。《礼记·礼器》:"其在人也,如竹箭之有筠也,如松柏之有心也。二者居天下之大端矣,故贯四时而不改柯易叶。"后因以"松筠"喻节操坚贞,方维仪以此自喻也。

当然,方维仪平素是写了不少"离忧怨痛之词",但那不过是宣泄无数个萧索的日子而已,且往往草成多焚弃之。她并不想凭此来博所谓的才学文名,那对她并没有什么实质意义,她执着而求的只是"薄命若成同穴愿"。

是的,对方维仪来说,尽管已是"骎骎岁华行暮",但岁月已不是一种人生长度,而仅仅是一种信念。她只是怀揣着这个信念，坚持走过去，坚持走到底，走到最后就是无愧无怍的"求合墓"。

6

站在落日的余晖里，方维仪、方维则这两位白发苍苍的老妪，相互扶携着，默默无言地遥望远方。潘翟、吴坤元及陈舜英也站在不远的地方，看着两位老姑的背影。

这一段时间以来，两位老姑尤其喜欢在这个时候相携着走出来，一起去绣衣堤看落日，看流水潺潺而去的远方。

已是康熙五年(1666年，丙午年)。

值得一提的是，经常与方子耀同来看望方维仪的，还有一位华亭才女章有湘。她是方子耀的侄媳妇。其丈夫孙中麟于顺治十二年(1655年)中进士，可惜在观政礼部时，不幸因病去世，她遂守节夫家。方维仪自从与她相识，就颇有"相逢邂逅称相知"之感。

"数载空林依寂寞，一溪寒水鸣潺湲。"东门大河绣衣堤依旧像整齐的牙齿一样，紧紧地咬合着护卫堤岸。堤岸的对面沙洲，依旧在落日余晖里泛着熠熠金光，几只白鹭或翩翩低翔于水面之上，或徘徊于水草之间。

每当此时，似乎天地之间，仅剩下了落日、流水、沙洲，以及两个似乎一直在翘首等待什么的白发老妪。她们的脸上，显得那样平静而坦然，尤其是方维仪，脸上还露出一丝淡淡的微笑。

是的，这个时候她应该微笑。笑自己这八十余年来，尤其是夫君去世后这六十余年，经历过多少风霜雨雪、曲折坎坷，也可以说是九死一生的磨难，都没能摧毁她的意志。正如她的诗句"黄花休笑未亡人"，其实不是黄花笑她，而是她笑那风霜里开放的黄花，似乎就是她那沧桑的人生写照，越是霜浓寒重，越是黄得夺目、幽香扑鼻，虽不久就要凋残，但也是抱枝而枯，坚贞不渝。

"真是时光流似箭啊！吾等槁容渐朽，气力渐微，时日已不多矣！"方维则的一声感叹，打断了方维仪的思绪。

"是呢，季妹。也许用不了多久，吾等都要从夫子于地下而永归。"方维仪依然平静地微笑着。

"这难道不是：生死无生死，关尹天地寓？"方维则居然也记得这一句诗。

潘翟、方子耀、吴坤元与章有湘、陈舜英走过来。陈舜英听着两位老姑的对话，又想起夫君方中通曾告诉老姑和潘太夫人：初秋时节，他的父亲方以智——现在人称药地大师，曾在青原山大办了一场讲会。此次讲会云集各地名流大咖。父亲也借此机会进一步表达了其终生的抱负:"吾将聚千圣之薪,烧三世之鼎,炮之以阳符,咀之以神药",显示了他忧于时势,试图疗救天下之志。

"药地老侄,你究竟何日归来?仲姑我啊,可能就不等你啦!"方维仪眺望着桐溪潺潺而去的远方,眺望着翩翩而飞的白鹭,突然颤抖着声音喊道。那白鹭似乎变成了一匹雪白而高大的长鬃骏马,四蹄轻扬,像踏着云朵似的飘逸而去。

康熙七年(1668年,戊申年)九月,鲁王墩野菊漫山开遍的时节,方维仪、方维则先后离世。方维仪为自己预设多年的那道墓门终于合上,她与夫君姚孙棨终于在泉下相聚了。晚辈们特设专祠奉祀,邑中名流为墓前坊题字曰"今之大家"。

2018年5月20日,桐城文博部门发现方维仪、姚孙棨合葬墓

附：方维仪年谱简编

万历十三年乙酉(1585年)，一岁。

方维仪出生。（方、姚家谱均未载其生年，据《龙眠古文》袁廷宪"清芬阁题卷"："方内所称清芬阁为礼宗者，今年七十矣。其侄四十四岁，蹈海而归。"可推知方维仪生于万历十三年。）

方维仪出生于城东方大镇府第宁澹居（据本书第三章考证）。

是年，方孟式四岁，姚孙棨五岁。张秉文也于这年五月初十生（据桐城桂林方氏、桐城麻溪姚氏、桐城清河张氏家谱）。

万历十五年丁亥(1587年)，三岁。

张淳任福建建宁知府，千里遣使回桐，为长孙张秉文与方孟式定亲。

方孟式《纫兰阁诗集》卷之十：《万历丁亥余太公为建宁守，遣使千里合婚。殆天启丁卯余随夫子再任建南，因入名宦祭享感赋》。

万历十七年己丑(1589年)，五岁。

父亲方大镇中会试三甲进士，授大名府推官（据桐城桂林方氏家谱）。

万历十九年辛卯(1591年)，七岁。

方大镇赴任大名府推官（据清咸丰《大名府志》"职官志"）。

方维仪与姐姐方孟式随父母宦游大名。方孟式《维仪妹清芬阁集序》："忆吾姊娣稚孱时，从家侍御游天雄及燕，侍雪而咏，辄津津向林下风。"

二月，弟弟方孔炤出生。注：方维仪还有一妹，嫁何应璿（何如申之子）。

万历二十一年癸巳(1593年)，九岁。

祖父方学渐赴京廷试，过大名府，居有半年之久。秋天返桐后，即于城东龙眠河畔创建"桐川会馆"（据叶灿《方明善先生行状》、方学渐诗《天雄别儿大镇》、焦竑《澹园集·碑记·桐川会馆记》）。

十一月十三日，吴令仪出生（据家谱）。

万历二十九年辛丑(1601年)，十七岁。

秋。方维仪与姚孙棨、方孟式与张秉文同时举办婚礼，并畅游京华吴越（据方维仪《未亡人微生述》、方孟式《纫兰阁诗集》卷六）。方维仪又有纪梦诗，云十七归姚。

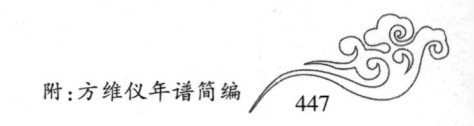

万历三十年壬寅（1602年），十八岁。

五月，姚孙棨疾发；九月，病逝，卒年二十二岁（据桐城麻溪姚氏宗谱）。

方大镇以疾乞假归，"白沙山中扫室问药"（方大镇《宁澹居文集》）。

万历三十一年癸卯（1603年），十九岁。

遗腹女九个月殇。方维仪诗《伤怀》："十七丧其夫，十八孤女殇。"十七、十八当为周岁。

方维仪复归父母家，守志清芬阁。方维仪《未亡人微生述》："翁姑在七闽，夫婿别三秋……于是复归父母家。"

万历三十四年丙午（1606年），二十二岁。

方孔炤与吴令仪大婚。方维仪《偕老章》："吴宜人……盖为妇十六年。"

万历三十八年庚戌（1610年），二十六岁。

张秉文中举，次年成三甲进士。

万历三十九年辛亥（1611年），二十七岁。

秋十月二十六日，方以智出生于城东方大镇府第。

万历四十三年乙卯（1615年），三十一岁。

祖父方学渐于城东崇实居去世。方孔炤跋其父方大镇《宁澹语》：（祖父方学渐）"居崇实居近五十年"。

万历四十四年丙辰（1616年），三十二岁。

方孔炤中二甲进士，观政兵部，授嘉定知州。同邑吴叔度、方大任、阮大铖亦于这年成进士。张秉文升户部胡广司员外郎。

方维仪作《丙辰纪梦诗》，有序："予年十七，归姚子前甫，一年前甫逝，有遗女亦复不育，至今十余年矣……"

三月十五日，婆婆方孺人卒（据桐城麻溪姚氏宗谱）。

万历四十六年戊午（1618年），三十四岁。

方孔炤于这年年底，从嘉定携家赴任福宁知州。

吴令仪诗《呈姚维仪姑姊》："与姑为伴十年余，胶漆金兰总不如。忆得峨眉山下住，相思唯有一双鱼。"

万历四十七年己未（1619年），三十五岁。

方维仪诗《寄娣吴夫人》："闽山多瘴气，来往烟云隔。千里思皇皇，空望南天白。别久易罗襦，鹧鸪鼓春翮。向来窗前梅，于今高数尺。"

张秉文升江西抚州知府。

天启二年壬戌（1622年），三十八岁。

九月，吴令仪逝世于福宁，殡于桐城城南，未卜兆。

方以智等侄子侄女归养于仲姑方维仪。

天启四年甲子(1624年),四十岁。

正月十五,公公姚之兰去世(据桐城麻溪姚氏宗谱)。

方大镇筮得"同人于野"卦,归隐桐城,构"此藏轩"于浮山(方叔文《方密之先生年谱》手抄本,桐城图书馆藏)。

天启五年乙丑(1625年),四十一岁。

方孔炤忤党被削籍,归隐桐城。

天启七年丁卯(1627年),四十三岁。

方以智与潘翟大婚。

张秉文赴任建南兵巡道。张淳入建宁名宦祠。方孟式《纫兰阁诗集》卷之十:《万历丁亥余太公为建宁守,遣使千里合婚。殆天启丁卯余随夫子再任建南,因入名宦祭享感赋》。

崇祯元年戊辰(1628年),四十四岁。

方孔炤被重新启用,回归兵部;三月加尚宝卿。

张秉文升广东按察使巡视海道。

崇祯二年己巳(1629年),四十五岁。

方孔炤告假还乡,于城南建"泽园",命儿子方以智在此闭关读书。

五月十五日,祖母赵太恭人即世。父亲方大镇于天马山墓侧建"慕亭",庐墓其中,哀毁若孺子。方维仪作"慕亭"诗。

冬,方以智为仲姑方维仪《清芬阁集》作跋。张秉文、方孟式亦分别有序。

大侄女方子耀时年十七岁,适孙克咸(临)。方维仪《偕老章序》:"前年己巳,尔姊如孙氏。"

崇祯四年辛未(1631年),四十七岁。

次侄女方子瑛适当涂曹氏。方维仪《偕老章序》:"今适姑埶曹氏,同居十一年,鞠育成人,性慧而庄,读书有礼,不忍远离。"

七月十九日,方大镇即世于城东故庐,卜葬于白鹿山。

张秉文升福建右布政使,以疾告假回籍。

崇祯五年壬申(1632年),四十八岁。

方维仪为夫君姚孙棨卜选墓葬于城郊鲁王墩。撰《拟谥序》:"陋规浅见,窃踵陈迹,以述其志,请谥为良隐子。"

方以智游历东吴未归。方维仪寄《与密之侄书》:"作客江湖,以阴以雨,薄寒中人,念汝殊甚……"与其推心置腹。

崇祯六年癸酉(1633年),四十九岁。

方维仪将夫君墓地修成"双墓门",以待同穴(方维仪《求合墓诗》)。

崇祯七年甲戌(1634年),五十岁。

七月,桐城民变。方维仪与母亲及子侄避乱金陵。方孔炤应乡绅邀请,计灭桐变。

秋闰八月,方以智外祖父吴应宾去世于城郊南湾别业。

崇祯八年乙亥(1635年),五十一岁。

方维仪与母亲及子侄流寓金陵。方孔炤继续留守桐城,迎战农民军。

张秉文补江西右布政使。

崇祯九年丙子(1636年),五十二岁。

秋,张秉文升山东左布政使。方维仪《纫兰阁诗序》:"丙子之秋,赴任山东,舟过金陵,伯姊与太夫人及余仅一面而去,泣别远离。"

崇祯十一年戊寅(1638年),五十四岁。

六月,方孔炤被擢升为右佥都御史,八月奉命巡抚湖广。

方维仪亦随母及子侄至任所(方维仪《戊寅随母楚养,得娣倪太夫人书,赋以寄赠》)。

崇祯十二年己卯(1639年),五十五岁。

年初,清军围攻济南,城溃,张秉文殉难,妻方孟式及姜陈氏、婢数十人投大明湖殉节。方维仪《纫兰阁诗序》:"伯姊夫妇果尽节忠烈,有一陈如夫人死之。呜呼哀哉,一门三烈,惨状何堪!"

方维仪写诗《送密之侄应试》。秋,方以智、马之瑛等中举。

崇祯十三年庚辰(1640年),五十六岁。

正月,方孔炤被杨嗣昌弹劾下狱。此前曾八战八捷。

方以智中二甲进士,呼号奔走救父。马之瑛、姚孙棐等亦成进士。

崇祯十四年辛巳(1641年),五十七岁。

方孔炤出狱,遣戍绍兴。不久召归,命以总理山东、河北屯田。

方以智授翰林院检讨。

十月,方维仪于清芬阁撰《纫兰阁诗序》,落款署:"辛巳阳月,孀妹维仪题于清芬阁中。"

方孔炤上《臣门三节疏》:"恳乞恩赐旌表,以彰风化事。"

崇祯十七年甲申(1644年),顺治元年,六十岁。

李自成陷北京,崇祯自尽。方以智南奔。

五月,清军陷京师。

顺治二年乙酉(1645年),六十一岁。

七月,方孔炤率全家自金陵回桐城,始拟还城中远心堂,及泊蛟台,闻北来营阵,乃暂栖白鹿山庄。九月,母亲姚太淑人寿终白鹿内寝,方孔炤自此庐墓著书(据桐城档案馆藏方叔文《方密之先生年谱》手抄本)。

顺治三年丙戌(1646年),六十二岁。

长侄婿孙克咸(临)战死,时年三十六岁。

顺治七年庚寅(1650年),六十六岁。

次侄方其义忧愤成疾,卒于是年,时年三十岁。

顺治十年癸巳(1653年),六十九岁。

元旦,方以智归抵白鹿。清安庆巡抚赠以袍帽,方氏斥之,随即往金陵高座寺。清总督马国柱又欲特荐。觉浪道盛禅师曰:"拉得去是你手段,站得稳是他脚跟。"遂于高座寺受戒,闭关看竹轩。

顺治十一年甲午(1654年),七十岁。

方以智称觞仲姑方维仪七十寿。《龙眠古文》袁廷宪"清芬阁题卷"文曰:"方内所称清芬阁为礼宗者,今年七十矣。其侄四十四岁,蹈海而归,肩高座两夏,倏然以一双眼,合木铎金轮于环中远心堂,令连理树上开千古花,举以为寿,岂非第一奇特乎?"

方以智《建初集》"寿清芬阁仲姑七十"七律二首。方文《涂山集》卷三"老姑行——为姚姊夫人七十寿"。

顺治十二年乙未(1655年),七十一岁。

方维仪作行楷书轴:"班大家曰,妇人之得于夫,由舅姑之爱已也……时年七十一。"内容言孝悌,笔法取钟王。今藏于安徽省博物院。

九月二十一日,方孔炤去世。冬,卜葬于合明山,方以智破关奔丧,结庐墓侧。

顺治十四年丁酉(1657年),七十三岁。

秋,方维仪为长侄女方子耀作《赠方恭人从征历难序》,落款署为:"时顺治疆圉作噩孟秋月,适姚门未亡人姑母维仪书于清芬阁中,时年七十有三。"

方以智庐墓三年,服阕,遂禅游江右。

顺治十七庚子(1660年),七十六岁。

方维仪绘绢本《罗汉戏狮图》,为侄方以智五十岁寿。画面人物表情各异,描法高古游丝,禅意深邃。款曰:"七十有六仲姑维仪为愚者老侄五十寿。"今藏安徽省博物院。

康熙七年戊申(1668年),八十四岁。

方维仪去世,归葬于城郊吕亭驿鲁王墩,与夫君姚孙棨合墓。

方维仪"享寿八十三岁(虚岁八十四岁)。年十六适姚孙棨,十七而寡,乃请大归,守节六十七年,矢志靡他,礼法自持。崇祯十三年,迟大成题请贞节,旋奉旨旌表建坊于急递铺祠前,又奉惠王玺书,旌以'今之大家'匾额。清芬阁工诗古文词,大归后,与公伯姑孟式、公母吴令仪,以文史为织纴。天启二年,公母吴夫人弃养,仲姑抚而教之,俨如人师。公之能成为一代完人,固得力于庭训,然扶植基础,仲姑之功,不可泯也。清芬阁亦工书画,然不轻易落墨,故吉光片羽尤为世所珍贵。某年茅止生新其该备堂于武定桥北,以宛叔寿宴客,止生再三求公老姑为题一幅。公甚难其请。清芬阁曰:'彼才如此,死心事一伟人,高于李易安多矣。'为之命笔,盖破格也。画仿李龙眠,时称白描圣手,所绘大士罗汉诸像绝妙,世争宝之。著有《清芬阁集》《宫闺诗史》《尼惑》《七说》等书行世。"(据桐城档案馆藏方叔文《方密之先生年谱》手抄本)

后　　记

　　在母亲离开我们即将满三周年的时候,我终于完成了《方维仪传》初稿。我所写的主人公,不仅是一个有着诗书芳华、家国情怀的绝代才媛、文史大家,更是一个慈母、严师和历经磨难的苦命女子。而我的母亲只是一个平凡的农村妇女,只是天下仁慈善良、勤劳正直的母亲之一。但是,我写的方维仪传记里,自然也能看到我母亲的影子。

　　我在写作过程中常常想着,等到这本书出版了,我一定要将它分别呈到方维仪和母亲的坟前。这样的信念始终支撑着我。可是我也知道,桐城方、姚两家后人及当地文史部门,多年来苦苦寻找方维仪夫妇合葬墓,一直未果。

　　难道冥冥之中有感应?在我的初稿基本告竣时,2018年5月20日,已经隐身一百多年不见的方维仪与夫君姚孙棨合葬墓,居然在这一天被发现了!桐城博物馆叶鑫同志告知这一消息,我的师友们激动不已,都说如此巧合,定是天意!或许"520"这样的谐音,不仅让这个日子变得浪漫美好,还让当代的人们重新见证四百年前的坚贞爱情。不久,我随方以智十三世孙方无先生,在桐城文史界学人的带领下,前往鲁王墩拜谒方维仪姚孙棨合葬墓,回来后,我立即写了一篇游记散文《鲁王墩怀古》,于"六尺巷文化公众号"上发表,迅速成为点赞和跟帖评论无数的热文。这无疑进一步增强了我写好本书的信心。而我要分别在鲁王墩方维仪墓前和母亲墓前燃祭书稿的心愿,也终将得偿。

　　在这本书稿即将出版的时刻,最需要躬身感恩的是:

　　我自决定写作本书以来,就一直得到安徽大学历史系、安徽大学桐城派研究中心主任、博导江小角教授的关注,他不仅悉心指导、热情鼓励,还欣然作序。方以智直系后裔方无先生,多年来倾心于中华优秀传统文化,尤为关注桐城区域历史文献的整理,他自始至终对我的写作予以关心和指导,提供了《桐城方氏诗辑》《方以智年谱》《桐城方氏七代遗书》等诸多家藏资料,赠送了新出版的《方以智全书》等相关书籍,并多次关心出版进展情况。方苞后裔、蚌埠原市委书记方平先生,桐城市政协副主席、文联主席、作家白梦女士,原桐城中学副校长彭年先生,桐城市政协文史委李国春先生,以及长期支持家乡文化事业发展的吴晓国先生,都给予了热情鼓励和

后 记

帮助。

曾因绘桐城派四祖像而成为经典之作的老画家盛多英先生,已届八十高龄,仍不顾三伏炎暑,几度前往白沙岭写生,无偿为本书提供了白沙岭连理亭国画插图。著名书画家张耕和江虹伉俪也无偿为本书提供了"清芬阁诗社"和"方维仪小像"等插图。著名书法家杨兴玲女史题写了书名。安庆市桐城文化教育发展基金会,本着弘扬优秀传统文化,鼓励发掘整理桐城历史文献等目的,专门开会研究决定将本书出版列入基金会资助项目。

此外,还有省文联主席、著名诗人、新华社安徽分社总编陈先发,省作协副主席、著名作家、合肥市文研所所长洪放,皖江文化研究会长汪军,《安徽日报》高级编辑张荷香,诗人、省文联何冰凌,散文诗作家陈俊,省政府办公厅李季农、卢赟秋诸先生,省博物院刘东等老师,以及桐城市文联、桐城市作协、桐城桂林方氏文化研究会、桐城麻溪姚氏文化研究会,对本书的写作也给予了极大鼓励与支持。在此,我还要特别感谢出版社责任编辑老师付出的辛苦劳动!

值得一提的是,还有诸多网友的无私帮助和鼓励。他们既有桐城本地的作家、文史学者,也有全国知名高校、博物馆、图书馆、出版社的专家,还有部分热爱桐城历史文化的政府机关人士。其中,北京朱川海先生长年关注古代才媛著述,历尽辛苦搜集整理了方维仪诗文;江苏南通陈晓冬先生是知名的地方文史研究者,对我帮助尤多,每有疑问,必倾力解惑。可惜的是,还有许多师友只知道网名,我无法在这里全部写出他们的名字,但我记得从起笔开始,他们就对我不断予以鼓励鞭策。此外,还要特别感谢我的妻子和女儿的理解与全力支持。

可以说,如果没有这些无私的帮助和热情的鼓励,很难想象我能顺利完成本书的写作并出版。如此大恩大德,无以为报,只能在此一并致以深深的谢意!同时,我也深感方维仪乃至桐城才媛的研究其道修远,对本书因能力和水平所限而存在的不足和问题,恳请专家学者和读者诸君不吝赐教,以便有机会再版时修正。

作者
庚子年冬于合肥滨湖